珍藏本
纪念版

汉译世界学术名著丛书

人类理解论

上册

〔英〕洛克 著

关文运 译

商务印书馆
SINCE 1897 The Commercial Press

2017年·北京

John Locke

AN ESSAY CONCERNING HUMAN UNDERSTANDING

本书根据1902年伦敦 George Bell and Sons 书店出版的“洛克哲学著作”(The Philosophical Works of John Locke)第一卷译出。

内容提要

《人类理解论》(*An Essay concerning Human Understanding*)一书是英国著名哲学家、唯物主义者约翰·洛克(*John Locke*,1632—1704)的主要哲学著作。这部书从1671年写起,直到1687年才完成,在1690年出版。《人类理解论》这一著作在西方哲学史上曾经发生过承前启后的作用,洛克作为唯物主义路线上的一个哲学家是西方唯物主义发展史上的一个重要环节。

洛克在这部著作中所提出并要解决的中心问题是关于人类知识的起源,可靠性和范围。本书一开头他首先批判了笛卡尔主张知识起源上的所谓“天赋观念”以及莱布尼兹的所谓“天赋实践原则”这样一个在认识论上的唯心主义观点,并且从而提出了他的那个有名的白板论,即认识的唯一来源是经验这样一个有巨大意义的唯物主义论点。不过,洛克在经验论上的唯物主义是不彻底的,正如他的政治观点、阶级立场是妥协的一样。所以他的哲学观点不仅影响了后来的唯物主义者(特别是法国百科全书派的启蒙思想家),同时也被唯心主义者(特别是贝克莱和休谟)有隙可乘地加以利用和歪曲。

本书的中文译本早由本馆出版过,现在经原译者对照原文重加修改、校订,交由本馆出版。

汉译世界学术名著丛书
（120年纪念版·珍藏本）
出 版 说 明

2017年2月11日，商务印书馆迎来120岁的生日。120年前，商务印书馆前贤怀揣文化救国的理想，抱持"昌明教育，开启民智"的使命，立足本土，放眼寰宇，以出版为津梁，沟通中西，为中国、为世界提供最富智慧的思想文化成果。无论世事白云苍狗，潮流左右激荡，甚至战火硝烟弥漫，始终践行学术报国之志，无改初心。

逐译世界各国学术名著，即其一端。早在20世纪初年便出版《原富》《天演论》等影响至今的代表性著作，1950年代后更致力于外国哲学和社会科学经典的译介，及至1980年代，辑为"汉译世界学术名著丛书"，汇涓为流，蔚为大观。丛书自1981年开始出版，历时三十余年，迄今已推出七百种，是我国现代出版史上规模最大、最为重要的学术翻译工程。

丛书所选之书，立场观点不囿于一派，学科领域不限于一门，皆为文明开启以来，各时代、各国家、各民族的思想与文化精粹，代表着人类已经到达过的精神境界。丛书系统译介世界学术经典，引领时代思想，为本土原创学术的发展提供丰富的文化滋养，为推动中国现代学术和现代化进程做出了突出的贡献。

为纪念商务印书馆成立120周年，我们整体推出“汉译世界学术名著丛书”120年纪念版的珍藏本，寄望既利于文化积累，又便于研读查考，同时向长期支持丛书出版的译者、编者和读者致以敬意。

两甲子后的今天，商务印书馆又站在了一个新的历史时间节点上。我们不仅要铭记先辈的身影和足迹，更须让我们的步伐充满新的时代精神。这是商务人代代相传的事业，更是与国家和民族的命运始终紧密相连的事业。我们责无旁贷，必须做好我们这代人的传承与创造，让我们的努力和成果不仅凝聚成民族文化的记忆，还能成为后来人可以接续的事业。唯此，才能不负前贤，无愧来者。

商务印书馆编辑部

2017年10月

洛克和他的“人类理解论”简介

约翰·洛克(1632—1704)是1688年英国“光荣革命”或“不流血革命”、即封建贵族阶级和新兴资产阶级妥协的思想代表和产儿。这在他的哲学观点和政治思想上都有所反映。

从哲学的继承性上看来，洛克是培根和霍布士路线，即知识起源于感觉、经验——而不是来自什么“天赋”——的唯物主义认识论的继承者和进一步发展了感觉主义的一个典型的英国经验主义者。他为自己提出的中心问题是：“我的目的在于研究人类知识的起源，可靠性和范围。”

本来在洛克之前，就有法国哲学家笛卡尔主张的所谓“天赋观念”，即人类最基本的知识或观念并不借助于感觉、经验而是与生俱来的、先天的或天赋的东西，当然，“天赋观念”的说法是唯心主义的；而洛克在哲学上(认识论上)的出发点就是在大力地驳斥“天赋观念”的同时，针锋相对地提出了那个与洛克的名字分不开的、有名的白板(tabula rasa)论。白板的意思是说，人类没有感觉、经验之前(譬如，初生的婴儿)的心理状态就像一张白纸一样，上面并没有任何字迹，这就是说，没有任何观念。洛克说，人类的知识都是以经验为基础的，而且归根到底都是从经验中来的。洛克提出认识论上的白板论是针对“天赋观念”论而发的。

为了理解洛克的白板论在反对认识论上的唯心主义观点“天赋观念”的巨大意义，在这里必须强调指出，关于人类知识是来源于先天的观念还是来源于后天的经验这个问题，历来是哲学史上，特别是认识论史上唯心主义与唯物主义两个营垒斗争最尖锐的问题之一，而洛克在这个问题上一破（“天赋观念”论）一立（白板论）的过程，正是他的唯物主义认识论形成起来的一个重要关键。

洛克驳斥“天赋观念”的斗争是对整个唯心主义认识论的一个严重的打击。他的这个反对知识是天赋的白板论在今天仍然是有现实意义的。根据洛克这一观点，我们可以用来驳斥种族主义者、殖民主义者胡说的什么上帝“选民”以及殖民地人民好像“天生”就是“劣等民族”，从而不能接受知识和文明等法西斯主义谬论。因为就人类知识起源看来，人都是平等的，用洛克的术语说，那就是人生来都是一样“白”的（不是指皮肤的颜色）。同样，我们也不难理解法国十八世纪启蒙思想家们怎样从洛克的白板论，即唯物主义的感觉论，得出他们许多进步的革新要求来。

洛克认真地论证了人类知识起源于经验（而且只有经验）、而经验就是客观世界的事物作用于感官的结果这个认识论上的唯物主义观点，正如马克思和恩格斯所说的，如果说“霍布士把培根的学说系统化了，但他没有更详尽地论证培根关于知识和观念起源于感性世界的基本原则”，那么，“洛克在他论人类理性的起源的著作中，论证了培根和霍布士的原则”（马克思、恩格斯：“神圣家族”，人民出版社版“马克思恩格斯全集”第二卷，第 164 页）。

在“人类理解论”一书中，洛克虽然探讨了知识和观念起源于感觉这样一个认识论上的基本原则，而且基本上他是唯物主义地解决了这个问题，然而他没有把认识起源于感觉、经验的唯物主义路线贯彻到底，就是说，洛克的唯物主义是不彻底的、妥协的。这首先表现在他把经验分为两类，即外部经验和内部经验的观点上。洛克所说的外部经验是指客观世界的事物对人类的感觉器官发生作用的结果，他把这种经验叫做感觉，当然，在这里洛克是唯物主义的感觉论者和经验论者；而他所谓内部经验，据说是“心灵的本身活动”，他把这种经验叫做反省。这样，洛克认为内部经验或反省，也像外部经验或感觉一样，是认识的一个独立的源泉，他不知道“反省”阶段的东西是从感性阶段的东西发展来的，在这里洛克不仅是唯心主义的，而且还是形而上学的，因此，他在认识论上陷入了二元主义。

其次，正如他把经验分为两类一样，洛克把客观世界的事物的质也分为两类，即第一性的质和第二性的质，他的唯物主义的不彻底性、妥协性在这里表现得更加突出。据洛克说，第一性的质是指客观事物的广延性、形状、不可入性、运动、静止、体积等等，他认为这类第一性的质是不以人的知觉为转移而客观存在的，是在事物的任何变化下都会保存着的；而第二性的质是指事物的颜色、声音、气味、口味等等而言的，洛克认为这第二性的质是主观的、即不是事物本身所固有的，它好像是认识的主体通过感官附加到客观世界事物上似的，这样说来，势必得出，如果没有眼睛来看，那么煤就不是黑色，如果没有耳朵来听，那么打雷也就没有声音了。在这里必须指出，英国那个主教和主观唯心主义者贝克莱正是利用了洛克关于第二性的质这个唯心主义的说法，而且用同样的“论据”说第一性的质也是主观的而不是客观事物所固有的，从而陷入了极端荒谬的地步。

从以上所说看来，洛克关于第一性的质和第二性的质的提法，正如他把经验分为感觉（外部经验）和反省（内部经验）一样，都说明洛克哲学观点上的二重性（即唯物主义的不彻底性），所以他的观点后来既启发了唯物主义，又培育了唯心主义。洛克一方面深刻地影响了十八世纪伟大的法国唯物主义者，如爱尔维修、霍尔巴赫和狄德罗等人，他们发展了洛克的感觉论的基本的唯物主义内容，并使它摆脱了唯心主义的倾向。另一方面，洛克的经验论的唯心主义因素又为英国主观唯心主义者所利用，例如我们刚刚讲到的贝克莱就是这样的一个典型。所以列宁说贝克莱和狄德罗都是从洛克出发的。

正是由于洛克作为自由资产阶级的代言人在政治上的妥协性和哲学观点的二重性、局限性，所以直到今天一般资产阶级哲学家和哲学史家还在利用洛克的弱点（阶级上的妥协性和唯物主义的不彻底性）作为依据来进行反动的宣传，用以维护垄断资本摇摇欲坠的统治，例如罗素在他的《西方哲学史》一书中在讲到洛克的时候，开宗明义第一句就说：“约翰·洛克是所有革命中最温和而且最成功的1688年革命的圣徒。它（1688年的革命——笔者注）的目的是适度的，而且完全实现了，因而在英国到现在为止再没有革命的必要了。”（罗素：《西方哲学史》，英文版，第604页）罗素说得如此露骨，更足以证明洛克身上的弱点确是为唯心主义者打开了方便之门。

当然，洛克作为1688年所谓“光荣革命”时阶级妥协的产儿，作为唯物主义路线上半途而废的哲学家（我们指的是洛克关于内部经验和第二性的质等等一些唯心主义的漏洞)，作为资产阶级自由主义的奠基人之一(正如洛克是认识论上经验主义的奠基人之一一样。这在反对中世纪封建思想上曾发生过积极作用)，我们绝不否认、而且很容易理解洛克对于后来革命思想上(特别是在英国)的腐蚀作用或促退作用，然而，这正是洛克身上消极的一面、妥协的一面，也正是马克思主义创始人得出了洛克是1688年阶级妥协的产儿的根据，而资产阶级学者就在这里称洛克为“1688年革命的圣徒”，从而对他的妥协性加以美化。

如果说西方的唯心主义哲学家，从贝克莱到罗素一直在利用、表扬、夸张洛克身上消极的一面、妥协的一面(贝克莱利用了洛克的经验论中唯心主义的成分，而罗素则片面地夸张了、美化了洛克的阶级妥协性)，那么，唯物主义路线的哲学家从狄德罗以来继承了并发展了洛克哲学中积极的一面和战斗的一面：这首先表现在洛克在认识论上促进了培根以来英国唯物主义路线上的感觉论和经验论、驳斥了作为唯心主义重要据点之一的“天赋观念”论上；正是因为唯物主义在洛克的哲学观点上占有主导的地位，所以马克思指出，洛克在哲学史上的贡献在于“洛克论证了 bon sens 的哲学，即健全理智的哲学，就是说，他间接地说明了，哲学要是不同于健全人的感觉和以这种感觉为依据的理智，是不可能存在的。”(马克思、恩格斯：“神圣家族”，人民出版社版“马克思恩格斯全集”第二卷，第165页。)

总之，洛克的哲学观点——集中发表在“人类理解论”一书中——在西方唯物主义发展史上是一个重要环节，它发生过承前启后的作用，而且促进了进步思想的发展；同时，由于洛克身上的阶级局限性和观点上的二重性、即唯物主义的不彻底性(以及机械性、形而上学性),所以洛克的弱点又是向来的一些唯心主义哲学家喜欢片面地利用和歪曲的一个根据。哲学史上的党性原则和两个营垒——唯物主义和唯心主义——的斗争在对待洛克的评价问题上是突出而鲜明地显现出来的。

商务印书馆

1958年10月

目　　次

（上　册）

第　一　卷

第　二　卷

献　　词

献给彭卜罗克和芒特高梅利伯爵托马斯(Right Honourable, Thomas, Earl of Pembroke and Montgomery)男爵何赫巴特(Baron Herbert of Cardiff)、勋爵罗斯(Lord Ross of Kendal, Par, Fitzhugh, Marmion, St. Quintin and Shurland)、今上的枢密院总裁(Lord President of His Majesty's Most Honourable Privy Council)兼威尔德、南威尔士两郡民政长(Lord Lieutenant of the County of Wilts and of South Wales)大人:

这部论文的完成是大人亲眼所见的,它之出而问世,亦是受命于大人的,因此,它现在就凭其应有的权利,来要求大人赏给它数年前所允许的那层保障。我并不以为只要在书首署上任何一个大名,就能把书中的错误遮掩了。凡一种出版物之成败,全看它的价值或读者的爱好。在真理方面所最需要的,莫过于让读者摒除成见,平心领略,而能促使舆论给予重视的,又莫过于大人,因为举世都承认大人是洞明事道,深入埋藏的。人人都知道,大人在最抽象最概括的知识方面,有很深的造诣,而且凡所成就,皆是超群绝伦、远离常法,因此,既承大人认可、嘉许此篇之作,这就至少不会使世人在未读之先,就对此书加以鄙弃。不但如此,书中尚有一些部分,倘无大人为之声援,则世人或者只因其稍越常轨,就以为它们是全不值考虑的；因此，大人如能加以印证，则世人将会对那些部分衡量考虑。有的人在判断他人的头脑时，亦同判断假发似的，要以时髦为标准；这些人除了传统的学说以外，一概加以否认。因此，他们如果诬为鹜奇，那乃是一件可怖的事。不论任何地方，任何新学说在其出现之初，其所含的真理，都难以得到多数人的同意；人们只要遇到新意见，则常常会加以怀疑、加以反对，而并无任何理由，只是因为它们不同凡俗罢了。不过真理如黄金一样，并不因为新从矿中挖出，就不是黄金。我们只有考验它，考察它才能知道它的价值，而不能专凭是否具有古典的样式来衡量。它虽然不曾印有公共铭印通行于世，可是它仍会同自然一样，并不因此稍损其真。在这方面，大人便可提供一些伟大而令人折服的例证。因为大人在真理方面有许多深广渊博的发现，倘肯稍稍公之于众，定会惊世骇俗，只是大人恐只许少数知交略测其奥妙。纵使没有别的理由，仅此一端亦足以使我将这部论文献于大人之前。至于拙著，则同大人所拟的那个高贵崇宏的科学系统，（它诚然是新颖、精确、而能启发人的，）亦似有相近之处，因此，大人如能允许我在这里自夸说，我的思想偶有几分同大人的差可比附，那我就觉得很是一种光荣了。大人如果愿意奖进这部书，使之刊行于世，则我可以希望，迟早它会诱发大人做进一步的研究；而且我可以冒昧地说，大人既许此书问世，那不啻是向世人保证：他们如果能接受这部书，他们将会从大人得到不负他们所希望的东西。说到这里，正可以表现出我给大人的赠品是什么样的；我所赠的礼物，恰如贫寠之人对富贵之邻所敬的一样；富人园林虽盛，栽培虽美，可是贫人若以一篮花果见赠，则他亦不能不乐意接受。物品虽贱，可是献者如果出之以尊敬、珍视和感激，则它们也会有了价值。而说到这三层心理，则大人已经给了我许多特别的可靠的理由，使我不能不以极度的热心来向大人把我的仰慕之忱表示出来。这三层心理在赠礼上所加的价值，如果亦能同它们自己一样之大，则我敢自信不疑地夸张说，我现在所给的赠礼，是大人所受过的最富丰的一种。我相信，要找寻一切机会，用来表白我从大人所受过的屡屡不断的恩惠，那正是我的最大义务所在。这些恩惠不但其本身是伟大而重要的，而尤其使它伟大重要的，乃是在赐予这些恩惠时，大人总是伴以勇敢、关切、仁慈和其他可感激的情操。不但如此，大人还又给了我一种恩惠，使其余各种恩惠更觉浓重，这就是始终对我颇示垂青，时加存念。我冒昧一点说，对我似乎屑与为友这一点，从大人的言语和行动中，经常表示出来，即在我不在面前时，大人亦常在别人前如此表示；因此，我如果把人人所知道的事实写出来，那并不能算做虚荣；而且我如果不承认人人所亲见的事实，和我日日所受于大人的恩惠，那正表示我自己的失礼。我其所以提出这些恩惠，不但表示我对于大人应当感激不尽，而且我很希望以此更加增长我的感激之心。我相信，我如果不是分明感觉到那些恩惠，则我在写这部“理解论”时，亦不会提到它们，而且我亦不会抓住这个机会来向世人表示我自己的感激之心，来表示我自己是个大人的最谦抑，最恭顺的仆人。

约翰·洛克(John Locke)

1689年5月24日达赛别墅(Dorcet Court)

赠 读 者

读者：

我现在要把我在无聊沉闷时所自行消遣的一点玩意儿，置于你的手里；如果我这个消遣的玩意儿，有时亦可以开你的心，而且你在读时，所感的快乐，只要如我在写时所感到的一半，则你便不会怪自己，为什么把钱白花了，亦正如我不会怪自己为什么把辛苦白费了似的。你不要误以为这话是我为自己的作品鼓吹；亦不要以为，我原来做这种工作时，很觉高兴，所以在作成之后，亦十分欢喜这种作品。一个捕百灵和麻雀的人，比从事于高等打猎的人，所猎的对象虽逊，其为快乐则一。人的理解可以说是心灵中最崇高的一种官能，因此，我们在运用它时，比在运用别的官能时，所得的快乐要较为大些，较为久些；因此，人如不知道这一层，则他还不知道本书的题目——理解。理解之追寻真理，正如弋禽打猎一样，在这些动作中，只是"追求"这种动作，就能发生了大部分的快乐。心灵在其趋向知识的进程中，每行一步，就能有所发现，而且所有的发现至少在当下说来，不但是新的，而且是最好的。

因为理解正如同眼睛一样，它在判断物象时，只以自己所见的为限，因此，它对于自己所发现的东西，一定是很喜欢的，至于它所看不到的，它亦并不觉得可惜，因为它根本就不知道有那回事。人如果不愿携丐篮为生，不愿以丐得的意见作为余茶剩饭而度其懒散的日子，他如果愿意运用自己的思想，来追寻真理，则他所猎获的，无论是什么，他亦一定会得到猎人所能有的满意。在追求中，每一时刻都可以给他一些快乐，来报答他的辛苦；纵然他不能自夸得到任何大的收获，而他亦不至于说自己的时光是白费了的。

人们如果在漫思遐想之时，把自己的思想记述出来，则正有上述的这种快乐。这种快乐，你是不必妒忌人的，因为你如果在读时亦运用自己的思想，则它们亦会给你同样的消遣机会。不过我所指的只是这一类发于你自己内心的思想，因此，人们的思想如果是轻易从他人得来的，则那些思想不论是什么样的，都没有关系，因为他们所追求的不是真理，而是别的卑贱的玩意；真的，一个人所说、所思，如果尽听人支配，则我们何必再过问他所说、所思的是什么呢？反之，如果你能自己为自己判断，我知道你一定会坦白地来判断。因此，你无论如何责骂我，我都不会见怪你或嫌怨你。因为在这部论文中，所有的真理虽然都确是我所深信不疑的，可是我自己亦同你一样易于发生错误；而且这本书的成败，全靠你的同意，不能靠我自己。但是如果在这部书中，你不能找到一些新的东西，或于你有益的东西，则你亦不要责骂我。我这部书原不是为精通这个题目的人写的，原不是为已熟悉自己理解的人写的；我写这部书原是为自己求进益，并且为了满足少数朋友们的，因为他们自认是不曾充分考虑过这个题目。如果你不嫌厌烦，则我可以把这篇论文的来由告诉你。有一次，五六位朋友，在我屋里聚会起来，就谈论到与此题目相距很远的一个题目。谈论不久，我们就看到各方面都有问题，因此我们就都停顿起来。在迷惑许久之后，既然没有把打搅我们的困难解决了，因此，我就想到，我们已经走错了路，而且在我们开始考察那类问题之前，我们应该先考察自己的能力，并且看看什么物象是我们的理解所能解决的，什么物象是它所不能解决的。我向同人提出此议以后，大家都立刻同意；都愿意以此为我们的研究起点。下次聚会时，我就把自己对于自己从来未想过的草率、粗疏的思想写出来，作为这篇谈论的入门。不过这个议论的开始，既由于偶然，其赓续亦由于顿促；写的时候又是东鳞西爪，毫无连贯；又是往往搁置多日，随后兴会所至，机缘所值，乃又重理旧业；最后，避世闲居，摄养康健，此书乃能成就今日的模样。

写的时候，既然作辍无常，因此，就容易产生许多缺点；其中相反的两点，就是：所说的有时太多，有时又太少。如果你觉得有所不足，则我是非常高兴的，因为我所写的已经触动你的心怀，想使我再进一步了。如果你觉得太繁冗，则你应当归罪于这个题目本身；因为我在下笔之初，本拟以一页尽数包括了我对这个题目所要说的话。不过我愈走得远，我所见得亦就愈广；新的发现继续领我向前，所以它就不知不觉成了这么大一部书。我自然承认，它的范围原可以缩小一点，而且有些部分亦可剪裁一些；因为在写时既然全凭凑巧，而且前后往往隔着很长时间，因此，它当然免不了有重复的地方。不过说老实话，要把这部书再加以删削，那我真有点懒做了，否则亦可以说是忙得来不及了。

最睿智的读者往往是最精细的读者，因此，他们一看见我这种错误，一定会感觉不快，这是于我的名誉有损的；而且我既然分明甘心让这种过错存在，所以我亦不是不知道这个坏结果。不过懒散的人们，只要找到任何口实，就会自慰自安，因此，人们如果能知道这一层，则亦会对我加以原谅，因为我觉得我亦有一种口实，可以满足我这种懒散之感。我所以为自己声辩者，不是说“同一意念因有各种方面，所以我们必须用它来证明、来解释这个谈论的各部分；因此，事实上，在这部书中许多部分亦就实在有这种情形。”我并不这样为自己辩护，我只是坦白地承认，我自己有时在一个论证上，过于费词，而且往往在不同的目标下，在各种途径中，把一个意见表示出来。我所以印行此书，并不敢妄谓要供给思广识锐的人们以知识；对这些博学大师，我自认只是他们的学生，因此，我要预先劝他们不要在这里存什么奢望；因为我所能给人的，只是由我的粗疏思想所织造的，只足以适合于与我天分一样大的人们之用。后边这般人们因为受阻于确立的偏见，或抽象的观念，所以他们对一些真理会不易了解；因此，我如果费些辛苦，使这些真理在他们思想中明白清切起来，那他们是能够接受的。因为有些题目我们必须面面俱到地来考察它们；而且一个意念如果是新的（我自认这里有些意念是新的），或是出乎常轨的（我猜疑人们看那些意念是如此的），则我们如果只是一瞥而过，那一定不能使它深入到理解以内，一定不能使它在那里留下一个深刻永久的印象。我相信，差不多人人都可以看到：自己或他人，在某种方式下陈述一件事情时，往往觉得暧昧晦涩，可是若换一个方式来表示，则觉得很清楚明晰；——自然后来会觉得两种说法并无多大差异；而且会惊异，何以一种说法不易为人了解，另一种则比较容易。不但如此，再说到各人的想象，则同一物象亦不能在各人的想象上产生同一的印象。我们的理解之差异，正如同味觉之差异似的。因此，有人如果以为：同一真理可以同样取悦于读者，则他正可以希望以同一种烹调法来飨宴一切的人们。食物亦许一样，营养品亦许良好，可是你不能以同一种烹调法来取悦于大众。如果你想着使人——甚至健者——食起来能下咽，则你一定得换个方法来烹调它。因此，原来劝我印行此书的人，就因为此种缘故，亦劝我仍以原样印行出来；而且我既然把这部书印行出来，因此，我希望那些肯费辛苦来读此书的人们都了解了它。我原来并不想出版，而我所以出版，乃是因为人们夸奖我说，这部论文可以有益于人，亦如有益于我自己一样。若非如此，则我只不过让原来怂恿我的几个朋友看看好了。我之印书既然意在力求有益于人，因此，我想我应当竭力使任何读者读起来，都觉得明白晓畅。我并不怕，敏辨好思的人讨厌我在有些地方过于繁冗；我只是怕不惯于抽象思维的人们，或心存其他成见的人们误解，或不解我的意思。

人们一定会责难我说，要擅想来教导我们这个博学的时代，那不能不说是一种虚荣或傲慢；因为当我说，我在印书时希望有益于人，那正含着教导人的意思。不过我们对那些过分谦抑的人们如果敢肆狂论，则我正可以说，他们如果印书时，别有怀抱，那更是一种虚荣和傲慢，因为他们已经矫揉造作，鄙薄自己所写的是全无用的了。一个人在印书时，如果自己承认人们在读了以后，不会得到什么利益，可是同时又想让人来读，那他就对于公众太不恭敬了。我这部论文中，纵然没有一些可取的东西，我的原意亦一定不是不可取的；而且我的意旨既属良善，则我的赠品虽属轻贱，亦就可以原谅过去了。因有这种理由，所以我不畏人的责难；因为我虽然逃不了人的责难，可是较好的作者们亦是一样不能免于讥评的。人的主张、意见、趣味，都各不相同，所以要求一本取悦于一切，或取憎于一切的书，那是不容易的。我承认，我们所处的这时代，不是最无学问的，所以它也不是最易于满足的。因此，我如果不幸不能取悦于人，人们并不必见怪我。我可以分明告诉我的一切读者说，我这书原来不是为他们写的，只是为五六位朋友写的，因此，他们正不必费心来列于后者之数。不过如有人觉得非怒不可、非骂不可，则尽管由他怒骂好了；因为我的消遣方法正多，正不必同人来争论。我已经真诚地来追求真理和效用，所以我将永远满意自己这种做法；虽然我所采取的研究方式是最不足取的。学界的国度当下并非无大宗匠来主持，他们那些促进科学的大企图，很可以留作永久的纪念碑，以为万古所钦仰。不过人人并不必都来当一个波义耳(Boyle)或是施丹汉(Sydenham)。这个时代既然产生了许多大师，如大郝珍尼(Hygenius)同无双的牛顿(Newton)，以及其他同类的人；因此，我们只当一个小工，来扫除地基，来清理知识之路上所堆的垃圾，那就够野心勃勃了。现在的聪明勤恳之士，在努力研究时如果不曾受了障碍，则世界上知识之路一定已经有了很大的进步；可是现在的人们竟然自矜博雅，虚伪造作，在各科学中应用了奇怪、荒诞而不可理解的许多名词，建起一大套空中楼阁来；因此，哲学虽以研究真正的知识为职务，可是人们反以它为不配见称于大雅之前、高谈之中了。暧昧含糊的说法，同牵强附会的言辞，久已被人认为是科学的神秘所在；而且生僻讹用全无意义的文字，好像又因为沿用已久，赋有特权，应被人认为是博学深思的表现。因此，我们很不容易使说者和听者都相信，那些文字只足以掩饰愚陋、阻碍真知。因此，我想，要单刀直入，把虚荣和无明的神龛打破，那一定对于人类的理解，是一种功劳。人们自然不易相信自己在用文字时，自己欺骗了人，或被人所欺骗；他们自然不容易相信，他们宗派中所用的文字，含着任何错误，应当加以考察、加以修正；因此，我在第三卷中论到这个题目的，不免稍为冗长（我希望人们原谅我这一层），而且我还竭力使人相信说，任何牢固的邪说、任何通行的风尚，都不足以辩护人们为什么不当留心自己文字的意义、为什么不当让人来考察自己用语的含义。

我在 1688 年，曾把这个论文的大纲印行出去。后来据人说，有的人们只因为其中否认有天赋的观念，读亦不读，就加以非难；他们并且仓促断言，如果我们不假设天赋的观念，则对于精神便没有任何意念或证明。别的人们如果在初读之时亦感到同样的愤怒，则我可以请他把这部书读完再说。读完以后，我希望他会相信，要把虚伪的基础拆掉，那对于真理并不是祸患，乃是一种利益，因为真理如果建立在虚伪上，那是最危险不过的。在第二版时，我曾有下述的附言。

书贾曾允许我说，此次第二版已经详为校阅，因此，第一版中所有的许多错误，将来可以在这里加以改正。他既然如此说，因此，我如在这里略而不提，那他是不能原谅我的。他还希望让人知道，在此版内，关于同一性有新添的一章 ，而且在别的地方，亦有许多增益和改正。不过读者应当知道，这些增益和改正并不是新的东西，它们大部分只是进一步来证实我以前所说过的话，并且对那些话加以解释，免得人误解了第一版中的议论。因此，它们并非与原意有所出入。不过我在第 2 卷第 21 章内所加的修正，可以说是一个例外。

我在那里关于“自由”和“意志”所说的话，应该受极其严格的复勘。因为那些题目曾经在各时代使世上的学者们发生了许多的问题和困难；而且那些问题和困难又在人所急欲明晓的道德学和神学中，引起了很大的纷扰。我在前已经论到，在一切自愿的运动中，所谓意志究竟以什么为最后决定的动机；不过在进一步考察了人心的各种作用以后，在较精密地观察了支配那些作用的各种动机和观点以后，我觉得以前的思想有修正的必要。这一点是我所必须向世人承认的，而且我在承认时是很坦白、很爽快的，一如我以前出版时认自己为合理的一样。因为我的任何意见只要有违于真理，我是很愿意抛弃它的，我并不愿意反对他人的意见。因为我所追求的只是真理，不论它何时、何地而来，我总是要欢迎的。

在我所抱的意见中，同我所写的东西中，我只要发现有任何错误，我立刻就可以抛弃了那些意见，取消了那些说词，因为我一向是勇于改过的。不过人们虽然亦印了一些东西，来反对我的书中的各部分，可是我仍得承认，我并不曾有幸运，来从那些反驳中，得到任何光明；而且在反对我的一切文章中，我亦并不曾看到有任何理由，在他们所责难的那几点上，来变更我的原意。也许我所写的题目需要进一步的思考和注意，不是一般散漫的读者的管窥蠡测所能了解的（至少有偏见的散漫读者是不肯思索的）。也许我的用语太于含糊，所以这个题目便罩了一层暗云，使人不易在此种表现形式下来了解这些意念；因此，我的意思常被人误会，而且我亦不曾侥幸到处得到人的正确了解。这一类的例证是很多的，因此我正可以对读者同我自己有所申辩。我或则可以说，我的书是写得很清楚的，人们只要肯费心来读，只要肯以适当的注意和客观的态度来披阅它，他们一定会正确地了解它的。要不如此说，则我可以承认，它是写得很晦涩的，而且我虽想尽心来修改，亦是无济于事的。这两种说法不论那一样是真的，所牵涉的只有我自己一人。因此，人们对书中各节，虽有所反驳，可是我将漠然置之，并不愿以我所应给的回答，来麻烦读者。因为我相信，人们如果能觉得那些反驳是有关重要的，并且必欲知道它们究竟是真、是假，则他们一定会看到，反对者所说的不是没有根据的，就是在互相了解以后，同我的学说不相抵触的。

人们如果觉得，他们旧有的好思想，不应失掉一点，因此，他们就把责难这部论文的理由印行出来，并且恭维我说，我的论文根本就不能叫做论文；那么，我让舆论来评价他们对自己批评的笔锋所负的责任好了。人们既然不假思索，就对我的著述在自己或在人前加以攻击，那我又何必暴躁用事、多费心血，来减低人家的欢心呢？不，我不会以这种无聊的事体来荒费读者的时间。

书贾在为此书预备第四版时，曾经通知我说，我如果有工夫，应该斟酌情形，有所损益变动。因此，我就想到，我应该告诉读者说，除了各处散见的改正而外，特别有一种改变是值得提叙的，因为它是通行于全书的，而且应更彻底地了解的。那时我曾有下列的附论：——

所谓“明白而清晰的观念”(clear and distinct ideas)，虽是人口中所习用的名词，可是我很有理由来相信，应用这些名词的人们一定不能都完全了解它们。只有很少数的人们，才肯费心来想，自己或他人在应用这些名词时，究竟有什么确当的意义。因此，我在许多地方，就用有定的(determinate)、确定的(determined)两个词来代替明白的、清晰的两个词，因为我想在这本书内，这些形容词比较容易指导人的思想，来了解我的真意。我所谓有定的和确定的，乃是指心中确定的一种物象，因为它是看得清楚、知得明白的。这个物象可以适当地称为有定的或确定的观念。任何时候，一个观念如果客观地存于心中，确定在心中，并且无例外地同一个名字或清晰的声音紧相连合，则它便可以说是一个确定的观念，而且那个名字在一提到以后，就会标记心中那个物象，或那个有定的观念。

再较详细地解释一下，则我可以说"有定的"三字，如果应用于一个简单的观念，则我所指的，乃是观念存在于心中时，人心在它目前或在自身所观察到的那个简单的现象。"有定的"三字如果应用于一个复杂的观念，则我所指的，乃是由数目确定的一些简单（或不复杂的）观念合成的一个观念；这些简单观念在心中的组合，有其特殊的比例和情况，而且人心中只要一发生那个观念，就自然会看到这些比例和情况。不过这个比例，应以人在提出名词后心中所应有的标准观念为衡。而我所以说"应有的"，乃是因为人们在说话时，并不先留意在心中考察他们用文字所要表示出的每个精当确定的观念。能这样小心的，不但不能期望于所有的人，而且我想或者竟然就没有这样一个人。人们因为不能这样小心，所以他们的思想中和谈论中，发生了不少的含糊和纷乱。

我知道，任何语言中，都没有充分多的文字，来契合人在谈论中和推论中所发生的一切花样的观念。不过人在应用任何名词时，他的心中仍能确定地意识到那个名词所代表的观念，而且在当下的谈论中，仍可以使观念和名词紧相密合、不稍违离。如果他不曾做到这一层，或竟不能做到这一层，则他休想说自己能有明白、清晰的观念;他的观念分明不是明白、不是清晰的。因此,人们如果要应用没有确定意义的名词,那只有引起纷乱和含糊了。

因此,我想“确定的观念”这几个字,比“明白的”、“清晰的”这几个字,是比较不易引起错误的;而且人们如果对自己所推论、所探究、所争辩的,都有了所谓确定的观念,则他们会看到,他们大部分的疑惑和争论将完全告终。搅扰人类的大部分问题和争论,既然都起于含糊不定的文字用法,或文字所代表的那些不确定的观念,因此,我就特意使“确定的观念”一词表示着下述的两层意义:第一,它所表示的是人心所看到的一种直接的物象,而且那种物象是同代表物象的那个声音,截然有别的;第二,这个观念是确定在心中的,是为心所知觉、所看见的,它毫无例外地同那个名词确连在一起,那个名词亦毫无例外地同它确连在一起。人们在探讨中和谈论中,如果能应用那些确定的观念,则他们不但会看到,他们所探讨的、所讨论的到了什么程度,而且他们会避免了同他人素日所有的大部分争论和口角。

不过除此以外,书贾或者还希望我告诉读者一件事,就是:我在这一版中,已经增益了全新的两章,一章 是论观念的联合的,一章 是论狂热的。这两章以及从前所未曾印过的其他一些较大的增益,书贾把它们单独印行出来;至于增补的方法和目的,亦都与此书第二版所有的增补一样。

在这第六版中,改正增益的地方很少,所有新的增益,大部分都在于第 2 卷第 21 章。人们如果觉得不是白费工夫,则他们可以稍费一点辛苦,把所增补的添在前一版书的边缘上。

第一卷

第一章 引论

1 理解的研究是愉快而且有用的——理解既然使人高出于其余一切有感觉的生物，并且使人对这些生物占到上风，加以统治，因此，理解这个题目确乎是值得研究的；只就理解的高贵性讲，我们亦可以研究它。理解就同眼睛似的，它一面虽然可以使我们观察并知觉别的一切事物，可是它却不注意自己。因此，它如果想得抽身旁观，把它做成它自己的研究对象，那是需要一些艺术和辛苦的。但是在这个研究的道路上不论有什么困难，而且不论有什么东西使我们陷于暗中摸索，不得究竟，可是我确乎相信，我们对自己心灵所能采取的任何看法以及我们对理解所能得到的全部知识，不但会使人愉快，而且在探求别的事物时，也会在指导自己的思想方面给我们很大方便。

2 纲要——我的目的既然在探讨人类知识的起源、确度(certainty)和范围，以及信仰的、意见的和同意的各种根据和程度，因此，我现在不愿从物理方面来研究心理，不愿费力来研究人心的本质由何成立；不愿研究我们所以借感官得到感觉，而且理解力所以有了观念，是凭借于元精的某些运动，或身体的某些变化；亦不愿研究那些观念在形成时是否部分地或全体地依靠于物质。这类的思辨虽然奇异而有趣，可是我要一概抛弃它们，因为它们不在我的纲要之中。现在我们只考究人的辨别能力在运用于它所观察的各种物象时，有什么作用好了。在采用了这个历史的、浅显的方法以后，我如果能稍为解说：我们的理解借什么方式可以得到我们所有的那些事物观念，我如果能立一些准则来衡量知识的确度，并且如果能解说：人们那些参差而且完全矛盾的各种信仰，都有什么根据——我如果做到这几层，则我可以设想我这样苦思力索，没有完全白费了工夫。——自然我在别处亦曾经很自信不疑地说过：人们如果一观察人类的各种意见，以及各种意见的对立和矛盾，同时再一考察人们是怎样钟爱痴迷地接受各种意见时又是怎样果断专横地主张各种意见——他们如果一观察到这一层，或者会有理由来怀疑，世上根本就没有真理，否则就是人类没有充分的方法来获得关于真理的确定知识。

3 方法——因此，我们应当搜寻出意见和知识的界限来，并且考察我们应当借着什么准则对于我们尚不确知的事物，来规范我们的同意，来缓和我们的信仰。为达此种目的起见，我要追循下述的方法。

第一，我要研究：人所观察到的，在心中所意识到的那些观念或意念（你可以随意给它任何名称），都有什么根源；并且要研究，理解是由什么方式得到那些观念。

第二，我要努力来指出，理解凭那些观念有什么知识，并且要指出那种知识的确度、明证和范围来。

第三，我要研究信仰的或意见的本质和根据；在这里，我所说的意见，是指我们把尚未确知其为真的那些命题认以为真的同意而言。这里我们还需要考究同意的各种根据和程度。

4　知晓理解的范围，是有用的——在这样研究理解的本质时，我如果能发现了理解的各种能力，并且知道它们可以达到什么境地，它们同什么事情稍相适合，它们何时就不能供我们利用——如果能这样，我想我的研究一定有一些功用，一定可以使孜孜不倦的人较为谨慎一些，不敢妄预他所不能了解的事情，一定可以使他在竭能尽智时停止起来，一定可以使他安于不知我们能力所不能及的那些东西——自然在考察以后我们才发现他们是不能达到的。这样，我们或者不会再莽撞冒昧装做自己无所不晓来发出许多问题，使我们自身以及他人都纷心烦虑，来争辩我们理解所不能知悉的事物，来争辩我们心中所不能清楚知觉到的事物，来争辩我们完全意念不到的事物（这些事情或者是很常见的）。如果我们能发现出，理解的视线能达到多远，它的能力在什么范围以内可以达到确实性，并且在什么情形下它只能臆度，只能猜想——我们或者会安心于我们在现在境地内所能达到的事理。

5　我们的才具是同我们的境地和利益相适合的——因为我们理解的识别能力虽然万分赶不上纷纭错杂的事物，可是我们仍有充分的理由来赞扬我们那仁慈的造物主，因为他所给我们的知识的比例和程度，是比尘世上一切其他居民的知识都要高出万倍的。人们实在应该满足于上帝所认为适合于他们的那些事物，因为上帝已经给了人们以“舒适生活的必需品和进德修业的门径”。（就如圣彼得所说（πάντα πρός ζωήν καιεῦσέδειαν）），并且使人们有能力来发现尘世生活所需的熨帖的物品，来发现达到美满来世的必然途径。他们的知识纵然不能完全地普遍地来了解所有一切事物，可是他们仍有充足的光亮来知悉他们的造物主，来窥见他们的职责，因此，他们的利益亦就可以得到一层保障。人们如果因为自己太不够伟大，不能把握一切，便冒昧地抱怨自己的天分，并且把他们手中的幸福都抛弃了，那就无话可说了，否则他们一定会找到充分的材料来开动自己的脑筋，来运用自己的两手，并且随时变换花样，妙趣横生。因此，人们如果能应用自己的心思来研究那些本可对我们有用的事物，他们便没有多大理由来诉怨人心的狭窄，因为人心本来就能供他们以这种用途。因此，人们如果只因为尚有一些东西是在我们知识界限以外便来贬抑知识的利益，并且不肯来发挥知识，使之达到上帝赋予知识时所怀的目的，则他们这样暴躁性格就是幼稚十足，不可原谅的了。一个懒散顽固的仆役，如果说：不在大天白日，他就不肯用灯光来从事职务，那实在是不能宽恕的。我们心中所燃的蜡烛已经足够明亮可以供我们用了。我们用这盏灯光所得的发现就应该使我们满意。理解的正当用途，只在使我们按照物象适宜于我们才具的那些方式和比例，来研究它们只在使我们根据能了解它们的条件，来研究它们；倘或我们只能得到概然性，而且概然性已经可以来支配我们的利益，则我们便不当专横无度来要求解证，来追寻确实性了。如果我们因为不能遍知一切事物，就不相信一切事物，则我们的做法，正同一个人因为无翼可飞，就不肯用足来走，只是坐以待毙一样，那真太聪明了。

6　知道了我们的才具，就可以医治怀疑和懒惰——我们如果知道了自己的力量，则我们便会知道，来经营什么事情是有成功希望的。我们如果仔细视察了我们心灵的各种能力，并且估量了我们能由这些能力得到些什么，则我们便不会因为不能遍知一切，就来静坐不动，完全不肯用心于工作上；亦不会背道而驰，因为还有些东西未曾了解，就怀疑一切，并且放弃一切知识。一个水手只要知道了他的测线的长度，就有很大的用处，他虽然不能用那线测知海的一切深度，那亦无妨。他只知道，在某些必要的地方，他的测线够达到海底，来指导他的航程，使他留心不要触在暗礁上沉溺了就够了。在这里，我们的职务不是要遍知一切事物，只是要知道那些关系于自己行为的事物。如果我们能找寻出一些应遵循的准则，以使理性动物，在人所处的现世状况之下，来支配他的意见，和由意见而生的动作；则我们便不必着急，怕有别的事情逸出我们的知识范围之外。

7　这篇论文的缘起——这便是我原来所以要写这部理解论的原因。因为我想，要想来满足人心所爱进行的各种研究，则第一步应当是先观察自己的理解，考察自己的各种能力，看看它们是适合于什么事物的。我们要不先做到这一层，则我总猜疑，我们是从错误的一端下手的。我们如果使自己的思想驰骋于万有的大洋中，以为无限的境界，都是理解的自然的确定的所有物，其中任何事情都离不了它的判断，逃不了它的识别——则我们休想安闲自在确定不移地把握住我们所最关心的真理，以求自己的满足。人们既然把自己的研究扩及于他们的才具以外，使他们的思想漫游在他们不能找到稳固立脚点的海洋中，因此，我们正不必惊异，他们妄发问题，横兴争辩了，而且那些问题和争辩既是永久不能明白解决，因此，我们亦就不必惊异，它们能使人的疑惑，继长增高，并且结果使他们固守住醇乎其醇的怀疑主义。反之,人们如果仔细考察了理解的才具,并且发现了知识的范围,找到了划分幽明事物的地平线,找到了划分可知与不可知的地平线,则他们或许会毫不迟疑地对于不可知的事物,甘心让步公然听其无知,并且在可知的事物方面,运用自己的思想和推论。以求较大的利益和满足。

8 所谓观念代表什么——关于人类理解论写作的缘起,我想必须说的话亦就止于此了。不过在我进而发表我对这个题目所有的思想以前,我在这入门之初,还得请求读者原谅我屡屡应用“观念”(idea)一词(下边他就会看到)。这个名词,我想最足以代表一个人在思想时理解中所有的任何物象;因此,我就用它来表示幻想(phantasm)、意念(notion)、影像(species)或心所能想到的任何东西。这个名词是我所不得不常用的。

我擅想,人们都容易承认:在人心中是有这些观念的;而且人人不但意识到自己有这些观念,他们还可以借别人的言语和动作,推知别人亦有这些观念。

因此,我们第一步就该研究它们是如何出现于心中的。

第二章 人心中没有天赋的原则

1 由我们获得知识的方式看来,足以证明知识不是天赋的——据一些人们的确定意见说:理解中有一些天赋的原则,原始的意念(κοιναὶ ἒγινοιαι)同记号,仿佛就如印在人心上似的。这些意念是心灵初存在时就禀赋了,带在世界上来的。不过要使无偏见的读者来相信这个假设之为虚妄，我只向他指示出下述的情形好了。因为我希望我在这部论文的下几部分可以给人指示出，人们只要运用自己的天赋能力，则不用天赋印象的帮助，就可以得到他们所有的一切知识；不用那一类的原始意念或原则，就可以达到知识的确实性。要假设人心中有天赋的颜色观念，那是很不适当的，因为果真如此，则上帝何必给人以视觉，给人以一种能力，使他用眼来从外界物象接受这些观念呢？要把各种真理归于自然的印象同天赋的记号，那亦是一样没理由的，因为我们可以看到，自身就有一些能力，能对这些真理得到妥当的确定的知识，一如它们是原始种植在心中的。我想，这两层是人人都容易承认的。

不过在运用思想来追寻真理时，人们的思想如果稍为逸出通行道路，则他们便容易受人的责难，因此，我要把我怀疑这个意见的理由说出来，对我自己的错误（如果有的话）作为乞恕之辞。不过我所以举出这些理由来，只是供那些虚怀的人们来考虑，因为有些人或者亦同我一样，在什么地方遇到真理，就毫不迟疑地来接受它们。

2　人们以为普遍的同意是一个最大的论证——人们都普遍地承认，有一些思辨的和实践的（因为他们两者都说到）原则，是一切人类所一致承认的，因此，他们就说，这些原则一定是一些恒常的印象，一定是人类心灵在受生之初就必然而切实地受之于天，带在世界上来的，就如他们带来自己任何一种天赋的才具似的。

3　普遍的同意并不能证明有什么天赋的东西——不过根据普遍同意而推出的这个论证却有一层不幸，因为事实上纵然真有一切人类所公认的真理，那亦不足以证明它们是天赋的，因为我擅想，我可以指示出，人们对于自己所同意的那些事物所以能发生了普遍的共许，还有别的途径在。

4 人们并不普遍地共许："凡存在者存在"，"一种东西不能同时存在而又不存在。"——不过更坏的是，因为人们虽然应用普遍的同意作为论证来证明天赋的原则，可是在我看到，这个论证似乎还正可以解证出，根本就没有所谓天赋的原则，因为一切人类并没有公共承认的原则。我现在可从思辨的部分着手，并且可以援引人们所用的那两条崇高的解证原则，来加以讨论。一条原则是说："凡存在者存在，"另一条原则是说："一件事物不能同时存在而又不存在。"这两条原则在一切原则中，我想，算是最有权利配称为天赋原则的，而且它们都被人确认为是普遍承认了的公理，因此，任何人只要似乎来怀疑它们，确乎要被人认为是奇怪的。不过我敢冒昧地说，这些命题不但不曾得到普遍的同意，而且人类大部分根本就不知道这回事。

5 它们不是自然地印于人心的，因为儿童，和白痴等等都是不知道它们的——因为第一点，儿童和白痴分明一点亦想不到这些原则；他们既然想不到这一层，这就足以把普遍的同意消灭了；（可是普遍的同意又是一切天赋的真理所必需的伴条随件）。要说心灵中印有一些真理，同时心灵又不能知觉或理解它们，在我看来，那只近似一种矛盾，因为所谓"印有"二字如果尚有意义，则它们的含义一定在使一些真理为人心所知觉。因为要说把一件东西印在人心上，同时人心又不知觉它，那在我认为是很难理解的。如果儿童的和白痴的灵魂和心理中赋有那些印象，则他们便不能不知觉那些印象，而且必然地会知晓这些真理，同意这些真理。不过他们既然不知觉那些印象，那就证明事实上并没有那些印象。因为那些印象如果不是自然地印入人心中的意念，则它们如何能说是天赋的呢？如果它们是自然印入的意念，为什么人们又不知道它们呢？要说一个意念印入在人心上，可是同时又说，人心不知道它，不曾注意到它，那只是使那个印象一无所有了。人心所不曾知道的命题，所不曾意识到的命题，根本就不能说是在人心中的。如果有一个命题在不被人心所知时，可以说是在人心中的，那么根据同一理由一切真实的命题，人心所能同意的一切命题，都可以说是在人心中的，原来印入的。如果人心所不知道的一个命题，可以说是存在于人心中的，那一定是因为人心有知道它的可能性；不过若是这样，则人心将来所要知道的一切命题，亦都可以说是人心所能知道的。不止如此，就是人心以前所不曾知，以后永不会知道的真理，亦可以说是原来印在人心中的，因为一个人虽可以活得很久，可是到临死时他亦许仍然不知道他的心理所能确实知道的许多真理。因此，如果认识的能力就是人们原来所争执的那个自然的印象，则人们所能知道的一切真理全都可以因此说是天赋的。不过人们所争的这一点，归结起来，只不过是一种不妥当的说法罢了。这样，则人们虽然妄辩有天赋的原则，实际上就无异于说没有那些原则。因为，我想，任何人都会承认，人心能可以知道一些真理。可是他们说能力是天赋的，知识是后得的，那么他们所以为某些天赋的公理来争辩，究竟有什么目的呢？如果真理在不为理解所知觉时就能印入在理解中，那么我便看不到人心所能知道的一切真理在起源方面，究竟有何种差异。它们或则都是天赋的，或则都是外来的，我们要妄行分别，亦只有徒劳无功罢了。因此，一个人在谈说理解中的天赋意念时，如果他是指着任何一种明晰的真理而言，则他一定不是说，理解所不曾知觉、所完全不晓得那些真理是在理解中的。因为“在理解中”这四个字如果有任何适当的意义，则它们一定是指“被理解的”四字而言。因此，要说“在理解中”而“不被理解”，在“人心中”而“不被知觉”，那就无异于说，一件事物同时在心中或理解中，同时又不在里边。人们虽然说，“凡存在者存在”，“一件事物不能同时存在而又不存在”，可是这两个命题如果是自然印入心中的，则儿童不该不知道它们；而且一切婴儿同有心灵的动物，必然在理解中都有这些命题，必然都知道这些命题、同意这些命题。

6 人们说，“人类在开始应用理性的时候，可以发现出这些命题来。”现在要答复这一点——有人为避免上述驳难起见，就又答复说，“一切人类在开始运用理性时就可以知道这些命题、同意这些命题，这就足以证明它们是天赋的”。不过我仍可以加以反驳。

7 人们要预存成见，则往往不肯费辛苦来考察自己所说的话，因此，他们就会把毫无意义的含糊的说法当做清晰的理由。因为他们这个答复如果稍有意义，则我们把它应用在现在这个题目时，则它的含义便不出下述之一；或则说，人们在一能运用理性时，他们就立刻知道，立刻观察到这些假设的天生的印记；或则说，人类理性的运用可以帮助人来发现这些原则，并且使人们确知这些原则。

8 如果它们是被理性所发现的，那亦不足以证明它们是天赋的——他们如果说，借着理性的运用人们可以发现出这些原则来，而且这就足以证明这些原则是天赋的，则他们的辩论方法是这样的：凡理性所能明白给我们发现的一切真理，凡理性所强迫我们坚决承认的真理，都是自然印入心中的。因为能标记天赋原则的那种普遍的同意，只不过是说，我们借着理性的运用可以确知这些原则、同意这些原则罢了。要照这样，则在数学家的公理，和由公理所推出的定理之间，便没有差别了；我们必须承认它们一律都是天赋的，因为它们都是由理性的运用所发现的真理，而且是任何有理性的动物，在这方面善用其思想时所一定会发现的真理。

9　说理性能发现这些原则，是错的——不过这些人又如何能想，要发现假设的天赋原则，理性的运用是必需的呢？理性这种能力（如果我们可相信他们）不是只能由已知的原则或命题，来演绎它所未知的一些真理么？如果我们不说，理性所教给我们的一切确定真理，都是天赋的，则任何有需于理性来发现的东西，确乎都不能说是天赋的。要说理解借着理性的运用，才能看到原来在自身印入的东西，才能看到在理解中存在而且被理解所知觉的东西，那正如同说，眼睛要凭着理性的运用才能发现可见的物象一样。因此，要说理性能发现原来印入的东西，那就无异于说，理性的运用可以发现人们早已知道的东西。如果人们在运用理性以前，原来已印了那些天赋的真理，可是在不能运用理性的时候，他们常常不知道那些真理，那实际上只是说，人们同时知道而又不知道它们。

10　在这里，人们或者会说，数学的解证以及其他非天赋的真理，在一提出时，并不能得人同意；因此，我们就可以看出它们和这些公理及其他天赋的真理，有所区别。后来我还有机会逐渐详细来讨论，命题在一提出后就引起的那些同意。不过我在这里只可以径直承认，这些公理和数学的解证确有其差别之点。就是说，一种是需要理性和证明才能做出，才能得人同意的；一种是在一了解以后，不用任何推理，就可以被人接受，被人同意的。不过我可以乞恕地说，这一层区别正可以把人们这个遁词的弱点穿揭出来，因为他们虽说，要发现这些普遍的真理，理性的运用是在所必需的，可是我们必须承认，在发现这些真理时，丝毫用不着推理。我想：给这个回答的人们一定不会鲁莽地说，我们所以知道“一件事物不能同时存在而又不存在”这条公理，是由于我们理性的演绎来的。因为他们如果说，我们所以知道这些原则乃是苦思力索的结果，则他们一定会把他们似乎很喜爱的自然所给的那种赐惠毁灭了。因为一切推论都只是来回追求，四面搜寻，都要需人的辛苦和专心。自然所印入的东西既是理性的基础和指导，那么你如果要假设，在发现这些东西时，理性的运用是在所必需的，那还有丝毫意义么？

11 人们如果肯费力稍一注意，稍一反省理解的作用，则他们便会发现，人心所以能径直同意一些真理，既不是依靠天生的印铭，亦不是依靠理性的运用，而是依靠着和这两种作用完全差异的另一种心理能力；这一点，我们以后就会看到。我们所以能同意这些公理，既然与理性全不相干，那么我们要说，人在开始运用理性时，就能知道这些公理，同意这些公理，那究竟是什么意思呢？如果你的意思是说，理性的运用可以帮助我们来知道这些公理，那就完全错误了，如果真是那样，那又证明它们不是天赋的了。

12 初能运用理性的时候并不就是我们知道这些公理的时候——如果你因此说：“我们在能运用理性时，就能知道，能同意这些公理，”意思是说我们在能运用理性时，同时就能注意到这些公理，而且因为儿童们在一能运用理性时，同时亦就能知道，能同意这些公理：那仍然是错误的、不深思的。第一点，这层说法所以错误，乃是因为在人类开始运用理性时，这些公理并不同时就在人心中，因此，你如果说，人类在开始运用理性时同时亦就发现了这些公理，那是很错误的。儿童们在知道“一物同时不能存在而又不存在”的这个公理以前，很早就能运用理性，这些例证亦就多的不可胜数了；大部分文盲和野人，即在其能运用理性的年纪，亦往往过了多少年，还不知道这个命题以及相似的普遍命题。我当然承认，人们在不能运用理性时，不会知道这些所谓天赋的普遍抽象的真理，不过我还可以说，就在开始运用理性时，人们亦不能就知道了这些真理。这是因为人们在不能运用理性时，心中尚未形成抽象的观念，因而那些概括的公理亦不能成立。这些概括的公理，人们虽误认为天赋的原则，可是它们仍是后来发现的真理；而且人心在发现它们时所由的方式和步骤，正同发现那些无人妄认为天赋的其他命题时一样。这一点，我希望可以在下文中把它弄得明白了。因此，我只承认，人们在知道这些普遍真理以前，必须先能运用理性，可是我却否认，人们在开始运用理性时，同时就能发现出这些普遍的原则。

13　要照这样，则普遍的真理和其他可知的真理便无分别——同时我们还当知道，如果你说：“人类在能运用理性时，就能知道，能同意这些公理，”那实际上亦只是说：这些公理在理性发动以前，从未被人知道，被人注意，不过以后在人的一生中，有被人同意的可能。不过在这里，我们仍没有确定的时间；因此，这些真理亦就同其他一切可知的真理都一样，因为要说它们在人类能运用理性以后便被人知道，那并不能表示出它们对其他真理所占的上风，所有的差异来，而且它们亦不能因此就被证明是天赋的，因为结果是正相反的。

14 纵然在开始运用理性时同时就能发现这些公理，那亦不足以证明它们是天赋的——第二点，纵然我们知道这些公理，同意这些公理时，却好正是我们开始运用理性的时候，那亦不能证明它们是天赋的。这种辩论方法之为轻浮，正同这个假设之为错误是一样的。因为理性这种心理能力既然属于另一个范畴，则你凭着什么论理方法，只因为理性起始动作时，我们能开始同意于一个意念，就说那个意念是自然原始在人心本质中所印入的呢？如果你只因为人们同意这些公理的时候，亦正是他们开始运用理性的时候，就说这些公理是天赋的，那么，我们如果假定人们开始运用语言的时候，亦正是开始同意这些公理的时候(这个时候亦正可以说是人们开始运用理性的时候)，则我们亦可以根据语言的开始运用，来证明这些公理是天赋的了。因此，我虽然可以同主张天赋原则的人们一样承认，人心在不能运用理性时，便不知道这些普遍的、自明的公理，可是我仍然否认，人们在开始运用理性的时候，恰好正是开始注意这些公理的时候；而且我纵然退一步来承认，两个时间恰乎相等，我亦不承认这个就能证明这些公理是天赋的。因此，我们如果说，“人类在能运用理性时，就能承认这些公理，”则这个命题所仅有的真实意义只不过是说，有了推理的能力，我们才可以逐渐地与日俱进地，来形成抽象的观念，并且来了解概括的名词，因此，儿童们往往不能先得到那些普遍的观念，不能先学得代表观念的那些名词，一直等他们在较熟悉较特殊的观念上，把自己的理性运用了好久,人们才能认他们可以理解推理的谈论。如果你所以说,"人类在能运用理性时就能同意这些公理,"乃是因为这条命题有别的意义,那么,我请你把那个意义指示出来好了;至少你亦得在这种意义下,或在别的意义下,来给我指示出,这个命题如何能证明这些公理是天赋的。

15 人心得到各种真理时所由的步骤——感官在一起初就纳入一些特殊的观念来,以装备尚在空虚的那个小室。人心渐渐同它们有的相熟悉了,于是便把它们保存在记忆中,给它们定了名称。随后,人心又可以进一步,来把那些观念抽象化了,渐渐会运用概括的名词。借着这个方式人心便储备了各种观念和语言,并且在这些材料上,来运用它的推理能力;这些能促动理性的各种材料愈加增长,则理性的运用亦日益明显。不过概括观念的获得及概括言语的应用,虽然常和理性在一块生长,可是这个亦万不能证明它们是天赋的。我自然承认,人们对一些真理所有的知识是很早就存在于心中的,不过那种存在的方式仍然指明那些真理不是天赋的。因为我们稍一观察,就会发现,人心所从事的,仍是后得的观念,不是天赋的观念。它所从事的那些观念,仍是由外物所印入的,因为那些外物最初就在儿童们的感官上千反万复印了各种印象。人心大概是在一能运用记忆时在一能保留并且知觉清晰的观念时,或者在这样所得的各种观念中,就能发现出,它们有些是相契的,有些是相差的。不论人心是否是在有了记忆以后,才能有这种分别,我们依然确知,在语言的运用以前,在开始所谓理性的运用以前,这种分别是早已有了的。因为儿童们在不能说话时,已经确知甜觉和苦觉的分别(就是说甜不是苦),正如他们后来会说话时，知道艾草和甜梅不是同一事物一样。

16 一个婴儿如果还不会数七，并且还没有得到“相等”这个名词及其观念，则他便不知道三加四等于七。不过在他会数七以后，在他知道相等观念以后，则你如果解释起这些字（三加四等于七）来，他就会立刻同意那个命题，或者不如说是了然那个命题的真实。不过他现在所以能一直同意，并不是因为那个命题是一个天赋的真理，而他一向所以缺乏这种同意，亦不是因为他不能运用理性。他在自己心中，一确立这些名词所代表的清晰观念，这个命题所包含的真理便立刻呈露给他，他在这里所以得知那个命题的真实，亦正同他以前所以得知棍杆不是樱桃时，所有的根据和方法一样。而他以后所以能知道“一件事物同时不能存在而又不存在”，亦是本着同样根据和方法。这一点我们将在以后加以详细发挥。因此，人如果不具有那些公理中所含的那些概括的观念，如果不知道代表观念的那些概括名词的意义，如果不能把名词所代表的观念在心中加以联络，则他便不能同意于那些公理；因为那些公理同其所含的名词和观念，亦同耗子观念和鼬鼠观念一样，都是待时间和观察才能使他熟悉的。在熟悉了这些以后，他如果一有机会来把那些观念在心中加以联络，并且按照那个命题的含义，看看它们是否相契或不相契，则他便有能力来知道这些公理所含的真实。因此，一个人所以知道十八加十九等于三十七，则他所根据的自明之理（sfle-evidence）亦同他知道一加二等于三时所根据的一样。而一个儿童所以不能如成人立刻知道这条命题，并不是因为他缺乏理性的运用，乃是因为“十八”、“十九”——和“三十七”三个数字所代表的观念，不能如“一”、“二”、“三”三个数字所代表的观念，那样容易获得。

17 人们在一提出公理、一了解公理以后，虽然就能同意那些公理，那亦不能证明它们是天赋的——人们虽然说，人类在能运用理性时所发生的普遍同意，就能证明有天赋的公理，可是这种遁词是不能成功的，而且根据这种遁词说来，则所假设的天赋公理，同后来学得的其他公理，便无所分别。因此，人们就又另想方法，仍然努力来给所谓公理找寻一种普遍的同意；他们说，这些公理一经提出，这些公理所含的名词一被人了解，人们便会同意它们，这就足以证明人们的普遍同意。他们看到，一切人类，甚至于儿童，在一听到，一了解那些名词以后，就能同意，因此，他们就想，那些公理是天赋的。因为人类在一了解了这些文字以后，既然都会承认这些命题是分明的真理，因此，他们就推断说，这些命题是原来就在理解中储蓄着的，而且人心不用任何教导，在它们一提出以后，就能允准它们，同意它们，而且从此以后，亦不再怀疑它们。

18 如果那种同意是“天赋”的标记，则所谓“一加二等于三”、“甜不是苦”等等成千上万的相似命题，都可以说是天赋的——要答复这个意见，则我可以请问，“在一听到、一了解一个命题以后，所发生的那种直接同意，是不是可以作为天赋原则的一个确定的标记?”如果它不是，则他们要根据普遍的同意来证明那些命题是天赋的，那是徒劳的。如果它是“天赋”的标记，则他们应该把一听以后，就能引起同意的那些命题都认为是天赋的，这样，则他们所有的天赋原则亦就太多了。因为人们如果根据一听到名词、一了解名词以后，所发生的那种同意，就来断言那些公理是天赋的，则他们亦必得承认关于数的各种命题是天赋的；照这样，则人们在一听到、一了解各种名词以后，所能同意的各种命题，类如“一加二等于三”、“二加二等于四”，以及其他关于数的无数相似的命题，都可以归在天赋公理以内了。天赋的公理亦并不能只为数目所独占，关于数目所形成的命题亦并不以此为限；不但如此，就是自然哲学同一切其他科学所供给的许多命题，在一被人理解以后，亦是必然要引起同意的。人们不但相信“两个物件不能同时在一个地方存在”，不但相信“一件事物不能同时存在又不存在”等等真理，而且他们还一样相信“白非黑”、“方非圆”、“苦非甜”等等公理。成千上万的这一类真理，凡我们能清楚观念到的，人们只要尚有理智存在，则他们在一听到、一理解各种名称所代表的观念以后，都是必然要同意的。这些人们如果忠于他们的规则，并且以为一听到、一理解以后，所发生的那种同意，就是天赋的标记，那么他们所承认为天赋的，不独限于人们所能清楚观念到的那些命题，而且各种命题只要其中所含的差异观念是互相排斥的，它们亦都是天赋的。因为含着矛盾观念的任何特殊的命题，在一被人听到并理解其中的名词以后，都一定可以立刻得到人的同意；正如“一件事物不能同时存在而又不存在”这个普遍的命题似的，亦正如“相同的不能是相异的”这个普遍的命题似的（这个命题是一切否定命题的基础，而且比前一个命题还更容易理解）。照这样，则他们单是这一类天赋的命题，就有了无数，再不用说其他的天赋命题了。不过任何命题中所含的观念如果不是天赋的，则那个命题便不能说是天赋的，因此，要照人们现在的假设而论，则我们的颜色观念、声音观念、滋味观念、形相观念等等，都成了天赋了。这样便和理性及经验相反了。在一听到、一理解名词以后人们所发生的普遍的直接的同意，我承认它是“自明之理”的一个标记，不过自明之理却不是依靠于天赋的印象，而是依靠着别的东西（以后就会看到），而且包含自明之理的各种命题，还不曾有人狂妄地来认它们是天赋的。

19　人们先知道了这一类“次”概括的命题然后才知道这些普遍的公理——人们在这里，不要妄说，在一听了以后就得到人同意的那些较特殊的自明命题，所以被人接受，乃是因为它们是较普遍的命题的结果，乃是因为它们是所谓天赋原则的结果。因为任何人只要肯费心来观察理解中的作用，则他一定会看到，这些“次”概括的命题，是在人类还完全不知道那些较概括的公理时，就被人所确知、所坚信的。这些“次”概括的公理既然比那些所谓第一原则较早地存在于心中，因此，人们在一听以后，所以就能同意它们，一定不是因为那些较普遍的原则。

20　人们说：“一加一等于二等等命题，既非概括的，亦非有用的，”现在要答复这一点——人们如果说：“二加二等于四、红非蓝等等命题，既非普遍，又无大用，”则我可以答复说，这亦并不能证明在听闻理解后所发生的普遍同意，就是天赋原则的根据。因为这种同意如果是“天赋”的标记，则无论任何命题，只要在被人听闻和理解以后，能得到一般的同意，都可以说是天赋的命题，就如“一物不能同时存在又不存在”这个公理是一样的，因为它们在这方面都是相等的。你如果说这个公理是较普遍的，则这种差异更使这样公理同“天赋”一义不相干。因为那些较普遍较抽象的观念，比那些较特殊的自明命题，更是不能一直理解的，因此，它们是在理解逐渐增长以后，才慢慢为人所接受，所同意的。至于说到这些崇高公理的效用性，则我们在后来详细研究它时，或者会看到它不如一般人所想象的那种大。

21 有人说，“这些公理在未提出以前，有时人们是不知道它们的”，不过这亦不能证明它们是天赋的——不过我们还不曾讨论完人们在一听闻、一理解各种名词后，对各种命题所发生的那种同意。我们首先当注意的就是说，这种同意不但不能标志出那些命题是天赋的，而且正证明它们不是天赋的。因为这种意见已经假设了，人们虽然知道虽然理解别的事理，可是这些命题在未给他们提出以前，他们是不知道的，而且他们在未从他人听来这些真理时，他们是不知道这些真理的。因为这些真理如果是天赋的，如果本着自然的原始的印象（如果有的话），存在于理解中，那么，它们就早已被人知道了，还为什么非提出来，才能得到人的同意呢？那么，你能说，提出它们以后，就能把它们印得较“自然”，印入时稍为明显一点么？如果是这样的，则结果只得说，一个人在被人教了这些公理后，要知道得比原来较为清楚一点。因此，我们就得说，人们用教导把这些公理教给人时，比自然用印象把它们印于心中时，还要较为明显一点。照这样说，便与人们对于天赋的原则所怀的意见不符，便不能给那些原则以任何权威，反而使那些原则不能成为人们一切知识的基础，如人们所妄说的那样。我自然不能否认，许多自明的真理在一提出以后，人们就会熟悉它们，不过我们还分明看到，任何人在明白这些真理时，都只是觉得自己开始知道了他以前所不知的一个命题；而且他以后所以不再来怀疑这个命题，并不是因为这个命题是天赋的，乃是因为他在考究和反省这些文字中所含的事物本质时，任何方式、任何时间都不能使他换一种方法来想。如果在一听闻、一理解以后,就被人同意的那些事理,都可以说是天赋的原则,则凡由特殊到一般的各种有根据的观察,都可以说是天赋的。实则我们分明知道,只有少数聪明人(并非一切人)能起初发现了这些现象,把它们归纳为普遍的原则;因此,这些原则不是天赋的,而是在人们认识了殊例,反省了殊例以后,才总结起来的。善于观察的人们,在已经观察了这些命题之后,是不能不同意的,不善于观察的人们,在听人提出这些命题之后,亦是不能不同意的。

22　人们如果说,这些命题在未提出之前,人类就已含蓄地知道它们;则他们只是说,人心是有知道这些命题的能力,要不然,则他们所说的是毫无意义的——如果人们说:"这些原则在第一次提出以前,人们虽不明显地知道它们,可是早已含蓄地知道它们",(人们如果说这些原则在不被知道时就已存在于理解中,则他们一定会有这种说法,)则我们的解释只得说,人心是有能力来坚定地理解并且同意这些命题的,否则我们便不能存想,所谓一个原则含蓄地印于理解之中是什么意思。照这样说,则一切数学的解证都和第一原则一样,都该认为是人心上的天然印象了;我想这是他们所不容易承认的,因为他们会看到要解证一个命题是不很容易的,要在解证以后来同意一个命题却是很容易的。很少有数学家能大胆地相信说,他们所画的一切图解都只是由自然在人心中所印的那些天赋的标记来的。

23　人们如果根据第一次听闻后所发生的同意来立论,则他们已经谬妄地假设了在听闻以前,人类没有受过教育——前边的论证告诉我们说,凡人们一听以后就能承认的那些公理,都可以认为是天赋的，因为人们所同意的那些命题不是由他人的教导来的，亦不是由任何论证或解证的力量来的，只是在人心解释了理解了各种名词以后，自然而然来的。不过我想这个论证还有其进一层的弱点。在我看来，这个论证的错误似乎在于假设人们不能学得任何新的东西，实则人们是常常在学知他们以前所不知的各种东西的。因为，第一点，他们分明是先学会名词，才知道名词的意义的；而且名词和意义都不是与生俱来的。不过后得的知识还不以此为限，就是命题中所含的各种观念，亦同它们的名称一样，都是后得的，不是天生的。因此，在一听以后人们所能同意的一切命题中，命题的名词、名词和观念的关系，以及名词所代表的那些观念，都不是天赋的；那么我就问，在这一类命题中，还剩有什么是天赋的。我很愿意人们给我指示出，哪一些命题中所含的名词或观念是天赋的。各种观念同名称是我们逐渐所得到的，它们的固有关系亦是我们逐渐所学得的。学习作用完成以后，我们如果看到，一个命题中所含的名词的意义，是我们所熟知的，而且其中所表示的各种观念符合与否，我们亦可以借着比较自己的观念观察出来：则我们一听这个命题，就能立刻同意于它。至于别的命题，纵然它们亦是很确定很明白的，可是它们所含的观念如果是不容易立刻得到的，则我们在同时亦便不能同意它们。一个儿童如果借着惯熟的认识作用，使苹果同火两种差异的观念明显地印在心中，并且知道了苹果同火这两个名词代表着这两种观念，则他便会立刻同意于“苹果非火”的这个命题。不过说到“一物不能同时存在又不存在”的这个命题，则他或者要在几年以后，才能加以同意。因为这些文字虽或是容易学得的，可是它们的意义，要比那个儿童所常见的那些可感物的名词的含义，要较为宽广，较为含蓄，较为抽象；因此，他要费许多时间才能学得这些文字的确当意义，才能在心中形成这些文字所代表的那些普遍的观念。要不达到这个地步，则你永不会使一个儿童同意于由普遍名词所成的各种命题；不过他要是一得到那些观念，一学知那些名词，则他可以立刻同意于后一个命题，亦正如他同意于前一个命题似的。在同意时，他所根据的理由亦是一样的，因为他看到，他心中所有的各种观念之相契与否，是会按照命题中代表观念的各种名词之相容相斥而变的。不过在人们给他所提出的各种命题中，代表观念的那些文字如果不曾存在于他的心中；则那个命题纵然是很真实的或虚伪的，他亦不能加以同意或加以否认；因为他对于这个命题是全不知所以然的。因为文字（或言语）在超出其标记观念的范围以外，都只是一些空洞的声音，因此，我们在同意它们时，一定要看它们是否契合于我们所有的观念；而且我们的同意，亦是以此范围为限的。不过要指示出知识由何种途径才能进入人心，并且要指示出同意的各种程度都有什么根据，那还是下边的事情。我现在只是略为提到这一点，作为我所以怀疑那些天赋原则的理由之一罢了。

24 这些原则不是天赋的，因为人们并不普遍地同意它们——要求结束普遍同意的这个论证，则我亦可以同辩护天赋原则的人们一致相信说，如果它们是天赋的，它们一定能得到普遍的同意。因为要说一个真理是天赋的，同时又说它是不能得人同意的，那就无异于说，一个人知道一个真理，同时又不知道它是一样的，都是一样不可理解的。不过就照这些人们所说，那些命题亦不能是天赋的，因为不了解这些名词的人们是不能同意这些命题的，能了解这些名词的人们，如果不曾听到或想到这些命题，则他们大部分亦是不能同意它们的；而且我想，人类至少有一半是这样的。不过不能同意的人们纵然占着很少数，而且纵然只有儿童们是不知道这些命题的，这亦足以推翻了普遍的同意，并且从而证明这些命题不是天赋的。

25 这些公理不是最先知道的——不过“婴儿们”的思想既然不是我们所知道的，而且他们理解中所发生的思想来进行推断，也是未曾表示出的，所以要根据这些来进行推论，那就免不了引起人的责难，因此，我其次还可以说，这两个命题亦不是儿童心中原始所有的真理，而且它们亦并不是在一切后得的、外来的意念之前的；而它们要是天赋的，还必须是最先就在那里的。我们能否决定这个问题，并无关系，反正儿童们总是在一定时候已开始思想，他们的语言和行动就使我们相信他们是这样的。他们到了能够思想、能够知识、能够同意的时候，我们还能合理地假设，他们不知道自然所印入的那些意念（如果有的话）么？他们既能从外面知觉到事物的印象，你有任何一点理由，来想象他们同时却不知道自然在其内心所印的那些标记么？他们既然能接受能同意外来的意念，那么他们心中所织入的那些意念，既然印在不可磨灭的字迹内，以为他们一切后得知识和将来推论的基础和指导，你能说他们反而不知道么？倘如是这样的，则自然的辛苦都白费了；至少我们亦得说，它写字写得很糟，因为人的眼虽然能明察其他物象，而对于自然的字迹却是不会读的。它们既然不是最初被人知道的，而且离了它们，人们亦可以对其他事物得到分明的知识，则你要假设它们是最清晰的真理，并且是一切知识的基础，那岂不是最荒谬不过的么？一个儿童确乎知道，奶他的乳母不是同他玩耍的猫儿，亦不是他所怕的黑奴；他亦知道，他所拒绝的土荆芥或芥花不是他所哭着要的苹果或糖。这是他所确实深信的。不过你能说，他所以坚定地同意这些命题以及其他部分的知识，是本于“一物不能同时存在而又不存在”的那个原则么？你能说，一个儿童在达到某种年龄以后，既知道了别的许多真理，就亦意想到那个命题么？人们如果说，儿童们可以把这些普遍的抽象的思辨同乳瓶及簸鼓结合起来那么他们比起那个年龄的小孩子来，可以说是对自己的意见，更为热情、更有热忱的，不过却不像孩子们那样忠诚和老实。

26　因此，它们不是天赋的——人们如果长大了，并且惯用了较普遍较抽象的那些观念，同代表观念的那些名称，则你把一些较概括的命题一向他们提出来，就永远可以马上得到他们的同意。不过幼年的人们虽然知道了别的事物，却不能知道这些命题，因此，你就不能妄说，这些命题可以得到有智慧的人们的普遍同意，因此，它们亦就不是天赋的。任何天赋的真理(如果有的话，)一定不能不被人知道，至少亦得被知道其他事物的人所知道。因为它们如果是天赋的真理，则它们一定是天赋的思想；人心中没有一种真理，是它没思想过的。因此，我们分明看到，人心中如果真有天赋的真理，则它们必然是最先被人思想到的，必然是最初在那里出现的。

27　这些命题不是天赋的，因为天赋的命题应该表示得十分明白，而这些命题是最不明白的——我们已经充分证明，儿童们、白痴们、同人类的大部分，是不知道我们所讨论的那些概括的公理的；因此，我们就分明看到，这些公理并不能得到普遍的同意，亦并不是概括的印象。不过我们还可以由此再进一步来证明，它们不是天赋的。因为这些标记如果是天生的原始的印象，则它们便应该在那些人心中显现得特别明了、特别清楚，可是事实上我们并没有看到那些人心中有这些标记的痕迹。此外，那些人们还是最不知道这些标记的，因此，在我看来这就更能证明它们不是天赋的；因为它们如果是天赋的，则它们的作用是应该有很大的强力同活力的。因为儿童、白痴、生番、同大部分文盲，在人类中是最不为习惯和借来的意见所污染的，而且学习和教育亦并不曾把他们的天然思想在新模型里陶铸一番，外来的造作的各种学说亦并没有把自然在他们思想上所写的明白标记混乱了，因此，我们可以很合理地想象，他们心中这些天赋的意念一定是明明白白可以为人观察出的，就如儿童们所有的思想似的。我们还可以想象，天生的白痴们一定可以完全知道这些原则，因为人们假设这些原则是一直印在心灵上的，并不与身体的组织或器官有关系，人们都承认，这正是这些原则同其他原则所有的唯一差异。按照这些人们的原则，我们还可以想，这些自然的光线（如果有的话，）在这些无含蓄无伎俩的人们心中，应该照耀得达于极度的光辉，使我们不能丝毫怀疑它们的存在；就如我们不能怀疑这些人们有喜爱快乐，憎恶苦痛的心理似的。不过可惜得很！在儿童们、白痴人、生番、全不识字的人们心中，究竟有什么普遍的公理呢？有什么普遍的知识原则呢？他们的意念是为数很少而且范围是很狭的，是从他们日常所见的物象借来的，因为只有这些物象在他们的感官上是常常留有最强烈的印象的。一个儿童固然知道他的乳母和摇篮，而且再大一些还可以逐渐知道了各种玩物。一个青年番人的脑中，固然可以按照其种族的风俗，发生了爱情和打猎等等意念。不过任何人如果以为一个未受教育的儿童，或树林中的一个野人，会知道这些抽象的公理和驰名的科学原则，则我恐怕他会发现自己是错误了的罢。这一类的普遍命题，在印第安人的茅舍内是很少提到的，在儿童们的思想中更是少见的，在白痴的心中更是完全没有它们的印象的。文明各国的学校中同学院中，因为不时争辩，习于这一类的谈话或学问，才能发生了这一类言语；因此，这一类公理只适于巧辩和盲从，却无助于发现真理或增长知识。不过它们亦有一种小功用，可以使知识稍有进步，这一点，我们以后有机会再来详论好了（4 卷，7 章）。

28　总摄前义——我不知道，在解证大师们看来，我这说法荒谬到如何地步；任何人在一听之下，或者都是不能相信这种说法的。因此，我要请求向偏见暂时休战，请它暂时且不要责难我，请它听我把这篇论文的结论完全说出来。我是很愿意屈从较好的判断的，而且我既然坦白地追求真理，则人们如果能使我相信，我自己太于固执自己的意见，那我亦是不在意的；因为我们在用力过勤，热心已甚时，是常会有这种情形的。

总结起来说，我找不到任何理由可以相信这两条思辨的公理是天赋的，因为它们不是人类所普遍同意的，因为它们所引起的一般的同意是由别的方式来的，不是由自然的铭印来的（这一点，我相信下边可以阐明）。在知识同科学方面这些第一原则如果不是天赋的，则我想，别的思辨的公理亦并没有较大的权利，配称为天赋的。

第三章　没有天赋的实践原则

1　道德的原则都不及前边所述的那些思辨的公理那样明显，那样被人普遍所接受——在前一章中我们所讨论的那些思辨的公理，如果不能得到全人类的切实的普遍同意（我们已经证明这一点），则我们更容易看到，实践的原则（Practical Principles）亦一样是不能得到普遍的认可的。没有一个道德的规矩可以同"凡存在者存在"这个命题得到同样普遍而直接的同意，没有一个道德的规则可以同"一物不能存在因而不存在"这个命题成为同样明显的真理。因此，我们看到，道德的原则更是不配称为天赋的。因此，我们固然怀疑思辨的原则不是天赋的，可是我们更要怀疑道德的原则不是天赋的。不过这种怀疑并不足以使人来否认这两种原则的真实，它们虽不是一样明显，却是一样真实的。那些思辨的公理，证据是明显的，不过那些道德的原则则需要人心的推论、考察和运用，才能发现它们的真实。它们并不是印入人心的天然标记；如果真有这些标记，则它们一定是很分明的，而且可以借其光亮为人人所切实知道。不过我虽然如此说，可是这并不能贬抑了这些原则的真实和确性；就如"三角形三内角等于两直角"这个定理，虽然不能如"全体大于部分"那个定理那样明显，虽然不能如那个定理一样，在一听之后就能得人同意，可是这亦并不能贬抑其真实和确性。现在我们可以说，这些道德的规则是可以解证出的，如果我们不能确知它们，那只是我们自己的错误。不过许多人既然不知道这些规则，而且人们在接受这些规则时亦有些迟缓的样子，这就足以证明它们不是天赋的，不是不经探求就能自然呈现出的。

2　一切人类并不都承认信心和公道是道德原则——要问到事实上究竟有没有一切人类所共同相信的道德原则，则我可以说，人们只要稍为明白人类的历史并且他们的视线超出于烟囱之烟以外，他们一定会解决这个问题。如果有天赋的实践真理，则它一定会毫无疑义地普遍为人所接受，可是这个真理究竟在哪里呢？公道(justice)和践约似乎是许多人所共同同意的。人们都以为这条原则是扩展及于贼窝中，和元恶大憝的党羽中的，而且就是甘心灭绝人道的那些人们，在他们相互之间亦是要保持信义(faith)和公道规则的。我亦承认，虽亡命之徒亦不能不遵守这些规则；不过他们并不以为这些规则是自然的天赋法则。他们虽然在他们的社会以内为方便之故来实行这些规则，不过一个人如果一面同其盗党公平行事，一面在随后遇到一个忠实人的时候，却又抢劫杀戮，则我们万不能想象他把公道认为是实践的原则。公道和信义确乎是维系社会的公共纽带，因此，亡命和盗偷虽然与世绝缘，可是他们自身亦必须遵守信义和公平的规则，否则他们便不能互相维系。不过你能说，那些以欺骗和抢劫来度日的人们，有他们所承认所同意的信义和公道的天赋法则么？

3　反驳。有的人说，"人们虽然在实践上否认这些原则，可是他们在思想中却承认这些原则"。现在要答复这一点——有人或者会说，人们的实践虽然否认了这些原则，可是他们心中的默许却同意这些原则。第一点，我可以答复说，我一向想，人的行动是最能解释他们的思想的。不过大多数人们的行动，以及一些人们的自白，既然怀疑或者否认这些原则，因此，我们就在成人方面，亦不能确立起普遍的同意来，没有普遍的同意，则我们便不能断言这些原则是天赋的。第二点，我们要假设天赋的实践原则，只归结于空洞的思维中，那亦是很奇异，很不合理的。由自然得来的实践原则是为行动用的，因此，它们一定可以产生与它们相契的动作，而不能只使人对它们的真理发生思辨的同意；否则它们同思辨公理的区别便是无意义的了。我自然承认，"自然"给了人类一种希求快乐，和憎恶患苦的心理，而且这些心理确乎是天赋的实践原则，确乎可以恒常地继续动作，不断地影响我们的一切行动。我们任何时候都可以看到一切人类具有这些恒常的普遍的倾向(inclination of the appetite)，不过这些心理只是趋向善事的一种欲念倾向，而不是理解上的真理印象。我并不否认，人心中印有许多自然的倾向，而且即在感官和知觉的最初例证中，我们亦可以看到，有些东西是适合于它们的，有些东西是不适合于它们的，有些东西是它们所倾向的，有些东西是它们所规避的。不过这亦不能证明人心中有天赋标记，因为这些标记是要成为"规制实行"的知识原则的。因此，这个并不能证实理解力上的自然印象，反而取消了它们，因为自然如果真在理解上印了一些标记，以为知识的原则，我们一定会知觉到它们常常在我们身上起作用，并且要影响我们的知识，正如我们永远知觉到能影响意志和欲念的那另一些原则似的。(后边这些行动的原则是我们一切行动的恒常源泉和动机，而且我们不断地觉得它们很强烈地驱迫我们来从事那些行动。)

4 道德的规则需要一个证明，因此它们不是天赋的——此外，还有一种理由亦使我们怀疑任何天赋的实践原则；因为我想，任何道德原则在一提出来以后，人们都可以合理地请问一个所以然的理由。可是这些原则如果是天赋的或至少是自明的，则这种问题是完全可笑的、荒谬的；因为任何天赋的原则都是自明的，并不需要任何证明来辨识它的真理，亦并不需要任何理由来给它求得人的赞同。一个人如果要问为什么"一物不能同时存在而又不存在"，或者他如果来给这个问题以一种理由，则他可以说是缺乏常识的。因为这个命题本身就具足自己的光明和证据，并不需要别的证明；任何人只要一理解这些名词，就能一直同意这个命题，要不然则我们便没别的方法使他同意。不过"以己所欲于人者施于人"这个规则，虽是一切社会德性的基础，同一切道德的不能动摇的规则，可是我们如果把这条规则向一个从未听说过它而却能理解它的人提出来，他不是可以很合理地请问一个所以然的理由么？而且提出这个规则的那人不是应该给他解说这个规则之为真实、之为合理么？这就证明这个规则不是天赋的了，因为它如果是天赋的，则它便应该不需要任何证明；而且人们在一听闻、一理解它以后，就应该接受它、同意它、认它为无论如何不能反驳的真理。因此，一切道德规则所含的真理，分明都是依靠于一些先前的理论，而且是由先前的理论所演绎出的；它们如果是天赋的，或则是自明的，当然就不是这样情形了。

5　遵守契约的例子——遵守契约确乎是一个伟大而不能否认的道德规则。不过你如果问一个基督徒，为什么人不可食言，则他因为着眼于来世苦乐之故，就会给你一个理由说：那是因为掌着悠久生死权的上帝需要我们那样做。不过你如果问一个霍布士信徒，则他会答复说：那是因为公众需要那样，如果你不那样行事，巨灵(Leviathan)就会来刑罚你。你如果再问异教的一个老哲学家,则他又会说,因为食言是不忠实的,是不合于人的尊严的,是与人性中的最高优点,即德性相反的。

6 人们所以普遍地来赞同德性,不是因为它是天赋的,乃是因为它是有利的——因此,自然的结果就是人们对于各种道德原则,便按照其所料到的(或所希望的)各种幸福,发生了分歧错杂的各种意见;如果实践的原则是天赋的,是由上帝亲手直接印入人心的,当然不会发生这种情形。我自然承认,上帝的存在是可以由各方面观察到的,而且我们对他所应有的服从亦是同理性的光亮十分相契的,而且,大部分人类亦是能证实这个自然法则的。不过我们仍然觉得,必须承认人们虽然普遍地赞同各种道德规则,而并不必知道或承认道德的真正根据。道德的真正根据自然只能在于上帝的意志同法律,因为上帝可以在黑暗中视察人的行动,而且他亲手操着赏罚之权,足可以有力量来折服最傲慢的罪人。不过上帝既然以不可分离的联合作用,把德性和公益联结在一块,并且使实行道德成了维系社会的必需条件,并且使凡与有德者相接的人们分明看到德性的利益,因此,我们正不必惊异,人为什么不止要允许那些规则,而且要向别人来赞美,来讴歌那些规则了,因为他确信,他人如果能遵守德性,他是会得到利益的。因此,人们所以赞扬这些规则是神圣的,不但可由于信心,而且可由于利益;因为这些规则如果一被人蹂躏,一被人亵渎,他们自己就会不安全的。这种情形固然无损于这些规则所分明具有的道德的和永久的义务,可是这就足以指示给我们说,人们在口头上对这些规则所表示的外面认可,并不足以证明它们是天赋的。不但如此,这个认可亦并不足以证明，人们在内心中，承认这些原则是不可侵犯的实践原则。因为我们看到，尘世的利益和安全虽使人们在表面上承认这些原则；可是他们的行动很足以证明，他们很不在意建立这些规则的立法者，亦并不在意他为惩罚犯法者所准备的那个地狱。

7　人们的行动可以使我们相信，德性的规则不是他们的天赋原则——如果我们不要过事客气，不要过分承认许多人的自白是诚意的，而且我们如果以为他们的行动就足以解释了他们的思想，则我们将会看到，他们在内心里并不尊敬这些规则，而且亦不很完全相信这些规则的确定性和束缚力。因此，“以所欲于人者施于人”这个伟大的道德规则，虽常有人赞美，却少有人实行。而且你如果真正破坏了这个规则，倒许不是大罪，可是你如果教人说，这个规则不是道德的规则，并且没有束缚力，则人们会以为你这种说法是疯狂的，是与人们自身破坏这个规则以冀求得的那种利益正相反的。或者有人说，我们还有良心足可以约束我们，不使我们破坏了这个规则，因此，我们仍然可以保存了这个原则的内面的束缚力。

8　良心不足以证明任何天赋的道德规则——要答复这个意见，则我可以说，我确信，许多人心上虽然没有写上任何标记，可是他们却亦逐渐能同意一些道德的原则，相信那些道德的束缚力；亦正如他们逐渐能知道别的事物是一样的。其余的人们则亦可由其教育、交游、同本国的风俗，逐渐得到这种信念。而且这种信念，不论是如何得到的，总亦可以刺激起人们的良心来；因为所谓良心并不是别的，只是自己对于自己行为的德性或堕落所抱的一种意见或判断。如果你以为良心就是天赋的原则，那么相反的信念亦可以说是天赋的原则，因为有些人虽亦俱有同样的良心倾向，可是他们所行的事正是别人所要避免的。

9 举例证明，有些人在犯灭伦大罪时并没有悔恨——那些道德的规则如果是天赋的，印于人心上的，为什么竟有人在违犯这些规则时，不动声色，泰然自若呢？你只要一看军队在劫掠城市时所施的暴行，你就可以看到，究竟他们能遵守、能意识道德的原则不能，究竟他们能有一点恻隐之心不能。在这种情形下，抢夺、殴杀、奸淫，都是极其自由，不受任何惩罚和非难的。就在最文明的国家中，人们不是常把自己的婴儿掷在旷野，一任其饥寒以死，或受野兽的吞噬么？而且人们对那种行为不是毫不非难、毫不见怪，一如其对生育儿女之举是一样的么？在有些国家中，母亲如果因为生育而死，人们不是要把婴儿同母亲葬在一个墓中么？如果一个冒充的星相家申言婴儿的星座不吉，人们不是要把他杀掉么？有些地方，人们在达到某种年龄后，不是要把他的父母杀戮了或弃掷了，而毫不感悔恨么？在亚洲的某一部分，病人到了不可救药的时候，往往在死前就被人抬出置在地上，让它们在风雨寒暑中逐渐灭亡，而毫不加以救助或怜悯。又如明格来良人(Mingrelians)虽然自认为是基督教徒，可是他们往往毫不踌躇地把自己的儿女生埋了。有些地方，人们竟然还要吃自己的儿女们。格律卑人(Caribbs)往往把自己的儿童阉割了，以便养肥了供他们食用。加喜乐叟(Garcilasso de la vega)告我们说，秘鲁有一种人，往往同他们的女俘虏实行交媾以求生产，生产以后，便将其儿女养肥以供食用；他们把这些女俘虏养做妾，专供生产之用，到了她们不能生殖的时候，亦就被杀食了。杜平纳布人(Towoupinambos)以为能报仇，能多吃敌人，就是可以进乐园的德性。他们并不曾有上帝一名，亦没有宗教和信仰。又如土耳其人所奉为圣人的那些人们的生活，说起来亦是无法登大雅之堂的。保姆格腾(Baumgarten)有一部颇为稀奇的游记，其中有很著名的一段记述这一类的事实，因此我可以将其原文详引在下边。

"在那里(就是说埃及白尔伯(Belbes)地方附近)，我们见了一个回教的圣人，坐在沙丘间，一丝不挂，就如方出胎的婴儿一样。我们听说，回教中人以为失了知觉的疯人是圣者，而加以供奉。他们相信，那般人们因为是圣洁的，所以值得他们的敬仰。因为那般人们原来虽然过过很不合适的生活，可是后来他们又自愿地度其忏悔而穷苦的生涯。这一类人可以享有几乎无限的自由权，他们可以随便入人家宅，随便饮食，并且竟然可与别人家的妇人共寝；而且在这样交媾以后，如果有孩子生出来，则人们亦以为他是神圣的。他们对于这般人们，在生时是十分崇拜的，在死后又要给他们建立伟大的纪念碑或柱石。而且他们以为能手摸这般人，或葬埋这般人，那是很幸运的。这个消息是从我们的马克吕乐(Mucrela)得来的，他的文字曾经给我们翻译出来。我们还听说，我们所见的那位圣人所以得人极大的崇拜，所以被人认为是特别神圣的，尤其是因为他同妇人或男孩没有交媾过，只同猴子和骡子交媾过"。

庇错戴乐维(Pietro della valle)1616 年 1 月 25 日的信中亦曾记载过回教圣人们同样的一些事迹。那么所谓公道、敬虔、感恩、正义和贞洁等天赋的原则在哪里呢？在格斗中的杀戮，如已被习俗所尊崇，则人们在犯这种罪恶时，都毫无良心的悔恨，不但如此，在许多地方，你如果在这方面真不犯罪，反而是最大的耻辱。我们如果放眼观察全人类的真相，则可以看到，此一处人所认为足以引起悔恨的事，正是被一处所认为很有价值的事。

10 各人的实践原则是相反的——人们只要仔细观察人类的历史，一考察各民族的生活，并且以中立眼光来视察他们的行动，则他们一定会相信，在一个地方人们所提到的或想到的道德原则，几乎没有一种不是在其他地方，为其他全社会的风俗所忽略、所鄙弃的，因为后一种人所遵守的生活的实践意见和规则，正是与前一种人相反的。（只有维系社会所绝对必需的那些规则是个例外，不过在各社会相与之间，就是这些规则亦是常被忽略的。）

11 有整个的民族要排斥各种道德的规则——在这里人们或者会说，我们不能因为人们破坏了规则，就说他们不知道规则。这种驳难在某一方面我认为对的，因为有些地方，人们虽然干犯了法律，可并不否认法律；而且人们因为恐怕羞耻、责斥和刑罚，亦可以表示其对于法律的敬畏心来。不过人心中如果自然印有一种法律，则他们一定会确然无误地知道这个法律，因此，我们便不能设想整个民族如何能公然一致把这个法律排斥了、抛弃了。自然，有的人们虽然私心不相信道德规则是真实的，可是他们因为别的人们相信这些规则的束缚力，因此，他们为在别人面前保持名誉和珍视之故，有时就不得不在表面上承认这些规则。不过整个民族如果心中确乎知道一种法律，则他们一定知道同他们相与的人亦会知道那种法律；因此，他们在互相交与之间，便都恐怕在表示出缺乏人道以后，引起了对方的鄙弃和憎恶；而且一个人如果破坏了共知的自然的是非法度，则一定会被他们认为是他们平安和幸福的公然大敌。因此，我们便不能想象，整个民族如何能公然坦白地否认了、弃掷了这个规则。任何实践的原则如果是天赋的，则人人都一定会知道它是正直的、良善的。因此，人人既然凭着最强烈的证据知道什么是真实的、正直的和良善的，则我们要说整个民族在口头上和实行上，能普遍地一致地对他们所知的那一点来撒谎，那只有自相矛盾了。这就足以证明，任何实践的规则，如果在某个地方普遍地为人所破坏，并且在破坏时得到公众的同意和允许，则它并不能说是天赋的。不过要答复这层驳难，我还有进一步的说法。

12　你说，破坏规则并不能证明人们不知道规则，这一点，我是承认的。不过有的地方既然一致地允许人们破坏，则我可以说，这就足以证明那个规则不是天赋的了。若举例证明，则我们可以说，有许多规则是由理性最明显地演绎出来的，而且是最契合于大部分人的自然倾向的，因此，很少有人鲁莽地来否认它们，很少有人轻率地来怀疑它们。这些规则中如果有一种可以说是自然印入的，则我想最配称为天赋规则的，莫过于说："为父母的人们，你们要保育自己的儿女。"不过你说这个规则是天赋的规则时，究竟有什么意思呢？你的意思，一定不外两种：你或则说它是一个天赋的原则，在任何时候，都可以刺激并指导一切人的行为；或则说它是一切人们心中所印入的一个真理，因此亦是他们所知道、所同意的。不过在这两种意义下，它都不能是天赋的。第一点，我在前已经举例证明它不是影响一切人类行为的一种规则；我们在此，亦并不必远远地从明格来良人或秘鲁人中间，找寻例证，证明人们忽略、虐待甚或至于处死自己的儿女；我们亦不必认这种举动只是野蛮不化的民族中的过甚的凶残行为；因为我们记得，希腊人同罗马人亦是惯把自己的儿女毫无怜悯和懊悔地弃掷了，而无人加以责难的。第二点，要说这个规则是人人所知道的一个天赋的规则，那是不对的。因为“为父母的，你们要保育自己的儿女”这句话，不但不是天赋的真理，而且根本就不是真理，因为它只是一个命令，不是一个命题，因此，亦就无所谓真，无所谓伪。要想人们认这个规则是真的而加以同意，则我们只得把它化为一个命题说：“保育儿女乃是父母的职责。”不过要了解职责的意义，则我们又离不了法律；要了解或假设法律，则又离不了立法者和刑赏。因此，我们如果要假设这个规则或其他实践的原则是天赋的，是当做职责印在人心中的，则我们同时必得假设，上帝、法律、义务、刑罚、来世等等观念都是天赋的。因为我们分明知道，在尘世上，人们破坏了规则以后并不必定有刑罚加于其身，而且在公然允许干犯这种规则的国土内，既没有刑罚，亦就没有法律的力量。不过这些观念（如果职责其物是天赋的，则这些观念一定都是天赋的）完全不是天赋的，因此，且不论说在每一个人心中，就是在爱研究、爱思想的人心中，这些观念亦是不清楚、不明白的。这些观念中，上帝的观念虽然似乎应该是天赋的，可是归根究底，它亦不是。我想在下一章中，任何深思的人们都可以看到这一点。

13 由上边所说的看来，我们可以确乎断言，任何实践的规则如果在任何地方普遍地被人所破坏，而且在破坏时又得了大众的允许，则我们便不能说它是天赋的。因为人们既然确知上帝立了规则，并且要惩罚破坏规则的人，使犯罪者得不能偿失（这个规则如果是天赋的，人们一定会知道这一层，如不知道，则他们便不能确知任何事情是自己的职责），那么他们便不会毫无羞耻（或恐惧）地、自信不疑地安心来破坏这个规则。自然，人们如果不知道法律，或者怀疑法律，或者想逃避立法者的视线和权力，则他们也许会屈服于当下的情欲。不过我请人先比比人的过错同惩治过错的鞭笞、比比犯罪同惩治犯罪的烈火、比比当下惑人的快乐、同全能者为报复起见所举的手掌（职责如果是印在人心中的，一定有这种情形）：比较了以后再来告诉我；人们既然看到这种景象，既然确知这种果报，他们是不是可以放纵地、毫不含糊地来触犯他们心中字迹明显的那种法律，来触犯那一被触犯便要怒目以视的那种法律。他还可以告诉我，人们既然在自己心中觉得全能立法者所印入的命令，那么他们是否能坦然而愉快地忽略和蹂躏他的最神圣的告诫。最后他还可以告诉我，一个人既然干犯了这个天赋的法律和无上的立法者，那么一切旁观者，甚至于为民之牧者，既然亦能充分意识到这个法律和立法者，他们还能默然纵容他，不表示自己地憎恶，不稍加以刑罚么？人的情欲中自然含有一些行动原则，不过这些原则完全不是天赋的，而且你如果听其自由活动，它们会使人们把一切道德都推翻了。道德的法律所以要颁给我们乃是要以约束和限制这些泛滥的欲望，而欲达此目的，则这些法律又必须以刑赏来平压人们在干犯法律时所预期的满足。因此，人心中果真印有法律其物，则一切人类都会有一种确定而不可免的知识，都会知道，干犯法律一定能引起确定而不可免的刑罚来。因为人们如果不知道或者怀疑什么是天赋的，则所谓天赋的原则，便完全失了作用。照这样，则他们所妄想的真理和确性都是不能由这些原则得来；而且人们不论有这些原则，无这些原则，亦都处于一样不确定的游移状态中。因此，既有天赋的法律，则人们一定可以分明确知有一种不可避免的刑罚，而且这种刑罚亦足可以使干犯法律之举成为可憎恶的;如果不是这样,则人们在假设天赋的法律时。一定亦得假设一种天赋的福音——不过人们在此不要因为我否认天赋的法律,就误会我以为除了成文的法律(Positive laws),就没有别的法律。在天赋法和自然法之间,有很大的差异:一种是原始印在人心上的;一种是我们初不知道,后来渐次应用我们的自然能力才知道的。在我看来,无论人们主张说有一个天赋的法律,或者主张说,不借助于成文的启示,只有自然的光亮并不能知道任何法律:那都是各趋极端,一样离开真理的。

14 人们虽主张有天赋的实践原则,可是并不能告诉我们什么是天赋的实践原则——各人的实践原则是有很大差异的,因此,我想,要以普遍同意的标记,来证实天赋的道德原则,那是不可能的。只这一层就足以使人猜疑,天赋原则的假设是随意采取的一种意见,因为断然主张这些原则的人们无论如何,不能告诉我们说哪些原则是天赋的。着重这个意见的人们,实在应给我们做到这一层。如果人们一面申言上帝已经在人心上印了知识的基础同生活的规则,一面可又不能给邻人以知识,不能给人类以安心,不能给他们指出,在人类所迷惑的一大些原则中,哪一些是天赋的:那么我们在此,正可以怀疑他们的知识或他们的仁心。不过真正说来,如果真有天赋的原则,则人们亦正不必以此教人。如果人们真能看到,自己心上印有天赋的命题,他们一定很容易把这些命题同后来所学的以及由此所演绎的真理,分别清楚;而且要想知道什么是天赋的真理,并且这些真理共有多少:那亦是很容易不过的事。他们一定分明知道这些真理的数目,正如同他们自己知道自己的指头有多少似的;而且各种系统一定可以给我们详细叙述出来。

不过据我所知，人们既然不曾冒险把这些原则列出表来，则我们要怀疑这些天赋的原则，他们亦正不必多所非难，因为就是那些以天赋原则教人的人们，亦并不能告我们说，这些原则究竟是什么。不但如此，我们还容易看到，就是各宗派的人们纵然给我们把那些天赋的实践原则的表格列出来，他们所列举的原则，亦只是特别合于他们的假设的，亦只是适宜于证实他们自己教派的学说的。这就分明证实，没有所谓天赋的真理了。不但如此，大部分人们在自身以内并看不到有任何天赋的原则，因此，他们就否认人类有自由，并且把人看得只成了一架机器。因此，他们不但取消了天赋的原则，而且取消了一切道德的原则；因此，有些人虽然不能存想不自动的主体如何能应用法则，而在这里毕竟不能再相信有任何道德的规则了。道德同机器既然不易调和，不易符合，因此，他们既然采取机械主义，就不得不把一切德性的规则排斥出去了。

15　我们可考察赫巴特勋爵（Lord Herbert）的天赋原则说——在我写这部书时，我曾听说，勋爵赫巴特曾经在其"真理论"（De Veritate）中把这些天赋原则列举出来；因此，我就立刻就商于他的书。因为我很希望，这样大的一位天才家，应该在这一点上解了我们的疑惑，使我的探究告一段落。在论天赋本能（De Instinctu naturali）的那一章中，（76 页，1656 年版本，）我曾看到公共意念（Notitiae Communes）的六种标记：一为先在性（Prioritas），二为独立性（Independentia），三为遍在性（Universalitas），四为确定性（Cer titudo），五为必然性（Necessitas）（就是说它们能维持人的生存），六为契合的方式（Modus Contormationis）就是说直接的同意（Assensus nulla interposita mora）。在他那篇简短论文——"世俗宗教论”(Religione Laici)——的末了,他又论到这些天赋原理说:“这些真理是到处有力量的,并不限于任何一种宗教。因为它们是为上天印于人心中的,并不束缚于任何成文的或不成文的传说”(3页)。他又说,“这些都是在内面法庭中所印的普遍的真理,它们就是上帝所写的不可磨灭的文字。”他既然数出天赋原则(或公共意念)的标记,并且说它们是上帝亲手印在人心中的,因此,他就进而把这些原则列举出来:(一)世上有最高的元宰;(二)这个元宰是必须要尊敬的;(三)能实行德性和虔诚,就算完成了对上帝的教仪;(四)我们必须由罪恶之途,返回光明之域;(五)在经过完此生以后,我们一定会受赏或受罚。我虽然承认,这都是明白的真理,而且在正确解释以后,任何理性动物都是不能不同意的,可是我想,他并不曾丝毫证明它们是内面法庭中所描写出的一些天赋的原则。因为我可以说:

16 第一点,我们如果可以合理地相信有任何普通的意念是由上帝亲手写在人心上的,则这五个命题或则是不能概括了这些意念的,或则是多于这些意念的。因为还有别的许多命题,亦可以按照他的规则,说是导源于上帝而为天赋原则的,(至少亦可以如他所列举的这五个命题。)类如“以己所欲者施于人”这个原则,以及千百种别的考量好的原则都是。

17 第二点,他所举的标记并不能在所有的五个命题中都找得到,就是说,第一、第二和第三这三种标记,并不与任何命题完全相契;而且第一、第二、第三、第四同第六那五个标记,同第三、第四、第五三个命题亦并不甚合。因为我们不但从历史上知道,有许多人、许多国家怀疑或不信这些原则的全部或一部,而且我亦不知道："德性和虔敬结合起来就是对于上帝的最好礼拜"这第三条原则，如何能成为一条天赋的原则，因为"德性"一名是不易理解的，它的意义是毫不确定的而且它所指示的对象亦是聚讼纷纭，不易知道的。因此这条原则只是指导人生的一种最不确定的原则，在实际上并无大用，因此，它亦并不配称为天赋的实践原则。

18　我们如果再来考究"德性是对上帝的最好礼拜"这个命题的意义(因为原则或普通的意念只在于意义，而不在于声音)，则我们又会看到，德性如果是指各国舆论所认为最可夸奖的那些行为，则这个命题一定是不确定、不真实的。如果德性是指契合于上帝意志的种种行为，或指契合于上帝所立规则的各种行为，如果德性是指本性善良的一种品德，而且上帝的规则，是衡量德性的唯一真实的尺度，则"德性是对上帝最好的礼拜"这个命题虽是最真实、最确定的，可是它对于人生是最无用处的，因为这个命题毕竟不过是说，"上帝乐意人们实行其命令"罢了。但是人人虽然都确知这个命题是真的，可是他们在知道时亦并不必知道究竟什么是上帝所命令的，因此，这个命题并不能成为他的行动的规则或原则，这就与他没有这个规则是一样的了。一个命题的含义如果只是说："上帝喜爱人们实行他自己的命令"，则不论它如何真实确定，我们都可以说，很少有人肯定这一命题是一切人心上所共有的一种天赋的道德原则；因为这个命题并不能教人什么。谁要肯这样说，则他一定会以为千百种命题都是天赋的，因为有许多原则，人们虽然一向不以之归于天赋原则之数，可是要照这里的道理讲来，则它们亦可以说是天赋的了。

19　我们如不知道那一些行为是罪恶，则第四个命题(就是说：人一定要悔改他们的罪恶）亦不能教人许多。因为罪恶一词所指的行动既然能使罪恶者受了刑罚，那么我们如果不知道，哪一些特殊的动作可以招致来刑罚，则有什么大的道德原则，可以教我们自悔，立意不做能给自己招祸的那些事呢？人们如果已经知道，某些行为是罪恶，则这个命题可以说是一个真正的命题，而且我们亦可以用它来指教他们。不过人心上如果不曾印有罪和德的特殊尺度和界限，而且这些尺度如果亦不是天赋的原则（这一层我想当然是很可疑的），则这个命题同前边的命题，都不能想象为天赋的原则，而且纵然是天赋的，亦是没有用处的。因此，我想，上帝一定不能用“罪”与“德”等等意义不确定的文字，把原则印在人心上，因为这些文字所代表的事物是因人而异的。不但如此，而且我们根本就不能假定原则能以文字表现出来，因为文字在大多数原则中都只是一些很普遍的名词，我们如不知道这些名词下所含的特殊事物，就不能理解这些名词。因此，在实践的例证中，我们的尺度一定是根据于我们对各种行动自身而有的知识的，而且行动的规则，一定是可离了各种文字而各自独立的，一定是在我们知道各种名词以前就存在的。因此，一个人无论学什么语言，无论他所学的是英文，是日文，或者根本就不学任何语言，或者根本就不知道名词的用法（如聋、哑之类）——一个人纵然有这些情节，他一定仍会知道这些规则。因此，人们纵然不知道语言、文字，纵然不知道本国的法律、习惯，亦一定会知道为礼拜上帝之故，人们应该不杀人、应该只御一女、应该不堕胎、应该不弃儿女；在自己感受穷乏时，应该不取于人，反之，在人受了穷乏时，应该供给他、救济他；在作了相反的事实时，应该悔改、应该惭愧、应该决心不再为非。一句话说，我们如果真能证明一切人类都知道都承认这一类的规则，而且这一类的规则都包含在上边所述的常用的“德”与“罪”两个字下面，则我们便很有理由来承认这一类的原则是普通的意念和实践的原则。不过归根究底，人类对于真理的普遍同意（在道德原则中如果有这种同意），毕竟不能证明真理是天赋的，因为我们正可以由别的方式来知道真理；这就是我所争执的那一点。

20　人们反驳说，“天赋的原则亦可以堕落。”现在要反驳这一点——人们在这里或者会提供出他们那种很现成、很不关重要的答案来，他们或者会说，天赋的道德原则，可以被教育和习惯，以及同我们常相谈论的那些人的意见所污暗，因此，这些原则就会完全从人心中扫荡出去。不过这个答复是没有什么力量的；因为这个说法如果是真的，则它会消灭了普遍同意的论证，因而人们虽然以这种同意努力来证明天赋的原则亦就无济于事了。因此，他们如果还要想以普遍的同意来证明天赋的原则，则他们必须把自己宗派的信仰或私人的信仰，认为是普遍的原则。这种情形虽然不合理，可是亦不是不常有的，因为人们每爱妄自尊大为正当理性的主人翁，以为其余人类的投票和意见是不值得过问的。因此，他们的论证就成了下边这样的：“一切人们所承认为真的那些原则都是天赋的；一切具有正当理性的人们所承认的原则，亦就是一切人类所承认的原则；我们以及同我们思想一样的人们都是有理性的，因此，我们所同意的原则，亦就是天赋的。”这是一种很巧妙的辩论方法，不愧为达到真理的捷径。要不如此说，则我们便不能了解为什么有些原则是一切人所承认、所同意的，同时这些原则又要被堕落的风俗和恶劣的教育铲除于人心以外。要不如此说，我们便不能了解，为什么一切人们都承认这些原则，可是同时又有许多人否认这些原则。真的，要假设这一类第一原则，那是毫无用处的，而且这一类原则如果可以被任何人力所改移，可以被教师的意志或朋友的意见所转化，则我们有没有这些原则，都一样是无所适从的。照这样，则我们虽然夸张说有第一原则和天赋的光亮，我们亦仍然要处于黑暗和不定之中，一如完全没有这些原则一样。因为我们的规则如果会离正轨，或者我们在各种相反的规则中，不知道那一条是正确的，则有规则亦正和无规则是一样的。不过关于天赋的原则，我很希望人们告我，究竟它们是否可以被教育和习惯所淆乱、所铲除；如果它们不能被铲除，则我们定会看到，它们在一切人心中都是一样的，而且人人都会分明知道它们。如果它们可以因为外来的意念受了变化，则我们定会看到，它们在接近其泉源的时候（就是在儿童和文盲方面），一定是最清楚最分明的，因为儿童和文盲是最不容易从外面的意见接受到印象的。不论他们选取哪一种意见，他们亦一定会看到，他们的意见和明显的事实及日常的观察是互相抵触的。

21 世界中相反的原则——我们还容易看到人们的国籍、教育和性情如果不一样，则他们所认为不容怀疑的第一原则，亦只是许多不相同的意见。这些意见，有的是本身荒谬的，有的是互相对立的，因此，它们许多一定不可能都是真的。不过这一类的真理无论和理性如何违背，可是总有地方会认它们是神圣的，因此，人们在别的方面纵然理解清晰，可是他们宁愿把自己的生命和其最爱的东西牺牲了，亦不愿让自己来怀疑这些原则的真实，不愿让他人诘问这些原则的真实。

22　人们的原则通常都是如何得来的——这种情形看来无论如何奇怪，可是它是被每日的经验证实的，而且我们如果一考察这种情形所由以发生的方式和步骤，则我们或会看到它不是那样奇特的。因为我们看到，有些学说虽然没有高贵的来源，虽然只是由乳母的迷信和老妇的权威来的，可是因为年深日久，乡党同意的缘故，它们会在宗教中或道德中，上升到原则的地步。因为留心以原理教导儿童的人们（很少有人没有一套自己所相信的原则，来以之教导儿童），往往要以自己所认为合意的学说，灌注在他们那天真而无成见的理解中（因为白纸可以接受任何字迹），使他们仅守勿失，公开宣扬。这些学说既然在儿童们一有理解时就教给他们，而且周围的人们或以公开的承认，或以默然的同意，在他们生长的过程中，又逐渐把这些学说给他们证实了，因此，这些学说就逐渐获得美名，被人认为是不可怀疑的、自明的天赋真理了。这些人们纵然没有这种力量，而他们（儿童们）所奉为聪明、渊博、而虔敬的那些人们，亦会认这些命题为宗教和习俗的基础，不让人加以毁谤和鄙薄，因此，亦会发生出同样结果来。

23　此外，我们还可以说，受了这样教育的儿童们，在长大以后，反省自己的心理时，他们一定觉得那些意见是最早就有的，因为人们拿那些意见教他们时，他们的记忆还是不能记录自己的行动的，还是不能标记什么时候有新事物呈现于自己的。他们既认这些意见是最早的，而且他们亦不知道自己对于这些命题的知识导源于何处，因此，他们便毫不客气地断言，这些命题确乎是上帝和自然在人心上所印的印纹，而不是由别人得来的。因此他们就恭恭敬敬服膺这些命题，服从这些命题，就如许多人们服从自己的父母似的。不过他们所以如此尊敬，并非因为尊敬是自然的，而且人们若不教他们来尊敬，他们亦不会自动地来尊敬。他们所以如此，乃是由于常常受那样的教训；而且因为自己记不清这种恭敬的发端，所以他们想这种恭敬是自然的。

24 我们如果一考究人类的天性和人事的情况，则上述的情形不但是可能的，而且是必然会发现出的；因为人们如果不耗费时光来从事于自己职业中的日常工作，则他们便不能在社会中生活；如果没有一些基础和学说，以使自己的思想有所归着，则他们的心理便不能安息。人们的理解纵然极其游移、肤浅，他们亦总有自己所崇拜的一些命题，他们亦总会把这些命题作为原则，以来建立自己的推论，并且来判断真伪和是非。不过他们有的因为缺乏技巧和工夫，有的因为缺乏研究的爱好，有的因为受人禁止，不得来随便考察，因此，他们便都被自己的懵懂、懒惰、教育或急性所欺，**轻于信任这些命题了**。

25 一切儿童和青年显然都是这样的。习俗比自然的力量还大，它只要能教人把自己的心理和理解屈从于某种事理，它就往往能使人崇拜那种事理为神圣的；因此，我们正不必惊异，成年人们为什么不肯认真地坐下考察他们自己的教条；因为他们已经迷惑于人生必需的事务，已经热衷于快乐的追求，尤其因为他们的原则之一就是要使人不能怀疑自己的原则。纵然人们有闲暇、有天才、有意志，又谁敢来把自己过去一切思想和行动的基础都摇动了呢？又谁肯认自己一向完全是在错误中在世人面前丢脸呢？任何人在冒险反对其本国或本党的传统意念时，既然要到处引起人的责难来，谁还敢来干犯众怒呢？人们在稍一怀疑通俗的意念以后，既是必然要被人称为狂想者、怀疑者、无神论者，谁还有耐心甘受人这层诽谤呢？他既然同大多数人一样，以为那些原则是上帝在他心中所建立的标准，是检验他那一切意见的规则和试金石，他当然不敢怀疑这些真理了。他既然看到那些原则是他的最初思想，而且是为他人所最尊敬的，那么有什么东西能阻止他，使他不认那些原则为神圣的呢？

26　人们既然有此种情形，所以我们很容易想象，他们为什么崇拜他们在自己心中所立的偶像，为什么亲爱他们在心中习见的意念，为什么在谬见和错误上加了“神圣”二字的标记，为什么成了牡牛和猿猴的热烈信徒，为什么以争辩、格斗和死亡来卫护他们的意见，为什么相信，只有自己所教化的人们，才是有上帝的。因为在大多数人方面，心灵的推理能力（这种能力虽然不断地要被人运用，可是人们往往不能谨慎地、聪明地运用它）如果没有基础，则它便不知如何进行。可是这些人们又因为懒散和职业、匆忙和寡助之故，并不能来透入知识的原则，把真理的根源和起点，逐步推寻出来。因此，他们便自然地而且不可避免地要采用一些借来的原则；而且因为这些原则又被人妄认为是别的事物的明显证明，因此，它们亦就被人认为是不需要其他证明的，人们如果接受了这些信条，并且恭恭敬敬照着通常的样子来服膺它们，而且在接受了以后不敢妄加考察，只是听说应该相信它们就相信不疑：则他们在受了本国教育和习俗的熏染以后，一定会认任何谬见为天赋的原则。这些人们既然常常沉思同样的对象，因此他们的视觉便模糊起来，把心中所储的妖怪认为是神明的影像，认为是神明手造的作品。

27　各种原则是必须要考察的——由这种过程，我们便容易看出，有许多人都会达到他们所相信的天赋原则；因为一切人类无论哪一等级，都各有其所主张的五花八门的相反原则。有人如果以为人们所以相信自己原则的真理和证据，并不是由于这种方式，则他一定难用其他方法来解释：人们为什么坚信各种相反的教条，确说各种相反的教条，甚至肯毅然决然以热血来护卫各种相反的教条。如果天赋的原则有其特有的权利，让人根据它们自己的权威不经考察就来相信它们，那么，我亦不知道此外还有什么不可相信的东西，亦不知道还有什么可以被怀疑的原则。如果这些原则亦需要考察和试验，则我可以请问，天赋的第一原则可以如何试验得出。至少我亦该请问，有什么记号和标记可以使真正天赋的原则，和其他原则有所分别；这样我好在许多妄人中间，不至于在这样重要的一点上有了错误。如果人们能做到这一层，我一定可以立刻来接受那些可喜的、有用的命题。不过人们在未做到这一层的时候，我仍然可以谦恭地来怀疑；因为我恐怕，人们所拿出的唯一理由——普遍的同意——并不足以作为一种标记，以来指导我的选择，以来使我相信任何天赋的原则。就以前所说的看来，我想没有任何实践的原则是普遍所同意的，因此，它们亦就不是天赋的；这一点，我想是毫无疑问的。

第四章 关于思辨的和实践的两种天赋原则的一些其他考虑

1 原则中的观念如果不是天赋的，则原则亦不是天赋的——

以天赋原则教我们的那些人们，如果不曾笼统地把那些原则拿来，如果曾经分别地考察过组成那些命题的各部分，他们或者不会贸然来相信那些命题是天赋的。因为组织那些真理的诸观念如果不是天赋的，则由这些观念所组成的那些命题亦不能是天赋的，而且人们对这些观念所发生的知识亦不是与生俱来的。因为观念如果不是天赋的，则一定有一时候，心中没有那些原则，因此，它们亦就不是天赋的，而是由别的根源来的。因为观念本身如果不是天赋的，则由观念所发生的知识、同意，以及心理的或口头的命题，都不是天赋的。

2　各种观念，尤其是属于原则的那些观念，都不是与生俱来的——我们如果仔细考察新生的婴儿，则我们便会看到自己没有什么理由来相信，儿童在生来就带有许多观念。因为他们在胎中，虽或对于饥饿、干渴、暖热和痛苦，有一些微弱的观念，可是我们完全看不到他们有任何确定观念的样子；至于说到能与普遍命题中的名词相应的那些观念，能与天赋原则中的名词相应的那些观念，当然更是没有的。人们都看到，他们的心中如何逐渐可以得到各种观念，并且可以看到，他们所得到的，都是由于他们经验到观察到亲身所经的事物来的。这一层就足以给我们证明，它们不是在人心上所印的原始标记了。

3　如果有所谓天赋的原则，则“一件事物不能同时存在，而又不存在”的这个原则一定是一个天赋的原则。不过人们能想，或者能说，“不可能”和“同一性”是两个天赋的观念么？它们是一切人所具有，是一切人所生来就有的么？它们在儿童中是最初发现，而且先于一切后得的意念么？它们如果是天赋的，它们一定是这样的。不过儿童在未得到"黑"、"白"、"甜"、"苦"等等观念之时,他会得到"不可能"和"同一性"的观念么?他知道了这条原则以后,才来断言说,乳头上擦上艾草以后,则与他一向所感的味气不一样么?他真正是在知道了"一物不能同时存在而又不存在"以后,才能分别他母亲和生人么?才能爱惜母亲而逃避生人么?人心能用它所不曾具有的观念,来规范它自己以及其同意么?理解能从它所不曾知道不曾理解的原则,得出结论来么?"不可能"和"同一性"两个名词所代表的观念,不但不是天赋的,或生来就有的,而且我们要需要极大的细心和注意,才能在理解中把这些观念妥当地造成。它们不但不是我们生来就有、不但不是儿童们所有的思想,而且我相信,在一考察之后,我们还会看到,有许多成年人亦并没有这些观念。

4 同一性不是一个天赋的观念——如果"同一性"(专举这一个观念来说)是天然的印象,而且特别清楚,特别明白,使我们在摇篮中就早已知道了它,那么我很盼望,一个七岁的人或七十岁的人给我来解决一个问题,就是说:人既然是由身体和灵魂组成的一个动物,那么在他的身体变化以后,他是否还是那一个人呢?如果幼福博(Euphorbus)、毕达哥拉斯(Pythagoras)具有同一的灵魂,可是他们所生的时代又不同,则他们是否是一人?不但如此,如果一只公鸡亦具有同一灵魂,则它是否与他两人是相同的?由此看来,同一性的观念似乎是不很确定、不很清晰、不配称为天赋的,因为那些天赋的观念,如果不是十分清楚明白,如果不是普遍地被人知道、自然地被人同意,则它们便不能成为普遍而分明的真理的成分,而且会必然地引起不断的疑虑的。因为我想,各人的同一性观念和毕达哥拉斯及其信徒所有的同一性观念并不一样。那么哪一种观念是真的呢？哪一种是天赋的呢？这两种差异的同一性观念都是天赋的么？

5　人们并不要以为我在这里关于人格同一性所提出的问题，只是一些空洞的思辨。（不过纵然这些问题是空洞的思辨，这亦足以证明，人的理解中没有天赋的同一性观念。）人们只要稍一反省复活问题，并且一考究神圣的公道要在末日审判人们，按其在世时所做的善恶，以使之在来生受福或受苦；则他们一定会觉得自己不能解决，究竟所谓同一的人是什么样子，或所谓同一性是什么样子？而且他们还一定不会再冒昧地想象，他们自己同别人以及儿童们都对于同一性自然有一个明白的观念。

6　全体和部分不是天赋的观念——我们可进而考察"全体大于部分"的那个数学原则。我想人们一定会认这个原则为天赋的原则。并且我相信，如果有别的原则可称为天赋的，则这个原则亦一定配称为天赋的。不过人们都会知道这个命题不是天赋的，因为他们都会知道：这个命题所包含的"全体"和"部分"两个观念完全是相对的。能适当地、直接地包含这两个观念的积极观念，不外广袤和数目，所谓全体和部分就是这两种性质中的关系。因此，全体和部分如果是天赋的观念，则广袤和数目一定亦是天赋的；因为要想有一个关系的观念，我们总得观念到关系所寄托的所依据的那种东西。至于要问人心上是否自然地印有广袤和数目的观念，那我可以让主张天赋原则的人们来解决好了。

7　礼拜的观念不是天赋的——"上帝是应当礼拜的"这个原则，可以同人心中任何伟大的真理立于相等的地位，而且在一切实践的原则中，值得占首要的地位。不过“上帝”和“礼拜”两个观念如果不是天赋的，则这个原则也就不能说是天赋的。“礼拜”一词所代表的观念并不在于儿童的理解中，亦不是在人心中原始所印入的一个标记。这一点，我想人们是容易承认的，因为他们会看到，即在成人亦很少对于这一个名词具有清楚明白的观念。要说“上帝是应该礼拜的”这一个原则，是儿童们所有的天赋原则，可是同时他们又不知道自己的责任，不知道“礼拜上帝”作何解释：那乃是最可笑不过的一件事。不过我们且不提这一层。

8 上帝的观念不是天赋的——如果我们可以想象有任何天赋的观念，则我们可以根据许多理由说，上帝的观念更可以说是天赋的。因为我们如果没有天赋的神明观念，则我们便不能设想有任何天赋的道德原则。因为没有立法者的观念，我们便不能有了法律的观念，便不能有遵守法律的义务。古人在史传上所贬斥的那些无神论者不用说了，即在近代，自航海以来，人们不是曾在色尔东尼(Soldania)海湾，以及巴西(Brazil)、布鸾岱(Boranday)、嘉里伯群岛(Carribee Islands)发现了整个的国家，没有上帝的观念，并且不知道宗教么？尼古拉(Nicholans del Techo)关于开孤路(Caaiguarum)族的归化，曾经写道：“我见这个种族，没有表示上帝和人类灵魂的字眼，他们没有神圣的教仪，亦没有偶像。”我们不但见有许多国家，蛮性未除，没有文字和教育的帮助，没有艺术和科学的进步。此外，我们还见到有许多国家虽然已经文明大有进步，可是他们因为在这方面不曾适当地运用其思想的缘故，竟然没有上帝的观念和知识。安南人就是属于这一类的，我想人们亦正可以同我一样，不必惊异这一层。不过关于这一层，我们可参阅法王在安南近来所派代表给我们的记述。据这位代表的记述看来，中国亦正是一样情形。我们纵然不相信乐老波(La Loubere)的话，可是驻华的传教士们，甚至于耶稣教派的人们，一面虽然十分赞美中国，一面亦异口同声地告我们说：中国的统治阶级——士大夫们——都固守中国的旧教，都是纯粹的无神论者。关于这种情形，我们可参阅纳屋雷德(Navarette)"游记集"1卷同"中国仪礼史"(Historia Cultus Sinesium)。我们如果一注意邻近人民的生活和交际，我们亦很有理由来相信，即在文明国家中，许多人心中亦并没有强烈而明显的神明印象。从此我们亦就看到，讲坛上所以责怨人们的无神主义，亦并不是没理由的。现在虽然只有一些浪子无赖腼然自认无神，可是人们如果不是因为恐怕官吏的刀锋、邻人的责骂，结舌不敢出声，则我们一定更会听到无神的论调。因为他们如果到了不必恐怕刑罚或羞耻的时候，他们的口舌一定会公然宣布其无神主义，一如他们的行为一向所表示的那样。

9　纵然一切人类到处都有一个上帝的观念(历史告诉我们以相反的状况)，我们亦不能因此就说那个观念是天赋的。因为我们所见的国家，虽然都是上帝一名，而且对他有一些含糊的意念，可是这并不能证明那个意念是人心上自然的印象。这个亦正如火、热、日、数等等名称，不足以证明它们所代表的观念是天赋的一样；我们正不能因为这些事物的名称和它们的观念是一切人类普遍所承受的，就说那些观念是天赋的。不过在另一方面，人们纵然没有上帝一名，而且他们的心中虽然没有那个意念，那亦不足以否认上帝的存在。这个亦正同我们不能因为人类大部分不知道磁石的观念和名义，就来证明说没有磁石似的；亦正同我们不能因为自己观念不到各种特异的天使（或超于人的灵物），并且不知道他们的名称，就来证明说，没有各种天使似的。因为人们原来虽然没有这些观念，可是他们既然有本国的文字、言语，一定免不了得到那些事物的观念，因为同他们来往的人们一定会以这些事物的名称一再向他们提说。而且假如有一个观念带有“至善”、“伟大”和“奇特”种种意味，而且那个观念又能引起人的忧虑和恐怖，而且人们对于绝对不可抗的权力所有的恐怖又把这个观念明印在心中，则那个观念一定又会进得深一些，展得广一点。这个观念如果是与公共的理性光亮相契合，而且可以由我们知识中任何部分演绎出来，如“上帝”观念之类，则更是这种情形。因为在世界的一切作品中，我们分明看到有极度智慧和权力的标记，因此，一个理性动物只要能认真地考察这些作品，一定可以发现了所谓神明。这种存在被发现以后，人们只要一听到它，就会在心中受了很大的影响，就会发生了严重的思想、有力的感应，因此，我想整个的民族如果野蛮得竟然没有上帝的观念，那比没有数的或火的观念还要奇怪些。

10 在世界上任何一部分，上帝的名称只要一提出来，以表示一种崇高的、聪明的和无敌的存在，则它必然会传得很广很远，继续到万古千秋。因为那个意念是同公共理性的原则相契合的，而且人们常常提说这个名词亦是于自己有利益的。不过一般不思想的人们虽然普遍地接受这个名称，而且他们虽然能得到一种游移不全的意念，可是这亦不足以证明那个观念是天赋的。人们所以有此意念，乃是因为发明这个名称的人们，曾经正确地运用其理性，曾经成熟地思维过事物的原因，并且曾经把事物的根源找寻出来。这个重要的意念既发明出来，所以那些不受思考的人们在一接受了以后，便再也忘不掉。

11　如果上帝的观念真是可以在一切人类中找得到，并且在各国都为成年人普遍地所承认，那么我们从这个观念所能得到的推论亦便限于上节所说的。我所以只提到成年人，乃是因为我想承认上帝的一般人数根本就超不出成年人的限度以外。如果我们可以根据这一点来证明上帝的观念是天赋的，则我们亦可以根据这一点来证明火的观念是天赋的，因为我想，世界上凡有上帝观念的人们一定亦有火的观念。我相信，我们如果把儿童们移在一个没有火的岛上，则他们一定不会得到火的观念同火的名称，虽然世界上其余的人们亦都一致地接受这个名称和这个观念。不但如此，这些儿童或者亦完全不知道上帝的名称和意念。不过他们中如有一人运思来探究事物的组织和原因，则他们亦容易得到一个上帝的观念。而且这个观念如果一教给人，则人的理性，和其思想的自然倾向，亦会把它推广出去，并且永远继续存在于他们中间。

12　有人说："按照上帝的善意，一切人们应该有一个上帝的观念，因此，这个观念是天赋的。"现在要答复这一点——有的人说，按照上帝的善意说来，他一定要把他自己的标记和意念印在人心上，他一定不使人们在这样大的一件事体上，处于黑暗和犹疑之中。他一定会以此种方法来使有理性的动物如人者，按其本分向他恭敬礼拜。因此，他一定曾把自己的意念印在人心上。

这种论证如果有任何力量，则它在此处所证明的，一定远过于应用这种论证的人们原来所希望的。因为我们如果可以按照上帝的善意来断言说，他一定把人们所认为最好的事给人做了，那么这不止能证明，上帝在人心上把自己的观念印进去，而且还可以证明，他曾以明显字迹，把人关于他所应知应信的东西都印进去，把人应服从他的事情都印进去，而且还可以证明，他曾给了人们以一种契合于自己意志的意志和情感。人人都知道，我们如果在黑暗中追求知识，如圣保罗所说一切国家都在黑暗中摸索上帝那样（见“使徒行传”17 章 27 节），那是不好的；人人还都知道，他们的意志如果同他们的理解相冲，他们的情欲如果同他们的职责相反，那是不好的。因此，上帝如果把我们应有的知识和意欲都准备好，那就很好了。罗马教士说，地球上如果有一个解决一切争执的无误的判官，那不但于人有很大的利益，而且亦契合于上帝的善意，因此地球上就有了这样一个判官。不过我亦可以根据同样理由说，人人应该各自都是一个无误的判官。我并且可以让他们考察考察，他们是不是可以根据这个论证就以为人人都是一个无误的判官。要说“全知的上帝既然如此做，所以这就是最好的”，那实在是一种最好的论证。不过人们如果要说，“我觉得那是好的，所以上帝就那样做，”那在我看来，他们就太于相信自己的智慧了。而且在现在这场议论中，我们要说上帝已经如此做，并且我们根据此来辩论，那是徒然的，因为经验已经暗示我们，他并不曾如此做。不过上帝虽然没有给人以知识的原始印象，虽然没有在人心上印了天赋的观念，可是他的善意并不因此就缺乏了，因为他所供给人的能力，足可以使人来发现各种必需的事物，以来证实上帝的存在；而且我可以确乎断言，一个人如果能正当地运用其天赋的才具，则他虽没有任何天赋的原则，亦可以得知有上帝存在，亦可以得知关于上帝的其他事物。上帝既然供给人以那些认知的本领，因此，他便不必再把那些天赋的观念印在他心中，正如他给了人以理性、手臂、物材以后，不必再为人建造桥梁和房屋似的。在世界上，有的人种天才虽然优良，可是他们并没有房屋、桥梁，或者有亦是很简陋的，就如有的人种全没有上帝的观念或只有顶鄙陋的上帝观念似的。在两种情形下，人们所以有这种现象，乃是因为他们不曾勤苦地在那方面运用过自己的天才、才具和能力，乃是因为他们甘心自封于本国当下所流行的意见、风尚和事物，而不再远求。如果你或我生于色尔东尼湾（the Bay of Soldania），则我们的思想和意念，一定亦超不过在那里居住的荷坦涂特（Hottentots）番人。如果维金尼亚王亚坡加克诺（Virginia king Apochancana）教养在英国，则他或者亦可以比得上英国任何渊博的神学家和精深的数学家。他同较进步的英人所有的差异只是：他在运用自己的才具时，受了本国风尚、习俗和意念的限制，而不能进一步来探求别的东西。因此，他之所以没有上帝的观念，亦只是因为他不曾致思于能引起上帝观念的那些事物。

13　上帝的观念在各人是不同的——我相信，人心中如果印有任何观念，则我们可以很合理地想，那一定是他对造物者所有的观念，因为上帝会在他的手工上加一个印模，以使人不忘自己的依赖和职责；而且人类的知识亦是一定以此为起点的。不过你知道，这个观念在儿童心中是多么晚才发现出的呢？而且我们在看到他们有了这个观念时，这个观念不是很仿佛他们老师所有的意见和意念，而不见得是表象真正的上帝么？人如果能知道，儿童心理得到知识的方式，则他一定会想到，他们起初所熟习的那些物象，一定是在他们理解上初次所印入的那些物象，除此以外，他一定不会看到，有别的东西的痕迹。我们很容易看到，他们的思想所以逐渐扩大，只是因为他们逐渐熟习了较多的可感物，把它们的观念储于记忆中，并且得到一种技术在各种方式中来组合、来扩大、来合并那些观念。至于说他们如何可以借着这些方式在自己心中，得到所谓神的观念，则我以后再来详论好了。

14 我们既然看到，在同一国土中，人们对于上帝一名字，抱着十分差异，甚至十分相反的观念，那么我们能说，人们所有的上帝观念，是上帝亲手在人心所印的标记和印纹么？因为他们如果只在名词和声音方面相同，那并不能证明他们有天赋的上帝观念。

15 人们既然信奉、崇拜千百个神明，则他们能有真正说得通的神明观念么？他们只要承认了一个以上的神明，这就足以证明他们不知道有上帝，并且证明他们没有真正的上帝观念，因为他们已经把统一、无限和永生排除出去了。不但如此，我们还看到，他们还愚陋地相信上帝是有形体的，并且还以偶像来表像他们的神明，以为他们的神明是有爱情、有结婚、有交媾、有嗜欲、有争吵、有其他鄙贱的性质的。由此看来，我们并没有什么理由来相信，异教的人民（就是人类的大部分），在他们心中有所谓“上帝”的观念；我们亦没有什么理由来相信，上帝把这个观念印在人心上，免得使人对他发生误解。因此，人们如果以为这个普遍的同意，能证明任何天赋的印象，则我们亦只可以说，上帝在说同一方言的人们心中，只把自己的名字印进去，却没有印了自己的观念。因为人们虽同有上帝一名，可是同时他们对那个名词所代表的东西，却各有各的理解。有的人们说，异教的人民虽然供奉着“许多的”神明，可是他们这种做法只是以比喻的方法来表示那个无所不包的上帝的各种德性，和他的意旨的各部分。不过我可以答复说，这些神明的起源，我们并不必在此处过问；任何人都不会断言，在俗人的思想中各种神明都是一种比拟。我们在此，且不用提出别的证据，我们只要一参考白列特主教(Bishop Beryte)的“旅行记”第13章，就可以看到，安南人的神学分明承认多数的神明，在乔色僧长(Abbé de Choisy)的“安南旅行记”中，他亦很聪明地说道，所谓他们的神学，干脆就不承认上帝。人们或者又要说，虽则如此，可是各国的聪明人仍都会对于上帝的统一和无限，得到真正的观念。这一层我是不能不承认的，不过这样一来：

第一，就把别的方面的普遍同意取消了，所剩的只有名词方面的同意；因为那些聪明人是为数很少的，或者千人中只有一人，因此，普遍性就大受限制了。

第二，这种说法还似乎分明证明，人们对上帝所怀的最真最善的观念，不是印入在心中的，而是在妥当地运用其才具以后，凭思想和沉想所获得的。聪明好思之士，因为能正确地、谨慎地、运用其思想和理性，因此，他们在这方面，便能得到真正的意念，亦正同在别的事物方面一样。至于懒散不思的人们(占着人类的大部分)，则只凭偶然，由公共的传说和俗念，得到他们的意念，并不运用脑力来考察它们。如果你因为一切聪明人都有上帝的观念，便说那个观念是天赋的，那么德性亦可以说是天赋的，因为聪明人是常常有德性的。

16 一切异教中，分明有这种情形；不过即在信奉一神教的犹太人，耶教徒同回教徒之间，他们虽然留心在那些国家教人以同一的真正的上帝意念，可是这个学说亦并不曾通行得，使人们对于上帝得到一致的真正的观念。即在我们中间,你如果向人致问上帝是什么样的,他们不是有许多人想象他现出人的形相,坐在天宫么?他们对他不是还有别的许多荒谬支离的概想么?在耶教徒和回教徒方面,常有整个的教派很热烈地争执这一点:他们说,神明是有形体的,是与人同形的。在我们中间,我们虽然不常见人们自认为是主张神人同形论者(anthropomarphites)(自然我亦见有人如此主张),不过我相信,人们如果肯费力考察,则他们一定会看到,无知识的耶教徒们一定多半秉承这种意见。你只要同任何时代的村夫一谈,只要同任何阶级的青年人一谈,则你会看到,上帝一名虽常在他们的口中,可是他们应用这个名词时所代表的意念是很奇特、很鄙下、很可怜的,因此,就没有人能相信,那些意念是为有理性的人所教的,更没有人相信,它们是上帝亲手所写的字迹。据我看来,上帝在给人以心灵时,虽没给了这些意念,那亦并无损其为善,亦正如他只以赤裸裸的身体给我们,而并没给任何天赋的艺术和技能是一样的。因为我们既有了这些才具,则我们如果得不到这些观念,那只是由于我们自己缺乏了勤劳和考虑,并不是因上帝缺了赐惠。自然,上帝之必存在,正如两直线相交所夹的对顶角是必然相等的一样。任何有理性的动物,只要一诚心来考察这些命题的真理,则他们一定不能不同意这些命题;(自然还有许多人们,因为不曾在这方面运用过思想,所以完全不知道这两种命题。)如果有人以为这个就足以称为普遍的同意(这个同意顶多能达到这个程度),则我亦很容易承认这个普遍的同意,不过我可以说,这个普遍的同意并不能证明上帝这一观念是天赋的,亦正如同它不能证明"角"的观念是天赋的一样。

17　如果上帝的观念不是天赋的，则没有别的观念可以称为天赋的——就我方才所说的看来，人类对上帝所有的知识虽是由人类理性最自然地所发现的，可是上帝这一观念仍不是天赋的。上帝的观念既然如此，因此，我就想任何其他观念更是不配称为天赋的。因为上帝如果真在人的理解上印了任何印象、任何标记，则我们很可以合理地想象那个印象一定是我们对上帝自身所有的一个明白而一律的观念——虽然我们这微弱的才具只足以少分地了解这个无限的、无所不包的对象。不过我们的心灵起初既然没有我们所最关心的那个观念，则别的天赋的观念当然更不用说了。我承认，在我所观察到的范围内讲，我并没有任何天赋的观念，而且我很愿意让别人告诉我究竟什么是天赋的观念。

18　实体的观念不是天赋的——据人们日常的谈话看来，他们仿佛还有另一种观念，而且我想人们如果有了那个观念，亦是有普遍的功用的。这个观念就是所谓**实体的观念**，它是我们不能借感觉或反省来得到的。如果自然曾费心给我们以任何观念，则我们正可以想象，那个观念正是我们自己才具所不能获得的那个实体的观念。可是我们所见的，正与此相反，因为这个观念，既然不能由别的观念呈现时的方式呈现出来，所以我们根本就没有那样一个**明白**的观念，而且所谓**实体**一词亦并没有别的意义，我们在此只是含糊地假定一个自己所不知的东西（就是说我们对这个东西，没有特殊的、清楚的、积极的观念），认它为我们所知道的那些观念的**基层**同支柱罢了。

19　各种观念如果都不是天赋的，则各种命题亦都不是天赋的——不论我们如何谈说思辨的或实践的天赋原则，我们的说法，正如一个人虽承认自己在钱袋中有一百金镑，而却不承认总数中所含的任何便士、先令、克伦或任何其他钱币似的，因为我们如果不能假设，形成命题的各种观念是天赋的，则我们便不能想那些命题是天赋的。人们的普遍同意和接受，并不能证明那些命题中所含的各种观念是天赋的，因为在许多情形下，不论各种观念是如何来的，而那些观念之相契与否只要表现于文字中，则人们对那些文字就会必然发生了同意。任何人只要能有真正的上帝观念和礼拜观念，则"上帝是应当礼拜的"这个命题只要表示于他所了解的言语中，他就会加以同意。任何有理性的人，纵然今天没有想到这个命题，他明天仍会同意这个命题。不过我们正可以假设，成千上万的人们今天并没有这两个观念。因为我们纵然承认，番人和许多乡人有上帝观念和礼拜观念，（我们一同他们谈话，就很难妄信这一点，）可是我想很少有人能相信，儿童们能有那些观念。因此，这些观念是他们后来才渐渐学到的，学得这些观念以后，他们以后才能同意那个命题，而且在同意以后，永不再怀疑那个命题。不过在一听以后所发生的这种同意，并不能证明那些观念是天赋的。就以比喻来说，一个生盲（他的翳障假定明天可以除去）纵然在明眼以后，能同意于"日是光明的"、"番红花是黄的"，可是我们并不能断言，他有天赋的日同光明的观念，番红花同黄的观念。在一听以后所发生的同意，如果不能证明那些观念是天赋的，则它更不能证明：由这些观念所组成的命题是天赋的。他们如果真有任何天赋的观念，我真愿意知道那些观念是什么，并且它们是从那里来的。

20 记忆中并没有天赋的观念——此外，我还可以说，人心中如果有任何天赋的观念，不是它所实际思想到的，则那些观念一定是在他的记性中的，而且他所以得知它们，一定是他的回忆由记性中把它们追唤出来的；而且它们在被回忆起以后，人一定知道它们是以前在心中存在过的，否则回忆便不成其为回忆了。因为所谓回忆，就是要用记性来瞥见各种东西，而且在回忆时，我们分明意识到那个东西是以前被自己知道或知觉过的。如果没有这种意识，则心中所现的任何观念，都是新的，不是被回忆的；因为回忆作用同其他思维方法，分别之点，就在于回忆时，分明意识到那件东西是曾经在心中存在过的。人心以前所不曾知觉过的东西，都不能说是在心中的。存在于心中的任何观念，如果不是当下的一个实在知觉，就是从前的一个实在知觉，如果是从前的一个知觉，则我们所以说它仍存在于心中，乃是因为它可以借着记性再成了一种实在的知觉。任何时候，如果离了记性，我们能真实地知觉到一个观念，则那个观念一定看来是完全新的，从前不为理解所知道的。如果记性能使人真实地看到一个观念，则人一定会意识到那个观念是曾经在那里存在过的，对于心并不完全是新的。究竟事实如此不是，我只让各人自己来观察好了。不过我现在可希望人们给我一个例证，以来证明事实上有所谓天赋的观念，而且人在未得到它的印象时（方式如后所述），就能把它当做以前早知的一个观念回忆起来。人们如果意识不到以前的一个知觉，则无所谓回忆；而且任何观念在进入人心时如果没有伴着那种意识，则它便不能说是被回忆起的，亦不是由记性中来的，而且在未曾出现以前，亦不能说是在人心中的。因为凡不是当下看见的东西，凡不是存在于记性中的东西，根本就不能说是在人心中的，根本就是不曾在那里的。假如有一个儿童，原来两眼未坏，不过在刚能分辨颜色时，翳障就把他的眼窗遮住，而且以后四五十年中，他完全处于黑暗中，完全记不得他以前所有过的颜色观念。曾经同我谈过话的一个盲人就是这样的，据他说，他在幼时曾因痘症失明，后来他竟同生盲一样，毫无颜色的观念。现在我就问，人们是不是可以说，这个人心中毕竟仍有颜色观念，不如生盲之全无颜色观念？我相信，没有人会说，这两种人心中有任何颜色观念。不过他的翳障在拨开以后，则他可以凭其恢复了的目力，在心中又新得到他所不能记得的颜色观念，而且在得到时，亦并不能意识到他以前曾经熟悉那些观念。可是得到这些观念以后，他在后来便可以记忆起它们来，使它们在暗中复现于心中。在这种情形下，这些颜色观念虽不在眼前，它们亦可以再生起来，而且在再生时人还记得是以前曾经认识过的；这些观念既是在记性中的，所以说是在心中的。我所以举此为例，乃是要证明说，任何观念如果不真在眼前，可是同时又在心中，则我所以说它在心中，只是因为它在记性中。它如果不在记性中，则它便不是在心中的，如果它在记性中，则它在被记性所呈现时，人心一定会知觉到它是由记忆中来的；这就是说，那个观念以前是曾为心所知的，现在是又回忆起的。因此，假如有任何天赋的观念，则它们一定是在记性中的，否则便不能说是在人心中的。如果它们是在心中的，则它们没有外面的印象亦可以再生起来；而且任何时候，它们如果呈现于心中，它们一定是被回忆起的，那就是说，它们能使人心知觉到它们不是完全新的。任何观念如果不在记性中，则它在出现于心中时，一定完全是新的，是以前所不知道的。任何观念如果是在记性中或人心中，则它在为记性所提示时，一定不像是新的，人心一定会在自身中找到那个观念，并且知道它是以前在那里的。任何观念究竟是否在人心中或记性中，便完全看这种差异。因为这种差异是恒常的、真能划分界线的。借着这个差异，我们可以试验，人心在未从感觉或反省得到印象的时候，是否含着天赋的观念。我真不知是否有一个人，在能运用理性时，或在其他任何时候，能回忆任何天赋的观念；而且那些观念，自他出生后，在他看来，不是新的。如有这样一个人，我真愿意遇到他。但是如果有人说，有些观念虽在心中，而却不在记性中，则我很希望他自己为自己解释一番，并且使他所说的话稍为有点意义。

21　那些原则不是天赋的，因为它们既没有功用，亦没有确性——我所以怀疑这些原则以及其他任何原则之非天赋，除了我所说的那些理由之外，还有另一种理由。我一向完全相信，全知的上帝在创造万物时，是曾运用其完美的智慧的，因此，我就不解，他既然在人心上印了那些普遍的原则，何以思辨方面的那些天赋原则是没有大用的，何以实践方面的那些原则是不自明的，何以它们同其他非天赋的真理，都不能分辨呢？因为上帝在人心上亲手所印的那些标记，如果比后来获得的那些观念并不较为明晰，而且亦不能同它们有所分辨，则他将何所图呢？如果有人说，事实上真有那些天赋的观念和命题，而且它们可以凭其清晰性和效用性，同人心中一切后得的，外来的观念和命题有所区别；那么他一定容易告诉我们说，哪一些观念和命题是天赋的，而且人人亦都会要当地来判断，究竟它们是天赋的不是。因为如果真有天赋的观念和印象，而且它们又同一切其他知觉和知识有别，则人人都会在自身中看到这一层。——关于这些假设的天赋公理，我已经论究过它们的明确性了，至于它们的效用性，则我以后有机会再来详论好了。

22 人们所以有不同的发现，只是因为他们运用自己的才具时所由的方式不同——总而言之，有些观念是一直呈现于理解中的；有些真理，是在人心把观念组成命题以后立刻所得到的；还有些真理是借一串有秩序的观念、适当的比较和精细的演绎，才能被人发现，被人同意的。在前一种真理方面，有些因为容易被人普遍所承受，所以就被人误认为是天赋的；不过实在说来，观念和意念都不是天生的，正如艺术和科学似的。有些观念自然比别的观念较为容易呈现于我们的心中，因此，它们是普遍为人所接受的。不过这些仍是看我们运用身体器官和心理能力时的方向而定；因为上帝所给人的才具和本领，虽然能发现、能接受、能保持各种真理，可是它们这些作用，是看我们应用它们的方式而定的。人类的各种意念所以有最大的区别，只是因为他们运用才具时的方式不同。有的人们（自然是大多数）往往轻信各种事情，他们的心亦往往懒散地束缚于他人的命令和统制，因此，他们便在各种学说方面，误用了自己的同意权，实则据他们的职责说来，他们是应当仔细考察各种学说，不应当盲目地、含混地吞咽各种学说的；又有的人们，只是运思于少数的事物，因此，他们便十分熟悉那些事物，对于那些事物亦得到较高的知识；不过他们对于别的事物，却完全不知道，因为他们的思想原来就不曾运用在别的研究中。因此，三角形三内角之和等于两直角的这个真理，虽确定得无以复加，而且我虽想它比配称为原则的别的许多命题都较为明显，可是有成千上万的人们，在别的事情上虽然很精通，而对于这个命题却全无所知，因为他们根本就不曾在这些角子上运用过自己的思想。同样，一个人虽可以确知这个命题，可是他亦许对于数学中其他一样明白的命题的真理全无所知，因为他在探求那些数学的真理时，他的思想亦许停顿起来，而不曾再有所进。关于神明的存在，我们所有的意念，亦正有同样的情形。因为人类所能分明推求到的真理，虽然无过于上帝的存在，可是他如果自足于世界上现成的各种事物，只求满其欲、快其意，而不稍探求那些事物的原因、效果同可羡的机栝，并且不能勤恳地、专心地来思考它们，则他虽活到高寿，亦许得不到那个"神明"的观念。别人如果同他谈起话来，并且把上帝一观念置在他的脑中，则他亦许会相信那个观念。但是他如果不曾考察过那个意念，则他在这方面的知识一定不是完全的。这个正如一个人因为只听人说了三角形三内角等于两直角，就不经考察那个解证方法，一直来轻信不疑似的；他纵然能同意、纵然能有或然的意见，不过他对于这个命题的真理是全无所知的。但是他如果能审慎地运用自己的才具，则他仍是可以把这个命题弄得清楚、弄得明白的。不过这种方式既是渐进的，这就足以证明，我们所以能获得知识，乃是因为我们能正当地施用自然所给我们的那些能力，而不是因为一切人类有天赋的原则来指导他们，如一般人虚妄地所想象的那样。如果真有天赋的原则，则一切人类都该知道它们；如果人们不知道，则那些原则，便一无所用了。不过人们既不知有这些原则，并且不能把它们同别的后得的真理有所区分，所以我们很可以断言，根本就没有那些原则。

23　人必须自己来思想，自己来理解——我既然这样怀疑天赋的原则，因此，人们一定容易说，我这就无异于把知识和确性的旧基础都摧毁了；因此，我真不知道，人们对我这种怀疑会加以如何重的惩责。不过至少我敢相信，我所遵循的方式，是和真理契合的，因此，它更能把那些基础打得较稳一点。我很知道，我在下边的谈话中，并不曾立意来故违任何权威，或故遵任何权威，我的目的只是在于真理；真理引到那里，我的思想就坦白地跟到那里，我并不管他人的足迹在那一方面不在。我所以如此，并不是对于他人的意见，不表示恭敬，乃是因为我所崇拜的，只在于真理。因此，我可以说，我们如果能在知识的源泉中来探求知识（就是要直接考究事物自身），并且在找寻时，只应用自己的思想，而不运用他人的思想，则我们或者可以在发现思辨的知识时，有较大的进步。我想我这话，并不是傲慢用事，因为在探求知识时，我们如果不运用自己的思想，那正如同欲以他人的眼来视，以他人的理解来知了。我们对真理和事理，能了解到如何程度，则我们所有的真正知识亦到了如何程度。他人的意见纵然是真的，可是它们如果止是浮荡在我们的脑中，则我们并不能因此稍为聪明了一些。如果我们只是同意于一些鼎鼎的大名，而不照他们的样子，来运用自己的思想，以求了解他们所由以成名的那些真理，则在他们为科学者，在我们就会成了模糊影响之谈（Opiniatrety）。亚里士多德固然是一个有学问的人，不过人们所以如此看他，并不是因为他盲目地、自信地吐露了他人的意见。他如果只采取他人的原则，而不加以考察，则他一定不能成功为一个哲学家，因此，我想任何人亦都不会由此方式能成功为一个哲学家。在科学中，一个人所能得到的，只以他所真知道、真了解的为限，至于仅出于信仰和轻信的东西，只不过是一些碎片。这些碎片整个看来虽极华美，可是人们纵然把它们搜集来，亦并不能在他的知识总量上，有所增益；这样借来的财富，只不过如鬼魅的钱币似的，在授者的手里虽是黄金，可是到了通用的时候，只不过是败叶和粪土而已。

24　天赋原则的学说，是由何而起的——人们既然看到，有一些普遍的命题，只要为人所了解，就不能为人所怀疑，因此，我想，他们就会断言那些命题是天赋的，因为这种说法是最直接而简易的。人们既然承认有天赋的命题，因此，在一切号称为天赋原则的那一方面，懒惰者便省了探求之劳，怀疑者便停了搜索之苦。有的人们既然装作是教师和宗匠，因此，他们如果以“原则是不可追问的”这个原则，作为一切原则的原则，那对于他们是有很大利益的。因为他们既然立了确有天赋原则这样一个教条，他们的门徒们一定不能不把一些原则当做天赋的，而加以接受。这样一来，就使他们的门徒们废弃了自己的理性和判断，并且不经考察就来轻易信仰那些原则了。在这种盲目信仰的情形下，他们的门徒们就更易于受他们的支配，更易于受他们的利用，因为他们正是专以教训人、指导人为能事，为职司的。真的，一个人如果有权威来发布各种原则、来教授不可反驳的真理，并且使他人把他别有存心教人的原则认为是天赋的，那他在别人身上所有的权力亦就真不小了。不过，他们如果一考察人们得到普遍真理的方式，则他们会看到，那些真理所以出现在人心中，乃是因为它们就是适当考察过的事物本身，而且它们所以被人发现，乃是因为人们曾经适当地运用自然所赋的能力，来接受它们、来判断它们。

25　结论——下边谈话的目的，正是要指示出理解在知识方面是如何进行的。不过我们对于自己知识所有的意念，必须建立在真正的基础上，因此，在这第一部书中，为求扫除道路、打定基础起见，我就告人说，我必须把我所以怀疑天赋原则的道理，解释一番。不过反对天赋原则的各种论证，有些只是由通俗传统的意见来的，因此，我就曾被强迫地擅认了一些事物；因为任何人如果立意来指斥任何学说的虚伪和不可能性，都是不能免于此种假定的。因为在交战式的争论中，正如在攻掠城池中一样；在这里，建立炮台的那个地基只要稳固，则我们正不必过问，它是向谁借来的，是属于谁的，只要它能供我们当下之用，使我们有高可据就是了。不过在这个谈话的后几部分，我既然立意要凭自己经验和观察的帮助，来建立一个体系完整的建筑物，因此，我希望把它立在稳固的基础上，而不依靠任何支柱和倚墙，而不凭借任何借得的、丐得的基础。纵然我的建筑物只不过是空中楼阁，我亦要使它首尾完整、体系一贯。不过我可以警告读者说，他们如果不允许我以一种特权（自然是他人常有的一种特权），使我擅设我的一些原则，则他们是不能向我求得什么不可辩驳的有力论证的。我只要擅立了这些假设，则我确乎相信，我可以做出有力的解证来。关于那些原则，我所说的，亦只是说，我们只有求诉于人们的坦白经验和观察，以决定它们的真假好了。一个人所自期的，如果只是要想对于尚在幽暗中的一个题目，坦白地呈示出自己的猜想来，而且除了无偏颇地探求真理以外，别无他图，则他所能为力的亦只有求诉于他人的经验和观察了。

第 二 卷

第一章　观念通论以及观念的起源

1　观念是思维的对象——人人既然都意识到，自己是在思想的，而且他在思想时，他的心是运用在心中那些观念上的，因此，我们分明知道，人在心中一定有一些观念，如"白、硬、甜、思、动、人、象、军、醉"，等等名词所表示的。在这里，我们第一就该问，他是如何得到那些观念的？我知道，按传统的学说来讲，人们一定以为，人在受生之初就在心中印了一些天赋的观念和原始的标记。不过这个意见，我已经详细考察过了；而且我想，我们如果能指示出理解如何可以得到一切观念，而且那些观念又由什么方式、什么层次进入人心，则我前边所说的，一定更容易得到人的承认。不过说到观念发生的方式和层次，则我亦只有求诉于各人自己的观察和经验了。

2　一切观念都是由感觉或反省来的——我们可以假定人心如白纸似的，没有一切标记，没有一切观念，那么它如何会又有了那些观念呢？人的匆促而无限的想象既然能在人心上刻画出几乎无限的花样来，则人心究竟如何能得到那么多的材料呢？他在理性和知识方面所有的一切材料，都是从哪里来的呢？我可以一句话答复说，它们都是从“经验”来的，我们的一切知识都是建立在经验上的，而且最后是导源于经验的。我们因为能观察所知觉到的外面的可感物，能观察所知觉、所反省到的内面的心理活动，所以我们的理解才能得到思想的一切材料。这便是知识的两个来源；我们所已有的，或自然要有的各种观念，都是发源于此的。

3 感觉的对象是观念的一个来源——第一点，我们的感官，在熟悉了特殊的可感的物象以后，能按照那些物象刺激感官的各种方式，把各种事物的清晰知觉传达于人心。因此，我们就得到了黄、白、热、冷、软、硬、苦、甜，以及一切所谓可感物等等观念。我所以说，各种感官能把这些观念传达在心中，亦就是说，它们把能产生知觉的那些东西，传达在心中。我们观念的大部分，既导源于感官，既是由感官进到心中的，因此，我们便叫这个来源为“感觉”。

4 心理活动是观念的另一个来源——第二点，经验在供给理解以观念时，还有另一个源泉，因为我们在运用理解以考察它所获得的那些观念时，我们还知觉到自己有各种心理活动。我们的心灵在反省这些心理作用，考究这些心理作用时，它们便供给理解以另一套观念，而且所供给的那些观念是不能由外面得到的。属于这一类的观念，有知觉（perception）、思想（thinking）、怀疑（doubting）、信仰（believing）、推论（reasoning）、认识（knowing）、意欲（willing），以及人心的一切作用。这些观念都是我们所意识到，都是我们在自身中所观察到的，而我们的理解所以能得到那些清晰的观念，乃是因为有这些心理作用，亦正如我们的理解所以能得到前一些观念，是因为有能影响感官的各种物象似的。这种观念的来源是人人完全在其自身所有的；它虽然不同感官一样，与外物发生了关系，可是它和感官极相似，所以亦正可以称为内在的感官。不过我既然叫前一种为感觉，所以应叫后一种为“反省”。因为它所供给的观念，只是人心在反省自己内面的活动时所得到的。在本书以下的部分，我在用反省一词时，就是指人心对自己活动所加的那层注意，就是指人心对那些活动方式所加的那层注意；有了这种注意，我们才能在理解中有了这些活动的观念。总而言之，外界的物质东西，是感觉的对象，自己的心理作用是反省的对象，而且在我看来，我们的一切观念所以能发生，两者就是它们唯一的来源。此外，我还要补述的，就是，我在这里所用的活动(operations)一词，乃是用的广义，它不但包括了人心对于自己观念所起的一切动作，而且亦包括了有时由观念所起的一些情感，就如由任何思想所发生的满意或不快便是。

5　我们所有的观念总是由两者之一来的——在我看来，我们理解中任何微弱的观念都是由这两条途径中之一来的。外界的物象使理解得到各种可感性质的观念，这些观念就是那些物象在我们心中所产生的各种不同的知觉。至于心灵则供给理解以自己活动的观念。

我们如果充分一观察这些观念，同它们的各种情状、结合和关系，则我们便会看到，它们包括了我们所有的全部观念，而且会看到，我们心中所有的任何东西总是由这两条途径之一来的。我们可以先让任何人来考察自己的思想，并且彻底搜索自己的理解，然后再让他告诉我们，他心中所有的全部原始观念，究竟是不是他的感官的对象的观念，或他所反省的心理活动(这些活动当然亦可当做对象)的观念。他无论想象心中存着多少知识，可是在严密考察以后，他一定会看到，他在心中所有的任何观念，都是由此两条途径之一所印入的，只是人的理解或可以把它们组合、增大，弄出无限的花样来罢了；这一层下边将看到。

6 在儿童方面可以看出这一点——人如果一仔细考察儿童初入世时的状态，则他便不会有什么理由来想象，儿童原赋有许多的观念，以为他将来知识的材料。儿童的观念是渐渐学得的，各种常见的明显性质，虽然在他能记忆时间和秩序以前，早已把各种观念印在他的心中，可是不寻常的各种性质，往往是很迟才出现的。因此，人们大半能记得自己初次认识它们的时候。我们如果愿意试验一下，则我们很可以让一个儿童直至达到成年时候一直具有很少的寻常观念。不过一切人类在入世以后，周围既然有各种物体由各种途径来刺激他们，因此，各种观念不论儿童注意它们与否，都一定能印在儿童的心上。眼只要一张开，则各种光同颜色会不断地到处刺激它们；至于声音以及其他可触的性质，亦都能激起与它们相适合的各种感官，强迫进入人心。虽则如此，但是我们很容易承认，一个儿童如果处在一个地方，到了成年以后，所见的仍是除了黑白以外，再无别的，则他一定不能有了红或绿的观念。这个亦正如同一个人自幼没有尝过牡蛎或菠萝，终不能分辨那些特殊的滋味似的。

7 人类所具的各种不同的观念，是看他们所接触的各种物象而定的——人们从外界所得到的简单观念之或多或少，是看他们所接触的物象之花样繁简而定，至于他们从内面心理活动所得到的简单观念之或多或少，是看他们反省的方式之多少而定。因为人在思维了自己的各种心理作用以后，虽然对它们一定能有清楚明白的观念，可是他如果不曾在那方面运用过自己的思想，并且不曾专心地考察过它们，则他对于自己的心理活动，以及心理活动所附带的一切景况，都不能得到清晰明白的观念。这个亦正如同一个人不曾留心观察过钟表(或风景画)，不曾注意过它的各部分，因而不能观念到它的各部分和各种运动似的。那张画或那个表，亦许是他日日要遇到的，但是他如果不运用思想，来考察它们的各个部分，则他对于它们所由以成立的各部分，只不过能得到一个糊涂的观念。

8　反省观念的出现是较后的，因为它们需要人的注意——因此，我们就看到，儿童们可以很晚才能对于自己的心理作用，发生了观念，何以有些人终身对于那些作用的大部分，不能有了很清晰、很完全的观念。因为那些作用虽不断地在那里经过，可是人的理解如果不能反观自照，反省它自己的作用，使它们成了自己思维的对象，则各种作用只不过如浮游的现象似的，并不能在心上留下清晰、明白、而经久的观念。儿童们在初入世之时，就被一个崭新的世界所围绕，各种事物不断地引动他们的感官，诱使他们注意各种新鲜事物，而且欢喜各种事物的花样变化。因此，儿童初生之年注意往往都消耗在观察外面的事物上。成人对儿童的职责亦正是要使他们熟悉外界所有的事物。因此，他们在生长中精力就全注于外物的感觉，而且在成年以前，很少能仔细反省心中的作用，有的人们根本就难说有过这种反省。

9　心灵在开始知觉时，就开始有了观念——人们如果要问，一个人在何时才开始有了观念，那正无异于问说，他何时才开始能知觉。因为所谓具有观念亦正无异于说是能知觉。有的人们以为心灵是永远在思想的，它只要存在，则它会不断地在内面真正知觉到各种观念；他们并且以为现实的思想同心灵之不可分离，正同现实的广袤同物体之不可分离一样。这话如果是对的，则我们要问一个人的观念的开始；亦正如问他的心灵的开始一样。因为，照这样解释，则心灵与观念，物体与广袤，是在同时开始存在的。

10 心灵并不永远在思想，因为这一点缺乏证据——不过要问心灵同身体中生命的发端（基形或原始组织），可以假设为是同时，还是一先一后，则我可以让精通这个问题的人来解答好了。我自认我的心灵是迟钝的，它并看不到它自己永远思维自己的观念，而且我想，心灵之不必永远思想，正如身体之不必永远动作似的；因为我想，心灵之知觉观念，正同身体之发为运动似的；知觉并不是心灵的一种本质，乃是它的一种作用。因此，我们虽可以假定，思维是心灵所特有的一种作用，可是我们并不必假定，它是永远思维，永远动作的。这种永久思维的能力，或者是全能的造物者的特权，因为他是"既不打盹不睡觉的"；不过任何有限的存在者，都不能有这种能力，至少人的心灵是不能有此能力的。我们据经验确乎知道，我们有时是思维的，因此，我们就得到一个无误的结论说：我们心中实在有一种能思维的力量；不过要问那个实体是否永远思想，则我们除了听凭经验根据而外，概不能有所解答。因为要说，现实的思想是心灵的本质所在，而且同心灵不可分离，则我们只是把成问题的事情认为是很确定的，并不曾以理性来证明我们的问题。任何非自明的命题都是应当拿理性来证明的；但是要问，"心灵是恒常思想的"这个命题，是不是一个自明的命题，是不是人们在一听以后就非同意不可，那我只有求诉于全人类了。我们所怀疑的，乃是说昨天晚上我究曾通夜思想与否，那么，我们所问的，乃是一种未知的事实，因此，我们如果把所争论的事情作为假设的论证，来证明这个问题，则我们就犯了窃取论点之过。这个正如同我们只是假设了一切钟摆在摇动时是思想的，就以为自己充分证明我的表昨夜是思想的一样。不过人如果不愿自欺，则他应该把自己的假设建立在事实上，并且以明显的经验，来证明它，不应当先拟就了假设，再来擅拟事实；不应当因为自己假设如此，就以为事实是如此的。因为这种证明方法，只不过是说，我虽然不曾知觉到自己昨夜永远思想，可是我仍然是永远思想的，因为他人假定我是永远思想的。

不过爱护自己意见的人们，不只把成问题的事情认作事实，而且往往会援引来错误的事实。人们在此，一定会根据我的意见推论说，我们在睡中如果不曾意识到某种事物，那种事物就是不存在的么？不过我并不曾主张说：因为人在睡中感觉不到心灵，所以他就没有心灵。我只是说，他无论在睡时或在醒时，如果觉察不到心灵，他就不能思想。我只是说，我们在思想时，是必须意识到心灵的，并不是说心灵是依附于意识的。我们如果在思想时，能不意识到心灵，那就是了，否则思想是离不了心灵的，而且终久亦是不会离开的。

11　心灵是不能恒常意识到自己的——我自然承认，人在醒时的心灵是不能不思想的，因为所谓醒亦就是指能思想而言。至于无梦的睡眠是否是身心合一的整个人的一种状况，则颇值得醒者的研究；不过我们很难想象，一件东西能思想，同时又意识不到那回事。睡者的灵魂如果只能思想，却不能意识到自己思想，则我可以问，它在那样思想时，是否有任何快乐或痛苦，是否能感到幸福或患苦？我相信，那人一定不是这样的，正如他所卧的那个床或那块地似的。因为要说一个人有幸福、有患苦，同时又感觉不到它们，那在我认为是完全不相符而且不可能的。在身体睡了以后，灵魂如果能单独有思想、享受、顾虑、利益或快乐，而且这些感情又是那人完全意识不到的、分享不到的，则我们可以说，睡时的苏格拉底便不是醒时的苏格拉底。他因此就成了两重的：一重是他睡了以后的灵魂，一重是醒时由身体和灵魂所合成的苏格拉底其人。因为醒着的苏格拉底并不知道、并不关心他在睡时灵魂单独所享的快乐或患苦，正如他不曾关心自己所不知道的一个印度人的幸福或患苦似的，因为他根本就不知道那一回事。我们如果完全意识不到自己的行动和感觉，尤其是意识不到各种快乐和痛苦，以及由此所发生的顾虑，则我们真难确定人格同一性是由何成立的。

12 如果睡者只思想而却不知道自己思想，则人在睡时和醒时，便成了两个人——这些人们说，“在酣睡中，灵魂是思想的。”它既然能思想、能知觉，则它一定亦能有那些快乐的或痛苦的知觉，一如其有其他知觉一样；而且它一定能意识到它自己的知觉。不过它这些知觉都是自成一种境界的。睡者本人分明不能意识到这回事。现在我们可以假定，喀斯德(Castor)在睡时，他的灵魂从他的身体退出去。这种假设在这般人们看来，并不是不可能的，因为他们很坦白地承认，其他动物虽无能思想的灵魂，亦是有生命的。我们既然如此假定，则我们如果说，身体离了灵魂仍然可以生活，他们并不能以为这是不可能的、是矛盾的；不但如此，而且我们还可以说，离了身体，灵魂亦可以存在、可以思想、可以有知觉，甚至可以有幸福或患苦的知觉。因此，我们就可以假定，喀斯德的灵魂在他睡时，同他的身体离开，单独去思想。我们还可以假定，它又选了另一个人的身体以为他的思想的舞台；就如他选了睡着而无灵魂的扑鹿克(Pollux)的身体为他的舞台(选了以后扑鹿克就醒了)。这样假定是可以的,因为喀斯德在睡时,他的灵魂所思想的既是他所不曾意识到的,则它不论选什么地方来思想都可以。因此,我们现在就有一个灵魂在两个人的身体之间,来回移动,因为我们假定这两个身体是一醒一睡,互相交替的。在这里,灵魂便可以常在醒者的身中思想,而且睡者对它所想的,是全无意识、全无知觉的。喀斯德和扑鹿克两人既然只有一个灵魂,而且这个灵魂在此一个人心中所思想,所知觉的,都是彼一个人所不曾意识、不曾关心的,因此,我们就问,他两个人是不是个别的两个人,如喀斯德之与海鸠里(Hercules)苏格拉底之与柏拉图一样?一个人在很痛苦时,另一个人是不是可以很幸福?根据同样理由,人们如果假定,灵魂所思的不是人所意识的,则他们亦把灵魂同人分成两个人格。因为,我想,任何人都不会以为人格的同一性所以成立,乃是由于灵魂同物质的恒常不变的分子结合所致;因为人格同一性如果必然需要这个条件,则我们身体的各分子,既常在变化不居之中,则人人在前后两日或前后两时,都不能是同一的了。

13　人们在睡时如果不做梦,则我们不容易使他们相信,他们是思想的——因此,我想,一场昏沉的微睡,就能把他们的学说推翻了,就能使他们抛弃了"灵魂是恒常思想的"那个教条。人们只要有一时能睡而不梦,则我们便不能使他们相信,他们有时在好几个时辰内,只是忙于思想而却不知道自己是思想。我们纵然在他们睡时,把他们唤醒,把他们睡中的思维打断,他们亦仍不能稍一叙述他们所思想的是什么。

14　要说:人虽做梦,而却不能记忆,那亦是徒然的——人们或者又说，即在酣睡中，灵魂亦是思想的，只是记忆不能把思想保留住罢了。不过要说，一个人此刻在睡时，他的灵魂是忙于思想的；可是在下一刻醒了以后，他不能记得，一点也不能回忆起那些思想来：那在我认为是难以想象的，而且我们如要使这种说法被人相信，还得需要一些较好的证据，单单如此空说是不成的。因为人类的大部分，平生在每日睡的几小时内，既然有所思想，则我们很难想象，你在他们正思想的时候问他们，他们却完全不记得自己所想的是什么？这种事情是难以想象的，我们并不能只因他人如此这样说，就能毫不费事地这样想象。据我看来，多数人在睡时，大部分时间是不做梦的。我曾经遇到一个记忆颇好的学者说，他一向不曾做梦，只有在他得了疟疾以后（他是新近才好的）才有了梦，可是那时候，他已经二十五六岁了。我想世界上还有许多相同的例子。至少，每人的相识都可告诉他，有许多人夜里大部分时间是不做梦的。

15 据这个假设说来，睡者的思想一定是很合理的——如果我们只是思想，可是并不能稍有一时记得它，则那种思想亦就太无用了。在那种思维状况下，灵魂亦并不比镜子的思想好了许多，因为灵魂亦只是不断地接受影像或观念，而却不能保留一点的。它们都是立刻消灭散失了的，并不留一点痕迹；因此，镜子虽有观念亦并好不了许多，灵魂虽有思想亦并好不了许多。有的人或者又会说，醒者在思想时，是要利用身体的材料的，因此，在脑中就留有印象，把思想保存于记忆中，并且在思想以后留下了痕迹。不过人在睡了以后，灵魂的思想是不能为人所觉知的，而且它是独立思想的，因此，他便用不着身体的机关，因此，亦就没有在身体上留下印象，结果亦就记不得那些思想。不过要如此假设，则我们便不得不荒谬地来承认有二重人格；这一层我已经说过了，不过我们不必再提这一层，我们只可以进一步答复说，人心如果不用身体的帮助，就能接受并思维各种观念，则我们很可以合理地断言，虽不用身体的帮助，它亦可以保留住思想；否则，灵魂或任何分立的精神，并不能因思想得到些小利益。它如果不能记得自己的思想，如果不能把它们保留起来供自己的用处，如果不能在需要时任意把它们唤起来，如果不能反省过去，利用先前的经验、推论和思维，则它又何需乎思想呢？这些人们虽然以灵魂为能思想的东西，可是要照他们这种说法看来，他们并没有把灵魂的地位提得高贵了，因为要如此说，亦正如别的人们主张灵魂是物质的最精微的部分是一样的（可是这些人们还正鄙薄后一种人）。照这样说，则在尘土上所画的字迹（随风可以吹去），在一堆原子上或元气上所印得的印象，都正如旋思旋火的灵魂的思想似的，亦都是有用的，亦都可以使其寓体高贵起来。不过自然所创造的精美的事物，并不是无用的，亦并不能供卑下的用途。全知的造物者既然造了那样美妙的一种思想能力，而且那种能力的精妙程度又和无限的上帝最相贴近，因此，我们很难以想象，那种能力何以至少在尘世上四分之一的时间以内，会空空地妄用了，何以尽管思想，而却记不得那些思想，而却于己于他都无利益，而却与世界上其他部分都无利益。我们一考察之下，就会看到，虽至宇宙中到处所遇的无知觉的物质运动，亦不至于那样无用，那样完全白费了的。

16　按照这个假设说来，则灵魂所有的观念，不是从感觉或反省来的，不过我们并看不到有这一类观念——自然，我们有时在睡时亦能有知觉，而且能记得那些思想，不过人们只要熟悉梦境，则我们不用告他们，他们自己就会知道，这些观念大部分是狂放的、松散的，而且秩序纷扰、残缺不完、并不能与理性的事物相称合。我现在很愿意知道，灵魂在独立思想时，在仿佛离开身体时，他的思想是不是比它同身体连合时，要较为不合理？如果它的独立思想是较为不合理的，则这般人们一定得说，灵魂所以有完全的合理思想，是由于身体的缘故。如果它们并非不合理，则我们就很奇怪，我们的梦境何以大部分是轻浮的、不合理的，何以灵魂完全记不得较合理的独语和思维。

17 如果我只思想，而却不知道这种思想，则别人更是不知道的——有的人们既然自信不疑地告我们说，灵魂永远现实地在思想着，因此，我很希望他们告知我们：儿童的灵魂在与身体结合以前，或正在结合的时期，既然没有从感觉得到任何观念，那么他所有的观念是什么样的呢？据我看来，睡者的梦多半是由醒者的观念做成的，只是这些观念组织得很奇特罢了。灵魂自身的观念如果不是从感觉或反省来的（如果它在未从身体接受到印象的时候，就能思想，则它的观念一定不是从感觉和反省来的），则我们很奇怪，它在秘密思想时（秘密地甚至使那人自己也知觉不到它），何以在刚刚醒了以后，亦记不得一点思想，亦不能使那个人以新的发现自喜呢？在睡时灵魂退出以后，既然有许多时的思想，因此我们很难合理地想象，它何以不曾遇到那些非从感觉或反省所得来的观念，何以它所记忆起的观念，都是由身体所引起的，都是精神自然所有的？我们真不解，何以在人的一生中，灵魂不能回忆起它的任何纯洁的、天赋的观念来，何以不能回忆起他在未从身体接受观念时所已有的观念，何以它使醒者所看得到的那些观念，都是带泥土气味，而且分明是从灵肉的联合来的？如果它永远思想，而且它在未同身体联合时，在未从身体接受任何观念时，就已经有了观念，则我们便不得不说，在睡眠时，它一定能记得它的天生的观念，而且在它同身体绝缘以后，单独思想之时，它所运用的观念，应该（至少有时）是它自身所有的那些较自然，较合适而非从身体得来的观念，或者应该是它自己运用那些观念时的各种活动。不过醒者既然记不得这些观念，因此，我们就可以根据这个假设断言，灵魂所记得的一些观念不是人所能记得的，或者说，记性只属于由身体得来的那些观念，只属于人心运用那些观念时的各种作用。

18　人如何能知道，灵魂是永远思想的呢？因为这话如果不是一个自明的命题，则它一定得需要一个证明——这些人们既然自信地主张，灵魂或人是永远思想的，因此，我就很希望他们告诉我，他们如何能知道这回事；如何能知道，自己觉不到自己是思想时，自己确是思想的呢？我恐怕，这就无异于离了证明而还确信，没有知觉，而言知识是一样的。我猜想，这只是一个混淆的意念，用以掩饰自己的假设罢了，它并不是一种清晰的真理，它的明显性亦并不足以强使我们信仰它，而且据普通经验说来，我们如果反对它，那亦并不是鲁莽灭裂。因为在这方面，顶多人们可以说：灵魂可以永远思想，只是记不得它自己的思想；不过我们亦一样可以说，灵魂亦可以不常思想，而且有时它多半是不思想的；因此，我们似乎不当说：它虽然屡屡思想，而且在长时间以内思想，可是它在一时以后，它就意识不到自己有那种思想。

19　要说人虽然在此刻忙于思想，可是在下刻就记不得，那亦似乎未必然——我们如果要假设灵魂能思想，而人却不能知觉这回事，那就无异于使一人具有两重人格，这一点是我们已经说过的；而且人如一考究这些人们的说法，则他一定会猜疑他们真把人的人格歧而为二。因为我记得，主张“灵魂”永远思想的那些人们，并不曾说过，“人”是永远思想的。但是灵魂在思想时，人能不思想么？人在思想时，他自己能意识不到么？这种说法只不过是一种谵语罢了。他们如果可以说，人虽永远思想，而却不能永远意识到那回事，则他们亦照样可以说，他的身体虽有广袤而却无部分。因为要说任何东西只能思而不能觉其思，那正如同说，一个身体只有广袤而无部分似的，都是一样不可了解的。说这话的人亦可以根据同样理由来说（如果他们的假设需要如此说），一个人永远是饥饿的，而却觉不到它。实则，饥饿除了那种感觉而外便无所有，亦正如思想一样，除了自己意识自己思想而外，别无所有，因此，他们如果说，一个人常常觉得自己思想，则我可以问：他们如何得知这回事。所谓意识就是一个人心中所发生的知觉。我自己如果意识不到任何事情，别的人能知觉我意识到么？在这里，任何人的知识都超不出自己的经验。你可以把酣睡的人唤醒，问问他在那一刻思想着什么。如果他意识不到他那时所想的，则别的人如果告诉他说，他是曾经思想的，则那人亦就太能测夺他人的思想了；那人既能这样说，则他不是更可以说，睡者是不曾睡的么？这种能力委实超过了哲学的范围。因为在我自己觉不到自己心中有思想时，不是除了神圣的启示就不能把我的思想告知他人么？如果在我一方面觉不到自己思想，并且申言自己不曾思想，可是在他们方面，却能分明见到我是思想的，那么他们一定得有洞见的能力了。［可是在犬或象表示出一切能思想的象征以后（只是不能说它自己能思想)，那些人们却仍然说它们是不能思想的。]他们既然在人不自觉其思想之时，能见到他人的思想，则他们更超过所谓红十字家(rosicucians)了，因为要把各人的身子隐藏起来，不让别人看见，那还是比较容易的；至于要使他人自己所不能觉察到的思想呈现于我前，那就更难了。我们在这里，亦不能只给灵魂下一个定义说，它是永远思想的一个实体，就算了事。这种定义如果有任何权威，则我想它没有别的功用，只能使人猜疑自己竟然没有灵魂，因为他们看到，自己一生中大部分时间是不思想的。因为我所知道的任何定义，同任何宗派的任何假定，都不能有充分的力量来驳倒恒常的经验。世界上所以有许多无用的争辩同争吵，或者正是因为人们装做自己能知道他们所不能知觉的事情。

20　我们如果一观察儿童们，则我们会分明看到，一切观念全都是由感觉或反省来的。——我并看不到，有什么理由可以使我们相信，在感官未供给灵魂以所思想的对象——观念——时，灵魂能自己思想。据我所知，各种观念在增加以后，保留以后，灵魂才能在它的各部分，借练习以增进自己的思想能力；后来，它在组合了那些观念，反省了自己的作用以后，它才能增加自己的储蓄，并且使自己在回忆、想象、推理和思想时，更为顺利些。

21　人如果愿意凭观察和经验得到知识，而不把自己的假设作为自然的规律，则他会看到，新生之儿的灵魂并不曾有恒常思想的表征，并不曾有任何推理的表征。不过要说有理性的灵魂虽恒常思想而却完全不能推理，那是难以想象的。初出世的婴儿，大部分时间都消耗在睡眠中，而且不常觉醒，只是在饥饿寻乳时、在受了痛苦时(一切感觉中最乱心不过的)、在身体受了强烈的印象时，他们的心才被强迫得来发生知觉、发生注意。人如果知道这一层，则他或者有理由来想象，母胎中的胎儿和植物的状态是差不多的，它的大部分时间都是无知觉、无思想的，除睡以外，别无所事；它所处的地方，亦无需乎他来觅食；他周围的液体亦是几乎一样柔软的，而且性质亦几乎是一律的；他在那里，眼亦无光可视，耳亦闭起来，无声可听；而且亦没有各种纷纭的物象，来运用它的其他感官。

22 如果你从一个婴儿初出生时观察起，并且逐步来考察他在生长中一步一步的变化，则你会看到，人心中的观念是由感觉逐渐供给来的，婴儿亦是跟着观念的加多逐渐警醒的，而且它愈有思想的材料，它是愈能思想的。在此以后，它就起始知道那些最熟悉的物象，而且那些物象亦就留下了永久的印象。因此，它就逐渐知道它日日所接近的人，并且它把他们同生人分别出来。它所以能如此，正是因为它已经能保留，能区分感官所供给它的那些观念。因此，我们就看到，人心如何逐渐能在这些能力方面有所进步，并且逐渐施展别的能力，来扩大、来组合、来抽象它的观念、来推论它们、来反省它们。不过关于这一层，我们以后还有机会再来深为论究。

23 如果人们要问，**一个人什么时候才开始有了观念**？则我可以说，真正的答复，一定是说，他在开始有感觉时，才有观念的。因为我们既然看到，感官在未将观念输入于人心的时候，心中并无任何观念，因此，我想，理解中的观念是和感觉同时来的。因为所谓感觉就是身体的一部分受到了印象或运动，因而能在理解中产生出知觉来。人心在所谓知觉、记忆、考虑和推理等等作用中，来运用自己时，它所处理的似乎就是外界物象在感官上所印的这些印象。

24 一切知识的来源——嗣后，人心又开始反省它自己在感觉观念上所发生的各种作用，因此，它就又得到一套新观念，这套观念便是所谓反省观念。人心以外的物象在感官上先印了一些印象。至于由人心自己的内在能力所发生的各种作用，则在人心反省这些作用时，亦能成了思维的对象。这些作用，同前一种印象，如我以前所说，就是一切知识的起源。总而言之，人心的印象或则是由外物经过感官印于人心的，或则是在反省那些印象时，它所发生的各种作用给它印入的。人类智力的第一种能力，亦就在于使人心把这些印象都接受了。人类在发现各种东西时，便以接受印象为第一步，他后来自然所有的一切观念，亦是建立在这个基础上的。一切耸高的思想虽然高入云霄，直达天际，亦都是导源于此，立足于此的。人心虽然涉思玄妙，想入非非，可是尽其驰骋的能力，亦不能稍为超出感官或反省所供给它的那些思维的材料——观念——以外。

25　在接受简单的观念时，理解大部分是被动的——在这一方面，理解只是被动的。它是否要有这些知识的起源或材料，不是它自己的能力所能决定的。因为不论我们甘心与否，而感官的各种对象一定会把它们的特殊观念强印在人心上；既然如此，则我们自己的心理作用一定会使我们对它们至少发生了一种含糊的意念。一个人在思想时，总不能完全不知道自己所想的是什么。这些简单的观念既然呈现于理解，则理解便不能拒绝接受，而且它们既然印在那里，它亦不能把它们改变了，涂抹了，重制造新的。这个正如一面镜子不能拒绝，不能改变，不能涂抹它面前各种物象在它以内所印的各种影像或观念似的。我们周围的物象既然以各种方式来刺激我们的感官，所以心便不能不接受那些印象，便不能不知觉那些印象所引起的观念。

第二章　简单观念

1　单纯的现象——要明白了解我们知识的本质、方式和限度，则我们应当在自己的观念方面，仔细注意一件事；就是说，有的观念是简单的，有的观念是复杂的。

刺激各种感官的各种性质，在事物本身虽然都是联络着、混合着，以至都不能分离，没有距离；不过我们分明看到，它们经过各种感官以后在心中所产生的观念，却是单纯而非混杂的。因为视觉和触觉虽然常从同一物象同时接受到各种观念——就如人同时能看到运动和颜色，手能感到同一蜡块的柔度和热度——可是在同一主体中结合着的那些简单的观念，都是完全清晰的，就仿佛由不同的感官来的那些观念一样。人由冰块所感到的冷和硬，在心中都是独立的观念，正如百合的香气和白色似的，亦正如玫瑰的甜味和香气似的。一个人知觉得最分明的，就是这些清晰明白的简单观念。这些观念本身各各既都是单纯不杂的，因此，它们只含有一种纯一的现象，只能引起心中纯一的认识来，并不能再分为各种不同的观念。

2　这些简单的观念，不是人心所能造的，亦不是人心所能毁的——这些简单的观念，就是一切知识的材料，它们所以得提示得供给于心中，只凭上述的两条途径：就是凭着感觉和反省。理解一贮有这些简单的观念以后，它便有力量来复述、来比较、来结合它们，有时甚至几乎能做出无限的花样来；因此，它就可以任意造出新的复杂观念来，不过人的智解无论如何高超，理解无论如何扩大，它们亦没有能力凭着神速而变幻的思想，在上述途径之外，来发明、造作新的简单观念。而且那些观念只要一在那里存在，则理解便没有任何力量来消灭它们。因为人的支配权在自己理解的小宇宙内，正和在外面可见的大宇宙内一样。他无论有什么奇能妙法，而其力之所及亦只能组合并分离手的下那些现成的材料，却并不能造作若何新物质分子，或毁灭已经存在的一个原子。同样，简单观念之来，亦只有两途：一则是由外物，经过感官而来的；一则是由反省人心观察这些观念时的心理作用而来的。因此，人如果除此以外，要想在理解中另造一些简单的观念，他是没有那种能力的。我很愿意人试试，自己是否能想象一种未曾刺激过上颚的滋味，或一种自己不曾闻过的香气。他如果能做到这一层，则我亦敢断言，盲人可以有颜色的观念，聋人可以有真正清晰的声音意念。

3　因此，我们虽然不能不相信，上帝除了他所给人的那五个感官而外（人常说是五种），还可以使一种生物具有其他感官，由其他途径使理解注意到有形的事物，可是我想，除了声音、滋味、香气，同可见可触的性质以外，任何人都不会想象物体中其他任何性质，不论那些物体的组织如何。如果人生下来只有四种感官，则第五感官的对象一定不能为我们所注意、所想象、所概想，正如假定的第六、第七或第八感官所有的对象似的。因为在广大宇宙之内，其他部分的其他生物，或者亦可以有五个以上的感官，这一层不是我们所妄敢否认的。人只要不骄心用事，不妄以自己为至尊无上，只要能考察这个宇宙的伟大，和他所住的这个渺小部分中所能发现的无数花样，则他便容易想到，在宇宙中其他部分，会有他种智慧高超的生物。而且他之不能了解这些高等生物的才能，正如抽屉内一个虫子不能了解人的感官或理解似的。造物者的智慧和权力正可以显现这些花样，这样美妙。我这里只是顺从俗见，以为人只有五个感官，不过事实上或者正可以有较多的感官。但是两种假设都一样可以达成我的目的。

第三章　专属于一个感官的观念

1　简单观念的分类——为了明白设想我们由感觉得来的各种观念，则我们不妨考察它们进入人心时，被人所知觉时，所由的那些不同的途径。

第一点，有些观念进入人心时，只**通过一个感官**。

第二点，有些观念进于人心时，要**通过两个以上的感官**。

第三点，有些观念是只由**反省**来的。

第四点，有些观念所以进入于人心，提示于人心，是**通过反省和感觉两种途径的**。

我们将按照这些项目，分别来考察它们。

2　有些观念的通路只经过一个感官，而且那个感官亦就是专接受它的。就如，光和颜色，如白、红、黄、蓝，以及其各种程度、深浅、混合，如绿、朱、紫、海绿等等，都是由眼官来的。至于一切噪声、谐声、乐声，都是由耳官来的。各种滋味和嗅味是通过鼻子和腭来的。这些器官以及各种神经（神经就是传达观念的沟渠，它们可以把观念由外面导入脑中的客厅中），只要有一种失调不能执行其职务，则各种观念并无旁门可以进入人心，为理解所观察、所知觉。

在触觉方面最重要的就是热、冷和凝固。至于其余一切，亦都是很明显的；类如光滑和粗糙几乎是完全在可感的结构方面的，又如软、硬、韧、脆，则是形容各部分黏合的坚固程度的。

3　有名称的简单观念为数不多——我想我们正不必一一列举各个感官所特有的一切简单观念。我们纵然想如此，亦势有所不可能，因为各个感官所有的许多观念很多是我们不曾命名的。就以各种气味来说，它们纵然比世界上所有的各种物体的数目并不较多，亦可以说是一样多；可是它们大半都没有名称。所谓香和臭普通虽然是表示这些观念的，实则我们这样就无异于含混地称它们为可意的或不可意的。因为玫瑰花和紫萝兰花的两种气味都是香的，可是它们委实是很不相同的一些观念。就是我们凭上颚从各种味觉所接受到的各种观念，亦并没有许多名称。在各种物体中，甚至在同一植物、果实或动物的各部分中，都各有特殊的滋味，而且这些滋味会是无数的；不过我们却只有甜、苦、酸、辣、咸等等形容词，来称呼它们。说到各种颜色和声音，亦是一样。因此，我在下边叙述简单的观念时，只限于那些与我们题旨关系最切，或其本身少为人所注意的各种观念(它们仍是寻常组成复杂观念的一些成分)。我想，凝性这个观念，可以列在这些观念以内，因此，在下一章中，我就要讨论它。

第四章　凝性(Solidity)

1　我们是通过触觉得到这个观念的——我们的凝性观念是

由触觉得来的。甲物如果不离开原位，则乙物在进入它的地位时，便发生了阻力(resistance)。因此，我们就有了凝性的观念。由感觉得来的一切观念，最恒常的就是凝性观念。不论我们是运动、是静止，不论我们姿势如何，我们总常觉得有东西在下边支着我们，阻止我们往下落。我们日常所把握的物体亦使我们看到，它们在手中时，能以不可抗的力量，来阻止紧握的手的各部分，使之不能相遇。两种物体相对进行时，能阻止它们接触的，亦是所谓凝性。我现在可不过问，凝固一词的意义如此处所用的，是否比数学家所用的凝固的意义较为接近于原来的本训。我们只可以说，据普通的凝性观念说来，这种用法纵不是很正确的，亦是可通的。不过有人如果以为称它为不可入性(impenetrability)，较为合适些，则我亦可以同意于他。只是我觉得，要以凝性一词来表示这个观念，可更为适合一点；因为它不但合于通俗的意思，而且它比不可入性还含着较积极的意义，因为不可入性是消极的，而且多半是凝性的结果，而不见得是凝性本身。这个观念在一切观念中是和物体最紧相连的一个观念，而且物体亦根本以这个观念为其主要的成分，因此，除了在物质块团中以外，我们并不能在别处找到(或想到)这种性质。自然，有了多量的物质，而且其体积足以引起我们的感觉时，我们的感官才能注意到凝性，不过人心一从这些粗重可感的物体得到这个观念以后，则它会进一步来追寻这个观念，并且以为这个观念如同形相一样，亦存在于凡能存在的任何微小的物质分子中，而且以为物体无论如何变化，这种性质总是离不开它的。

2 凝性是占空间的——凝性观念是属于物体的，因此，我们就想象它是能占空间的。所谓“占有空间”，这一个观念，就是说，任何时候，只要我们想象一个凝固的物体代替了一块空间，则我们便以为那个物体占有了空间，并且排斥了其他一切凝固的实体；在这种情形下，它如果和其他两个物体立于一条线上，则那两个物体在互相接近时，便为它所阻；只有在它的运动方向同它们的运动方向不相平行时，它才失了这种阻止的作用。这个观念是可以由我们日常所把握的各种物体充分得到的。

3　它同空间有所分别——物体凭这种阻力能把别的东西排斥于它所占的那个空间之外，而且这种阻力是最大不过的，因此，任何大的力量亦不能把它克服了。全世界的物体纵然都挤在一个水点的各方面，那个水点亦会(虽然柔弱)抵抗它们，不使它们接触，而且那个水点若非移得离开它们，则它们万不能把那种阻力克服了。因此，凝性观念与纯粹空间大有区别，因为纯粹空间是不能抵抗，不能运动的。此外，凝性观念和普通的坚硬(hardness)观念亦是不同的。我们所以说，凝性与空间有别，乃是因为我们可以想象，距离远的两个物体，在互相走近时，在它们的外层接触以前，并不必接触了，或代替了任何凝固的实体；因此我们就有了无凝性的空间观念。因为(且不用说任何特殊物象的消灭)我可以问，人是否可以观念到只有一种单一物体的运动，而并没有别的物体立刻来代替它所离开的位置？我想他分明能观念到这一层。因为一个物体的运动观念并不含着别个物体的运动观念，亦正如一个物体中正方形的观念并不包含另一个物体中正方形的观念似的。不过我并不问物体的存在方式是否使一个物体的运动可以离了别个物体的运动？因为要解决这个问题，则我们便不得不预先假设虚空，或否认虚空。因此，我只问,一个人是否能“观念到”:只有一个物体运动,其他的物体完全静止?我想这一层是无人否认的;既然如此,则那个物体所离开的地方,便可以给人以一种无凝性的纯粹空间观念,而且别的物体在进入那个空间时,亦可以遇不到任何事物的抵抗或激射(protrusion)。抽水机中的活塞抽起以后,则不论有无别的东西跟着活塞的运动来运动,而它以前在管中所占的空间仍是毫无改变的。而且我们如果要说,在一个物体运动以后,别个靠近的物体不跟着它运动,那亦并不含有什么矛盾。我们所以想象有这种运动的必然性,只是因为我们假设,世界是充满的,并非根据于清晰的空间观念和凝性观念。实则这两个观念之相异,正如阻力和非阻力激射和非激射一样。至于说,人们分明具有无物体的空间观念,则我们可以在别的地方根据他们关于虚空的争辩来证明这一层。

4 同坚硬性亦有别——至于凝性和坚硬的区分,凝性完全是充实的,因此,它便可以把一切物体绝对排除于其所占的空间以外;至于坚硬性,则是指构成体积较大的物体的物质各部分的牢固的黏合而言,有了这种黏合,它的全部便不容易改变其形相。真的,坚硬(hard)同柔软(soft)两个词所表示的性质,只是同我们的身体相对的。如果一件事物在受了我们身体任何部分的压迫以后,不变更其形相,就先给我们以痛苦,则我们便叫它为坚硬的。反之,如果一件事物,在我们轻触它以后,就变更其各部分的位置,并且不使人感到疼痛,则我们便说它是柔软的。

不过明显的各部分(或全体形相)虽然难变更其地位,可是世上最坚硬的东西亦不能因此就比最柔软的东西具有较大的凝性。一块金刚石亦并不比水稍为凝固些。两片大理石中间如果夹有水或空气，则自然比夹有金刚石时，它们要容易接触些，不过这并不是说，金刚石的各部分比水的各部分较为凝固些，或有较大力，乃是说，水的各部分因为容易互相分离，所以它们可以借着偏侧运动，让开步，使两片大理石互相接近在一块。不过你若是使它不能借偏侧运动离开原位，则它们亦会同金刚石一样，永久阻止两片大理石，使它们不相接触。在这里，我们并不能以任何力量来克服了它们的阻力，亦正如不能克服大理石各部分的阻力似的。世上最柔软的物体，只要置于两个物体中间，而不给它们让开步，则它会绝对地阻止那两个物体的相接，就如我们所能找到的所能想象到的任何最坚硬的东西一样。人如果把空气或水装在柔软的物体内，则他会立刻看到它们的抵抗力。有人如果以为只有坚硬的东西，才能使他的两手不相接触，则他不妨把空气装在足球内来试一试。在佛罗伦萨(Florence)所做的实验更能证明，柔软的物体如水者亦有其凝性。据人说，他们曾把水装在空的黄金球内，紧紧地封起来。在封起以后，那个装满的黄金球便置在榨机下，用极大的力量把螺旋上紧。这样一来，水竟然会从那样结实的黄金的小孔内透露出来。因为它在内面既然没有使它的各部分再相接近的余地，因此，它便跑在球面，如露似的，一滴一滴流出来。流完以后，球的各边才能屈服于榨机的狂暴压力。

5 冲击(impulse)、抵抗和激射，都是依靠于凝性的——借着这个凝性的观念，我们可以分别物体的广袤和空间的广袤。所谓物体的广袤不是别的，就是凝固的、可分的、可动的各部分的黏合和连续。所谓空间的广袤，就是非凝固、不能分离、不能移动的各部分的连续。此外，物体的互相冲击、互相抵抗和激射，亦是依靠于物体的凝性的。有些人(我自认在内),相信自己对于纯粹空间和凝性,具有清楚明晰的观念,并且相信自己能想象有一个空间,其中并没有任何能抵抗物体的东西,或为物体所激射的东西。他们以为他们这个纯粹空间的观念,是同我们对物体广袤所有的任何观念,都一样清晰的。凹形各对边间之距离是我们所能清晰地观念到的,而且在观念时,我们是否能观念到它们中间有任何凝固的部分,那都没有关系。在另一方面,他们又相信,除了纯粹空间的观念而外,他们还能观念到,有一些东西充满着空间,而且那些东西可以被其他各种物体的冲击力所激射,或可以抵抗它们的运动。如果有别的人们不能把这两个观念分别清楚,只是把它们混淆了,只是得到一个观念,则我真不知道,在观念同而名词不同,或名词同而观念不同的时候,人们如何能互相谈话。一个人如果不聋不瞎,并且能清晰地观念到朱色和号声,一个人如果是瞎的,并且以为朱色观念同号声相仿(如我在别处所述),则他们如何能谈论朱色呢? 上述情形,正复类斯。

6 凝性究竟是什么——如果有人来问我,凝性究竟是什么,则我可以让他求救于自己的感官。他只要把火石或足球置在两手中间,并且努力来捏合两手,他就会知道的。如果他以为这不足以解释凝性,不足以说明它的本质,那么他如果能说出,思想是什么、思想的本质是什么,则我亦可以告他说,凝性是什么、凝性的本质是什么。他如果能做到这一层,如果能给我解释广袤或运动是什么(这是比较容易的),则我亦可以给他解释所谓凝性。我们的简单观念只是如经验所昭示的那样。但是如果你超过这个限度,要以言语来把它们在心中弄得更为明白一点,则我们是不会成功的。

这个就如同想拿言语来把盲人心中的黑暗破掉，想借谈论使他知道光和色的观念似的，都一样不能成功。至于这个所以然的道理，则我将在他处加以阐发。

第五章　各种感官的简单观念

至于我们由一个感官以上所得到的观念，则有空间观念、广袤观念、形相观念、静止观念和运动观念。因为这些观念在视觉上和触觉上都留有可觉察的印象。而且我们所以能把物体的广袤、形相、运动和静止等等的观念传达在心中，亦是凭借于视和触两者的。不过关于这些观念，我们以后还有机会再来详细论究，所以我在这里，只把它们列举出来。

第六章　简单的反省观念

1　简单的反省观念是人心关于其他观念的各种活动——人心从外面接受了前章所述的各种观念以后，在反省自己时，在观察自己对那些观念所发生的作用时，便又会从内面得到别的观念，而且那些观念亦一样可以为它的思维对象，正如它从外面所接受的那些观念似的。

2　我们的知觉观念，和意欲观念，是得之于反省的——知觉(perception)或思维(thinking)、意向(Volition)或意欲(willing)是人心的两种主要作用，它们是最常被人来考究的，而且是常常出现的，因此，人们只要肯注意它们，就能在自身中看到这一层。所谓思想的能力就是叫做理解(understanding)；所谓意向的能力就是叫做意志(will)；这两种心理能力或力量就叫做官能(faculties)。关于这些简单的反省观念，我们以后行将借机来论究其一些特殊的情况，如记忆、分辨、推理、判断、知识、信仰等等。

第七章　由感觉和反省而来的简单观念

1　还有别的简单观念，其进入心中时，是经过感官和反省两种途径的；就如快乐(pleasure)或喜欣(delight)以及其反面的痛苦(pain)或不快(uneasiness)、又如能力(power)、存在(existence)、单位(unity)。

2　快乐和痛苦——喜乐或不快几乎同一切感觉观念和反省观念是分不开的。感官由外面所受的任何刺激，人心在内面所发的任何思想，几乎没有一种不能给我们产生出快乐或痛苦来。我所谓快乐或痛苦，就包括了凡能娱乐我们或能苦恼我们的一切作用，不论它们是由人心的思想起的，或是由打动我们的那些物体起的。因为我们纵然一面叫前者做满意(satisfaction)、欣乐、快乐、幸福(happiness)，一面叫后者做不快、烦恼(trouble)、痛苦(pain)、苦楚(torment)、惨痛(anguish)、患难(misery)，而它们仍是同一作用的各种差异的程度，仍是属于快乐和痛苦、喜欣或不快等等观念的。因此，我将要常用后边这几个名词来称呼那两种观念。

3　全知的造物者不但给了我们一种能力，使我们来支配自己身体的各部分，使我们任意运动或平静各种肢体，使我们借着各部分的运动，来运动自身或其他附近的物体（这些就是所谓身体的各种运动）、上帝不但给了我们这种支配身体的能力，而且在各种情形下，又给了我们以一种支配心理的能力，使人心在它的观念中任意选择一些以为它的思想的对象，并且以慎思和注意来探求这个题目或那个题目——这就是说，他要刺激我们使我们营可能的各种思想和各种运动。不但如此，上帝还又在各种思想和各种感觉上附有一种快乐的知觉，如果我们一切外面的感觉同内面的思想，完全和快乐无涉，则我们便没有理由，来爱此种思想或行动而不爱彼种，或宁爱忽略而不爱注意，或宁爱运动而不爱静止。这样，则我们既不必运动自己的身体，亦不必运动自己的思想；这样，则我们行将使自己的思想漂流无归（如果我可以这样说），一无方向，一无计划；这样，则我们会使心中的观念如无人注意的影子似的，任其自由现显，而不理会它们。在这种情形下，人虽有理解和意志两种官能，他亦会成了很懒散，很不活动的一个东西，而且他的生活亦将消磨在迟懒昏沉的梦境中。因此，大智的上帝就在一些物象上，在由这些物象所得的各种观念上，并且在一些思想上，附加了一种伴随的快乐，而且所附加的快乐的程度亦视各种物象而定。因为只有这样，他所赋给我们的那些官能，才不致完全无用，散漫无归。

4　痛苦亦同快乐有同样的效能和功用，都能促使我们从事工作。因为我们不但随时可以运用自己的官能来追求快乐，而且亦随时可以运用它们来避免痛苦。不过我们却应当知道，产生快乐的那些物象和观念，亦往往是产生痛苦的。它们因为这紧相联合，因此我们往往在原来本应有快乐的感觉中，却找到了痛苦。不过我们正可以由此更惊羡造物者的智慧和善意。因为上帝意在保存我们的生命，所以他要使许多有害的物体在接触我们的身体以后，发生了痛苦，使我们知道它们会伤害人，并且教我们躲避开它们。不过上帝又不止意在保存我们的生命，而且他意在保存各部分各器官的完整，因此，他在许多情节下，又把痛苦附加在那些本能产生快乐的观念上。就如热在某种程度时，虽然很可我们的意，可是稍一增加，则不免引起非常的苦楚来。又如光本身原是一切可感物体中最可意的一种，可是它如果太强了、如果过了度，同我们的眼力不相称合，则它反能引起痛苦的感觉来。自然在创生这种痛苦的感觉时，是很聪明、很善意的，因此，任何物象如果能借其猛烈的作用，使感觉的工具失调了（这种工具的组织自然是很精妙、很细致的），则我们便可以借痛苦受了警告，退避远处，以免器官的失调，以免它将来不能营其固有的机能。我们如果一考究能产生痛苦的那些物象，则我们很可以相信，痛苦的功用和目的正在于此。因为极度的光虽是眼所不能忍受的，可是极度的暗并不能使它们深感痛苦，因为在暗中并不能引起眼的失调来，而且这个奇异的器官仍可以保存其自然状态，而毫无损害。不过极度的冷和热都一样能使我们感觉痛苦，因为它们都不利于身体的适当状态，而这种适当状态，乃是维持生命所必需的，亦是我们运用身体的各种机能时所必需的（在这里，所谓适当的状态，乃是指一种适宜的温度，或者亦可以说是身体中各渺小部分的中和运动）。

5　除此以外，上帝所以在围绕我们，打动我们的各种物象中，散布了各等级的快乐和痛苦，并且把它们混含在我们思想和感官所遭值的一切事物中，还有一种理由。因为我们如果在万物所供给我们的一切享受中，感到不完全、不满意，并且感到缺乏完全的幸福，则我们会在慕悦上帝方面来寻找幸福，因为他那里是充满着愉快的，而且在他的右手是有永久快乐的。

6　快乐和痛苦——我在这里所说的，或者不足以使快乐和痛苦的观念，较经验所昭示的，更为清楚一点，因为我们只有凭经验才能得到这些观念。不过我们如果一考察它们何以附加在别的许多观念上，则我们可以适当地观赏到堂皇的造物者的全知和至善，因此，这种考究对于我这些议论的主要目的，并不是不相称的。因为我们思想的主要目的，和理解的适当职务，正是要来知晓上帝、礼拜上帝。

7　存在和单位——存在和单位亦是由外界一切物象和内界一切观念所提示于理解中的两个观念。观念如果存在于心中，则我们以为它们现实存在那里的，就如我们以为各种事物现实存在于外界一样。这就是说，我们以为它们亦是存在的。我们所考究的单一物象，不论它是观念或真正存在，它都可以给理解力提示到单位的观念。

8　能力——能力亦是我们由感觉和反省得来的简单观念之一。因为一面我们既看到，我们自己在思想并且也能够思想，同时自己也可以任意运用自己原来静止的肢体；另一面，每时每刻，自然物体互相产生的各种结果，又呈现于我们的感官；因此，我们便从这两条途径得到能力的观念。

9　连续（succession）——除此以外，还有另一种连续观念；这种观念虽是由我们的感官所提示到的，可是却多半是由我们心中的现象所呈示出的。因为我们如果直接反省自身，并且反省在心中所观察到的现象，则我们会发现，只要我们醒着或有任何思想，我们的观念总会连续而来，随去随来，毫无休息。

10 简单的观念是我们一切知识的材料——这些观念纵然不能包括尽人心所有的那些简单观念，至少(我想)亦构成它们的大部分。人心的其他一切观念都是由这些观念组成的，不过人心所以能接受到这些观念，仍是凭着上述的感觉和反省两种途径。

人们或者以为这些界限太于窄狭，不足以供广大的人心来驰骋，因为人心飞跃得比星宿还远，而且我们不能以世界的边际来范围它；它的思想可以扩展得到了物质的极度广袤而外，游行于那个不可捉摸的虚空。人们如果这样想，则我亦可以承认他们是对的。不过我很希望人给我指示出，哪一个简单观念不是由上述的进路接受进来的，哪一些复杂观念不是由这些简单观念形成的。我们如果一考究，二十四个字母的变化如何能产生出许多文字来，则我们正可以想(这并不那样奇怪)这些少数的简单观念，已经足以促动我们最迅速的思想和最广大的心量，已经足以供全人类各种知识，各种思想，和各种意见(后二者当然比知识还多)以各种材料。我们如再进一步来反省：只用上述的观念之一数目观念，如何就能做出无数的组合来，则我们更可以如此想象，因为数的组合真是无穷无尽的。再说到广袤，则它所供给于数学家的田地又是如何博大无垠的呢！

第八章 关于简单观念的进一步考察

1 由消极原因所生的积极观念——关于简单的感觉观察，我们应当知道，任何东西的性质只要能刺激感官，在心中引起任何知觉来，就能在理解中引起简单的观念来。这种观念不论其外面的原因如何，只要它为我们分辨的官能所注意，则人心便认为它是理解中一个真正的积极观念，它的原因虽或是主物中一种消极属性，可是它仍同其他任何观念一样是积极的。

2 我们的感官能从各种主物得到各种观念，不过能产生那些观念的各种原因，有的只是主物中的一种消极属性。虽然如此，可是冷和热、光和暗、白和黑、动和静等等观念，都一样是人心中清晰的、积极的观念。理解在考虑它们时，以为它们都是清晰的、积极的观念，并不必过问产生它们的那些原因。因为这种考察并不是涉及理解中的观念，而是涉及存在于我们以外的事物本质。这两件事情是很有差异的，我们应该详细分别才是。因为要知觉，要知晓，黑、白观念是一件事，至于要考察，它们的分子同它们的表层怎样才能使任何物象现成白的或黑的，则那是又一件事。

3 一个哲学家虽然忙于考察白、黑等色的属性，虽然以为自己很知道它们各自的积极原因同消极原因，可是一个画家或染色家虽然不曾考察这些原因，亦一样能在理解中清楚地、明晰地、完全地，观念到白、黑以及其他等等颜色，而且他的观念或者比哲学家还要较为清楚。黑的原因纵然只是外物的一种消极属性，可是在画家的理解中，黑的观念同白的观念是一样积极的。

4 如果我现在的职务意在研究知觉的自然原因和方式，则我亦正可以在此说明，何以消极原因，至少在一些情形下，能产生出一个积极观念的原因来。因为我们的一切感觉所以发生，乃是因为各种外物以各种不同的途径来刺激我们的元精，使元精发生了程度不同，情状各异的运动。因此，先前（任何）的运动如果一有减退，亦必然能产生出一种新感觉来，正如那种运动有了变化和增加似的。因此，我们就生起一个新观念来，不过这个观念仍是依靠于那个感官中元精的另一种运动的。

5 这种说法究竟是否合理，我现在且不决定，我只希望人们凭着自己的经验观察观察，人的影子是否是由光被剥夺所形成的？是不是光愈缺乏，影子愈显？人在看它时，它是不是如满被阳光的人一样能在心中引起明白的积极的观念来？我们知道，画着影子的一幅画亦一样是一种积极的事物。真的，我们确有许多消极的名词，不是直接代表积极的观念，而是代表着它们的不存在的。就如乏味（insipid）、寂静（silence）、空虚（nihil）等等名词，一面虽表示着积极的观念，如滋味、声音、存在等等，可是它们是指这些性质的不存在而言的。

6 由消极原因所生的积极观念——因此，人真可以说是能看到黑暗的。因为如果有一个完全黑暗的孔隙，其中一点光亦不能反射回来，则人确乎可以看到它的形相，而且可以把它画出来（至于写字用的墨水，是否能造成另一个观念，那却是另一个问题）。我这里给积极观念所找出的消极原因，是根据于通俗意见的，不过据实说来，我们如果不能决定，静止是否比运动更为消极，则我们便不容易决定是否真正有由消极原因而来的任何观念。

7 心中的观念，物体的性质——要想更妥当地发现观念的本性，并且有条有理加以讨论，则我们可以把它们加以区分。它们可以从两方面来观察，一面可以看做是心中的观念或知觉，一面可以看做是物体中能产生这类知觉的物质的变状。这样区分之后，我们便可以不至如一般人的样子，以为它们是主物中一些性质的精确影像或相似。人心中许多的感觉观念，并不必是外物的真正影像，正如代表它们的那些名词，虽然在一听以后能使我们生起各种观念来，可是那些名词仍不能说是观念的真正肖像。

8　人心在自身所直接观察到的任何东西，或知觉、思想、理解等等的任何直接对象，我叫它们做观念。至于能在心中产生观念的那种能力，则我叫它做主物（能力主体）的性质（qualities）。比如一个雪球有能力在我们心中产生白、冷、圆等等观念，则在雪球中所寓的那些能产生观念的各种能力，我叫它们为各种性质；至于它们在理解中所生的那些感觉或知觉，则我叫它们为观念。我谈到这些观念时，如果是指事物本身，则我所说的，乃是指物体中能产生观念的那些性质。

9　物体的第一性质（primary qualities）——我们所考察的物体中的性质可以分为两种：第一种不论在什么情形之下，都是和物体完全不能分离的；物体不论经了什么变化，外面加于它的力量不论多大，它仍然永远保有这些性质。在体积较大而能为感官所觉察的各物质分子方面讲，“感官”是能恒常感到这些性质的，在感官所感不到的个别微细物质分子方面讲，“人心”亦是恒常能看到这些性质的。你如果把一粒麦子分成两部分，则每部分仍有其凝性、广袤、形相、可动性；你如果再把它分一次，则它仍有这些性质。你纵然一直把它们分成不可觉察的各部分，而各部分仍各个能保留这些性质。因为分割作用（磨、杵或其他物体所能做的，亦只是能把麦子分成不可觉察的部分）并不能把任何物体的凝性、广袤、形相和可动性取消了，它只能把以前是一体的东西，分成两个或较多的单独物团，这些独立的物团，都是独立的实体，它们分割以后，就成了一些数目。总而言之，所谓凝性、广袤、形相、运动、静止、数目等等性质，我叫它们做物体的原始性质或第一性质，而且我们可以看到它们能在我们心中产生出简单的观念来。

10 物体的第二性质(secondary qualities)——第二种性质，正确说来，并不是物象本身所具有的东西，而是能借其第一性质在我们心中产生各种感觉的那些能力。类如颜色、声音、滋味等等，都是借物体中微细部分的体积、形相、组织和运动，表现于心中的；这一类观念我叫做第二性质。此外，还可以加上第三种性质。这些性质虽然亦同我所称的那些性质(按照普通说法)，一样是真实性质，虽然亦同我为分别起见所称的第二性质，一样是真实性质，可是人们往往承认它们只是一种能力。不过这种能力仍是一种性质。因为火所以能在蜡上或泥上产生一种新颜色或新密度，亦正同它所以能在我心中产生一种新的热的观念，或烧的感觉似的；两种能力都是一种性质，都是凭借于同一的原始性质的，都是凭借于火的细部分的体积、组织和运动的。

11 第一性质产生观念的途径——其次应当考察的，就是物体如何能在我们心中产生观念。这分明是由于推动力(impulse)而然的，因为我们只能想到，物体能借这个途径发生作用。

12 外物在心中产生观念时，既然不和人心相连接，那么我们如何又能在我们感官面前所现的物象中，知觉各种原始性质来呢？那分明是因为有一种运动能从那些物体出发，经过神经，或元气，以及身体的其他部分，达到脑中(或感觉位置)，在心中产生了一些特殊的观念。较大物体的广袤、形相、数目和运动，既能隔着距离为眼官所知觉，因此，我们就可以断言，一定有一些不可觉察的(就其个别情形而言）物体从那里来到眼中，并且把一种运动传在脑中，在那里产生了我们对它们所有的这些观念。

13　第二性质如何产生它们的观念——我们可以设想，第二性质的观念所以能够产生，亦是由于不可觉察的部分在我们感官上起了作用，这和第一性质的观念产生时所由的途径一样。我们既然知道有许多物体，小的程度，竟至使我们的任何感官不能发现出它们的体积、形相和运动来，（就如空气和水的分子，又如比这些分子还小的那些分子——前后两者大小的差异程度，甚至如空气和水的分子比扁豆和雹子，）因此，我们就可以假定，那些分子的各种运动和形相、体积和数目，在影响了我们的一些感官以后，就能使我们从物体的颜色和香气得到不同的感觉。就如紫罗兰就可以借形体特殊，不可觉察的物质分子的推动力，并且借那些分子的各种程度各种方式的运动，在我们心中引生起那个花的蓝色观念和香气观念。我们很容易想象，上帝在那些运动上附加了一些同那些运动不相似的观念。因为他既然把痛苦观念附加在钢片割肉的运动上，而且那个观念同那种运动又不相似，则他为什么不可把各种观念附加在那些分子的运动上呢？

14　关于颜色同香气所说的话，亦一样可以适用在滋味和声音，以及其他相似的可感性质上。这些性质我们虽误认它们有真实性，其实，它们并不是物体本身的东西，而是能在我们心中产生各种感觉的能力，而且是依靠于我所说的各部分的体积、形相、组织和运动等第一性质的。

15　第一性质的观念是与原型相似的，第二性质的观念则不如此：——由此我们可以断言，物体给我们的第一性质的观念是同它们相似的，而且这些性质的原型切实存在于那些物体中。至于由这些第二性质在我们心中所产生的观念，则完全同它们不相似；在这方面，外物本身中并没含有与观念相似的东西。它们只是物体中能产生感觉的一种能力(不过我们在形容物体时，亦以它们为标准)。在观念中所谓甜、蓝或暖，只是所谓甜、蓝或暖的物体中微妙分子的一种体积、形相和运动。

16 我们说火焰是热的；雪是白的、冷的天粮(传系天所降赐的食物。——译者)是白的、甜的。我们所以如此称呼它们，乃是因为它们在我们心中产生了那些观念。人们在此往往想象，物体中这些性质正是人心中这种观念，并且以为后一种正是前一种的完全肖像，正如它们是在镜中似的。因此，有人如果说不是如此，则平常人们会以为他是很狂妄的。不过人如果知道，同一种火在某种距离下能产生某种热的感觉，在走近时便产生了极不相同的一种痛的感觉，则他应该自己忖度，他究竟有什么理由，可以说，火给他所产生的这个热的观念是真在火中的，而由同一途径所产生的痛的观念却是不在火中的。雪在产生冷和白的观念时，既然亦同产生痛的观念时一样，既然都是凭着它那些凝固部分的体积、形相、数目和运动来的，则我们如何只说，白和冷是在雪中，而痛却不在其中呢？

17 火或雪的各部分的特殊体积、数目、形相和运动，不论任何人的感官知觉它们与否，它们仍是在火同雪中的。因此，它们可以叫做**真正的**性质，因为它们是真正存在于那些物体中的。不过光、热、白、冷并不在它们里面，亦正如疾病或痛苦不存在于天粮里边似的。那些感觉如果一去掉，眼如果看不到光或色，耳如果听不到声，上颚如果不尝味，鼻官如果不嗅香，则一切颜色、滋味、香气、声音等等特殊的观念便都消散停止，而复返于它们的原因，复返于各部分的体积、形相和运动。

18　较大的一块天粮可以使我们生起圆形或方形的观念来，而且它在由此地移到彼地以后，又产生出运动的观念来。这个运动的观念实在代表着正在运动中的天粮的运动。至于圆形或方形，不论是在观念中或实在中，不论是在心中或天粮中，亦都是代表着一种真正性质。这种运动和形相真正是在天粮中的，不论我们注意它与否，全无变化。这一点是人人立刻会承认的。不过除此以外，天粮还有一种能力，可以借其各部分的体积、形相、组织和运动，产生出疾病的感觉来，有些还可以产生极端痛苦的感觉来。这些疾病和痛苦的感觉，并不是存在于天粮中的，只是它在我们身上所生的作用，我们如果觉不到它们，它们亦就不存在。这一层亦是人人所能立刻承认的。不过人虽然承认，由天粮所引起的疾病和痛苦，只是它借其细微部分的体积、运动和形相，在肠胃中所发生的结果，可是你很难使人们相信，甜味和白色不是在天粮中的，实则这两种性质亦是天粮借其分子的运动、大小、形相、在眼和上颚上所发生的影响。他们好像只相信，天粮可以在肠胃中起作用，并且由此产生出它所原来不曾具有的独立观念；可是不相信，它能在眼和上颚上起作用，并且由此在心中产生出它原来不含有的独立观念来。这些观念既然都是天粮借其各部分的大小、形相、数目和运动，在人体各部分上所作用的结果，因此，我们就不解由眼和上颚所生的那些观念何以真正是在天粮中的，而由肠胃所生的那些观念何以便不是。人们既然以为痛苦和疾病，是天粮所生的结果，继而又以为这些观念在不被人知觉时，便不存在，因此，我们就不解,甜和香既然亦是由同一天粮由同一不可知的途径在身体各部分所生的结果,人们为什么,在它们不被看见,不被尝到时,还以为它们是在天粮中存在着的,这个理由需要解释一番。

19 第一性质的观念是肖像,第二性质的观念便不是——现在我们可以考察一下云斑石的红白颜色,你如果不使光照射它,则它的颜色立刻会消逝了,它再不能给我们产生那些观念。不过光如果再照上去,则它又会把这些现象重新现出来。人们在这里能想,光的存在或不存在在云斑石上引起了真正的变化么?它在暗中既然没有颜色,那么那些红白颜色的观念真正是在光下存在的云斑石中么?这块坚石的分子组织,诚然可以不论昼夜,借着各部分反射来的光线,有时产生红的观念,有时产生白的观念。不过白色或红色任何时候都不是存在于石中的,它只是能以使我们生起那种感觉来的那样一种组织。

20 你如果把杏仁捣碎,则它的清白颜色可以变成污浊的,它的香甜气味亦可以变成油腻的。一个杵子的捣击究能使物体发生什么变化呢?不是只能把它的组织变化了么?

21 我们既然这样分别观察过各种观念,因此,我们就可以解说,同一的水,在同一时间内,怎样能在一只手中产生出冷的观念来,在另一只手中产生出热的观念来。如果那些观念真是在水中的,则同一的水万不能在同时又冷又热。不过我们如果想象,手中的热不是别的,只是我们神经中(或元气中)微细分子的某程度的运动,则我们便容易理解,同一的水何以在同时,能在一只手中生出热来,在另一只手中生出冷来。至于形相,则绝不如此,它如果在这一只手中产生出圆球观念来,在那一只手中便不能产生出方形观念来。由此看来，冷热感觉所以成立，只是因为人体中微细部分的运动或增或减的缘故，而这种运动又是由其他物体的分子所引起的。由此我们就可以知道，外来的一种运动如果在这一只手比在那一只手为大，而且一种物体在接触两只手后，它的微细分子的运动如果比这一只手的微细分子的运动为大，比那一只手的微细分子的运动为小，则它会增加了这一只手的运动，减少了那一只手的运动，并且从而引起各异的冷热感觉来。

22　方才所说纯系物理的研究，这已经略为超出我原来的意思。不过我们必须稍为明白一点感觉的本质，并且使人知道清楚物体中的性质，和它们在心中所产生的观念，有什么差异之点。因为要没有这层区别，则我们谈起这些性质来，便毫无意义。因此，我虽然在自然哲学中稍事勾留，可是我很希望人们原谅这一层。因为在现在这种研究中，我们必须分别物体中常在的原始的真正性质（就是凝性、广袤、形相、数目或静止。这些性质所寓的物体如果体积稍大，足以分别为人所辨认，则这些性质可以为我们所知觉），同第二的，附加的性质。原始性质在起作用时，如果不能清晰地被人分别出，则它们的各种组合所发生的各种能力，便是所谓第二性质。有了这层分别，则我们可以知道，某些观念是真正存在着的外物性质的真正肖像，某些观念不是。（我们在是根据这些性质来称呼外物的）

23　物体中的三种性质——因此在正确地考察之后，我们知道物体的性质可以分为三类。

第一就是物体中各凝固部分的体积、形相、数目、位置、运动和静止。这些性质不论我们知觉它们与否，总是在物体中存在的。物体如果大到足以使我们把这些性质发现出来，则我们便可以由此得到事物本身的观念，就如许多人造的东西便是。这些性质我叫它们做第一性质。

第二就是任何物体中一种特殊的能力，它可以借不可觉察的第一性质，在某种特殊形式下，在我们的感官上生起作用来，并且由此使我们生起不同的各种颜色、声音、气味、滋味等等观念。人们常叫这些性质为可感的性质。

第三亦是任何物体中一种特殊的能力，它可以借第一性质的特殊组织，使别的物体的体积、形相、组织和运动，发生了变化，以异乎先前的另一个方式来影响我们的感官。就如太阳就有能力来使蜡变成白的，火就有能力来使铅变成流动的。这些性质，人都叫做能力。

这些性质中第一种性质，如前所说，我想可以叫做真实的、原始的，第一的性质，因为不论我们看到它们与否，它们总是在物体中存在的；而且第二性质亦是依靠于它们的各种变化的。

至于其他两种性质，则是在其他物体上能发生各异作用的两种能力，而且这两种能力亦是由那些第一性质的各种变状来的。

24 第一种是真正的肖像，至于第二种，则人们虽以为它们亦是肖像，实则不是的，至于第三种，则实际既不是肖像，而且人们亦不以为它们是肖像——后边这两种性质虽然都只是两种能力，虽然都只是同其他一些物体相关的两种能力，虽然都是由第一性质的各种变状来的，可是人们往往以为它们是各不相同的。人们看第二种性质（就是能通过感官给我们产生观念的那些能力）是影响我们的那些物体中的真正性质；可是他们看第三种性质只是能力，而且亦只叫它们为能力。就如我们以视和触从日所得的光或热的观念，往往被人认为是存在于日中的真正性质，而不止是一些能力。不过我们如果一考究日和它所熔化所漂白的蜡，则我们以为蜡中所生的白色和柔性不是日中的性质，只是日中能力所生的结果。实则，在正确考察之后，我们可以说，我在受日所照所热时，所得到的光和热的知觉，亦并不是日中所含的性质，正如蜡在被漂被熔后所生的变化亦不存在于日中一样，它们都一样是太阳中的能力，都是依靠于第一性质的，因为日在手和眼方面，可以借其第一性质，变化了手眼的一些微妙部分的体积、形相、组织和运动，因而产生出光和热的观念来。而在蜡方面，它亦可以借其第一性质，变化了蜡的微妙部分的体积、形相、组织和运动，因而产生出清晰的“白”的观念和“流动”的观念来。

25　我们平常所以认一种是真正的性质，认另一种只是能力，似乎是因为我们所有的颜色、声音等等观念，并不曾含有一种体积、形相和运动，因此我们就不容易想象它们是这些第一性质的结果，因为这些观念产生时，我们的感官并看不到有这些第一性质作用其间，而且这些观念同这些性质亦并无明显的调和和可想象的联络。因此，我们就直然想象，那些观念真正是物象中所存性质的肖像，因为在那些观念产生时，感官并没有发现出各部分的体积、形相和运动，而且理性亦并不能指示出，物体如何可以借其体积、形相和运动，在人心中产生出蓝或黄的观念来。不过在另一方面，各种物体在互相作用，变化了性质以后，则我们分明看到，所产生的性质，同能产生的东西，完全无一点相似，因此，我们就认那种性质只是一种能力。因为我们从太阳接受到热或光的观念时，虽然以为它是一个知觉，是太阳性质的一种肖像，不过我们如看到，蜡或美容，因为日光，起了变化，则我们便不容易想象它是一种知觉或太阳中任何性质的肖像。因为我们在太阳本身中,并看不到那些个别的颜色。因为我们的感官,既能在不同的两个外物中察看出可感性质的相似性或不相似来,因此,任何物体中如有任何可感的性质产生出来,则我们便一直断言,那只是一种能力所产生的结果,而不以为是那种真正由能生因的性质来的传递,因为我们在能产生的物体中,并不能看到有那种可感的性质。不过我们的感官既然不能察看出,我们的观念同物体中能产生它的那种性质有什么不相似的地方,因此,我们就容易想象,我们的观念是物体中一些性质的肖像,不是第一性质变化后,一些能力所产生的结果,实则我们的观念同这些第一性质并没有任何相似的地方。

26 第二性质是双重的,第一是直接知觉到的,第二是间接知觉到的——总而言之,物体中除了上述的那些第一性质而外,就是除了它们各凝固部分的体积、形相、广袤、数目和运动而外,我们在物体中所见的其余两种不同的性质,只是依靠于那些第一性质的两种能力。它们借这些第一性质,有时可以直接在我们身上发生作用,产生出各种观念来;有时可以在别的物体上起作用,改变了那些物体的第一性质,使那些物体给我们所产生的观念,异乎以前所产生的。前者我想,可叫做直接知觉到的第二性质;后者我想,可以叫做间接知觉到的第二性质。

第九章　知觉(Perception)

1 知觉是最初的,简单的反省观念——知觉是人心运用观念的第一种能力,因此,知觉这个观念是我们反省之后所得到的最初而最简单的一种观念。有些人概括地称这个作用为思想(thinking)。不过按照英文的本义说来,所谓思想应该是指人心运用观念时的一种自动的作用;而且在这里人心在考察事物时,它的注意一定是有几分要自动的。——这里所以谈思想是自动的,乃是因为在赤裸裸的知觉中,人心大部分是被动的,而且它所知觉的亦是它所不能不知觉的。

2 人心只有在接受印象时,才能发生知觉——要问什么是知觉,则一个人如果反省自己在看时、听时、思时、觉时,自身所经验到的,就可以知道,并不必再求助于我的谈论。任何人只要一反省自己心中的经验,就会看到什么是知觉。如果他毫不反省,则你虽用尽世界上所有的言语,亦不能使他明白什么是知觉。

3 我们分明知道,身体上不论有如何变化,外边各部分不论有如何印象,只要那些变化不能达于人心,那些印象不能为内面所注意,则便无所谓知觉。火的燃烧运动如果不能连续达在脑中,在心中产生了热的感觉或痛的观念,以使人发生了现实的知觉,则火虽能烧我们的身体,其结果亦同烧弹丸一样。

4 一个人如果专心一意,来思维一些物象,并且仔细观察在那里的观念,则别的发声的物体虽在他的听觉器官上印了印象,并且产生了寻常能发生声音观念的那种变化,而他依然会完全不注意那些印象。这是人所常常在自身中所察看到的。在器官上纵然有充分的刺激,可是人心如果观察不到它,则亦生不起知觉来。因此,耳中虽有平常能发生声音观念的那种运动,他亦不会听到声音。在这种情形下,感觉所以不生,并非因为器官有任何缺陷,亦非因为耳中所受的刺激比平常听声时所有的刺激为小，乃是因为能产生声音观念的那种运动虽被平常的器官传达而来，可是人的理解并未注意到它；因此，它在心中亦没有印了观念，因而亦就无所谓感觉了。因此，任何地方只要有知觉，那里一定有一些真正的观念，那种观念一定是存在于理解中的。

5 儿童们在母胎中虽有观念，可是并没有天赋的观念——因此，我相信，儿童在母胎中，在刺激它们的物象上，运用自己的感官时，便会在出生以前，得到些许观念，这些观念乃是围绕它们的各种物体，和它们所忍受的各种疾苦，在它们心中所产生的不可避免的结果。如果我们可以对不能十分考验的东西，有所猜想，则我们可以说，饥饿同温暖的两个观念或者是属于这类观念的。它们或许是儿童们原始所有的观念，而且以后是不能再丢掉的。

6 不过我们虽然可以合理地想象，儿童们在入世以前，就接受了一些观念，可是这些简单的观念远不是一些人所主张而为我们所驳斥了的那些天赋的原则。此处所提到的几种观念既是感觉的结果，所以它们是由身体在心中所发生的一些刺激来的，而且是依靠于人心以外的一种事物的。它们同别的由感官而来的观念，产生的方式是一样的，只是在时间上占了先罢了。至于人们所假设的天赋原则，性质便与此相反，人们假设，它们所以来自人心，并非由于身体上发生了偶然的变化或作用，它们乃是在人受生之初在人心上所印的一些原始印象。

7 那一些观念是最初的，还不一定——前边已经说过，儿童们在母胎中时，我们可以合理地想象，他们在受了生活必然性的支配以后心中会发生了一些观念。同样现在我们还可以说，在他们出生以后,他们最初所接受的观念一定是最初呈现于他们的那些可感的性质。在这些性质中,光是比较最重要的,而且力量亦是较强的。在这里,人心是十分贪图得到不含痛苦的那些观念的。这一层容易在新生的儿童们看出来,因为你不论把他们置在什么地方,他们总是爱把眼官转向光的发源地的。不过最熟悉的各种观念,起初既按儿童们初入世时所遇的各种情节而有差异,因此各种观念进入心中的程序,亦是很复杂、很不定的;不过这种程序知与不知并无大关系。

8　感觉观念常为判断所改变——在知觉方面,我们还可以进一步说,我们由感官所得的各种观念在成年人方面常常不知不觉地被判断所变化了。就如我眼前有一个原本一色的圆球(或金的,或石膏的,或玉石的),则我们心中由此所印的观念本来是一个平面的圆形,而且其颜色亦是参差的,其射入眼中的明暗度数亦有几等。不过我们既然习知凸形物体在我们心中所造成的现象,而且习知物体的各种可感形相,在被光反射时会有什么变化,因此,我们的判断就会借着日常的习惯,立刻把所见的现象变回它们的原因。这样,判断就会把原由种种明暗集合成的一个形图(或影子)认为是一个形象的标记,而且自己构成一个"一色"的"凸形"知觉;实则我们由此所得的观念,只是各种颜色错杂的一个平面,就如在画中所见的那样。为证实这一层起见,我们可插入莫邻诺(Malineux)先生数月前给我的信中叙述的一个问题。莫氏先生是富有学问和令德的一个学者,并且是一个精勤敏慧的真理探求者,他说:"假如一个成年的生盲,一向可依其触觉,来分辨同金属,同体积(差不多)的一个立方形和球形,并且在触摸到它们时,能说出那一个是立方形，那一个是球形。再假定我们以一个立方形同一个球形置在桌上，并且能使那个盲人得到视觉。我们就问，他在以手摸它们以前，是不是可以凭着视觉分辨出、指示出，哪一个是圆球，哪一个是立方体？”那位聪明伶俐的发问人就回答说，“不会的。因为他虽然可以凭经验知道，一个立方体怎样刺激其触觉，一个圆球又怎样刺激其触觉，可是他还不曾经验到，在触觉方面是怎样的，在视觉方面一定是怎样的，他还不曾经验到，一个突起的角子（可以在他的手中引起不平衡之感来），在他的眼官前所现的现象亦如在立方体中（在触觉方面。——译者）一样。”这个深思的人（我可以自豪地称他为我的朋友）对这个问题所给的答案，可以说是先得我心的。而且我相信，那个盲人虽然可以借其触觉所感的差异形相无误地指示出、分辨出哪一个是立方形，哪一个是圆球形，可是他在初视之下，一定不能确乎断言，他所见的，哪一个是圆球形，哪一个是立方形。我所以要引证这一段文字，乃是要使读者借此机会想一想，自己虽然常以为自己无需乎经验、进步和后得的意念，实则他是处处离不了经验的。而我所以要引证，尤其是因为，这个善于观察的人，在谈到我这部书时，曾在向许多聪明人提出这个问题来，而他所得到的答案，几乎都是不能满他的意的；一直等他把自己的理由提出来，他们才能相信了这一点。

9 不过判断改正感觉的这种例子，并不常出现于任何观念方面，只是能出现于视觉方面。因为我们的视觉在一切感觉中是范围最广的，它不但能把自己所特有的光色观念传于心中，而且能把极相差异的空间、形相和运动的观念传于心中；后边这些性质的各种变化，既然可以改变了它的特有对象——光和色——的现象，因此，我们便常以此一种来判断彼一种。在许多情形下,我们可以依照确立的习惯对我们所经验到的事物,进行这种改变,而且在进行时,毫不间断非常迅速,因此,我们就我们判断所形成的观念认为是感觉所引起的一种知觉。因此,在这里,感觉所传来的知觉只足以刺激判断所造成的知觉,而且他们往往注意不到它。就如一个人在用心听时或读时,就不注意那些声音和文字,只注意它们所生起的那些观念。

10　我们如果一考究人心的动作如何之快,则我们正不必惊异;我们何以注意不到前述的转移过程。因为人心既被设想为不占空间,没有广袤,所以它的动作似乎是不需时间的,而且它的许多动作似乎都是挤在一个刹那以内的。我们说的这种心理作用正是和身体的作用相比较的。任何人只要肯费辛苦来反省自己的思想,则他一定会看到这种情形。就如一个很长的解证,我们在用文字逐步来向他人表达它时,则我们必须用较长时间,不过我们的心却能在一刹那以内立刻瞥见那个解证的各部分。第二点,我们所以不必惊异,前述的转移过程何以不为人所注意,还有一层理由。因为我们知道,久做各种事情,则我们可以借习惯之力,熟极生巧,使我们在作时不注意它们。因此,习惯,尤其是很早养成的习惯,就终于能使我们在行动时不注意自己的行动。就如我在一日之内,虽然时时闭上眼皮盖住眼睛;可是我们并觉不到自己处在黑暗之中。又如一个人如果惯用口头语,则他在每句中,要常常发出自己所听不到并且不加以注意的声音,实则别人是能注意到那种声音的。因此,我们正不必惊异,人心为什么会把它的感觉观念变成判断观念,并且不知不觉地使前一种只来刺激后一种。

11　动物和下等生物差异之点正在乎知觉——在我看来,动物界同自然中其他较低的部分所以判然各别，正是因为它们有这种知觉的官能。因为许多植物虽然有几分能运动，而且我们在以各种物体刺激它们时，它们会迅速地变化其形相和运动，并且由此得到所谓含羞草（sensitive plants）的名称（因为它们的运动同动物受感后所发的运动有几分相似），不过我想那只不过是机械作用，其产生的途径正同野燕麦须受了湿气的侵袭以后，转了方向似的，亦正同绳子浇上水以后，缩短了似的。这些动作，并不能在主物上引起感觉来，亦不能使它生起观念来。

12 我相信，一切动物都是有几分有知觉的，不过有些动物的天生感觉通路最很少的，而且感觉所引起的知觉是暧昧含糊的，因此，它们就远不及其他动物所有的感觉之繁多和那样敏捷。不过这些器官和知觉亦仍足以适合那些动物的状况和环境，因此，造物者的善意和智慧，便分明表现于宇宙中一切部分，同宇宙中一切等级的生物。

13 从牡蛎和海扇（cockle）的身体构造看来，我们可以合理地断言，它们的器官并不如人（或其他动物）的器官那样繁多而敏捷。退一步说，纵然它们有那样的器官，它们亦不能因此得到什么益处，因为它们是固着在一地，毫不能来回移动的。一个动物如果能在远处瞥见物象之为祸为福，可是同时它又不能趋或避那个物象，那么它虽有视觉和听觉，又有什么益处呢？一个动物如果偶然把它搁在那里，它就永久停在那里，而且在那里只凭外缘来接受或冷或热，或净或秽的水，那么它如果有了敏捷的感觉，不是更不方便么？

14 不过我仍想，它们同完全的无知觉状态究竟有区别，因为它们仍有一种暗弱的知觉。这种情形，即在人类本身，亦有许多明显的例证。龙钟的老人，完全忘掉其过去的知识，并且消灭尽心中以前所储的观念,而且他的视觉、听觉、嗅觉、味觉,都已消失大半,因此,就把接受新观念的道路几乎全堵塞住;或者纵然有些进口,亦只是半开着,虽有印象亦难以觉察,或竟完全不能记忆。那么这样一个人(不论他如何自夸有天赋的原则),在知识和智慧的能力方面,究竟比海扇或牡蛎高了许多呢?这个问题可让别的人们答复好了。一个人既然能在三天以内过这种生活,则他一定亦可以在六十年内过这种生活,那么我就问,在他和最低级的动物之间,在智慧的高度方面,究竟有什么差异呢?

15 知觉是知识的进口——知觉既是趋向知识的第一步和第一级,而且是知识的一切材料的进口,因此,一个人或动物的感官愈少,它们所接受的印象愈少而愈暗,而且运用那些印象的各种能力亦愈钝:则他们便愈不能达到某些人所有的那些知识。不过知觉的程度既然千差万别(在人方面可以看出),因此,我们就一定不能发现出各种动物具有那么多的知觉程度,更不能发现出某些特殊个体具有那些知觉程度。我现在只说了知觉是一切智慧能力中最初的一种动作,而且是人心中一切知识的进口,那就够了。而且我很爱想象,动物和较低的生物区别之点,正在于最低的知觉程度。不过我所以提到这一点,只不过作为顺带的猜想罢了,至于学者们如何决定这个问题,那是无关紧要的。

第十章 把握力(Retention)

1 思维(contemplation)——人心在进一步地趋向知识时,还有第二种官能出现。这种官能就是所谓把握，它是能把由感觉和反省得来的那些简单观念加以保留的。保留的途径有二，第一，它能把心中当下所得的观念，现实地在它的眼前保留一时，这就叫做思维。

2 记忆(memory)——至于那些曾经在心中印过的观念，或那些隐而不显的观念，则人心亦有能力把它们回忆起来，这便是第二条把握的途径。就如热、光、黄、甜等等对象不在眼前时，我们亦可以照样构想它们。这便是所谓记忆，它正好像是储蓄观念的仓库。因为狭窄的人心，既然不足以在一时以内来考究，来观察许多观念，因此，它就必须有一个储蓄所来保存那些观念，以便在别的时候，再来应用它们。不过所谓观念既然只是人心的现实知觉，而且我们如果知觉不到它们，则它们万不能存在，因此，我们所以说，人心能把自己的观念储蓄在记忆的仓库以内，意思只不过是说，人心有一种能力，在许多情形下，可以唤起它以前所有的观念，而且在回忆时，还附加着另外一种知觉——知觉到自己以前曾经有过它们。我们所以说，观念存在于心中，正是指着这种意义，实则所谓存在并不是说它们现实存在于那里的，只不过是说，人心有能力来回忆那些观念，或者重新把它们在自己上面描写一下罢了——自然在回忆各种观念时，难易不同，明暗有别。由此看来，有了这种能力，则我们不借助于原来发生印象的那些可感性质，就能把我们并不现实地思维的那些观念唤起来，成了我们思想的对象。我们所以能把那些观念保留在理解中，正是借着这种记忆能力。

3 注意、复述、快乐和痛苦能确定人的观念——注意和复述有很大的力量，来把观念确立在记忆中；不过附有快乐和痛苦的那些观念，原始就能自然地印下最深而最久的印象。感官的最大职务，就在于使人注意到那些有害于或有利于身体的各种东西，因此，自然就安排好(如前所述)，使痛苦常伴着某些观念而来，使快乐常伴着另一些观念而来。痛苦之感可以在儿童方面代替了考虑和推理；而在成人方面，它的动作亦比考虑为较迅速，因此，它便可以使儿童们和成年人都以维持生命所需的速度，来避免痛苦的物象，并且使两种人仅记不忘，在将来发生惊觉。

4　记忆中的观念是会消逝的——各种观念在印于记忆中时，其经久的程度是各不相同的。关于这些经久的程度，我们可以说，有些观念在印入理解中时，物象只打动了一次感官，而且亦只有一次。又有些观念虽屡次呈现于感官，可是它们又不曾为人所注意；因为人心有时如儿童一样不留心，有时(如成人)又专注于一件事，不能把别的事物深刻地印在自身。还有些人，虽用心复述各种观念，可是因为体质关系或别的缺点，他们的记忆仍是很坏的。在这些情形下，心中的观念便很迅速地消逝去，而且完全退除于理解之外，不留一点痕迹和印纹，就如谷田上狂飞的影子似的；这样，则人心会完全忘掉它们，仿佛它们不曾存在过似的。

5　由此看来，儿童心中感觉初生时所有的许多观念，(有些是在他们出生以前获得的，如快乐和痛苦，有些是在他们婴儿时期中获得的，)如果在将来生活中没有复述的机会，就会完全消逝了，不留一点痕迹。要想证明这一层，我们可举一些盲人为例。有些人在很年轻时就不幸地失明；他们的颜色观念既然不曾十分被留意过，而且亦不曾有机会，再来复现，因此，那些观念就完全消逝以尽，并且在几年以后，他们心中完全没了颜色的观念，完全记不得所谓颜色，正如天生的盲人似的。有些人的记忆程度，虽然非常耐久，甚至到了神奇的地步；可是我们的一切观念似乎都在不断地消逝中，就是那些扎根最深，在心中保留最牢固的观念亦不能例外。因此，我们如果不重复运用自己的感官来回忆那些观念，如果不常反省原始发生观念的那些物象，则那个印纹会消灭得终于不留一点余痕。因此，我们青年时代的观念，正如婴儿似的，往往死在我们前边。因此，我们的心就同我们所要走近的那些坟墓一样，在那里，黄铜和大理石，虽仍存在，可是上边的印纹已经为时间所涂删，上边的花纹亦就腐烂已尽了。人心中所画的图画，是用不经久的颜色画的，我们如不常把它们刷新一下则它们会消灭了、散失了。至于要问人体的组织、元气的结构，在这方面，是否有关系，或者要问，有些人的观念所以如大理石上的字迹一样，有些人的所以如沙石上的字迹一样，有些人的所以只如沙上的字迹一样，是不是由于脑子的构造为其主要的原因——要问这一层，则我可不在此处考究好了。不过我们亦似乎觉得，身体的结构有时亦可以影响记忆。因为我们常见，人在疾病之后，心中会把一切观念失掉了，而且在不几日中，热症的火焰就可以把那些似能经久，似乎刻在大理石上的一切影像都化为灰尘，陷于纷乱。

6 常常复现的观念是不容易消失的——不过关于观念本身，我们容易看到，产生它们的那些物象或动作，如果常常把它们重生起来，则那些观念会确立在记忆中，并且能明白地、长久地存留在那里（在由一个以上的途径传入心中的那些观念就属于此列）。因此，物体的第一性质，如凝度、广袤、形相、运动和静止等等观念，是不容易消失的;而且不断触动我们身体的那些性质,如冷热之类,亦是不容易消失的;而且一切事物的性质,如存在、绵延和数目等等观念,这些乃是一切存在物的变状亦是不容易消失的。因为凡感触感官的各种物体、凡促动人心的各种思想,几乎都可以带来这些观念。人心只要还能保留一些观念,则这些观念以及相似的观念,都是不易失掉的。

7　在记忆时,人心亦往往是有自动能力的——在这种二次知觉中(如果我可以这样说),或者说,在观察记忆中所储的那些观念时,人心常不是仅仅被动的,那些昏沉图画的复现有时是以意志为转移的。人心常常来搜索一些隐藏了的观念并且把灵魂之眼转向那些观念。不过它们有时亦能自动地出现于人心、自动地呈现于理解前;而且常常被一些泛滥猛烈的情感由它们的黑暗洞穴里唤到光明之乡中,因为我们的感情常常把那些蛰伏而不为人所注意的各种观念唤到记忆中。此外还可以说的,就是观念虽储于记忆中,而且有时为人心所唤起,可是它们在被记忆时,不止完全不是新的("唤起"一词就含着不是新的意思),而且人心注意它们是先前的印象,而且把它们作为自己以前所认识的观念加以再认。因此,以前所印入的观念虽然并不永远在眼底,可是在记忆起来时,人们永久知道它们是早先印入的、是早先在眼底的、是早先为理解所注意过的。

8　记忆方面有两种缺点,一为忘失,一为迟缓——在有智慧的生物中,记忆之为必要,仅次于知觉。它的关系是很重要的,因此,我们如缺少了它,则我们其余的官能便大部分失了效用。因此,我们如果没有记忆的帮助,则我们在思想中、推论中和知识中,便完全不能越过眼前的对象。不过记忆方面却有两层缺点:

第一，它会完全忘失了它所储的观念，使人完全无知。因为我们所以知道一件事物，乃是因为我有它的观念，因此，我如果没有这种观念，当然是一无所知的。

第二，记忆的进程有时是很慢的，并不能把它所保存的各种观念，迅速地唤回，以供人心当下之用。这种迟缓的程度如果很大，就成了愚蠢。人的记忆如果有了这种缺点，如果不能把真正保存起的观念准备好，以供紧急之需，那他就几乎等于没有那些观念，因为它们都一样不能供自己用。一个迟钝的人会因为费心来寻找能供他用的那些观念，以致失掉行为的机会，因此，他虽有那种知识，并不见得比完全无知的人幸福了许多。记忆的职务就在于把那些隐伏的观念供给于人心，以供它的当下用途。我们所谓创作、想象和敏捷，就是由于我们能在任何时候，把那些观念立刻唤起来。

9 这两种缺点，在比较各人的记忆以后，就可以看到。不过我们若同被创造的高等灵物来比较，则一般的人类记忆还有一种缺点，因为那些灵物在记忆方面比人超过了万倍，因此，他们能时常观察过去的全部动作，甚至于他们所曾有过的一点思想亦完全消失不了。我们从上帝的无所不知，就可以相信这种可能性；因为上帝既然知道过去的、现在的、同未来的一切事物，而且能明悉我们心中的思想，那么我们如何能否认，上帝把他自己的才能，在被造物所能接受的范围以内，任意以若干分量分赐于那些光荣的神灵们——他的贴身侍卫——呢？据人说，稀世大才巴斯克（Monsieur Pascal）在他的康健未减以前，他的记忆是很可惊的，在他的清明时期中所做、所读、所想的任何事情，他一点亦不曾忘记。这种特权是人类所罕见的，因此，人们如果以常情来推理、以自己来衡量他人，或者竟不相信这回事。不过我们如果仔细加以考究，则我们的思想正可以因此扩大一点，正可以看到较高神明所具的更完全的记忆力。因为巴斯克的记忆仍不免受普通人心的狭窄性所范围——他的各种观念仍只是前后相续不是同时并陈的。至于各级天使或者有较大的眼界，有些天使的官能或者会把过去的一切知识，如在图画中似的，常常地同时呈现出来。一个能思想的人，他的过去的推论和思想如果不断地呈现在他的心中，则他的知识会得到不小的利益。因此，我们可以设想，高等神灵的知识既然可以在各种方面超过常人，那么他们亦可以在这方面超过我们。

10　畜类亦有记忆——一些别的动物似乎亦同人一样有高等的记忆能力，能把进入心中的观念保持起来。我们且不举别的例子，但就鸟的学习腔调说，我就可以毫无疑义地相信，它们亦有知觉，亦能把观念保存在记忆中，亦能把它们当做模型用。因为我们既见它们努力来配合各种音节，那么它们如果对于那些音节没有一些观念，则它们如何使自己的声音契合于那些音节呢？我自然可以承认，在现实唱一个调所发出的声音或者可以在鸟的脑中机械地引起元气的一种运动来，而且那种运动可以一直继续到鸟翼的筋络内，使鸟机械地被一些声音所追迫以去；因为这种动作是可以保存物种的。不过我们并不能以此理由来解释，在奏乐时，那种音调何以能使鸟的声带机械地发生一种运动，使它的声音契合于外面的一种音调，因为这种模仿对于鸟类的自体保存是毫无用处的；至于在调子奏完以后，鸟类何以亦能模仿，那更是不能解释的。不止如此，鸟类如果没有意识和记忆，则我们万不能想象（更不能证明),它们何以逐渐能把自己的声音契合于昨日所奏的音乐;因为它们对那个曲调如果在记忆中没有观念,则那个曲调便不存在,亦不能作为它们所模仿的模型,而且它们纵然屡屡试验,亦并不能合乎那个曲调。倘或照这样,则我们便不能解释乐管的声音在脑中所留下的痕迹何以在一起初不能产生出相似的声音来,而在它们逐次努力以后,才能产生出来;不但如此,我们亦一样不能解释,它们自己所发的声音,何以不能留一些痕迹,以供它们来模仿,一如他们模仿乐管的声音一样。

第十一章　人心的分辨能力以及其他作用

1　一切知识都离不了分辨(discerning)——在人心中我们还注意到有另一种能力,那就是分辨,辨识它所有的各个观念的能力。它如果只是混乱地一般的知觉到某一事物,那是无济于事的;它如果不能清晰地知觉到各种差异的物象和其性质,则它亦便不能有什么知识。照这样,则打动我们的各种物体纵然仍同现在一样不停地活动,人心纵然仍在不断地继续思维,我们亦不能有什么知识。一般人所认为系天赋真理的一些很普遍的命题,其所以明白确定,亦只是完全凭这种分辨彼此的能力。但是人们因为不考究那些命题所以能获得普遍同意的真正原因,因此,他们就把这个原因完全归之于天赋的单一的印象;其实,人们所以有普遍的同意,完全是因为人心有这种明白的分辨力,完全是因为它能由此分辨出两个观念是相同的,或是相异的。不过关于这一层,我们以后再详为论说好了。

2　机智(wit)和判断的分别——至于要问，人们有时所以不能精确地分辨各种观念，还是因为感觉器官的迟钝或缺陷，还是因为理解不够敏锐、缺少运用和不加注意，还是因为有些人的天性天然就仓促鲁莽；则我可以不在这里加以讨论。我只可以说，这种作用亦是人心在自身所能反省到、观察到的作用之一。这种作用对于人心的其他知识是有很大关系的，因此，这种官能如果一迟钝，或者我们不能适当地运用它来分辨各种观念，则我们的意念便被混淆，我们的理性便被纷扰，我们的判断便被错领。如果我们可以说，敏捷的才智在于能自由调动记忆中的各种观念，则我们亦正可以说，一个人比他人的判断较为精确其理性较为明白，大部分亦正在于我们能保持清晰的观念，亦正在于我们能精细地分别出各种观念间些小的差别来。这样就可以解释人们常见到的一个现象。就是机智多端、记忆迅速的人们，并不常有最清晰的判断和最深刻的理解。因为机智只在于观念的集合，只在于敏捷地把各式各样的相似相合的观念配合起来，在想象中做出一幅快意的图画、一种可意的内现。至于判断，则正与此相反，它只在于精细分辨各种观念的微细差异，免被相似性所误，错认了各种观念。这种进程同明喻和暗喻是正相反的；但是机智所以能活跃地打动想象，所以能迎合众意，其动人之点、娱人之处，正在于明喻和暗喻。因为机智所呈现出的美丽，在一看之下，就能动人，并不需要苦思力索其中所含的真理或理性。在这种情形下，人心便不再往前观察，它已经很满于那幅可意的图画、轻快的想象。因此，我们如果以严格的真理规则来考察它，那正是无理取闹。由此我们就看到，机智之为物一定不能完全契合于这些规则。

3 只有明白性能防止混乱——各个观念所以能成为明白的、确定的，只是因为人心能精确地分别它们。观念如果一明白，则感官纵然在不同的情形下，会从同一的物象传来与平常差异的观念（有时是如此的），并且现出错误的样子来，人心亦不至于对它们发生纷乱或错误。因为一个患热症的人虽然尝着他素所食的甜糖是苦的，可是在他的心中，苦的观念仍同甜的观念是一样有分别的，正如同他吃了胆汁一样。一种物体纵然在此时产生了甜味的观念，在另一时产生了苦味的观念，可是这亦并不能使甜与苦两个观念混淆起来，正如同一块糖虽在心中产生了白和甜，或白和圆等等观念，而那些观念仍是清晰的似的。又如浸润了的山葵（lignum-nephriticum）在心中所产生的橘黄色和天青色，亦是两种清晰的观念，正如由两个很有差异的物体得来的一样。

4 比较作用（comparing）——人心还另有一种作用，可以把各种观念的范围、程度、时间、空间以及其他情节，加以比较。凡包括在关系项下的那些观念都依靠于比较作用。至于要问比较作用的范围如何之广，则我在以后还有机会来详细讨论。

5 畜类亦能比较，不过不完全——畜类的比较能力究竟到了什么程度，那是不容易决定的；不过我想它们的比较能力一定不甚高。因为它们或许亦有几个十分清晰的观念，可是在我看来，只有人类的理解有一种特殊之点，就是它在充分分辨了各种差异的观念之后，能看到它们完全不同截然为二，因而可以来辗转考究它们是在何种情形下可以互相比较的。因此，我想，畜类在比较其各种观念之时，一定以物象附有明显情节的范围为限。至于人类所可观察到的另一种比较能力，则是属于概括观念的，它只能用于抽象的推论，因此，我们可以猜想，畜类或者没有这样能力。

6　组合(compounding)——其次，我们还看到，人心对它的观念还有另一种组合的功能。它借这种功能可以把它由感觉和反省得来的简单观念合拢起来，组织成复杂的观念。至于扩大作用(enlarging)亦可以归在这个组合作用之下。因为在扩大作用中，组合的结果虽不能产生出较复杂的观念来，可是它仍把各种观念互相结合起来；只是所结合的观念，种类相同罢了。就如把一些单位加起来，我们可做成一打；又如把一些派齐(perches)的观念重复起来，我们可以形成一个斐郎(Farlong)的观念。

7　畜类的组合能力是薄弱的——在这方面，我想畜类亦是远不及人的。因为它们虽亦能接受、能记忆各种简单观念的组合体(就如狗的主人的形状、气味、声音，就可以做成狗对于它的主人所有的复杂观念；不过那些性质亦许只能成为它认识主人时所凭的一些标记)，可是我并不以为它们自己能组合那些观念，使它们成功为复杂的观念。即在我们想象它们具有复杂的观念时，它们对于几种(相连)事物的知识或者亦只是以一个简单的观念为标准的，而且它们亦不见得能凭视觉清晰地分辨那几种事物，如我们所想象的那样。因为据确实的报告说，你如果使幼狐吃狼子的乳，使它们逐渐成长，则那个狼亦会哺养它们，同它们玩耍，一如同自己的仔畜一样。又如各种动物，如果一次能生产多数仔畜，则它们似乎亦不知道仔畜的数目。你在偷它们的仔畜时，如果被它们看见或听见，它们自然要十分关心，但是你如果在它们不在时偷了一两个仔畜去，而且在偷时，并没有任何声响，则它们似乎觉不到遗失了仔畜亦并觉不到自己的仔畜数目减少了。

8 命名(naming)——儿童们如果借屡屡不断的感觉,把各种观念确立在记忆中,则它们便逐渐学会使用各种标记。因此,他们如果有技术能使言语器官发出清晰的声音来,则它们便开始运用言语把自己的观念表示给人。这些语言的标记,他们有时是从别人借来的,有时是自己造成的。就如我们常见,儿童们在初能说话时对各种事物所用的那些新奇而不寻常的名词便是。

9 抽象作用(abstracting)——我们所以用言语,乃是要把它们当作内在观念的外面标记,乃是要用它们来表示由各种特殊事物所得到的那些观念,因此,我们所接受的各种特殊观念如果各个有一个独立的名称,则名称一定是无穷尽的。为避免这层困难起见,人心便把由特殊物象得来的那些特殊观念造成概括的。不过在改造时,人心一定得把它们看成是心中独立的现象,同其他事物没有关系,和真正事物的一些情节,如时、空以及其他相连的观念,亦没有关系。这便是所谓抽象作用借着这种作用,由特殊事物而来的各种观念才能变成同种事物的概括代表;而且这些观念的名称——概括的名称——才可以应用于同这些抽象观念相契合的任何东西。在这里人的理解只把心中这些赤裸裸的确定现象储藏起来(常以名称附在它们上边),并不问它们是如何来的、由何处来的、同着什么别的现象来的。储藏了以后,它便以此为标准,来把真正的事物按照这些模型,分门别类起来,各个授之以名。就如人心今天在白垩中或雪中所见的色同昨日在乳中所见的一样,则它便会单独考究那个现象,并且使它代表其一切同类。后来,它又给这种颜色以白的名称,因此,它便以此音来代表那种性质——不论我们想象它在何处，或在任何地方遇见它。普通的名称或观念就是这样形成的。

10　畜类不能抽象——如果人们要问，畜类是否可以由此途径，亦略能组合（或扩大）它们的观念，则我想我可以肯定地答复说，它们是完全没有抽象能力的，而且人畜之完全分别正在于人有这些概括的观念，而畜类的官能是达不到这种精妙地步的。因为我们显然看不到任何痕迹，可以使我们相信它们能运用代表共相的概括的名词。由此，我们很有理由可以想象，它们并没有抽象能力，或造成普遍观念的能力，因为它们并不能应用言语或其他概括的标记。

11　它们所以不运用，不知道概括的名词，其原因还不能说是在于它们缺乏适当的器官，以致不能发出清晰的声音来。因为我们虽见许多动物亦能形成声音，足够清晰地发出言辞来，可是它们并不能运用这些言辞，来代表概括的观念。而在另一方面，则人们有时虽然因为感官缺陷，不能言语，可是它们仍可以应用别的标记，来代替概括的名词，以表现其普遍的观念；这种能力正是畜类所缺乏的。因此，我想，我们正可以假设畜类和人的分别正是在这方面的；它们（人和畜）所以完全分离，正是因为有这种特有的差异，有了这种差异，才使它们界若鸿沟。因为畜类如果毕竟有一些观念，而不是单纯的机械（如一些人的假设），则我们不能不承认它们稍有一点理性。在我看来，有一些动物似乎在一些情形下，亦能稍行推理，正如它们之有感官是一样的。不过它们的推理只限于感官传入的那些特殊的观念。高等动物亦受了这些狭窄的限制，而不能借任何抽象作用，扩大那些界线的能力。

12 白痴和疯人——我们如果一观察白痴的不正常的状态，就可以发现它们是缺乏了上述各种能力的。因为人们如果不能有了明晰的知觉，如果不能把心中的观念好好保持住，如果不能迅速地调动各种观念、组合各种观念，则他们便没有什么可以思想的材料。人们如果不能分辨、不能比较、不能抽象，则他们便不能懂得语言、亦便不能应用语言、亦便不能多行判断或推理，他们只能略略地不完全地考察感官最熟悉的那些当前的事物。真的，上述的各种官能如果缺乏了或失调了，则人的理解同知识一定是会发生相当的缺点的。

13 总而言之，白痴的缺点似乎由于在智慧的能力方面缺乏了敏捷、灵活和运动，因而失掉其推理能力。而在另一方面，则疯人似乎又受了另一极端的支配。因为在我看来，疯人们并没有失掉了他们的推理能力；他们只是把一些观念错误地结合起来，并且把错误认为是真理，因此，他们之发生错误，正如一般人们之根据错误的原则发生了错误似的，实则他们的推论是合理的。因为他们虽然借着狂放的想象，把幻想认为实在，可是他们会由此合理地演绎下去。一个疯人如果想象自己是一个国王，则他可以凭着合理的推断，来需要人们的服侍、恭敬和服从；反过来说，如果他以为自己是玻璃做的，则他又会小心谨慎，只怕破坏了那个易碎的东西。因此，一个人如果在忽然受了强烈的印象以后，或在长久想象某种事情以后，使不相干的各种观念紧凑地联合起来，固结不解，则他在别的事情方面，虽然很清醒，虽然很有理解，可是他在那个特殊的方面，会如疯人院中的疯子一样疯狂。不过疯狂亦同愚痴一样，亦是有程度之差的，观念的纷乱堆积，在有些人是很厉害的，在另一些人是差可的。简而言之，痴人和疯人差别之点，似乎在于，疯人只把错误的观念结合起来，做成错误的命题，不过他仍能由此合理地来辩论、来推理；至于痴人，则几乎无所谓命题，亦几乎完全不能推理。

14　我们所采取的叙述方法——我想这就是人心在理解作用中所用的最初的官能和作用。这些官能虽然可以一般地应用于各种观念，可是我在前边所举的例证，大半都限于一些简单的观念。不过我所以在说明了简单观念以后就来说明这些官能，而不等说明了复杂观念以后，再来说明它们，却是为着下述的理由：——

第一，这些能力中有一些起初大部分只运用于简单的观念，因此，我们如果追随自然的常轨，则可以追寻出、发现出，那些能力的起源、进程和逐渐的发展来。

第二，许多人心中，简单的观念比复杂的观念要较为清晰、较为精确、较为明白，因此，我们如果先观察了人心在这方面的作用，则我们在复杂观念方面，便更其容易考察、容易知悉，人心是怎样抽象、怎样命名、怎样比较、怎样施用其他功能的；而我们所以有此次序，亦是因为在复杂观念方面，我们是容易错误的。

第三，人心在感觉观念方面所发生的这些作用，在被反省时，就成了另一套观念系统（它们是从所谓“反省”的那种知识来源来的），因此，在考察了简单的感觉观念以后，我在这地方来考察这些作用是适当的，不过关于组合、比较和抽象等等作用（方才所提到的），我以后还有机会再来详论。

15　这些是人类知识的起源——上边我已经简略地、正确地、（我想是这样的）叙述了人类知识的起源史，叙述了人心的原始对象是由哪里得来的，并且叙述了它用什么步骤，逐渐储蓄了各种观念，然后再用以形成各种可能的知识。至于我的叙述是否正确，则我们必须求助于经验和观察。因为考察真理的最好途径，是要如实地来考察它们，不应该依靠自己所想象的，或依靠他人教我们所想象的。

16 求助于经验——正确说来，事物的观念所以能进入理解，我只发现了这唯一的途径。别的人们如果有天赋的观念，或印入的原则，让他们自己享受那些东西好了，他们如果自己真相信有那些观念，则我们自然不能否认他们享受了他们邻人所不能享受的权利。我所说的，只限于我在自身所发现的，而且是契合于一般人的观念的真相的。我们在考察了各时、各地、各教的人生全部以后，就可以看到，他们的观念都依靠于我们所建立的那些途径，而且契合于这个方法的各个部分和各个等级。

17 黑暗之室——我并不擅敢来教人，我不过来研究罢了。因此，我在这里仍不能不重新自白说，就我看来，知识进入理解的通路，实在只有内外两种感觉。就我们所能发现的，只有这些感觉能成为暗室中的窗子，把光明透进来。因为我想，人的理解正同暗室差不多，与光明完全绝缘，只有小孔能从外面把外界事物的可见的肖像或观念传达进来。进到那样一个暗室中的画片如果能停在那里，并且能有秩序地存在那里（如有时所见的）则那正同人的理解中一切视觉的对象以及物象的各种观念差不多。

我猜想，人的理解所以能得到并保留各种简单的观念同观念的情状，所以能对它们发生其他作用，就是遵循着这些途径的。现在，我就进而详细考虑一些简单的观念和它们的情状。

第十二章　复杂观念(Complex Ideas)

1　复杂观念是被人心由简单观念造成的——我们前边所考察过的那些观念，人心在接受它们时完全是被动的。那些观念都只是由感觉和反省得来的简单观念，它们不是人心所能自己造成的，而且人心所有的任何观念，亦无一不是由此组成的。不过人心在接受简单观念方面，虽然是完全被动的，不过在另一方面它亦能施用自己的力量，利用简单观念为材料、为基础，以构成其他观念。人心在把自己的能力施用于简单的观念时，其作用约可分为三种：第一，它可以把几个简单观念合成一个复合观念，因而造成一切复杂观念。第二，它可以把两个观念(不论是简单的或复杂的)并列起来，同时观察，可是并不把它们结合为一；这样，它就得到它的一切关系观念。第三，它可以把连带的其他观念排斥于主要观念的真正存在以外；这便叫做抽象作用，这样就造成一切概括的观念，这就分明表示出，人类的能力同其作用方式，在物质世界方面同理性世界方面，都是一样的。因为在两种世界方面，所有的物质，人都没有能力来支配，亦不能造作，亦不能毁灭；人所能为力的，只是把它们加以联合，或加以并列，或完全分开。不过在考察复杂的观念时，我将先考察第一种作用，以后在适当的地方，我才来考究其他两种。简单的观念既然被观察到能联合成各种集合体，因此，人心就有一种能力，认它们是结合在一个观念中的，而且人心认它们为结合时，不只因为它们在外物中原是结合着的，而且亦因为它本身把它们联合起来。由几个简单观念所合成的观念，我叫它们为复杂的观念；就如美、感激、人、军队、宇宙等等。这些观念虽然都是由各种简单观念复合而成的，虽然是由简单观念所合成的复杂观念复合而成的，可是人心可以任意认它们是整个的一个东西，并且用一个名词来表示它们。

2 它们是由人心随意做成的——说到能重复能联合各种观念的这种官能，则我们可以说，人心有很大的力量，可以变化，并且重复它的思想的对象，而且重复的程度，可以无限地超过感觉或反省所供给的那些观念。不过这些观念仍限于由前两个途径来的那些简单的观念，因为它们是人心中一切组合的最后的材料。因为简单的观念统统都是从事物本身来的，而人心所有的简单观念，亦不能多于自己所接受的观念，亦不能异于自己所接受的观念。它所有的可感性质的观念没有不是借感官由外界得到的，它对一个思维实体的作用所有的观念亦没有不是由它自身所发现的。不过它一得到这些简单的观念以后，它便不限于单纯的观察，同由外界传来的东西；它会借自己的能力，把它所有的那些观念结合起来，做成新的复杂观念；实则它以前所接受到的那些观念，都不是那样联合着的。

3 复杂的观念不外情状、实体和关系三者——复杂的观念不论如何分合，它们的数目不论如何繁多，它们盘踞人的思想时，不论有如何多的花样，而在我看来，它们毕竟可以分为三大类：一为情状(modes)，二为实体(substances)，三为关系(relations)。

4 情状——第一，我所谓情状的那些复杂观念，无论是怎样组合成的，亦并不含有自己存在的假定，它们只是实体的一些附性,或性质,就如“三角形、感激心、暗杀”等等名词所指示的那些观念就是。在这方面,我所用的情状一词如果和通俗的含义略有差异,则我亦请求人的原谅。在进行与寻常传统意念相差异的谈论时,我们不得不用一些新字眼,或在旧名词上加上新的意义。在我们现在的情形下,旧字新用或者是较为可取的。

5　简单的和混杂的情状——这些情状可以分为两种,我们应该分别地考察它们。第一,有些观念只是同一简单观念的各种变化或各种组合,其中并没有混杂着其他观念,就如“一打”、“二十”、只不过是把那么多独立的单位观念加在一起;这些情状我叫做简单的情状,因为它们只包含在一个简单观念的范围以内。第二,还有一些别的观念,是由几种不同的简单观念组合成复杂的。就如美,就是形相和颜色所配合成的,并且能引起观者的乐意来;又如偷盗,则是指不经物主的同意,暗中变换了事物的所有权而言,因此,我们看到,它亦是由几个不同观念的组合体。这些观念我叫做混杂的情状。

6　单一的实体和集合的实体——第二,实体观念亦是简单观念的组合体;这些简单观念的组合体代表着独立自存的一些独立的,特殊的事物;而且在这些事物中,那个假设的或含混的实体观念,永远占着首要地位。我们如果在实体上,加了一种暗白色,以及某程度的重要、硬度、韧性、熔性等等观念,则我们便有了铅的观念。某种形相的观念如果同运动、思想、推论等等能力结合起来,加在实体观念上,则我们便有了寻常的人的观念。不过在实体方面,我们的观念还可以分为两种:一种是简单的实体的观念,它们是单独存在的,就如人和羊便是;另一种是各种简单实体的观念集合而成的,如军队和羊群便是。这些集合的实体观念虽是凑合来的,可是它们本身各个都是一个简单的观念,正如一个人,或一个单位似的。

7 关系——第三,复杂观念中最后一种,就是所谓关系观念。关系的成立由于我们考究和比较各种观念。关于这些观念,我们将按次讨论。

8 最深奥的观念亦是由这两种来源出发的——我们如果逐步考究心理的进程,并且注意观察人心如何复述、如何积叠、如何联合它由感觉或反省得来的那些简单的观念,则我们的结果或者要比原来所希望的要远一些。我们仔细一观察我们观念的起源,便会看到最深奥的各种观念虽然似乎同感官和人心中任何作用都离得很远,可是它们仍是由理解形成的,而且形成的途径,仍不外复述和联合它从感官对象(或从它对那些对象所能起的作用)得来的那些观念。因此,就是那些广大而抽象的观念亦是由感觉和反省来的;亦是人心在运用其普通的官能时,所得到或能得到的;而且人心在获得这些观念时,其官能亦是运用于由感官对象而来的那些观念,或运用于人心对那些观念而起的一些作用的。这一层我将在时间观念,空间观念、无限观念和其他几个似乎与此来源隔绝的观念中指示出来。

第十三章　论简单情状:第一先论简单的空间情状

1 简单的情状(simple modes)——简单的观念是我们一切

知识的材料；这是我在前几部分屡屡提到的。不过我在那里论究它们时，只论到它们进入人心的途径，并不曾把它们同其他较复杂的观念参照对比。因此，我们不妨在这个观点下，重新考察它们，并且再一考察同一观念的各种变状。因为人心可以在实际存在的事物中，看到一个观念的各种变状，而且不借任何外物的帮助，或任何外面的暗示，它自己在自身亦能看到一个观念的各种变状。

任何一个简单观念的各种变状（我们叫它们做简单的情状），在人心中，各个都是完全差异，完全独立的一些观念，就如那些最远隔，最相反的观念一样。因为“二”的观念同“一”的观念之互相差异，正同蓝和热之互相差异一样，亦正同它们（蓝、热）和数目之互相差异一样。不过“二”的观念只是由重复简单的单位观念做成的；而且各种简单的情状如一打、十二打、百万等等，亦都是由这些简单的观念复述而成的。

2 空间观念（idea of space）——我现在可从简单的空间观念说起。在前第四章中，我已经说过，我们的空间观念是由视觉和触觉两者得来的。这一点是很明显的，因此，我们并不必再来证明：人可以凭其视觉看到颜色不同的两个物体间的距离，或同一物体的各部分间的距离；因为这一件事情，是同人们能看颜色是一样明显的。再其次，我们还分明看到，人们在暗中亦可以借着触觉或感觉分辨出距离来。

3 空间同广袤（space and extension）——我们如果只思考两个物体间的长度，而不思考其间的任何事物，则这种空间便叫做距离。如果长、宽、厚都计算进去，则我们可叫那种空间为容量（capacity）。至于广袤一词，则我们不论如何思考它，都可以应用在空间上边。

4 博大(immensity)——每一种不同的距离就是空间的一种不同的变状，任何一种距离或空间，观察亦是这个(空间)观念的一个简单情状。人们因为惯于计算，所以他们心中就有了一些确定的长度观念，就如一吋、一呎、一码、一哷(fathom)、一哩、地球的直径等等，(这些都是单由空间[观念]造成的许多独立的观念。)人们的思想既然熟悉了这些确定的空间长度或尺度，因此，他们就能够任意在心中重复这些观念，而且在重复时还无须把任何物体的观念掺杂上去，添加上去。不止如此，他们还可以自己来形成长、平方、立方的呎的观念，码的观念，或哷的观念，而且所形成的观念，近可以寓于宇宙中的各物体，远可以超乎一切物体的边际之外。因此，他们可以把这些观念进一步加起来，任意扩大其空间观念。我们所以能有博大观念，就是因为我们有一种能力来重复，来加倍我们所有的距离观念，并且可以任意一直把它加在以前的观念上，而且我们纵然尽力把它扩大起来，亦万不能停止住，再不前进。

5 形相(figure)——空间观念还有另一种变状。所谓形相就是有限空间(或有边际的广袤)中各部分间之关系。可感物体的边沿如果可为我们所触摸，则我们可以借触觉发现出这种关系来；物体的界限如果可以为我们所看见，则我们可以借眼官由物体和颜色两者中发现出这种关系来。因此，人心在观察任何物体(或空间)边沿的各部分时，便看到它们的相互关系，便看到那些边端有的终止于直线，成了分明的角子，有的终止于曲线，无角子可寻。因此，它就得到了无数的形相观念。形相所以无数，不仅因为在有黏合性的物团中，实际存在着多数不同的形相，而且人心自己所做成的形相数量亦完全是数不尽的。因为人心可以任意重复，任意联合它自己的观念，把空间观念变化了，做成新的组织。因为如此，所以它能无限地重叠各种形相。

6　人心有一种能力，可以重复任何直向的长度观念，使它同别的直线在同一方向中接起来，加倍了原来直线的长度；或使它同别的直线以任何倾度相交，任意夹成任何角子。不但如此，它还可以任意把任何线缩短，任意去掉其一半，四分之一，或任何部分，而且一直下去，从无停止缩短的时候。因为如此，所以它可以做成任何大小的角子。至于角子的各边，当然它可以任意变化其长度。这些线因为又可以同别的长度不同的线在不同的角子相连合，围住任何空间，因此，它就可以把各种形相的体量，积叠至于无数。不过这些形相仍然都是许多不同的简单的空间情状。

人在直线方面所能做到的，在曲线方面，或曲直两种线方面亦可以做得到，它在线方面所能做到的，在面方面亦能做得到。因此，我们更可以想到，人心能以做出无数花样的形相来，因而重叠了简单的空间情状。

7　位置（place）——此外，在这个项目下边，还有另一种观念，我们叫它做位置。在简单空间方面，我们所思考的为两种物体或两点间的距离关系。在位置的观念方面，我们所思考的为一种事物和其他任何静止的，距离不变的两点（或较多的点）的距离关系。因为我们如果在昨天以一个事物同任何两点或较多的点相比较，而且今天又看到它同那些点的距离仍同昨天一样，而且那些点的互相距离亦没有变，那么我们就说它仍占着旧日的位置。不过它如果同那些点中的任何一点，距离明显地变了，则我们便说它的位置有了变化。自然，按照通俗的位置意念说来，我们在观察距离时，并不精确地依据于确定的点，只是依据于可感物象的较大部分。因为我们只是大略地观察所置的物体同那些部分的关系，以及它们中间的距离。

8 棋盘中一些棋子如果仍在原来所置的那些方格中，则我们说它是在旧位置下，没有变动的（实则在那些时候，棋盘亦许由此一室中搬到另一室中），因为我们只把它们同棋盘中各各部分相比较，而那些部分的距离是没有变更的。那个棋盘如果又置于船舱中，而不变化其位置，则船虽往前航行，我们仍可以说，棋盘的位置不动。又如地球虽或转动，可是那只船如果同邻近陆地的距离不变，则我们亦可以说，它仍占着以前的位置。因此，棋子、棋盘，同船的互相距离虽然没有变，可是它若同较远的物体相较，则它们已经各个变化其位置。不过棋子同棋盘中一些部分的距离，确乎能决定了棋子的位置；棋盘同船舱中一些确定部分的距离，确乎可以决定了棋盘的位置；而且船同地球上确定部分的距离亦确乎可以决定了船的位置。在那几方面讲，这些东西各个可以说是存在于旧有的位置。不过它们同别的东西的距离，仍分明有了变化，因此，它们在那方面又分明变化其位置。但是我们在这里亦不去理会那种变化，只在我们以后把它们同别的东西相比较时，我们才会如此着想。

9 距离的这种限制就是所谓位置；人们所以定位置乃是为的公共用途。定了位置，人们才可以在必要时来指定一些事物的特殊地位。不过人们在决定这个位置时，只参考那些合乎当下用途的邻近事物,至于别的东西,在另一方面,虽亦一样能决定同一事物的位置,可是我们在这方面,并不必考究它们。就如在棋盘中,我们如果要想指定各个棋子的位置,则我们的范围一定超不出那个画方格的木片;我们如果要以别的东西来计算它,那是不合用的。不过如果把这些棋子装在一个袋里边,则人们如果问黑王(Black King)在那里,则我们只当以那个袋子所在的那个室的各部分来决定它的位置,不应当以棋盘来决定它。我们在指定它的现在位置时,同在指定它在棋盘游戏的位置时,所用的方法并不能同,因此,在这里,我们应该以别的物件来决定它。同样,如果有人问,描写尼色(Nisus)和幼恋乐(Euryalus)故事的那些诗句在什么地方,则我们在决定这个位置时,万不当说,它们是在地球的某一部分,或宝得来(Bodley)图书馆内。我们只应当以维琪儿(Virgil)的作品的各部分来指定其确当的位置,而且我们的答复应当是说,这些诗句大概是在他的旖旎(Æneid)第9卷的中部,而且应该说,自从维琪儿的作品印出以后,它们的位置是从未改变的。不论那部书本身移动了几千遍,这种说法总是真的。位置观念的功用只在于求知那个故事是在书中那一部分;这样我们在必需时,便知道在那里找寻它、参考它。

10　前边说过,位置的观念不是别的,只是一件事物的相对地位,这一层我想是很明显而容易为人所承认的,如果我们一思考,我们虽能观念到全宇宙各部分的位置,却不能观念到宇宙本身的位置。我们所以不能有这种观念,乃是因为超出宇宙以外,我们便没有其他确定的、独立的、特殊的事物观念,因此我们亦就不能想象宇宙和那种事物有任何距离的关系。因为超出宇宙之外,只有一律无分别的空间或广袤;人心在这里,并看不到有任何变化、任何标记。因为要说世界存在于某个地方,那意思只是说它是存在的;这种说法虽然亦含有位置之意,可是它所指的,只是世界的存在,并非指其方位。人如果能在自己心中清晰地看到宇宙的位置,则他一定会告我们说,它在一律不分、无限广大的虚空内,是运动的,还是静止的。不过这是不可能的。(自然位置一词常有一种含混的意义,而且常指一个物体所占的空间,因此,宇宙亦可以说是占位置的。)由此看来,我们所以得到位置观念亦正同得到空间观念所由的途径一样(位置只是特殊考虑下的空间),都是由视觉和触觉来的,因为借着这两种感觉,心中才能得到广袤或距离的观念。

11 广袤和物体不是相同的——有些人强使我们相信,物体和广袤是二而一,一而二的。他们所以如此说,或者是因为他们把这两个名词的意义改变了;不过我又想他们不至于如此,因为他们所以一向严厉地责难别人的哲学,正是因为别人哲学的意义双关、名词暧昧、语句可疑。但是他们对物体和广袤所加的解释,如果亦同别人的一样;他们如果亦以为所谓物体就是一种凝固而占空间的东西,它的各部分可以由各种途径被人分拆开、隔离开;他们如果亦以为所谓广袤就是在凝固的各部分的边缘间所隔的空间,而且那个空间又为各部分所占据——那么他们就把很不相同的几个观念混淆在一块了,我可以请任何人来思考,空间观念之异乎凝性观念,是不是如其异乎红色观念一样?自然,所谓凝性离了广袤便不能存在,所谓红色,离了广袤亦不能存在。不过这仍然不妨其为各个独立的观念。因为有许多观念虽然必需要别的观念,才能存在、才能想象,但是它们仍各个都是独立的观念。离了空间,则运动亦不能存在、亦不能想象,可是运动仍不是空间,空间亦不是运动。至于空间则离了运动亦可以存在,因此,它们都是各个独立的观念。因此,我想,空间观念和凝性观念亦是各个独立的。凝性观念和物体观念是不可分离的,有了凝性,物体才能充满空间,才能互相推动,才能互相传达运动。因此,我们如果因为"思想"中没有包含着广袤观念,就以此理由来证明精神异于身体,则我们亦可以同样理由来证明,空间不是凝性,因为空间观念中并没有包含着凝性观念。因此,空间和凝性之为独立的观念,正同思想和广袤之为独立的观念一样,它们都是可以在人心完全隔离开的。因此,物体同广袤显然亦是独立的观念。因为:

12　第一,广袤中不含着凝性,它亦不含有抵抗物体运动的力量,至于物体则正与此相反。

13　第二,纯粹空间的各部分是不能互相分离的;因此,不论在事实方面,或心理方面,它的连续性并不能分离开。因为人们在这里并不能把纯粹空间的各部分互相分离开,甚至于在思想中亦不能如此。在实际上,要想有所分割,我们就得把原来连续的各部分互相隔离开,分成两个面积。在心理方面,要想有所分割,人心就得要在原来本是连续的地方,存想两个面积,而且把它们分离开。(不过人心必须先知道它们可以分割,而且在分割后,还能得到本无而却能有的新面积,然后它才能在思想中想象那种分割。)不过真正的同心理的这两种分割途径都是不能适用于纯粹空间的。人们自然可以只思考与一呎相应的一段空间,而同时并不必思考其他部分。不过这虽是一种片面的思考,却并非是心理的分割或分离。因为人在实际上实行分割时,他不能不使不相系属的两个片段互相分离开;同样,他在心理方面实行分割时,亦不能不存想两个片段互相分离开。因此,片面的思考同心理的分割并不是一回事。一个人自然可以只思考日的光而不思考它的热,自然可以只思考物体的被动性而不思考它的广袤。不过他在这样思考时,却不曾以为它们是能分离的。总而言之,局部的思考,只归结在一方面;至于他在思考分离作用时,则他在同时要思考两方面,而且以为它们是独立存在的。

14 第三,纯粹空间的各部分既然不可分离,所以它们亦是不能动的。所谓运动只是任何两个事物中间距离的变化,因此,各部分如果是不可分离的,则运动是不可能的。因此,纯粹空间的各部分必然是永久静止的。因此,确定的简单空间观念,便和物体有了明显的,厘然的分别,因为它的各部分是不可分离、不能运动、不能抵抗物体的运动的。

15 广袤一词的定义并不能解释广袤——如果有人问,我所说的这个空间究竟是什么样的,那么他如果能告我,他的广袤是什么样的,则我亦可以告他,我的空间是什么样的。要照普通的说法说来,人们自然会说,广袤就是部分之外又有部分(parts extra parts)。不过这种说法,正如同说广袤是广袤一样。因为人们如果告我说,广袤是在有广袤的部分以外又有有广袤的部分,或者说,广袤成立于有广袤的部分,那么我能对广袤的本质,能有进一步的了解么?一个人如果问我,纤维是什么?我如果答他说,它是由多数纤维合成的一种东西,那么他现在对于纤维的本质,能较以前有了进一步的了解么?他不是会因此想象,我的意思只是同他开玩笑，不是严重地来指教他么？

16　只把事物分为物体同精神两种，并不能证明空间和物体是一样的——主张空间和物体为一致的那些人们，又提出一个难题说，所谓空间是否是一种东西？如果它不是一种东西，则两物之间即无物，它们一定会接触在一块，如果它是一种东西，则他们又会问，它是物体呢？还是精神呢？不过我亦可以另一个问题来答复这个问题说，谁告诉他们说，世界上只有，而且亦只能有不能思维的凝固物体和没有广袤的思维实体呢？（这就是他们所说的物体和精神。）

17　人们并不能用我们所不知道的实体，来反对无物体的空间——如果人们要问（这是常有的），没有物体的这个空间，还是实体，还是附性，则我可以立刻答复说，我不知道。发问的人们如果不给我指出明白清晰的实体观念来，则我亦不觉得我自认不知道是可耻的。

18　人们往往爱把文字当做事物，这实在是一种大错，因此，我就要想尽力使我自己免除了这种错误。因为我们如没有清晰明白的意念，而且只是造作名词，虚声聒人，强装有知，那并不能使自己的愚陋得到救药。我们任意所造作的名词，并不能把事物的本质变了；我们之能了解它们，亦只以它们能标记，能表示确定的观念为限。因此，我很希望那些强调“实”和“体”两个字的人们，来思考思考，我们如果把实体一词应用在无限的上帝、有限的精神和物体三者时，它的意义是不是前后相同的？而且这三种互异的实有既然都叫做实体，那么实体一词所表示的观念，是不是前后一致的？如果是这样的，则我们是否可以说，上帝、精神同物体，三者都具有公共的实体性质，其所差异的只在于那个实体的各种不同的变状，就如树和小石一样，都可以说是物体，都具有公共的物体性质，其所差异的，只在于那种共同物质的变状。如果我们可以这样说，则这种学说真够不入耳了。如果他们说，他们把实体一词用在上帝、精神和物体时，他们有三种不同的意义，而且他们说上帝是实体时，实体代表着一个观念；说灵魂是实体时，实体又代表着另一个观念；说物体是实体时，实体又代表着第三个观念；——如果实体一词代表着三种各异的观念，他们应该把那些观念弄清楚，或者至少给它们三种不同的名称，以免在这样重要的一个意念方面，因为名词含糊、意义混杂，自然而然引起纷乱和错误。不过这个名词不但不曾被设想有三个清楚的意义，而且在平常用法中，连一个清晰的意义亦没有。退一步说，如果他们能分别实体的三个清晰的意义，则别人何以不能再加上第四个意义呢？

19 实体和附性在哲学中并无多大的功用——有的人们忽然发生了附性的意念，并且以为各种附性虽是真实的实有，却需要一种寄寓的所在，因此，他们便不得不找出“实体”一词，来支撑它们。可怜的印度哲学家（他们想象地球需要一些东西，来支撑它），如果想到实体一词，则他便不必费心来找一只象，来支撑地球、再找一个龟、来支撑他的象；只有实体一词就很够他用了。欧洲哲学家如果不知道实体是什么，就说它是附性的支托，则印度哲学家虽不知道实体是什么，亦可以说实体是地球的支托。印度哲学家的解答如果不满人意，则欧洲哲学家的解答亦不能独外。因此，我们对于实体并无任何观念，只是对它的作用有一个含糊的观念。

20　不论有学问的人在这里作何解答,我相信,一个解事的美利坚人,如果要想研究事物的本质,如果要想知道我们的建筑,则我们如果只告他说,柱子是被基础所支撑的一种东西,基础是支撑柱子的一种东西,那他很难满意你这种解释。你这样解释以后,他不觉得你是同他开玩笑,而不是指教他么?照这样说,则我们如果告一个生人说,一切有价值的书籍都成立于纸和字,而且字是寄寓于纸中的,纸是呈现字的,那他亦就很可以明了了书的本质,和其所含的东西了。我们如能由这种途径清晰地观念到字和纸,则这种途径亦就太高妙了。不过拉丁文寄寓(inherentia)和实体(substantia)两词,如翻成英文中的附着(sticking-on)和支撑(underpropping)两词,则他们便会给我们发现出实体和附性的学说是如何清晰而有理致的,便会给我们指示出,它们在决定哲学问题时,有多大功用。

21　在物体的极限以外,定有虚空——我们可以话归正传,讨论我们的空间观念。我们如果不假设物体是无限的(我想人都不会如此说),则我们可以问,上帝如果把人置在有形事物的边缘上,人是否能够将其手伸在自己的身体以外。如果他能够,那么他就将把他的手臂伸在以前曾有空间而无物体的那个地方;而且他如果把他的手指张开,则各个手指中间,一定会有无物体的空间存在。如果他不能把他的手伸出去,那一定是由于外面的障碍,(因为我们假设他是生活着的,而且有能力来运用他身体的各分;这种能力,如果上帝愿意的话,人是可以有的,否则我们至少亦可以说,上帝能移动他;)因此,我就可以问,能阻止他的手上升的,还是实体,还是附性,还是一些东西,还是完全虚无?他们如果能解决了这一层，那他们就会自己来解决，相距的两物间，那种既非物体又无凝性的东西毕竟是什么？同时我们还可以说，人们如果可以主张，“两物中间无物阻碍时，则它们必然会接触”，则我们亦可以主张，“在无阻碍的地方（在一切物体的极限以外，就是这样的），一个在运动中的物体，亦一定会继续往前进行。”他们那种论证如果是合理的，则我们这种至少亦是一样合理的。因为纯粹空间足可以使两物不至非接触不可；而且止有空间相隔，并不足以使运动停止。因此，这些人们或则承认自己以为物体是无限的（自然他们不喜如此说），或则断言空间不是物体——总不能逃出这两种途径。我很愿意，一个能思想的人在自己的思想中，试试能给空间下一个限制不能（在时间方面他是不能的），试试能借思想达到两者的尽处不能。不过他的永久观念如果是无限的，则他的博大观念亦一定是无限的：因为两者之为有限或无限，都是相等的。

22 毁灭的能力可以证明有个虚空——再进一步说来，人们如果主张空间离了物质便不能存在，则他们不止把物体认为是无限的，而且不承认上帝有毁灭任何物质部分的能力。我相信，人人都不会否认，上帝能把物质中一切运动停止了，并且能把宇宙中各种物体确立在完全的寂静状态和静止状态，任意使它们继续存在各种长的时间。因此，任何人只要承认，在各种普遍的寂静状态中，上帝能毁灭了这部书或读这部书的人的身体，则他必得承认虚空是可能的。因为我们分明看到，被毁灭的那个物体的各部分以前所占的空间，仍然可以存留，仍然可以是一段无物体的空间。因为周围的物体既然完全不动，就如钢筋的墙似的，因此，它们在那种情形下，一定会使别的物体绝对不能进入那个空间。实在说来，人们所以相信,一个物质分子移动后,别个物质分子就非填其地位不行,乃是因为他们假设空间是充满物质的。不过这个实空不能只以假设的事实来证明,它必需要一个更好的证明,可是这种证明,我们是不能以实验来做出的。据我们的清楚明白的观念看来,我们分明知道,空间和凝性并没有必然的联系,因为我们存想空间时,并不必非存想凝性不可。人们只要主张虚空或否认虚空,则他们就已自己承认了,他们能清晰地观念到虚空同实空,能清晰地观念到没有凝性的广袤(只是他们不承认它的存在),否则他们所争执的是完全没意义的。因为人们如果把文字的意义改变了,竟然叫广袤为物体,竟然以物体的全部本质就是无疑性的纯粹虚空,则他们谈说起虚空来时,一定会陷于荒谬的,因为无广袤的广袤是不会存在的。因为所谓虚空,不论我们承认与否,它是指着无物体的空间而言;既然如此,则人们只要不承认物质是无限的,只要不否认上帝有能毁灭任何物质分子的能力,则他们一定会承认这种虚空的存在。

23　运动可以证明虚空——不过要想发现虚空我们且不必远远地超出宇宙中物体的极限以外,亦不必求助于上帝的无限能力,只有我们在邻近所看到的那些物体的运动就能证明这一层。人如不相信,则他可以做一个试验。他可以把任何体积的一个凝固物体分为许多部分,看看如果在各表层中间,不曾有任何大的虚空,甚至不曾有物体分解后最小部分那样大的虚空,那么,他是不是可以把那些凝固的各部分在各表层的范围以内,自由在各方面上下移动。物体所分成的最小分子如果同芥子一样大,而且物体分化后那些分子如果要在各表层的范围以内自由运动,则它们必须要有和芥子体积同样大的虚空才行，同样，物体的分子纵然小于芥子万万倍，它们亦必须要有小于芥子万万倍的无物体的虚空才能运动。这种真理如在前一方面是真的，则在后一方面，亦一定是真的，如是一直可以推至无限。这种虚空无论小至如何程度，它总会把实空的假设取消了。因为只要有一个没物体的空间。同自然中所能存在的最微小的物质分子相等，则它仍会是一个无物体的空间，仍可以使空间和物体大有分别，而且两种分别就如无底的裂缝(mĕga chásma)似的，成了自然中最远隔的距离。我们纵然假设，运动所必需的虚空，同所分的凝固物质的最小部分不相等，而只等于它的十分之一或千分之一，我们仍会得到相同的结果，仍会有一个无物质的虚空。

24 空间观念和物体观念是互相差异的——不过我们如果要问，空间(或广袤)观念同物体观念是否一体，则我们要解答这个问题，并不必来证明虚空的真正存在，我们只须证明虚空的观念就是了。人们既然讨论、研究，事实上究竟有无虚空，这就足以证明他们有一个虚空的观念，因为他们如果不曾有“无物体的空间观念”，则他们万不会过问到它的存在。他们的物体观念所包含的，如果不是于赤裸裸的空间观念之外，还另有一些东西，则他们亦不会猜想世界之为实空。倘或不然，则我们如要问是否有无物体的空间，那正同要问是否有无空间的空间，或无物体的物体一样荒谬，因为这些名词都成了同一观念的各种不同的名称。

25 广袤虽同物体不可分离，亦不能证明它们是一致的——真的，广袤观念同一切可见可触的性质是完全不可分离的，因此，我们在看到或触到任何外界物象时，很少不同时接受了广袤的印象。人们所以认物体的全部本质就成立于广袤，我猜想就是因为广袤太容易同别的观念在一块被人注意。这一点是不足惊异的，因为他们的视觉和触觉已经使广袤观念充满了他们的心，并且完全占据了他们的心，因此，任何东西只要没有广袤，他们就不承认它是存在的。不过人们所以说物体的本质就是广袤，有的只是因为他们在判断事物的可能性时，只依据于自己的狭隘粗疏的想象；有的乃是因为他们说，他们离了广袤，便不能想象物体的任何可感性。前一种人，我是不同他们讨论的，我只可以同后一种人来研究。我希望他们知道，他们如果能反省自己的滋味和嗅味观念，一如其反省自己的视觉观念同触觉观念一样；而且他们如果能考察自己的饥渴观念，以及别的痛苦观念，则他们一定会看到，那些观念完全不包含广袤观念。实在说来，广袤观念亦只是感官所发现的物体的一种性质，正同别的性质一样，而我们的感官在这里是难以足够敏锐地洞见事物的纯粹本质的。

26　各种观念如果只因为同别的观念常常联合在一块就被人认为是别的事物（同那些观念常相联合的）的本质，而且同别的事物不可分离，那么，所谓单一亦一定是任何事物的本质，因为任何感觉对象或反省对象，都带有“一”的观念。不过这种辩论之为脆弱，我已经充分证明过了。

27　空间观念和凝性观念是互相差异的——总而言之，不论人们对于虚空的存在有何意见，而我们依然看到，我们的空间观念之异乎凝性观念，正如凝性观念之异乎运动观念，运动观念之异乎空间观念一样。我们所有的观念再没有比这两个观念更为分别清楚的；我们很容易想象无疑性的空间，正如同我们很容易想象无运动的物体或空间一样，——虽然我们再切实不过地知道，物体和运动离了空间都是不能存在的。在这方面，人们亦许会认空间只是由远离的一些别的事物的存在而来的一种关系，或者亦许要把最贤明的国王所罗门的话语，同受了灵感的哲学家保罗的更有力的话语，按字面来解释一番。因为所罗门说过，“天，和众天之天，都不能容纳你”。保罗亦曾说过，“我们在他以内生活、动作、并存在。”是否应当这样认识，我请任何人来思考好了。不过我想，我们的空间观念，如我方才所说，仍是同物体观念有所分别的。因为不论我们在物质中来考察凝固的各部分的距离，并且对那些凝固的部分而言，叫空间为广袤；或者以为空间是在任何物体的各端间存在着的，并且因那些不同的量向，而叫它为长、宽、厚；或者以为空间是在两个物体（或积极实有）间存在着的，而且不考察其中间是否有物质，只叫它作距离——不论我们如何称谓它、考察它，而它仍是由感官所熟悉的各种物象而来的简单一律的空间观念。我们心中对于这些对象有了确定的观念以后，便会屡屡把它们回忆，把它们重叠，把它们增加；而且我们会把这样想象到的空间或距离，认为是被凝固部分所充满的，或不被它们所充满的。如果是充满着的，则另一个物体来时，一定会把原来的物体代替了，或投出去；如果是不充满的，则与那段纯粹空间相等的物体，可以置在那段空间内而并不必把以前存在的任何东西移出去，或排斥开。不过在这回事体方面，要为避免言语的分歧起见，我们不妨把广袤一词只应用于物质，或特殊物体中各端间的距离；并把扩延（expansion）一词概括地应用到有凝固物质或无凝固物质的空间上。因此，我们就可以说，“空间是有扩延的，物体是有广袤的。”不过在这方面，人们完全可以随自己的意。我这层建议，亦只是希望人们有一种较清楚，较明白的说法罢了。

28 在清晰的简单观念方面说，人们都无甚差异——我们只要精确地知道了文字代表着什么东西，则我们便可以在这种情形下，同在别的许多情形下，立刻把辩论停止了。因为我相信，人们在互相谈论中，虽或以差异的名称来混淆了他们的简单观念，可是他们如果肯来考察一下，则他们会看到，各人的简单观念大体是可以互相符合的。人们虽然受了各学派的熏染，按各学派的说法，使自己被各种文字所迷乱，可是他们只要能抽象自己的思想，并且能仔细考察自己心中的观念，则他们彼此的思想总不至相差很远。至于在不思想的人们方面，他们当然会兴起不尽的争吵、口角和妄说来，因为他们不能精密地、详尽地、来考察他们的观念，不能把他们的观念由人们所用以表示观念的那些标记中剥脱出来；而且他们如果是有学问的书呆子，笃信一种教派，习于一套术语，模仿他人谈话，则更会有这种情形。不过能思想的两个人，如果竟然真有了互不相符的观念，则我真不知道，他们如何能互相谈话、互相辩论。因此，我可以合理地说，人们脑中的想象，所以浮游不定，都是因为我们具有我所说的那种纷乱的观念。人心由习惯、忽略和普通谈话习来的那些纷乱的意念和偏见，它很不容易把它们排斥了。只有费着辛苦和勤劳，人心才能考察它的观念，把它们分化成组成它们的那些简单清晰的观念，才能看到，在它的简单观念中，哪一些是互有必然联系的，那一些没有。在事物的原始意念方面，人如果不能做到这一层，则他的基础一定是建立在浮游不定的原则上，而且他会看到自己将陷于茫然不知所措的地步。

第十四章　绵延和其简单的情状

1　绵延是迅逝的广袤——此外还有一种距离或长度，我们对它所生的观念不是由常存的空间部分，而是由飘忽消逝的连续(succession)的各部分来的。这种距离就叫做绵延(duration)。绵延的各种简单情状，就是绵延的各种不同的长度。这些长度亦是我们所能观念到的，就如：时辰、日、年、时间、永久等等。

2　绵延观念是由反省一系列观念来的——有一个人问一个大人物说，时间是什么？那位大人物就答复他说，“你如果不问，我还知道”(Si non rogas intelligo)(译者按系圣奥古斯丁语)，这个意思归结起来就是说：我愈思想它，愈不知道它。这个答语或许会使人们相信，时间虽能显现一切事物，而其本身却是不能被发现的。人们所以想时间、绵延和悠久三者的本质是很深奥的，亦正有其理由在。不过这三者虽似乎是我们所不能了解的，可是我确乎相信，我们的知识来源之一——感觉或反省——就可以把这些观念清晰地、明白地供给于我们，一如其供给我们以那些比较不含糊的观念似的。不但如此，而且我们亦会发现，悠久观念亦是同其他观念由同一根源来的。

3　要想正确地来了解时间和悠久，我们应当仔细考察我们对绵延有什么观念，和获得那个观念的途径。人们只要一观察自己心中的现象，就会显然看到，他们只要醒着，则他们的理解中，一定永远有一串连续不断的观念。我们所以发生了连续的观念，就是因为我们反想到人心中这些前灭后生的观念的现象。所谓绵延就是那个连续中任何两个部分间的距离，或人心中任何两个观念出现时的距离。因为在我们思想时，在我们心中连续地接受各种观念时，我们知道我们是存在的。因此，我们就叫我们自己的存在(或继续存在)为我们的绵延，而且任何东西只要同我们心中观念的连续是相应的，则它的继续存在亦可以叫做它的绵延，这类事物是同我们的思想同时共存的。

4　我们分明看到，我们的连续观念同绵延观念所以生起，乃是因为我们反省自己心中前后相接的那一系列观念；因为我们若非考究我们理解中前后连续的那些观念，则我们便没有绵延的知觉。那些观念的连续如果一停止，则我们的绵延知觉亦跟着就停止。人只要酣睡一度——不论一时、一日一月、一年——他就会在自身明白地试验到这一层。他如果睡着或不思想，则他对于事物在此期中的绵延便无所知觉，便完全不理会；而且在他看来，他停止思想的那一刻和重新开始思想的那一刻，中间似乎没有任何距离。说到醒着的人，他如果真能只把一个观念保留在心中，并没有其他观念的变化和连续，则我确信他亦会有同样的情形。我们常见，人如果专一地把思想集中在一件事物上，而且在潜心沉思时，全不注意他心中那一串观念，则他亦会把那段绵延的大部分溜过去，而且认为时间是较短一点的。而在睡眠时，远隔的两部分所以连合为一，亦是因为在那时候，我们心中没有观念连续下去。因为人在睡时如果做梦，而且各种观念会挨次为他的心所知觉，则他在那段梦境里，亦会有绵延的意识，亦会意识到绵延有多久。因此，我就明白看到，人们之所以获得绵延观念，乃是因为他们反省自己理解中前后连续的那一串观念。他们如果观察不到这一层，则世界上不论有什么事变发生，他们亦不会有了绵延的意念。

5 绵延观念亦可以应用在我们睡眠时的那些事物上——人的绵延观念虽然是由反省自己思想的连续和数目来的，可是这个意念亦一样可以应用在他不思想时仍然存在的那些事物上；正如他借视觉或触觉由物体得来的广袤观念，亦可以应用在无物可视，无物可触的那些距离上一样。因此，人在睡时或不思想时，虽然知觉不到那时期中经过的绵延的长度，可是他既然看到日夜的流转，并且看到，日夜的绵延长度在现象上是恒常而有规则的，因此，他就能假设，在他睡时或不思想时，昼夜的代谢亦是同在别的时候一样照常进行的——因此，他就会想象，会承认，他在睡时亦有绵延地长度。不过亚当(Adam)和夏娃(Eve)(如果世上只有他们)如果不照平常的样子在夜里睡觉，而只是在整个二十四小时内睡下去，则那二十四小时的绵延可以完全不为他所觉察，而且永久脱出于他们的时间记载而外。

6 连续观念并不起于运动——我们的连续观念既是由反省自己理解中前后相承的各种观念的出现来的，因此，有的人就以为我们这种观念所以生起，乃是因为我们能借自己的感官，观察外界的运动。他的意见亦许与我的相同，不过他应当知道，运动所以能在他的心中产生了一个连续观念，亦只是因为它能在那里产生了一长串继续的清晰观念。因为一个人在观看一个真正运动的物体时，如果那种运动不能产生出不断的一长串观念来，那么他亦完全知觉不到有运动。就如一个人在海上，四无陆地，天气晴朗，水波不兴，则他虽在整个一小时内观察那个日、那个海或那个船，他亦完全看不到哪一样有了运动；实则三种中有两种（或者三种）在那个时间中已经移动得很远了。不过他一见了它们同别的东西的距离变了，而且这种运动一在他心中产生了任何新观念，则他会看到已经有一种运动发生。但是一个人周围的一切东西虽都静止，而且他虽看不到任何运动，可是在那个寂静的时间内，他只要曾经思想，他就会看到自己思想中各种观念在自己心中依次出现，而且他虽看不到有运动，他亦会看到有连续。

7　因此，我们就看到，一些恒常的运动，如果太慢了，为什么就不容易为我们所知觉；因为它们由此一个明显部分移于彼一个明显部分时，它们的距离变化得太慢，不能使我们得到新的观念、只有在经了较长的时候以后，我们才能得到。因此，在我们的心中如果没有一长串新观念继续出现，则我们便没有运动的知觉。运动知觉既在于一种不断的连续，因此，我们如果没有一系列变化不断的观念，我们就看不到那种连续。

8　另一方面，各种物体如果运动得太快，使感官不能清晰地分辨出它们运动的距离来，因而在心中不曾引起任何一系列观念来，则我们也知觉不到它们是运动的。因为任何旋转的东西，如果其旋转的时间比我们心中通常观念的蝉联时间为短，则我们便看不到它的运动，而只看它是那种物质，那种颜色的一个完整的圈子，而不是那个运动之环的一部分。

9　观念的连续有一定的速度——因此，就请别人来判断一下，在醒着时，我们心中观念的互相连续是否有一定的距离，差不多好像灯笼中为烛光之热所打动的那些影像一样。它们在连续着出现时，虽然有时快，有时慢，可是我想在人醒时，它们的快慢程度一定差不了许多,我们心中互相衔接的那些观念的连续,似乎有一定的快慢限度,它们或迟或快总不出这个限度。

10 我所以有这种奇特的猜想,乃是因为我看到,在我们的感官接受印象时,我们只能在某种限度内,来知觉到一种连续,这种连续的积度如果太快,则在事实上,虽真有连续,我们亦觉察不到这种连续。一个炮弹如果经过一间屋子,并且在经过时,炸去人身上任何一种肢体和有肉的部分,则我们分明知道,它一定曾经连续地打动了屋的两壁,而且它一定先经过肉的一部分,再经过另一部分,如是一直继续下去。这种推断虽同任何解证一样明显,可是我相信,人虽感觉到弹击的痛苦,虽听见弹击两墙的声音,而他在那样快的打击所引起的痛苦和声音中,依然知觉不到有任何连续的时间。在这样的绵延时间中,我们并感觉不到有任何连续,因此,那种连续可以叫做一刹那,因为它所需的时间只是心中一个独立观念(无其他观念与之连续)的时间,在其中我们并看不到有任何连续。

11 运动如果太慢,如果不能按照人心接受新观念时那样的速度,来供给感官以一长串新鲜观念,则亦有上述情形。在这种情形下,在运动物体所呈现于感官的那些观念空隙中间,思想中别的观念就会跑进来,因此,我们就没有运动的意识。那种东西虽是真正运动的,可是它同别的物体间可觉察的距离的变化,既然不能如人心中各种观念互相连续得那样快,因此,它似乎就是静立的,就如钟上的针和日晷上的影子,同别的虽缓而无间断的运动便是。在隔些时候以后,我们虽可以借着距离的变化,看到它已经运动了,可是我们并看不到运动自身。

12 这个系列就是其他一切连续的标准——因此,在我看来,在醒时,观念的有规则的恒常连续就成了其他连续的度量和标准。任何连续或运动如果比我们观念的连续为快,则我们便意识不到一种恒常而继续的连续,那种运动如果慢得赶不上人心中观念的进程(或它们的连续速度),则我们会觉得它在中间是有间断的。两种声音或痛苦如果在连续中只费了一个观念的时间,则发生了前一种太快的情形。在运动物体的各种显著距离所呈现于视觉的各种观念之间,或在互相连接的各声音、各气味之间,如果有别的观念进入人心,则发生了后一种太缓的运动。

13 人心不能长久地确定在一个观念上——我们心中的各个观念既然在不断的连续中经常有所变化、有所移动,因此,人们或者会说,我们并不能很久地来存想任何一件事情。人们说这话时,如果意思是说,我们不能在心中长久地保持单一的一个观念,而无所变化,那么我想,事实亦真是如此的。在这方面,我们并没有可以解释这个现象的任何理由,因为我们不知道,我们的观念是怎样形成的,是由什么材料做成的,它们的光亮是由哪里来的,它们是怎样出现的。因此,我们只能诉之于经验,只能使任何人来试试,自己是不是可以在心中长久地保持一个无变化的观念,而不让其他观念现出来。

14 要做试验,则人可以试试任何形相,任何度的光或白色,或其他东西。我相信,他一定不能把别的一切观念都排斥于他的心以外。他不论如何提防,别种观念,或前述观念所引起的各种思考(每种思考就是一个新观念),总会常常地在他的心中相连而至。

15 在这方面,人们所能为力的,只有留心观察自己理解中依次出现的那些观念，或者指导它们，或者把自己所喜的，所用的那些观念召唤出来。不过他总不能把新观念的不断连续打断了，虽然他平常可以随意留心观察它们，或不留心它们。

16 观念不论如何做成，都不含有运动的意识——若问人心中这些观念究竟是否是由运动来的，则我可以不在这里来同人争论。不过我确乎知道，那些运动的出现，并不含有运动观念，而且人的运动观念若非是由另一条途径来的，则他便完全不能得到运动观念。这就很足以为我的学说张目，很足以证明，我们所以有连续观念同绵延观念。只是因为我们注意到自己心中那些前灭后生的观念；而且我们如果没有后一种观念，则我们便得不到前一种观念，因此，我们所以有绵延观念，并不是由于运动，乃是由于我们在醒时心中有一长串观念；因为运动所以使我们发生绵延的知觉；亦只是因为它能在我们心中引起不断的一系列观念来（如我方才所说）。不止如此，而且他们心中纵然没有运动观念，只有别的一长串观念前灭后生，则我们亦可以得到清晰的连续观念同绵延观念；而且清晰的程度，正同我们由运动着的两个物体距离的变化，所得到的绵延观念一样，（因为两个物体间距离的明显变化，可以引起一系列观念来，这些观念又可以引起绵延观念来。）因此，我们纵然没有运动意识，我们亦一样可以有绵延观念。

17 时间是由度量划分过的绵延——我们既然得到绵延观念，则我们的心自然会寻求一种度量来计算这种公共的绵延，来判断它的长度，并且来考究各种事物存在的井然的秩序。没有这一层，我们大部分的知识就会纷乱了，大部分的历史亦会成了无用的。我们这样考虑就把绵延分划成各个段落、各个时期、各种长短。在这种观念下的绵延,我想可以要当地称它为时间(time)。

18　一种良好的时间计算法应该把时间分划成相等的各周期——在计算广袤时,我们只须把我们的标准或尺度应用在我们所要量的那种事物上。不过在计算绵延时,我们并不能如此,因为我们并不能把两个互相差异的,连续部分合在一块,互相度量。只有绵延能度量绵延,亦正同只有广袤能度量广袤似的。因此,我们在恒常的物质部分方面,虽能以不变的度量来计算广袤的长度,如吋、呎、码等等,可是我们在绵延方面,并不能有恒常不变的度量标准,因为绵延就是一种迅速的连续。因此,适当的时间计算法,必须把绵延的全长,借着屡屡重叠的周期(period),分划成表面上相等的各部分。绵延的任何部分如果不为那些周期所分划,所度量(或者只是被人心认为是如此分划的),则它便不会归在时间的意念之下:就如人们常说,"时间发生以前"(before all time),"时间消灭以后"(when time shall be no more)。

19　日月的循环是计算时间的最好尺度——日的日转和年转自创世以来,就是恒常的、有规则的、为一切人类所观察到的,而且人们假定日转同日转、年转和年转都是前后相等的,因此,人们就很合理地用它们来计算绵延。不过各日的区分和各年的区分,既然依靠于日的运动,因此,人们在这方面就有一种错误,就以为运动和绵延是可以互相度量的。因为人们在计算时间的长度时,既然习于分、时、日、月、年等等观念,而且一提到时间或绵延,他们就会立刻思想到这些观念(时间的这些部分都是由那些天体的运动计算出的),因此,他们就容易把时间和运动混淆了,或者至少以为它们互相有必然的联系,实则各种观念如果能在似乎相等的绵延的各距离间，按照周期恒常地出现(或恒常地有所变化)，并且普遍地为人所观察，则亦能分划时间的各种间距，正如所应用的那些标准之能分划一样。因为我们如果假设，日(有人认它为火)可以隔着相等的时间距离，按照它每日到天顶一次时所需的时间距离，在天空燃烧起来，在十二小时以后又熄灭下去，并且假设在一年的旋转期内，它明显地增加其热度和明度，随后又降回来：——我们如果这样假设，则这些有规则的现象，不是可以给能察看它的一切人们度量出绵延的距离来么，而且在度量时，不论有无运动，都无所分别么？因为各种现象如果是恒常的、普遍为人所观察的，而且是隔着相等的周期的，则虽没有运动，它们亦一样可以给人们计算出时间来。

20 我们之计算时间并非借着天体的运动，乃是借着它们的周期现象——因为不论水的冻结、不论植物的开花，只要能在地球上的各部分，按着相等的时间距离，周而复始，则我们便可依此来计算我们的年季、正如依靠日的运动似的。事实上，我们亦见美洲有些民族就是以鸟的按时来往来计算其时间的。因为不论一阵寒战、一种饥渴意识、一种气味，或一种滋味，或任何其他观念，只要常常能按照相等的时间距离，普遍为人所注意，则它们一定会度量出连续的进程，分划出时间的距离来。因此，天生的盲人们虽然不能知觉运动，虽然不能以运动来分划年季的流转，可是他们亦一样能以年季来计算时间。一个盲人既然能以夏热、冬寒、春花之香、秋实之味，来计算其年季，那么我就问，他是否可以比古代罗马人，以及许多其他民族，有较好的时间计算法。因为罗马人的历法到了恺撒时才加以改正，至于别的民族，虽亦自夸为采用日的运动，实则他们的年季是很不规则的。各国所计算的年季的精确长度，我们是难以知道的，因此，在编年史之间，就发生了不少的困难，因为各种长度虽然说都是由日的精确运动来的，可是它们的互相差异是很大的。我们如果再按着近来那位总明的著作家(Thomas Burnet)来假设，由创世之初到洪水以前，日常在赤道上转动，并且每日的时间都一样长久，而且它又能把自己的热和光平均分配于地球上各部分的居民，而且在整年中它距热带的远近亦毫无变化；则我们便不易想象(虽然有日的运动)，洪水以前的人民一起首就会以年来计算，或以他们所不能明白分辨的时段来度量时间。

21　绵延中任何两部分，我们都不能确知是相等的——不过人们或者会问，"没有有规则的运动(如日或其他东西的运动)，则我们怎么能知道各个周期是相等的呢?"我可以答复说，我们所以知道任何别的循环现象的距离相等，亦正同我们知道每日的循环现象距离相等一样。我们所以知道它们，只是因为我们借着心中相间出现的一长串观念，来判断它们。借着这串观念，我们可以在自然日(Natural days)中发现出不平衡来，不过在历日(the artificial days)中，却不能发现出来，因为历日已经假设是相等的，因此，它们就可以合乎计算之用。较精确的考察虽然在日的自转方面发现了不平衡，而且我们虽然亦不知道年转是否亦是不平衡，可是我们既然假设这些旋转运动在表面有相等的时间距离，因此，它们虽不能精确地度量绵延的各部分，可是它们也一样可以来计算时间，正如它们是确乎相等似的。因此，我们必须仔细分别绵延本身同我们判断它的长度时所用的那些标准。所谓绵延乃是由恒常一律，毫无差别的途径，往前进行的。不过我们所用的一切标准，据我们所知，都不是如此的，而且我们亦知道，所量的各部分或各周期，在绵延中，亦并不见得相等；因为绵延中两个连续的长度，无论如何度量，我们都不能解证它们是确乎相等的。日体的运动，世人虽久已确信不疑地用它为绵延的确定标准，可是如我方才所说，它的各部分是不平衡的。近来人们虽然应用摆锤，以为它的运动比日的或者(更正确地说来)地的运动较为稳定，较为规则，不过我们如果问任何一个人，他怎样确知摆锤的两个连续振动是相等的，则他一定很难相信，它们真是相等永无差误的。因为我们不敢确定说，那种运动的微妙原因在动作时永远前后平衡，而且我们确知，摆锤运动所经过的介质(medium)永远是一样的。可是这两方面只要有了变动，就会把这一类周期的平衡性变化了，就会把依运动而行的计算的确定性和精确性消灭了，就如它能把别的现象的周期变化了似的。不过绵延的各标准虽然不能解证出是很精确的，可是我们的绵延的意念仍是很清晰的。但是连续的两个部分既不能重叠在一块，则我们便不能确知它们是否相等。在计算时间的尺度方面讲，我们所能取的尺度只以能在似乎相等的周期间连续出现的那些东西为限。不过说到这种表面的相等性，我们并没有别的计算的标准，我们只能依靠记忆中所储蓄的那一系列观念，连同别的可然的理由，来使自己相信它们的相等性。

22 时间不是计算运动的尺度——一切人们在一面，虽然以世上较大的可见物体的运动来计算时间，可是他们另一面又以时间为计算运动的尺度，这实在是一种奇怪的事情。实则人们只要稍一反省，就会看到，在计算运动时，除了时间以外，空间还是必须要思考的；而且他们如再稍进一步来考察，亦就会发现，人们如要想确当地计算运动，则被运动的事物之大小，是必须计算在内的。至于运动所以能供计算绵延之用，只是因为它能恒常地使某些可以明显感觉到的观念，隔着似乎距离相等的周期重行出现。因为日的运动如果同荡风所吹的船的运动一样不平衡，有时慢，有时又特别快些，则我们万不能依据它来计算时间，正同我们不能依据彗星的表面的不平衡的运动，来计算时间一样。不过日的运动纵然是恒常地相等的，可是它如果不是循着圈子动，如果不能产生出等距的现象来，则我们亦不能依据它来计算时间。

23　分、时、日、年并不是计算绵延的必需尺度——因此，分、时、日、年等在时间或绵延方面，并不是必需的，正同物质中所标出的吋、呎、码、哩等，在广袤方面，不是必需的一样。在宇宙的这一部分，我们虽然因为恒常应用这些分段，应用日的旋转所标记出的各周期（或这些周期中的各部分），在心中确定了绵延长度的各种观念，并且在衡量时间的长度时，我们要把这些观念应用上去；可是在宇宙中别的部分，人们或者不需要我们这些尺度，就如日本人之不需要我们的吋、呎、哩似的。不过无论如何，人们总得应用一些与此相似的标准。因为我们如果没有一些有规则而按时出现的现象，则世界上虽然仍有各种运动，可是我们亦不能来计算绵延的长度，亦不能向人表示绵延的长度，因为运动的各部分，都不是按照有规则的，表面相等的各种旋转来排列的。不过在计算时间时我们所应用的各种差异的标准，并不能变化了绵延的意念，因为绵延是被度量的，这个亦正同呎和腕尺（Cubit）各种不同的标准不能变化了应用这些度量的人们的广袤观念一样。

24　我们的时间尺度亦可以应用在没有时间以前的绵延

上——人心一得到一种时间的尺度以后(如日的年转),它就能把那个尺度应用在那个尺度不曾存在过的绵延上,应用在与它的存在完全无关系的绵延上。因为我们如果说亚伯拉罕(Abraham)生于儒略期的2712年,则在那个儒略期开始时虽无日的运动和他种运动,可是那种说法亦是一样易于了解的,就如从创世之初计算起似的。因为虽在儒略期开始了数百年以后,才有了日的轮转来标记真正的昼、夜、年季,可是我们亦可以照样计算创世以前的绵延的长度,正如那时候日真正存在似的,正如那时候日真能保持它现在所行的日常运动似的。因此,虽在无日体无运动的时候,我们的思想亦可以把与日的年转相等的那种绵延观念应用在真正的绵延上。这个正如在世界以外,我们的思想亦可以把由物体得来的呎码观念应用在没物体的距离上一样。

25 因为我们如果假设由此到宇宙中最远的物体(因为它一定是在某距离以外的)间的距离为5639哩或几百万哩,并且假设由此时到世界初期物体方生时的距离为5639年,则我们便可以在思想中把这些年的标准应用在创世以前的时间上,或应用在超出物体绵延(或运动)的那种绵延上,并且亦可以把这个哩的标准应用在物体以外的空间上。这样,我们就可以用年的标准来计算无运动时的绵延,用哩的标准来计算(在思想中)无物体的空间。

26 这里人们或者会反对我说,照这样解释,则我已经擅定了我所不当擅定的,已经擅定了世界不是永久的,亦不是无限的。不过我可以答复说,我在这里并用不着援引论证,来证明世界在绵延和广袤两方面,都是有限的。不过我们可以说,世界之有限亦正同世界之无限都是可以想象的,因此,我可以自由来假设世界是有限的，亦正同他人可以自由来想象世界是无限的一样。而且我相信，人只要肯思想一回，就很容易在心中存想运动的起源（自然不是绵延的起源），而且在思考运动时，他会有所停顿而不往前进。同样，他亦能在思想中在物体上和物体的广袤上加一层限制；不过他依然不能在空间上加一种限制，因为空间和绵延的最后边界是超出于人的思想以外的，正如数目的最后界限是超出于人心的最广大的理解似的。它们的理由都是一样的；我们在别处就会看到这一层。

27　永久（eternity）——我们的永久观念和时间观念都是由同一途径，同一源泉来的。我们所以有连续观念和绵延观念，都只是因为我们反省自己的一系列观念；因为我们在醒的时候，有许多观念自然出现于思想中，有许多外界的物体连续地刺激我们的感官，促发起我们的反省来。我们既然由日的旋转得到一些绵延长度的观念，因此，我们就会在自己的思想中把那些绵延长度任意加起来，而且把加起来的长度应用在过去或将来的各种绵延上。这种作用我们可以无边界，无止境地一直继续下去，并且把日的年转长度应用在日的运动或其他运动开始以前的那种绵延上。这种想象并没有什么困难或矛盾，亦正同我可以把今天日晷上影子运动的意念应用在昨晚的一种东西上一样，亦正同把这种意念应用在灯烛的燃烧上一样。世界成立以前的任何绵延部分虽然同现在日的运动不能同时存在，可是这个亦正同昨晚灯烛的燃烧同现在的一切实际运动绝对分离开似的，亦正同昨日晚上一小时的灯光绵延同现在任何运动不能同时存在似的（将来自然亦不会）。不过我们既然由日晷上两个时间标志间那种影子的运动，得到一种观念，因此,我们就可以在自己思想中清晰地来度量昨晚灯光的绵延,亦正同我可以计算现在存在的任何东西的绵延似的。在这样着想时,我们亦只是想:昨晚上,日如果亦一样在日晷上照,而且它的速度亦同现在一样,则那盏灯光的绵延,一定等于日晷上影子由此一时线到彼一时线所经的时间。

28 时、日或年的意念,只是我们由有规则的周期运动的长度得来的一种观念。但是那些运动永久都不能时时存在,只能在记忆所保有的观念中存在(这些观念亦是由感觉或反省来的),因此,我不但可以把这个意念应用在此刻日的运动以前的一分钟或一日的任何事物上,而且可以因为同样理由,并且同样保险地,把这个意念在思想中应用到一切运动以前的那种绵延上。一切过去的东西都是同样静止的,因此,不论它们是在创世以前的,不论它们是在昨日的,我们都可以一样来考察它们。在以某种运动来计算任何物体的绵延时,我们并不需要那种东西同那种运动真正同时存在。我们心中只要能从周期的运动,或绵延中各种间距,得到清晰的长度观念,并且把那种观念应用在我们所要度量的那个事物的绵延上,就可以计算任何物体的绵延。

29 因此,我们看到,有些人就想象:世界由初生到现在 1698 年所经的绵延为 5639,或 5639 个"日的年转"。又有的人们则以为所经的绵延比这长得多;就如古代埃及人在亚历山大时代就已经计算由日初生到那时已经有了二万三千年,又如现在的中国人亦以为世界有了三百二十六万九千年,或较多的年代。他们所说的世界这种较长的绵延,我虽然不相信它是真的,可是我亦可以照样同他们来如此想象,而且我亦真正知道,后一种比前一种长，正如我们知道麦苏乐(Methusalem)的生命比恩纳克(Enoch)的生命较长似的。普通所计算的5639年如果是真的(或者是真的，亦如别的假定的时间一样)，则别的人们虽说，世界比此还大一千年，我亦一样可以想象他的意思。因为任何人都容易来想象(我不说信仰)世界有了五万年，亦正同其能想象世界有了5639年一样，而且他们亦都容易存想五万年的绵延，正如其能存想5639年一样。因此，我们在以时间计算任何事物的绵延时，那个事物并不必与我们计算时所用的那种运动同时存在，并不必与其他有周期的运转同时存在。我们只要从任何有规则的周期现象得到长度的观念，并且在心中把这个观念应用在绵延上，则那个现象(或运动)虽同那种绵延不是同时存在，我们亦一样可以计算。

30　在摩西(Moses)所叙述的创造史中，我们只要思想，在日出现以前，光的绵延正等于日的三个日转(如果日在那时亦同现在一样转)，则我们便可以想象，光的存在比日的存在，比日的开始运动，早着三天。同样，我们亦可以想象，混沌和天使的创造，比光或继续的运动早着一分、一时、一日、一年或千年。因为我们如果能想象，在任何物体存在以前，运动以前，有等于一分钟的绵延长度，则我可以再加上一分，一直等加成六十分，而且可以照样把分、时或年(就是日的旋转，或其旋转的各部分，或我们所能观念到的任何周期)加起来，一直达到无限，而且可以设想，有一个绵延能超过我所能计算的任何多的周期。这就是所谓永久观念，而且我们之不能观念到它的无限性，亦正同我们之不能观念到数的无限性一样，因为数是可以一直加下去，无有止境的。

31　由此看来，我们分明见到，我们的绵延观念同绵延的尺度，亦是由一切知识的那两个源泉来的，亦是由反省和感觉来的。因为：

第一，我们所以能得到连续观念，乃是因为我们观察了自己心中的现象，观察了我们的观念如何在一长串中能不断地前灭后生。

第二，我们所以能得到绵延观念，乃是因为我们观察了这些连续中各部分的距离。

第三，我们所以能得到绵延的长度观念（或绵延尺度如分、时、日、年等），乃是因为我们借着感官观察了在似乎等距的有规则的一些周期中所现的一些现象。

第四，在没有物体存在的地方，我们所以亦能想到绵延，亦能想象明日、明年或七年以后，乃是因为我们能在心中随意重叠时间的尺度或确定的绵延长度观念。

第五，我们所以有永久的观念，就如灵魂将来的无限绵延，或亘古存在的无限的造物者的绵延，乃是因为我们能在心中任意重叠任何长度的时间观念，如分、年、纪等等，乃是因为在把它们相加时，从来到不了终点，就如在加数目时，永久到不了终点似的。

第六，我们所以能得到一般的时间观念，乃是因为我们思考周期的尺度所划分出的无限绵延中的任何部分。

第十五章　绵延和扩延的比较研究

1　两者都是有大有小的——在前几章中，我们虽然已经把空间和绵延讨论了多时，不过它们既是很关重要的观念，而且它们的本质亦有几分深奥而特别，因此，我们如果把它们在一块比较一下，或者亦可以把它们较明显地解证出来，而且我们如果能把它们综合观察，或者亦可以对他们得到较清晰、较明白的观念。不过在抽象考究之下的简单距离或空间，我为免除纷乱起见，特叫它做扩延，以别于所谓广袤，因为有些人用广袤一词所表示的那种距离，只限于物质中的凝固部分，而且包含着，至少亦暗示着，物体的观念；至于纯粹的距离观念便没有包含着那个成分。而我所以用扩延一词，不用空间（space）一词，乃是因为空间一词不但可应用于那些恒常部分间的距离，亦常应用于迅速连续的各部分间的距离，实则那些部分是不能同时存在的。（注：英文 space 亦可以指时间距离而言。——译者）在扩延和绵延这两方面，人心都可以有一种共同的连续长度观念，而且那个长度亦是可长可短的。因为一时和一日的长短之差，亦正同一吋和一呎的长短之差一样，人都可以对之有一个明白的观念。

2　扩延并不能为物质所限制——人心只要从扩延的任何部分，得到长度的观念，则不论那个长度是指一尺，是一步，或是别的尺寸，人心就能够把那个观念加以重叠；它把那个观念加在前一个观念上以后，便可以扩大了长度观念，并且可以使那个长度等于两指尺或两步，或任何其他尺数；这样，这个长度就可以一直加长，可以等于地球上任何部分间的距离，可以等于日或最远星球的距离。在这样进程中，不论人心从现在的地方出发，或从别的地方出发，它都能够进而超过那些长度，而且不论在物体中或物体外，都可以一直进行，毫无停止。我们的思想自然可以达到凝固广袤的尽处，因为一切物体的边际和界限，我们都容易想象到。不过人心只要是在那个边际，它便会不受任何阻碍；在不尽的扩延里，一直进行；因为它既看不到不尽的扩延会有终点，亦不能想象到不尽的扩延会有终点。因此，人如果不把上帝范围在物质以内，则他便不可以说，在物体的边界以外，完全没有东西。因此，理解高、智慧广的所罗门便别有见地，因为他说，“天和诸天之天都不能容你。”因此，人们如果以为自己的思想超出于上帝存在的范围以外，或者以为能想象上帝不在其中存在的一段扩延，那他就把自己理解的容量过分夸大了。

3 绵延亦不能为运动所范围——绵延亦是如此的。人心一得到任何长的绵延观念以后，它就可以加倍、重叠，并且加长那个观念，而且在加长时，不独可以超过了它自己的存在，而且可以超过一切有形物体的存在，超过由世上大物体和其运动得来的一切时间尺度。不过人人都容易承认，我们虽可以设想绵延是无限的（自然是如此的），可是我们却不能使它超出一切实有之外。因为人人都容易承认，上帝是充满永久的时间的。而且我们亦不易想象，任何人会怀疑上帝，不能照样充满了无限的空间。他的无限的存在，在绵延和扩延两方面，都确乎是一样的。而且我想：人们如果说，“无物体之处，就一无所有”那就未免太着重物质了。

4 人们为什么承认无限的绵延，而不容易承认无限的扩延——因此，我们就容易知道，人人为什么都坦然地、毫无踌躇地、谈说并假设所谓永久，并且容易给绵延以无限性；为什么在假设空间的无限性时，却带着怀疑不决的样子。这个理由依我看来似乎是这样的，就是：我们既然把绵延和广袤当做差异的两类事物的属性名称，因此，我们就容易假设上帝有无限的绵延，而且不能不如此假设。不过我们既不认上帝有广袤，而只认有限的物质有广袤，因此，我们就容易怀疑无物质的扩延的存在；因为我们以为只有物质有这种扩延的属性。因此，人们在探究自己的空间思想时，便容易停止在物体的边际上；好像以为空间在那里就到了尽处，不能再往前进似的。在思考时，他们的观念纵然使他们更进一步，他们仍然叫宇宙界限以外的地方为“想象的空间”(imaginary space)；好像那里完全没有东西似的，因为他们以为那里是没有物体的。至于在物体以前；在计量绵延的那些运动以前存在的那种绵延，他们永不叫它做想象的，因为他们从不以为绵延中没有其他真正的存在者。此外，我们还可以说，我们如能借事物的名称来追寻人们观念的起源(我想是可以的)，则我们可以由(duration)一词看到，古人们以为存在的继续和凝性的继续是相似的。(所谓存在的继续是有反抗一切毁坏力的力量；至于所谓凝性的继续，则最易同硬度相混，而且我们如果一观察物质的微细分子，则两者正是难分别的。)因此，他们就造了十分相近的两个字，如 durare(绵延)同 durum esse(硬的)。而且 durare 一词在硬度观念和存在观念上都可以通用，就如我们在何鸾士(Horace)颂诗，第 16 节所见的就是。原文为 Ferro durabit saecula(意为他用铜铁硬化了那个时间)。事虽如此，可是我们仍然分明知道，人只要能考察自己的思想，则他们一定有时会漫游在物体的范围以外，漫游在无限的空间中或扩延中。空间观念同别的物体和一切事物，仍是清晰而分离的。不过这一层仍得详细思维(如果人们愿意的话)。

5　时间(time)之于绵延，正同场所(place)之于扩延一样——一般的时间之于绵延，正同场所之于扩延一样。它们在那些永久的和博大无限海洋中，正同被界石分开似的，彼此显出明白的区划来。因此，在那些绵延和空间的一律而无限的大海中，我们就用它们来指示有限的真正事物间的相对位置。在正确地思考以后，我们知道，时间和场所只是一些确定距离的观念，而且这些观念之起，只是由于可分别的各可感物中，具有明确的各点，而且我们假设这些点的距离是相等的。我们的计算依靠于明显事物中的已确定的各点，而且我们依据这些点来衡量无限数量中的各部分。这些无限的数量在这样思考以后，就成了我们所说的时间和地方。因为绵延和空间本身既是一律的、无限的，那么世界上如果没有那些确定的各点，则事物的秩序和位置便会完全失没了，而且一切事物都会纷乱错杂，陷于不可收拾的地步。

6 时间和场所表示的数量，正如物体的存在和运动所标志出来的数量——我们已经知道，时间和场所就是表示着空间和绵延的无限深海中那些确定的，可分划的各部分，而且它们和别的时间和场所的真正分别或假设分别，是由标志和已知的界线所分划出的。不过所谓时间和场所仍各有两重含义：

第一，一般的时间就是指宇宙中巨大物体（就我们所知道它们的情形而言）的存在和运动在无限绵延中所标志出来的那一部分而言，而且那段时间同那些存在及运动是共存的。在这种意义下，时间同这个可感世界的结构是同始同终的，就如上述诸句中所表示的那样，类如说，“一切时间以前”、“时间终止以后”等等话。至于一般的场所，则是指物质世界在无限空间中所占据所包含的那部分而言，而且它所以有别于扩延中的其他部分，正在于此（不过这种部分似应叫做广袤，不应叫做场所）。一切有形物体的特殊时间或绵延，特殊广袤或场所，都是限制在这两个范围以内的，而且是被这两个范围的明显的部分所计算、所决定的。

7　时间和场所所表示的，有时也正如我们以物体的大小和运动在想象中所度量的——第二点，时间一词有时所含的意义较广，而且它亦可以表示不被实在存在所度量出的无限绵延中的各部分。我们前边已经说过，各种物体的真正存在和周期运动原来是分划时间的尺度，而且我们可以把它们当做一些标记，来指示日、月、年、节等等。不过我们除此以外，亦可在无限的、一律的绵延中，假设一些部分与前所量的实在的时间长度相等，而且亦以为它们是确定而有界限的。因此，时间不止可以表示真正的绵延部分，而且亦可以表示想象的绵延部分。因为我们如果假设天使的创造（或堕落）是在儒略期的开始，则我们很可以合理地说，“天使的创造比世界的创造早着 764 年”。而且我们在说这话时，人们一定易于了解。因此，在那无分别的绵延中，我们就可以按照现在日的运动速度标记出等于 764 个日转的一段时间来。同样，我们亦常提到世界界限以外无限虚空中的场所、距离和体积，因此，我们就想那个虚空中的某些部分可以容纳（或等于）某种体积的物体（如一方呎大的物体），并且想象其中有多少点和世界中各部分保持某种距离。

8　它们是属于一切事物的——何地（where）和何时（when）是属于一切有限存在的两个问题。我们在决定这两个问题时，往往要依靠这个可感世界的已知部分，同世界中各种运动所标志出的一些时间。倘若没有这些确定的部分和周期，则在那个无限一律的绵延海中、扩延洋中，一切事物的秩序会失没了，不能为我们的有限理解所认识。因为无限的绵延和扩延包括了一切有限的实有，而且只有神明才能了解它们的充分范围。因此，我们就不必惊异，在抽象地来思考它们自身时，或把它们当做无限上帝的两种属性而加以思考时，我们何以不能了解它们，而且我们的思想何以对它们会生了迷乱。不过我们如把它们应用在任何特殊的有限事物上，则我们可以说，(一)一个物体在无限空间中所占的广袤，正等于它的体积所占的。(二)至于所谓场所，就是我们在比较各物体的相对距离时，一个物体所占的位置。(一)任何事物的特殊绵延“(观念)”，就是那个事物正在存在时无限绵延的一部分所经过的时间“(观念)”，(二)至于问要那个事物是何时存在的，则那个时间，就是在已知的一个绵延时期和那个事物的存在中间，所经的绵延长度。前一种指示出同一事物的体积中或存在中两段间的距离来，后一种指示出那种事物在空时中同别的确定的空间点或绵延点间距离来。关于前一种，我们可以说：一件事物是一方呎，或经了两年等等话。关于后一种，我们可以说，它在林肯法学会方场(Lincoln's Inn-Fields)的中间，或金牛宫(Taurus)的第一度，或纪元后 1671 年，或儒略期的第一千年。这些距离都是我们以预先形成的空间长度观念或时间长度观念来计算的：在扩延方面，我们所用的观念，有吋、呎、哩、度，在绵延方面，有分、日、年等等。

9 广袤的一切部分都是广袤，绵延的一切部分都是绵延——此外空间和绵延还有一种最相同的地方。就是，我们虽然可以合理地把它们归在**简单观念**的数目中，可是我们所有的清晰的空间观念同时间观念都是由组合而成的。它们的本质正在于它们是由部分组织成的，不过它们的部分既然都是性质一样，而且没有混杂着别的观念，因此，它们仍不妨列在简单观念的数目中。人心在广袤和绵延方面，如果亦同在数目方面一样，能达到不可再分割的微小部分，则那个部分似乎应该是不可分割的单位或观念；而且人心应该可以把这些单位重叠起来，构成较大的广袤观念和绵延观念。不过人心所形成的任何距离（时空）观念，总不能没有含着部分（不能达到最后的单位——译者），因此，它就往往用普通的尺度来代替那些单位，因为人们受了本国的熏染，已经把那些尺度印在记忆中了（就如空间方面的吋、呎、肘尺，扑洛孙（parosangs）[波斯度名]同绵延方面的秒、分、时、日、年等等）。因为如此，所以人心就把这些观念当做简单的观念，并且把它们当做能组成部分，在需要时，把自己所习见的长度加起来，做成较大的观念。在另一方面，人心如果想把两方面寻常最小的度量分成更小的分数，则它亦仍然把那些度量认为是数目的单位。自然，任何人一漫想空间的广大扩延，或物体的无限分割，就容易看到在屡次加减以后，时空两者的观念如果变得太大了或太小了，则它们的精确的大小就会含糊纷乱起来，只留有屡次加的数目和减的数目是明白而清晰的。绵延的每一部分自然仍是绵延，广袤的每一部分自然仍是广袤，而且两方面的加减还都是可以无限进行的。不过在两方面，我们对之有明白清晰观念的那些最小部分，很可以认为是各该方面的简单观念，而且我们可以认那些复杂的空间情状和绵延情状是由这些简单观念所组成的，而且是仍可以分化成这些简单观念的。在绵延方面，这种微小的部分可以叫做刹那（moment），它所经的时间，正等于人心中一个观念在寻常连续中出现时所用的时间。至于空间方面的最小部分，则没有确当的名称，因此，我姑叫它做一个觉点(a sensible point)。它所表示的,就是我们所能分辨的空间或物体中的最小分子,它往往等于以眼为中心的圜内的一分度,就是在最敏锐的眼看来,亦不能小于三十秒度。

10 它们的部分是不可分离的——扩延和绵延还有另一层共同之点,就是,我们虽然以为它们是有部分的,可是它们的部分是不可分离的,甚至在思想中亦不能分离。只是计算广袤时所用的物体部分和计算绵延时所用的运动部分(或人心中观念连续中的部分),是可以间断,可以分离的;因为前一种可以被静止所间断,后一种可以被睡眠所间断,而睡眠亦正是一种静止。

11 绵延如一条线似的,扩延如一个凝固物似的——不过他们中间却有一层显著的区别,就是,我们在扩延方面所有的长度观念可以转移在各方,成了宽、厚、形相等;而绵延则只是无限进展的一条长线,不能重叠,不能变化、无有形相;不过它却是一切存在的一种公共度量,一切事物只要存在,就离不了时间。因为现在这一刻是现在所存在的一切事物所共有的,而且它之包含各种存在的各部分就如它们是一个单一的存在物似的。因此,我们可以确说,它们都是在同一刹那以内存在的。天使和神灵在扩延这一方面,是否同我们有相似之点,那我是不能知道的。说到我们自己,则我们自己的理解和识见只合于我们的存在和目的之用,并不能窥见其他事物的实在和范围,因此,我们在这方面,并不敢妄加论断。不过要离了一切扩延,则我们亦似乎难以想象任何存在,或观念到任何事物;正如离了一切绵延,我们难以观念到任何真正的实有似的。神灵们在空间方面究竟如何存在,他们在空中间究竟如何传达,那我是不能知道的。我们所知道的只是,各种物体都要按其各自的凝固部分的范围，在扩延中占有相当部分，而且它在那里存在时，要排斥一切其他物体来进入那个特殊的空间部分。

12 绵延不能有两部分在一块，扩延的各部分则都是在一块的——绵延同其部分——时间——是我们对于时在消灭的一种距离所有的一种观念；在这个距离中，任何两部分都是不能在一块存在的，都是得前后相承、连续出现的。至于扩延则是恒常距离的观念，它的各部分都是在一块存在的，并不能互相连续。不过我们虽然离了连续就不能想象任何绵延，虽然不能把它重叠在思想中，使现在存在的东西在明天存在，虽然在同时只能有此刻的绵延观念，可是我们可以想象全能者的无限绵延同人或其他有限存在物的绵延委实不一样。因为人在自己的知识和能力范围以内并不能包括了过去或将来的一切事物，他的思想只限于昨天，至于明天将有什么事故出现，他是不知道的。已过的，他是不能追回的、未来的，他是不能提前到现在的。我在人的方面说的话，亦一样可以适用于一切有限神灵上，因为他们的知识和能力虽然十分超过了人，可是它们比起上帝来，仍不过是最可怜的虫子。有限的事物不论如何大，可是同无限的事物总久不成比例。上帝的无限绵延伴着无限的知识和能力，他看到一切过去未来的事物。那些事物是为他所知识到的，是为他所视察到的，一看之下，他都可以遍览无余，而且他可以使任何事物在任何刹那中存在。因为一切事物的存在既然都是依靠着他的善意，所以他愿意让它们何时存在，它们就在何时存在。——总而言之，扩延和绵延是互相涵容、互相包括的，每一部分的空间，都存在于每一部分的绵延中，每一部分的绵延，都存在于每一部分的扩延中。在我们所能想象到的无数观念中，像这样清晰的两个观念之结合，是难以遇到的。因此，这就可以作为我们以进一步思辨的题材。

第十六章 数目(Number)

1 数目是最简单最普遍的观念——在我们所有的一切观念中，单位观念或单一观念是由最多的途径进入人心的，可是同时它又是最简单的一种观念。它并没有含着任何复杂组织的迹象，可是我们感官所知觉的每一物体，理解中的每一观念，心中的每一思想，都带着这种观念。因此，这个观念是我们思想所最熟悉的一个观念，亦是最普遍的一个观念，因为它同任何事物都可以契合。因为数可以适用于人、天使、行动、思想以及一切现存的和一切能想象到的事物。

2 数目的情状是相加而成的——我们把这个观念在心中重叠以后，并且把这些重叠又加起来以后，就得到复杂的数目情状的观念。就如以一加一，我们就得到复杂的“一对”观念，又如把十二个单位加起，我们就得到复杂的“一打”观念，至于“二十”、“百万”等等数目观念，亦是相加而成的。

3 每一个情状都是厘然个别的——简单的数目情状在一切情状中是最清晰的。一个数目中只要有一个单位的些小变化，就能使那个组合同最相近的数厘然各别，正如和最远的数之互相差别是一样的。二与一之差，正同二百和一之差一样，而且二的观念与三的观念之差，亦正同全地球的体积和一个微虫的体积之差一样。至于在别的简单的情状中，便不如此，因为在别的简单情状中，我们很不容易，甚或不可能，分辨十分邻近而却真有区别的两个观念。因为谁能分别这张纸的白色和其紧相邻近的白色呢？谁能清晰地观念到广袤中的些小增加呢？

4　因此在数目方面的解证是最精确的——数目中每一个情状同别的情状，甚至于同最相近的情状，既然都是厘然个别的，因此，我想数目方面的解证比起广袤方面的解证来，纵然不是更为明显、更为精确、至少它们在应用方面，亦是更为普遍，更为确定的。因为数目观念比广袤观念是较为确当、较为分明的。因为在广袤方面，各种增加和相等并不容易观察出来、计算出来，因为在空间方面，我们的思想并不能达到最小而不能再进一步的程度——单位；因此，我们并不能发现出些小增加后的数量和比例。可是在数目方面，这些都是很清楚的，因为在数目中，如方才所说，九十一虽比九十只大一点，可是九十一同九十之差，亦正如同九千之差一样。至于在广袤方面则不如此，在这方面，比一呎或一吋略大些许的东西，并不能同一呎或一吋的标准容易分辨出来；而且我们虽然看到两条线相等，而此一条线仍可以比彼一条线大着无数部分。不但如此，我们亦一样不能在直角以下画一个与直角紧相邻接的最大的角子。

5　数目必须有名称——我们已经说过，把单位观念重叠一次，把它加在另一个单位上，我们便得到所谓“二”的一个集合观念。人们如果能这样一直进行下去，尽管在他所有的最后的一个集合数目观念上加一个单位，并且给新数以一个新名称，则他们便可以计算并且可以观念到那些单位的互相差别的种种集合体，——只要他能给前后相承的那些数目以一系列名称，并且记得那些观念同其名称。一切计数过程都只是多加一个观念，并且给一个观念所包含的整数以一个新的，独立的名称或标记，使我们借以分别以前或以后的数目，使它同较大或较小的单位总体，有所分划。因此，一个人如能在一上加一，并且在二上加一，如此一直往下计算，并且在每一进步以后，都可以有一个清晰的名称；而且在反面，他又可以在每一集合体上减去一个单位，慢慢亦退回来，则他在自己的方言范围内，便可以得到所有的数目观念；他纵然不能有再多的观念，至少亦能得到那些有名称的数目观念。因为在人心中，数目的各种简单情状，只是那么多单位的集合体，而且这些单位又没有别的变化，所差异的只在于数目的或多或少，因此，在数目方面，每一种清晰集合体的名称或标记，比在别的方面，似乎更觉要紧。因为要没有这些名称或标记，则我们在计算时，便难以很好地利用各种数目，尤其在集合体是由很多的单位形成时，更其如此。因为这些大数目在相加以后，如果没有一个名称或标记，来分别那些精确的集合体，则它们难免不是一堆纷乱的数目。

6　因为这种缘故，所以有些美洲人（我前边已经提过）虽亦能数到二十，而且在别的方面，天才亦还敏捷，可是他们无论如何也不能同我们一样能数到一千，并且对那个数目，有了清晰的观念。因为他们的语言是很贫乏的，只能适用于简单穷枯生活的一些必需品，而且他们既没有贸易同数学，所以亦就没有能表示一千的名称。因此，我们如果同他们谈起那些大数目来，他们就会指着自己的头发，以表示那样大的数目不是他们所能数的。我想他们所以不能数这些大数，正是因为他们缺少相当的名词。陶萍诺堡人(Tououpinambos)对五个以上的数目亦没有名称；凡遇五个以上的数目，他们就以自己的指头，同在场的别人的指头来表示。就以我们自己来说，我们如果能有适当的名称，来表示那些不常见的数目，则我们亦一定能用言语清晰地数出比寻常大了许多的数目来。可是我们现在的说法，只能往下重复，只能说万万万，因此，我们在以十进法往前计算时，在超过了十八位，或至多二十四位以后，就很容易陷于纷乱。不过要表示各种清晰的名称如何能有助于我们的计算，如何能使我们有了有用的数目观念，则我们可将下边各种数字列出来，作为一个数目的标记。

纳尼林	奥克梯林	塞朴梯林	塞克梯林	蒯特虑林
Nonillions	Octillions	Septillions	Sextillions	Quintrillions
857324	162486	345896	437916	423147
括特虑林	特虑林	比林	万	单位
Quatrillions	Trillions	Billions	Millions	Units
248106	235421	261734	368149	623137

在英文中，平常我们称呼这个数目时，只是以万为单位，按照每六位数，把万字重叠起来，叫这个数为万万万万万万万万万。不过要照这样计算，则我们对这个数目很难有任何清晰的观念。至于在给了每六个数字以一个新而有规则的名称以后，这些数目（或者再有较多的数目）是否可以较顺利地较清晰地数出来，它们的观念是否可以较容易地为我们所得到，并且较容易地表示于他人；那我让别人来考究好了。我所以提到这一层，只是要指示出，清晰的名称是计数时所必需的，并不是敢拿出自己新创的名称来。

7　儿童们数数目为什么不能再早一点——因此，儿童们往往不能很早就数数目，往往不能一直顺利地进行下去，因为他们或则缺少各种名称来标记数目的各种级数，或则心理官能尚未发展，不能把那些散乱的观念集合成复杂的，把它们排列在有规则的秩序内，并且把它们记住，以供计算之用。只有在他们得到许多别的观念以后，慢慢地才能数数目，因此，我们常见，他们虽然亦能谈话，亦能推理，亦能对各种事物有了明白的观念，可是他们在很晚以后，才会数二十。因此，人们如果记忆不良，不能记住数目的各种组合，不能记住清晰有叙的各种数目名称，不能记住一长串数目的互相依属关系，则他们一生亦不能有规则地来计算稍大的数目。因为一个人要想数二十，或对于那个数目有任何观念，则他必须知道，以前还有十九个数，而且那些数又按照秩序各个有一个清晰的名称或标记。他如果不知道这一层，则中间会有一个缺口，连串因以破坏，计算的进程便行中断。因此我们如果想计算正确，第一，需要人心仔细分别相差只一单位的（或由加或由减）两个观念；第二，它得记住各种组合的名称或标记，从单位起一直到那个数目，不能有丝毫纷乱，丝毫任意，而且它的记忆必须合于各数相承的精确秩序。在两方面，它如果稍有误失，则数的全部过程因以扰乱，它只能得到扰乱的"杂多"观念，而得不到清晰计算时所必需的那些观念。

8 数目可以度量一切能度量的东西——在数目方面，我们还看到，人心在度量一切可度量的东西时，它总是要应用数的。可度量的事物主要的就是扩延和绵延，而且我们的无限观念即在应用于这些事物上时，亦似乎只是无限的数目。因为永久观念和博大观念，就不过是我们在绵延和扩延两方面所想象的各部分的观念重复相加的结果，而且在这些观念上还附有加不完的数目的无限性。因为人人都看到，在一切观念中，只有数目观念能供给我们那样无穷的数量。人们不论加了多大一个数，而这个大数依然不能损了他的丝毫力量，使他不能再往前加；他依然不能较接近于无穷数目的终点，因为在那里，还剩有无穷可加的数目，正如他原来在这方面就未加过任何数似的。数目的这种无限的增加或可加性(addibility)(如果人们乐用这个字)是人心所能分明见到的，而且我想，我们所以能有最清楚，最明晰的无限观念，就是由于这一点。不过关于这一层，我们可在下章再为详论好了。

第十七章　无限性(Infinity)

1　无限的本义原是应用在空间、绵延和数目上的——人们如果想知道，所谓无限观念究竟是什么，则他们顶好来考究人心在什么上边比较直接地把无限性加上去，并且来思考，人心如何能形成那个观念。

在我看来，所谓有限与无限，人心只当它做数量的两种情状，而且它们原来只应用于有部分的事物上，只应用于可以增减的事物上。属于这类的事物，就如前章所考究的空间观念、绵延观念和数目观念；它们都是可以跟着极小分子的增减而增减的。真的，伟大的上帝虽是万物的源泉，因此，我们不能不相信，他的无限性是不可思议的。不过我们在自己狭窄的思想中，在以无限观念应用在至尊无上的主宰时，我们总是要着眼在他的绵延性和偏在性。而且我想，他的能力、智慧、善意，以及其他品德，虽亦是无尽的、不可思议的，可是我们在以无限观念应用在它们上边时，多半含有譬喻性质。因为在我们称它们为无限时，我们的无限观念，同时就使我们反省到、观察到上帝在运用其权力、智慧和善意时，所发生的各种行为同其对象的无限数目和范围；而且这些对象的数目不论如何之大，我们在思想中不论把它们重复到无限的程度，而上帝的品德总是可以永远克服它们、超越它们的。我并不敢妄说，上帝的这些品德究竟是什么样的，因为上帝无限地超出了我们这狭窄的心理能力以外。我们分明知道，上帝的这些品德是完美无缺，普被一切的，不过我可以说，我们只能在这种途径下来存想它们，而且我们对它们的无限性所抱的观念亦就止于如此。

2 有限的观念是易于获得的——人心既然认有限的和无限的存在是扩延和绵延的两种变状，因此，我们其次就可以考究，人心如何能得到这些观念。说到有限观念，则没有什么困难。广袤的明显的各部分只要能触动我们的感官，就能在我们心中引生起有限观念来；至于我们在度量时间和绵延时普通所用的连续分段，如时、日、年等等，其长度亦是有限的。我们的困难问题乃是我们如何能得到那些无界限的永久观念和博大观念，因为我们日常所熟悉的各种物体离那种大的限度是远的不成比例的。

3 无限的观念是如何得来的——人只要有了一个确定的长度观念——如一呎，——他就会发现，自己能把那个观念重叠起来，而且他在把那个观念加在前一个观念上时，又会形成两呎的观念，而且在加上第三个观念时，又会形成三呎的观念，如是一直可以加到无穷。这种加的单位，不论是一呎观念、二呎观念或任何长度的观念，如一哩、地球的直径、大躔度的直径等，都可以有相同的现象。因为不论他以哪一种为单位,而且不论他二倍或任意加倍那些单位,而他终究会看到,他在思想中这样加倍以后,这样把观念加大以后,他仍然没有理由来停止进行,仍然没有接近了增加的终点,仍然同他初出发时一样,而且他仍同以前一样有能力来加大空间观念。无限空间的观念就是由此起的。

4　我们的空间观念是无界限的——我想,人心所以得到无限的观念,就是由于这个途径。至于要考察,人心所有的无限空间观念,是否有真正的存在,则那完全是另一回事,因为我们的观念并不永远能证明事物的存在。不过我们既说到这里,因此,我想不妨说,我们常常容易设想空间本身是真正无界限的,因为空间观念或扩延观念自然会使我们如此想象。因为不论我们把空间认为是物体的广袤,或者认它为独立存在,没有任何凝固的物质占据其中,(我们不止能观念到这个虚空,而且我想,我已由物体的运动证明虚空是必然的。)而我们的心依然不能看到(或假设)有一个空间的终点,而且人心不论把它的思想扩展得如何远,它在这个空间中的进程终不能被停止了。任何物体(甚至于金刚不坏的墙壁)所形成的界限,都不能使人心在空间中、广袤中,停止住不往前进;不但如此,它反而能加易并加大那种进程;因为那个物体到什么地方,我们就得相信,那地方就有广袤;而且我们纵然能达到了物体的极限,又有什么东西能使我们停止进行呢?又有什么东西能使我们的心相信,它到了空间的尽处呢?因为它分明看不到有什么尽处,而且分明知道,那个物体本身还能进入那个虚空以内。在世界以内的各物体中,物体的运动如果必然需要一个虚空(纵然是很小的),而且物体如果能在那个虚空以内运动并经过(不但如此,而且一切物质分子的运动，都是进入于虚空内的)，则我们分明看到，在物体的极限以外，物体亦一样可以跑到虚空以内，正如其跑到物体以内的虚空中似的。不论在物体的界限以内或界限以外，纯粹虚空的观念在两方面都是确乎一致的，只有体积之差，并无本质之别。在两方面，都没有东西可以阻止物体的进入，因此，人心不论致思于一切物体以内，或一切物体以外，而它在这个一律无差别的空间观念内，却不能找到任何边际、任何终点。因此，它必须根据空间各部分的本质和观念，来断言它是真正无限的。

5 绵延亦是这样——我们因为有能力来任意重叠任何空间观念，因此，我们就得到博大的观念。同样，我们因为有能力在自己心中来无限地重叠任何长度的绵延观念，因此，我们就得到永久的观念。因为我们在重叠这些观念时，看到自己并不能达到一个终点，正如在数目方面，我们不能达到终点一样(人人都知道自己不能)。不过在这里要问，事实上真正曾有任何永久绵延的事物没有，那又是另一个问题，而且这个问题同我们是否有永久观念这个问题全不相干。说到这个观念，我想，人只要一思考现在存在着的一种东西，那他就必然会得到某种永久的东西。不过我们既然在别处讨论过这一点，因此，我们就可略过这一层，进而考究无限观念别的方面。

6 别的观念为什么不能有无限性——如果我们之能获得无限观念是由于我们自己有一种能力来无限地重叠自己的观念，那么人就可以问，我们为什么不认别的观念是无限的，而只认空间和绵延是无限的呢？前一种观念既然亦同后一种一样，都容易在人心中任意重叠起来，而且人们既然能任意重叠甜的观念或白的观念，一如其能重复一码的观念或一日的观念，那么他为什么不能观念到无限的甜或无限的白呢？不过我可以答复说，各种观念只有在具有各种部分时，只有在可以跟着相等部分或较小部分的增加而增加时，才能借着重叠作用，给我们产生出无限观念来；因为有了不尽的重叠，才能有了不断的继续增加。但是别的观念中，便不如此，因为即在我的最大的绵延观念上或广袤观念上，我们只要稍加一点最小的部分，就能使那个大观念有所增加；而在我对于最白的白所有的最完全的观念上，则我如果再加一个次白的观念或等白的观念(我不能加一个更白的观念)，而那个观念依然不能增加，不能增大。因此，各种白的观念就只叫做各种程度。因为由数目成立的那些观念，在加上一个最小的部分以后，就能有所增加；可是你如果在心中把昨日之雪所给你的白的观念，同今日之雪所给你的白的观念，一加以比较，则它们便合为一体，而且白的观念仍未增加丝毫。我们如果把较低度的白加在较高度的白上边，则不但不能使它增加，反而使它减少了。凡非由部分组成的观念，人们不能任意增加其比例，亦不能把它们伸张到自己感官所能见的限度以外。至于空间、绵延和数目，则可以借重叠而增大，并且使心中常留一无限范围的观念，以来接受较多的观念。在这里，我们并不能想象，往前增加的进程如何会停顿住。因此，只有这些观念能使我们发生无限的思想。

7　空间的无限性和无限的空间有什么差别——我们的无限观念之生起，虽然是因为我们思维分量，虽然是因为人心可以任意重叠任何部分，使数量有了无数的增加，可是我们如果把无限性附加于人心中一种假设的分量观念上，并且进而推论无限的数量，无限的空间，无限的绵延，则我想我们的思想在这里便大为纷乱起来。因为我们的无限观念乃是一个可以无限增长的观念，而人心所有的任何量观念在那时候却终止于那个观念中（它不论如何之大，亦只是现在那样大），因此，我们如果把无限性附加在某种数量观念上，那就无异于把一个静止的尺度应用在逐渐生长的体积上。因此，我如果说，我们应当仔细分别空间的无限性和无限的空间观念，则这样微细区别并不是不重要的。在第一方面，人心只是可以任意重叠空间观念，因此，我们只可以假设它在这方面有一种不断的进程。不过（在第二方面）要说人心现实具有一个无限空间的观念，那就无异于假设，人心已经切实观察到无限重叠过程所不能完全表象出的那些已被重叠的空间观念。因此这里就含有一个明显矛盾。

8 我们并没有无限空间的观念——我们如果再在数目方面来思考这一层，则我们或者可以把这一点看得更为明白一点。人们只要一反省，就可以分明看到数目的无限性，因为我们无论如何增加数目，我们依然看不到自己接近了它的终点。但这个数目无限性的观念无论清晰到任何程度，而我们依然看到一个实在的无限数目观念是荒谬得无以复加的。我们心中，对于任何空间、绵延或数目，所有的任何积极观念，不论大到若何程度，而它们依然是有限的。但是我们如果假设仍有余剩的无限数量，而且那个数量并没有任何界限，我们的心在那里只可以有不尽的思想进程，而且永久不能完成了那个观念：则我便可有了无限性的观念。我们只要一反省终点的否定，则无限性的观念似乎是很明白的；不过我们如果想在自己心中形成无限空间（或绵延）的观念，则那个观念是很含糊很错乱的，因为它所由以组成的那两部分，纵然不是互相矛盾的，亦是互相差异的。因为人在心中所形成的任何空间观念或绵延观念不论大到如何程度，而人心就显然停止在、归结在那个观念中。这与无限的观念是相抵触的，因为所谓无限就是一个假设的不尽的进程。因此，我们在讨论无限空间或绵延时，便容易陷于纷乱的地步。因为那些观念的各部分虽是不相契合的，可是人们并看不到这一层，因此，我们不论从那一造得到结论，而另一造一定会使之陷于矛盾的地步。这个就如一个人根据“不前进的运动”(motion not passing on)观念来推论时，被那个观念所迷乱似的，因为不前进的运动观念亦正无异于静止的运动(motion at rest)观念一样，都是一样不通的。同样，我们的无限空间观念或数目观念，亦是很矛盾的。因为它一面含着人心实在具有的一段空间(或数目)，含着人心所观察到、所把握住的一个空间(或数目)，另一面又含着人心在恒常无限的扩展进程中所永远不能存想的一个空间(或数目)。因为我心中现在所有的空间观念不论如何之大，而它仍不能大于当下的容积——虽然我在下一刻，仍可以把它倍起来，至于无限。因为只有无界限的东西才是无限的，而在思想中，亦只有无界限的观念才是无限观念。

9　数目可以给我们以最清晰的无限观念——不过在一切观念中(如我方才所说)，我想只有数目可以给我们以最明白、最清晰的无限观念。因为即在空间和绵延方面，人心在追求无限观念时，亦应用数目观念，亦要把数目重叠起来，就如万万哩、万万年等等。这些观念所以厘然有别，不至纷乱，乃是借助于数目；没有数目，则人心便会纷乱迷惑起来。人心在任意把某长度的空间或绵延加至多少万倍以后，它就能得到最清晰的无限观念，这个观念不是别的，只是余剩的无限可加的数目，而且那些数目是纷乱错杂、不可想象，使人看不到任何终点或界限的。

10 我们对于数目、绵延和扩延三者的无限性所有的不同的概念——人们通常不以数目为无限的，可是容易认绵延和广袤是无限的；我们如果一思考这一层，则或者稍进一步窥见无限观念的本质，并且发见出它只是在**有定部分上**（这是我们心中所能清晰观念到的）**所加的一种数目的无限性**。人们所以不常认数目是无限的乃是因为我们在数目方面好像有一个起点。因为在数目中，单位以下便没有别的，因此，我们便停在那里，不往前进，——自然在增加数目时，我们不能下一个界限，因此，它就如同一条线似的，在这一端虽然终止于我们这里，可是另一端则可以继续伸张到我们不能想象的地步以外。不过在空间和绵延方面，便不如此。因为在绵延方面，我们以为这条数目之线可以在两方面伸张出去、达到不可思议，不可计度的无限长度。人们只要一反想自己对于“永久性”所怀的意想，就会分明看到这一层，就会分明看到，这个数目的无限性可以在两方面，由前一面（a part ante）并由后一面（a part post）（如人们所说）分别扩展出去。因为我们如果从前一面来思考永久性，则我们必须从我们自身现在起，在心中重叠过去的年纪，以及其他任何可分的绵延部分等观念，而且在重叠时，还分明意识到，这种加的进程是可以数目无限地一直往前进的。我们如果再从后一面来考究永久性，则我们仍照同样步骤来从自身起首，把将来的时段重叠起来，仍照前边的样子把那条数目之线一直扩展下去。这两条线加在一块以后，就成了无限的绵延，就成了我们所说的永久性。不论我们往前观察或往后观察，这种永久性都是无限的；因为我们可以朝着两个方向把数目的无限性扩展出去，而且在两个方向都有继续增加的能力。

11　在空间方面，亦有同样情形。在这里，我们亦以自己为中心点来在各方面追踪那些无限的数目之线。在这里，我们亦从自身起，在各方面把一码、一哩、地球(或大躔度)的直径等等长度，任意无限地增加起来，在这里，我们并不能在那些重叠的观念上加以限制，亦正如我们不能限制数目是一样的，因此，我们就发生了那个不定的博大观念。

12　无限的分割性——一种物质不论其体积为大为小，我们的思想总不能在其中达到最后的可分割性，因此，凡含着无限数目的物体显然亦有一种无限性。所差异的只是，在前面思考空间和绵延的无限性时，我们只是把数目增加了，而在这后一种过程中，则我们只是把单位分划成分子。人心在这种分割的进程中，亦正同在前边增加的进程中一样，它都可以无限地进行下去，因为这种分割作用实则亦就是新数目的增加作用。不过单位虽可增加，我们对于无限大的空间，并不能得到积极的观念，同样，单位虽可分析，可是我们对于无限小的物体，亦不能得到积极的观念。因为我们的无限观念只是方生方长，变动不居的，它的无限进程并不能停在任何地方。

13　我们对于"无限"并不能有积极的观念——数目的无限性只是在于人们有一种能力可以任意把任何单位的集合体加在以前的数目上；在空间和绵延的无限性方面，亦是一样，亦是因为人心有一种能力来无限地在其空处一直往前增加。不过我虽然想，很少有荒谬绝伦的人们，来夸自己对于真实的无限数目，有一个积极的观念，可是事实上仍然有许多人想象自己对于无限的绵延同空间，有一个积极的观念。不过人们虽说有这个观念，可是我们如果一问他们究竟能在这个观念上再加一些不能，则我想我们一定能把那个积极的无限观念消灭了，因为这个问题很容易指示出那个积极观念所含的错误来。我们所有的任何积极的空间观念或绵延观念，无一不是由呎、码、日、年等重复的数目所构成的，无一不是可以归还于这些单位的，因为它们是我们心中所能观念到的公共尺度，而且我们要根据它们来判断那些数量的大小。无限空间或时间的观念既然一定要由无限的部分组成，因此，它所有的无限性一定只是数目的无限性，一定是可以继续增加的数目的无限性。（不过它却不是一个无限数目的真实的积极观念。）因为我想，一切有限事物在相加以后（就如我们所能积极观念到的那些长度），所以能产生出无限观念来，其所由的途径只同数目产生那个观念时的途径一样。这种增加进程既是由有限单位的相加而来的，因此，它所以能暗示到无限观念，只是因为我们自己觉得自己有一种能力，可以不断地增加其数目，可以把同类的东西相加起来，可以一直往前进行，而并丝毫达不到那个进程的终点。

14 有的人们根据终点的否定（Negation of an end）曾以一种有趣的论证，来证明他们的无限观念是积极的，因为终点是一个否定，而否定之否定则成了积极的。不过人们只要知道，物体的终点乃是那个物体的端和边，则他们或者不至鲁莽地断言，那个终点只是一个否定；而且他们只要看到，他的笔端是黑的或是白的，则他亦会相信，那个端不只是一个否定。因此，这个端如果是绵延的端,则它亦不能说是一种存在的否定,乃是(更妥当地说来)绵延的最后一刹那。但是他们纵然强以为终点就是一种存在的否定,而他们仍不得不承认起点是存在的第一刹那,而不是单单一个否定。因此,就照他们自己的论证说来,倒溯的永久观念,或无起点的绵延观念,仍是一个否定观念。

15　在我们的无限观念中,什么是积极的,什么是消极的——不过我亦可以承认,无限观念在应用于各种事物时,确亦有几分积极的性质。在我们设想无限的空间或绵延时,第一步,我们总是要先构成一些很大的观念(如千百万年,千百万哩);随后再把它们双倍起来或数倍起来。我们在思想中这样所堆积的观念都是积极的,而且它们就是一大些积极的空间观念或绵延观念的全体。不过在这个界限以外所余的东西,则我们对它便不能得到一个积极清晰的观念,就如一个水手只把测海线的大部分下在海中,不能确知海底深度似的。他的线并不能达到海底,因此,他虽然知道,海深已有多少哼,并且知道它还更深一些,不过究竟还有多么深,他却完全没有清晰的观念。在这里,我可以说,他如果继续增加新线,并且常看到测锤只往下沉,而却不能停止住,则他的心理趋向正同我们追寻完全的、积极的无限观念时所有的心向差不多。在这种情形下,不论这条线是十哼长或千哼长,它都一样可以发现出它以外还有地方。它在这里只能给我们一种纷乱的比较的观念,使我们觉得,我们并没有达到最后的程度,而且还可以往前进一步。人心在这样考究空间时,它的观念是积极的,不过它在努力使此观念成为无限时,则它便要常常增加,常常前进,因此,它的观念是不完全、不圆满的。在思考伟大性时,人心所能看到的空间确乎是一幅清晰的图画，而且它在理解中是积极的；不过所谓无限更大于此。因此，(一)我们对某种定量的空间所有的观念是积极的、清晰的。(二)至于我们对较大空间所有的观念亦是清晰的，不过它只是一个比较的观念。(三)至于空间太大，不能为人所设想时，则我们对它所有的观念，分明是消极的，而不是积极的。因为人们对一种广袤的范围如果没有一种涵盖的观念，则他们对于那个广袤的大小(这正是我们在无限观念中所追寻的)便不能得到任何积极的、清晰的观念。(不过我想在无限的事物中，人们万不会妄想自己会得到这个范围的观念。)因为要说一个人对于一种数量虽有积极清晰的观念，而却不知道它是多么大，则那正如同说，一个人对于海岸上沙的数目虽有一个积极明白的观念，而却不知道它们有多少，只知道它们比二十多是一样的。同样，一个人如果只说，无限空间大于他所能积极观念到的十、百、千、万哩的范围，无限绵延大于他所能积极观念到的十、百、千、万年的时间(在无限方面我们只有这种观念)，则他们对无限空间或绵延所有的完全的积极观念亦正是如此的。因此，在趋向无限的积极观念而外，如果仍有其他东西，则那种东西一定是含糊的，一定如消极观念似的，陷于纷杂错乱的境地中。在这里，我知道自己并不能理会了我们应理会的，因为无限性不是我这有限而狭窄的官能所能体察到的。在一个观念中，我们所应了解的大部分如果没有包括进去，而且我只是含糊地知道那个观念是较大的；则那个观念无论如何不能说是积极的、清晰的。因为要说，在一个数量中，我们已经度量了许久，而却没有达到终点，那只是说，那个数量是比此较大的。因此，在任何数量方面讲，终点的否定就表示那个数量是较大一点的(比已量的)；

至于终点的绝对否定就表示说，你的思想在数量方面的进程，永远伴有这种更大的意识，并且把这个“更有大者”的意识附加在你对于数量所有(或假定为所有)的任何观念上。不过这样一个观念是否可以说是积极的，那我就让人来思考好了。

16　我们对无限的绵延亦没有积极的观念——有的人们说他们自己有一个积极的永久观念，不过我可以问他们，那个绵延观念中是否含有连续作用？如果它没有含着连续作用，则他们可以给我们指示出，他们的绵延观念在应用于永久的存在者和有限的事物时，究竟有什么区别之点。因为有的人们或者亦同我一样，会向他们承认自己的理解在这方面是很暗弱的，并且会自白，他们的绵延观念强迫他们想象，凡有绵延的东西在今天总比在昨天要继续得较长一点。如果他们在永久的存在中为避免连续作用起见，而求助于经院学者们所说的静止点(Punctum stans)，则我亦可以说，他们就这样亦不能使事体稍有进步，亦不能使我们对于无限的绵延得到较明白、较积极的观念，因为要说绵延而无连续，那在我认为是再无法想象的。此外，我们还可以说，静止点(纵然有丝毫意义)既然不是一种数量则它亦不能说是有限，说是无限。不过在事实上，我们这暗弱的理解如果不能把连续和任何绵延分开，则我们的永久观念，一定是各种事物所经的绵延中各瞬息的无限连续。至于要问人是否可以积极地观念到一个实在的无限数目，则我可以让他自己思考一下，他那个无限的数目是否可以大到不能再加的程度。他只要能继续往前加，我想，他就会看到，他所有的观念未免太于贫乏，不能与积极的无限性相称合。

17　我相信，任何有理性的动物只要一考察他自己的或别人的存在，他就会必然得到一个无始以来就存在的永久的全智神灵的观念。这样一个无限绵延的观念，我相信，我是具有它的。不过这个起点的否定只是一个积极事物的否定，因此，它就难给我一个积极的无限观念。任何时候我在努力把握无限时，我总是茫然的，总不能清晰地来存想它。

18 我们对于无限的空间不能有积极的观念——人们虽然以为自己对于无限的空间有一个积极的观念，可是他们一加思考，就会看到，他们对于最大的空间之不能有积极的观念正如其对最小的空间之不能有积极的观念一样。最小的空间虽然似乎是比较容易设想的，可是我们在“小”一方面亦只能有一个比较的观念；最小的观念比任何积极的观念永久是更小的。我们所有的一切积极的数量观念，不论在大一方面，或在小一方面，都是有界限的。只有我们的比较观念才是没有界限的，因为我们在这里永远要在大数上加一些，从小数中减一些。因为所余的不论是大是小，都不能包括在我们的积极观念中，都是暧昧含糊的；因此，我们对它并不能有任何观念，只能观念到自己有不断地增加前一种的能力，和减少后一种的能力。数学家最敏锐的思想之不能使任何物质分子达于不可再分的程度，正如一个臼、一柄杵一样，哲学家之不能以遐思远想的心来达到无限的空间（就是说对它有积极观念），正同测量家之不能以绳链来测量它一样。一个人如果一思想直径一吋的一个立体，则他的心中自然可以得到一个清晰积极的观念；同样，他亦可以观念到半吋、四分一吋、八分一吋等等直径的立体，一直到自己思想中有了很小物体的观念。不过他仍然不能达到分割所生的那个不可思议的“小”的观念。他现在之不能思想到所余的

"小",正如他一开始一样。因此,他永久不能清晰地、积极地观念到无限分割后所得到的那种"最小"的分量。

19　在我们的无限观念中,什么是积极的,什么是消极的——我已经说过,任何人在思考无限时,一起初总要把"无限"应用在空间或绵延上,构成一个最大的空间观念或绵延观念;而且他会在自己心中一直重叠那个起初的大观念,以至使自己的思想疲厌起来,不过他就这样,亦不能稍进一步,来对于所余的无限形成一个积极的明白的观念,这个正如那个立在河旁的村人不能积极观念到将来要流来的水似的。

Rusticus expectat dum transeat amnis;at ille

Labitur,et labetur in omne volubilis avum

河水流兮,农夫待兮;

彼河流兮,乃与往古来今俱驰而无尽兮!

20　有的人们以为自己有积极的永久观念,而没有积极的无限空间观念——有些人把无限的绵延同无限的时间分别得那样清楚,因此,他们都相信,自己能有一个积极的永久观念,而却没有任何积极的无限空间观念。这种错误的原因我猜想是这样的;他们在适当地思考了各种原因和结果以后,觉得自己必须承认有一个永久的上帝,并且以为上帝的真正存在是和他们的永久观念相契合的。不过在另一方面,他们却又看到物体并不必是无限的,而且要如此主张亦分明是荒谬的,因此,他们就鲁莽地断言说,他们没有无限空间的观念,因为他们不能有无限物质的观念。这个推论是很不一贯的,因为空间的存在并不需要物质的存在,正如绵延的存在并不需要运动(或日)的存在似的(虽然绵延是常被运动所度量的)。我相信,人们虽没有一万方哩大的物体观念,亦可以有一万方哩的观念,亦正同他虽然没有一万年久的物体观念,亦可以有一万年的观念似的。在我看来,要存想无物体的空间观念,正同要思想无谷粒的斗斛容量或无核心的空的果壳一样容易。我们对于空间的无限性虽然有一个观念,可是实际上并不必因此就该有无限伸张开的一个凝固的物体,正如我们虽然有一个无限绵延的观念,世界亦不必一定是永久的一样。我们既然能明白地观念到将来的无限绵延,一如能明白地观念到过去的绵延一样,则我们为什么还想,无限空间的观念非需要实在的物质存在来支持它不可呢?因为任何人都不能想象,在将来的绵延中,现有或曾有物体存在过。我们在此亦不能把将来的绵延观念同现在的或过去的存在联合起来,正如我们不能使昨天、今天和明天三个观念成为同一的一样,正如我们不能把过去的同将来的年纪合在一块,使它们成为同时的一样。不过这些人们如果以为自己对于无限的绵延比对于无限的空间,有一个较明白的观念(因为他们以为上帝是无始以来存在的,至于无限的空间则没有真正的物质与之同时存在),那么别的哲学家如果以为无限的空间亦是为上帝的无限遍在性所充满,正如无限的绵延为他的永久存在所充满一样,则我们便不得不承认,他对于无限空间亦有一个明白的观念,正如他对于无限绵延一样,不过据实说来,他们在两方面,都不能有积极的无限观念。因为人心中所有的任何积极的分量观念,他都可以重复起来,加在以前的观念上,正如他可以把两日或两步的观念(这是他心中所有的积极的长度观念)加起来,或任意增加似的。因此,人们不论在绵延方面或空间方面,倘或有一个积极的无限观念,那他们就可以把两个无限加起来;并且使此一个"无限"无限地大于彼一个"无限"。这种荒谬的程度还值得一驳么?

21　假设的积极的无限观念是错误的原因——不过在说了半天以后,如果仍有人相信,自己有一个明白的、积极的、涵盖的无限观念,那么让他们自己享受他们自己的特权好了。我很愿意(同别的自认没有这些观念的人们)听一听他们的指教。因为我常想,在空间、绵延或可分性的无限性方面,一切争论既然不断地陷于很大而不可解的各种困难中,那就证明我们的无限观念中有一种缺点,那就证明无限性的本质同我们的狭窄的心理官能是不相称合的。不过人们在谈论无限空间或绵延时,好像他们真有那些完全的,积极的观念似的,正如同他们能积极观念到表示空时的那些名称似的,正如同他们能积极观念到一码、一时或任何其他有定的分量似的;因此,我们正不必惊异,他们所推论的那种事物的不可了解的本质使他们陷于纷乱矛盾的地步,而且他们的心亦被太伟大的一种物象所困惑压服,而不能加以观察、加以处理。

22　这些观念都是由感觉和反省来的——我在讨论绵延、空间、数目以及由思考它们而得的无限性时,已经说得过于冗长。不过话语虽多,却都是这个题目所需要我说的,因为别的简单观念的情状都不如这些简单观念的情状更能触动人的思想。我并不敢妄说自己把它们都详尽地讨论过;我的计划只在指示出它们如何由感觉和反省进入人心,并且指示出,我们的无限观念,虽然同感官对象等人心作用的任何对象似乎渺不相干,可是亦都是由感觉和反省来的,正如我们的其他观念一样。思想精深的数学家或者可以由别的途径,把无限观念引入到心中,不过他们同别人原始所有的无限观念，仍然不妨是由感觉和反省来的，仍然不妨是由我这里所叙述的途径来的。

第十八章　别的简单情状

1　运动的情状——我在前一章中已经指示出，人心如何由感觉传来的简单观念一直扩张到无限；并且指示出，无限观念虽然在一切观念中同任何可感的知觉离得最远，可是它所含的成分都是由人心借感官得来的那些简单的观念来的，都是由人心的重复能力所构成的那些简单的观念来的。这些例证虽然足以指示出简单感觉的简单情状来，虽然足以指示出人心如何得到它们，可是我为了阐明严格的方法起见，要再略略叙述一些别的简单的情状，然后再进而讨论较复杂的观念。

2　“滑过”、“转动”、“颠覆”、“行走”、“攀缘”、“奔跑”、“跳跃”、“跳舞”、“舞蹈”，以及其他许多有名称的动作等等动词，在懂英文的人听来，心中都可以立刻清晰地观念到它们。这些观念都是运动的各种变状。运动的各种情状正同广袤的各种情状一样。“快”与“慢”是两种不同的运动观念。计算运动的快、慢时，是把时间和空间的距离合在一块计算的。因此，快、慢就成了包含时间、空间同运动的一些复杂观念。

3　音的情状——在声音方面，我们亦有同样的变状。每一个可发音的字都是音的一种特殊的变状。因此，我们就看到，单由听觉的那些变化，人心就可以得到几乎无数的清晰观念。除了鸟鸣、兽呼而外，各种声音还可以被长短不同的各种音调所变化，做成一个复杂观念——就是所谓曲调。一个音乐家只要能在想象中静默地反省那些音乐的观念，则他虽不闻声、虽不发声，他的心中亦可以感到那个曲词。

4 颜色的情状——颜色的情状是很多的；被我们所注意到的，就如同一颜色的各种不同的程度和浓淡便是。不过我们所调和的颜色，无论供实用、无论供欣赏，往往含着形相在里边、往往含着形象的各部分在里边，就如在绘画、纺织、针锈等等作品中便是。因此，我们所注意到的颜色情状往往属于混杂的情状，因为它们是由形象和颜色数种不同的观念所形成的，就如美和虹等等便是。

5 滋味的情状——一切复杂的滋味和嗅味，都是由这些感官所供给的简单观念所组成的情状。不过它们通常都没有名称，因此，人们亦不大注意它们，并且不容易把它们记载下来。因此，我们亦不必一一列举，只让我的读者自己去思想、去经验好了。

6 有些简单的情状并没有名称——总而言之，各种简单的情状，如果当做是一个简单观念的各种程度看，那么它们本身纵然是一些很清晰的观念，我们通常亦不给它们以个别的名称，而且它们的差异如果很小，则我们亦不容易注意它们，一如注意个别的观念那样。人们所以忽略这些情状，所以不给它们以名称，亦许是因为缺乏精细的度量，不易分辨它们，亦许是因为它们纵然可分别，而这种知识亦没有普遍的或必然的功用。不过究竟如何，我让别人来思考好了，因为我现在的目的，只在于指示出，一切简单的观念只是由感觉和反省进入人心的，而且人心在具有它们以后，是可以按照各种途径，把它们加以重叠、加以组合，做成新的复杂观念的。

不过白、红、甜等等，在各种组合的形式下，虽然没有变成复杂的观念，虽然没有单独的名称，虽然没有自成了一种，可是别的简单观念在组合以后〔类如单位、绵延、运动(如上所述)、能力、思想等等〕，则可以变化成许多复杂的观念，而各个带有一个名称。

7 为什么有些情状有名称，有些情状没有——这个缘故我想是这样的：人所关心的就是互相的交与，因此，我们对于人及其行动和表示所有的知识是很重要的。因此，他们就把行动的各种观念分别得很细微，并且给那些复杂的观念以各种名称，以便于在记载和谈论他们日常所习见的事物时，较为顺利，而不至周章曲折；以便于在表示和接受各种思想时，可以迅速地互相了解所说的事物。我们可以说，人在构成各种复杂的观念时，在给它们以各种名称时，常常是被其说话的目的所支配的(这是互相表示思想的一条捷径)，因为我们分明看到，在各行业中，人们在谈说或支配自己的行为时，各种艺术中所用的名称，都是为方便之故，应用在各样行为的复杂观念上的。人们如果不熟悉这些作用，则他们心中往往不能发生这些观念。因此，就在言语一致的人们，大部分亦不能了解代表这些观念的那些名称。就如锄头(colshire)、钻穿(drilling)、过滤(filtration)和复蒸馏(cohobation)就是代表复杂观念的一些名称。这些观念是很少有人知道的，只有各行的人们因为耳濡目染，习见习闻，才能知道它们。因此，只有铁匠和化学家才能懂得它们的名称。这些人们因为心中已经构成这些名称所代表的那些复杂观念，并且给了它们一些名称(亦许是由别人得来的)，因此，他们在同人谈论时，一听到这些名称，立刻就能在心中想起那些观念。就如听到复蒸馏一个名称，他就能想到简单的提炼作用，并且能想到把提炼出的液汁回倒在所余的滓渣上，再行提炼。因此，我们就看到，各种简单的滋味观念和气味观念，以及其许多的情状，便都没有名称。它们既不为人充分所注意，而且在人事中它们纵被人所注意，亦并无大用，因此，人们便不以名称给它们，便不认它们是独立的一种。不过关于这一层，我们以后在讨论文字时，还有机会再来详细研究。

第十九章　思想的各种情状

1　感觉、记忆、思维等——人心在反观内照，思维自己的行为时，最初就发现有思想（thinking）。在思想方面，人心可以看到有多数的变化，它并且由此接受到许多清晰的观念。一种知觉，如果现实地伴随着并且附着在外面物体在身体上所加的印象上，并且同其他的思想情状厘然各别，则它所供给于人心的清晰观念，我们叫做感觉。任何观念所以能由感官进入理解中，亦就是由于这个门径。这个观念复现时，原来的物象如果在外官上并没有起了作用，那就叫做记忆（remembrance）。人心如果先追求它，并且费上辛苦才把它找到，那就叫做回忆（recollection）。如果人在长时内注意地来思考它，那就叫做思维（contemplation）。如果各种观念浮游在心中，而且我们的理解并无任何反省或注意，那就是法国人所谓幻想（rêverie）；英文中对这个作用几乎没有一个确当的名称。自动呈现出的各种观念（因为我在别处已经说过，在醒时，我们的心中永远有一串观念前后相承地呈现出来，）如果被人所着意，并且铭记在记忆中，那就叫做注意(attention)。人心如果努力不懈，自由地、恒久地观察一个观念，在各方面加以思考，并且思考时不易为其他观念的不急之求所转移，那就叫做专一(intention)或研索(study)。睡时如果无梦，则没有这些作用。至于做梦本身，则亦是人心中一些观念的出现(这时候外官都停顿住，因此，它们不能如平常似的，可以明确地感受外界的物象)，不过这些观念的出现，不是由外界的物象或已知的情节所暗示的，亦并不是由于理解的选择或指导而来的。至于我所说的出神(ecstasy)是否是醒着的梦境，那我就让别人来考察好了。

2 这些就是思想的一些情状：它们是可以为人心所反省到的，所清晰观到的，就如白、红、方、圆似的。我说，我并不妄想把它们都举出来，并且详细论究，由反省得来的这一套观念，因为那种工作是太繁重的。因此，我现在的目的，只在用少数的例证指示出这些观念究竟是什么样子，人心是如何得到它们的。因为我后来还有机会来详细讨论人心中最重要的动作和思想情状，如推理、判断、意欲、知识等等。

3 在思想时人心的各种注意程度——我们在这里正可以轶出本题来反省上述注意、幻想、梦昧等等，所自然引起的各种心理状态，因为这种枝蔓之论同我们现在的企图并非渺不相涉的。人人的经验都使他相信，人在醒时，自己心中总有一些观念存在。不过人心在运用它们时，注意的程度却是不同的。有时人心在思考某些事物时，集中力特别之强，并在各方面观察那些物象的观念，并且检视它们的关系和情节，而且在思考各部分时，特别精细，特别专一，因此，它就把其他思想关闭出去，并且不注意感官所接受到的寻常的印象，实则那些印象在别的时候一定可以产生出很明显的知觉来。不过在别的情节下，则人心又会只观察理解中连续不断的一串观念，而不指导它们或追求它们。不但如此，它有时还会让它们自由经过，毫不加以注意，就如微弱的影子似的，并没有留下印象。

4　因此，所谓思想或者只是灵魂的动作而不是它的本质——在苦思力索和全不理会中间，确乎有许多等级，因此，人人都经验到，人心在思想时，专一与弛懈确乎是大有差异的。你只要稍进一步来考察，就会看到，人心在睡眠时是与感官绝缘的，而且感官所接受的各种运动，在别的时候虽然可以产生出明显活跃的观念来，可是在睡时却达不到人心中。有些人在风雨之夜里可以睡得听不到雷声，看不到闪电，感不到屋动：实则这些印象在醒者一方面都是很明显的。不过人心在脱离感官时，有时亦保留一些疏松的散乱的思想，那就是我们所谓梦，至于熟睡则可以把图景完全蔽住，并且可以把一切现象都停止住。这差不多是人人所经验到的，而且亦是人人所容易观察到的。从此我就可以断言，人心既然在不同的时候，能明显地有各种程度的思想，而且甚至在醒时，亦很弛懈，使它的思想模糊暧昧，分别不清；而且在黑暗的沉睡中，它又会完全失掉一切观念；——这既然是一种事实，既然是一种恒常的经验，因此，我就可以问，我们是否可以说思想是心灵的一种动作，而不是它的本质。因为任何主体的动作是可以有专一和弛懈的，可是事物的本质则不能设想有这些变化。不过关于这一层，我可以逐渐来讨论。

第二十章　快乐和痛苦的各种情状

1　快乐和痛苦是简单的观念——在由感觉和反省得来的一切简单观念中，痛苦和快乐是两个很重要的观念。因为在身体方面，感觉既然有时是纯粹的，有时是伴着苦乐的，因此，人心的知觉或思想亦有时是纯粹的，有时是伴着苦乐或忧喜的（随你立名好了）。这些观念亦同其他简单的观念一样，都是不能形容的，而且它们的名称亦是不能定义的。在这里，我们只有借助于经验；正如我们想知道简单的感官观念，只有借助于经验一样，因为你如果以善或恶的存在来定义它们，则仍不外使我们来反省自己心中所感到的仍不外使我们来反省善和恶在我们心上所起的各种作用（这些作用是按我们的感觉和思想而有差别的）。

2　善、恶是什么——事物所以有善、恶之分，只是由于我们有苦、乐之感。所谓善就是能引起（或增加）快乐或减少痛苦的东西；要不然它亦得使我们得到其他的善，或消灭其他的恶。在反面说来，所谓恶就是能产生（或增加）痛苦或能减少快乐的东西；要不然，就是它剥夺了我们的快乐，或给我们带来痛苦。我所谓苦乐是兼指身、心二者的，就如普通所分的那样。不过正确说来，它们只是人心的各种不同的组织；只是这些组织有时为身体的失序所引起，有时为人心的思想所引起罢了。

3　我们的情感是可以为善恶所移动的——快乐和痛苦，以及产生它们的那些善和恶，都是转动我们情感的铰链。我们如果一反省自己，一反省这些事物在各种观点之下，如何在我们心上起作用——就是考究它们能产生什么心理变化或内在感觉——则我们便可以观察到我们的情感。

4　爱情(love)——一件存在的或不存在的东西如果能给人以一种快感，则那人在反省那个快乐之感时，便会得到爱情观念。因为一个人在秋季食葡萄时，或在春季无葡萄时，他如果说，他爱葡萄，则他的意思只是说，葡萄的滋味能使他高兴。他如果因为康健或身体有了变化，以致感不到那种滋味的可口，则他便不能说是还爱葡萄。

5　憎恶(hatred)——在反面说来，任何存在的或不存在的东西如果能给我们以痛苦，则我们在思想那种痛苦时，便发生了所谓憎恶。在这里我们不妨来思考一下各种情感观念是如何由苦和乐的各种变状所生起的。我们对无生物所以有爱有憎，乃是因为我们的感官同它们接触时发生了快乐和痛苦(它们在用时，损坏与否在所不计)，而在反面，则我们对有苦乐的生物所以有爱有憎，只是因为我们思考他们的存在或幸福时，自身常常感到一种不安或愉快。一个人的儿女(或朋友)的存在或幸福，常常能给他以一种愉快，因此，他就可以说是常常爱他们。不过我们可以总括地说，我们的爱憎观念就是一般的快乐和痛苦所引起的一些心向——不论这些苦乐是如何产生的。

6　欲望(desire)——一种事物在我们当下享受它时，如果能产生出愉快的观念来，则它不在时，亦可以引起一种不安来。这种不安之感就是所谓欲望；因此，欲望之或大或小就是看不安之感之或强或弱而定的。在这里，我们正可以说，不安之感纵不是人类勤苦和行为的唯一刺激,亦可以说是它们的主要刺激。因为所提出的任何善的事物,它不存在时如果不能使我们感觉任何不悦或痛苦,而且我们离了它,亦一样可以自得,可以满意:则我们便不会欲望它,亦不会努力追求它。在这种情形下,我们只有一种最低的欲望,就是所谓意想(velleity)。这种欲望差不多等于无;因为在这里,任何事物的不存在并不能引起什么不安来,因此,它只能使人对它发生一种微弱的欲望,并不能使人利用有效的方法来达到它。不过我们如果以为所提出的善事是不能达到的,则我们的不安之感亦可以减轻了、救济了,因此,我们的欲望亦可以停止了或减低了。我们在这方面,本可以多所讨论,不过次序所关,就暂止于此了。

7 欢乐(joy)——在我们已经获得一种善的事物时,或相信将来获得一种善的事物时,则我们在一存想之下,心中就会发生一种愉快,这便是所谓欢乐。就如一个人在饿得将死时,得到一种救济,则他在未曾享用之前,就能有一种欢乐。又如一个为父的,既以儿女之福利为愉快,因此,他的儿女们只要在幸福的情形下,他就会享有那种善事。因为他只要一反想那种状况,他就能得到那种快乐。

8 悲痛(sorrow)——一件善的事物如果丢掉了,致我们不能在可能的长时间中来享受它,则人心在思想它时,便会感到一种不安,这就是所谓悲痛。除此以外,我们如果意识到当下一种祸恶,则亦会发生悲痛。

9 希望——一件事物如果能使人高兴,则我们在思想自己将来能惬意地享受它时,心中便发生了一种快乐,这就是所谓希望。

10　恐惧(fear)——我们如果想到将来自己会遭遇一种不幸，则心中便会发生不安，这就是所谓恐惧。

11　失望(despair)——我们如果想到一种善的事物是不能达到的，就会发生起失望来。失望在人心上的作用是因人而异的，有时它能产生一种不安或痛苦，有时它能使人平静或懒散。

12　愤怒(anger)——在感受到损害时，人心如果纷乱不安，并且有报复之意，这然叫做愤怒。

13　妒忌(envy)——我们所希望的一种善的事物如果被别人所得，可是我们又觉得他们不应该占了上风，则我在思考那个事物时，心中亦会发生一种不安，这就是所谓妒忌。

14　什么情感是一切人所具有的——后边这两种情感(妒忌和愤怒)不是只由苦乐所引起的，在这些情感中，往往混杂着自我观念和他人观念。因此，这两种情感不是人人所具有的，因为有些人并没有赏鉴自己价值和报复他人的能力。至于其余一切情感，既然是纯苦或纯乐的，因此，我想它们是一切人类所具有的。因为我们所以有爱慕、欲望、欢乐、希望等等情感，只是因为快乐的缘故；所以有忧愁、恐惧、憎恶等等情感，完全是因为痛苦的缘故。总而言之，各种事物所以能刺激起这些情感来，只是因为它们(在我们看来)是苦和乐的原因，或与苦乐有间接的关系。因此，我们的憎恶之情感往往扩及于能给我们以痛苦的那种主物(至少亦可以扩及有感觉、有意志的主体)，因为它所留给我们的恐惧是一种恒常的痛苦。至于有益于我们的东西，则我们便不能那样恒常地爱它，因为快乐在我们心上的影响并不如痛苦的影响那样大，而且我们亦不容易希望，那件东西将来仍会有益于我们。不过这一层，我们以后再来讨论好了。

15 快乐和痛苦是什么——我所说的快乐和痛苦、愉快和不安，并不但指身体的苦乐而言，乃是指我们所感到的任何愉快或不安而言(如我前边所暗示的)——不论它们是由可意的或恶心的感觉或反省来的。

16 此外，我们还可以说，在情感方面，痛苦的免除或减少，正同快乐有相同的作用，而且人们亦觉得是如此的。至于快乐的失掉和减低，其作用亦同痛苦一样。

17 羞耻(shame)——大多数感情，在大多数人方面，都能在身体上发生影响，使身体有了各种变化。不过这些变化并不常是显明的，因此，它们在各种情感观念中并不能成为一个必然的部分。我们所做的事如果是不体面的，如果能减低别人对我所有的敬仰，则我在思想它时，心中当然有不安之感，当然发生了所谓羞耻。不过羞耻并不常常伴有一种赧颜。

18 这些例证就指示出，我们的情感观念是由感觉和反省得来的——人们在这里不可误以为我已经把各种情感都详细地描写出来。情感的数目比我这里所列举的要多得多；而且就是我在这里所提到的那些情感，亦应该有比此较为详尽的叙述。我所以举这些例证，亦只是为指示明白，我们在各方面考究了各种善恶以后，心中会发生什么苦痛和快乐的情状。我在这里，或者应该列举别的较简单的苦乐情状，类如饥渴所引起的痛苦，以及能驱除饥渴的饮食所引起的快乐；又如刺痛的眼痛，和音乐的快乐；又如挑剔无理的强辩所给人的痛苦，以及友人的合理的谈话所给我们的快乐，又如在探究真理时，有条不紊的研究所给我们的快乐等等。不过上边所述的各种情感因为更为人所关心，所以我要举出它们来，并且指示出，我们对它们所有的观念是由感觉和反省来的。

第二十一章　能力(Power)

1　这个观念是怎样得来的——人心天天借着感官，知道它所见的外界事物中各种简单的观念时有变化，并且注意到现在的观念时时要终止了、消灭了，未存在的观念时时又要开始存在起来。不只如此，它还进而反省自身中所发生的各种现象，还进而观察它的各种观念的不断的变化；这种变化有时来自外物在感官上所印的各种印象，有时来自人心自己的决定作用。因此，它就根据它寻常所观察到的来断言，在将来，用同样执行者和同样途径在同样事物中发生同样的变化。它以为一种事物有变化其简单观念的可能性，另一种事物有引起那种变化的可能性。因此，它就得到所谓能力的观念。因此，我们就说，火有熔金的能力(就是能把金的不可觉察的部分的密度和硬度毁坏了，使它变为流体的)，又说金有被熔的能力，日有漂白蜡的能力，蜡有被日漂白的能力(因此，它的黄色失掉，而代以白色)。在这种情形下，以及在相似的情形下，我们所考察的能力都是就可觉察的各种观念的变化而言的。因为离了任何事物的可感觉的观念之明显的变化，则我们便观察不到它发生什么变化，接受什么作用，而且我们若非先想象它的一些观念有了变化，则我们亦不能想象它本身有了任何变化。

2　自动的和被动的能力——在这样考究之下，能力便有两种：一种是能引起变化的，一种是能接受变化的。前一种可叫做自动的能力；后一种可叫做被动的能力。至于要问物质是否全无活动的能力，一如造物者全无被动的能力那样；那是很值得考察的。不但如此，我们还应该考察，能兼有自动和被动两种能力的，是不是只有介于物质和上帝中间的那些被造物的状态。不过我当下且不研究这一层，因为我的职务并不在研究能力的来源，只在于研究我们如何能得到能力的观念。此外，我们还可以说，在我们对自然实体所形成的复杂观念中，自动的能力虽然构成了其中的大部分（如后所说），而且我亦按照通俗的意义，说它们是自动的，可是这种能力并不如我们这匆促的思想所表象的那样，并不能说是真正的自动的能力。因此，我觉得，我在这里，应该借着这种暗示，使人心来存想上帝和其他精神，以便形成最明白的自动能力的观念。

3 能力中含有关系——我承认，能力中含有一种关系——一种动作关系或变化关系。任何种观念若加以仔细考察后，都有一种关系。就如我们的广袤观念、绵延观念、数目观念，都包括着各部分的一种秘密关系。至于形相和运动，则其中更显然含有关系。又如各种可感的性质，如颜色、气味等，它们不亦是各种物体同我们知觉发生关系后所表现出的各种能力么？我们纵然退一步来考察它们自身，它们是不再依据于各部分的体积、形相、组织和运动么？这种观念中既然都含有一些关系，因此，我想，我们的能力观念亦可以列在其他简单的观念里边，被认为简单观念之一，因为它亦在我们的复杂的实体观念中形成一个主要的成分。这一点，我们以后还有机会可以看到。

4 最明白的自动能力的观念是由精神得来的——一切可感

物差不多都可以供给我们以一个被动能力的观念。在许多物体中,我们都观察到,它们的明显的性质,甚至于它们的实质,都是在变动不居的,因此,我们就容易想象,它们自身亦要受同样的变化。在自动能力(这是能力的本义)方面,我们亦有不少的例证。因为人心不论观察到什么变化,它总要在到处追寻引起那种变化的能力,同事物中接受那种变化的可能性来。但是我们仔细一考究,就会看到,各种物体借感官所给我们的自动能力的观念,并不如我们反省自己的心理作用时所得的自动能力的观念,那样明白,那样清晰。因为一切能力既然都和动作相关,而且我们亦只能观念到两种动作——思想和运动——因此,我们可以考究,我们对能产生这些动作的那些能力所有的最明白的观念是从哪里来的。(一)说到思想,则物体完全不能供给我们这种观念;我们只是借着反省,才有了那个观念。(二)我们亦不能从物体得到运动起点的观念。一个静止的物体不能使我们观念到一种能运动的自动能力。那种事物如果受了外力,发生运动,则那种运动只可以说是它的被动,不能说是它的自动。因为球虽然跟着球杆的打击来运动,可是那种运动不是球的自动,乃是纯粹一种被动。如果它借着冲击力使它所遇的另一个球运动起来,则它不过把它由别的物体所受的运动传递过去,在这种情形下,另一个球所得的力量正等于这个球所失的力量。照这样,则我们对物体运动的自动能力,只能得到一个很含糊的观念,因为我们只见它把运动传递过去,却不见它产生出运动来。因为我们如果看不到“自动作用”的产生,而只看到“被动作用”的继续,则我们所得的亦只是一个很含糊的能力观念。一个物体中的运动如果是被另一个物体所推进的,则正有这种情形。只把物体由静止到运动的那种变化继续下去，那并不算一种自动，正如只把物体受了打击后形状中所发生的变化继续下去一样。因此我们所以得到运动起点的观念，只是因为我们反省自己心中的经验，因为在那里，我们看到，只要我们自己愿意动，只要我们心中有那种思想，我们就能运动以前静止着的身体中的各部分。因此，我想，我们如果借感官来观察外界物体的作用，则我们只能得到一种很含糊、很不完全的自动能力的观念，因为它们并不能使我们观念到任何能开始动作的一种能力——不论是运动或思想。但是人们如果以为自己可以从各个物体的互相冲击，得到一个明白的能力观念，那亦仍契合于我的主张，因为我原来主张，感觉是人心获得它的观念的途径之一。只是我觉得，人们在此，不妨顺便考察一下，人心由反省自己作用所得的自动能力观念，是否比由外面感觉所得到的，更为明白一点。

5 意志和理解是两种能力——我想我们至少分明看到，自己有一种能力，来开始或停止，继续或终结心理方面的某些作用和身体方面的某些运动；而且我们之能够如此，只是因为我们借心中的思想或偏向，来支配、来规划某些行为的实现或停顿。人心因为有这种能力，所以它可以在任何特殊的情节下，任意来考察任何观念，或不考察任何观念，并且可以自由选取身体上任何部分的运动，而忽略其他部分的运动。这种能力就是我们所谓意志(will)。至于那种能力的实在的施展就是所谓意欲(volition or willing)；在实在地施展这种能力的时候，我们或则指导某种特殊的动作，或则停止某种特殊的动作。那种动作的停顿如果是由于人心的命令，那就叫做随意的(voluntary)；任何动作的进行如果不伴有人心的那种思想,那就叫做不随意的(involuntary)。至于知觉的能力就是我们所谓理解。理解的作用就是知觉,它可以分为三种:一是我们对心中观念所有的知觉,二是我们对符号的意义所有的知觉,三是我们对各种观念的联合、矛盾、契合、不谐等所有的知觉。这三种对象都是属于理解,或属于知觉能力的不过按习惯而论,我们只是常说,我们能理解后两种对象。

6　官能(faculties)——人心中这些知觉能力和选择能力普通还有另一种名称。按照普通说法说来,理解和意志就是人心的两种官能。说到官能一词,则我们在用它时如果不假设它(我想人们是这样假设它的)代表着心灵中一些实在的存在,而且假设那些存在又分别起理解和意欲的作用,以至在人心中产生了纷乱的思想,那么,这个名词亦是很恰当的。人们常说,意志是心灵中指挥的、优越的官能,又说它是自由的或不自由的,又说它决定各种较低的官能,又说它服从理解的吩咐等等话。我想,人们只要肯仔细观察自己的观念,并且不以字音而以事理来指导其思想,则他们一定能懂得这些说法的明白清晰的意义。可是我猜想,要照这样来谈说官能,则不免使人发生了错误的意念,不免使人想到,我们心中有那么多各自独立的主体而且它们各有各的范围和权威,各个分别地来命令、服从或执行各种动作。这就在有关它们的问题方面曾引起不少的口角争论、含糊说法和犹疑态度。

7　自由和必然的观念就是由此来的——我想,人人都会看到,自己有一种能力来开始或停止,继续或终结各种动作。人们所以发生了自由观念和必然观念,就是由于他们发现了心中这种支配人的各种动作的能力和其范围。

8 自由是什么——我们所能观念到的一切动作，如方才所说，可以分为思想和运动两种。一个人如果有一种能力，可以按照自己心里的选择和指导，来思想或不思想，来运动或不运动，则他可以说是自由的。如果一种动作的施展和停顿不是平均地在一个人的能力以内，如果一种动作的实现和不实现不能相等地跟着人心的选择和指导，则那种动作纵是自愿的，亦不是自由的。因此，所谓自由观念就是，一个主因有一种能力来按照自己心理的决定或思想，实现或停顿一种特殊那样一个动作。在这里，动作的实现或停顿必须在主因的能力范围以内，倘如不在其能力范围以内，倘如不是按其意欲所产生，则他便不自由，而是受了必然性的束缚。因此，离了思想、离了意欲、离了意志，就无所谓自由。不过就有了思想、有了意欲、有了意志，亦不必就有自由。我们只要一考究一两个明显的例证，就可以看到这一点。

9 自由要前设理解和意志——一个网球不论为球拍所击动，或静立在地上，人们都不认为它是一个自由的主体。我们如果一研究这种道理，就会看到，这是因为我们想象网球不能思想，没有意欲，不能选择动静的缘故。因此，我们就以为它没有自由，而且不是一个自由的主体。因此，它的动静都入于我们的必然观念中，而且被人称为必然的。同样，一个人如果因为桥塌了，跌在水中，则他在这里亦没有自由，亦不是一个自由的主体。因为他虽然有意欲，虽然不想掉下去，可是他并没有能力来停顿那种运动，因此，那种运动便不能跟着他的意欲终止了，因此，他就不是自由的。因此，一个人如果受了自己手臂的拘挛的运动，来打他自己或他的朋友，则他亦没有能力，来借自己心理的意欲或指导，把那种运动停止了,因此,人们亦都以为他在这里没有自由。人人还都要可怜他,以为他身不由己,受了限制。

10　自由不属于意欲——再其次,我们可以假设,一个人在熟睡时被人抬在一个屋内,与他所希望晤谈的一个人相会,并且在抬进以后,便被锁入,再没有出来的能力;他在醒了以后,看到自己同一个可意的伴侣在一块,因此觉得很高兴,并且宁愿意停着,不愿意出去。在这种情形下,我可以问,他的停留不是自愿的么?我相信,人都不会怀疑这点,不过他既然被人锁进,他就非停留不可,并没有出来的自由。因此,自由并不是属于意欲或选择的一个观念;人们在有能力依据心理的取舍,来做一件事或不做一件事时,才有所谓自由。我们的自由观念的范围,正同那个能力的范围一样大,并不能超过那个范围。因为只要有阻力来限制那种能力,只要有强迫作用来取消了自由动作或不动作的那种中立能力,我们的自由,同我们的自由观念,马上就会消失了。

11　"自愿的"是同"不自愿的"相对待,并非同"必然的"相对待——在我们自己的身体中,我们就可以找到用不尽的例证。心脏之跃和血液之流,人们并没有任何能力,可借自己的思想或意欲把它们停止住。因此,在这些运动方面,人并不是一个自动的主体;因为他纵然愿意停止住它们,可是他的选择,和他的心理决定并不能使它们停顿了。又如拘挛的运动在打动他的腿时,他虽然十分愿意停住,可是他亦不能以任何心理能力来停止那种运动(就如名为舞蹈病(Chorea Sancti Viti)的那种奇症),他必须不断地跳跃。他在这种动作方面,并没有任何自由。他是必然得运动的,就如下落的石或被击的网球似的。在另一方面,则他如果心想把自己的身体运在别处，则瘫痪和足枷又会使他的足不能服从心中的决定。在这等等情形下，他都是没有自由的，纵然他爱静坐，不爱迁移，那亦只是自愿的，不是自由的。因此，“自愿的”并不是和“必然的”相对待的，乃是和“不自愿的”相对待的。因为一个人所愿意的亦许是他所能做到的，不是他所不能做到的；而且必然性虽或使他的环境不能改移，而他亦许正爱那种环境，不爱它的消灭或变化。

12 什么是自由——在人心的思想方面，同在身体的运动方面一样。我们如果有能力，来按照自己心理的选择，把任何一种思想提起来，或放下去，则我们便有自由。一个人在醒时，心中既是必然要不断地发生一些观念，因此，他在思想与不思想中间便不能选择，正如他不能自由使身体同一切事物接触或不接触一样。不过在许多情形下，他在思考各种观念时，却可以自由由此一观念，转移到彼一观念。因此，他在观念方面是比较自由的，正如在他所依靠的物体方面一样；在两方面，他都可以任意由此一个移在彼一个上。不过有些观念，在一些情节下是人心所不能免除掉的，正如有些运动是身体所不能免除掉的一样；在这种情形下，它就用尽力量，亦不能把它们取消了。一个上了刑具的人，并不能把痛苦的观念摆脱开，亦不能借思维别的东西来开心。同样，骚动的感情有时亦可以扰动了我们的思想，就如一场旋风能席卷我们的身体似的，因此，我们在这里就不能自由思维我们所愿意思想的其他事物。不过人心如果恢复其能力，并且按照自己的选择，来停顿或继续，来开始或止息，外而身体的、内而思想的任何运动，则我们又以为他是一个自由的主体。

13　什么是必然——任何事物如果完全缺乏思想、没有能力，按思想的指导，来实现或阻止任何运动，那就叫做必然。任何运动的发端或继续，如果与有意欲的主体的心理选择相反，那就叫做强迫(compulsion)。同样，任何动作所受的阻碍或停顿如果同这种意欲相反，那就叫做束缚(restraint)。凡无思想、无意欲的主体，在任何事情方面，都是受必然所支配的。

14　自由不属于意志——如果是这样的(我想是这样的)，则我可以请人来思考，这种说法是不是可以把那个聚讼已久，不可理解的问题结束了，是不是可以把"人的意志是否自由"的那个问题了结了。因为我的话如果不错，则我可以由上述的话来断言说，这个问题本身就是完全不恰当的；而且要问人的意志是否自由，就如要问他的睡眠是否迅速，他的德性是否方形似的，都是一样没意义的；因为自由之不能适用于意志，正同速度之不能适用于睡眠，方形之不能适用于德性一样。人人都会非笑这个问题的荒谬，正如其非笑后两个问题似的。因为我们不但看到，运动的快慢不属于睡眠，形相的方圆不属于德性，而且任何人只要稍一考究，就会分明看到，自由只是一种力量，只能属于主体，而不是意志的一种属性或变状，因为意志本身亦是一种能力。

15　意欲——单以字音来使人对于内在的动作得到一个清晰的观念，那是很困难的，因此，我在这里必须警告读者说，我虽然应用"指挥"(ordering)、"指导"(directing)、"选择"(choosing)、"偏爱"(preferring)等等动词，可是人如果不反省自己在意志发动时所发生的心理作用，则这些动词并不能清晰地把意欲表示出来。举例来说，偏爱一词虽似乎最能表示意欲的动作，可是它亦并不能精确地表示出来。因为人虽然偏爱飞甚于偏爱走，可是谁能说他的意志在飞呢？我们看到，所谓意欲就是人心的一种动作，在这里，它可以有意识地实施自己的能力，以来控制人的各部分，使它们做某种动作，或不做某种动作。至于意志就是能这样作用的一种官能。不过这个官能实际只是人心的一种能力，它可以决定自己的"思想"，来产生、来继续、来防止任何动作（当然在可能的范围以内）。因为我们不得不承认，任何主体只要有一种能力来思想自己的动作，只要能选择它们的或进行或停止，那他就有一种名为意志的那种官能。因此，意志不是别的，只是那样一种能力。至于自由，则是另一种能力，人们在此，可以按照自己心理的真实选择，亦就是按照他们的意志，来实现或阻止任何特殊的动作。

16 能力是属于主体的——因此，我们看到，意志是一种能力，自由乃是另一种能力。因此，我们如果要问，意志是否有自由，那就无异于问一种能力是否有另一种能力。这个问题一看之下，就是万分荒谬的，并不值得一驳，并不值得一答。因为人都知道，能力只属于主体，只是实体的属性，并非能力本身的属性。因此，我们如果问说意志是否自由，那实际上就无异于问说，意志是否是一个实体、一个主体？至少这个问题亦假设了这层意思，因为自由只能成为实体的属性。我们如果能按照确当的说法，把自由一词应用在任何能力上，则它所指的那种能力一定是按照人的心理选择，来决定身体各部分运动与否的那种能力。（人所以说是自由的，就是由于这种能力，这种能力亦就是自由本身。）不过一个人如果要问，"自由"是否是自由的，则我想他大概没有明白清楚自己所说的话吧！说这话的人正该生起马大（Midas）的耳朵来，因为他知道了“富的”(rich)一词是指财富的占有而言以后，竟然来问财富本身是不是富的。

17　人们在此或者又会以官能一词来称所谓意志的那种能力，并且由此说意志是能发生作用的一种主体。不过这个名词虽然可以剽窃别义、隐蔽真相，略为把上边的荒谬说法掩饰了一些，可是，正确说来，意志所表示的只是一种选择能力。而且我们如果把所谓意志的那种官能只当做是能做某种事情的一种力量(事实正是如此)，则我们便容易看到，要说意志是自由的，或不自由的，那是很荒谬的。因为我们如果可以假设那些官能是能自动的一些真正的存在(我们在说“意志如此命令”、“意志是自由的”等等话时，就有这种意思)，则我们亦可以说有一个说话的官能、行路的官能、跳舞的官能，来产生那些运动(它们实则只是运动的各种情状)，正如我们可以把意志和理解认为是两种官能，能产生选择作用和知觉作用似的(实则这些作用都只是思想的各种差异的情状)。照这样，则我们可以说唱是由于唱的官能、舞是由于舞的官能、选择是由于意志，辨别是由于理解；或者照平常人来说，意志支配理解，理解服从或不服从意志。这样，就同说，说话的能力支配歌唱的能力，歌唱的能力服从或不服从说话的能力似的：都是一样不适当、一样无意义的。

18　这种说法通行已久，而且据我猜想已经产生了不小的纷乱。因为这些都是人心中产生各异动作的各异能力，而且人们虽可以自由运用它们，可是产生此一种动作的能力，并不为产生彼一种动作的能力所影响。因为思想能力并不支配选择能力，选择能力亦并不支配思想能力，正如跳舞能力不支配歌唱能力，歌唱能力不支配跳舞能力似的;(这一点在稍一反省之后,就可以看到)可是我们如果说,意志支配理解,或理解支配意志,则其谬误,正是这样的。

19 我承认,或此或彼的真实思想,可以为意志的起缘(occasion),可以促动人来施展其选择能力;我亦承认,人心的真正选择,可以促动真正的思想,使人来思此物或彼物;正如现实地歌唱某调时,能促动人舞某种舞似的,亦正如现实舞某种舞时,能促动人唱某种调似的。不过在这些情节中,并不是各种能力互相支配,因为能支配它们,施展它们的只有人心,因为只有人能实施行为,只有主体能施展其能力。因为各种能力只是各种关系,并不是各种主体;而且只有具有动作能力或不具有动作能力的主体,可以说是自由的,或不自由的,能力本身并无自由与否之可言。因为自由只是指有动作能力的东西而言,不自由只是指无动作能力的东西而言。

20 自由不属于意志——我们所以有这种说法,就是因为把本不属于官能的东西归之于官能。但是我们如果只是以官能一名,在这篇心理论文内,使人们对于各官能的作用,有了一种似是而非的意念;那在我想来,并不能使研究人心的那种学问有了丝毫的进步;正如在身体动作方面,我们只发明了官能一名,不能使我们的医学稍有进步似的。我并不否认在身心两方面,都有各种官能;它们都一定有动作的能力,否则它们便都不能动作。因为一种东西所以动作,只是因为它能动作,它所以能动作,只是因为它有动作能力。我并且承认,通用的语言既然使这些字眼儿都流行开,因此,它们在普通语言中,亦应有其相当的地位。要把它们完全排斥了,亦似乎有些矫揉造作。哲学本身虽不喜着华服,不过它在出现于公众时,应该和婉礼让,而且只要不伤于真理和明确性,还应该穿着本国的普通服饰——普通语言。人们的大错乃在于把这些官能,都认为是许多独立的主体。因为我们如果问人,什么东西在胃中消化饭食,则人们立刻所给的满意答复就是说,那是消化的官能。我们如果再问,什么东西能使任何东西由身体中排斥出来,则他们又会回答说,那是排泄的官能。我们如果再问,什么能运动,则他们又会说,那是运动的官能。因此,在心理方面,他们又说,智慧的官能(或理解)来了解;选择的官能(或意志)来意欲或支配。这就如同说,消化力量来消化,运动力量来运动,理解力量来理解似的。(因为官能、力量和能力,都是一种事物的不同的名称。)这种说法如果再以较明白的文字表示出来,则不外说,消化作用是由能消化的一种东西完成的,运动是由能运动的一种东西完成的,理解是由能理解的一种东西完成的。实在说来,要不如此,倒是很奇怪的,就如说,一个人不能自由,而却自由似的。

21　自由是属于主体或人的——再返回来考察自由,则我想意志是否自由问题是不适当的只有人是否自由的问题才是适当的。因此,我想:(一)任何一个人如果可以借其心理的选择或指导,愿意使一种动作实现,就能使它实现,愿意使它不实现,就能使它不实现:则他可以说是自由的。因为我如果可以借着思想,引导手指的运动,使它由静止而运动起来,或者使它由运动而静止起来,则我在这方面,分明是自由的。我如果凭着心中的思想,自由来说话或沉默,则我在开口和缄默方面,可以说是自由的。人在凭着心中思想的选择,而有所决定时,他的动作能力,或制止能力有多大，则他的自由亦有多大。因为任何一个人如果没有能力来做他所意想的，我们怎能说他是自由的呢？因此，一个人如果在愿意动作时，就能动作，愿意静止时，就能静止，则他在那种范围内，就能做他自己所意欲的。因为他如果愿意运动而不愿意静止，那他就可以说是意欲那种运动，而且一个人的自由亦以其能做其所意想的为限，超出这个界限，则我们便不知如何还能想象其为自由。因此，各种动作如果是一个人的能力所能及的，则他在这方面，便可以说是完全自由的。

22　在意志方面，人并不是自由的——不过好问的人心又愿意竭力把一切罪恶的思想都给自己排斥掉，因此，他就不满意于我这种说法。他主张，自由若非超过这个限度，则便不能解释许多现象；而且人如果不能自由意欲，一如其自由实行其所意欲的，则人便成了完全不自由的；这样则人们更有了遁词了。（不过他却因此比在致命的必然之下，又陷于更坏的地步。）在人的自由方面，因此就又发生了另一个问题，就是说，**人究竟能自由意志不能**？我想人在争辩意志是否是自由时，他们的意思亦就在于这个问题。在这方面，我又这样想象：

23　（二）意志或意欲既然是一种动作，而且自由既然就是一种动作的能力或不动作的能力，因此，如果有一种人的能力所能实现的动作提示在他的思想中，要他立刻实现，则他在意志作用方面或意欲作用方面，便不能说是自由的。这个理由是很明显的，因为依靠他的意志的那种动作如果是必然要存在的，或不存在的，而且那种动作的存在或不存在如果又是完全依靠于他的意志的决定和选择的，则他便不能不意欲那种动作的存在或不存在。或此或彼，他绝对地要意欲一种,或此或彼,他绝对地要选择一种。因为两种中总有一种是要跟着来的,而且跟着来的那一种又是完全跟着他的心理的选择和决定的;那就是说,是跟着他的意志来的,因为他如果不意欲,则那件事情便不会实现。因此,在意志作用方面,人在那种情形下,是不自由的,因为自由就在于动作的能力或不动作的能力,而在意志方面,人在思想到那种动作时,他是没有这种能力的。因为人的能力所能及的一种动作只要提示在一个人的思想中,则他便不能不选择那件动作的实现或制止,他必须在两者中选择一种,而且根据他的选择或意欲,那种动作的实现或制止亦就必然地相因而至,而且成了真正自愿的。不过那种意志作用,那种选择彼此的作用,是他所不能免的,因此,他在那种意志作用方面,是受必然所支配的,是不自由的。我们如果能说他是自由的,那就使必然和自由合而为一,而且人亦可以在同时又是自由的,又是束缚的了。

24　因此,我们分明看到,一种当下的动作在提示于人心时,人是没有自由来意欲或不意欲的,因为他根本就不能不意欲,而且所谓自由亦就只在于一种动作的能力或制止动作的能力。一个人在静坐时,可以说是自由的,因为如果他愿意的话,他还可以走动。不过那个静坐的人如果没有移动的能力,则他可以说是不自由的。同样,一个人如果由高岩下坠,则他虽在运动中,亦仍没有自由,因为他虽愿意停止那种运动,势亦有所不能。人在行走时,我们如果提议让他不要走,则他之是否来决定走与不走,亦是没有自由的,他必须要在两者中选择一种,必须要选择走或不走。在我们能力范围以内的一切其他动作都是如此的,而且这类动作为数还是更多的。我们如果一考究在我们一生中，醒时候，一刻一刻继续出现的那么许多自愿的动作，则我们便会看到，许多动作都是在紧要实现的时候，才被人想到，才被提示于意志之前。在这些动作中，人心在意志方面，如我方才所说，并没有动作与否的能力，因此，它亦就无所谓自由。在那种情形下，人心并没有制止意志的能力，它对于它们并不能全不决定。不论人的考虑怎样快，他的思想怎样速，他总要处于他以前那样环境，或变化了那种环境，或者继续那种动作，或者停止那种动作。由此看来，他的思想一定要选择一种，忽略一种，而且那种动作的继续或停顿必然地成了自愿的。

25 意志是受外界东西支配的——我们既然知道，在许多情形下，一个人不能自由来意志，那么其次的问题就是，他在运动和静止两者中，是否可以自由选择他所愿意的一种？这个问题一看就是很荒谬的，因此，人们正可以充分相信，自由与意志是全不相干的。因为要问，一个人是否可以凭着所好，自由来选择运动或静止，语言或沉默，那就无异于问，他是否能意欲他所意欲的，或高兴他所高兴的。这个问题我想是不值一答的。问这话的人们，一定得假设此一种意志可以决定彼一种意志的动作，而且又得假设还有别的一种意志来决定那种意志，如是一直推到无限。

26 要免除这一类荒谬思想，最要紧的是应该在心中对于我们所考究的事物保持一些确定观念。自由的观念和意欲的观念如果在我们理解中划分清楚，并且在我们论究关于它们的一切问题时，使我们心中一直到底，无有纷乱：则我想，扰乱人们思想的那些难题，迷惑人们理解的那些难题，大部分都可以比较容易地解决了。这样，我们就会看到，使人陷于含混地步的，还是因为名词的意义不清楚，还是因为事物的本性是如此的。

27　自由——第一点，我们应当记得，所谓自由只是指，一种动作的存在或不存在依靠于我们的意志，并不是指，一种动作或其反面依靠于我们的选择。一个站在高岩上的人，可以自由往下跳二十码，落在海中，不过他所以有此自由，并不是因为他有实现相反动作的能力，并不是因为他能往上跳二十码，因为他根本就不能往上跳那样高。他之所以为自由，只是因为他有跳下或不跳下的能力。但是如果有一种比他较大的力量，把他紧缚住，或把他推下去，则他在那种情形下，便没有所谓自由。因为那种特殊动作的实现或制止并不在他的能力范围以内。一个囚犯如果囚在二十呎见方的一个屋内，则他在室的北端时，可以自由向南走二十呎，因为他亦可以走，亦可以不走。不过同时，他却不能做相反的一种事情，却不能往北走二十呎。因此，所谓自由就是说，我们可以按照自己的选择或意志，有执行或不执行的能力。

28　意欲是什么——第二点，我们必须记得，所谓意欲或意志乃是人心的一种动作，在这里，人心要使它的思想来注意于某种动作的产生，并且因此来施展自己的能力来产生那种动作。为避免用字繁多起见，我在这里，可以求读者原谅说，我所用的"动作"一词亦包含着任何动作的制止而言。在提出语言或行走的建议以后，静坐或沉默虽只是运动的制止，可是它们同那些相反的动作本身一样需要意志的决定作用，而且它们的影响亦是一样大的，因此，在这个观点之下，它们亦很可以当做动作看。我所以提到这一层，乃是恐怕我为省字起见，引起了人的误会。

29　什么来决定意志——第三点，所谓意志既是指人心有能力来指导人的各种动作官能使之趋向于运动或静止（在它们能受指导的范围以内），那么我们就该问，“什么是决定意志的？”对这个问题的正确妥当的问答就是，那只有人心。因为能指导普通的能力使之趋向于此种或彼种特殊方向的，只有具有能力的那个主体，因为只有它可以在那种特殊的途径中，来施展其能力。这个答复如果不能满意，那么“什么能决定意志”的这个问题的含义就是说，“什么能促动人心，使它在各种特殊的例证中，指导其可左可右的力量，来趋向或此或彼的特殊运动或静止呢？”要答复这个问题，我们可以说，人心所以要继续其状态或动作，动机就在于它所感到的当下的快乐；它所以改变的动机总是在于一种不快，因为只有一种不快可以使我们变换自己的状况或采取一种新的动作。促动人心使它发生动作的，不快就是它的最大的动机。这种作用为简便起见，我们就把它叫做意志的决定。这一层我将要详细加以论说。

30 意志和欲望不可相混——在详细论究以前，我们应当先说一下，在上边，我虽然因为缺乏名词的缘故，曾经用能表示欲望兼意欲的“选择”、“取拾”，以及相似的名词来表示兼指欲望的意欲作用（这种心理作用只应叫做意志或意欲），可是这种作用，既是一种很简单的作用，所以任何人如果想了解它，应该先反省自己的心理、应该观察，心在发生意志时，有什么作用，不应该只依靠于任何发为声音的文字。我这种警告乃是要人小心，不要被那些意义含糊的词语错领了，因为那些词语并不足以把意志和其他一些十分差异的心理作用中间所有的差异，完全表示出来。我所以认这个警告是很重要的，尤其是因为我们常见人们把意志和各种情感相混（尤其同欲望相混）；常见人们将此作彼，而且所见的那些人们还正觉得自己有很清晰的事物观念,还正觉得自己在这方面的著述是很明白晓畅的。在这方面,人们所以含糊其辞,陷于错误,我想这是主要原因,因此,我们应该竭力避免这一层。因为人只要在发生意志时,反观内照自己心中所发生的现象,他就会看到,所谓意志(或意欲的能力)只有关于我们的动作,并且只停在那里,不再前进;至于意欲则只是人心在动作方面的一种特殊的决定作用,因为人心借此可以(只凭自己的思想)努力来发生、继续或停止它所认为自己能力所能及的各种动作。在充分考究之后,这就可以明白指示我们说,意志和欲望是完全有分别的,因为在同一动作中,欲望所有的倾向是可以同意志所促动的倾向,完全相反的。就如我所情不可却的一个人,虽可以强求我劝说另一个人,可是我在说的时候,我亦许正不愿意把他说服了。在这种情形下,我们分明看到,意志和欲望是正相反的。我所意欲的动作朝着一个方向,可是我的欲望可以朝着另一个方向,可以朝着另一个正相反的方向。一个人在四肢得了剧烈的痛风症以后,虽然觉得头不晕了,口胃亦复原了,他仍然要欲望把他的手足之痛除去(有痛苦就有免除痛苦的欲望),但是他如果恐怕痛苦除去以后,那种毒素或者会转移在更关重要的肢体,则他的意志亦许不趋向于任何能免除痛苦的动作。由此,我们就分明看到,欲望作用和意志作用是完全独立的两种心理作用,而且意志既只是一种意欲的能力,所以同欲望更有分别。

31　不快能决定意志——现在我们可以返回来考察,“在动作方面,究竟是什么在决定意志?”在我再思之后,我就猜想,那种东西并不是人所着眼的一种较大的好事,如一般人所假设的那样,它只是人们当下所感到的一种不快(多半是很逼迫人的一种不快)。这种感觉连续不断地决定我们的意志,使我们进行各种动作。这种不快可以叫做欲望,而所谓欲望就是人心对一种不存在的好事所感的一种不快。身体上任何种痛苦、人心中任何种不安,都是一种不快。所感到的痛苦或不快有多大,则连带生起的欲望亦有多大,而且欲望和痛苦甚至分不出来。因为欲望之起,既是由于我们在需要一种不存在的好事时,觉着一种痛苦,感着一种不快,因此,那种不存在的好事就是一种安慰物;在那种安慰达到以前,我们就把它叫做欲望;因为任何人只要感到一种痛苦,他就有一种解除那种痛苦的欲望,而且那种欲望是与那种痛苦相等的,是与那种痛苦不可分离的。除了这个解除痛苦的欲望而外,还有一种获得不存在的积极好事的欲望,因此,在这里,欲望与不快又是相等的。我们需要任何不存在的好事的欲望有多大,则我们对它所生起的痛苦亦有多大。不过一切痛苦虽然都能引起相等的欲望来,可是一切不存在的好事所引起的痛苦,并不能同好事所有的重要性(或人想象它所有的重要性)一样大;因为好事的不存在并不如痛苦的存在那样痛苦。因此,我们在思想不存在的好事时,亦可以没有欲望。不过欲望有多大,我们即可断言,不快一定亦有多大。

32 欲望就是不快——人们只要一反省己身,就能看到,欲望就是一种不快的情状。前哲说过,“希望见阻,则使人心病”(希望和欲望差不多),任何人能感不到这种急迫的欲望么?这种焦心的程度,同欲望的程度一样大。人的欲望有时竟使不快之感陡发起来,使人呼喊:“给我儿子”、“给我所欲的事物”、“要不然,我就死了”。人生同人生的享乐,正是一种负担,如果有了不快之感,永久不移地压住你，那真是难以忍受的。

33　欲望中的不快能决定意志——真的，善和恶，不论其为存在或不存在，总是可以影响人心的。不过能时时直接决定意志，使它做各种自愿动作的，还在于欲望中所含的不快。这种欲望，或则专注于消极的不存在的好事，就如人在苦痛中意爱懒惰；或则专注于积极的不存在的好事，就如快乐的享受便是。据我看来，不断的自愿动作实占着人生中大部分；而促动意志使之做这些动作的，正是所谓不快，而且我们所以要由不同的途径，来达到不同的目的，亦正是因为这种不快。这一点，我将要根据经验和事理，努力来加以解释。

34　不快是动作的泉源——一个人如果完全安于自己的现状，如果完全感不到一点儿不快，那么他除了想着继续在那种状态下过活而外，还有什么别的勤劳、别的动作和别的意志呢？人在一观察以后，就可以知道这一层。因此，全知的造物主，既然明悉我们的身体组织，而且知道什么能决定意志，所以他就使人发生了饥渴的不快，以及其他种种自然的欲望，使它们接着时候发动起来，以来促进并决定人们的意志，使他们来保持生命，维系种属。因为我想，我们如果只是思维这些不快之感驱迫我们所要达到的那些良好目的，就足以决定我们的意志，并且使我们来从事工作，那么我们便该完全没有这些自然的痛苦，而且在世界上或者根本就没有任何痛苦。圣保罗说："与其欲火攻心，倒不如嫁娶为妙。"从此我们就看到，什么是驱迫人享受伉俪生活的主要原因。我们所感到的一种些小的焦灼，推进起我们来，比我们所看到的一些较大的快乐勾引我们时，要更为有力一点儿。

35 最大的积极的好事并不能决定意志，只有不快能决定意志——据人们普遍的同意看来，他们都说，好事和较大的好事，可以决定人的意志。这个意见好像成了一条颠扑不破的公理，因此，我并不惊异，我在最初印行关于这个题目的著述时，亦随便承认了这一点。而且我想，我那样做法应该比我现在离弃那样确立的一个意见，更容易得到大多数人的原谅。不过在较严密的考究之后，我却不得不断言说，好事和较大的好事，纵然被人认识，被人承认，亦不能决定我们的意志，只有在我们的欲望按照好事的比例，使我们感觉需要，生起不快时，才能决定我们的意志。你纵然能劝说一个人说，富厚优于贫穷，并且使他承认，美好的生活舒适品，优于污浊的穷相，但是他如果仍安于后一种生活，而并感不到不快，则他亦是不会动的；他的意志从不会决定任何动作，使他脱离那种环境。你虽然谆谆告诫一个人说，“德性是有利益的，而且人如果在此生有大企图、在来生有大希望，则德性更如食物之于生命一样重要。”可是他如果不如“饥渴似的，向慕正道”，而且离了正道，他亦感不到不快，则他的意志亦不会被决定了，来追求这个自认的较大的好事；在这里，他所感的别的不快之感，就会来驱迫他的意志趋向于别的动作。在另一方面，则一个醉汉虽然知道他的健康要消耗、财产要浪费，而且照他那样做法，人亦不会再信任他，疾病亦会生起来，并且自己会缺乏了一切物品——甚至于他所好的酒；可是求友之心所不时引起的不快和贪恋酒杯的习惯倾向，以及日常的规定时间，到时候就会把他驱迫在酒店内，实则他亦明知道，自己的健康和金钱会因此损失了，来生的快乐亦或者会因此丢掉了；而且来生的一点儿快乐亦是不小的幸福，亦比以一杯浊酒来润上腭，亦比同醉醺醺的一伙无赖,作无聊之谈,幸福了许多。他所以如此,亦并非因为看不到所谓较大的好事,因为他分明看到,分明承认那种好事,而且在不喝酒的时候,还会有决心来追求较大的好事。但是他如果再一感到,离了那种习惯的享乐,就是一种不快,则原来所认识的那种较大的好事便失掉了力量,当下的不快又决定他的意志,来追求其素所好的动作。到了下一次,这种动作仍然占了上风,可是他心中又会自许说,"以后再不喝了;违反那些较大好事的动作,这就是最后一次了。"因此,他一刻一刻,正同那个不幸的自怨者一样,"我看到好事赞成好事,而却行坏事。"(Video meliora proboque,deteriora sequor)这句话如果是真实的,而且如果有恒常的经验常证明它,则它一定可以由我们这里所说的途径(恐怕亦没有别的途径)更显得容易了解些。

36　因为驱除不快正是幸福的第一步——如果我们考察经验所明白证实的那种事实,究有什么理由,并且来考察,为什么只有不快能影响人的意志,能决定他的选择,那我们就会看到,我们在一个时候,既然只能对一种动作有一种意志的决定作用,所以我们当下所感到的那种不快自然会决定我们的意志,来追求我们一切动作所要实现的那种幸福。因为我们只要感到任何不快,则我们便觉得自己不是幸福的,而且亦不是往幸福路上走的。任何人都知道,都觉得痛苦和不快是同幸福不相容的,而且一有痛苦,甚至能把我们所有的美好事物的美味污损了。一点痛苦就能消灭了我们所享的一切快乐。因此,我们只要感到痛苦,则在做一种动作之前,我们意志的选择,一定在于痛苦的驱除,并且以此为获得幸福的第一步。

37 因为只有不快是当下存在的——不快所以独能决定意志，似乎还有另一种理由。就是，因为只有它是当下存在的，而且按道理讲，不存在的东西亦是不会发生影响的。人们自然可以说，不存在的好事亦可以借着思维，呈现于人心，变成当下存在的。确实，好事的观念是可以存在于心中，而且可以被认为是现在的；不过心中任何观念如果不能把我们的欲望提起，而且那种欲望所含的不快如果不能在决定意志方面有更大的力量，则那个观念便不能变做现在的好事，并不足以平衡了把我们当下所感到的那种不快驱除掉的要求。不达到这种程度，则心中对任何好事所有的观念，只同别的观念一样，都只是单纯静止思维的对象，都不能影响意志，使我们从事活动（这个理由，我们可逐渐指示出来）。就如我们常见，人们虽然在心中对天堂的不可言喻的愉快，形成许多活跃的表象，而且他们虽然承认那些愉快是可能的、可靠的，但是他们仍一样安享现世的快乐。因此，我们就看到，人们只是纵欲贪求现世的快乐，而且决定他们意志的，亦只有那些欲望中所含的不快。在这里，他们虽然亦承认来世幸福大得不能比拟，可是他们仍会一步不移，一点儿不动，去追求它们。

38 又因为人们虽然承认天堂的愉快是可能的，可是他们并不来追求那些愉快——在思考时，一切好事如果按照其显现于理解中的或大或小，来影响我们的意志，而且（按传统的意见）我们的意志既被这种不存在的好事所发动，来趋向这种好事，那么我就看不到，天堂的无限永久的愉快既然一度被讲说出来，认为是可能的，为什么我们的意志又弃置了它们呢？因为一切不存在的善如果在一提出、一存想以后，就可以决定意志、就可以使我们来发生动作,那么那个无限大的可能的好事一定会规则地、恒常地来决定我们的意志,使它发生连串不断的一些动作。而且我们亦应当恒常地、稳定地来遵从登天的路程,而不能稍为停留、而不能使自己的动作趋向别的目的。因为来世的永久生涯,无限地超过了我们所希望的一切尊荣财富,同人世间一切的享乐——虽然我们认为这些是较容易达到的。而我们所以恒常有相反的决定,乃是因为一切不存在的好事只是可能的,不是必然的;而且一切将来的事情都非我现在所有的,徒靠希望是足以自欺的。如果真是我们所见的较大的好事来决定我们的意志,那么那样大的一种好事一提出来以后,就该把意志紧紧把握住,使它来追求这个无限大的好事,而不再把它放松。因为意志既然有支配一切动作和思想的能力,它一定该把人心的思考确定在那个好事上。

可是任何大的不快是不曾被人所忽略的:——如果意志是被我们所考究的最大的好事所决定的,那么人心的状态,以及意志在其一切决定中的有规则的倾向,都应该如上所述的那个样子。但是我们据经验知道,它分明不是这样被决定的。因为我们常常忽略了自认的无限的最大的好事,以来追求各种琐屑事物,以来满足欲望所引起的继续不断的不快。但是人所共喻的这种最大的好事,这种永久而不可言说的好事,虽然不常能打动人心,虽然不能稳定地把意志把握住,可是我们却看到,任何大而有力的不快,只要一抓住意志,就不能再放松它。由此,我们就可以看到,究竟什么能决定意志。任何剧烈的身体痛苦、热恋中任何不可控制的情感、迫不容缓的报复心理,都可以使意志稳定起来、专一起来。意志经了这样决定之后,再不让理解抛弃了它的对象。在这里,那种主宰一切的不快只要存在，意志就为它所决定，而且人心的一切思想、人身的一切能力，都集中在那一方面。因此，我就可以说，我们的意志，或驱迫我们选择各种动作的那种能力，只是被不快所决定的。事实究竟是这样不是，那可让各人来考究自身好了。

39 欲望伴着一切不快——我一向所以常援引欲望中所含的不快，认它为决定意志的原因，乃是因为不快是主要的，而且是最易感到的；乃是因为在意志支配任何动作时，在实现任何自愿的动作时，很少不伴有一种欲望。我想，人们所以常把意志和欲望混淆，亦就是由于这个缘故。不过我们应当知道，许多别的情感亦含着不快，至少亦伴着不快，因此，它们所引起的不快，他们亦不当把它除外。嫌忌、恐怖、愤怒、妒忌、羞耻，都各有其不快，都能因此影响人的意志。在实际生活中，这些情感很少是简单的、独立的，很少完全不与别的情感相混杂。只是在谈话中和思维中，有名称的那些情感，在当下的心境中，势力最强罢了。不止如此，而且我想，几乎没有一种情感不与欲望相联合。我相信，只要有不快，就有欲望，因为我们恒常地要希望幸福。我们感到多大不快，就缺乏了多大幸福，(亦许只是我们自己以为如此)——不论我们的状况如何优越。此外，我们的当下状况既不是永久的，所以我们的当下享受不论多大，我们总要往远处看，我们的欲望亦就同着我们的先见一直出发，而且还把意志带去。因此，就在愉快中，能保持发生快乐的那种动作的，亦只有继续享受的那种欲望，和恐怖失掉享受的那种畏惧。但是任何时候，如有较比愉快为大的一种不快出现，意志便又立刻受其决定而趋向一种新的动作，因此就把当下的快乐忽略过去。

40　最逼迫人的不快可以自然地决定意志——不过我们在世上既为各种不快所袭击，又为各种欲望所纷扰，因此，其次的问题自然就是，在决定意志使之趋向其次的动作时，那一种不快最占势力？要答复这个问题，我们可以说，据普通情形看来，能决定意志的是最剧烈而且我们认为可驱除的那种不快。因为意志这种能力既是要求指导活动的各种官能，使之发生某种动作，以求达到某种目的，所以任何时候，它总不能趋向它当下认为不可达到的东西。倘如是这样的，那就无异于说，一个含灵之物在故意发生某种动作以求达其目的时，只是有心把自己的时光白费了；因为要企图达到自己所认为达不到的事情，正是这种情形。因此，过大的不快，我们如果认为它们是不能遣除的，则它们便不能影响我们的意志，在那种情况下，它们便不能使我们有所努力。不过除了这一层不提以外，在我们一生中，普通能决定我们的意志，使之做不断的各种自愿动作的，仍是我们当下所感到的那些最切要、最紧迫的不快。能刺激动作的就是我们所常感到的当下的最大不快，而且决定意志，使它来发生下一次动作的，多半亦就是这种不快。因为我们必须常常记得，意志的唯一固有对象，就是自己的一些动作，并不是别的；因为我们在意欲它时所产生的结果，只是我们能力所能及的一种动作，因此，意志亦只归宿在那里，不能再往前进。

41　人人都欲望幸福——人们如果再问，什么驱迫欲望，则我可以答复说，那是幸福，而且亦只有幸福。幸福和苦难(misery)，是两个极端的名称，它们的最终界限我们是不能了解的，那正如古人所说，"它是眼所不曾看到、耳所不曾听到、人心所不曾想到的。"不过我们对两者的某些程度，却有一些很活跃的印象；因为在幸福一方面，有各种畅快（delight）和欣喜（joy）所生起的印象，在苦难一方面，有苦恼（sorrow）和苦楚（torment）所生起的印象。为简便起见，我将总括地称这些为快乐（pleaure）和苦痛（pain）。至于苦痛和快乐又兼指身、心而言，就如说“他充满着愉快并且有永久的快乐”。不过正确说来，苦痛和快乐都是属于心理方面的，只是有的由于思想出现于心中，别的由于运动的变化发自身体罢了。

42 什么是幸福——因此，极度的幸福就是我们所能享受的最大的快乐；极度的苦难就是我们所能遭受的最大的痛苦。至于幸福的最低限度，则是离苦痛最近的一种安慰，而且是当下所不可缺的一种快乐，因此，离了它，我们便都不能安心。幸福和苦难既是由一些外物的作用在我们身心上所生的（程度亦不同），因此，凡容易给我们产生快乐的物象，我们便把它叫做好事；凡容易给我们产生痛苦的物象，我们便把它叫做坏事。而我们所以如此称呼它们，亦只是因为它们能产生组成幸福的那种快乐并产生组成不幸的那种痛苦。不过能产生任何程度的快乐的，本身虽是好的，能产生任何程度的苦痛的，本身虽是恶的，可是我们亦常见，它们如果同更大程度的一些善、恶相比较，则我们便不如此称呼它们；因为它们如果互相比较起来，则更大的苦痛和快乐便比较能得势。因此，我们如果正确地考究所谓善、恶，我们就会看到，它们大体是按照比较而定的。因为较小痛苦的原因，亦正同较大快乐的原因一样，都有几分好的本质。反面说来，亦是一样。

43 某些好事是所欲望的，某些不是——这虽是普通所说的善、恶，而且一切好事都是一般欲望的固有对象，可是一切好事，纵然被人看到，被人承认，亦并不能必然地打动了每个特殊人的欲望。各种好事,只有被他认为是他幸福的一个必然部分时,才能打动他。因此,其余一切好事,只要他不认它们是他现在所已满足的(在思想中)幸福的一部分,则那些好事纵然在外表上或实际上是很大的,亦不能打动他的欲望。因此,各个人恒常所追求的,就是这种观点下的幸福,他所欲望的,就是能形成他的幸福的任何部分。至于别的东西,则他虽亦承认其为善,可是他观察起来,并不发生欲望,而且离了那些东西,亦可以心安理得。我想,人们都不至于愚蠢地不承认知识能给人以快乐;至于各种肉欲,则追逐它们的人太多了,所以我们正不必再问,人们受它们的影响不受。现在我们如果假设,一个人的兴趣在于肉欲,另一个人的快乐在于知识;则他们虽然各个都承认,对方所追求的是一种大快乐,可是他们从不能把对方的快乐认为是自己快乐的一部分。他们的欲望并不能因此发动起来,他们各个虽没有对方所享受的,可是他们都能安心;因此,他们的意志都不决定来追求对方的快乐。但是那位好学的人如果受了饥渴,感觉不快,则他的意志原来虽然不曾被美味所决定,来追求佳肴、辣味和旨酒,可是他现在仍会为饥渴所含的不快所决定,来饮、来食;只是他在食时,只要食物合乎卫生,他就不加选择,食下去罢了。在另一方面,一个饕餮之徒,如果因为羞耻,或因为要讨好于情人,觉得自己一无所知,很是不快,则他亦会努力来读书。因此,人们虽然专一地、恒常地来追求幸福,可是他们所清楚看到的最大的好事,如果被他们认为与自己幸福无关,则他们会不关心那种好事,会不为它所动。至于痛苦,则他们是常关心的,他们一受了那种感动,便感觉到不快。因此,他们如果看到有任何好事可以形成其幸福的一部分,并且因为缺乏他们所认为幸福所必需的东西，而感不快，则他们立刻会生起欲望来。

44 为什么最大的好事不是常常为人所欲望的——我想，任何人只要一观察自己或他人，就会看到，任何小的痛苦虽都能驱迫我们，使我们努力来消除它，可是明显的较大的好事所引起的欲望，并不能与那种欲望表面上的（或我们所认它所具有的）伟大性相称。我们一观察幸福和苦难的本质，就会分明看到这种理由。一切当下的痛苦，都可以形成当下苦难的一部分，可是一切不存在的好事不能常常形成当下幸福的一个必然部分，而且幸福的不存在亦并不能常常形成我们苦难的一部分。倘或不然，则我们将有无限的恒常的苦难，因为有无数等级的幸福，都是我们所不曾享有的。因此，一切不快消除以后，当下只有一种中度的好事就可以使我们满足；而且在日常的一连串享受中，稍有几度快乐，则可以使人安心自足那种幸福。如果不是这样，则我们的意志万不会常被那些显然琐屑而无关紧要的动作所决定，并且在那方面把一生中大部分时间自愿地消耗了。这种怠慢情形实在与追求最大好事的那种意志（欲望）决定，背道而驰。我想这种情形，任何人并不必旁搜冥索，就可以充分相信。的确，在这尘世中，许多人的幸福都是很有限的，并不能供给人以一长串中度的快乐，而无任何不快掺杂其中，可是他们亦都安心常留于此，不思其他。他们虽亦承认，在此生以后，能有一种永久不变的愉快状况，超过尘世上的一切；他们虽亦分明看到，他们现在所追求的些小尊荣、财富、快乐，纵然能暂时达到，暂时维持，亦远不及他们所忽略了的那种永久的状态更为可能，他们虽亦明白在将来状况下，一种完全、永久，而安定的幸福是可能的；他们虽然充分相信，他们如果使自己的幸福限于尘世的些小享受或企图，如果不以天堂之乐来形成幸福的一部分，他们将来便不会得到那种快乐；可是他们虽知道这层差异，而他们的欲望并不为这种较大的明显的幸福所激动，他们的意志亦不会决定了，采取任何动作，来达到这种幸福。

45　为什么不被欲望的东西，就不能发动意志——人生因为受了必然的支配，以致大部分都充满了各种不快；就如饥、渴、热、冷、疲劳、倦睡，都轮流着来侵犯我们。此外，还有偶然的伤害，以及风尚、先例和教育三者养成习惯后所引起的狂想的不快(如希求尊荣、权力、财富等)，以及其他习惯成自然的千万种不正常的欲望。因此，我们看到，自己一生中很少有时间能免除了这些不快，使自己自由趋向较远的不存在的好事的吸引力，很少有时间，我们能逍遥自在，摆脱了自然的或养成的各种欲望的苦求，因此，我们那些无数的自然的需要和养成的习惯，便不断地供给一些不快，来轮流着决定我们的意志。一种动作刚被意志决定所完成了，随后立刻就另有一种不快出来使我们来继续工作。因为要脱离患苦，趋向幸福的第一步，既然在把我们当下所感到的切迫的痛苦免除了，因此，一种不存在的好事，虽然被人思想，被人承认是善的，可是它既不是这个不幸中的一部分，因此，当它不在时，便被排挤出去，以便我们专来努力摆脱当下所感到的那些不快。不过在后来，在经了适当的重复的思维以后，它亦可以较接近于人心，亦可以较有美味，亦可以使我们生起一种欲望来。这种欲望既然亦变成我们当下不快的一部分，则它同别的欲望便立于相等的地位，亦得要求满足，因此，它亦可以按照它的强力和压力，照样来决定意志。

46　适当的考虑能引起欲望来——由此看来，在适当地考察了任何提出的好事以后，我们便有能力来按照那种好事的价值，引起比例相当的欲望来，因此那种好事亦就可以依着次序，决定意志来追求它。因为任何好事，不论我们承认它有多大，可是它如果不先在我们心中引起各种欲望来，使我们对它的不存在感觉不快，则它便不能达到我们的意志，我们亦没有进入那种好事的活动范围中。因为能决定我们意志的那些不快，一定得是现在所感到的，一定得是迫人的，一定得能决定意志的下一次的方向；人心所衡量的（如果它有所衡量），只是在：那一种欲望是应当立刻来满足的，那一种不快是应当先驱除的。因此，我们就看到，人心中只要有不快，只要有欲望，就没有余地来容纳纯粹的好事，使之来接近意志，或丝毫来决定它。因为（如方才所说）追求幸福的第一步，既然在完全脱离苦难的范围，使我们一点儿亦感觉不到它，因此，在各种不快完全摆脱以前，意志就没有工夫来顾及别的东西。可是我们在现世这种不完善的状态中，既然为千万种需要和欲望所侵袭，所以要在尘世上想摆脱不快，那恐怕是不可能的。

47 我们所以能够从事考虑，乃是由于我们有能力来暂停欲望的实现——我们既然有许多种不快，来搅扰意志，决定意志，因此，最大的、最迫人的不快一定会决定人的意志，使之趋向下一次的动作，这一点是很自然的，我们已经提说过了。但是事实上，虽大部分如此，可并不永远如此。因为我们据经验知道，在许多情节下，人心有一种能力，来暂停动作，不急来满足，不急来实现它的任何欲望，因此，它可以自由来考究那些欲望的对象，自由来考察他们的各个方面，自由来把它们同别的物象互相比较。人之所以有自由，正是由于这一点。而且我们因为不善用自由，所以我们在日常生活中，努力追求幸福时，常陷于许多过错、谬误和失察。因为我们意志的决定作用是太躁急的，而且在没有妥当考虑之时，我们就早已鲁莽进行了。不过我们都有一种能力，使某些特种的欲望暂不实现，因此，我们亦可以阻止住此处所说的不利；这一点，任何人都可以根据日常经验，在自身看到。在我看来，这就是自由的来源，而且所谓(我看是不正确的称呼)自由意志，亦就是由此成立。因为在任何欲望暂为停顿的时候，我们可以在意志决定以前，在动作(由那种决定而来的)实现以前，有机会来考究、观察、判断我们所将要做的善或恶。在适当的考察之后，我们如果判断出，我们所做的是自己的职责，而且在追求幸福方面，我们所能做的，所应做的，亦就限于此，则我们自然会按照公平考察后所得的最后结果，来欲望、来意志、来动作。这并不是人性的一种过错，乃是它的一种美德。

48　由我们自己的判断来决定，并不是对自由加了限制——这种情形不但不限制自由、减少自由，反而促进了它、加强了它，那不但不缩小自由，而且自由的目的和功用还正在于此。因此我们如果愈不受这种决定的支配，则我们愈会走近苦难和奴役地步。我们如果认为善、恶可以跟着自己判断的选择而来，可是在最后判断以后，我们的心又完全处于中立状态，不受丝毫决定，则这种中立状态不但不是智慧本质的优点和所长，而且它会成了一种极大的缺点，这种缺点，正如在意志未决定以前，我们不能从容中立，乱行乱止是一样的。一个人可以自由举手向头，或让它静垂下去，他在两方面都是中立的；而且他如果没有那种能力，或没有那种中立状态，那一定是一种大缺点。但是他如果在看到有一种打击来到他的头上或眼上时,只是完全漠然,亦不管举手是好,垂手是好,那么,那一定亦是一种大缺点。因此,欲望或选择的能力,如果被善所决定,则正同动作能力被意志所决定一样,都是一种优点;而且决定的程度愈确,优点的程度亦就跟着愈大。不但如此,我们如果不被人心在判断动作的善、恶后所得的最后结果所决定,而被别的事情来决定,则我们便不是自由的。因为自由的目标,正在于达到我们所选择的好事。因此,人既然是一种含灵之物,所以他便受了自己组织的支配,不得不受自己思想和判断的决定,来追求最好的事物。否则,他一定会受别人的支配,那就不是自由了。而且我们如果不承认人的意志在各种决定作用中,受自己判断的指导,那就无异于说,一个人虽有意欲,虽有动作,可是他的意欲和动作的对象不是他所愿意要的。因为在当下思想中,他既然取那个目的,而舍却了别的,这就分明表示,他认那个目的是较好的,而且愿意达到它而不愿达到别的。要不如此,则我们只得说,他在同时,又能有那个目的,又不能有那个目的,又愿意达到那个目的,又不愿达到那个目的。这种矛盾是显而易见的,我们虽然接受它,亦有所不可能。

49 最自由的主体就是这样被决定的——我们如果一观察比人较高,而且享受完全幸福的那些神明,则我们很可以合理地判断说,他们在选择好事方面,虽比我们更容易被决定些,可是我们并没有理由来断言,他们比我们较不自由、较不幸福。至于要问无限的智慧同善意究竟是什么样的,则我们这样可怜的渺小的动物,如果可以有所言论,则我猜想,上帝一定不能选择不是善的东西。因为全能者虽然有自由,但是他如果被至善来决定,那并不是没有道理的。

50　有恒常追求幸福的决心，并不减少自由——要适当地来观察这个被人误解的自由部分，则我可以问，世上有人因为他不如聪明人考虑得那样周全，而愿意当一个见异思迁的人么？一个人如果只是自由行傻事，使自己蒙羞被难，那配得上说是自由么？脱离了理性的束缚，而且不受考察同判断的限制，只使自己选择最坏的，或实行最坏的，那并不是自由；如果那是自由，是真正的自由，则疯子和愚人可以说是世上唯一的自由人。但是我想，没有人会因为这种自由，而愿做一个疯子；只有已经疯了的，那就无话可说了。追求幸福的恒常欲望，以及追求幸福时这种欲望所给我们的限制，没人会认它们为自由的束缚，或者至少说，没人会认为这种束缚是可抱怨的。全能的上帝自身亦是被幸福的必然性所束缚的；而且任何有含灵之物愈受这种必然所支配，就愈能走近无限的完美和幸福。在我们这种愚昧状态中，我们这近视的生物往往易于错认了真正的幸福，为避免这一层起见，所以上天又赋给我们一种能力，来暂停任何欲望，使它不一直决定我们的意志，一直使我们立刻发生起动作来。这就是所谓静立(standing still)；在这里，我们是还不曾充分相信我们所应走的道路的。所谓考察则是在发现指南针(consulting a guide)。在考究以后，意志的决定作用就是所谓遵从指南针(following the direction of that guide)。一个人如果有能力，按照那种决定作用的方向，来动作或不动作，他就是一个自由人。这种决定作用并不能限制自由所由成立的那种能力。一个人的镣铐如果打掉，狱门如果给他敞开，他就是完全自由的，因为他或行或止，可以一任其心之所好。他亦许因为夜黑、天变、无家可归，决定要留下，他亦许因为贪恋那里的安适，断然决定了意志，要留在那里，不过他仍然是自由的。

51 追求真正的幸福是一种必然性，这种必然性正是一切自由的基础——智慧本质的最高的美点，既然在谨慎地、恒常地、来追求真正坚牢的幸福，所以我们自己如果心存顾虑，谨防自己将想象的幸福认作真实的幸福，那正是我们自由的必需的基础。普遍的幸福就是所谓最大的善，亦就是我们的一切欲望所趋向的。我们如果受了必然性的支配，来恒常地追求这种幸福，则这种必然性愈大，那我们便愈为自由。有了这种自由，则在任何特殊的似乎可意的好事出现时，我们就可以任意先考究它是否有引起真正幸福的趋势，是否与真正幸福相吻合，而不必被我们的意志决定所强迫，来实现某种特殊的动作，并且来顺从那种特殊的好事所引起的欲望。因此，在这方面，我们如果不先按照事体的重要，情节的性质，精详地考察一番，则我们必须在特殊情形下，暂停了欲望的满足，因为要选择，要追求真正的幸福或最大的好事，那亦正是人性中一种必然性。

52 上述的现象究竟有什么理由——含灵之物，在特殊的情节下，往往要考究所提出、所希求的那种特殊事物是不是可以达到他们的主要目的，是不是可以形成他们的最大好事的真正部分；在未充分观察以前，他们往往暂且停止动作，不来追求真正的福祉。确实在恒常地追求真正的福祉时，在稳定地实现真正的福祉时，他们的自由亦就是看他们能不能暂且停止动作以为关键的。因为一切含灵之物，本性都有追求幸福的趋向，而且这种倾向就形成了他们的强烈动机，使他们时常留心，不要把幸福失掉了。此外，特殊的动作既是达到幸福的一些手段,因此,那种倾向又会必然地使他们在指导这些动作时,小心谨慎,顾虑周到。这种必然性不止能决定我们来追求真正的幸福,而且它可以以同样的力量,使我们来考量、来停搁,并且来检查:每一种相继而来的欲望,是否在满足时能干涉了真正的幸福,并且把我们错领了。在我看来,这正是有限的含灵之物的大的特权,而且我愿意人来一考究,他们所已有、所能有、所能利用、所能用以支配动作的一切自由、所以能发生、所以能施展,是不是因为他们在按照事物的重要性,适当地考察了任何动作的善性、恶性以前,他们能暂停自己的各种欲望,使那些欲望不至决定他们的意志立刻来趋向那种动作。这分明是我们所能做到的,而且我们如果已经做到这一层,那我们就把自己的职责尽了、亦就把自己的能力尽了、亦就把应做的都做到了。因为意志既然需要知识来指导它的选择,所以我们所能做的,亦就是在考察我们所欲望的东西之为善、为恶以前,使我们的意志暂不决定。至于以后跟来的动作,则是辗转相承,一线直下的。这些动作都依靠于判断的最后决定。至于这种决定,则无论其是由仓促粗疏的观察来的,或是由审慎成熟的考虑来的,总是在自己能力以内的。因为经验告诉我们说,在许多情形下,我们是可以暂且停止,不来当下满足任何欲望的。

53 能统治我们的情感,正是助进自由的正当途径——但是我们的心理如果受了极端的搅扰(如日常发生的那样,类如受刑时的痛苦,又如受了爱、怒等狂暴情感的搅动以后,所发生的强烈的不快),而且感情不能自禁、思想不能自由、心理不能自主、考察不能平正;那么我们只有让仁爱、慈悲的天父来审判我们的行为了,因为他知道我们的弱点、怜悯我们的脆弱，不以不可能者强我们，而且分明看到，什么是我们所能做的、什么是我们所不能做的。不过要想使我们的行为能趋向于达到真正幸福的正确方向，则我们委实不能匆促地来俯从我们的各种欲望，而且亦应把自己的情感，加以调理、加以限制，因为只有这样，我们的理解才可以自由考察、理性才可以有了无偏颇的判断。因此，我们关心之点、努力之点，亦应当着重在这一方面。在这方面，我们应当努力来使自己的心理趣味适合于事物中真正的内在的善或恶。而且我们如果思想到所假设的或所承认的伟大而重要的好事，则我们亦不应当让它空空过去；我们应当对它发生欲望、发生贪恋；而且应当考究它的真正的价值，并且在心中对那种价值形成适当的欲念，使我们在缺乏它时感觉不安，在得到它时又怕失掉了。究竟人们有这种自己决断的能力没有，人人都容易试验出来。在这里，人亦不必说，自己不能支配自己的情感，不能防止它们的爆发，不能不随它们来行动，因为他在君王或大人物面前所能做的事，他在独处时，或在上帝面前时，亦一样可以做得到，只看他愿意与否罢了。

54 人们所追求的各种途径为什么又不相同——由前边所说的看来，我们似乎容易解释，为什么一切人类都欲望幸福，可是他们的意志又使他们走着各不相同的方向，而且有些还甚至于引起祸恶来。在这方面，我可以说，人们在世上所有的选择虽然互相分歧、互相矛盾，可是这并不足以证明，他们不是都追求幸福，只足以证明，同样的东西在人们看来，并不都是善的。由人们追求幸福的多种途径看来，我们可以说，人人所认为的幸福的对象并不一样，而且所选的达到幸福的途径亦不一样。人生的顾虑如果只限于今生,则我们可以说,有的人所以爱研读、爱知识,有的人所以爱打鹰、爱打猎,有的人所以爱奢华、爱纵欲,有的人所以爱清明、爱财富,那并不是因为这些人所希图的不是幸福,乃是因为他们幸福的对象是各不相同的。有一个医生对他的患眼痛的病人说得好,"如果你觉得享用美酒,比利用目力快乐更大,则酒可以说是对你好的;但是你如果觉得看物比饮酒更为快乐,则酒是全无价值的。"

55 人心的嗜好各不相同,正如各人的味觉似的,因此,你如果要以财富同光荣来取悦于一切人,那是徒劳而无功的(自然有些人以此为幸福),就如你不能以牛乳饼或龙虾来疗一切人的饥似的。因为这些东西,有的人们虽以它们为可口的美味,可是在别人看来,它们是完全可憎,而且可厌的,而且常态的人们有的亦竟愿挨饿忍饥,亦不愿以别人所认为美馔的盘餐来充饥肠,因此,古代哲学家虽然问说,所谓至善(summum bonum)究竟在于财富呢?还是德性呢?还是思维呢?还是身体的快乐呢?可是在我看来,这个问题实在是无意义的。要照这样问,则我们亦可以合理地来争辩,所谓至味是在苹果呢?是在酸梅呢?是在核桃呢?照那样,则我们亦可以在这方面有了各种派别了。因为美味不在于事物本身,只在于它们在特殊的或此或彼的上腭上所生的快感,因此,最大的幸福亦在于享有那些能产生最大快乐的事物,而避免那些能产生纷扰和痛苦的事物。不过在各人看来,这些事物的价值是各不相同的。因此,人的希望如果只在于今生,而且他们亦只能在今生有所享受,则我们亦无怪乎人们要尽力免除能触犯他们的事物,并且要尽力追求能娱乐他们的事物,以求得到他们的幸福。因为我们的希望如果超不过坟墓那边,则我们自然可以合理地推断说,

“让我们今天且吃、且喝”、“让我们今天且享受我们的快乐”、“因为明天我们就要死的。”不过同时我们还可以说，这些快乐是因人而殊的，因此，我们正不必怪他们所求的各种对象竟然有许多差异。这一层我想可以解释了，人们既然都追求幸福，何以他们又不被同一事物所激动。人们所选择的事物虽然可以各别，可是他们所选择的都是正确的。在这里，我们正可以假定他们如一群昆虫似的。其中有的是蜂，所爱的是花与甜味；又有的是甲虫，所爱的又是别的食品。而且它们在享受了一定的时季以后，便行消灭，而不复存留。

56 人们的选择为什么会错误——要把上述的各种情节加以适当的衡量，则我们可以明白地看到，人类的自由是什么情形。我们分明看到，所谓自由就在于有能力，来照自己的意志，做或不做某件事情，停或不停某件事情。这是无可否认的。不过在这个含义中，我们似乎只提到由意欲而起的动作，因此，我们还可以问，究竟意欲是自由的不是？我们已经答复过这一点说，在许多情形下，人并不能抑制自己的意志作用，他必须要施展其意志作用，而且所提出的动作，是否将要存在或不存在，亦就要以他的意志为凭。不过在某种情形下，人在意志方面，亦可以说有自由；因为人可以选择一种较远的善，以为自己所追求的目的。在这里，人可以对所提出的对象，暂时停止其或取或舍的选择作用，慢慢来仔细考究，那个对象的本质和所生的结果，是否足以使他幸福。因为他只要一选取那个对象，那个对象就要变成他的幸福的一部分，而引起他的欲望来，这种欲望又要引起相当的不快来，这种不快又能决定他的意志，使他从事工作，在所遇的任何机会中，来追求他的选择。因此,我们就看到,人所意欲,所实现的各种特殊的行动,虽然在自己都判断为合理的,可是他有时还正该加以刑罚。因为他的意志虽然常被他的理解所认为合理的事物来决定,可是我们并不能因此来原谅他。因为他自己的选择既然仓促,所以他的善、恶标准就有了错误;不过这些尺度虽然错误、虚伪,可是它们在他将来行为上的影响,正如它们是正确的、无误的一样。他既然损坏了他的上腭,则他必得对于后来的疾病和死亡负责任。物性的永久法则,并不能稍事改变,以求合于他的错误的选择。如果他本来有选择真正幸福的自由,可是因为他忽略了这种自由,或误用了这种自由,致陷于错误,则后来的谬行,应该归咎于他的选择不当。因为他本有暂停决定的能力,上帝所以赋予他以那种能力,正是要使他考察并关心他自己的幸福,不使自己受了蒙蔽。而且他在这样关切重大的事情上,亦不应觉得,受蒙蔽是应该的。

上边所说的亦可以指示给我们,世人所选择的东西为什么不同,而且他们追求幸福的途径为什么亦各异。不过人们既然恒常地专一地来免苦求乐,因此,我们仍不得不问,人们为什么舍好的而选坏的?为什么竟然选择使他们陷于苦难的那些事物(据他们自白如此)?

57　要解释人们既然都追求幸福,何以又采取了不同的途径,则我们应该考究,使意志能选择其自愿动作的那些不快之感是从哪里来的。

(一)有的是由身体的痛苦来的:——有些不快的来源不是在我们能力范围内的,就如由缺乏、疾病和外伤(如刑具)所引起的身体痛苦便是。这些痛苦,在现实而狂暴时,往往能在意志上起了很强的作用，并且使人们改转了生活方向，离弃了德性、虔敬、宗教以及他们以前所认为能致幸福的途径。人人都不致力或者不能（因为没有习惯）借着思维较远较迟的好事，使自己心中生起很强的欲望来，以平衡他在身体痛苦中所感到的不快，以使他在选择将来能致幸福的那些行动时，有了定见。在这方面，我们如果需要例证，而且世界各地各代如果不曾供给充分的例证，以证明所谓“不可避免的环境使人堕落”（Necessitas cogit ad turpia）的那句常言，则我们正可举一个可悲的邻地为例，以证明此说之不谬（不过这是没有必要的）。因此，我们可以说，我们所以常常祈祷说，“不要使我们陷于诱惑。”那正有其充足的理由在。〔按此处系指法国的宗教残杀而言。——译者〕

（二）由错误判断而起的错误欲望：——有些不快所以生起，乃是因为我们欲望不存在的幸福。这些欲望是同我们对不存在的善所形成的判断、所发生的爱好成比例的。不过我们在这两方面，都易陷于错误，而且这些错误是由于自己的过失来的。

58 我们对当下的善或恶所形成的判断，常常是对的——第一，我要考究人们对将来善、恶所形成的错误判断，以及其所引起的错误欲望。因为说到当下的幸福和苦难，则人如果只单独考究它，而且它的结果如果亦很远，则人永不会错误了。他知道什么是他所最喜悦的、真正爱乐的。当下所享受的事物，其所表现的正如其本然的样子，在这种情形下，外貌的善和真正的善常常是一致的。因为所谓痛苦或快乐，其程度正如所感到的那样，而且当下的善或恶亦真如其所表现的那样。因此，我们的各种动作如果自身归结于自身，而不能引起以后的结果来，则我们一定会无误地选取最好的目的,如果人们能同时感到忠实勤劳的辛苦,和饥寒冻饿的痛苦,则没有人会怀疑自己的选择;如果人们能同时享到肉欲的满足,和天堂的快乐,则他在决定自己的选择时,亦不会迟疑,不会错误。

59　不过我们在进行自己的自愿的行动时,它们所要引起的幸福和苦难并不能同时出现,它们只能引起后来的善恶来,而且它们所引起的善恶,还是在它们过去以后才能出现的。因此,我们的欲望常常看得超过了当下的享受,并且使自己的心趋向于不存在的那种好事。我们所以如此,乃是因为我们想那种不存在的好事是我们幸福的必需条件,而且那种不存在的好事所以能吸引我们,亦就是因为我们相信那种必然性。如果没有这种必然性,则我们便不能被不存在的好事所激动。因为据我们在尘世上所习惯、所意识到的而论,则我们可以说,在我们这狭窄的能力范围以内讲,一切悠远的好事,甚至于明显的好事,都不能打动我们;因为我们在同时只能感到一种快乐,而且这种快乐,只要免除了一切不快,则在它存在时就能使我们自己觉得自己是幸福的。因为懒散和享受已经足以成了当下的幸福,因此,我们便不愿意再有变化;因为我们觉得自己已经幸福,而且只要觉得满足,就已经够了。因为谁能满足,谁就是幸福的。但是新的不快如果一来到,则这种幸福便被搅扰,因此,我们就又重新工作,来追求自己的幸福。

60　有时是因为人们判断错误那一些东西是自己幸福的必需部分——人们所以常常不来欲望最大的不存在的好事乃是因为他们往往断言,他们离了那种好事亦可以得到幸福。因为这类思想如果一盘踞他们的心理,则将来的快乐便不足以感动他们;他们对于这些快乐，并不关心，亦并感不到不快。他们的意志亦因为不受那些欲望的决定，所以便来追求较近的满足，而且它要驱除它在贪求时、想念时，所感到的那些不快。但是你如果要把一个人对于这些事物的见解改变了，让他知道德性和宗教是他的幸福的必需条件，让他见到来生的幸福和苦难，并且让他见到正直的判官——上帝——要按各人的行为来报酬各人：则支配他的选择的这些善、恶标准，一定会大有所改变。因为他会看到，"上帝要给追求光荣、尊荣，和不死的人以永生，要给作恶的人以愤怒、刑罚和苦楚"，因为他会看到，来生的完全幸福或祸患要看人们自己在尘世上的行为如何而定。尘世上一切快乐和痛苦既然同永生的灵魂此后将要受的无尽的幸福和极大的苦难，不能相提并论，因此，人在选择自己力所能及的各种行动时，一定不看它们是否能引起暂时的快乐或痛苦而定，一定要看它们是否能引起来生的完全永久的幸福而定。

61 错误判断的一个较详细的叙述——不过要详细地来解释，人们既然诚心追求幸福，何以又会给自己招来祸患，则我们应当考究，各种事物如何可以借虚伪的现象，呈现于我们的欲望之前。在我看来，我们所以有这些错误，乃是因为我们关于那些事物的判断有了错误。因此，要想知道，我们的错误能达到何种程度，并且我们的错误判断是由哪里来的，则我们应当记得，事物的善、恶原有两层意义：

第一，所谓善或恶，只是快乐或痛苦自身；

第二，则除了当下的快乐和痛苦以外，任何东西只要能凭借其结果或效力能由远处将快乐招致来，则它亦是我们欲望的对象，亦可以感动了有先见的任何动物。因此，凡能引生快乐或痛苦的各种东西，亦能被人认为是善的或恶的。

62 判断所以错误，所以能使我们误入歧途，所以能使意志固执于较坏的一面，乃是因为在比较这些事物时，我们得到了错误的报告。(不过我这里所说的错误判断，并非是说由别人所决定的，乃是人人自己会承认是错的。)因为我既然确定地断言，一切含灵之物都在切实追求幸福，而且所谓幸福只在于快乐的享受，其中不能掺杂任何重大的不快，因此，人们从不会自愿地在自己的饮料内加一些苦的成分，而且他只要有能力用一种东西来满足自己的心愿，来完成自己的幸福，则他亦不会省略了那种东西。因此，他倘若竟然不是这样，那一定是由于他的错误的判断。不过我此处所说的错误，并不是指那种根深蒂固的偏执所生起的错误(不信来世)而言，因为那种错误几乎不配称为错误的判断。因此我这里，所说的错误判断，乃是人人所承认的那些错误。

63 在思考当下的和将来的事物时所发生的错误判断——(甲)因此，人人在当下的快乐和痛苦方面，并不能错认了真正的善或恶。因为快乐或痛苦被感觉到有多大，它们实际上就有多大。不过当下的快乐和痛苦，虽然把它们的程度和差异，分分明明表示出来，可是我们在以现在的痛苦或快乐同将来的相比较时(意志的许多重要决定都是这样的)，则我们往往对它们形成了错误的判断，因为我们的尺度往往是按照距离的远近而有所变化的。物象如果近了，则它们便似乎较为大些，可是比它们大的东西如果远了，反而似乎小些。痛苦和快乐亦是这种情形。当下的物象亦容易引起苦乐来，至于那些远隔的物象，则在比较时，便有一层不利。因此，许多人就如浪荡子似的，他们以为手中的小数胜过将来的大数，因此，他们往往因为当下的些小所有，失掉了继承时的巨大所有。但是不论人的快乐着重在那一方面，他一定会承认这是一种错误的判断。因为将来终究会变成现在，而且在接近时，它的优势会现出来，会把它自己充分表现出来，而且会把度量错误的人的故意的错误发现出来。饮酒的快乐，在一挪开酒杯以后，如果就伴有呕吐、头痛，如一般人在几点钟以后所必然要感受的那样，则我想，任何人在这些情形下，都不会再以酒沾着自己的口唇——虽然他很爱饮。可是他所以天天仍然要豪饮，乃是因为在选择时对时间稍有错误，以至于引起坏结果来。快乐或痛苦只距离几点钟的光景，尚足以减了其固有的程度，那么如果隔着较大的距离，而且一个人如果不以正确的判断，来做时间所将要给他实现的事情，就是说不能把它看做是当下的，不能把它的真正分量认识清楚，则他不是更要忽略了将来的痛苦和快乐么？可是在快乐和痛苦方面、在幸福和祸患的真正程度方面，我们的做法往常是这样的。将来的事物总不免失掉其正确的比例，现在的事物总觉得是较大的，总觉得能得我们的偏爱。不过我这里所说的错误判断，却不是那种重大的错误判断，因为人们在那方面，并不是把不存在的事物看轻了，乃竟当做子虚，因为有的人们只享受他们现在所能享的，并且安然不疑地发生了一种错误的结论说，将来是不会有祸患的。这种错误并不发生于比较将来的善、恶之为大为小(这正是我们现在所说的)，它乃是关于善、恶本身的另外一种错误判断，人们在这里是不认那些善、恶可以引起以后的快乐或痛苦来的。

64 这种错误的原因——在以现在的苦乐同将来的相比较时，我们的判断所以有错误，乃是因为人心的组织就是微弱而狭窄的。我们不能在同时充分享受到两种快乐的力量，至于在受了痛苦的搅扰时，则我们更不容易享受到任何快乐。当下的快乐如果不是微弱无力，则它便会充满了我们的狭窄心灵，占据了我们的全部心理，使我们几乎不能再想到其他不存在的事物。在另一方面，在我们的各种快乐中，如果有些快乐不很强烈，不足以使我们完全不想远隔的事物，我们就会极端恐怖痛苦，因此，稍有一点儿痛苦就足以把我们的一切快乐消灭了；因为你要把一点儿苦味搅在杯内，就能把甜味取消了。因此，我们无论如何，总要想法把当下的祸害驱除了。而且我们想任何事物的不存在都抵不住这种痛苦；因为在感受当下的痛苦时，我们往往觉得自己便不能享受任何些小的幸福。——日常人们的抱怨，就可以明显地证明这一层。他们觉得现实所感到的痛苦是一切痛苦中最剧烈的，因此，他们便忧戚地喊叫说，“什么就比这好受，什么亦没有这样难过！”因此，我们的全部努力和思想就完全着重在当下祸害的驱除上；而且不论后来有什么结果，我们总觉得先把痛苦驱除了，才能满足了实现幸福的第一个必需的条件。我们很着急地想象，什么亦没有我们现在所感受的痛苦那样厉害。拒享当下所呈现出的一种快乐，既是一种痛苦，而且常是一种大的痛苦，因此，我们的欲望便常被接近的、能动人的物象所刺激。因此，我们正不必惊异，这种欲望为什么在起作用时亦正同真正的痛苦一样，何以它亦能使将来的事物在自己思想中减了色，何以会使我们盲目地来接受它。

65 此外，我们还可以说，不存在的好事或将来的快乐(二者是一回事)，往往不容易平衡了当下痛苦或欲望所引起的不快，尤其在那种快乐为我们所不熟知时，更其是如此的。因为那种快乐的程度既然不能超过我们享受它时所真正尝到的程度，因此，人们便容易看轻它，使它让步于任何当下的欲望；而且他们会说，他们在将来真正尝试那种快乐时，亦不见得真能如一般人所传说、所相信的那样，因为他们看到，不止别人所赞美的东西，就是自己在某一时期所极端欢喜的东西，到了另一个时期就会变成乏味的、可憎的；因此，他们就以为那种快乐并没有什么特点，可以使我们牺牲一种当下的享受。但是他们应当承认，说到来世的幸福，这种判断方法是错误的，因为他们万不能说，上帝不能按照自己的意志使他所爱的人享到幸福。因为来世既是一种幸福的光景，则它一定会适合于人人的心愿和欲望；而且我们纵然假设，他们在将来的口味各不相同，一如现在这样，可是天堂的玛瑋一定适合各人的脾胃。——总而言之，我们对于将来的和现在的快乐与痛苦，所以有了错误的判断，乃是因为在比较它们时有了错误（这里我把不存在的好事当作是将来的），关于这种错误，我们的话亦就止于此了。

66 错误的判断有时是在我们考究行为的结果时发生的——（乙）至于在将来能引生善、恶结果的那些东西，则我们对它们的判断所以发生错误，亦有几条途径。

（一）有时我们虽亦以为它们能引起痛苦来，可是我们并不以为它们能引起实际上那样大的痛苦来。

（二）有时我们纵然觉得有很大的坏结果，可是我们以为它并不确定，亦许它不能照着我们所期望的出现，亦许它可以借着别的方法避免了，就如借勤劳、干练、变化、悔改等等。这些判断方法都是很错误的，而且我如果要在各种特殊情节下，加以详尽的研究，则亦很容易指示出这些错误来。不过我现在只可以概括地说，我们如果不按照事物的重要性，与其不可忽视性，先把它加以适当的考察，就一直根据不可靠的猜想，来为较小的好事而把较大的好事牺牲了，那是一种很错误而且很不合理的进行方法。这一层我想是人人必得承认的，而且人们如果一考究这种错误判断的寻常原因，则他们更得承认这一点。现在我们可列举一些原因如下。

67　这种情形所以发生的一些原因——

(甲)愚昧：一个人在判断时如果不先尽力求得充分的报告，则他的错误判断是不可宽宥的。

(乙)忽略：一个人如果忽略了自己所已知道的，则实际上亦要促成自己当下的愚昧，使我们的判断陷于错误。所谓判断本来就是要衡量事实的各种情节，并且要从而决定优势将落在哪一边。如果我们把一造的情节仓促地凑在一块，而且应列入计算的各种条款也被我们所忽略了，则这种仓促情形所引起的判断，会同完全的愚昧所引起的一样。这种情形所以常常发生，乃是因为当下有一些痛苦或快乐，被我们这微弱而热烈的天性所增强，使我们深深感到现实的力量。不过上天所以要赋予我们以理解和理性，就是要避免这种仓促的举动，而且我们如果能正确地利用它来找寻、来观察、来判断，则我们一定可以达到这种目的。如果没有自由，则理解完全无效，如果没有理解，则自由(如果有的话)全无意义。一个人如果看到了某种事物能为善于他或为恶于他，并且看到了，某种事物能使他享福，或能使他受祸，可是同时如果他又不能向那种东西进一步，或退一步，那么他虽然能看，究有什么好处呢？一个人如果只有在黑暗中行走的自由，则他虽有自由，可是他同被风力所吹的一个忽上忽下的水泡，究有什么区别呢？只要你被盲目的冲动所支配，则不论那种力量是由外发或由内发，都无关系。因此，自由的首要功用就在于能阻止盲目的仓促动作。自由的主要用途就在于张目静立，四面察看，并且按照事体的重要性来考究我们所要做的事情的结果。至于要问，懒散、怠忽、热心、情感、风尚、恶习等怎样能在一些情节下助成这些错误的判断，则我在此地且不加以考究。在下边，我想还应当再叙述另一种虚妄的判断，因为它虽然很有影响，可是（或者）少为人所注意的。

68 对于幸福的必需条件所形成的错误判断——一切人自然都是欲望幸福的，这一层并无可以怀疑之点。不过我们方才说过，一切人在脱离了痛苦以后，往往容易满足于当下的快乐，或习惯给他们养成的快乐；而且他们既感到幸福，则除非有新的欲望使他们不快，搅扰了他们的幸福，并且使他们知道，他们并非幸福：——若非这样，则他们便不会往远处看，而且他们的意志亦不会决定采取某种行动，以来追求别的已知的或明显的好事。因为我们既然知道，我们不能同时享受各种好事，而且各种好事又是互相排斥的，因此，任何明显的好事，只要我们不认为它是幸福的必需条件，则我们的欲望便不会确定在它上边；因为我们如果觉得自己离了它，亦可以幸福，则它便不能打动我们的心。人们所以常常判断错误，这实在亦是一种原因，因为他们往往把幸福的必需条件，认为是非必需的。这种错误常使我们误选了我们所志向的好事，并且在好事远隔时，又常使我们误选了达到它的方法。但是不论一个人是错认了好事的本身，或错认了达到好事的方法，只要他失掉了大目标（或幸福），则他便会承认自己的判断有了错误。这种错误所以发生，往往是因为能达到目的的那些行动有一种真正的或假设的不快;因为人们觉得,要先使自己经过不幸,然后再达到幸福,那是很荒谬的,因此,他们就往往不采取那样做法。

69　我们可以改变了事物中的可意性或不可意性——在这方面,我们的最后问题,就是:“人是否有能力来改变伴行动而来的那种快感或不快?”要答复这个问题,则我可以说,在许多情形下,这是很可能的。人们委实能够,而且亦应该把自己的脾胃改变了,并且对那些无美味的或自认为无美味的东西,发生一种爱好。人心的口味正如身体的口味一样有许多花样,一样可以变化。人们如果觉得行动所引起的不快或乏味不能改变成快乐和欲望,那委实是一种错误,因为这分明是他们的能力所能改变的。在一些情形下,适当的考虑就可以有这种作用;在许多情形下,练习、专心和习惯亦可以有这种作用。面包或烟叶,虽然人们知道它们有益于健康,可是人们会因为寡味或恶味把它们忽略了。不过理性和考虑可以起首认识到它们的价值,并且开始试用它们,而且后来久用或习惯又可以使它们可意于人。说到德性,则我们分明知道,它亦是这样的。各种行动所以可意(或不可意),或则因为它们本身的性质,或则因为它们能达到较大而较可意的目的。一道盘餐如果蒸调好,则它当然可以可人口,而且它在食时所引起的快乐,就能刺激人心,并不必参考着别的目的。不过我们如要再考究健康和强力的快乐(食品当然以这为目的),则我们可以更感到一种美味,使我们吞咽了并不可口的食品。在后边这种情形下,一种行动所以可人意或不可人意,乃是看我们思考它的目的如何而定,乃是看我们是否相信它有能达到目的的趋向而定,乃是看我们是否相信它同目的有必然的联系而定。不过行动本身所给人的快乐,多半乃是由习惯和练习而养成，而增加的。一种东西在远看之下，或者要引起我们的嫌恶，不过在屡试之后，就可以安之若素；一种东西在初试之时，或者会使我们不悦，可是在屡习之后，就可以使我们发生爱慕。习惯有很大的魔力，凡我们所惯做的事情，都觉得顺利并且高兴，因此，它就有很强的吸引力，因此，惯熟的练习如果使一些行动适合于我们，并且使我们感到兴趣，则我们如果取消了那些行动，便觉难过，便觉不快。这虽是显而易见的，而且是人人所经验到的，可是人们在追求幸福时，十分忽略这一点，因此，我们如果说，"人可以使各种行动或各种事物多少可意起来，并且缓和了人们一向为自己的漫游所借口的原因"，则人们或者会以为那是一个奇论。风尚和俗见确立了错误的意念，教育和风尚又养成了坏的习惯，因此，事物的真价便被误认，人们的口味便渐变坏。我们必须费辛苦把这些改正了，并且使相反的习惯把我们的快乐改变了，对那些必然能产生幸福的东西，感到一种趣味。这一层是人人可以自认能做到的，幸福如果失掉，祸患如果来临，他就会承认，自己的忽略是错误的，并且会自己责怨自己不该如此。我可以问问，人们的一向做法是不是常如此的？

70 取罪恶而舍德性分明是一种错误的判断——我现在且不详论能使人迷途的那些错误的判断，以及对自己能力以内的事情的忽略。因为这样一来，就可以做成一部书，那就不是我的职务了。但是不论人们的意念如何错误，不论他们对于自己能力以内事物的忽略如何可耻，不论这些意念和忽略如何使他们离开了幸福的途径，并且使他们过各种不同的生活（如我们所见的），可是我们分明见到，不论任何人，只要能考究一番，则他在选择时，一定会依据于真正基本上所建的道德，来行判断；而且一个有理性的动物，如果竟然舍了理性，不能认真地反省无限的幸福和苦难，则他将来一定会责怨自己一向不曾按照本分应用其理解。我们只要一思考永久状况的可能性(这自然是无人能怀疑的)，则全能者为执行其法律所定的来世的赏罚，便可以有充分的力量，使人在选择时，违反了现世所能呈现出的任何快乐或痛苦。人只要承认，现世的良好生活的可能的结果，一定是无穷无尽的幸福，现世的恶劣生活的可能的结果，一定是无穷无尽的祸患，则他一定会合理地断言说，一个有德性的生活，比一个罪恶的生活好，因为前者可以使我们希望将来有无穷的福乐，后者则徒使我们恐怖将来会有凶恶的祸患情形，期待着有罪者，或者至少亦要使我们犹疑恐怕将来会灭亡了。纵然尘世上有德性的生活只是痛苦，罪恶的生活只是不断的快乐，上述的情形仍分明是真实的。不过大体说来，恶人们即在现世的所有方面讲，亦不见得占得优势；而且总括起来一观察，我想他们即在尘世上亦是处于最坏境地的。如果人把无限的幸福置于天秤的一端，把无限的祸患置于天秤的另一端，并且他知道，虔诚的人走错时，所得的最坏结果，亦可以抵得住恶人走对时所得的最好的结果，则他如果不是疯了，他肯来冒险么？人们只要有智慧，谁肯使自己陷于无限祸患的可能范围以内呢？因为他纵然不至得到这种祸患，他亦不能由冒险而有所收获。而在另一方面说来，则清醒者的希望如果能实现，则他只是得到那种无限的幸福，却并不曾有什么冒险。因此，善人如果是对的，则他是永久幸福的，如果是错的，则他亦感不到什么祸患。在另一方面，则恶人如果是对的，他亦不是幸福的，如果是错的，则他又是无限地受苦的。

既然如此，那么，人们在这方面实行判断时，如果不知该选择哪一方面，那不显然是一种错误么？——我在这里并不是论说来世的确定性或可然性；因为我的意思，只是要指明人的错误判断。我想人如果知道，并且确信，来世至少是可能的，则他不论根据任何理由，来选择罪恶生活中的短促的快乐，他都会根据自己所立的原则承认那是一种错误的判断。

71 总摄前义——在一起初我就恐怕书中论人类自由的这一章不免有些错误，而且在初版以后，有一个很聪明的朋友，亦疑其中有些错误，只是他不能指示出特殊的地方来。因此，在完结这一章时，我就不得不较仔细地重新考察一番。在重新思考以后，我就瞥见一个轻微而不易察觉的忽略，因为我已经把似乎无甚分别的一些字混用在一起。因为有了这种发现，所以我就在这第二版中，又附加了一点儿新的见解，以求学界的批评。我的意思，简单说来，就是：自由乃是按照人心的指导来发生动作或停止动作的一种能力。至于我们所谓意志，则亦是一种能力，它可以在特殊的例证中，指导我们的运动官能来运动或静止。至于在一系列自愿的运动中，能决定我们的意志使之发生各种差异动作的，则是一些当下的不快；这种不快就是欲望所引起的，或者至少说是同欲望的不快相伴而生的。至于欲望则多半是被祸害所激动的一种逃避的倾向，因为能完全免除痛苦，乃能得到幸福。（不过每一种好事，甚至于每一种较大的好事，亦不能常常刺激我们的欲望，因为它不一定是我们幸福的必需部分，或者我们不认它是自己幸福的必需部分。）因为我们所希望的，只是幸福。不过这种贪求幸福的普遍欲望，虽然恒常地、不变地发生作用，可是任何特殊欲望的满足，亦可以暂时不决定意志,使它发生以后的行动;因为我们可以先仔细考究,我们所欲望的这种特殊貌似的好事,是否我们真正幸福的一些部分,是否与我们的幸福互相契合。在考察以后,判断所得的结果,就是最后能决定人的,因为所谓人的自由,就是不受别物的支配,只受为判断所指导的欲望的支配。我知道,有些人以为自由就是人在意志决定以前那种中立状态,我亦很希望,着重"先前的中立状态"的那些人们明白告诉我们,这种假设的中立状态是不是亦在理解的思想和判断以前一如其在意志的命令以前。因为我们不能说它是在它们中间的,不能说它是直接在理解的判断以后,和意志的决定以前的;因为意志的决定是直接跟着理解的判断来的。在我看来,我们如果认为在理解的思想和判断以前的那种中立状态为自由,那正好像认漆黑的状态(在这里我们便无可见,无可说)为自由一样;至少亦可以说,他们认为不能有自由的主体是有自由的,因为任何主体若不经过思想和判断,便不能说是有自由的。我并不在文字方面吹毛求疵;因此,人们如果主张中立状态就是自由,则我亦可以同意于他们。不过我所谓中立状态乃是指理解发生判断以后的那中立状态而言,甚至于是指意志发生决定以后的那种中立状态而言;而且那种中立状态不属于人(因为他如果一判断了还是做好,还是休好,则他便不会再中立),而属于人的能动作的各种能力。这些能力在意志决定以前,或在意志决定以后,都一样可以来进行或来停止各种动作。因此,它们这种状态或者可以被叫做一种中立状态;而且这种中立状态到什么程度,则一个人的自由亦只到什么程度,再不能超过这个限度。就如我有能力来运动我的手,或静止我的手,则不论来运动我的手,或静止我的手,而我的运动能力都是中立的；因此，不论从哪一方面讲，我亦完全是自由的。我的意志虽然决定那种动作的能力来静止了，可是我仍是自由的，因为我那种动作能力的中立状态还存在着，它仍然可以自由行动或不行动。我的意志虽然当下命令我的手静止住，可是我的手的运动能力并不为意志的决定作用所损坏了，那种能力仍保持其中立状态，它仍可以自由行动或不行动，仍如以前一样；我们如果试一试，使它做相反的运动，就可以看到这一层。但是在我的手静止时，如果它忽然得了瘫痪症，则它的动作能力的中立性就行失掉，而且我的自由亦就跟着失掉；因此，在那方面，我就失掉自由，而且必然要使我的手停顿起来。在另一方面，我的手如果又为拘挛症所运动，则那种动作的能力的中立性便被运动所取消，而且在那方面，我的自由亦就失掉；因为我是不得不运动的。我所以要附带论及这一点，乃是要指示出，自由似乎就是这种中立性，而不是其他任何真正的或想象的中立性。

72 关于自由的本质同范围，我们必须有真正的意念，因为这种真正的意念是十分重要的。因为这种缘故，所以我在前边解释自由时，不免有些枝蔓的议论。这一层，我希望人们会原谅我。在论能力的这一章内，意志、意欲、自由、必然等等观念自然地出现于我的观念中。在此书第一版内，我亦曾经按照自己的眼光，把我对于这些观念的思想叙述出来。不过我现在承认我的意见有些变化，并且我觉得我这层变化是有根据的。我实在是一个爱真理者，并非是一个崇拜自己主义者，所以我敢公然承认自己的变化。在初版中，我自然亦只是不偏不倚地来追求真理，而且我想它走在哪里，我就跟在哪里。不过我既不虚荣用事，想象自己完全无错误，亦不诡谲存心，只恐怕自己的名誉有了玷污，故意装无错误。因此，我在较严格的考察之后所发现的，我仍然敢把它印行出来，而并不感觉羞耻，因为我仍是同前一样诚实的追求真理。有的人们或者以为我以前的意见是对的、有的人们或者以为我现在的意见是对的(我已经见过这类人)，有的人们或者以为我前后的意见都是不对的。人们这些差别的意见，我并不觉得可怪；因为在争论的事体上，理性往往不易有公正的演绎，而且在抽象的意念方面，精确的演绎亦是不容易的，尤其在议论冗长时，更是如此的。因此，这个自由的题目如果仍有一些困难存在，而且人们如果根据这些理由或别的理由，把这些困难廓清了，那我就感谢不尽了。

在完结这个题目以前，我们还不妨运用思想来较精确地考察所谓**行动**，以便对于**能力**得到更为清晰的观念。我在前边已经说过，我们只有两种动作观念：一为运动，一为思想。不过事实上这两种虽都可以叫做动作，可是我们在进一步考察以后，就会看到它们并不完全永远如此。因为我如果不错的话，则我可以说：在两方面都有许多例证，在适当地考察之后，它们宁可说是**被动作用**，而不可说是自动作用，而且它们只是客体中被动能力的结果，并不是主体中自动能力的结果，如一般人所想象的那样。因为在那些例证中，能运动能思想的那种实体，只是先由外界得到各种印象，然后才能发生动作，因此，那种能力就其本义而论，不是一种自动的能力，只是客体中一种被动的容受力。不过有时一种实体或主体可以凭其自己的力量发生动作；这就是所谓**自动的能力**。实体只要能变化自身，产生出任何结果来，那就是所谓动作。就如一个凝固的实体如果凭其运动使别个实体的可感观念发生了变化，则这种运动的变状便可以说是一种动作。不过这个凝固实体的运动如果是由外界的别的主体来的,则在正确思考之下,它便不能说是自动,只是一种被动。因此,任何实体如果不能自己开始运动,或者使别的静止的实体运动起来,则它便没有自动的运动能力。同样,在思想方面,我们虽有能力来从外界实体的动作接受到任何观念或思想,而且这种能力亦叫做思想的能力,可是它亦只是一种被动的能力或容力。不过我们如能任意把各种观念呼唤出来,并且任意来比较它们,那就可以算是一种自动的能力。这种反省或者可以有一些功用,或者可以使我们免除了关于能力和动作所形成的一些错误观念;因为文法上和言语上往往使我们在这方面有了错误。文法学者所谓自动的动词所表示的作用,实在并不永远表示动作,就如,"我看见月或星",又如"我感到太阳之热",这两个命题虽然是被自动的动词所表示的,可是它们并不表示出我凭借任何动作在那些实体上发生了作用,只表示我接受了光、圆、热等等观念,而在这方面,我只是被动的,并非自动的,而且我的眼或身在那种情状下,亦不能不接受它们。不过我要是把我的眼转向别处,或者把我的身体离开日光,则我可以正确地说是自动的。因为我所以发生那种运动,乃是由于自己的选择,乃是由于自身的力量。这种动作乃是由自动的能力所产生的。

73 上边我已经粗略地把一切其他观念所发源的、所由以组成的那些原始观念,加以叙述。我如果要以哲学家的立场来考察一切别的观念发生的原因和组成的成分,则我可以相信,它们都可以还原于几个少数的原始观念,就如我们由感官从外物所接受来的广袤、凝性、被动力等等观念,以及由反省从心中所接受的知觉力(perceptivity)、运动力(motivity)等等观念。我在这里，不得不求读者原谅我这两个新名词，因为我所以用它们，乃是怕人因为惯用双关的名词，致在这里发生了误解。至于存在、绵延、数目等等观念(它们是属于两方面的)，我们如果亦把它们加进去，则我们便得到其他一切观念所依靠的一切原始的观念。因为我想，我们可以借这些观念解释了颜色、声音、滋味、气味，以及所有的其他一切观念的本质。产生这些感觉的，原是一些微小的物体，因此，我们如果有敏锐的能力，来察看这些物体的各种广袤和各种运动，我们就可以解释了这些感觉。不过我现在的意思，只是要考察人心何以能凭借天赋的力量从各种观念和现象得到事物的知识，只是要考察人心怎么对那些事物得到那种知识，并不是要来考察各种观念的起源和生产方式，因此，各种物体虽有能力，可以借其特殊的组织和其各部分的形相，把它们的可感性质的观念传给我们，可是我现在并不要从哲学方面来考察那些形象和那些组织，因为那正同我这部论文原来的计划相反。我现在并不想在这方面，再有所深论。我现在只说，金或番红具有产生黄色观念的能力，雪或乳具有产生白色观念的能力，而且所谓黄和白的观念，我们只凭视觉就可以得到，并不必要来考察那些物体部分的组织，以及由它们射出并使我们产生那些观念的那些分子的特殊形相或运动。自然我们在超过心中单纯的观念，进而研究它们的原因时，我们仍然看到，任何可感物所以能生起各种不同的观念来，所凭的没有别的，只有那些不可觉察的各个部分的不同的体积、形相、数目、组织和运动。

第二十二章　混杂的情状(Mixed Modes)

1　什么是混杂的情状——在前几章中，我们已经论述过简单的情状，并且在重要的观念方面，举了一些例证，指明它们有什么本质，并且我们怎样得到它们。现在我们可以进一步来考察所谓混杂的情状。我们所说的义务、酩醉、谎言等等，都是所谓复杂的观念。这些观念因为是由各种差异的简单观念所形成的，所以我把它们叫做混杂的情状，以别于那些由同类的简单观念所形成的较简单的情状。这些混杂的情状，亦是由简单观念集合成的，那些简单观念，我们并不能认它们是恒久存在的真正事物的特殊标记，它们乃是一些散乱独立的观念，只是为人心所合拢，因而和复杂的实体观念是有分别的。

2　它们是由人心所形成的——经验已经昭示我们，人心在其简单的观念方面，完全是被动的，而且那些观念全是凭感觉或反省由各种事物的存在和作用所得来的。但是我们如果仔细一考察此处所说的那些名为混杂情状的等等观念，则我们会看到，它们的来源，完全与前不同。在形成这些集合体时，人心往往要施用一种自动的能力，因为人心一得到简单观念以后，它就会把它们组合在一块，形成各种差异的复杂观念，并不考察它们在自然中是否如此在一块存在。而这类观念之所以称为意念(notion)，在我看来，就是由于这种缘故，因为它们的原始的、恒常的存在，多半是在人的思想中，而不是在实在的事物中。而且要形成这类观念，人心只要把它们的各部分合拢起来，使它们在理解中，自相符合，就算了事，我们并不必过问，它们是否有真实的存在。自然我亦承认，它们的一些观念是由观察得来的，而且一些简单观念的复合的存在亦是正如理解中所见的那样。就如伪善(hypocrisy)观念，原来亦可起因于人的观察，因为我们会看到，人们本没有好性质，有时却偏装作有好性质。不过在另一方面，人心在形成这个观念时，有时亦并不必要有任何模型，以资参考。因为我们分明看到，在社会和语言开始之初，有些复杂的观念(它们是跟着人类的组织来的)，在未存在于别处的时候，已经存在于心中，到后来才有了许多名词来代表这些复杂的观念，因此，那些观念的形成，是在它们所代表的那些组合以前的。

3　有时它们是在人们解释它们的名称时生起的——现在的语言已经十分复杂，代表那些组合的文字亦很多。这类复杂观念的生起，往往是由于我们解释代表它们的那些名词来的。因为它们既是由一群简单的观念所形成的，因此，它们可以借着代表那些简单观念的名词，使了解那些名词的人，亦了解了它们。事物的真正存在纵然不曾把那些简单观念的复杂组合呈现于他的心中，他亦可以得到那些观念。就如渎圣(sacrilege)和谋杀(murder)这两个复杂观念，你只要把这些名词所代表的简单观念，给人列数出来，则他虽然不见人犯了这两层罪，他亦会得到这些观念。

4　一个名称可以把混杂情状的各部分系属于一个观念上——每一个混杂的情状，既是由许多独立的简单的观念所形成的，因此，我们似乎可以合理地问说，它如何能得到统一性，并且为什么恰好某种集合体正能产生一个观念？因为那种组合原来并不是常存在于自然中的。要答复这个问题，则我可以说，那种情状所以能得到统一性，显然是因为人心的作用把那些简单的观念合拢在一块，把它们当成是那些部分组合成的一个复杂观念。至于这种组合的标记，则是那个合体的名称，而且这个名称正可以说是完成了那种组合。因为人们往往只以各种名称来解说各种独立的混杂情状，而且只让有名称的各种集合体来形成复杂的观念，至于无名称的一些简单观念的集体，很少被看成是一个复杂的观念。因此，“杀”“一个”“老”“人”，虽然在自然中亦可以联合成一个复杂的观念，就如“杀”“一个人”的“父亲”一样；可是前者因为没有名称来明确地代表它，后者因为有“弑亲”（Parricide）一名来表示它，因此，前者就不是一个特殊的复杂观念，而且亦不是一种特殊的行动，它仍同杀一个青年人或杀别的人一样。

5 形成混杂情状的原因——我们如果再稍进一步来追问，人们为什么要把某些简单观念的集合体做成独立的而且可以说是固定的情状，同时又忽略了那些在自然中本亦可以形成独立观念的各种集合体，那我们就会看到，这正是言语的功用所在。人们因为要想借语言把自己的思想标志出来，并且要以可能的速度把自己的思想传达出去，因此，各种观念的集合体，如果是日常谈话所用的，则人们便把它们形成复杂的情状，而以一些名称给以它们。至于人们所不常用的集合体，则人们便任其松散，而不以名称来联系它们。在这种情形下，人们宁愿意用表示种种观念的种种名称，来列举那些观念，亦不愿意增加了复杂观念的数目，使名目分歧、记忆受累，因为这些观念，本来不是人们所常用的。

6 为什么某种言语中的文字，不能在别种言语中，找到它们的相称字眼——这就指示给我们,在每一种语言中,为什么常有一些特殊的文字,不能以别的语言中单独的一个字翻译出来。因为一个民族的风尚、习俗、仪节,使某些观念的组合在此一种语言中成了习用的,和必要的,因此,人们自然要用一些名称附加在它们上边,使人们在日常谈话中,避免来回周折。因此,那些集合体在他们心中就成了一些独立的复杂观念。可是这些观念,在别的民族或者是全无用的,而且甚至于想亦没有想到。就如希腊人的贝壳放逐(Ostracism),和罗马人的公敌宣告(proscription),在别的语言中,便找不出精确的对应字来。因为它们所代表的复杂观念,是不曾存在于别的民族的人心中的。因为他们如果没有那种习俗,则他们便没有那一类行动的观念,因此,人们便不需用那一类观念的集合体,便不用那些名词来与它们相联系;因此,在别的国家,它们并没有相当的名称。

7 语言是可以变化的——由此我们亦可以看到,各种语言为什么经常变化,采用了新的名词,而抛弃了旧的名词。习俗和意见变化以后,引起了新的观念组合;这些组合既是日常想到、日常谈到的,因此,我们便从新的名称附加在它们上边,使它们成了新的复合情状,以避免冗长的叙述。人们如果肯试一试,把责斥(reprieve)和求诉(appeal)二词所代表的各种观念列举出来,而且他们如果不用这些名称,而用别的迂回说法,向人来表示它们的意义,他们就会看到,借着定名方法,一些大不同的观念可以包括在一个简短的声音里,而且我们的时间和气息,亦可以省了许多。

8 混杂的情状究竟在什么地方存在——在后来论究文字和其功用时,我还要详细考察这一层。不过我现在仍不得不注意考察混杂情状的各种名称。各种混杂的情状既是各种简单观念所成功的迅速变化的集合体，而且这些集合体只在人心中有短期的存在，而且它们亦只在被人思想时才能存在，因此，那些混杂的情状似乎只在其名称方面，有恒常经久的存在，除此以外，再不能在别的地方，有那样存在。因此，这类名词在这类观念方面，往往容易被人认为就是观念自身。因为我们如果要问，胜利或尊神的观念存在于何处，则我们便会分明看到，它们并不存在于事物本身，因为它们是需要时间来实行的一些动作，而那些动作是不能同时存在的。至于人心，则我们虽然假设那些动作的观念存在于其中，可是它们在那里又只能有一种不确定的存在。因此，我们就容易把它们附着在能引起它们的一些名称上。

9 混杂情状的观念是怎样得来的——由此看来，我们所以能得到混杂情状的复合观念，乃是由于三种途径。第一是由于经验和观察事物自身，就如看见两个人决斗或击剑，则我们便得到那两种观念。第二是由于发明，或自动地把心中的简单观念合拢起来，就如发明印刷和镂刻的人，在这两种艺术未曾存在之时，心中就有了它们的观念。第三是一种最寻常的途径，在这方面，我们的观念所以生起，有时是因为我们解释我们所未见过的一些动作的名称，或我们所不能看到的一些意念；有时是因为我们借着列数，把组成它们的别的简单观念，呈列于想象面前。因为我们的心既由感觉和反省得到许多简单的观念，而且因为习用之故，给它们各个以一些名称，因此，我们就可以用那些名称，来向人表示出我们所希望他了解的那些复杂的观念。这样，则那个复杂观念中所含的简单观念，都是他所知道的，而且他亦有相同的名称来称呼它们。因为我们的一切复杂观念,虽然其直接的组成分子亦许亦是复杂的观念,可是归根究的,它们都可以还原于简单的观念,因为它们毕竟是由简单的观念所组成的。就如“谎言”一词所代表的混杂情状,就是由简单的观念所构成的。(一)为清晰的声音,(二)为说话者心中的一些观念,(三)为标记那些观念的一些文字。第四则是,那些肯定的或否定的标记,是和说话者心中的观念相反的。我想我亦不必再进一步,来分析我们所谓谎言的那个复合观念,我所说的已经足以指示给我们说,它是由复合的观念组成的。而且我想,我如果要再来详尽地列数这个复合观念中的各个特殊的简单观念,那只有徒使读者疲厌不快罢了;因为我们已经说过,这些观念都是他自己可以检查出的。任何别的复合观念,都可以如此还原;这些观念不论如何一再混合,最后都可以分解成简单的观念,因为我们所有的一切知识或思想,都用简单的观念作为其组成的材料。我们在这里,亦不必恐怕人心中的观念数目因此就会减少了,因为我们知道,单单数目和形象,就能供给我们以无量数的简单情状。至于复杂的情状,其中既含着各种简单观念的种种组合,以及其各种情状的种种组合,因此,它更不能说是稀少的;这一点是我们容易想象到的。因此,在我们完结此篇以前,我们就可以看到任何人亦不必恐怕自己的思想没有广阔的范围,来在其中驰骋——虽然他的思想(如我所说)都只限于由感觉和反省而来的那些简单观念,以及那些观念的各种组合。

10 运动、思想、能力是花样最多的——我们应该研究,在我们的一切简单观念中,那一些观念是花样最多的,最能产生有名称的混杂情状的。这类观念共有三种:一为思想,二为运动(这两种观念包括了一切动作），三为能力（我们想象一切动作由此出发）。思想、运动、能力，这三种简单的观念，是花样最多的，而且它们的花样都产生了有名称的最复杂的情状，因为动作既是人的大事业，而且一切的法律亦以动作为其全体对象，因此，我们正不必惊异，各种思想的和运动的变状要为人所注意，而且它们的观念会储存于记忆中，各个伴有一个名称。没有这些名称，法律亦就不能精详，罪恶和纷扰亦就不能抑止。在人类中，如果没有这些有名称的复合观念，则我们便不能有良好的交通作用。因此，人们对于各种动作的情状，以及合乎那些情状的能力，便定了确立的名称，并且在心中有了假设的固定的观念。动作的各种情状是由它们的原因、方法、对象、目的、工具、时间、空间以及其他情节分划的。至于能力，则我们可以举大胆、习惯等为例。"大胆"这种能力是在人前从容地、无恐惧地按照自己的意思来说话、来行事。希腊人特称这种敢于说话为（Paŕesia）；这种做事的能力，如果是因为我们屡屡做一件事得来的，则我们便叫这种观念为习惯（habit）；这种能力如果一有机会，就容易发为动作，则我们便把它叫做气质（disposition），就如暴躁就是易于发怒的一种气质。

最后，我们可以考察动作的各种情状，就如"考虑"和"同意"就是人心的动作，跑步和说话就是身体的动作；报复和谋害就是心身两者的动作。一考察之后，我们就会看到，它们都只是简单观念的集合体，而且有名称的复合观念都是由简单观念来的。

11 有些文字虽然似乎是指示动作，实则只是指示结果的——能力是一切动作发生的来源。在施行能力发为动作时，能力所寓的那种实体就叫做原因；至于由此所产生的实体，或者能力施展时在任何实体中所产生的简单的观念，就叫做结果。至于能产生新实体或新观念的那种功能(effcacy)，在施能力的实体方面，就叫做动作，在接受新简单观念的客体方面，就叫做受动。这种功能不论有如何多的变化，这些结果不论有几乎无限的花样可是我们在含灵的主体方面。只想它们是思想情状和意志情状，在有形的主体方面，只想它们是运动的变状。我想，我们只能想象它们是属于这两种的；因为除了这两种动作而外，如果还有别的动作可以产生出任何结果来，则我不得不自白，我是不能意念到它，或观念到它的。因此，那种动作是在我的思想、理解和知识以外的。因此，它就如同另一套五官不可捉摸一样，或者如同盲人的颜色观念不可捉摸一样。因此，许多文字虽然似乎表示动作，实则完全不表示动作方式，只表示能作用的原因，或所产生的结果，同被作用的实体的一些情节。就如"创造"和"消灭"，其中便没有含着任何动作的观念，或产生动作的途径，只包含着原因的观念和所做的结果的观念。又如一个乡人说冷得把水冻了，则冻之一字，虽然似乎表示一种动作，可是正确说来它只表示着一种结果。就是说，水原来是流体的，现在成了坚固的、凝结的了，实则它并没有含着产生冻的那种动作的观念。

12　混杂的情状亦可以由别的观念所形成——能力和动作虽然形成了大多数的复杂情状，使我们的心、口都熟习其名称，可是别的简单观念和其各种组合并不能因此就被排斥了。这一层，我想是无须提说的；至于各种有名称的已经确定的混杂情状，当然更是不必一一列数的。因为要一一列举，势必要把神学、伦理学、法律学、政治学，以及其他科学中常用的大部分字都列举出来，做成一个大字典。我现在的计划，只是要指示出，我所谓混杂情状的那些观念是属于哪一类的；人心是怎样得到它们的，此外我还要指示出，它们这些组合体是由感觉和反省所传来的那些简单观念所组成的。这几层，我想我已经做到了。

第二十三章 复杂的实体观念

1 实体观念是怎样形成的——我已经声明过，人心中所接受的许多简单的观念一面是由外物经感官传来的，一面是由人心反省它自己的动作来的。不过人心在得到这些动作以后，它又注意到，有些简单的观念是经常在一块的。这些简单的观念既被人认为是属于一个事物，因此，人们就为迅速传递起见，把它们集合在一个寓体中，而以众所了解的一个名词称呼它。后来我们又因为不注意的缘故，往往在谈起来时把它当做一个简单的观念看，实则它是由许多观念所凑合成的。因为，如前所说，我们不能想象这些简单的观念怎样会自己存在，所以我们便惯于假设一种基层，以为它们存在的归宿，以为它们产生的源泉。这种东西，我们就叫做实体（substance）。

2 概括的实体观念——因此，任何人如果一考察自己的概括的纯粹实体观念，他就会看到，他的观念只是一个假设，因为他只是假设有一种莫名其妙的东西，来支撑能给我们产生简单观念的那些性质（这些性质普通称为附性[accidents]）。你如果问任何人说，颜色或重量所寄托的那种寓体究竟是什么东西，则他亦只能说，那是有凝性、有广袤的一些部分。你如果再问他说，凝性和广袤是在什么以内寄寓着的？则他的情况正有类于前边所说的那个印度人似的。他说，世界是为一个大象所支撑的。可是人又问他说象在什么上站着，他又说，在一个大龟上。可是人又追问他说，什么支撑着那个宽背的大龟，他又说，反正有一种东西，不过他不知道。在这里，亦同在别处一样，我们虽用文字，可是并没有明白清晰的观念。因此，我们的谈话，就如同小孩似的。你如果问他一个他自己不知道的东西，则他会立刻给你一个满意的回答说，那是某种东西。这话不论出于儿童或成人，究其实都不过是说，这种东西是他们所不知道的，而且他们所装为知道，假作谈论的那种东西，实在是他们所不曾清晰地观念到的，实在是他们所完全不知晓，而对之黑漆一团的。因此，我们以概括的实体一名所称的那种观念，只是我们所假设而实不知其如何的一种支托。我们以为它是支撑一切存有着的性质的一种支托，因为我们设想那些性质"离了支托"(sine re substance)便不能存在。我们叫这种支托为实体(substantia)，而这个名词，在英文中的真正意义，就是支撑(standing under)或支持(upholding)。

3　实体的种类——我们既然形成了含糊的相对的概括的实体观念，因此，我们就渐渐得到特殊的实体观念。我们既然凭着经验和感官的观察，知道某些简单观念的集合体是常在一块存在的，因此，我们就把这些观念的集合体结合为一实体，并且假设这些观念是由那个实体的特殊的内在组织或不可知的本质中流露出的。因此，我们就得到了人、马、金、水等等观念；至于人们对于这些实体所有的观念，是否除了一些共存的简单观念而外，还有别的明白的观念没有，则我可以求诉于各人自己的经验好了。铁和金刚石的真正的复杂的实体观念，是由铁和金刚石中普通可观察到的性质凑合起来所形成的。这一类观念，铁匠和珠宝商人普通知道得比一个哲学家要清楚。因为哲学家虽然爱谈什么实体的形式，可是他所有的实体观念亦只是由实体中所有的那些简单观念的集合体所形成的。不过我们应当注意，我们的复杂的实体观念，除了具有它们所发源的这些简单观念以外，还永远含着另一种含糊的意念，我们总想，在这里有一种东西是为那些简单观念所依属、所寄托的。因此，在我们谈说任何种实体时，我们总说它是具有某些性质的一种东西。就如我们说物体就是一种有广袤、有形相、能运动的一种东西；精神就是能思想的一种东西；同样，我们也说，硬度、脆性、吸铁的力量，是磁石中的性质。这一类的说法，就暗示说，人们永远假定，实体之为物，除了广袤、形相、凝性、运动、思想或别的可观察到的观念而外，别有所在，只是我们不知道是什么罢了。

4 我们没有明白的概括的实体观念——因此，我们在谈话或思想任何特殊的有形实体，如马、石等等时，我们对它们所有的观念，虽然仍是一些简单观念的集合体，而且这些简单观念仍只是代表着我们在马或石中常见在一块联合着的那些可感的性质，但是因为我们不能存想它们单独存在，或互相依托，因此，我们就假设有一种公共的寓体支撑着它们，为它们所依托。这种支托，我们便以实体一名称之，实则我们就这种假设的支托，切实没有明白的或清晰的观念。

5 我们对精神所有的观念，同对物体所有的观念，有同样的明白程度——在人心的动作方面，亦有同样情形。思想、推理、恐惧等作用，我们断言它们不能自存，亦不能设想它们可以系属于物体，或为物体所产生，因此，我们便想它们是另一种实体的动作，就是所谓精神的动作。在这里我们分明看到，我们对精神实体所有的观念，同我们对物质实体所有的观念，明白的程度是同样的。我们所以有物质观念只是因为我们假设有一种东西是为打动我们感官的那些可感性质所寓托的，同样，我们所以有精神实体的观念，亦是因为我们假设有一种实体是为思想、知识、怀疑、推动力所寓托的。我们并不知道前一种是什么，我们只是假设它们是外界简单观念的基层，同样，我们亦一样不知道后一种是什么，我们只假设它是我们自身所经验到的那些活动的基层。物质方面的有形实体的观念，和精神方面的无形实体的观念，分明都不是我们所能了解、所能摸捉的；因此，我们不能因为自己没有任何精神实体的观念，就断言精神不存在，亦正如我们不能因为自己没有物质实体的观念，就断言物质不存在一样。如果我们因为自己没有明白清晰的精神实体观念，就断言说，没有精神，那正如同自己因为没有明白清晰的物质实体观念，就断言说，没有物体似的。

6　论实体的种类——概括的实体观念的本质，不论怎样秘密、怎样抽象，可是我们对特殊的单独的实体所有的一切观念，只是一些简单观念的集合体，而且那些观念共同所寓托的那种使它们结合的原因，虽是不可摸捉的，可是仍能使全体独立存在。我们的特殊的实体观念，就只是借这些简单观念的集合体表象给自己的。我们心中对各种物类所有的观念，亦只是这些集合体，不是别的。我们以特殊的名称，向他人所表示的，亦只是这些集合体，不是别的。就如我们一提到人、马、日、水、铁，则凡能了解这种语言的人，心中一定会形成一些简单观念的集合体，而且那些简单观念，亦正是他观察到或想象到常为那些名称所指谓的。他假设这些观念都存在于、固着于一个不可知的公共寓体，至于这个寓体，则不存在于任何物体中。不过人虽假设一个基层，以支撑他日常见在一块儿联合着的那些简单性质或观念，可是显而易见，而且任何人只要一考察他自己的思想，也会看到，他对于金、马、铁、人、硝酸、面包以及任何事物，都不会有任何别的实体观念，他只能对那些简单的性质，有一个观念，只能假设那些性质是在一种基层内存在的。就以日的观念来说，它不只是一些简单观念的集合体么？那些简单观念不就是光、热、圆，恒常的有规则的运动，“与我们隔着某种距离”等等么？而且那些观念之或多或少，不是要看思想日或谈说日的那人，在观察日中所具的那些明显的性质、观念或特质时，他的观察精确与否为定么？

7 能力是复杂的实体观念中的主要部分——人愈能搜集特殊实体中的各种简单的观念，则他对于那个实体所有的观念便愈完全。在这些简单的观念中，我们可以把自动的能力和被动的容力包括进去。这两种能力原来虽不是简单的观念，可是为了简便起见，我们在这里很可以把它们归在简单的观念以内。因此，吸铁的能力可以说是磁石的复杂的实体观念中的一个观念，被吸引的能力是铁的实体观念中的一个部分。人们认这两种能力亦都是在那些寓体中所本具的一些性质，因为每一个寓体既然能借我们所见到的它自己的能力，把别的寓体中的一些可感的性质改变了，正如它直接能使我们接受到它那些简单的观念似的，因此，它可以借着它在别的寓体中所引进的那些新的可感性质，给我们发现出那些间接打动我们感官的各种能力，因为这些间接能力之打动我们的感官，正同它的可感的性质直接打动我们的感官时，一样有规则。我们可以借感官直接在火中知觉到它的热度和颜色；而热度和颜色在正确思考之下就是火给我们产生那些观念的能力。我们又借自己的感官知觉到木炭的颜色和脆性，因此，我们又知道，火还有另一种能力，可以来变化木的颜色和密度。因此，火在前一方面是直接地向我们表露出它的能力，在后一方面是间接地向我们表露出它的能力。这些能力，我们看它们是火的性质的一部分，并认它们是那个复杂的火的观念的一部分。我们所认识的这些能力，结果既然变化了它们所作用于其上的那些物体中的可感的性质，因而使它们给我们呈现出新的可感的观念来，因此，我就把这些能力列在形成复杂的实体观念的那些简单观念的数目中。实则这些能力在其自身，亦是真正复杂的观念。在我把这些可能列在简单的观念中时，我求人们应以这种粗松的意义来了解它们。在存想任何特殊的实体时，我们心中总要联想起它的各种简单观念来，而我们所以要把能力归在这些观念以内，乃是因为要不把这些必然的观念包括进各自的实体以内，则我们便不能有了真正清晰的特殊的实体意念。

8　解释——我们亦正不必奇异，能力为什么形成复杂的实体观念中的大部分，因为它们的次等性质主要是在于区别各种实体，并且往往形成大部分各种复杂的实体观念。因为物体的真正组织和差异既然在于其渺小部分的体积、组织和形相，而且这些东西既然是我们的感官所不能发见的，因此，我们就爱利用次等的性质以为特别的标志和记号，在心中对那些物体形成相当的观念，使它们互相有所区别。这些次等的观念，如我以前所说，不是别的，亦只是一些能力。因为鸦片的颜色和滋味，亦同其能催眠的作用一样，亦只是依靠于原始性质的一些能力（而且鸦片之能在我们身体的各部分上发生各种作用，亦就是凭着这些原始性质）。

9 复杂的实体观念是由三种观念所形成的——复杂的有形实体观念是由这三种观念所构成的。第一就是事物的原始性质的观念，这些观念是被我们的感官所发现的，而且即在我们不知觉它们时，它们亦一样存在于实体中。物体各部分的体积、形相、数目、位置和运动，不论我们注意它们与否，它们总是在物体内存在的。第二就是可感觉的次等性质，这些性质是依靠于原始性质的，它们只是实体的一些能力；实体可以凭这些能力通过感官使我们生起各种观念来。不过这些观念之不存在于事物本身，就如任何事物之不存在于其原因内一样。第三就是我们所考究的实体能产生变化或接受变化的一种倾向，这些变化是由原始性质来的，各种实体在经受了这种变化以后给我们所产生的观念，便同它们以前所产生的不一样。这些叫做自动的和受动的能力，不过这些能力，在我们所能注意到、意念到的范围以内讲，都只归结于可感的简单观念。因为不论磁石有什么能力，能在铁的微细分子上发生作用，可是铁的可感的运动如果不给我们把那种能力发现出来，则我们便不会观念到磁有在铁上起作用的任何能力。我相信，我们日常所用的东西，都有能力互相发生千万种变化，只是因为它们没有可感的结果，致使我们猜想不到罢了。

10 能力形成复杂的实体观念的大部分——因此，正确说来能力就形成复杂的实体观念的大部分。人如果一考察自己的复杂的黄金观念，他就会看到，形成这个观念的许多观念都只是一些能力；就如被熔化的能力，在火中不失分量的能力，在王水中能消化的能力，在形成复杂的黄金观念时，都是离不了的观念，正如它的颜色和重量似的。而颜色和重量在适当地考究之后，我们亦就会看到它们亦只是一些不同的能力，因为正确说来，黄色是不在金内存在的；它只是金的一种能力，在金置于适当的光亮下时，能借我们的眼睛产生出那个观念罢了。至于日的观念中所不能离的热，亦不真在日内存在，正如日在蜡上所生的白色是不在日中一样。这两种都一样是日的能力，它们都可以借日的不可觉察部分的运动和形相发生作用，前一种可以在人身上起作用，使他有了热的观念，后一种可以在蜡上边起作用，使它给人产生了白的观念。

11　我们如果能发现出物体中渺小部分的原始性质，则现在的第二性质亦就会消灭了——我们如果有足够敏锐的感官，足以把物体的渺小分子分辨出来，而且足以发现出可感性质所依靠的那种真正组织来，则我相信，它们所产生的观念一定同现在完全不一样，现在的金黄色一定会消灭了，我们将会看到某种形状，某种体积的各部分的精妙组织。显微镜分明给我们发现出这一点来；因为在感官的敏锐力增加以后，则现在给肉眼所产生的某种颜色会被发现是完全另一种东西；因为寻常目力所见的有色物象，在这种情形下，其微小部分的体积比例，就会发生了变化，产生出同以前相差异的观念来。就如沙或捣碎的玻璃，在肉眼看来，虽是白而不透明的，可是在显微镜下，它就是透明的。又如毛在显微镜下看时，亦就会失掉它的寻常的颜色，大部分成了透明的，其中掺杂着一些发亮的颜色，就如金刚石或其他物体的折光作用中所见的那样。又如血液在肉眼看来完全是红的，可是在精细显微镜下一看，则它的微小部分便呈现出来，并且因此它只显示出少数红色小球，在透明的液体内游泳着。至于我们如果能发明一种镜子，把这些红色小球再增大千倍或万倍，则我们便不能断言，它们将会成了什么样子。

12 我们的发明能力正同我们的生活状况相称——创造我们的和创造我们周围事物的那个造物主，聪明真是无限的，因为他所供给我们的那些感官、能力和器官，已足以合乎日常生活的方便用途，足以使我们从事尘世上的活动。我们可以借着自己的感官，在相当范围内，来知晓事物、分辨事物、考察事物，使它们合乎我们的用途，并且在各种途径中来适应人生的危难。就我们所洞见到的它们的微妙机栝和奇异组织说，它们已经可以使我们惊异，赞美造物者的智慧、能力和仁慈。这种能适合当下情况的知识，我们的官能已经可以得到。不过上帝似乎不愿我们对各种事物具有一个完全的、清晰的、详尽的观念；这种观念或者是在有限存在物的了解能力以外的。不过我们的官能虽然微弱暗钝，可是它们仍足以观察万物，使我们认识自己的造物主，并且认识我们自己的职责；至于我们的各种能力，亦足以使我们得到生活的必需品，我们在尘世上的职责，亦就尽于此了。不过我们的感官如果有了变化，如果变得较为敏锐一些，则事物的现象同外表构造会完全改观，而且我想，在我们所住的宇宙的这一部分，那些现象会完全不适合于我们的生存，或者至少不适合于我们的幸福。人只要知道，我们的体质很脆弱，在升到平常呼吸所在的地带以外时，就会忍受不住，则他就会相信，在我们所居的这个地球上，全知的设计者已经使我们的器官和纷至沓来的物体可以互相适应。假如我们的听官比现在敏锐一千倍，那不是要有不断的声音来扰动我们么？那样，则我们虽在离群索居时，亦不能睡觉、不能沉思，一如在海战中那样。不止如此，假如我们那种最有启发力的感官——视官——比现在用最精细的显微镜看物时还要敏锐千万倍，则比一个人所见的最小物还要小千万倍的那些东西，亦一定可以为他的肉眼所见，而且他亦容易发现出物质事物的渺小部分的组织和运动来，而且他在许多的事物方面，或者可以得到它们内在结构的观念。不过在这种情形下，他所住的世界便同别人所住的不一样，各种事物在他看来，亦都同别人所见的不一样；他对各种事物所有的可感的观念亦都同别人的不一样。这样则我真怀疑，他同别人是否能在一块儿谈说视觉的对象，是否可以同他人互相交谈各种颜色，因为他们所见的现象完全是那样不相同的。目力既那样敏捷、那样柔嫩，因此，它或者忍受不住灿烂的日光，甚至于白天的天色；而且它同时所见的亦只有任何物体的一小部分，而且只有在很靠近时，才能看见。因此，人纵然借着这种显微镜式的眼(如果我可以这样说)，比平常人们更能进一步地看穿物体的秘密组织和根本结构，可是他亦不能因为这层变化得到什么利益，因为他那敏锐的目力并不足以引导他到市场去交易，亦不足以使他看到应该在适当处所躲避的事物，亦不足以使他分辨他日常所接触的那些可感的性质(这些性质是别人日常所接触的)。人的目力如果很敏锐，足以看到钟表机簧中微小分子的形相，并且可以看到，它那种弹性运动是依靠于什么特殊的结构和冲动力，则他自然就发现出很可惊异的东西来。但是他那种组织特殊的眼如果不能立即看到针和盘上的那些记号，并且在某种距离以外看到钟是什么样的，则那个带表的人虽有良好目力亦并不能得到什么益处。因为他的锐目虽使他看到钟表各部分的秘密机栝，可是同时又使他失掉了钟表的功用。

13 关于神灵的一种猜想——现在我要请求读者允许我提出一个狂妄的猜想来。我们既然有理由（如果我们可以相信哲学所不能解释的一些报告）来想象，神灵们可以显现形相不同、体积各异、组织互差的种种身体，因此，我们就猜想，有些神灵所以超越于我们者，是不是因为他们可以按照当下的计划，和其所要考究的对象的情况，能变化各种感觉器官或知觉器官。因为一个人只要能变化自己的眼（但就这一种感官说）的结构，能看到各种程度的视景，如眼镜（这些眼镜起初原是偶尔发现的）帮助他所见的那样，则他在知识方面，就超过人万倍了。一个人如果能使自己的眼官适应于各种物象，并且能随意看到动物血液中微小分子的形相和运动，而且看得正如他平常看动物本身的形相和运动时一样清楚，则他该会给我们发现出多少奇观来呢？不过在我们现在的尘世状况下，我们的这种可以变化的感官纵然构造得能以察见：我们日常所见的那些可感性质，究竟依靠着物体的微小部分中那些形相和运动，那或者亦于我们无甚益处。上帝分明使我们的器官适合于我们当下的状况。他使我们能够适应我们日常接触的周围的事物；而且我们纵然不能借我们所有的感官圆满认识各种事物，可是它们已经足以使我们达到上述的目的，因为这正是我们的关心所在。在这里，我不得不请读者原谅我这样冒昧地想象高高在上的神明究竟有什么知觉方式。不过这种想象不论如何狂妄，但是我仍怀疑，我们如要猜想天使们的知识，是不是只有这种方法，是不是只能按照自己在自身中的经验，加以比拟、加以推度。我们虽然不得不承认，上帝的全知全能可以创造无数的生物，而且那些生物亦许有千种别的官能和知觉外物的途径，同我们的不一样，可是我们的思想并不能超过自己的官能和途径而外，因为我们根本就不能超出自己由感觉和反省得来的那些观念，而扩大我们的猜想。不过我在这里虽假设天使有时亦要以身体来表现自己，可是这种假设并不必使我们惊异，因为教会中最古最有学问的神父们似乎都相信他们是有身体的。但是无论如何，他们的情形和存在的方式，我们是完全不知道的。

14　复杂的实体观念——不过我们可以返回去考察我们当下的问题，考察我们的实体观念，和获得这种观念的途径。我可以说，我们的特殊的实体观念，只是一些简单观念的集合体，我们只以为它们是联合在一个物体中的。这些实体观念虽然普通叫做简单的概想(simple apprehension)，而且它们的名称虽然叫做简单的名词，不过实际上它们是复杂的、组合的。就如"天鹅"一词所表示的观念来说，它只是一种白色、长颈、红嘴、黑腿、有蹼，而且这些形象，还都有一定的大小，还有在水中游泳的能力，和鸣叫的能力。不过除此以外，别的人们如果常观察这些鸟，则这个观念还可以具有别的特质，不过这些特质仍要归结在可感的简单的观念，而且那些观念仍要联合在一个公共的寓体内。

15　精神实体的观念同物质实体的观念明白的程度一样——上边已经论说过我们对物质的可感的实体所形成的复杂观念。不过除此以外，我们亦可以借自己对于自己日常心理作用所形成的简单观念，对非物质的精神形成一个复杂的观念。因为我们日日在自身经验到：各种心理作用，如思想、理解、意欲、知识，发生运动的能力，同时共存于一个实体以内。因此，我们在把思想、知觉、自由、自动力、动他力等等观念，集合在一块儿以后，则我们对于非物质的实体亦可以得到一个相当的知觉和意念，而且那种意念的明白程度正如我们对物质的实体所形成的意念一样。因为要把思想、意志（或发生或停止物质运动的能力）等等观念，同我们所不知究竟的实体观念联合在一块儿，我们就会得到一个非物质的精神观念。正如把凝固的部分、受动的能力等等观念，同我们所不能积极观念到的实体观念联合在一块儿以后，我们能得到相当的物质观念一样。两种观念的清晰程度和明白程度都是一样的。我们对思想和运动物体的能力所形成的观念，同对于广袤、凝性、被动力等等所形成的观念，其清晰程度和明白程度都是一样的。至于我们的实体观念，则它在两方面，都是一样含糊，或是完全不存在的。它只是假设的一种"我所莫名其妙"的东西，它只是假设的一种支持所谓附性的东西。我们所以容易想象，自己的感官只呈现出物质的事物来，乃是因为我们缺乏着反省。每一种感觉作用，在充分考究之后，都可以使我们看到自然中的那两部分：——物质和精神。因为在听着、看见时，我们固然知道，在自身以外有一种物质的东西——感官的对象——可是我们更确乎知道，我自身中有一种精神的实质，在看、在听。这一种动作，我相信它不是由无知觉的物质出发的。而且离了非物质的能思想的东西，它亦是不能存在的。

16 我们没有抽象实体的观念——我们只知道物质实体有广袤、有形相、有颜色，以及其他可感的性质，并借此对它们形成"一个”复杂的观念，可是我们仍然远非得到物质实体的观念，正如我们全不知道这些性质一样。人们纵然想象自己熟习了物质的许多方面，而且他们纵然自信自己知觉到，认识到物体中的许多性质，可是我们在一考察之后，仍会看到，他们对于物体的原始性质，比他们对于非物质的精神的原始性质，并不曾得到更为明白的观念。

17　凝固各部分的黏合和推动力是物体的原始观念——我们在物体方面所有的特殊的原始观念，就是那些凝固而可分离的各部分的黏合，和借推动力而传达运动的那种能力。这两种性质正是物体异于精神的地方，正是物体方面特有的原始观念，因为所谓形相就只是有限广袤的结果。

18　思想和运动力是精神方面的原始观念——我们在精神方面所特有的观念，就是思想意志（就是以思想来使身体运动的那种能力）同自由（这是由运动而来的）。因为人心是可以任意使各种物体运动或停止，正如一个物体在遇到别的静止的物体时，不得不把自己的运动传达过去一样。至于存在、绵延和运动性都是二者所共的。

19　精神亦有运动——我想精神是有运动的，对这一点人们亦没有奇怪的理由。因为我们的运动观念既是指一个物体同别的静止物体的距离变化而言，而且我们又知道，精神亦同物体一样，只能在它们所在的地方发生作用，而且精神发生作用时，亦常变化其时间和地方，因此，我就不能不认一切有限的精神都可以变化其地位（至于无限的神灵，我不在这里提说）。因为我们的灵魂亦同我们的身体一样，亦是一种真实的存在物，的确同物体一样，能以变化它自己同别的物体或存在物的距离。因此，它亦是能运动的。

一个数学家既然能以思考两点间的距离，同距离的变化，因此，我们亦确乎可以想象两个精神间的距离，和距离的变化，因此，我们亦可以想到它们的运动，和互相接近，或互相远离。

20 人人都可以在自身体验到，自己的灵魂在它所在的地方，能思想、能意欲、能影响自己的身体，不过它却不能影响百哩以外的一个物体或一个地方。一个人在伦敦时，他不会想象，自己的灵魂能在牛津思想或运动。它既同身体联合在一块儿，则它一定在牛津和伦敦间的全路程中时时变化其位置，一如拉人的那个车或马似的，而且在那时候，我想，灵魂可以正确说是在运动中的。我们纵然还不能由此对它的运动得到一个足够明白的观念可是我们仍然知道它在人死时是会同身体分离的，而这一层就使我们对那种运动。得到一个观念因为你既然思考它由身体出去，或离开身体，则你如果同时又说我们观念不到它的运动，那在我认为是不可能的。

21 有人或者会说，灵魂不能变化其地位，因为它原就不占地位，因为精神不是在某处存在的(in Loco)，是普遍存在的(ubi)，不过我可以说，我们这时代并不十分爱羡慕这类无意义的说法，亦不愿意被这种说法所欺骗，因此，在许多人看来，这种说法是没有多大分量的。但是如果有人以为这种区别毕竟有一些意义，而且可以应用于现在这个论题上，那么我就请他把这种说法用明白的文字表达出来，并且由此推得一个理由，给我们指示出，非物质的精神是不能运动的。上帝诚然不能说是有运动的，不过那并不是因为他是非物质的精神，乃是因为他是无限的精神。

22 灵魂观念和物体观念的比较——我们现在可以比较比较

复杂的非物质的精神观念和复杂的物体观念，并且看看，那一方面是更为含糊或那一方面最为含糊。我们的物体观念是一个有广袤的、凝固的实体，是可以借推动力来传达运动的。至于我们的灵魂(非物质的精神)观念，则是一种能思想的实体观念，这个实体有能力可以借意志或思想刺激起物体中的运动来。这几点，我想就是我们的复杂的灵魂观念和物体观念之差别所在；不过我们可进而研究，哪一方面最为含糊，最难了解。我知道，人们的思想如果沉掉在物质中，并且使自己的心灵完全受感官的支配，以至于很少能反想到感官以外，则他们一定会说，他们不能了解什么是能思想的东西。这亦许是真的，不过我可以说，他们如果仔细一思考，那他们亦一样不能了解什么是有广袤的东西。

23　物体中各个凝固部分的黏合，正同灵魂中的思想一样难以了解——如果有人说，他不知道，什么在他自身以内在思维，则他的意思是说，他不知道那个能思想的事物的实体。不过我可以说，他亦一样不能了解凝固事物的实体。他如果再进一步说，他不知道自己如何思想，则我亦可以答复说，他亦一样不知道他自己是如何有广袤的，他也不知道物体中各凝固部分是怎样集合或黏合在一块儿，成为广袤的。因为空气分子的压力虽然可以解释了物质各部分的黏合(因为物质的各部分比空气的各分子较为粗重，而且物质也有较少的孔隙)，可是空气的压力并不能解释空气各分子的黏合，亦不能成为那种黏合的原因。以太的压力或者其他比空气较微细的物质亦许可以黏合空气中分子的各部分，以及别的物体的各部分，不过它仍然不能自己束缚自己，仍然不能黏合那种微细物质中的各渺小分子的各部分。因此，这个假设虽然指示说，可感物体的各部分是被别的外界的可感物体的压力所维系的，可是这个假设无论解释得如何精妙，亦不能超过以太以外。这个假设纵然能证明别的物体的各部分是由外面的以太的压力所维系的，而且它们的黏合和联合亦再没有别的可想象的原因，可是这个假设亦一样使我们莫名其妙，以太自身各分子的各部分如何黏合。这个假设愈能证明以太的压力是其他物体黏合的原因，它也就愈使我们莫名其妙以太自身的黏合。因为我们既不能认以太的分子是没有部分的，同时亦不能想象它们的部分是怎样黏合着的。我们所以不能想象它们没有部分，乃是因为它们分明是物体，分明是可分的，我们所以不能存想它们各部分的联合，乃是因为别的一切物体的各部分都有黏合的原因，唯独以太分子的各部分缺乏了联合的原因。

24 不过正确说来，周围流动体的压力不论如何之大，而物质的各凝固部分所以能有联合，一定不是以它为真正可理解的原因。因为一种压力，在同两个光滑的面层处于垂直线时，固然可以阻止那两个面层的分离（就如我们试验两块光滑的大理石时那样），可是它的运动如果同那两个面层处于平行线上，则它并不能丝毫阻止那种分裂。因为在那种侧面的运动使物体把空间剩出以后，周围的流体可以极其自由地把所离开的空间中的各点都依次填起来，因此，那样联合着的两种物体的分离运动，并不能被那种流体所阻止，亦正如同只一个物体四面被那种流体所围绕，而不与其他物体接触时一样（在这种情形下这个物体的运动不能被那种流体所阻止）。因此，物体的黏合如果没有其他原因，则物体的一切部分都容易被那种侧面的运动所分离。因为以太的压力纵然是黏合的固有原因，我们亦得承认，那个原因停止时，黏合当然是不可能的。以太既然不能阻止那种侧面的运动，因此，在任何能分割物质的各种想象的平面中，亦同在两个光滑的面层间一样，都不能有什么黏合；我们纵然想象它们周围有流体的压力，它们亦会互相溜开。因此，我们不论想象自己对物体的广袤（正是凝固部分的黏合）有如何明白的观念，可是人只要一仔细考究自己的心理，则他就会断言，要想明白地观念到物体如何扩延，正同要观念到灵魂如何思想一样，都是不容易的。因为物体的广袤既然在其凝固各部分的联合和黏合，因此，我们如果不能理解清楚它的各部分的联合和黏合由何成立，则我们便不能充分了解它的广袤。可是它的各部分的黏合，在我看来，是同思想的方式和途径，一样不可了解的。

25　大多数人们在看到有人认为他们以为自己日常观察到的某件事情有难以说明之处时，他们一定会奇怪你，我承认这是常见的情形。他们会毫不迟疑地说，我们看不到物体的各部分紧紧贴合在一块么？还有比这事情再常见的么？这有什么可怀疑的呢？不过我在思想和自愿的动作方面，亦可以说，我们不是时时刻刻在自身中经验到思想么？我们还能怀疑它么？我承认，事实是很明白的，不过我们如果稍进一步加以观察，看看它是如何做成功的，则我想我们在两方面都是莫名其妙的。我们不但不能了解自己怎样知觉、运动，我们亦一样不能了解物体的各部分怎样黏合。我希望人给我清楚地解释金或铜的各部分，为什么在此时只好像水的分子或时计中的沙一样，只是松散地混合着，可是过一时以后，就会联合起来，紧紧地黏合起来，使我们用最大的腕力亦不能把它们分离开。我想一个好思想的人在这里一定会迷离恍惚，不知怎样来满足他自己的理解或别人的理解。

26 组成水的那些微小的物体是十分渺小的，因此，我不曾听人说过，他们曾能以显微镜（虽然我曾听人说，他们能把物体放大一千倍或一万倍）来把那些分子的精确的体积、形象或运动，发现出来。水的各分子在平常是完全松懈的，因此，些小的力量就能把它们显著地分离开；不但如此，我们如再一考察它们的不断的运动，则我们还得承认，它们彼此就无黏合。不过只要有一种酷寒来临，则它们会联合起来、凝结起来；而且这些微小的分子在黏合以后，没有大力量，还是不能分离开的。人如果能发现出有什么纽带来密结地维系那一些松散的分子，并且能知道有什么粘胶能紧紧地使它们互相黏着，则他们当然已经给我们发现了一种伟大而不为人所知的秘密。不过在他们做到这一步以后，他们仍不能使物体的广袤（就是物体各凝固部分的黏合）更可理解一点，因为他们仍然不能指示出，那些纽带、那些黏合物、那些微小的分子，怎样能使其各部分互相黏合、互相凝结。由此我们就看到，物体的这种原始而且假设是明显的性质，在一考察之后，就同人心方面的任何事物一样不可了解，而且一个凝固的扩延的实体，亦同一个能思维的非物质的实体，一样不可存想——不论别人如何在灵魂方面发生种种疑难。

27 因为我们在稍进一步思考之后，就会看到，我们虽用压力来解释物体的黏合，可是那种压力正如黏合自身是一样不可理解的。因为我们如以为物质是有限的（自然是如此的），则我们可以让任何人驰骋其思想到宇宙的尽处，并且看看有什么可想象的箍子、纽带，能把物质紧压在一块儿，能使钢那样密结，能使金刚石的各部分坚硬而不可分解。如果物质是有限的，则它一定有边端，因此，一定有一种东西来防止它的分离。如果为避免这层困难起见，人们便来假设物质是无限的，以自陷于不可挽救的深渊中，则他可以考究考究，他在物体的黏合方面，究竟由此有什么发现。他可以看看，在把这种黏合力还原于这个最荒谬最不可理解的假设以后，他是不是可以使物体的黏合更为可理解一些。由此看来，我们只要一考究广袤（这只是凝固的各部分的黏合）的本质、原因和途径，我们就会看我，它比我们所观念到的思想亦并不更为明白、更为清晰。

28　借推动力而发生的运动的传递，正如借思想所发生的，一样可以理解——在物体方面，我们还有另一个观念，就是它借推动力来传递运动的那种能力。在灵魂方面，我们亦有另一个观念，就是它借思想来刺激运动的那种能力。在物体和心灵方面这两种观念，都是日常经验所明白地供给于我们的。不过我们如果在这里再问它（能力）是如何动作的，则我们在两方面都一样是莫名其妙的。在借推动力传递运动时，这一个物体所得的运动量正等于那一个物体所失的运动量（这是最常见的情形），不过我们在此只知道物体的运动由此及彼，此外并不知道别的；而这种传递是很含糊、很不可想象的，正如我们不能想象我们的心灵怎样借思想来运动或停止我们的身体似的（这是我们刻刻经验到的）。不但如此，而且人们还观察到或相信有时运动也可以借推动力增加起来，这更是难以了解的。日常的经验自然使我们分明见到，运动可以由推动力和思想产生出来，不过它们产生的方式怎样，则是我们难以了解的，我们在两方面，都是茫然无知的。因此，不论我们怎样思考运动，和心或物方面的运动的传递，而精神方面的观念至少亦同物体方面的观念是一样明白的。我们如果一思考自动的运动能力，或能动性(motivity)，我们就会看到它在精神方面比在物体方面更要明显。因为两个物体如果并置在一块儿不动，则它们从不能使我们得到此物有运动彼物的能力的那个观念，除非是借助于外来的运动。至于心灵则可以日日使我们得到，它有运动物体的能力的那样一个观念。因此，我们应当考究，自动的能力是不是精神的特性，被动的能力是不是物质的特性。我们亦可以由此猜度，被造的精神是不能完全脱离了物质的，因为他们是一面自动，一面被动的，只有纯粹的精神——上帝——是自动的；纯粹的物质是被动的，至于那些又自动，又被动的东西，则我们可认它们兼具两种性质。但是不论如何，我想我们对精神所形成的各种观念亦同对物体所形成的各种观念，都是一样之多，并且一样明白，两方面的实体都是我们所不知道的。我们不但能明白地观念到物体的广袤，亦一样能明白地观念到精神的思想。至于在精神方面，思想所引起的运动的传递，亦同在物体方面推动力所引起的传递一样，都是很分明的。恒常的经验使我们分明意识到两者，不过我们这狭窄的理解却不能理解两者。因为我们的心灵如果看得超过了由感觉和反省而来的那些原始的观念，并且进一步来钻研它们的原因和产生的途径，我们就会看到它，只能发现它自己的近视眼。

29 总而言之，感觉使我们相信有凝固的、扩延的实体，反省使我们相信有能思想的实体。经验使我们相信两者的存在，并且使我们相信，一种有能力来借推动力运动物体，另一种有能力来借思想运动物体；这是不容怀疑的。我可以说，经验一时一刻都使我们明白地观念到两者。不过超出由其固有途径来的这些观念以外，我们的官能便不能再进一步。我们如果要进一步来研究它们的本质、原因和方式，则我们不但不能明白地知觉到思想的本质，亦并不能知觉到广袤的本质。我们如果再进一步来解释它们，则它们都是一样困难的。我们固然难以知道，一种我所不知的实体怎样会借思想使物体运动起来，可是我们同时亦一样难以知道，一种我所不知的实体怎样能借推动力使物体运动起来。因此，我们不但不能发现出：属于精神的那些观念由何成立，亦并不能发现出：属于物体的那些观念由何成立。由此，我就似乎觉得，我们由感觉和反省得来的那些简单的观念，就是我们知识的范围。人心不论如何努力，亦不能超过这个范围以外更进一步。它纵然来窥探那些观念的本质和隐秘的原因，它亦不能有任何发现。

30　物体观念和精神观念的比较——简而言之，我们对精神所有的观念若同对物体所有的观念一比较，则我们可以得到这种结论：就是说，精神的实体固然是我们所不知道的，可是物体的实体亦一样是我们所不知道的。物体的两种原始的性质或特性——凝固而黏合的各部分是其推动力——固然是我们所明白清晰地观念到的，可是精神的两种原始的性质或特性——思想和动作的能力（就是能发动能停止思想和运动的能力）——亦是我们所明白清晰地观念到的。我们对物体中所寓的各种性质，不但有各种观念，而且有明白清晰的观念，这些性质亦不是别的，只是凝固而黏合的各部分所集成的广袤的各种变状，和这些部分的各种变状。同样，我们对于思想的各种情状，如信仰、怀疑、意想、恐惧、希望等等，亦有清晰的观念，而这些亦都只是思想的各种情状。此外，我们还可以观念到意志和由意志而起的身体的运动，以及精神同身体的联合运动。（因为我们说过，精神是可以运动的。）

31 精神的意念中所含的困难并不大于物体的意念中所含的困难——最后，我们还可以说，我们不能因为非物质的精神意念中含有一些不易解释的困难，就来否认或怀疑精神的存在，正如我们不能因为物体的意念中含有一些我们所难以或者不能解释的困难，就来否认或怀疑物体的存在似的。我很愿意人给我举一个例证，证明我们的精神意念比物体意念含着更为难解、更为近于矛盾的成分。在我看来：任何有限广袤的无限分割性，不论我们承认它与否，都使我们陷于不可挽救的结局，或使我们不能自圆其说。这种结局所引起的困难更大，而且它的荒谬更加明显，至于由非物质的能思想的实体意念中所得出的困难和荒谬并没有那样大、那样明显。

32 除了简单的观念而外，我们概无所知——这是我们所不必惊异的，因为我们的少些虚浮的事物观念，只是由感官从外面得来的，或是由人心反省它自身中的经验得来的，而且我们除了这些虚浮的观念而外，再没有其他观念，因此，再超过这个界限，则我们便一无所知，至于事物的内在组织和真正本质，则我们更是不知道的，因为我们根本没有达到这种知识的官能。在自身中我们既然确乎经验到并且发现了自己有知识和自愿运动的能力，亦同我们确乎经验到并且发现了外面事物中各部分的黏合或分离——物体的广袤和运动——一样，因此，我们不但应当相信物体的意念，而且亦应当相信非物质的精神意念。因此，我们不但应当相信物体的存在，亦应当相信精神的存在。因为你如果说凝性离了思想仍能独立存在,那么思想亦可以离了凝性而能独立存在,前者如不矛盾,则后者亦不矛盾,它们都是简单的观念,而且是互相独立的。我们既然对于思想有明白清晰的观念,一如对于凝性一样,因此,我就不知道,我们何以只承认凝固的事物——物质——离了思想仍能存在,而不承认思想——非物质的——离了凝性亦能存在。因为我们固然难以存想,思想离了物质如何存在,可是我们亦一样难以存想物质如何会思想。因为我们如果离了由感觉和反省得来的那些简单的观念,进一步来窥探事物的本质,则我们立刻会陷于黑暗、暧昧、犹疑和困难中;而且只能发现了自己的盲目和愚昧。不过复杂的物体观念和非物质的精神的观念,这两种观念不论哪一种是最明显的,而我们依然明白看到,形成它们的那些简单的观念,仍是从感觉或反省来的;至于别的一切实体观念当然亦是由此来的,甚至上帝自身的观念亦不能例外。

33　上帝观念——因为我们如果一考察自己对于不可了解的崇高的主宰所有的观念,我们就会看到,我们所以得到这个观念,亦是由同一途径来的;而且我们对于上帝和有限精神所形成的复杂观念,亦是由反省所提供的一些简单观念所形成的。我们根据自身的经验,得到存在、绵延、知识、能力、快乐、幸福等等观念,此外还观念到有别的有胜于无的一些性质和能力。在我们企图对于崇高的主宰,形成最恰当的观念时,我们便以无限观念把这些观念各个都加以放大,因此,把它们加在一块儿以后,就成了我们的复杂的上帝观念。因为我们已经说过,人心在由感觉和反省得到各种观念以后,它还有能力来把其中某些加以扩大。

34　我如果知道自己知道一些事情,而且所知的事物全部或一部是不完全的，则我可以想象自己知道两倍多的事物，而且可以一直往下继续，就如加不完的数目一样。这样我就可以想象我的知识包括了一切存在的或可能的事物，因而使自己的知识观念扩大了(这是就数目方面说的)。至于知识的程度方面亦可有同样情形，我们可以想象自己知道得各种事物较为完全，我们可以想象自己知道它们的一切性质、一切能力、一切原因、一切结果、一切关系，并且完全知道它们自身所含的东西，和与它们有关的东西。这样我们就会观念到无限无边的知识。我们亦可以想象自己的能力逐渐增加到无限的地步，亦可以想象自己的存在无始无终，因而观念到一个悠久的神明。我们认知上的主宰——上帝——有无边无尽的存在、能力、智慧，和一切其他的美德(我们所能观念到的)，因此，我们就形成人心所能形成的最完全的上帝观念。而我们所以能得到这个观念，只是因为自己无限地扩大了由反省自己心理作用所得到的那些观念，或借感官由外面所得来的那些观念。

35 “上帝”观念——因为我们所用以尽力表示无上主宰的那个复杂的观念，是由无限性和我们的存在观念、能力观念、知识观念等所集合而成的。因为上帝的本质(这自然是我们所不知道的，因为我们甚至于不知道一块石的，或一个蝇的，或我们自己的真正本质)虽然是单纯而不混杂的，可是我们对他所有的观念，仍只是复杂的，仍只是由存在、知识、能力、幸福等等无限而永久的性质所合成的。这些都是独立的观念，有些甚至于亦是与别的观念相关，而为别的观念所组成的。由此看来，形成“上帝”观念的那些观念，原来都是由感官和反省来的。这一层前边已经说过了。

36 复杂的精神观念中所含有的观念都是由感觉或反省来

的——我们还可以进一步说，上帝一词所含的各种观念，除了“无限性”以外，每一种都是别的精神观念中的一部分。因为除了物体方面的简单观念而外，我们所有的一切简单观念，既然都是由我们反省自己的心理作用来的，因此，我们委于各种精神的各种观念没有一个不是由“反省”方面来的。我们思维他们时，我们认为他们所有的差异只在于他们的知识、能力、绵延、幸福等等的程度和范围不同。不论在事物观念或精神观念方面，我们都一样以由感觉和反省而来的那些观念为限度。这是很明显的，因为我们的精神观念，比物体观念，纵然完美了若干倍，甚至于完美到了无限的程度，可是我们对于他们互相表示自己思想的方式并无任何观念。我们人类固然爱用有形的标记和特殊的声音，来传达自己的思想，因为这些记号是普遍为人所应用的，而且亦是人类所能发明的最良好的、最简捷的方法。不过较高的神灵们，既然比我们有较完全的知识、较大的幸福，因此，我们不得不断言，他们传达思想的方法比我们的是更完全的。不过我们自身并不能经验到他们这种直接的交接，因此亦就没有这种交接的观念，因此，我们就不能观念到，各种神明既然不应用文字，有的甚至于还没有身体，他们怎样能以迅速地运用自己的思想，并且能任意传达或隐藏它们——虽然我们不能不假设他们有那种能力。

37　总摄前义——我们已经看到，我们对各种实体所有的各种观念，都是什么种类的，由何成立的，并且是怎样获得的。由此，我想我们分明看到：

第一点，我们所有的各种实体观念，只是一些简单观念的集合体；同时，我们还假设有一种东西是这些观念所依属、所寄托的。

不过对于这种假设的东西，我们是不能有明白而清晰的观念的。

第二点，各种简单的观念虽然联合为一个共同体，以形成我们的各种复杂的实体观念，可是这些简单的观念仍只是从感觉或反省来的。因此，就在我们所最熟习的那些观念方面，所最了解的那些观念方面，我们亦不能超过那些简单的观念以外。不但如此，有些观念虽然似乎与我们全不相干，虽然无限地超过我们凭反省在自身所知觉到的任何事物，或凭感觉在外物中所发现的任何事物，可是我们在这些观念中所得到的没有别的，只是原始由感觉和反省得来的那些简单的观念；就如我们的复杂的天使观念，尤其是上帝观念便是。

第三点，在正确地思考之后，我们又看到，构成我们复杂的实体观念的那些简单的观念，虽然容易被人认为是积极的性质，可是它们大部分究竟只是一些能力。就如形成复杂的黄金观念的那些大部分观念，如黄金、重量、可展性、可熔性、在王水中的可溶性，虽然都联合在一个不可知的基层中，可是这些观念都不是别的，只是同别的实体所发生的一些关系，并不真正是在孤立的黄金本身中的。——只是它们仍依靠于黄金内部组织中的第一性质，而且黄金所以适于在某些别的物体上起着种种作用，或被某些物体施以种种作用，亦就是凭着这些真实的原始的性质。

第二十四章　集合的实体观念

1　“一”的观念——除了这些复杂的单体观念，如人、马、金、苹果、紫罗兰等等以外，人心还形成复杂的合体观念。我所以称它们为合体，乃是因为那一类观念是由许多特殊的实体所形成的，在这些观念中，各种实体被认为联合成一个观念，而在它们联合起来之后，亦被人认为是一个观念。就如构成军队的许多人的集合体虽然是由大多数独立的实体所形成的，可是那个集合体的观念可以成为"一个"军队的观念，而且它之为"一个"观念，正如一个人的观念一样。又如"世界"一词所表示的一切物体的总集合观念，亦只是一个观念，正如世界中所有的最微小的分子之为一个观念一样。一个观念，不论是由多少特殊事物形成的，可是你只要把它当做一个表象，或一个图画看，则它便足以使那个观念成为一个单位。

2　这个观念是由人心的组织能力所形成的——人心所以能形成这些集合的实体观念，乃是因为它能借自己的组织能力，把各种简单的或复杂的观念联合起来，就如它所以能形成单体的实体观念，亦是借同一能力，把各种简单的观念联合在一个实体内似的。人心既能把单位的观念重复起来，形成数的集合情状或复杂观念，如 20 或 144。因此，它亦可以把一些特殊的实体集合起来，形成集合的实体观念，如一队、一军、一群、一城、一舰队等。人人都会看到，他可以在心中借一个观念，在一个观点下，把这些东西分别表示出来，而且在一个意念下，他可以存想各种事物完全只是一个，就如一只船、一个原子似的。因此，我们固然容易想象一个人是一个观念，可是我们亦一样容易想象，一万人的大队是一个观念。人心既然能把组成一个人的那些各异的观念合拢在一个观念中，把它们当做一个看，因此，它亦一样容易把大多数的人集合成一个观念，当它们是一个看。

3 一切人工的事物都是集合的观念——人为的事物大部分都属于集合的观念，至少由各异的实体所形成的各种事物是如此的。老实说来，我们如果正确地思考"军队"、"星座"、"宇宙"等等集合的观念（集合成的单体观念），我们就会看到，它们只是人心所构的一些人工草图，只是把互不相关、渺不相涉的一些事物集合在一个观景之下，使它们联合成为一个观念，并且以一个名词来表示它们，以便在思考时和谈论时，较为方便一点。因为任何远隔的事物、任何相反的事物，人心总能借其组织的艺术，把它们造成一个观念，就如"宇宙"一名所表示的，就是很明显的一个例子。

第二十五章　关系

1 什么是关系——观念分为两种，一种是人心对事物本身所形成的（简单的或复杂的），一种是人心由比较各种事物得来的。在研究任何事物时，理解并不恰恰限于那个事物，它能使任何观念超出自身以外，或者至少说，它能看得超过那个观念，看看那个观念同别的观念的关系如何。人心在思考一个事物时，如果把它同别的事物在一块儿考究，并且在两物之间来回观察，这就叫做关系（relation or respect）。至于指示那种关系的那些积极的事物，如果作为标记使我们的思想进到当下所提到的那种主物以外的另一种独立的事物，则它们便叫做关系者（relatives）；至于这样集合来的事物，则叫做有关系的。人心如果只把凯乌斯（Caius），当做一个绝对的对象来考究,则它在这个观念中,便一无所增加,所有的只是凯乌斯所真正具有的性质;那就是说,我们如果只当他是一个人而加以思考,则我的心中所有的,只是"人数"的复杂观念。因此,我如果说,凯乌斯是一个白人,则我所思考的亦只是具有白色的一个人。不过我如果以丈夫一名称凯乌斯,则我又指示着另一个人;我如果说他是较白的,则我亦指示着另一种别的东西。在两种情形下,我都思想到凯乌斯以外,我所思考的都是两个事物。任何观念,不论其为简单抑为复杂,既都可以当做一个起因,使人心把两件事物合拢起来,并且同时来观察它们(自然仍能分别观察它们),因此,我们的任何观念都可以作为关系的基础。就如在上述的例证中,他同生普隆尼(Sempronia)的婚约和婚礼就是丈夫一名(或关系)的起因,又如白色亦是我们所以说他比砂石白的起因。

2　没有相关名称的关系,是不容易觉察的——父与子、大与小、因与果等等关系,既然都表示于相对的名词中,既然都有相关的东西,互相照应,因此,这些关系是人人可以明显看到的。因为父与子、夫与妻等等相关的名词,既然完全互相依属,而且因为习惯之故,在人的记忆中可以互相迅速地相照应,所以我们只提到一方面,就可以立刻思想到当下所提到的那个名词以外。这种关系是分明指示到的,因此,没有人会怀疑它。不过语言中如果缺乏了相对应的名称,则那种关系便不易永远为人心所注意。类如"妾"这个名词虽然亦同"妻"一样是相对的名称,不过在我们的语言中,这类字如果缺乏了相关的名称,则人们便不容易认它们有那样关系,因为这里缺乏相关物间那层明显的关系标志,以至于不能互相解释,以至于可以互相独立存在。因此,凡含有明显关系的那些名词，就叫做外称(external denomination)。不过一切名称，只要不是空洞的字音，则它一定表示一种观念。这种观念亦许是在那个名称所指的事物中存在的，在这种情形下，它便是绝对的，而且人们亦当它是同那个名称所表示的事物相联合的，并且是在那个事物中存在着的。如果这种观念不是在事物中的，则它一定是由关系来的，因为人心会看到那种事物同别的另一种独立的事物有一种关系。在这里，这种观念便含有一种关系。

3 有些似乎绝对的名词，亦含着关系——此外还有另一种相关的名称，人们往往不当它们是相关的，甚至不当它们是外称。不过这些名词虽然形式上、外貌上，表示着主物中一种绝对的性质，可是它们确隐含着一种不易觉察的关系。老、大、不完全等等貌似绝对的名称，都是这一类的。不过关于这一点，我在下儿章中，还要详为论说。

4 关系与关系中的事物不同——我们还可以进一步说，人对于有关系、有比较的各种事物，虽然所怀的观念各不相同，可是他们的关系观念仍可以是一样的。就如人们对“人类”所有的观念，虽然很不相同，可是他们仍可以有相同的父的观念。因为父这个意念只是在“人”这个实体上所加的，它只指示所谓“人”的那种生物一种行为。不论“人类”是什么，可是他既然生了同类的人，则这种关系是一样的。

5 关系虽变，主物不必亦变——因此，关系的本质就在于两个事物的互相参照、互相比较。根据这种比较，那两种事物(或其中之一)便可以得到相当的名称，两种事物中如果有一种停止了或移去了，则另一种事物虽然完全没有变化，可是它们的关系亦就停止了，结果它们的名称亦就停止了。就如凯乌斯，我今天虽认为他是一个为父的，可是明天他的儿子如果死了，则他本身虽然没有变化，他亦就不是为父的了。不但如此，人心只要以各个物象同一个事物相比，则同一事物可以在同时有了相反的名称。就如凯乌斯如果同数人相比，则他真可以说是较老的、较幼的、较强的、较弱的等等。

6　有了两件事物，才能有关系——凡能存在的任何东西，凡被人认为是一件事物的任何东西，都是绝对的。因此，不只简单的观念和实体是绝对的存在，就是各种情状亦是一样。各种情状所由以成立的那些部分，虽然常是互相对待的，可是它们的整体既被人当做一个事物看，而且在我们心中产生了“一个”复杂的事物观念，因此，那个观念，虽然只是一些部分的集合体，可是它既然只有一个名称，而且在我们心中只产生了一个图像，因此，它是一个绝对的事物，或绝对的观念。就如一个三角形的各部分，在互相比较以后，虽是相对的，可是三角形的全体观念是一个积极的、绝对的观念。一个家庭、一段音乐等等，亦可以有同样说法，因为只有在两个事物中间，而且只有在两个被认为各自存在的事物中间，才有所谓关系。在一个关系中，常有两种事物或观念，而且那两种事物必须本身是真正分立的，或被人认为是独立的；只有如此，它们才能互相计较。

7　一切事物都是可以发生关系的——在一般关系方面：我们可以考察下列几点：

第一点，任何事物，不论它是简单的观念、实体、情状、关系，或其各自的名称，都能够被人在它同别的事物的发生了几乎无数的关系方面加以思考。因此，这种情形就构成人类思想和言语的一大部分。就如一个人可以在同时处于并维持下述的各种关系，以及更多的关系。他可以为父亲、为兄弟、为儿子、为祖父、为孙子、为岳父、为外婿、为丈夫、为朋友、为仇敌、为臣民、为司令、为法官、为顾主、为事主、为教授、为欧人、为英人、为岛民、为仆人、为主人、为物主、为首领、为高的、为低的、为大的、为小的、为老的、为幼的、为相似的、为不相似的、为同时的等等，此外我们还可以有几乎无数的说法。我们只要有机会把他同别的事物相比，则不论他同它们是相契的，或不相契的，或是别的样的，他都可以同它们发生了各种关系，因为我已经说过，关系所以能发生，只是因为我们比较或考虑两种事物，并且根据那种比较给那两个事物（或一个）以一些名称，甚或给关系本身以一种名称。

8 关系的观念比实体的观念更为明白——第二点，关于关系，我们还可以进一步思考，它虽然不是在事物的真正存在以内所包含的，只是外面附加的，可是那些相对名词所代表的观念，往往比它们所从属的那些实体的观念，还要更为清晰、更为明白。我们所有的父的观念，或兄弟的观念，比我们的“人类”的观念清晰了许多、明白了许多。又如我们对“父职”一词亦是比对“人道”容易有一个明白的观念。又如朋友亦是比上帝容易被人观念到的。因为关于一种行动的知识，或一个简单的观念，往往就足以给我以关系的意念。可是要想知道一种实在的东西，则我们必须精确地搜集若干观念。一个人既然比较两种事物，则我们便不容易想象他不知道他自己是在哪一方面进行比较的。因此，他只要比较任何事物，则他一定对那种关系有一个明白的观念。因此，在我们心中，关系的观念至少比实体的观念，要较为完全、较为清晰。因为我们往常不容易知道真正存在于任何实体中的全部简单的观念，可是我们大部分却容易知道，我们所思想的（或所称呼的）那种关系中所包含的那些简单的观念。就如我们比较有共同父母的两个人，则我们虽然对“人类”一词没有完全的观念，可是我们却容易对“兄弟”一词形成相当的观念。因为有意义的相对文字，亦同别的文字一样，它们只是代表着观念，而且那些观念只是简单的观念，或是由简单的观念所形成的；因此，我们只要明白知道那些关系的基础，就可以知道那个相对名词所代表的观念；并不必先明白地观念到那种关系所归属的那种事物。因此，我们既然观念到有一种东西下了蛋，另一种东西由蛋中孵出来，则我们便明白地观念到圣·詹姆斯公园（St. James's Park）中两个食火鸡有母鸡和小鸡的关系。

9　一切关系都归结在简单的观念中——第三点，我们虽可以由许多思考途径来比较各种事物，并且可以由此得到多数的关系，可是这些关系仍然要归结于、关系于由感觉或反省而来的那些简单的观念，而这些观念又正是我们知识的全部材料。为阐明这一层起见，我将以我们所能观念到的最重要的一些关系，来加以说明，我将以一些似乎离感觉或反省很远的关系，来加以说明。在一说明之后，我们就会看到这些关系中的观念亦是由那个根源来的，而且会分明看到，我们对那些关系所有的各种意念，都只是简单的观念、都只是由感觉或反省来的。

10　任何名词只要能使人心思及于所提到的实体以外，都是相对的——第四点，我们可以说，所谓关系就是对一物与另外一物的比较观察，因此，显然，任何文字如果不只能使人心思想到那些文字所表示的事物中的那些观念，而且能使人心思想到另一些观念，则那些文字都是相对待的。你如果只说"一个人"、"黑的"、"快乐的"、"好思的"、"渴的"、"怒的"、"有广袤的"，则这些文字以及一切相似的字眼都是绝对的，因为它们所指示的事物，只是"人"一名词中所真正(或假设)如此含有的事物，此外并不指示别的。不过父亲、兄弟、国王、丈夫、较黑的、较快乐的等等字眼儿，在其所指谓的事物而外，还指谓着另外一些东西，而且那些东西是在那个事物的存在以外的。

11 结论——关于所谓关系，我们既然奠定了这些概括的前提，因此，我们现在就将举一些例证，以求指明，我们对各种关系所有的各种观念，亦同别的观念一样，都是由简单的观念所形成的。此外，我们还要指明，那些观念，不论如何精细，如何与感官离得很远，可是他们结果总要归结于简单的观念。我现在要从最广泛的一种关系说起，就是要从所谓因果关系说起。在这种关系中，一切现存的，或可能存在的事物，都可以包括进去。不过这个观念究竟是怎样由一切知识的两大来源，即感觉和反省来的，我将在下一章，加以考察。

第二十六章　因果同别的一些关系

1 这些观念是从哪里得来的——在我们的感官注意到变动不居的各种事物时，我们总会观察到有一些特殊的性质和实体开始存在起来，而且它们的存在是由别的事物的适当的作用所引起的。从这种观察，我们便得到因果的观念。能产生任何简单观念或复杂观念的那种东西，我们便以原因(cause)这个概括名词称之，至于所产生的，则叫做结果(effect)。因此，在我们发现，在所谓蜡的那种实体中，一种流动性常常可以为某程度的热所产生，而且发现，流动性这个简单的观念以前是不曾存在于蜡以内的，则我们便叫热这种简单观念是蜡体中流动性的原因，并且叫那种流动性为结果。我们如果看到，木这种实体(是一些简单观念的集合体)，在经了火以后，转变成所谓灰的另一种实体(这个复杂观念亦是各个简单观念的集合体，它与所谓木的那些复杂观念十分差异)，则我们便认火是灰的原因，灰是火的结果。因此，不论任何事物，我们只要以为它能产生以前不曾存在过的任何简单的观念，或简单观念的集合体(不论是实体或情状)，则那种事物便能在我们心中生起原因的关系，而且我们亦以原因一词称它。

2　创造、生殖、造作、变化——我们的感官因为能发现各种物体相互间的种种作用，所以便使我们得到因与果的观念。所谓因就是能使别的事物(简单的观念、实体或情状)开始存在的。所谓果就是由别的事物开始存在的。我们既得到这两种观念，所以我们的心便容易把各种事物的起源分为两类：

第一，一种东西如果完全是新做成的，而且它的任何部分以前都不曾存在过，我们便叫这种东西为创造(creation)。就如在自然界中，一个崭新的物质分子，以前不存在，后来开始存在的那样。

第二，一件事物所由以造成的各个分子如果都是以前存在过的，可是由先前分子所组成的那个事物本身，如果以前并没有存在

（如这个人、这个卵、玫瑰、樱桃等类），这就形成另一种事物的起源。在这种情形下，以前存在的那些分子，便合拢起来，形成简单观念的集合体。这一类的事物的起源又可以分为三项：第一为生殖（generation），第二为造作（making），第三为变化（alteration）。（一）一种实体如果是在自然的寻常途径中由内在的原则所发展出的，可是在发展前，又先受了外面的主力或原因，而且它的作用亦是由我们所觉察不到的一种途径往前进行的，这就叫做**生殖**。（二）原因如果是由外面来的，而且结果的产生，亦是由明显各部分的显著的分离或配合来的，这就叫做**造作**；如一切人造物便是。（三）物体中如果有任何以前不曾存在过的简单性质产生出来，这便叫做**变化**。因此，我们就说，人是生殖出的，画是造作成的，而且它们如果产生了以前不曾存在过的任何新的明显性质或简单观念，则我们便说它们有了变化。以前不存在，现在开始存在的事物，就叫做结果；至于能使别物存在的，就叫做原因。在这些情形下，以及在一切别的情形下，因果的意念都是由感觉和反省所传来的那些观念来的，而且这种关系不论如何普遍，亦是要归结于这些观念的。因为我们只要知道有任何简单的观念或实体，由于别的观念（或实体）的作用，而开始存在，我们就可以得到因果的观念；并不必知道那个作用的方式如何。

3 时间关系——时间和空间亦是各种普遍关系的基础，而且一切有限的事物至少都是包含在它们里边的。不过我们既在别处提到这些观念的来源，因此，我们在这里只需略为指示说，由时间得来的许多事物的名称大部分都只是一些关系。就如，任何人如果说，“伊丽莎白女王活了六十九年，统治了四十五年”，则这些文字只是指那段时间与别的时间的关系而言，而且这话的意义亦只是她一生的绵延（时间）正等于六十九个“日的年转”，她治世的绵延（时间）正等于四十五个“日的年转”，因此这些文字只表示“多久”的意思。又如说，“胜利威廉约在1066年侵袭英国”，则我们的意思只是把从救主到现在中间的那段绵延认为是一个长时间，并且指示出这次侵袭同两个极端隔着多远。因此，凡表示“何时”的一切时间名词都只是指示某一个时间点，同较长的绵延中某一个时段，有如何距离；因为我们在计算时，是以这个较长的绵延为标准的，而且以为那个时间点同这个标准是相关的。

4　除了那些名词以外，还有别的一些时间名词，虽然普通被人认为表示着绝对的观念，可是我们一经考察，就会看到它们亦是相对的。就如“幼”和“老”就隐隐指示说，有某种东西是和我们心中所观念的某种长度的绵延发生关系的。因此，我们如果在思想中确立了人生的平常绵延长度为七十年，则我们如果说，一个人是年幼的，则我们的意思就是说，他现在的年龄只是人们普通所活年龄的一小部分；我们如果说他是年老的，我们的意思就是说，他的绵延已经几乎到了人们平常所活的年龄的尽头。因此，所谓老、幼，只是以此人或彼人的特殊的年龄或绵延，同人类通常所活的年纪（这是我们心中所观念到的）相比较。我们若以这些名词施之于其他的东西，则更觉我们所说的是合理的。因为一个人在二十岁时虽是“幼”的，在七岁时，虽是“很幼”的，可是马在二十岁时，则可以说是老的，狗在七岁时，亦可以说是老的。因为在各个这些情形下，我们要以它们的年纪同这几种动物平常所活的各种年龄（这是我们所观念到的）相比较。至于日和星，则它们虽然经过了多少代人,可是我们亦不说它们是老的,因为我们不知道上帝给这些物体所分配的年纪是多长的。我们如果在事物的日常途径中,看到某些事物因为自然的代谢,在经过某些时期以后,要归于尽:我们才能以"老"这个字应用在那些事物上。因为在这种情形下,我们心中才能有一个标准,来衡量事物绵延的部分;而且按这些部分同那个标准所有的关系,称那些事物为老的或幼的。因为这种缘故,所以我们不能说翠玉或金刚石是老的,或是幼的,因为它们通常的时期,是我们所不知道的。

5 场所和广袤的关系——各种事物彼此间的场所关系或距离关系,亦是很容易观察到的,就如"在上"、"在下"、"离哲伦广场(Charing Cross)有一哩远"、"在伦敦"、"在英国"等等话。不过在广袤和体积方面,亦同在绵延方面一样,有些观念虽然只是相对的,可是表示它们的那些词字常被人认为是绝对的,就如"大"同"小"实在只是一些关系。因为我们在这里,亦因为常看到某些事物通常的大小,因而心中确立了一些观念,并且以这些观念为标准来指称别的事物的体积。因此,我们如果见了一个苹果比我们平常所见的为大,则我们便说它是一个大苹果。我们如果见了一匹马,比我们心中平常所观念到的马较为小些,则我们便叫它为小马。法兰明人(Fleming)所说的小马,在威尔斯人看来就会成了大马。他们两人在马一方面的长短观念所以不同,乃是因为他们本地所产的马种不同。因此,他们在拿这匹马同其各自的标准相比较时,便有了大和小的的差异。

6 绝对的名词往往表示着关系——同样,弱和强亦是能力方面的相对名称,亦是同我们当时所有的一些较大或较小的能力观念相比较的。因此，我们如果说一个弱人，我们的意思是说，他所有的力量不如平常人所有的那样大，或不如同身材的人所有的那样大。我们如果说，"万物都是脆弱的事物"，则我们所谓脆弱两字亦是一个相对的名称，它是指上帝能力和万物能力那种不成比例而言的。因此，在普通言语中，许多的名词（或者竟然是大部分），虽然在一看之下没有关系的意思，可是实在是表示关系的。就如说"船有了必需的粮食"，则所谓必需、所谓粮食，都是相对的文字，一种是与所计算的那种水程的完成有关系的、一种是与将来的用途有关系的。我们分明看到，这些关系都是限制于、归结于感觉和反省传来的那些观念的，因此，我们亦就不必再为解释了。

第二十七章　同一性和差异性

1　同一性是由何成立的——人心往往还需要来比较事物的存在本身。我们如果把一种事物在某个时间和地点存在的情形，同其在另一种时间和地点时的情形加以比较，则我们便形成同一性(identity)和差异性(diversity)的观念。我们如果看到任何事物在某地某时存在，则我们一定会相信（不论它是什么），它就是它，不是别的——虽然别的东西同时在别的地方存在，而且在其他各方面都和它相似。同一性之所以成立，就是因为我们所认为有同一性的那些观念，在现在同在以前存在时的情况完全一样，没有变化。因为我们既然不曾见到，亦不曾想象到，同性质的两种事物能在同时同地存在，因此，我们就正确地断言，任何时候存在的任何东西，必然排斥与之相同的东西，一定是在那里独自存在的。因此，我们如果发问，某种事物是否仍是同前一样的，则我们总要参照曾在某个时间和空间存在过的一种东西，而且在那时候，那种东西就是那种东西，并不是别的东西。由此看来，一个事物不能有两个存在起点，两个事物亦不能有一个起点，因为在同时同地并不能有两个相同的东西存在，而在不同的各个场所亦不能有同一的东西存在。因此，凡具有一个发端的东西，就是有同一的东西，至于别的东西的发端如果在时、地方面都与此一种东西不同，则那种东西，便与此种东西不相同，而是相异的。人们所以在这种关系方面发生了问题，乃是因为他们缺少注意，不能对于被认为同一的东西，发生精确的观念。

2 实体的同一性，和情状的同一性——我们的实体观念，只有三种：一为“上帝”，二为**有限的灵物**，三为**物体**。第一，上帝是无始无终，永恒、不变、无处不在的，因此，我们对于他的同一性是毫无疑问的。第二，有限精神存在的发端，都有确定的时间和空间，而且在他们存在的时候，各种情形与那个时间和空间所发生的关系，就足以决定他们的同一性。第三，在各种物质分子方面，我们亦可有同样说法，物质的分子如果亦无增，亦无减，则它可以说是同一的。因为这三种实体，虽然在同一场所方面并不互相排斥，可是我们不能不设想同类的实体各自要互相排斥；若非如此，则同一性和差异性的意念与名称，便毫无意义，而且各种实体和别的东西，彼此间亦就无所分别。因为两个物体如果能在同时同地存在，则两个物质分子无论是大是小，都必然合而为一，不但如此，而且一切物体亦将合而为一。因为两个物质分子既可以存在于一个地方，则一切物体亦都可以存在于一个地方。我们如果能这样假设，则同一和差异、一与多，都将无所分别，而且我们如果强事分别，亦就很可笑了。不过要说两个以上的东西可以成为一个，那只是一种矛盾，因此，同一性和差异性，仍是很有根据的关系和比较方法，而且对理解是有功用的。至于其他的东西既然不外情状和关系，而且它们最后又得归结于实体，因此，它们的各自的特殊存在亦都有其同一性和差异性，而且这两种关系亦是由上述的途径决定的。至于前灭后生的一切事物，类如有限精神的动作（运动和思想），则我们分明知道它们只有差异性而无同一性。因为每一种动作，在开始存在的那一刹那就消灭了，所以它们不能在异时异地仍继续存在。至于永恒的东西，则在不同的时间，远隔的地方亦可存在。因此，任何运动或思想，若当做是在不同时间中存在的，永不能是同一的，因为它的每一部分都各有一个存在的发端。

3　个性原则——从上边所说的看来，我们很容易发现出人们一向所竭力研求的所谓个性原则（principium individuationis），并且发现出，只有事物的存在自身能决定任何事物来占据特殊的时间同空间，而排斥同样的两种事物来占据它们。这层道理，在简单的实体和情状方面，固然是比较容易想象的，可是我们在一反省之后，就会看到，只要我们稍一用心，则在复杂的实体和情状方面，亦一样不难存想这回事。我们如果假设有一个原子，即在确定的时间和空间内继续存在，而且其外貌永不变更的物体，则我们分明看到，不论我们在它的存在中那一刹那来存想它，它在那一刹那总是同它自己相同的。因为在那个刹那，它既然只有自身，不是别的，所以它是同一的，而且它的存在只要继续，则它一定会继续其同一性;因为它亦只有在这种范围中,是同一的、是无变化的。同样,如果有两个以上的原子联合在同一物团中,则其中每一个原子都可以照前边的规则,继续是同一的。它们如果是在一块儿联合存在的,则那个物团既然是由同一的许多原子组成的,则它当然仍是同一物团、同一物体,——不论其各部分是怎样混乱错杂的。不过这些原子中,如果有一个新的加进去,或者取消了一个;则无所谓同一物团,或同一物体了。至于在生物方面,则它们的同一性便非依靠于各同一分子组成的物团,乃是依靠于别的东西。因为在生物方面,大部分的物质变化并不能把同一性变化了。一棵橡树,自幼苗,至成树,至砍伐,仍是同一的橡树;一匹驹虽然长成大马,虽然有时肥、有时瘦,可是它仍是同一的马。实则在两种情形下,各部分的变化是很显著的,因此,它们虽然一个是同一的橡树,一个是同一的马,可是正确说来,它们都不是同一的物团了。因为在物质的质量方面,和在活动的生物方面,同一性所指的并不是同一的东西。

4 植物的同一性——因此,我们必须考察一下橡树与一团物质究竟有什么差异。在我看来,它们的差异就在于,物团只是一些物质分子的黏合,不论其结合的形式如何,都无关系;至于植物,则各物质分子的排列必须组成橡树的各个部分,而且那些部分的那种组织,必须足以接受养料、分配养料,以继续,以形成橡树的木质、树皮、叶子等,借以维持它的植物性的生命。所谓一棵植物一定得有那样一种分子组织、一定有那样配合起来的躯体,而且其各部分一定要参与着共同的生命。那棵植物只要能继续维持那种生命,它就是同一植物。这种生命虽然传递在新的物质分子上,可是这些物质分子如果与有生命的植物融为一体，而且它们继续发展成的那种组织亦完全契合于那种植物，因此，那种植物仍可以说是同一的。因为这种组织不论在什么时候，不论寓于物质的任何集合体中，而它在那种特殊的具体物中，是和别的组织不相同的。它是一个特殊的生命，它在我们所指的那个时间以前、以后，都是经常存在的，而且不可觉察的前后相承的各部分是和有生命的植物体联合起来，在同一方式中连续下去的。因此，这种组织的同一性，就能使植物成为同一的，就能使它的各部分成为同一植物的各部分——只要那些部分联合存在于那种有继续性的组织以内，把那种共同的生命传达于那样联合起来的各个部分。

5 动物的同一性——在畜类方面，情形亦差不多，因此任何人也都可以由此看到，动物的同一性究竟在什么地方。在机器方面，很有近似的情形，足以阐明动物的同一性。若以钟表为例，则它分明只是一些部分的适当组织和结构，而且我们若加以充分的力量，它还可以达到某种目的。我们如果假设，这个机器的有组织的各部分，在不断地修理以后，在其不可觉察的各部分不断地增加或减少以后，还能维持其公共的生命，还是一个连续体，那么我们在动物的身体方面亦当有很相似的假设。不过这里却有一种差异，就是，在动物方面，组织的调和同生命所依的那种运动，是一块儿开始的，运动是由内部发生的。至于在机器方面，则力量显然是由外面来的，而且在机器完整，宜于接受动力时，亦往往没有动力。

6 人的同一性——这亦就表示出，人的同一性是由什么成立的。人的同一性所以成立，乃是由于不断生灭的诸多物质分子，连续地和同一的有组织的身体具有生命的联系，因而参加着同一的继续的生命。因此，人的同一性就在于一个组织适当的身体，而且这个身体中的各个物质分子虽在不断地变化着，可是那些分子同这个身体都连为一体，形成一种共同的生命组织，而且这个身体不论你从哪一刹那来观察它，它以后仍是要继续着与此刹那相同的组织。这种同一性正和动物的同一性一样。因此，有人如果主张，人的同一性不在于这个有适当组织的身体，而在于别的(灵魂)，则他很难说，胎儿、有年岁的人、疯狂者、清醒者，是同一个人，除非他所立的假设，使塞德(Seth)、以斯马尔(Ismael)、苏格拉底(Socrates)、毕莱特(Pilate)、圣奥士丁(Austin)、凯撒保加可以是同一个人。因为人的同一性如果只成立于灵魂的同一性，而且按照物理讲，我们亦可以说，同一个别的精神亦可与多少不同的身体结合起来，那么，那些生于不同时代、性情各异的人们也可以是同一的。这种说法就把“人”这个字用得太奇怪了，因为人字所应用于其上的观念，竟把身体和形相排除出去了。不但如此，而更坏的是这种说法同主张轮回的那些哲学家的意见也是很相契合的；因为他们以为，人的灵魂可以因为人的恶行，堕入畜类的身体中，以为其适当的住所，而且在那种情形下，其所具的感官亦只足以满足它们的兽欲。不过我觉得，一个人如果确知海丽格布拉(Heliogabalus)(罗马皇帝。——译者)的灵魂住在他所养的一个猪的身体内，则他一定不会说那个猪是一个人或是海丽格布拉。

7 同一性是因观念之不同而有差异的——因此，实体的单一性并包含不尽一切种类的同一性，并不足以在各种情形下，来决定同一性。要想作出正确的判断，我们应当考察所谓同一的那种事物的名词所代表的观念是什么样的。实体、人和人格者这三个名称如果代表着三个不同的观念，则所谓同一的实体是一回事，同一的人又是一回事，同一的人格者又是另一回事。同为同一性是应当和名称所代表的观念相对应的。我们如果稍一仔细考察这一层，则或者可以防止住人们在这方面所常生起的大部分疑难。这种似是而非的疑难，在人格同一性方面更为有力；因此，我们下边就要把这一层稍加考究。

8　同一的人——一个动物是一个有生命而有组织的身体；因此，所谓同一的动物，如我方才所说，就是分布于各种物质分子中的同一的继续的生命——这些分子是前后相承地同那个有组织、有生命的身体联合着的。不论我们还说有其他任何定议，而精细的观察分明昭示我们，口中所发出的“人”字声音，所标记的心中的观念，只是具有某种形式的一种动物。因为我想，任何人只要看到一个同自己形相和组织相同的生物，则那个活物虽然终生没有理智，正如猪或鹦鹉一样，他亦会叫那个活物为人。并且我相信，一个人虽然听到一只猫或鹦鹉谈话，推论、推断他亦只会叫它（或以为它）是一只猫或鹦鹉。他一定会说，前一种是一个愚昧无知的人，后一种是很聪明、很有理性的鹦鹉。我们只要看一看一位著名作者的叙述，就可以发明我们所假设的有理性的鹦鹉，是实有的。他的话语如下：

“我曾听许多人说，毛虑斯王（Maurice）在统治巴西（Brazil）的时候，曾经有一个老鹦鹉，能说话，并且能提、能答普通的问题，一如有理性的动物一样。因为这种缘故，所以他的从者都说，那一定是受了巫觋，或为邪所乘。他有一位牧师（后来在荷兰久居），后来最讨厌鹦鹉，并且常说，一切鹦鹉都跟着魔鬼。关于这个故事的一些详情，我还听了许多，而且据众人之言看来，亦是难以否认的。不过人人既然都常提到这个故事，而且这个故事亦很有根据，因此，我就立意要从毛虑斯王口中亲自探询这回事。他的答话，仍是简洁而枯燥的，一如其平常时那样。他说，所传说的故事有些地方确乎是真的，不过大部分仍是靠不住的。我因此就请他把真的一方面告诉我听。他就简洁地、冷静地告诉我说；他到巴西的时候，曾听说有那样一个老鹦鹉。当时他虽然不很相信，而且那个鹦鹉又在远处；可是他仍然因为好奇心的缘故，让人把它带来。那个鹦鹉又大又老，它进到屋中时，王子正和一大群荷兰人在那里。它看见他们以后，立刻就说，'这些白人在这里，都是做什么的？'他们就指着王子问它说，它以为这是什么人？它就答说，'大概是司令一类的人物罢。'人把鹦鹉带到王子身边时，王子就问鹦鹉说，'你从哪里来的？'(D'oú venez vous?)它答复说，'从马吕南来的。'(De Marinnau.)王子又问说，'你是谁的？'(A qui estesvous?)它又答说，'我是一个葡萄牙人的。'(A un Portugais.)王子又问它说，'你在那里做什么？'(pue fais tu là?)它又答说，'我在那里看小鸡。'(Je garde les poules.)王子就笑着说，'你看小鸡么？'(Vous gardez les poules?)它又答复说，'是的，我是那样的，我很知道如何看小鸡。'(Ouy, moy, et je sçay bien faire.)因此，它就咯咯了四五声，效人叫小鸡时的声音。我在这里所记的这段有价值的谈话，仍是照毛虑斯王子向我所说的法文记载下来的。我亦曾问过他，鹦鹉说的什么话。他说，说的是巴西话，我就问他说，'他懂不懂巴西话？'他说，他不懂。不过他曾留心带了两个翻译员：一个是荷兰人会说巴西话，一个是巴西人会说荷兰话。并且他问他们时，是分别着秘密问的。他们所告他的鹦鹉的话，都是一致的。我所以要叙述这个故事，乃是因为它太奇怪，而且是由亲见的证见来的，是可以作为真事实看的。因为我敢相信，那个王子至少亦相信他的话是真的，因为人们都知道他是一个很忠实、很虔诚的人。至于自然学者们如何解释这回事，别的人们是否相信这回事，那就看各人的高兴了。不过我所以提到这一层，乃是为的要借有趣的闲谈来调剂这个干燥烦嚣的景象。至于插入这个故事是否适宜，那我就不管了。"——"克里斯特丹琐记"（*Memoirs of what passed iu Christendom*），1672—1679。

我很愿意读者把原著者的详文全读一遍，因为在我看来，他并不以为这个故事是不可靠的。因为这个人既然很有才干，而且很有学识，足以保证其所给的一切证据，因此，他如果以为那个故事不可靠，他就觉得它怪可笑了。因此，我们万不能想象，他会费辛苦在一个不相干的地方，把一个荒唐的故事，安插在一个忠实而虔诚的王子身上——还不是朋友身上。声明这个故事的王子，和转述这个故事的作者，显然都称这个说话者为鹦鹉。因此，人们如果以为这个故事值得叙述，则我可以问他，这个鹦鹉和一切鹦鹉如果竟然都常常说话，如王子所保证的那样，那么它们是否可以成为一个有理性的动物，而且假如它们亦是有理性的动物，它们是否因此就成了人，而不复为鹦鹉？因为我觉得，就一般人所意味到的人的观念说来，其中的构成分子不只限于有理性的（或能思想的）实体观念，此外还有某种形相的身体观念与之联合在一块儿。人的观念如果是这样的，则人的同一性一定是由同一的连续的身体（不至于骤然变了），和同一的非物质的精神，共同合成的。

9 人格的同一性——在作了上述的前提以后，则我们可以进而考究人格同一性是由何形成的。在这里我们必须考察人格一词所代表的东西。在我看来，所谓人格就是有思想、有智慧的一种东西，它有理性、能反省，并且能在异时异地认自己是自己，是同一的能思维的东西。它在思维自己时，只能借助于意识，因为意识同思想是离不开的，而且我想意识是思想所绝对必需的，因为人既然发生知觉，则他便不能不知觉到自己是在知觉的。当我们看到、听到、嗅到、尝到、觉到、思维到、意想到任何东西时，我们知觉自己有这些动作。因此，意识永远是和当下的感觉和知觉相伴随的，而且，只有凭借意识，人人才对自己是他所谓自我。在这种场合下，人们并不思考，同一的自我还是继续在同一的实体中存在的，还是在差异的实体中存在的。因为意识既然常常伴着思想，而且只有意识能使人人成为他所谓"自我"，能使此一个人同别的一切能思想的人有所区别，因此，人格同一性(或有理性的存在物的同一性)就只在于意识。而且这个意识在回忆过去的行动或思想时，它追忆到多远程度，人格同一性亦就达到多远程度。现在的自我就是以前的自我，而且以前反省自我的那个自我，亦就是现在反省自我的这个自我。

10 意识构成人格的同一性——不过人们还进一步说，它是否是同一的实体？如果这些知觉，以及其所引起的意识永远在心中存在，因而使那个同一的能思的东西永远伴着意识呈现于心中，并且我们显然以为它是同它自己相同，则人们将不会怀疑意识是同一的实体。不过在这里却似乎有一种困难，就是这个意识既然永远被"忘却"所间断，而且在一生中，亦没有一个刹那，我们能把过去整个一系列行动一览无余，而且甚至最好的记忆，在观察此一部分时，亦不能不忘掉彼一部分，而且我们既然有时（并且是一生的大部分）亦并不反省过去的自我，因为我们都着重在现在的思想上，而且在酣睡中，竟然完全没有思想（至少我们亦可以说，睡时的意识和标记觉醒思想的那种意识是不一样的）；那么在这些情形下，我们的意识是被间断开的，而且我们亦并看不到过去的自我，因此，人们就怀疑，我们是否是同一的能思的东西，是否是同一的实体？不过这个问题无论合理与否，终究与人格的同一性完全无关。我们的问题只是，同一的人格是由何成立的？并不是说，在同一人格中永远思想的那种东西，是否是同一的实体？后边这个问题与我们现在的问题全不相干。各种不同的实体，被同一的意识所联合（在这些实体入于意识中时）而成人格，正如各种不同的物体被同一的生命所联合而成动物似的。动物体中的各种实体虽然常变，可是有继续不断的同一生命就保存了动物的同一性。因为人所以自己认识自己，既然是因为有同一的意识，因此，人格同一性就完全依靠于意识——不论这种意识是附着于单一的实体，抑或能在一系列繁多实体中继续下去。因为同一的自我所以成立，乃是因为含灵之物在重复其过去行动的观念时，正伴有它以前对过去行动所生的同一意识，并伴有它对现在行动所发生的同一意识。因为它所以在当下对自我是自我，既是因为它对当下的思想和行动有一种意识，那么这个意识如果能扩展及于过去的或未来的行动，则仍然将有同一的自我。虽有时间的距离，或实体的变化，他亦不因此成为两个人格者，亦正如同一个人不能因为今天同昨天所着的衣服不同，或者因为在两日之间有长时（或短时）睡眠，而变成两人似的。远隔的各种行动不论是由什么实体产生的，同一的意识毕竟可以把它们连合起来成为同一的人格者。

11 各种实体虽变，人格同一性并不变——这种情形我们还可以在自己的身体方面有几分明白看到。身体的一切分子都是我们的一部分，都是有思想、有意识的自我的一部分，因为它们和同一能思想而有意识的自我，发生了生命的联系，而且它们受了什么感触，我们亦可以受到；它们遇到什么祸福，我们亦可以意识到。因此，一个人的肢体就是他自己的一部分，他能同情它们、关心它们。可是你如果把一只手去掉，并且使他感不到手原来所感到的热、冷和其他感觉，则那只手便不是他的自我的一部分，亦正如同最远的物质部分不是他的一部分一样。这样，我们就看到，人格的自我此时所由以成立的那种实体，在另一时虽可以变化了，可是人格的同一性并不因此亦跟着要变化。因此，各种肢体虽是一个人格者的一部分，可是它们在被割除以后，人格者仍是同一的。

12 能思想的实体变化以后，是不是还有人格的同一性——不过现在的问题是，能思想的同一实体如果变了，是否还能以成为同一的人格？而且这个实体如果不变，它是否能以成为不同的几种人格？

要答复这个问题，我首先可以说，人们如果认“思想”只存于一种纯粹物质的、动物的组织中，而且以为动物的组织中全无非物质的实体，则这个问题将完全不成问题。因为不论这个假设是否真实，而我们依然分明看到，他们想人格的同一性不保存于实体的同一性中，而保存于别的东西中（就如动物的同一性只保存于生命的同一性中，而并非保存于实体的同一性中）。因此，人们如果主张思想只存在于非物质的实体中，则他们必须首先指示出，人格的同一性为什么不能保存于非物质的实体变化以后，为什么不能保存于许多特殊的非物质的实体中（因为我们已经说过，动物的同一性是可以保存于物质的实体变化以后的，是可以保存于许多特殊的物体中的）。他们必须先指示出这一层，然后才能同主张"思想寓于组织"的人们来讨论。他们亦需会说，不但在人类方面，人格的同一性是由非物质的精神所形成的，就在畜类方面，生命的同一性亦是由非物质的精神所形成的。不过这种说法，至少笛卡尔派是不能承认的，因为这样一来，畜类亦就有了思想了。

13　不过，其次我们可以考察前边问题的第一部分，就是，同一的能思维的实体（假定只有非物质的实体能思想）变化了以后，它是否还是同一的人格？要答复这个问题，则我可以说，人们在解决这个问题之先，必须首先知道，能思想的实体是什么样的一些实体，而且关于过去行动的意识是否能以由一个能思想的实体传到另一个能思想的实体。我承认，同一的意识如果是指同一的个别行动而言，则它是不能传达的。不过这种意识既然只是对过去行动的一个现在表象，因此，我们必须指示出，现在表象于心中的那些行动为什么不能是以前实在不曾存在过的。因此，要决定对过去行动的意识在何种范围内同个别的主体相联合，以至使其他的主体不能发生这种意识，那是很难的。要想决定这一层，我们必须首先知道，某一种行动在进行时，是必然伴有反省的知觉的，而且它是怎样为那种能思想的实体所进行的（这种实体在思想它时，一定不能不意识到它）。不过所谓"同一的意识"既然不是同一的个别的行动，因此，我们实在难以根据事物的本性断言，一个有智慧的实体，为什么不能把自己所未做而或为他人所做过的事情，表象成自己所做过的，为什么这种表象作用不能全然离了实在的事实根据，因为梦中那些表象，我们在梦时，亦会当成它们是真的。我们所以不至有这种情形，我们只好说是因为上帝的慈悲（除非我们对于能思实体的本性有了更明白的认识），因为一切有情的苦乐既然有系于自己的意识，因此，上帝不肯使人有了致命的错误，使他们把此一个人的意识转移到别一个人，因为意识是可以引起惩罚或奖赏的。有的人们主张，思想只存于时在变动的元精系统中；现在我们这种论证究竟能反驳他们不能，那我让别人来考察好了。不过话归正传，我们必须承认，同一的意识（这个，如以前所说，完全不是身体中同一的形相或运动）如果能由这一种思想的实体转移到别一种能思想的实体，那么两种能思想的实体亦仍然可以成为一个人格者。因为同一的意识不论保存于同一的或差异的实体中，它只要能保存，人格的同一性就可以保存。

14 至于第二个问题，即是，同一的非物质的实体如果仍然不变，是否可以有两个独立的人格者出现？这个问题的根据在我看来就是能意识到自己过去行动的那种同一的非物质的东西，是否可以完全失掉其对自己过去存在的一切意识？是否可以完全忘掉那种意识，永不能再记忆起来？是否可以重新开始一个新时期的纪录，而且其意识也超不出这个新的状态以外？主张预先存在（灵魂）的人们多半是这样着想的，因为他们承认灵魂意识不到它在那种先前的情况下所做的事，因为在那种情形下，它或者是全然脱离身体的，或者是指导别的身体的。他们纵然不这样主张，经验亦会反驳倒他们。因此，人格的同一性既不能超出于意识所及的范围以外，而且一个先存在的灵魂既然不能在许多年代蛰伏不动，则它必然已经做过许多不同的人。假如有一个基督信徒，柏拉图信徒，或毕达哥拉斯信徒，在上帝第七天完成其创世之时，以为自己的灵魂一向是存在的，而且以为它已经在多少人体中轮回过，就如我有一次所遇的那个自命为苏格拉底后身的人（他的话是否合理，我且不说，不过我确乎知道，他的职务不是不重要的，而且就他的地位说来，人们都认他是一个很有理性的人，不但如此，我们从其出版品看来，他还是一个有天才、有学识的人），那么我们可以问，他既然意识不到苏格拉底的任何行动或思想，还有任何人会说他同苏格拉底是一个人么？人或者可以反省自己；或者可以断言，他自身有一个非物质的精神，而且这种精神在他身中思想，而且他的身体虽常变化，而这种精神却能使他继续其同一性，却形成他的不变的自我；他或者还可以进而假设，他的灵魂在特罗亚城（Troy）被围时，曾在乃斯德（Nestor）或塞斯德（Thersites）身中（因为据我们所知，灵魂按其本性讲，是不择物质的任何部分的，因此，这个假设并没有含着明显的矛盾，而且要照这样说，亦正如说他的魂灵现在是其他任何人的灵魂一样），不过他现在既然意识不到乃斯德或塞斯德的任何行动，那么他能想象他自己是同其中之一人是一个人么？他能关心他们的行动么？他能认为那些行动是自己的么？（他如果不能认别的古人的行动是自己的，则他亦一样不能认为乃斯德或塞斯德的行动为自己的。）因此，曾鼓舞乃斯德或塞斯德的身体的那个灵魂纵然切实就是现在鼓舞他的身体的那个灵魂，可是他的意识既然达不到二者的任何行动，因此，他和他们便不**是一个人**，正如现在鼓舞他的那个灵魂（或非物质的实体）是从它开始鼓舞他的身体的那时候，才开始存在，开始被创造一样。因为只有这种情形并不能使他同乃斯德成为同一个人，因为这种情形正如一个物质分子以前曾为乃斯德的一部分，现在又为这个人的一部分似的。离了意识，则同一的物质分子纵然与任何身体相联合，亦不能形成同一的人格者，同样，同一的非物质的实体，如果离了意识，则它虽与任何身体联合，亦并不能形成同一的人格者。不过他只要一意识到乃斯德的任何行动，则他立刻会觉得自己同乃斯德是一个人格者。

15 因此，我们就能够设想，在复活时，灵魂所住的身体虽然同它在世时所住的，结构不同，部分各异，可是人的同一的人格仍不能丧失掉，因为原来的灵魂仍具有其以往的同一的意识。不过在身体变化以后，任何人不能以为只有灵魂就能形成同一的人。只有以为灵魂就是人的人们才如此着想。一个王子的灵魂，如果仍记忆其为王时的生活，而且在一个鞋工的灵魂离开鞋工以后，王子的灵魂入据了鞋工的身体加以鼓舞，则人人可以因为他有王子的动作，认为他和王子是一个人格者，不过谁能说，这就是同一的人呢。所谓人也是离不了身体的，而且在现在这种情形下，人人都应当认为身体能决定他是否是同一的人，因为现在的灵魂，虽具有王子的思想，可是它并不能使鞋工成为另一个人。在人人看来，鞋工仍是鞋工，只有在他自己看来，不是如此。我自然知道，在平常的谈论中，同一的人格者和同一的人是指着同一东西而言，而且人们自然亦可以随便谈话，任意以清晰的声音表示各种观念，并且常常自由改变它们。不过我们现在既然要考察，同一的**精神**、**人**和**人格者**是由何成立的，因此，我们必须在心中把精神、人和人格者三者的观念确立了。在自己既然确定了它们的意义，则我们便不难决定它们何时是同一的，何时不是同一的。说到别的东西，亦是一样。

16　意识造成同一的人格者——我们已经知道，灵魂，或同一的非物质的实体，不论在什么地方，什么状态，并不能单独地形成同一的人。不过我们仍然分明看到，任何时间，不论是过去几世纪，只要能被意识所扩及，则意识便能把距离很久的各种存在或行动联络起来，成为同一的人格者，就如它能把方才过去的存在和行动联络起来一样。因此，不论什么主体，只要能意识到现在的同过去的各种行动，它就是同一的人格，而且那两种行动亦就是属于他的。假如我以同一的意识，在先前看到诺阿（Noah）的小舫和洪水，在去冬看到泰晤士河的泛滥，在现在又在这里作文，则我便会确信现在作文的我去冬观察泰晤士河泛滥的我和以前观察洪水为祸的我，是同一的自我，不论你以为这个自我是由什么成立的。这个正如现在写此论文的我，是和昨天从事写作的我是同一的自我一样（不论所谓我是否是由同一的物质的或非物质的实体形成的）。因为说到我是否是同一的这个问题，则现在的我无论是由同一的实体形成不是，都无关系。自我意识只要认为千年前的行动是自己的行动，则我对那种行动，正如对前一刹那的行动，一样关心、一样负责。

17　自我是依靠于意识的——自我就是有意识、能思想的东西（不论它的实体是精神的或物质的、简单的或复杂的，都无关系）；它能感觉到快乐和痛苦、幸温和患难，因此，这个意识扩展到什么地方，则这个自我便对自己关心到什么地方。因此，人人可以看到，自我如果就是意识，则一个小指亦正同一大部分一样，都是自我的一部分。在把小指割去以后，这个意识如果伴着小指俱去，而离弃了身体的其余部分，则小指显然会成了人格者，会成了同一的人格者，而且这个自我与身体的其余部分便全无关系。在各部分互相分离了以后，能形成同一人格的，能形成不可分离的自我的，既然在于那个随着实体一块儿去的意识，因此，在时间距离很远的各种实体方面，亦有同样的情形。现在能思想的东西的意识能同什么实体结合，什么实体就能形成同一的人格者，就同这个意识形成自我，而不是其他任何东西；这个实体因此就能把那个能思的东西的一切行动识为是自己的。不过这种情形，只以意识所及的地方为限，并不能超过意识以外。人只要稍一反省，就可以看到这一层。

18 刑赏的对象——刑和赏之所以合理、所以公正，就是在于这个人格的同一性。因为人人所关心的只是自己的幸福和苦难，至于同那种意识不相连属的任何实体，则不论它变成什么样子，都无关系。因为我们在上述所举的事例中，分明看到，在小指被割去时，意识如果同它一块儿去了，则那个小指意识仍是昨天关心于全部身体的那个自我（因为身体是昨日自我的一部分），而且昨天身体的一切行动，小指那得认为是自己的。至于那个身体，则它纵然继续活着，而且在同小指分离以后，立刻有了自己的一种特殊的意识，可是那个小指既然不知道它，所以小指亦不当它是自己的一部分，去关心它；而且亦不承认此后身体的任何行动是自己的。

19 这就向我们指出，人格同一性只成立于意识的同一性，而不成立于实体的同一性。苏格拉底和皇后市（Queenborough）现任的市长，如果有同一的意识，则他们便是同一的人格者。如果同一的苏格拉底在醒时同在睡时不具有同一的意识，则醒时的苏格拉底同睡时的苏格拉底便不是同一个人格者。因此，你如果因为睡时的苏格拉底有某种思想，而就加刑于醒时的苏格拉底，则那是很不合理的，因为他在醒时并不意识到他在睡时所思想的。这个正同你因为两个孪生子的外貌相似，不易辨识，就根据此一个人的行动，来刑罚其兄弟，是一样不合理的，因为他的兄弟或者并不知道他的行动。这类孪生子是我们所见过的。

20　不过人们或者会反对说，“假如我完全忘了我的生活中一些部分，并且没有再记忆起的可能性，以致我也许终身不能再意识到它们，那么，我既然忘掉我所行的行动同所有的思想（它们是有一次为我所意识到的），我就同以前不是一个人格者么？”要答复这个问题，我可以说，我们在这里必须注意“我”这个字所指的是什么。在这里，“我”字只指人说。人们既假设同一的人就是同一的人格者，因此，“我”这个字就容易被人认为是指的同一的人格者。不过同一个人在不同的时候如果能有各异的不可传递的个别意识，那么毫无疑义，同一个人在不同的时候，能形成不同的人格者。人类在庄严地宣示自己的意见时，就是本着这种意义，他们说人类的法律并不因为醒时的行动来惩罚疯时的人，亦不因为疯时的行动来惩罚醒时的人，因而就把疯时的人和醒时的人看成两个人格者。平常的说法颇能解释这一层，就如说：“那人不像他自己了，或魂不守舍，”等等话。这些语句暗示给我们说，现在说这些话的人，或至少原来说这些话的人，以为那个自我已经变了，以为同一的人格者是脱离了那个人的。

21 人的同一性和人格的同一性究竟有什么分别——不过我们仍然难想，苏格拉底既为同一的单个的人，如何能成为两个人格者。在这方面，我们要想有进一步的了解，还当考察所谓苏格拉底——同一的单个的人——有什么意义。

第一点，他或者是同一的、单个的、非物质的、能思想的实体，简单说来，他就是同一的灵魂，而不是别的。

第二点，他或者是同一的动物，与非物质的灵魂全无关系。

第三点，他或者是同一的非物质的精神和同一的动物结合而成的。

不论你采取哪一个假设，你都会看到，人格同一性只成立于意识，不能成立于别的，而且不能超过意识以外。因为按照第一个假设说来，我们必须承认，一个人如在不同的时间，为不同的妇人们所产生，则他在前、在后仍是同一的人。任何人只要承认这种说法，那他就得承认，同一个人可以为判然不同的两个人格者，就如两个在不同时代生活的人，互相不知道对方的思想一样。按照第二同第三两个假设说来，今生的苏格拉底和来生的苏格拉底，亦只有借同一的意识，才能成为同一的人。因此，我们如果认为人的同一性和人格的同一性成立于同一的东西，则我们便不难承认同一的人就是同一的人格者。不过人们如果认为人的同一性只在于意识，而不在于别的，则他们必须考察，他们怎样才能使婴儿期的苏格拉底和复活后的苏格拉底成为同一的人。但是不论人们以为"人"的本质由何成立，同一的单个的人由何成立（在这方面，人们是很少一致的），而我们总觉得，人格的同一性只应当存在于意识中（因为只有意识能形成所谓自我），并且我们相信，这种说法不会有重大的错误。

22　不过人们还会反对说，“一个人在醉时同在醒时，不是同一的人格者么？如果不是，则人在醉时所犯的罪，既是他后来所不能意识到的，为什么他还要受刑呢？”不过这个正如同一个人在睡中行走或做别的事情一样。在前后两种情形下，人都是同一的人，而且要对自己所招的灾患负责任。人类的法律很公正地(按照人类的知识)，来惩罚他们。因为在这两种情形下，我们分别不清，什么是真的，什么是假的；因此，醉时或睡时的茫然无知，并不能为他们做一种辩护。因为刑罚虽附于人格者，人格者虽附于意识，醉人虽然亦许不意识到他所做的事，可是人类的法律加刑于他，仍是合理的，因为我们只能证明他有这种事实，却不能证明他缺乏实行此事的意识。不过在末日审判之时，一切人心的秘密都会发露无遗，因此，我们很可以合理地想象，将来无人会对于自己所不知道的事情负责，而且人在受刑时，他的良心一定会责难他，或原谅他。

23　只有意识形成自我——只有意识能把远隔的各种存在联合成为同一的人格者；实体的同一性，并不能做到这一层。因为无论有什么实体，无论实体有什么组织，而离了意识是无所谓人格者的。倘或不然，则一个尸体以及其他东西，离了意识亦可以成为人格者了。

如果我们一面假设，有两个互相隔绝的意识支配着同一的身体，一个是在白天、一个是在夜间；另一方面又假设，同一的意识轮流支配着两个独立的身体，那么我就问，在第一种情形下，那个昼夜人是不是独立的两个人格者，一如苏格拉底和柏拉图一样？在第二种情形下，两个独立的身体是不是只有一个人格者，正如一个人前后穿着两套不同的衣服似的？人们或者会说，在上述的两种情形下，这个同一的和差异的意识，是由于同一的和差异的非物质的实体，把它们带在这些身体内的。不过这种说法亦并不济事，而且不论它是真、是伪，都变更不了现在这种情况。因为我们分明看到，不论意识是否和一个单一的非物质的实体相联合，而人格同一性一样是被那个意识所决定的。因为我们纵然承认，人身中那个能思想的实体必然被假设是非物质的，可是我们仍然看到，那个能思想的非物质的实体有时亦会忘掉其过去的意识，而且在忘掉以后亦会复忆起来；就如人们常常忘掉自己过去的行动，而且过去的意识在完全被忘掉二十余年以后，有时仍会被人记忆起来。你如果假设人在白天和夜里轮流着时忘、时忆，则你可以使同一的非物质的精神成了两个人格者，正如前边所举的一个身体有两个人格者似的。因此，“自我”并不是由实体的同一性或差异性所决定的（自我并不能确知其实体是什么），乃是由意识的同一性所决定的。

24 自我诚然可以想象，它现在所由以成立的那个实体是以前存在过的，是和同一个有意识的存在物相联合的。不过意识一去掉，则那个实体便非自我，亦非自我的一部分，正同别的实体不是那个自我似的。这个可以从我们上边所举的例子看出来。一个肢体在割除以后，则我们便意识不到它的冷、热等等感觉，因此，它就不是自我的一部分，正如宇宙中任何其他物质一样。在非物质的实体方面，我们如果没有意识，使自己认识自己，则亦正有相同的情形。我如果不能凭着记忆，把它的存在的某一部分，同我现在的自我意识联合起来，则那个实体在其存在的那一部分便非我的自我所在，正如别的非物质的实体不是我的自我所在一样。因为任何实体所做的、所想的，如果不能为我所忆起，而且我亦不能借意识使那种思想和行动成为自我的，则那种事情纵然是我的一部分所做过的或所想过的，它亦不是我自己的，因为在这种情形下，那种事情正和被别处存在的非物质的东西所思过、所做过一样。

25　我相信，较可靠的意见应当是，这个意识是附着于单一的非物质的实体的，并且是这个实体的一种性质。不过人们愿意怎样解决这个问题，都让他们按照其不同的各种意见来解决好了。我只可以说，这个有智慧而能感受祸福的生物，一定承认有一种东西（就是他自己）是他所关心的、是他所愿意使之得幸福的。他还会承认，这个自我一定继续地存在过，而且存在的时期较一刹那为久，因此，它亦可以在将来的多少月中、多少年中继续存在（如其先前那样），而且其绵延的程度亦无确定的界限，而且它在继续到将来以后，还会借着同一的意识，仍为同一的自我。这样，他借着这个意识，能知道他自己就是几年前做某些事的那个自我，而且他现在所以有幸福、有苦难，亦就是由于那时候的行动。在以这些说法来解释自我的时候，人们并不以为同一的实体是形成同一的自我的，他们只以为同一的继续的意识是形成同一的自我的。在所谓意识中，一些实体可以或合或分；在这些实体同意识所寓的主体连为一个生命体时，它们便成了那个自我的一部分。因此，我们身体的任何部分，在与我们身中有意识的那种东西，连成一个生命体时，它们就成了我们自己的一部分，而在它们缺乏这种生命联合，使意识不能传达过去时，则前一刹那曾为我们自我的一部分的那种东西，现在就完全不是了，正如别人自我的一部分不能成为我的自我的一部分一样。在这种情形下，那个部分或者可以迅速地成为他人的真正部分，而且那亦并不是不可能的。因此，我们就看到，同一的实体可以成为两个不同人格者的部分，同一人格者也可以在前后相承的各种实体中保存着。我们如果能假设，有一种精神完全记忆不到、意识不到过去的行动（我们常见我们的心往往忘却了自己行动的大部分或全部分），则那个精神的实体无论联合、无论分离，都不能使人格的同一性发生变化，正如任何物质分子的联合或分离，不能使人格的同一性发生变化似的。任何实体只要同当下能思想的那种东西连为一个生命体，它就是现在自我的一部分：任何事物如果借着先前行动的意识（现在的）同这个自我联络起来，它也就是过去和现在都相同的那个自我的一部分。

26 人格者是一个法律名词——所谓人格者，在我看来，就是这个“自我”的名称。任何一个人如果一发现了他所谓的为他自己，则我想别个人可以称“他”为同一的人格者。它是一个法律的名词，专来表示行动和行动的价值。因此，这个名词只能属于有智慧的主体，而且那个主体是能受法律所支配，是能感受幸福或苦难的。这个人格所以能超过现在，而扩及过去，只是因为有意识。借着这种意识，它便可以关心过去的动作，对过去的动作负责，并且把过去的动作认为是自己的，一如其在现在的动作方面所可能的那样。（这些都与人们关顾幸福的心理有关，这种关心就是意识的一种必然的伴随物，因为能意识到苦乐的那种主体，一定要希望那个有意识的自我得到幸福。）因此，任何过去的行动，自我如果不能借意识把它们同现在的自我联为一体，则他便与它们无关，正如它们不曾存在过似的。因此，他如果因为这种行动而得到快乐和痛苦、奖赏和刑罚，那正如同他在初生时，没有任何功或罪就度其幸福的或患难的生涯似的。因为你如果假设一个人因其前生的行动在现在受刑，而且前生的事情又是他所不能意识到的，则那种刑罚和“生来就受罪”有什么分别呢？（离了意识，刑罚既然不当）因此，圣徒就告我们说，“在末日时，人人都要根据自己的行动受报，一切人心的秘密都要发露出来。”那时的判决一定会因为一切人的意识，而得达其公正的目的。因为一切人们都将意识到，他们自身不论曾经出现于什么身体中，那个意识不论曾经附着于什么实体中，而他们仍然就是以前发生那些行动的同一的人，并且该因为那些行动而受惩罚。

27 我颇想，在我研究这个题目时，我所拟的一些假设，或者在一些读者看来是很奇怪的，而且这些假设本身亦许就是很奇怪的。不过我想这些假设都是可原谅的，因为我们虽然认那个能思的东西是自我，可是我们实在不知道它的本性如何。我们如果知道，它是什么东西，它怎样与时在变化的元精系统联合为一，它离了像我们这样组织的身体，是否还能够进行其思想和记忆诸作用；上帝是不是要使任何一个精神所寓的那个身体必然具有某种适当的器官组织，以为它的记忆的基础；我们如果能知道这些，则我们或者会看到，我那些假设不免有些是假的。但是我们如果把人的灵魂认为是一个非物质的实体，独立于物质以外，而且对任何部分的物质都无所取舍（我们平常就是这样想的，实在说来，我们在这些事情方面是全无所知的），则我们如果假设，同一的灵魂在不同的时候，可以与不同的身体相联合，而且在那个联合的时候，就形成一个人，那按道理讲，并不是荒谬的。这个就同我们假设昨天一个羊的一部分，明天成了一个人的一部分一样，亦正同如原来系米利浦的羊的一部分，在那种联合中成了米利浦(Melibæus)的生命的一部分一样。

28 我们在这方面所有的困难是由名词的误用起的——总结起来，我可以说，任何实体只要开始存在，则它在其存在时期，是同一的；任何实体的组合体只要开始存在，则那些实体只要仍联合在一块儿，则那个具体物是同一的；任何情状只要开始存在，则它在其存在时期亦是同一的。如果组合体是由各种差异的实体和差异的情状两者所组成的，这个规则亦仍然可以适用。由此可见，在这方面一向所有的困难或混淆多半是由名词的误用起的，少半是由事物的混淆起的。因为名词所代表的那个特定观念不论是如何形成的，你只要固守那个观念，则我们很容易想象到何为同一的，何为差异的。在这方面，并没有什么可怀疑的。

29 继续的存在形成所谓同一性——因为我们如果假设人的观念就是一个有理性的精神，则我们便容易知道什么是同一的人；也就是说，同一的精神，不论独立存在或与身体联系，总是同一的人。我们如果以为一个有理性的精神在与具有某种组织的身体合为一个生命体以后，才能形成一个人，则那个有理性的精神只要伴有那样有生命的部分组织，它就是同一的人，至于这个身体虽然时在迅速变化，并无关系。但是如果有人以为人的观念就是各部分在某种形状下的一种有生命的结合，则那个有生命的联合和形状只要存在于一个具体物中，它就是同一的人；而且这个具体物的同一性，虽只是存在于继续不断而时在变化的分子中，那亦并无关系。因为一个复杂观念的组织无论是怎样形成的，只要它的存在能使它成功为一种特殊的东西，得到某种名称，则那种存在只要继续下去，就使那种组织成为同一的个体，具有同一的名称。

第二十八章　别的一些关系

1　比例的关系——在前边我们已经略论过时间、空间和因果关系，并且把一些事物加以比较和参证。不过此外还有别的无数的关系，现在我可以进而略述数种于下。

第一，我所要首先提到的就是说：某种简单的观念如果有部分之差、程度之别，那它便可以使人比较它所寓托的那些实体（就是比较那个简单观念的程度和部分），就如“较白”、“较甜”、“较大”、“相等”、“较多”等等形容词。这些关系是看在各种物体中，同一的简单观念之为相等或较多而定的。因此，我们可以把它们叫做成比例的（proportional）关系。至于这些关系，当然亦是依据于由感官或反省而来的那些简单观念的。这一层似乎是不必再用言辞来证明的。

2　自然的关系——第二，我们可以根据各种事物的起源，来比较它们，而且在考察此一物时，同时亦就把彼一物亦附带着考察了。事物的起源后来既是不可改变的，因此，它们就使依于它们而生的那些关系，同那些关系所寓的主体一样经久。就如“父”与“子”、“兄弟”、“嫡堂兄弟”，就因为有公共血统，发生了关系，而且他们关系的远近，亦看他们与这些血统的亲近程度而定。这些关系，我都称之为自然的（natural）关系。又如同国人（就是生在同国或同土地以内的那些人）亦是这种关系。不过在这方面，我们可以说，人们所形成的观念和文字都是为日常生活用的，并不契合于事物的实况和范围。因为据实说来，在各种动物间，生者与所生者的关系虽然亦同在人方面一样，可是我们并不常说，此一个公牛是那个犊子的祖父，亦不常说，这两个鸽子是嫡堂兄弟。在人类方面，这些关系则确乎应当以个别的名称表示出来，因为在法律方面和人类的互相交往方面，我们有许多机会要提到具有些关系的各种人；而且人类的各种义务所以有束缚力，亦就是因为这些关系。至于在畜类方面，则人类便没有什么原因可以注意这些关系，因此他们就以为不必给这些关系以特异的名目。由此，我们就可以间接地看到，各种语言发生的情况何以会不相同。各种语言因为只系供传达思想之用，因此，它们只同人们所常用的意念成比例，同人类所有的思想的沟通成比例，而不同事物的实况和范围成比例；而不同它们的各种关系成比例；而不同人们对它们所形成的各种抽象的观察成比例。他们如果没有哲学的意念，则他们便没有名词来表示它们。因此，我们正不必惊异，人们何以对他们所不常谈论的那些事物，不造作各种名称。因此，我们就容易想象有些国家何以竟然没有“马”的名词，而在别的国家，何以人们注意马的宗派比注意自己的宗派还加甚，何以他们于各种马的名称以外，竟然还有其亲属关系的名称。

3 制度的关系——第三，有时我们所考察的事物关系，乃是根据于人们的行动。人的行事有时根据于道德的权利、有时根据于能力、有时根据于义务。就如一个司令就是有权力支配军队的一个人，而司令所统辖的军队就是必须服从某个人的一些武装的人们。又如市民就是在某个地方具有某种特权的一个人，这些关系都依靠于人在社会上的意志和合同而定，因此，我把它们称为制度的(instituted)，或自愿的。它们和自然的关系区别之点，就在于它们大部或全部可以同它们所属的那些人分离开——虽然具有这些关系的各种实体仍然存在不变。这些关系虽然都是对待的(亦同别的一样)，虽然都包含着两个以上事物的关系，可是这些事物之一，往往因为缺乏相对的名词，不能表示这种关系，因此，人们便不常注意这些关系，而且常常忽略过它们。就如一个恩主和一个食客是容易被人认为有关系的，可是一个"警察"，或一个"执政"，在一听之下，并不容易被人认为是有这种关系的。因为执政和警吏虽然有统治别人的权力，虽然与他们发生了关系，正如恩主与食客，司令与军队似的，可是在他们统治下的那些人们并没有特殊的名称，来表示统治与被统治的那种关系。

4　道德的关系——第四，我们常以一条规则来考察、来判断人类的自愿动作，看看它们同这个规则是否相契，这样就又发生了另一种关系，这种关系，我想可以叫做道德的(moral)关系，因为它可以指示我们的道德的行动。这种关系是很值得我们考验的，因为在知识的各部门中，我们在这种知识方面是极其应当得到确定的观念的，并且极其应当避免混淆和分歧的。人类的各种行动，如果同其各种目的、对象、习俗和环境，形成了独立的复杂观念，它们就成了许多混杂的情状(我们已经说过这一层)，而且它们大部分亦往往得到相当的名称。我们如果假设感激之心是指人们敏于承认、敏于答报所受的恩惠而言；多妻主义是指一个人有两个以上的妻而言；则我们在心中形成这些意念时，便发生了两个确定的混杂情状的观念。不过关于我们的行动，我们只有各种确定的行动观念是不够的，只知道某些观念的集合体有某些名称是不够的。我们除此以外，还有更重大的一层关顾，我们还更该知道，这样组成的各种行动，在道德方面，是善的或是恶的。

5 道德的善或恶——我们已经说过（第 2 卷，第 20 章，第 2 段；又第 21 章，第 42 段）。善和恶只是快乐或痛苦，或是能致快乐或痛苦的东西。因此，所谓道德上的善恶，就是指我们的自愿行动是否契合于某种能致苦乐的法律而言。它们如果契合于这些法律，则这个法律可以借立法者的意志和权力使我们得到好事，反之则便得到恶报。这种善或恶、乐或苦是看我们遵守法则与否，由立法者的命令所给我们的，因此，我们便把它们称为奖赏或刑罚。

6 道德的规则——人们在判断行动的邪正时所依的这些道德的规则，似乎可以分为三种，而且它们的束缚力（就是赏罚）亦可以分为三种。我们如要给人的自由行动立一个规则，则势不能不强加一种善或恶，以决定他的意志，因此，我们只要假设一种法律，同时就得假设那条法律附有一种赏罚。一个有智慧的主体如果没有能力来以善或恶，赏他人之服从他的规则或罚他人之违背他的规则，则他虽立一条规则，那亦并不能限制他人的行动。因为善和恶并非那种行动的自然的结果。因为善或恶如果是自然的利益或不利，则它们可以自动发生作用，并无需乎法律。我如果不错误的话，则我可以说，这就是一切法律的真正本性。

7 各种法律——在我看来，人们判断行为的邪正时所常依据的那些法律，可以分为三种：一为神法（divine law），二为民法（civil law），三为舆论法（the law of opinion or reputation）。借着人们同第一种法律的关系，我们可以判断他们的行动是罪恶还是职责；

借着第二种法律，我们可以判断自己的行动是犯法的还是无罪的；借着第三种法律，他们可以判断自己的行动是德行还是坏行。

8　神法是罪孽和职责的尺度——第一种神法就是指上帝给人类行动所建立的那些法律而言。这种法律有时是为自然的光亮所发布的，有时是为默示的呼声所发布的。我想人人都不会野蛮不文，竟然否认，上帝已经给了人们一种规则来约束他们的行动。“他”确乎有权力这样行事；我们都是他所造的。他有慈悲和智慧来指导我们的行动向着最好的方向进行，他并且有权力以来世永久而无限的赏罚，强制其规则的实行；因为任何人亦不能使我们逃出他的手掌以外。这就是试验道德邪正的唯一真正的试金石，而且人们所以能判断他们的行动在道德上是大善，还是大恶，亦就是因为他们把自己的行动同这个法律相比。那就是说，他们要看看，那些行动是罪恶还是职责，是能使他们从全能者手中得到幸福，还是得到苦难。

9　民法是犯罪和无罪的尺度——第二，所谓民法就是国家所制定的规则，用以支配人民行动的。人们亦可以依据这种规则，来比较他们的行动，并且判断它们犯罪与否。这种法律是人人所不忽略的，因为强制实行这种法律的那些赏罚是如影随形的，是在权力所有者的掌握以内的。因为国家有能力来保护服从其法律的那些人的生命、自由和财产，并且能剥夺破坏其法律的那些人的生命、自由和财产——就是说能刑罚那些犯法的行动。

10　哲学的法律是德性或坏行的尺度——第三就是所谓舆论法。所谓德行或坏行就其普通含义来讲，是指那些本性为是或为非的各种行为而言。我们如果那样正确地应用它们，则它们在那种范围内，便契合于上述的神法。但是不论人们的假设合理与否，而我们依然看到，“德行”和“坏行”这两个名词在应用于特殊的各种例证时，它们所指的那些行动只是各国家所赞美的，或各社会所讥毁的那些行动。我们亦正不必惊异，人们到处要叫他们所称赞的那些行动为德行，并且要叫他们所惩责的那些行动为坏行，因为他们如以为自身所鄙弃的行动是合理的，以为他们所不加罚的那些行动是错误的，他们就不免自相矛盾了。因此，嘉赏或不悦、称赞或惩责，就是决定一般所谓德行或坏行的一种尺度。这些称、讥、毁、誉，借着人类的秘密的同意，在各种人类社会中、种族中、团体中，便建立起一种尺度来，使人们按照当地的判断、格言和风尚，来毁誉各种行动。因为人们在联合成为政治团体以后，虽然自行恬退，把自己的一切力量让公家来处理，而且在法律所许可的范围以外，不准向其同胞来利用自己的暴力，可是他们仍然有能力来称讥、来毁誉与他们相处的那些人们的行动。因此，他们借这种赞赏和不悦，便在人类中建立起所谓德行和坏行来。

11 任何人一加思考就会看到德行和坏行通常是以毁誉为公共尺度的，因为他会明白，在此国所认为坏行的，在彼国或者会被认为是德行(或至少亦不是坏行)，可是不论什么地方，德行和称赞、坏行和惩责，总是相称的。不论什么地方，德性总被人认为是可称赞的，而且只有能得公共赞美的那些行动，才能被称为德行。德行和称赞是十分相关的，因此，人们往往以同一名称称它们。维琪儿(Virgil)说：“称赞就是它(德行)的奖品”(sunt sua præmia laudi)。西塞罗(Cicero)亦说，“自然中最可宝贵的莫如忠实、称赞、尊严和光荣。(而且他说，忠实、称赞、尊严和光荣亦正是同一事物的各种名称)。”〔Nihil habet natura præstantius quàm hone—statom,quàm Iaudem,quàm diguitatm,quàm decus.(塔斯库兰论难,第2卷)〕这虽是异教哲学家的言语,可是他们委实知道他们的德行意念和坏行意念是由什么成立的。人类的脾胃、教育、风尚、格言和利益,因有种种不同,所以此地所称赞的,在彼处或者不免于受责难,因此,社会如不同,则德行和坏行或者会易地而处。不过在大体说来,它们大部分到处仍是一律的。因为要以重视和名誉来鼓励于己有益的事,要以责难和藐视来锉抑于己有害的事,那是最自然不过的,因此,我们正不必惊异,在任何地方,重视和轻视、德行和坏行,大部分都和上帝法律所立的那个不变的是非规则相应合。因为只有服从上帝所定的法律,才能直接明显地来获得,来助进人类的普遍幸福,而且要忽略这些法律,亦会招来极大的不幸和纷扰。因此,人们如果还有知识,还有理性,还要顾虑他们时常关切的自己的利益,则他们所称赞的、所责难的,往往是真值得称赞,真值得责难的,而且他们在这方面,并不至于有了普遍的错误。人们纵然在实行上违反了这个规则,他们的称赞亦不会错误了。人们纵然败坏不堪,而在他人犯了他们所犯的那些过错时,亦不至于不会加以鄙弃。因此,纵然风俗败坏了自然法的真正界限,德行和坏行的规则,亦不至于消灭了。因此,甚至于受了灵感的圣徒亦敢求诉于社会的名誉,说:“有好名誉的就是可爱的、能得人称赞的、就是有德性的。”(“新约全书”,腓立比书4章,8节)

12　奖励和不信任就是强制实行这个法律的两种力量——人们或者以为我在这里已经忘掉自己的法律意念,因为我认为人类判断德行和坏行时所依据的那种法律,只是无力创造法律的一些私人的同意，尤其因为那些人并没有强行法律的那种能力——这正是法律的必需条件。不过我想，人如果以为奖赞和贬抑不足以成为很强的动机，不足以使人适应同他们往来的那些人的规则和意见，则他似乎很不熟习人类的天性或历史。他如果一留心观察，就会看到，人类大部分纵不以这种风尚法为规制自己行为的唯一法律，亦以它为主要的法律。因此，有些人虽在其侪辈间保持令誉，可是并不稍留心于上帝的法律或官吏的法律。破坏了上帝的法律，虽然会遭到刑罚，可是有些人，或者大多数，并不认真反省这回事；至于那些能反省的人，则许多人在破坏那种法律时，总想着将来可以缓和、将来可以补偿那种破坏。至于破坏国法后所应得的刑罚，则人们往往希望或者可以幸免。不过人如想同其侪辈来往，而且欲取好于他们，则在他触犯了他们的风尚和意见以后，并不能逃掉他们的刑罚，并不能逃掉他们的责难和厌恶。万人中亦没有一人会挺着项、厚着颜，在受了交游的不断的憎恶和鄙弃以后，仍有勇气往下过活。一个人如果在其特殊的社会内，受着不断的鄙视和非议，则他如果能安心在其中生活，那就是一个奇怪而不寻常的人了。孤寂是许多人所追求的，而且他们亦竟会安于这种生活。但是任何人只要对于自己还有人的思想或感觉。则他一定不会尽管忍受惯熟的朋友们的厌恶和非难，而安心过活下去。这种担子是太重的，人类并不能负担得起。一个人如果一面又爱朋友，一面又不在意伴侣的鄙弃和轻视，则他可以说是醇乎其醇的矛盾。

13 这三种法律就是判断道德善恶的规则——这三种法律——第一为上帝的法律，第二为政治社会的法律，第三为风尚的法律或私人惩责的法律——就是人们往常用以度量自己的行动的。他们在判断自己道德的邪正时、在称自己的行动为善为坏时，就是以这三种法律中之一为其尺度的。

14 所谓道德就是各种行动和这些规则的关系——我们按照这些规则之一（就如试金石似的），来考察我们的自愿行动、来考验它们的善恶，并且要给它们以相当的名称（这些名称就是我们给它们所定价值的记号）。不论这种规则是由国家的风尚来的，或是由立法者的意志来的，人心总容易看到任何行动同这个规则的关系，并且可以判断，那种行动是否与那种规则相契合。因此，它就得到善的观念和恶的观念。所谓善就是说一种行动同那个规则相契合的、所谓恶就是说一种行动同那种规则不契合的。因此，善恶就被人叫做道德上的邪正。这个规则不是别的，只是一些简单观念的集合体，所谓与规则相契合，就是说，我们要规制自己的行动，使属于行动的各种简单观念，与法律所需要的各种简单观念相应。因此，我们就看到，道德的存在和意念是建立在，并且归结于感觉和反省所传来的那些观念的。我们如果一思考*谋杀*这一个名词所代表的那个复杂观念，并且把它分拆开，观察它的一切特殊情节，我们就会看到，那些情节亦只是感觉和反省传来的一些观念的集合体。第一点，我们借着反省自己的心理作用，可以得到"意志"、"考虑"、"预谋害人"或"欲人之祸"等等观念；还可以得到"生命"、"知觉"、"自动"等等观念。第二点，我们借着感觉，可以得到由"人"传来的那些简单而明显的各种观念的集合体，并且观念到我们借某种行动把他人的知觉和运动消灭了。这些简单的观念是包含在"谋杀"一词以内的。我如果看到这些简单观念的集合体，合乎我的国人的称赞，或不合乎他们的称赞，我如果看到，这个集合体在大多数人看来是值得称赞的，或不值得人称赞的，则我便称它为有德的(virtuous)，或恶劣的(vicious)。我如果以崇高而不可见的上帝的意志为我的规则，并且假设某种行动是为上帝所奖励的，或为上帝所禁止的，则我便称它做善的或恶的、罪孽或职责。我如果再把这种行动同民法——国家的立法权所定的规则——比较，则我便又叫它是合法的或不合法的、犯罪或非犯罪。因此，我们就看到，道德行动的规则不论是由何处得来的，而且我们心中所形成的德性或罪恶的观念，不论是依据于什么标准的，而这些观念仍是由简单观念的集合体所形成的，这些简单观念原来仍是由感觉或反省来的，而且它们的邪正，是看它们是否契合于一种法律所拟的模型而定的。

15 要尽当地来考察道德的行动，则我们应当在两方面来考察。第一就是要考察它们本身，并且在考察时，把它们认为是由简单观念的集合体所形成的。就如昏醉和谎言就是表示号称为混杂情状的一些简单观念的集合体。在这种意味之下，它们就同马之饮水、鹦鹉之说话，一样是积极的、绝对的观念。第二，我们应当考察我们的行动是好的、坏的还是中性的。在这方面，它们都是相对的，因为行动之为好、为坏、为有规则或无规则，就是看它们与某种规则相契合或不相契合。这些行动既和一个规则相比较，而且因此得了名称，因此，它们就进入于关系之中。就如"你同一个人挑战"，这种战争就是一个确定的绝对的情状或特殊的行动，而且它可借其特殊的观念同别的行动有所区别；这就叫做对打(duelling)。这种行动若以上帝的法律为衡，则它便可以叫做罪孽；若以一些国家的风尚为衡，则它可叫做德性和勇敢；若以一些政府的民法为衡，则它又成了大罪。在这种情形下，绝对的情状本身有一种名称，另外在以法律为参考时又有一种名称。行动方面这种区别亦同在实体方面一样，都是容易看出的（就如“人”这一词是指事物本身的，“父”这一名是指他同别人的关系的）。

16　行动的各种名称往往错领了我们——不过行动的绝对观念和其道德的关系，往往合拢在一个名称以内，而且我们往往用同一个字来表示一种情状（或行动）同其道德的邪正，因此，我们便少注意行动所发生的关系；因此，我们便不常分别行动的绝对观念和它同规则的关系。人们因为常把一个名词中所包括的这两层观察混淆了，因此，那般易于感受声音印象的人们，往往鲁莽地认名称就是事物，并且往往在判断行动时发生了错误。你如果不经别人的允准，就背着他把他的东西拿去，那就叫做偷。不过这个名词又常表示那种行动在道德方面是败坏的，并且常表示那种行动是与法律相抵触的，因此，人们往往在一听到偷字以后，便以为那种行动是坏行动，并且以为它和公道法则相矛盾。但是你如果暗中把一个疯人的刀子偷了，以求避免他的行凶，则这种行动虽然亦正可以叫做偷——偷字是这种混杂情状的名称，可是我们如果以上帝的法律来衡量它，并且以那种崇高的规则来思考它，则它便不是罪孽或过失——虽然偷这个字常含着过失的意义。

17　关系是无限的——关于人类行动同法律的关系，就是关于所谓道德的关系，我的话亦就止于此了。

要把一切关系都数出来，那会写成一大册书。因此，我们正不必把它们在这里一一列举出来。我现在的计划只在于以这些例子指示出，我们对于这种广博的关系所有的各种观念都是什么样的。

这种关系既然为数很多，而且它们生起的原因亦很多(我们只要能把各种事物互相比较，则便有所谓关系发生)，因此，我们并不容易把这个关系归为纲领，加以分类。我所举的那些，只是一些最重要的，我举它们亦只是意在借此看看，我们的关系观念是由何得来的，依何建立的。不过在我完结这个题目以前，我还不得不再说下边的一些话。

18 一切关系都归结于简单的观念——第一点，我们分明看到，一切关系都是归结在，而在最终建立于，简单观念上的，而且一切简单观念都是由感觉和反省来的。因此，我们如果应用表示关系的一些名词，则我们在自心所有的(如果我们想任何事物，或者有任何意思)，或向人所表示的，都不外互相比较的一些简单观念，或简单观念的集合体。这一点在所谓比例的关系方面，是最明显不过的。因为一个人如果说，"蜜比蜡较甜"，则他的思想在这种关系方面显然归结于"甜"这个简单的观念上。在别的方面，亦有同样的真实情形。(不过各种观念如果一再混合，则人们便比较不容易注意它们所由以成立的那些简单观念。)就如你提到"父亲"一词，第一你就会看到"人"字所表示的那种特殊的意念，或集合的观念；第二你就会看到"生产"那一个词所表示的那些可感的简单的观念；第三你就会看到生产的结果，就是"儿子"一词所表示的一切简单的观念。又如"朋友"一词，你如果把他当做是爱好他人，慨然做好事于他人的一个人，则它便含着下列的一些简单观念：第一就是"人"这一词，或"有智慧的生物"这一词所含的一切简单的观念；第二就是"爱"；第三就是慷慨或意向；第四就是行动的观念——包括思想和运动两者；第五就是好事的观念，这个指着凡能助进他的幸福的一切事情而言；我们如果一考察，就会知道，这个观念归结于一些特殊的简单观念，而且好事这个词可以普遍地表示这些观念中任何一个，不过它如果完全离了这些观念，则它便全无所指。由此看来，一切道德的名词不论远近总要归结于一些简单观念的集合体，人们虽然常以为，相对名词直接所表示的，只是别的一些可知的关系，可是这些关系如果推其根源，则仍然要归结于简单的观念。

19　我们对关系所有的意念，同对其基础所有的意念一样明白，有时还更为明白——第二点，我们在关系方面所有的意念，亦多半可以比得上我们在关系所依据的简单观念方面所有的意念，那样明白。关系所依据的契合或不契合，我们通常能明白地观念到它，正如我们能明白地观念到别的东西一样。（我们在这方面，只是分辨简单的各种观念和其各异的程度；没有这一层，我们就完全不能有清晰的知识。）因为我固然对于甜、光、广袤等，有明白的观念，可是我们在这些方面亦有相等、较多或较少等明白的观念。我如果知道一个人被一个女子〔就如生普伦尼（Sempronia）〕生产是什么事，则我亦一样知道，另一个人被同一女子（仍是生普伦尼）生产是什么事，因此，我们的兄弟观念同生产观念是一样明白的，或者是更为明白的。我纵然相信，生普伦尼把第塔（Titus）由荷兰芹畦中掘出（如人给儿童们所传说的那样），因而变成他的母亲，随后又以同样方法把开义（Caius）从荷兰芹畦中掘出，我亦一样可以对他们的兄弟关系得到一个明白的意念，正如我具有产婆的一切技术时那样。我只要意念到，有一个女人，以母亲的资格，使他们出生，则我纵然不晓得（或错认了）他们出生的方式，我亦能把他们的兄弟关系建立起来；不论他们出生的方式本身是什么样的，只要他们出生的方式相同，他们就有那种关系。我们只要一比较他们，知道他们是由同一个人所生的，则我们虽不知道他们出生时的特殊情节，亦能意念到他们有那种兄弟关系（或没有）。不过人们在恰当地考察了各种特殊的关系以后，他们心中对这些关系所有的观念，虽然亦如其对混杂情状所有的观念那样清楚，虽然亦可以比他们对实体所有的观念较为确定，可是各种关系的名称，意义往常是可疑而不确定的，就如那些实体的名称，或混杂情状的名称似的；至于比之于各种简单观念的名称，则各种关系的名称更是可疑而不确定的。因为相对的名词只是这种比较的标记，而这种比较又只是在思想中所形成的，又只是人心中的一种观念，因此，人们常常按照自己的想象，把这些名词应用在别的各种事物的比较上，实则他们的想象同应用相同名词的那些人的想象往常是不相符合的。

20 不论我们比较行动时所依的那个规则是真、是假，而关系的意念仍是一样的——第三点，不论我在比较行动时所依的那个规则是真、是假，而在我所谓道德的关系方面讲，我确乎有真正的关系意念。因为我如果以一码来量任何东西，则我所假设的码纵然不确合于标准码，而我仍然会知道，我所量的那东西比那个码是长、是短。码的真、伪，那是另一回事。因为我的规则纵然是错误的，可是我仍然会看到，我所量的那个东西同它是否相契合，因此，我仍然可以看到它们的关系。我虽然会因为利用错谬而不真实的规则，把道德的邪正判断错误，可是我仍然可以确知那种行动同那种规则间的关系如何，仍然可以确知它们是相契的还是不相契的。

第二十九章　明白的、模糊的、清晰的、纷乱的等等观念

1　有些观念是明白而清晰的，有些观念是模糊而纷乱的——我已经将我们观念的起源指示出来，并且亦考察过它们的各种类别，我已经考察过简单观念和复杂观念间的差异，并且观察过复杂的观念如何可以分为情状观念、实体观念、关系观念三种。真的，一个人要想完全熟悉人心在了解事物、认识事物时，有什么进程，则这几层工作是必须都要做到的。我既然论究过这几层，因此，人们或者以为我已经把观念考察够了，不必再多说了。不过我还要求读者允许我把一些别的意见提供出来。第一就是说，有些观念是明白的、有些观念是模糊的、有些观念是清晰的、有些观念是纷乱的。

2　“明白的”和“模糊的”可用视觉来解释——心中的知觉若用视觉方面的名词来解释，最为恰当，因此，我们如果一反省，在视觉的对象方面，所谓明白的或模糊的有什么意义，则我们便可以在观念方面，充分了解所谓明白的或模糊的有什么意义。光明是能给我们发现出可见的物象来的，因此，一种东西所处的光亮，如果不足以使我们发现出它本身中原可以观察到的那种形相和颜色，不足以使我们发现出在较大光亮下所能发现出的那种形相和颜色：则我们便叫那种东西为模糊的。同样，能引起简单观念的那些物象，如果在正常感觉或知觉中，把那些观念呈现出来，则那些观

念可以说是明白的。记忆如果能把这些观念保存起来，并且人心在需要考察它们时，就能把它们重新生产于心中，它们就是明白的观念。它们如果缺少了原来的精确性、失掉了起初的新鲜性，而且被时间所消磨，它们便成了模糊的。复杂的观念既是由简单观念形成的，因此，形成它们的那些简单观念如果是明白的，而且组成它们的那些简单观念的数目和秩序亦是有定的、精确的，则它们当然亦是明白的。

3 模糊性的起源——简单观念所以模糊的原因，或则由于感官太暗弱，或则由于物象所留的印象太微弱、太暂促，或则由于记忆太薄弱，不足以保持所接受的印象。我们如果再用可见的物象，来帮助我们了解这一层，则我们可以说，知觉器官或官能，如果同受了冷而变得过硬的蜡似的，在平常的推动力之下，不足以接受图章的印象，或者如同太软的蜡似的，在接受了印象以后，不能保持印象，则图章所留的印纹便会模糊起来。其次，蜡质如果不变，可是盖印时，并未加以充分的力量，以至不能刻得明白的印象，则印象亦会模糊起来。我想，这种情形，不用解释，就已经不能再明显了。

4 清晰的和纷乱的观念——所谓明白的观念就是外界物象在配置适当的感官上起了作用后，人心所充分地、明显地知觉到的一种观念。同样，所谓清晰的观念，就是指人心所见为与别的观念厘然有别的一种观念。至于所谓纷乱的观念，则是指一种与别的观念本应分别而竟不曾充分分别的观念而言。

5 反驳——有人不免会反对说："如果你说，所谓纷乱的观念就是指那个与其他观念本应分别而竟不曾充分分别的观念而言，则我们在任何地方亦不容易找出一个纷乱的观念。因为任何观念之为此、为彼，都是以人心所知觉的为断；而且这种知觉就足以充分地把它同别的一切观念分别出来，因此，它们只要有分别，就能被人心知觉其分别。因此，除非你如想使一个观念同其自身有所分别，那么没有观念是会同别的差异的观念互相混淆的。因为它同任何别的观念都是显然有分别的。”

6　观念的纷乱是就其名称说的——为了避免这个困难，并且为了帮助我们来正确存想，人们所责怒的观念方面的纷乱性究竟是由何起的，则我们必须考究，各异的名称所分别标志的各种事物，常被人假设为是有足够大的差异可以互相分别的，因此任何时候它们每一种都可以用特殊的名称，分别标志和谈说。因此，人们就以为各种差异的名称大部分都表示着各种差异的事物。不过一个人所有的观念既分明是那个观念，而且与别的一切观念互相差异（除了与它自己无差异），因此，我们就应当研究它所以纷乱的原因。据我看来，观念之所以纷乱，乃是因为表示它的那个名称，不是它所特有的那个名称，而且是因为两种事物（两种名称所表示的那些事物）间所应有的差异被人忽略，并且因此使本应属于此名的事物，反而属于彼名。因为这种缘故，我们原来用这些名称所标记的那层区别，就失掉了。

7　引起纷乱的一些过失——往往引起这种纷乱的，我想是下述的一些过失：——

第一点，由于形成复杂观念的那些简单观念，有时数目太少。——第一点，形成复杂观念（因为复杂观念是最易纷乱的）的那些简单观念，有时数目太少，而且是别的事物所共有的，因此，那个观念的特点就失掉,使原来标记它的那个名称,就失了作用。因此,一个人的豹子观念,如果只是由一种有斑点的动物所呈现出的一些简单观念所形成的,则他的观念不能不是纷乱的。这种观念并不足以同大野猫以及别的有斑点的动物区分开。因此,这个观念虽然有"豹子"一个特殊名称,可是它和"大野猫"一名所标志的那个观念并无分别,它不但可以叫做豹子,而且亦可以叫做大野猫。至于人们常用概括的名词来定义各种名称,那亦能使我们用这些名称所表示的那些观念,纷乱起来、不确定起来。不过这一层可以让别人来考察好了。我们现在只可以说,纷乱的观念是能使文字的用途不确定的、是能消失了各种名称的功用的。我们用各种名词所表示的各种观念,如果没有各自的特点,以与那些名称相应合,则它们一定是纷乱的。

8 第二点,由于复杂观念中那些简单观念次序混杂——观念所以纷乱还由于另一种过失,就是说,形成观念的那些特殊情节虽然数目足够,可是它们又混杂纷乱,使我们不易辨识,它是应该属于它现在那个名称,还是应该属于别的名称。要想了解这种纷乱,我们顶好以常见的一种奇异的图画为例。人们常用铅笔在平面上画一些图画,我们在一看之下,只觉得各种颜色烘托出一些奇怪荒诞的形相来,并且觉得它们的位置亦是杂乱的。这个图形的各部分虽然没有配合、没有秩序,可是它并不是一个纷乱的东西,正如一张有云彩的天空画一样,其中的颜色和形相,虽然没有秩序,可是无人会以为它是一张纷乱的画片。失了对称、既然不能使图画纷乱了,因此,人就会问说,"那么什么才能使它纷乱呢?"这种情形既然分明不能使图画成为纷乱的,因此,我们如果再照这个图形画一个，亦不能说它是纷乱的。不过我可以答复说，我们所以想它是纷乱的，乃是因为它同标志它的那个名称并没有特别明显的关系，正如它同其他名称一样。我们如果说，这画画得是人或是恺撒，则任何人可以合理地认它为纷乱的，因为它在那种情形下，并没有特殊的标志，使我们称之为人或恺撒，亦正如我们不能称之为狒狒或庞培一样。狒狒或庞培所代表的观念，虽与“人”或“恺撒”所代表的观念不同，可是在这里，这四个名词和那幅图画都一样无明显的关系。但是我们如把一个圆锥形的镜子置在适当的位置，使平面上那些不规则的光线合拢到适当的秩序和比例中，则便无所谓纷乱，而且我们的眼亦立刻会看到它是一个人或是恺撒；亦立刻会看到，它应该有那个名称，而且与狒狒或庞培厘然有别——与这些名称所表示的观念厘然有别。我们的观念亦正是这样的，因为观念亦就是事物的图画。这个心理的图画，不论其各部分如何配列，都不能说是纷乱的，因为它们分明是它们那样子。可是在你以普通的名称称它时，它与那个名称如果并没有特殊的关联，亦正如与别的意义不同的名称没有关联一样，则它当然是纷乱的。

9　第三点，由于它们变化而不确定——第三点，我们的观念所以纷乱，还由于第三种过失，就是，复杂观念中有时不免有一二观念是不确定的。因此，我们可以看到，有的人们因为不确知其平常用语的确当意义，就乱用各种言辞，所以他们在每用那些名词时，就总爱改变他们用这些名词所表示的各种观念。一个人在想到教会(Church)或偶像崇拜(idolatry)时，如果不确知这些观念中应当包含什么，或排斥什么，并且不能固守形成这些观念的那些简单观念的精确的集合体，则他的教会观念或偶像崇拜观念，便是纷乱的。不过他的观念所以纷乱，仍是因为前边的理由，仍是因为一个可变化的观念（如果我们可称为一个）同两个互异的名称有几乎相同的关系，使有差别的名称所表示的差异消失了。

10 离了名称，则所谓纷乱是不可想象的——由前边所说的看来，我们就可以看到，人们既然以为各种名称是事物的确定标记，而且以为它们可以借其差别来代表本有差异的各种事物，使之厘然个别，因此，我们之所以说某些观念是清晰的或纷乱的，正是因为人心秘密地、不知不觉地，把它的各种观念同这些名称联络起来。人们在读了我在第三部中关于文字所说的话以后，或者对此点更能充分了解。不过我们确乎可以说，我们如果不注意各种观念同各种清晰的名称（清晰的各种事物的标记）间的关联，则我们便不容易说，什么是纷乱的观念。因此，一个人如以一种名称来标记厘然各别的一类事物或一个特殊的事物，则他在这个名称上所附加的复杂观念之清晰与否，是看组成它的这些观念如何而定的。那些观念如果愈特殊，它们的数目如果愈大，秩序如果愈确定，则那个复杂观念亦会愈清晰。因为它所含的这些观念愈多，则它愈有了许多可觉察的差异。有了这许多差异，则它便同别的名称所表示的观念（甚至与它极相近的观念）愈可分离，便同它们不至于混乱在一块儿。

11 纷乱永远发生于两个观念之间——所谓纷乱既然常使我们不易分别两个本应分别的东西，因此，纷乱便永远发生于两个观念之间，尤其发生于两个极相近的观念之间。因此，我们如果猜想自己的观念是纷乱的，则我们应当考察，它和哪一个观念最容易相混、最不容易分辨。在考察之后，我们将会看到，那另一个观念当属于另一个名称、当是另一种东西。不过因为它或者与前一个观念是一致的，或者是前一个观念的一部分，或者至少亦可同前一个观念有相同的名称；因此，它们就分别得不甚清楚。因为这种缘故，它同那个别的观念，虽有差异的名称，却与它无所分别。

12　纷乱的原因——我想所谓观念的纷乱，就是指观念和名称间这种秘密的关联而言。纵然除此以外，还有别种纷乱，而我至少亦可以说，这种纷乱是最能扰乱人的思想和谈论的，因为表现于名称中的各种观念，是人类自心推论时大部分所用的，而且亦常是向他人所表示出的。因此，我们如果只假设有两个不同的观念为两个不同的名称所标记，可是那两个观念之分别并不如表示它们的那两种声音那样清晰，则我们便不免于纷乱。反之，两个观念如果是清晰的，一如表示它们的那两个声音观念一样，则它们中间便无所谓纷乱。避免纷乱的途径，就在于把一些富有特征的成分至精极当地联合成一个复杂的观念；使它们有确定数目和秩序，并且恒久不懈地用一个名称来称呼它。不过这种做法既无补于人的舒适和虚荣，又无助乎其他任何企图，只能把赤裸裸的真理发露出来，因此，这种精确性，我们只好愿望它，却不能希望它，因为人们就不常爱追求真理。不过要把各种名称松懈地应用于变化多的、不确定的，甚或不存在的各种观念上，那不但能掩盖了自己的愚陋，而且足以淆乱人的耳目、迷惑人的视听，使人觉得自己的知识高越、学问广博，因此，我们正不必惊异，许多人一面抱怨他人的用语含糊，一面却又犯那种毛病。不过我虽然想，在人类意念中所见的纷乱情形，大部分都可以借细心和机巧避免了，可是我并不敢妄说，那种纷乱到处是人故意造成的。有些观念是太复杂的，而且是由许多的部分形成的，因此，我们的记忆并不容易精确地保持一个名词所表示的那些简单观念的集合体，因此，我们更不容易精确地猜度，别人用那个名词时，究竟表示着哪一个复杂的观念。因为第一种原因，所以一个人自己的推理和意见往往发生了纷乱，因为第二种原因，所以我们同别人谈话和辩论时，往往发生了纷乱。不过我既然在下一卷中，详细论述过文字，以及其缺点和滥用，因此，我在这里就不再多说了。

13 复杂的观念有时此一部分是清晰的，彼一部分是纷乱的——我们的复杂观念既是由简单观念的集合体错综所形成的，因此，它的此一部分虽是明白清晰的，可是它的另一部分亦许是模糊的、纷乱的。就如一个人说一个千边形时，他的数目观念虽是可以清晰的，可是他的形相观念亦许是纷乱的。因此，一个人在谈论并解证那个复杂观念中属于千数的那一部分时，他往往以为他自己有一个清晰的千边形观念。不过，他显然对于千边形的形相并没有十分精确的观念，借以把千边形，同九百九十九边形分别清楚。人们因为看不到这一层，所以在自己的思想中有不小的错误，在同人谈论中，有不少的纷乱。

14 这种情形，我们一不注意它，就能在我们的辩论中引起纷乱来——人如果觉得自己对于千边形的形相有一个清晰的观念，则他可以把一个组织一律体积相等的物体（如金或蜡），做成一个九百九十九边形，来试试看。我自然相信，他可以借着边的数目，把这两个观念分别清楚，而且他的思想和推论如果限于这些观念中属于数目的那一部分，则他亦会在这两个观念方面，有清晰的推理和辩论，他将会知道，一个形的边数可以分为等数，一个不能，此外，他还可以知道别的情节。但是他如果进而以形相来分辨它们，则他立刻会茫然不知所措，他一定不能只凭这两块金子的形相，在心中形成两个厘然各别的观念，如他对于一个金六面体，同金五面体所形成的观念那样清晰。在这些不完全的观念方面，我们最易自欺，亦最易同旁人口角；而在那些观念有特殊的、惯熟的名称时，尤其是那样的。因为我们既然熟悉了那个观念中的明白部分，而且我们所熟知的那个名称又应用于全体，而全体又包括了模糊的和不完全的部分，因此，我们就容易用那个名称来表示那个纷乱的部分，并且自信不疑地，根据这个名称，在意义模糊的那一部分方面演绎出一些理论，就如在明白的那一部分方面似的。

15　以永久观念为例——因为我们口头上常提到“永久”(eternity)一名，所以我们常想自己对于它有一个涵盖的积极的观念，常想那个绵延中的任何部分都明白地包括在我们的观念中。真的，爱这样想的人，或者对于绵延有一个明白的观念，或者对于很长的绵延有一个很明白的观念，或者可以明白地观念到那个很长的绵延和更长的绵延的比较；不过他的绵延观念不论如何之大，亦不能包括了他所假设的那个无边绵延的全体，因此，在他的思想中所能表象出的那个很长的绵延边境以外，一定还有别的部分，而且那些部分一定是很模糊、很不确定的。因此，在关于永久以及他种无限方面所有的争执和推论中，我们往往糊涂起来，使自己陷于明显的矛盾中。

16　再以物质的可分割性为例——在物质方面，若远远超过了我们感官所见的最小部分而外，我们便再不能明白地观念到部分的渺小性。因此，在我们谈说物质的无限可分割性时，我们虽然可以明白地观念到分割作用、分割的可能性，以及全体分割后的各部分，可是我们如果已经把一种物体分到很渺小的程度，而且它们的渺小程度远出于我们任何感官所能分辨的范围以外，则我们对于那些行将再被分割的分子或微小物体，便只有很模糊、很纷乱的观念。因此，我们所能明白的对之有清晰的观念的，只有抽象的或概括的分割作用和**全体**与**部分**的关系。至于经了几度分割，而且行将再被无限分割的那个物体的体积，则我想，我们对它完全没有明白清晰的观念。因为我可以问任何人，他如果取来一粒他从来所见的最小的微尘，则他是否能清晰地观念到那个微尘的万分之一，和十万分之一间的差异（数目本身不计，因为它不关乎广袤）？他如果觉得自己能把这些观念精致化了，并且完全看到它们，则他还可以更进一步，在这些数目上各加十位数字。我们之假设这样小的程度，并非不合理的，因为在这样分割以后，仍没有达于无限分割的最后点，正如一起始我们只把它分为两半时似的。在我看来，我并不能明白地、清晰到、观念到，那些物体的各种不同的体积或广袤，我对它们只能得到一种很模糊的观念。因此，我想，我们在谈说物体的无限分割性时，我们对于它们的各种体积所有的观念（这正是分割的基础），在进了几级以后，便混淆了，而且几乎完全失没在一片模糊之中。因为一个只表象大小的观念，如果与十倍大的一个观念，除了在数目方面以外，并无别的区分，则它一定是很模糊、很纷乱的；因为我们只能明白地、清晰地观念到十和一，可是并不能清晰地观念到那两种广袤。由此我们分明看到，在我们谈说物体（或广袤）的无限分割性时，我们所能明白地、清晰地观念到的，只是一些数目。至于明白的、清晰的广袤观念，则在几度分割以后，便全形消失。至于那些极微小的部分，则我们根本对它们没有清晰的观念；我们在这方面的观念，亦同别的一切无限观念一样，归来、归去，仍是一些屡加不尽的数目观念，因此，我们并不能清晰地观念到实在的、无限的各部分。真的，只要我们存想分割，我们就会有明白的分割观念。不过我们虽能这样，亦不能明白地观念到物质的无数部分，就如我们不能清晰地观念到无限的数目一样，虽然我们有了一个数目，立刻又可以再加上别的新数。不尽的分割性之不能使我们明白地、清晰地观念到实在的无限部分，正如无限的可加性(addibility)之不能使我们明白地、清晰地观念到实在的无限数目一样。它们两者都在于能无限地增加数目的一种能力——不论这个数目原来有多大。因此，对于后来应加的数目(正是无限的基础)，我们便只有一种模糊的、残缺的、纷乱的观念。我们如果根据这个观念，有所推论，有所辩难，则我们便不能达到任何精确和明白的程度；这种情形，在数学方面，亦是一样。我们对于一个数目，如果不能如对四和百一样，有一个清晰的观念，而只是对它有一个相对的、模糊的观念，只知道它比别的任何数目大，则我们的推论万不会精确。因此，我们如果说它大于或多于四万万，则亦正同说它大于"四十"或"四"一样，在两种情形下，我们都不能对它有了明白的、积极的观念。四万万这个数亦并不比四这个数为更近于加的进程(或数目)的尽处。因为你如果在四上加四，如此一直加下去，固然亦不会达到一切加的进程的尽处，可是你纵然在四万万上，再继续加四万万，你亦一样不会达到加的进程的尽处。同样，在永久方面，一个人如只有"四年"的观念，固然不足以有了一个积极的完全的观念，可是另一个人纵然有了"四万万年”的观念，亦一样不能有这种积极的观念。因为在这两个年数以外所余的那些时间，都一样是不明白的；这就是说，他们两人对那个时间，完全得不到任何清晰的、积极的观念。因为一个人继续在四年上加四年，固然永达不到永久，可是另一个人纵然继续在四万万年上加四万万年，亦一样不能达到永久。他纵然尽量往前加，而所余的深渊仍然远超于这些过程的终点，正如其远超于一日之长或一时之长一样。因为任何有限的东西都不能同无限的东西成比例，因此，我们的观念，既是有限的，当然不能同无限成比例。在我们的广袤观念方面，亦是这样，我们纵然以加法来继增（正如以减法来递减似的），并且把我们的思想扩充至于无限的空间，亦一样不能有了积极的无限观念。把我们所惯熟的最大广袤观念重叠起来几次以后，我们对那个空间，便不能再有明白的、清晰的观念。那个观念会变成一个不清晰的大观念，并且还附有一种更大的观念。我们如依据这个观念来推理、来辩论，则我们将会看到，自己常不知所措。因为辩论中所用的观念如果系纷乱的，而且我们的演绎亦是由观念中的纷乱部分来的，则它们当然要常使我们陷于纷乱中。

第三十章　实在的和幻想的观念

1　实在的观念是和其原型相符合的——在观念方面，除了上述的那几点以外，我们还可以从其所从出的来源，或人们假设它们所表象的那些东西，来考察它们。因此，我想，它们还可以分为三类。就是：

第一，实在的，或幻想的（real or fantastical）。

第二，贴切的或不贴切的（adequate or inadequate）。

第三，真正的，或虚妄的（true or false）。

第一，所谓实在的观念，就是说在自然中有基础的。凡与事物的真正存在或观念的原型（archetype）相符合的，都属于这一类。所谓幻想的，或狂想的观念，就是指那些在自然中无基础的观念而言，这就是说，它们和它们暗中指向的那个实在的事物——原型——不相符合。我们如果一考察上述的各种观念，我们就会看到：

2　简单的观念是实在的——第一点，我们所有的简单观念都是实在的、都是与实在的事物相契合的。我所以如此说，并不是说，它们都是实在事物的影像或表象；因为除了在原始性质以外，我们在别的性质方面，已经看到有相反的情形。不过白与冷虽然不在雪内，正如痛觉不在雪内一样，可是白、冷、痛那些观念，既是外物能力的一些结果，而且造物者已经指定这些外物，要给我们产生这些感觉，因此，这些观念就是我们的实在观念，而且我们可依据它们来分别事物本身中真正存在的那些性质。因为这些现象既然可以当做一些标记，使我们来知晓、来分辨我们所接触的各种事物，因此，我们的观念不论只是外物的一些恒常的结果，或是外物的精确表象，它们都一样可以成为实在的，能分别的特征；因为所谓"实在"其含义就是各种观念和实在事物的各种差异的组织，是恒常地相对应的。至于那些组织，对它们或为原因，或为印模，都无关系，它们只要常被那些组织所产生，它们就是实在的。因此，我们的一切简单观念，所以都是实在的、真正的，只是因为它们同能产生它们于人心中的那些事物的能力相契合；因为只要有这个条件，它们就会成了实在的，而不是任意的虚构。因为在简单的观念方面（如前所说），人心完全限于外物所加于它的那些作用，而且它只能接受简单观念，并不能造作简单观念。

3 复杂观念是自愿的集合体——在简单观念方面，人心虽然是完全被动的，可是我们可以说，它在复杂的观念方面，并不如此。因为它们虽只各有一个名称，可是它们仍是简单观念的集合体，因此，我们分明看到，人心在形成这些复杂观念时，不免有几分自由。否则，一个人的黄金观念，或正义观念，如何会同另一个人的不同呢？他们所以如此，只是因为他们在其复杂观念中，所加所减的简单观念，互有出入。因此，我们的问题就是说，这些观念中，哪一些是实在的集合体，哪一些只是想象的集合体？哪一些集合体和实在的事物相应，哪一些不相应？关于这一层，我可以说：

4 复杂的情状如果是由互相符合的一些观念所形成的，则它们便是实在的——第二点，混杂情状和混杂关系的实在性，既在于人心中，因此，只要有可能的存在同我们所形成的那些观念互相契合，那些观念就成了实在的，此外并不需要别的条件。这些观念因为本身就是原型，所以它们亦不能与自己的原型相差异，而且人们若非在其中混杂进去一些互不相符的观念，则它们便不能说是狂想的。不过这些观念如果在普通言语中有其确定的名称，而且心中有这些观念的人在表示它们于人时，亦要需用这些名称，则只有存在的可能性并不足以使它们成为实在的。它们必须同平常表示它们的那些名称的含义相符合，才能不流为幻想的，因为我们如以“正义”一名来应用于普通所谓“宽大”，那正是幻想的。不过这种幻想多半关系于语言的妥当与否，不很关系于观念的实在与否。一个人在危险中，如果能泰然自若，并且能沉默地决定应为的事、沉着地进行其应为的事；则这种情形便是可能的一种行动的混杂情状或复合观念。不过一个人在危险中虽可以泰然自若，可是他亦许全不用自己的理智和勤勉；这亦是一种可能的情状，因此，亦同前一个观念是一样实在的。不过前一个概念既有勇敢一名，所以它在那个名称方面，可以是一个正确的观念，亦可以是一个错误的观念。不过后一个观念，在任何语言中既没有一般公认的名称，因此，它就无所谓差误可言，因为它并不同别的任何东西互相参考。

5　实体观念如果与事物的存在契合，则它们亦是实在的——第三点，我们所形成的复杂的实体观念，既然完全参照于外物，而且我们原想以它们来表象真正存在的实体，因此，它们所含的各个简单观念必须实在联合在一块儿，必须实在共存于外物中，然后它们才能成了实在的。它们所含的那些简单观念的集合体，如果并没有实在的联合、如果并不存在于任何实体中，则它们便完全是幻想的。你如果说有一个有理性的动物，具着马头人身，如人所说的centaur那样；你如果说有一个物体，色黄、可展、可熔而又确定，可是比普通的水还轻；你如果说，有一种物体，其组织一律，而且其各部分（在感官觉来）亦是相似的，可是它却具有知觉和自愿的运动，你如果这样说，则你的观念显然是幻想的。这些实体究竟能否存在，我们恐怕是无从知道的；但是无论如何，这些实体观念既然不与我们所知道的现存的模型相契合，而且它们所含的观念的集合体，我们在任何实体中都不曾见实在联合在一块儿，因此，我们应当认它们是完全幻想的。至于别种复杂的观念，如果它们的各部分是互不相符的，或矛盾的，则它们当然更是幻想的了。

第三十一章　相称的和不相称的观念

1　相称的观念是完全表象其原型的——在我们的实在观念里边，有些是相称的，有些是不相称的。所谓相称的观念就是完全表象着人心所假设的那些观念的原型的；（人心以这些观念来代表这些原型，并以这些原型为参考。）至于所谓不相称的观念，则只是部分地、不完全地表象它们所参考的那些原型。在这方面，我们看到：

2　简单的观念都是相称的——第一点，我可以说，我们的一切简单观念都是相称的。因为它们既是外物能力的一些结果，而且上帝亦特意使这些外物必然地来产生这类感觉，因此，它们不得不同那些能力相对应、相契合；而且我们确乎知道，它们是和实在的事物相称合的。因为糖既然能给我们产生出所谓白和甜等观念来，因此，我们就确乎知道，糖中一定有一种能力，来在我们心中产生那些观念。每一种感觉既然同作用于我们任何感官上的能力相照应，因此，由此所生的观念一定是一个实在的观念（它不是人心的虚构，因为人心就没有产生任何简单观念的能力），一定不能不是相称的，因为它是同那种能力相照应的。同样，一切简单的观念亦都是相称的。真的，我们在称呼能产生这些简单观念的那些事物时，常以为这些观念就是在外物中存在的，而不常认外物只是这些观念的原因。因为我们在称火能引起痛觉时，固然只是说它有一种产生痛苦观念的能力，可是我们在说它是亮的、热的时，我们总以为光和热真是在火中存在的，并不以为它只是能给我们产生这些观念的一种能力。不过，实在说来，这些性质只是能给我们产生观念的一些能力，因此，我如果说，次等的性质是在事物中的，或是说它们的观念是在能产生它们的外物中的，则人们应该知道我所说的只是一种能力。这类说法完全是为适应通俗的意念而起的，因为没有这些意念，一个人就不能为他人所充分了解。不过这些说法所指的仍是外物中能产生某种感觉或观念的一些能力。因为我们如果没有适当的器官，来接受火在视觉和触觉上所起的印象，而且我们如果没有一个心同那些器官相连，从火或日来的印象，接受到光和热的观念，则世界上便不会有光或热，这个正比如日尽管照、伊特纳火山（Mount Ætna）尽管高喷，若是没有感觉的动物，世界上亦不会有痛苦似的。至于我们所能观念到的凝性、广袤，以及其所形成的形相、运动和静止，则不论世上有无感觉的动物来感觉它们，而它们仍是实在地在世上存在的。因此，我们应当看这些是物质的实在的变状，而且是由物体而来的能引生感觉的一些原因。不过这种研究不属于这个范围，因此，我就不再详论这一点。现在我将要进而指示出，某些复杂的观念是相称的，某些是不相称的。

3　一切情状都是相称的——第二点，我们那些复杂的情状观念，既只是人心随意集合来的一些简单的观念，而并不以任何实在的原型或任何地方存在的模型为标准，因此，它们便不能不是相称的观念。因为人既不打算把它们作为实际存在的事物的摹本，而它们只是人心自造的一种原型，而且人心亦可以自由以这些原型来归类事物，命名事物，因此，它们便不能缺乏任何东西；它们各个所有的观念的集合体，和这集合体的完美程度，正是人心原来所规划的，因此，人心便满意它们，并且感不到任何缺陷。因此，我如果观念到有一个形相，其三边交会于三角，则我便有一个完全的观念，而且这个观念本身就是完全的，并用不着别的东西，再使它来完全。我们所以说，人心完全满意于它的观念的完美性，乃是因为我们分明看到，纵然假设三角形真正存在，而人心亦不以为任何理解可以对于“三角形”一词所表示的那种东西，有一个更完全的观念。它自身所有的那个三边三角的复杂观念就已经完全，而无缺陷。只要有了这个条件，则不论三角形的观念如何存在，或何处存在，它的必需条件就已具备，它就可以自身完成。不过我们的实体观念却不如此。因为在这里，我们既想着模拟事物的实在情形，并且给自己表象出它们的一切特性所依靠的那种结构，因此，我们就看到，自己的观念并不能达到我们所心想的那种完美程度。我们总觉得它们缺少一些我们所以为它们应有的东西，因此，它们都是不相称的。不过混杂的情状和关系，既然本身是原型，而没有另外的模型，因此，它们所表象的，只是自身，并没有别的，因此，它们都是相称的，因为样样事情都是自足而无待于外的。人如果原来想到有一种危险呈现出来，可是看到危险的人，却毫无恐惧，泰然自若，而且能沉着地考虑应付的步骤，并且能镇静地进行一切，不为危险所慑；人如果原来想到这些情形，并且把这些观念合拢起来，则他的心中一定会由此集合体发生一个复杂的观念。他原来所心想的既是那个观念自身，而且那个观念所含的一切简单观念，亦就是他原来所心想的，此外再不需要别的，因此那个观念不能不是一个相称的观念。随后，他又把这个观念藏在记忆中，以勇敢一名，来向人表示它。因此一种行动如果与这个观念相契,他就称它是勇敢的,因此,他就有了一种标准,来衡量各种行动,并且给以相当的名称。这个观念本身既然是模型,因此,它必然是相称的,因为它并不与别的东西相参照,而且它亦不是由别的元素所形成的,只是由原集合者的乐意和意志形成的。

4　情状若与固定的名称相参照,就可以成为不相称的——另一个人后来在谈话中如果从他学得"勇敢"一词,则那个人所形成的观念,虽亦有勇敢一名,可是那个观念亦许同原作者用此名时,所表示的观念不一样,亦许同他用此名时心中所有的观念不一样。在这种情形下,如果那个人以为他的观念在思想方面正和原作者的观念相契合,亦正如他在说话时,他所用的名称正同原作者所用的名称在声音方面相契一样;则他的观念可以是很错误、很不相称的。因为在这种情形下,他在思想时,既然以原作者的观念为模型,正如在说话时,他的文字(或声音)以原作者的文字为模型一样,因此,他的观念离他所指向的那个原型和模型(这正是他想以名称表示出的)有多远,则它的观念在那种范围内,就是残缺的、不相称的。他既然想以这个名称来标记原作者的观念(这个名称原来是应该附加在这个观念上的)和自己的观念(他以为它是同原观念相契的),因此,他的观念如果与原作者的观念不恰相契合,则他的观念是错谬的、不相称的。

5　因此,这些复杂的情状观念,如果被人心指向于别的有智慧的存在者心中所有的那些观念,则我们所用的名称同原作者的名称纵然一样,而这些观念仍然会很缺陷、很错误、很不相称的。因为在这种情形下,它们不能同人心给它们所指定的那些原型或模型相契合。只有在这方面，一个情状才可以是错误的、残缺的或相称的。因为这种缘故，在一切观念中，混杂的情状观念是最易陷于错误的。不过这种情形，关系于说法之当否者多，关系于知识之正误者少。

6 实体观念，如果同实在的本质相参照，则是不相称的——第三点，就要说实体观念，这些观念我们在上边已经说过。它们在人心中具有两个参照对象：(一)有时它们是指示每种事物中假设的实在的本质的；(二)有时人们只以为它们是人心中对实际存在的外物所有的一些图画和表象；至于表象的途径，则借助于那些事物中所发现出的各种性质在人们心中所生的观念。在这两种情形下，那些原型的摹本都是不完全的、不相称的。

第一点，人们寻常用实体的名称以来表示一些事物，并且以为那些事物所以能成为此种或彼种，乃是因为它们有某种实在的本质。因为惯于这种思想，所以有些名称虽然只表示人心中的观念，并不表示别的，而人们亦往往要把自己的观念参照于那些实在的本质，以为它们是那些观念的原型。我们常见人们假设各种实体都有一种物种的本质，而且以为各个个体都同其物种的本质相契合。这一层是无须证明的，不但如此，而且人们如果不如此假设，别人还觉得他们是奇怪的(人们如果饱受了欧洲的教育，则他们更易如此假设)。因此，他们便常把标志特殊实体的那些物种特有的名称，应用在各种事物上，以为那些事物各个是为其物种的实在的本质所区分的。真的，一个人如果自称为“人”，则他的意思只是说，他有人的实在的本质，因此，你如果怀疑这一点，人们往往会见怪你。但是你如果请问，那些实在的本质究竟是什么，则人们又分明不知道它们。由此我们就得出结论说，他们心中所有的观念，虽然参照于实在的本质，可是那些原型是我们所不知晓的，因此，那些观念便必然不是相称的，因此，我们就不能假设，它们是任何原型的真正表象。我们已经说过，我们所有的复杂的实体观念，只是我们所经常在一块共存的一些简单观念的集合体。不过这样一个复杂观念并不能成为任何实体的实在本质。因为要是如此，则我们在一个物体中所发见的各种性质都当依靠于这个复杂的观念，都可以由这个观念演绎得出，而且它们的必然联系亦应该为我们所知晓；就如三角形的三边围了一段空间，我们可由三边的复杂观念推演出三角形的一切可发现的性质一样。不过我们分明见到，在我们的复杂的实体观念中，并没有任何观念，可以为其中所含的一切其他性质所依托。平常人们所有的铁的观念，只是具有某种颜色、重量和硬度的一个物体；至于可展性则人们认它是属于铁的一种特性。不过这种特性和那个复杂观念，或其任何部分，并无必然的联系。我们之不能说，铁的可展性依靠于其颜色、重量和硬度，正如不能说它的颜色、重量和硬度依靠于它的可展性一样。但是我们虽然不知道这些实在的本质，可是人们却最为寻常不过地认为各种事物都有这类本质。因此，许多人们便径直假设，做成我指上金环的那个特殊的一团物质，一定有一种本质才可以使之成为黄金，而且他们还假设，我在黄金中所发现的一切特性都是由此种本质流出的——就如黄金的特殊颜色、重量、硬度、可熔性、确定性、同接触水银后的颜色的变化等等。不过这些特性虽然说是由这个本质所形成的，可是我们如一考察它、追求它，则我们分明看到，自己不能把它发现出来。我们所能为力的，顶多亦只能假设说,它既是一种物体,则这些性质所依托的那种实在的本质或内在的组织,一定只是它那凝固的各部分的形相、大小和联系。不过我对于这些既然完全没有清晰的知觉,因此,我亦就不能得到本质的观念(可是黄金所以有光耀的黄色,它所以比体积相等的其他物体都重,它所以一见水银就变了颜色,原因只是因为它有实在的本质)。如果有人说,这些性质所依托的实在的本质和内在的组织,不是黄金中凝固的各部分的形相、大小和联系,而是另一种东西,而是所谓特殊的形式(particular form),则我比以前反而更不能得到实在的本质的观念了。因为我虽然不能观念到黄金的各部分究有何种"特殊的"形相、大小和联系,可以产生出上述的那些性质来(这些性质只存在于我指上那一团特殊的物质,并不存在于我削写字的笔时所用的那一团特殊的物质),可是我还能"概括地"观念到凝固的各部分的形相、大小和联系。但是人如果告我说,那个物体的本质不是它的凝固的各部分的形相、大小和情况,而是所谓"实体的形式"(substantial form),则我敢自白,我完全没有这种形式的观念,我只有"形式"二字的声音的观念;这个观念当然与实在本质(或组织)的观念是全不相干的。我不但对于这种特殊实体的实在本质全无所知,而且我可以自白说,我对于一切其他自然物体的实在本质,亦全无所知。不但我是如此的,而且我敢相信,别的人们如果一考察他们自己的知识,亦会看到自己在这一点上是全无所知的。

7 由此看来,人们在以一个通用的名称,应用于我指上这一团特殊的物质,并且叫它为黄金时,他们通常所给的那个名称,在他们认为(或者别人以为他们如此)是属于某种特殊的物体的,而且那些物体是有一个实在的内在的本质的(有了这种本质,这个特殊的实体才自成一类,才得到那个名称)。那个名称既然是标志出那些事物具有那种本质,因此,那个名称原来就是指向那个本质的;因此,那个名称所表示的那个观念原来亦一定要指向那种本质,而且人们原来亦想用它来表象那种本质。不过应用这些名称的人们既然不知道这种本质,因此,他们的实体观念在这一方面一定是不相称的,因为人心原想,那些观念包含那种实在的本质,而它们却竟然是不曾包含这种本质的。

8　各种实体观念,如果当做实体的各种性质的集合体看,则都是不相称的——第二点,有的人们以为要假设一些不可知的实在的本质,以来区别各种实体,那实在是无用的,因此,他们便忽略了此点,而努力把各种实体中共存的那些可感性质的观念合拢起来,以求模拟各种实体。这些人们确乎比只想象一种己所不知的实在的物类本质的人们,要较接近于实体的真相。不过他们虽然想把实体的观念模拟在心中,可是他们仍不能达到完全相称的观念;而且那些摹本亦并不能精确地、充分地,把它们原型中所有的一切观念都包括进去。因为我们的复杂的实体观念,原是由诸种性质和能力所形成的,可是那种性质和能力,数目太多、花样太繁,任何人的复杂观念亦不能包括尽它们。我们的复杂的实体观念中,并包括不尽事物本身中共存的一切简单观念,因为我们分明看到,人们很少在任何复杂的实体观念中,把他们所知道在其中存在的一切简单观念都加进去。因为他们既然想使他们所用物类名称的意义尽量明白、尽量简便,因此,他们在形成那些物类的实体观念时,往常只用在其中所见的少数的简单观念。不过加进去的这些观念，亦并不比所遗落了的那些观念，有什么原始的特权或权利，可以形成物类的观念，因此，在这两方面，我们的实体观念都是残缺不全的、不相称的。形成复杂的实体观念的那些简单观念，除了某些物体的形相和体积而外，统统都只是一些能力。这些能力既然是同别的实体接触后发生的一些关系，因此，我们永不能确信自己知道任何一个物体中所有的一切能力。因为要想知道它的一切能力，我们必须在各种方式下，试试它和别的实体接触后，能发生什么变化。这种试验既不能行于任何一个事物，更不能行于一切事物，因此，我们从不能根据任何实体的一切特性的集合体，对任何实体形成相称的观念。

9 任何人在初见了号称为黄金的那一团实体时，一定不会合理地推断说，他在那个物块中所见的体积和形相依托于它的真正的本质或内在的组织。因此，他对于那种物体所形成的观念中，从不包含这些性质。他在一起初亦许把那种物体的特殊颜色和重量抽象出来，来形成那种物体的复杂观念。不过这两种性质都只是两种能力：一种在某种方式下，来刺激我们的眼，使我们发生所谓黄的观念；另一种则可以使它在同任何别的体积相等的物体置于相等的天平上时，把那种别的物体强抬高起来。至于别的人或者在这两种性质以外再加上可熔性和固定性两个观念，不过这亦是两种被动的能力，它们是同火在金子上所起的作用相关的。另一个人或者除此以外再加上金的可展性同其在王水中的可分解性。不过这仍是两种能力，仍是同别的物体的作用相关的，因为它所以改变了外形，并且能分化成不可觉察的各部分，那正是外物同它接触后的作用。可是人心中对所谓黄金的那种物体所形成的复杂观念，通常是由这些性质或其一部分所形成的。

10 但是不论谁只要概括地考察过各个物体的性质，或特殊地考察过这个物体的性质，则他一定会相信，所谓黄金的这种物体，一定有无数别的性质，是那个复杂的观念中所不曾包含的。如果有人曾经较精确地考察过黄金这种物体，则我相信他一定能在颜色和重量而外，再列举十倍多的性质，而且那些性质亦同前两种性质一样，亦是同黄金的内在组织不能分离的。如果再有人熟悉了许多人所知的这种金属的一切性质，则他的复杂的黄金观念所含的各种观念，或者比别人的要多百倍。可是这些性质或者还不够行将在黄金中发现的各种性质数目的千分之一。因为在适当地试验以后，这种金属所加于、所受于各种物体的各种变化，不但不是我们所知道的，亦并非我们所能想象的。任何人只要一反省，他就会觉得，我的话不是一种怪论，因为他会看到，数学家虽然已经把三角形（还不是复杂的形相）的性质发现了许多，可是他们仍丝毫不能说完全知道了它的一切性质。

11 实体观念，如当做是各种性质的集合体看，则都是不相称的——因此，我们所有复杂的实体观念都是残缺的、不相称的。在数学的形相方面，我们对它们所有的复杂观念，如果只是由它们同别的形相相关后所发生的性质形成的，则这些观念亦残缺的、不相称的。对于一个椭圆形，我们如果除了它的少数特性以外，再没有别的观念，则我们对那个形相所有的观念，将是怎样不确定、怎样不完全呢？可是在反面说来，我们只要明白地观念到那个形相的全体本质，则我们会由此发现出那些性质来，并且可以根据解证看到，它们怎样由这种本质流出，怎样与它不能分离。

12 简单的观念是摹本(ëctypa),而且是相称的——因此,人心就有三种抽象观念,或名义的本质:

第一点,简单的观念都是摹本,都一定是相称的。因为这些观念既然意在表示事物在人心中能产生某种感觉的能力,因此,那种感觉只要一产生出来,一定是那种能力的结果。因此,我在其上写字的这张纸,在有光明(普通所谓光明)时,就有产生所谓"白"的那种能力,因此,这种感觉一定是人心以外一些事物的能力所生的结果,因为人心自身并没有产生任何观念的能力。这个简单观念既然只是那种能力的结果,因此,它一定是实在的、相称的。我心中白的感觉既然是纸中能力所产生的一种结果,因此,它和那种能力一定完全相称,否则那种能力应该产生另一种观念。

13 实体的观念虽然亦是摹本,可是不相称的——第二点,复杂的实体观念亦是摹本,不过是不完全的、不相称的。因为人心分明见到,它纵然尽力把任何实体的一些简单观念集合起来,它亦不能确信,它所集合的那些观念确当于那个实体中所含的一切观念。因为它既然不曾试验过一切别的实体在那个实体上所发生的一切作用,而且没有见到,那个实体所加于、所受于别的实体的一切变化,因此,人心就不能精确地、相称地集合来那个实体的一切自动的和被动的能力,因此,它就对任何实体的能力和关系,不能形成相称的复杂观念(我们所有的复杂的实体观念正是这样的)。退一步说,纵然假定我们在复杂的观念中,能精确地集合来,或者事实上竟然精确地集合来,任何实体的一切第二性质(或能力),我们亦不能由此对那个事物的本质,得到相当的观念。因为我们所观察到的一切性质或能力,并不是那种实体的实在本质,它们是依靠于那种本质，而且是从那种本质流出的，因此，这些性质的集合体不论是什么样的，总不能成能为那个事物的本质。由此可见，我们的实体观念是不相称的，并不如人心所期望的那样。不但如此，而且人们亦没有一般的实体观念，亦不能知道实体本身是什么样子。

14　情状观念和关系观念都是原型，所以不能不是相称的——第三点，复杂的情状观念和关系观念，都是原本，都是原型。它们不是摹本，不是照着真实存在的模型做成的，人心并不期望它们和一个模型相契合，精确地相对应。这些简单观念的集合体正是人心自身原来所合拢的那样，而且它们各个所含的成分，正恰恰是人心期望它们所含的那么多，因此，它们是一切可能存在的情状的原型和本质。它们原来就指的是那些情状，就只属于那些情状，因此，那些情状只要存在，就和那些复杂观念确相契合。因此，情状观念或关系观念不能不是相称的。

第三十二章　真实的和虚妄的观念

1　真实和虚妄照其本义讲只是属于命题的——顾名思义讲来，虽然只有命题才有真假之分，可是各种观念有时亦被人叫做是真的或假的，因为我们看到，人们在用字时，都很随便，都容易违背了谨严的、本来的意义。不过我仍觉得，我们在称各种观念为真或假时，常有一种秘密或暗中的命题以为那种名称的基础。我们如果一考察有什么特殊的情节，使它们被人如此称呼，则我们可以看到这一点。在这些情节下，我们将会看到，有一种肯定或否定，以为那种名称的根据。因为我们的观念,既然只是心中一些现象或知觉,因此,它们本身不能说是真的或假的,正如任何事物的名称不能是真的或假的一样。

2 哲学上所谓"真的"含着一个秘密的命题——据实说来,"真的"一词如果系指哲学上的意义而言,则观念同文字都可以说真实的,就如我们说一切别的存在的东西是真的,是真如它们存在的那样似的。不过即在哲学意义下,我们所谓真的事物或者亦秘密地参照于我们的观念,并且以观念为真的标准。这种秘密的参照正是一个心理的命题,只是我们不常注意它罢了。

3 任何观念,如果我们只当它是心中一种现象,则无所谓真假可言——不过我们在考究观念之为真、为假时,并不是着眼于这种哲学意义的"真",乃是着眼于普通意义的真。我可以说,我们心中的观念既只是一些现象或知觉,则它们不会是假的。人马兽的观念在出现于心中时,并不能说是假的,正如人马兽这个名称出诸口,书于纸上时,不能说是假的一样。因为真和假既然只在于心理的或口头的肯定和否定,因此,我们的一切观念都不会成了假的。只有在人心判断它们时,在肯定它们有某种性质,或否定它们有某种性质时,它们才有真、假可言。

4 各种观念如果同别的东西相参照,则可以成为真的或假的——人心在把它的任何观念同观念以外的任何事物相比较时,则那些观念便有真、假可言。因为在比较时,人心要秘密地假设它们同那些事物是否相契。这个假设有真、有假,因此,观念本身,亦就跟着可称为真的或假的。这种情形最常发生于下述诸种状况下。

5 人们常把自己的观念,同别人的观念,真正的存在,和假设的实在的本质相参照——第一点，人心在假设自己的观念，同别人心中名称相同的那个观念相契合时，就有所谓真、假。人心如果以为自己的公道观念、节制观念和宗教观念，同别人以同样名称命名的那些观念相一致，就会有这种情形。

第二点，人心如果假设它自身所有的任何观念同实在的存在相契合，则亦有同样情形。因此，我们如假设人和人马兽这两个观念，是实在的实体的观念，则一个会成了真的，另一个会成了假的，因为一个和实在存在的东西相契合，另一个并不如此。

第三点，人心如果把它的任何观念参照于事物的实在组织或本质，以为它是那种事物的一切性质所依靠的，则亦有同样情形。我们所有的实体观念纵然不全是虚妄的，亦大部分是虚妄的。

6　人们何以要这样参照——人心最容易默默地在其观念方面作这些假设。不过我们如果一考察它，就会看到，这些假设多半关系于人心中复杂的抽象观念。因为人心的自然趋势，既在于获得知识，而且它既然知道，它如果只从特殊的事物方面努力进行，它的进步就会太慢，它的工作就会无穷，因此，为造成知识捷径的缘故，为使各种知觉更富于涵盖性之故，所以它在加速扩大知识方面所做的第一步基础工作就是把各种事物一束一束集合起来，加以分门别类。这样，则它从这些事物中任何一种所得的知识，都可以妥当地扩展及于同类的东西，因此，人心就可以在其重要的工作方面——知识——有了长足的进步。因为这样集合以后，人心或则借思维事物自身，或则借同别人谈论它们，可以较容易地扩展其知识。我们所以要把各种事物归类在涵盖较广的观念以下，把它们分成属、分成种、并且给它们以各种名称，就是因为这个缘故。

这一层，我在前边已经提过了。

7 我们如果仔细一考察人心的运动，并且观察它在求得知识时寻常所由的途径，我们就会看到，人心如果得到任何观念，而且它以为那些观念可以应用于思维中或谈论中，则它所做的第一件事，就是要把那个观念抽象化了，并且给它一个名称。随后人心又把这个观念储藏在它的储库——记忆——中，以为那个观念就包含着那类事物的本质，而且那个名称就永远是那个本质的标记。因此，我们就常常看到，一个人如果见了自己所不知道的一种新东西，他立刻会问说，那是什么东西。他所问的实则就是名称；好像名称能使人知道那种事物的种类及其本质似的；因为人们用这个名称原就是当做本质的一种标记，并且常假设它和本质是相连带的。

8 人们何以要这样参照——人心中这个抽象观念既然介乎存在的事物和那个事物的名称之间，因此，我们的知识之正确与否、语言之妥当与否、可了解与否，就全在于我们的观念如何。因此，人们就径直不疑地假设，他们心中所有的抽象观念就契合于心外存在的那些事物（观念所参照的），并且亦正是那些名称（根据于语言的常轨）所依属的。因为人们的观念如果没有这两层契合，那他们就会看到，他们在思维事物自身时，会有了错误，在同别人谈说事物时，会毫无意义。

9 简单的观念如果同别的同名的简单观念相参照，则亦可以成了虚妄的，不过他们仍是最不易陷于虚妄的——第一点，我可以说，我们观念的真实与否，如果是看它们同别人用同一名称所标记的那些观念相契与否来判断的，则它们亦都是会虚妄的。不过简单的观念究竟是最不易错误的，因为一个人很容易凭其感官和日常的观念，知道通用的各种名称所代表的那些简单的观念，而且那些观念既然是很少的，所以他纵有疑虑和错误，亦可以借那些观念所寓托的物象改正了。因此，人们很少在简单观念的名称方面发生错误，很少把红的名称应用在绿上，或把甜的名称应用在苦上。至于各种观念如系属于个别的感官，则人们更不容易混淆它们的名称，更不容易以滋味的名称来称一种颜色。由此我们就看到，他们用任何名词所称的那些简单观念，通常就契合于别人用同一名称所指的那些观念。

10　混杂情状的观念，在这种意义下，是最容易虚妄的——在这一方面，复杂的观念是最容易虚妄的，至于混杂情状的复杂观念，亦比复杂的实体观念，容易虚妄。因为在实体中（尤其是任何语言中普通而非假借的那些名称所指的那些实体），有一些可感的性质，通常可以区分它们，而且人们只要在用字时稍为留心一些，就不至于把各种名称应用在不相干的实体上。不过在混杂的情状中，我们是十分不确定的，因为我们很不容易决定各种行动是否是正义、残忍、慷慨和浪费。因此，我们的观念如果参照于别人以同一名称所称的那些观念，则它们或者是错误的。因为我们以正义一词所表示的自心中那个观念，或者应该有别的名称。

11　这些观念至少亦是容易被人认为虚妄的——不论我们的混杂情状的观念是否较别的观念易于违反了别人以同一名称所标记的那些观念，而我们依然分明知道，人们常认为这一类的虚妄认识多半仍发生在我们的混杂情状方面，而少发生在别的方面。你如果以为一个人的正义观念、感恩观念或光荣观念是虚妄的，则那亦没有别的原因，只是因为他的观念同别人用同一名称所标记的那些观念不相符合。

12 这种情形的原因,我认为是这样的。抽象的混杂情状的观念,只是由人自愿地所集合的一些简单的观念,因此,每一种情状的本质都只是由人所形成的。不过我们对于这个本质,在任何地方亦没有别的明显的标准,所有的只是名称本身,或那个名称的定义。因此,我们就没有外界的标准,以来衡量这些混杂情状的观念,并且使这些观念契合于那个标准。我们所仅有的标准,只是能恰当地应用这些名称的那些人心中所有的观念。我们的观念之为真、为假,亦就是看它们能否契合这些人的观念而定。关于各种观念在名称方面的真、假问题,我们的话亦就止于此了。

13 各种观念若以实在的存在为标准,则除了实体观念以外,都不是虚妄的。第一点,简单的观念在此种意义下,都不是虚妄的。第二点,我们观念的为真、为假,如果以事物的真正存在为参考、为标准,则除了复杂的实体观念以外,都不是虚妄的。

14 第一点,在这种意义下,简单观念不是虚妄的——第一点,我们的简单观念是我们凭天赋能力所接受的一些知觉,而且这些知觉亦是外界事物依其天赋的能力,根据确立的法则和途径给我们所产生的(这些法则是合乎上帝的仁慈和智慧的,虽然我们不知道上帝的这些品德)。因为这种缘故,这些观念的真实性就在于它们给我们所产生的那些现象,因为那些现象必然符合于外物中所寓的那些能力,否则它们不会产生出来。这些观念既和这些能力相应合,因此,它们就实在是真正的观念。人心纵然认这些观念是在事物自身(我相信人大半如此),它们亦仍不会错误。因为大智的上帝既然把它们作为区分事物的标记,使我们由此分辨各种事物，并且在需要时，任意选择它们，因此，不论我们以为蓝的观念是在紫罗兰以内，或是在人心中，都不能变更简单观念的本质。我们纵然以为紫罗兰本身只有一种能力，可以借其各部分的组织，在某种情形下，反射光的各部分，以产生出蓝的观念来：我们的简单观念的本质仍未变更。因为那个物体中那种组织，既然借其寻常的、有规则的作用，前后一律地给我们产生出同一的蓝的观念来，因此，我们就可以凭视觉所见的那种颜色，把那种物象同别的物象分辨出来——不论那种能分辨的标记真是紫罗兰中各部分的特殊组织，或就是能为我们观念的精确原型的那种颜色本身。这种现象不论是实在的颜色，或是能给我们产生那个观念的一种特殊组织，我们都一样可以叫它为蓝。因为蓝这一名只表示我们眼官在紫罗兰中所见的那种区分的标记，至于"蓝"由何成立，则这个问题不是我们这些才具所能清晰地知晓的，而且我们纵然有才具来了解这一层，那或者对我们亦没有什么用处。

15　此一人的蓝色观念纵然和另一人的不同，亦无关系——我们的器官组织纵然不同，同一物象纵然同时能在各人心中产生出不同的观念来；就如紫罗兰在经过眼官后在此人心中所生的观念，正等于彼人心中金簪花的观念（或反转来说亦是一样）。纵然如此，人们亦不能说我们的简单观念会虚妄了。（这一点是无从知道的，因为此一人的心并不能进于另一人的体内，看看那些器官所生的现象是什么样的。）我们的观念和其名称并不因此稍为纷乱，或者稍为虚妄。因为凡有紫罗兰组织的一切东西，都可以恒常地产生他所谓"蓝"的那个观念；凡有金簪花组织的一切东西都可以恒常地产生他所谓"黄"的那个观念；因此，那些现象不论在他心中是什么样的，他总可以有规则地按照那些现象，来分别那些事物，以合他的用途；他总可以了解并表示“蓝”、“黄”二名所标记的那两层分别，一如他心中所有的那两种花的现象或观念，是同别人心中的观念一样。不过我猜想，任何物象在各人心中所产生的可感的观念，大部分是相近的，而且相似的程度，不易使人分辨其差异。对于这个意见，我倒有许多理由可提出来。不过这既然不是我现在的职务，因此，我就不再以此一层麻烦读者了。不过我仍可以告他说，相反的假设，纵然可以证明，亦并不能助进我们的知识、调理我们的生活。因此，我们就不必费心来考察它。

16 第一点，在这种意义下，简单的观念不是虚妄的——由以前关于简单观念所说的一切话看来，我想我们可以分明看到，我们的一切简单观念，在与外界存在的事物相参照时，都不能是虚妄的，因为这些现象（或人心中的知觉）所以能成为真实的，只是因为它们能契合于产生它们的那些外物的能力，而且事实上，它们在心中亦各个契合于产生（由我们的感官）它们的那些能力，而且它们亦就只表象着那种能力，因此，它们若与这些原型相参照，一定不能是虚妄的。蓝或黄、甜或苦，从不能成为虚妄的观念，因为人心中这些知觉正是本来的样子，正是和受了帝命产生它们的那些能力相应合的；因此，它们真是本来的面目，真合于造物者的意旨。真的，说到各种名称，它们仍是易于误用的。不过这方面的误用并不能使观念成了虚妄的，这个正如不通英文的人，呼紫为红似的。

17 第二点，各种情状是不能虚妄的——第二点，我们的复杂的情状观念，在与任何真实存在的事物“本质”相参照时，并不能成为虚妄的。因为任何复杂的情状观念，都不同任何实在的由自然所形成的“模型”相参照，因此，它所包含的观念，有多少就是多少，它所表象的观念的复合体，亦就是限于那个复合体。比如有一人，论财产、论地位，都可以有较好的食馔、饮料、衣着和其他生活的安适品，可是他故意不肯这样享受，则我对这个人的行动所生的观念，一定不会是一个虚妄的观念。这个观念所表象的行动，正是我所看到的或想到的，因此，它便无真与妄可言。但是我们如果以为这种行动，同节俭一词所正确表示的那个观念相契合，或者以为它和德行标准相契合，则我们在以节俭一名或德行一名称它时，则它便成了一个虚妄的观念。

18　第三点，实体观念在什么时候是虚妄的——第三点，一切复杂的实体观念，既然都和事物本身的模型相参照，因此，它们可以是虚妄的。我们如果认它们能表象事物的不可知的本质，则它们便完全是错误的，这一点是很明显的，并无须乎多说，因此，我就不提这个幻想的假设了。但是我们如果以为这些实体观念是人心中一些简单观念的集合体，以为它们是由外物中常存的简单观念的联合体来的，并且假设它们就是这些模型的摹本：则它们便成了(a)虚妄的观念，或(b)不贴切的观念。(a)它们如果同事物的真正存在相参考，则它们便是虚妄的。(一)这些观念中所含的各个简单观念，如果在实在的事物中并没有联系；就如马的形相和大小，同“犬吠”的复杂的能力观念相联系，则这三个观念虽为人心所联系，可是它们在自然中实在没有联系。因此，这个观念可以说是一个虚妄的马的观念。(二)其次，如果有常相联系着的一些简单观念，同时又有别的和它们常相联系的任何简单观念，则你如果把后一种观念和前一些观念隔离开时，你的实体观念亦会成了虚妄的。

你如果以为黄金有其特殊的广袤、凝性、可熔性、沉重、黄色等等性质，可是以为它有较铅或铜为小的确定性，则你那个复杂的观念可以说是虚妄的，亦正如你以为那些简单观念同“完全的”、“绝对的”确定性观念联系在一块儿似的。因为在两方面，复杂的黄金观念中所包含的那些简单观念，在自然中都无联络，因此，它们都可以说是虚妄的。(b)但是你如果在这个复杂的观念中，完全忽略了确定性观念，在你心中亦不把它同别的性质分离开，亦不把它同别的性质联合起来，则你那个观念可以说是不相称的、不完全的，而不可说是虚妄的。因为它虽然没有包括尽在自然中实在联合着的那些简单观念，可是它所联合起来的观念亦都是实际上在一块儿共存的。

19 真伪问题常前设肯定或否定——我虽然根据普通说法指示出，观念之为真、为假，有何意义，有何根据，可是我们如果再前进一步来观察，则我们又会看到，任何时候，一个观念如被人称为真的或假的，则那种说法一定是根据于人心的一种判断，而且那个观念之为真、为假，就看那种判断是真的，或假的而定。因为所谓真、假既离不了肯定和否定(不论是明白的或隐含的)，因此，只有在各种标记依照其所表示的各种事物的相契与否而联合、而分离时，才有所谓真、假可言。我们通常所用的标记或为观念，或为文字，用观念可以形成心中的命题，用文字(或言语)可以形成口头的命题。这些标记的或合或分，如果与它们所表示的各种事物的或契或违成比例，那便是真的；反之，便是假的。这一层，我们后来还要详细地指示出来。

20 观念本身无所谓真假——因此，我们心中所有的任何观念，不论其是否与事物的实在状况相契、是否与别人心中所有的任何观念相契，都不能只因为这一层被人认为是虚妄的。因为这些表象中所有的一切如果真是外界所存在的，则它们固然不是虚妄的（因为它们是一些东西的精确表象），可是它们所包含的纵然和事物的真相不一样，我们亦不能说它们是它们本不表象的那些事物的虚妄的表象或观念。它们所以错误、所以虚妄，乃是因为下述的原因：

21　第一点，人心如果认为它的观念同别人的观念相契合，可是实际上如果并不契合，那么，它的观念是虚妄的——第一点，人心在有了一个观念以后，如果它认那个观念同别人心中同名的那个观念相同，可是实际上如果并不相同，则他的观念是虚妄的。此外，它如果以为那个观念契合于那个名词的普通定义或意义，可是实际上如果并不如此，则它那个观念亦是虚伪的。这种错误，虽然是一切观念都所不免的，可是在混杂的情状方面，是最易发生的。

22　第二点，人心如果以为它的观念符合于实在的存在，可是实际上并不如此，则它的观念是虚妄的——第二点，人心的复杂观念中所集合的那些简单观念，如果在自然中并无联合，可是它以为它们同自然中实在存在的一种事物相符合，则它的观念是虚妄的。就如它把锌的重量加在黄金的颜色、熔性、确性上便是。

23　第三点，它如果以为它的观念是确切的，可是实际上如果并不确切，则它的观念是虚妄的——第三点，它如果在它的复杂观念中，一面虽加进去一些真在事物中存在的简单观念，可是一面又忽略了别的亦一样不能分离的一些观念，则它如果以为这个观念真是实在事物的一种完全无缺的观念，那当然是虚妄的。它如果把黄色、可展性、极大重量、可熔性等等实体的观念,联合起来,并且以为那个观念就是完全的黄金观念,则那个观念当然是虚妄的,因为黄金的特有的确定性,和其在王水中的可溶性,亦正同那个物体中别的观念或性质是不能分离的,正如那些性质不能互相分离一样。

24 第四点,人心如果以为它的观念表象着实在的本质,则它的观念是虚妄的——第四点,我如果以为这个复杂的观念中,包括了一个存在的事物的本质,则我的错误更会大一些;因为它所含的那些性质,只是由事物的实在本质和组织所流出的极少数的性质。我所以说极少数的性质,乃是因为那些性质既然多半成立于此物同别物接触后所发生的各种自动的,或被动的能力,因此,一般人们认为一个物体所具有的那些性质,他们在形成某种物体的复杂观念时所用的那些性质,——比一个人在各方面试验后所认识的那些性质,一定是很少数的。不但如此,就是一个专家所知的一切性质,比起那个物体实际上所含的一切性质来,比起依靠于它的内在(或主要的)组织的一切性质来,亦是很少数的。三角形的本质虽然范围很小,而且亦只是由少数的观念所形成的(三条线围起一段空间来,就形成它的本质),可是由这种本质所流出的一切性质的数量,不是我们所易想象的,或列数的。在实体方面,我亦有同样想法。它们的本质,只限于很小的范围,可是由那种内在组织流出的一切性质是无穷的。

25 什么时候,观念是虚妄的——总结起来说,一个人所以知道"外界的"物象,既然只凭借于他心中对那个物体所有的观念(这个观念他可以随便称呼),因此,他那个观念亦许同实在的事物不相符，亦许同别人通用的文字所表示的观念不相符。不过一种“内心的”对象，如果不借助于他自己的观念，就会完全不能为他所知晓，则他的观念便不能是错误的，或虚妄的。我如果想到一个人的腿、臂和身体，同一个马的头和颈联合在一块，则我那个观念对任何事物说来不是虚妄的，因为它根本就不表象着外界的任何事物。但是我如果称它为人或鞑靼(Tartar)，并且想象它或则表象着外界的一种实在的存在，或则同别人以同一名词称呼的那个观念是相同的，则我在这些情形下，就会有了错误。因为这种缘故，我们可以叫它是一个虚妄的观念，不过它之所以虚妄并不是因为它本身，乃是在于那个默然的心理的命题，因为它本来与别的事物不相契、不相似，而我们在这个命题中，却认它有那种相似性，和相契性，但是我如果只在心中形成那个观念，而并不想它属于人或鞑靼那种存在(或名称)，则我在称它为人或鞑靼时，只可以说是自己的命名太古怪，而不能说我的判断错误，或观念虚妄。

26　这类观念若称为正确的，或错误的较为恰当一些——通体说来，人心在考察我们的观念时，如果参照于它们名称的固有意义，或参照于事物的实在情况，则我们很可以按照它们同它们所参照的那些模型之相契与否，叫它们是“正确的”(right)或“错误的”(wrong)。但是如果有人愿意叫它们为真实的，或虚妄的，则他们自然可以随便以这些名称来称呼它们，因为谁都有这种自由权。不过我想，顾名思义说来，只有在这些观念实在包含着一些心理的命题时(不论途径如何)，它们才能说是真实的，或虚妄的。一个人心中所有的各种观念，我们如果只考察其自身，则它们便无错误可言；只有复杂观念的各个部分纷杂而不自符时，它们才能成为错误的。一切别的观念在它们本身，都是正确的，而且我们关于它们的知识亦都是正确的、真实的知识。但是我们如果把它们同别的事物——它们的模型和原型——相参照，则它们如果同那些原型不符，它们就成了错误的。

第三十三章　观念的联络

1　有多数人都有一些不可解的地方——差不多人人都会看到别人的意见、推论和行动，有一些似乎很奇特的样子，有一些实在诞妄的样子。别人只要有这种些小的瑕疵（只要同我们稍有差异），则我们人人会禀着慧眼观察出它来，并且会根据理性的权威，鲁莽地来鄙弃它。实则我们自己的教条和行为亦许更不合理，不过我们从看不到这一层，而且从不能相信这一层。

2　这种现象并不全由于自爱——自爱心理在这方面虽然亦很有力量，不过仍不是完全的原因。因为心理公平而且雅不欲过事自夸的人们，亦常犯这种毛病。我们常见人们虽然把理性的证据，明如皎日地置在一个有价值的人面前，而他亦会肆意狡辩、执意不服，这真是不能不令人惊异莫名的。

3　亦不由于教育——人们亦常把这种违反理性的情形归之于教育和偏见。这种说法虽然大部分是很对的，可是仍没有达到病况的底蕴，亦不能清晰地指示出，它是由何处生起的。教育自然常是这种毛病的正当原因，而且偏见亦正是这种情形的一种适当的普遍的名称。但是我想一个人如果想寻根究的地追求这种疯狂心理,并且指示出这种缺点的本质如何,它如何由很清醒、很有理性的人心中生起来,则他应该再稍进一步往前研究。

4　有几分疯狂——如果同理性相反,可以叫做疯狂,而且事实上亦就是疯狂,那么我如果以疯狂这个逆耳的名称,来称这种无理性的情状,那亦是值得人原谅的。在一切情形下,人人辩论起来、行动起来,如果亦同他们在特殊情形下常常表现的那样;则他们宁该入疯人院,而真不配同文明人来接谈。而且我此处所说的,还不是受了强烈情感的人们,还只是在平静生活中过日子的人们。不过我这种说法究系可以原谅的,因为我在第二卷第十一章、第十三节中,顺便考究疯狂的本性时,我已经看到它的根源、它的原因,正和此处所说的这种情形的根源和原因一样。因此,我虽然以逆耳之名来称呼这种情形,并且背着人情,来污蔑人类的大部分,可是我这种说法亦不是不可原谅的。在那时候,我只是考察疯狂本身,并不曾丝毫想到我现在所研究的这个题目,可是那时候的考察毕竟把现在这种见解暗示出来。我想这种弱点既是一切人所不免的、这种污点既是全人类所具有的,因此,我们不妨以适当的名称来称呼它,以便刺激起人们较大的注意,来防止它、来缓和它。

5　它是由于各观念的错误的联合而起——我们的一些观念相互之间有一种自然的联合;要来推寻这些观念,并按照在它们的存在中有基础的特有的联络和契合,把它们联合起来,那正是我们理性的职务和特长。除了这种联合以外,还有另一种联合,完全是由机会和习惯来的。有些观念原来虽然毫无关系,可是人心竟能把它们联合起来,使人不易把它们再行分开。它们永远固结不解,任何时候只要有一个出现于理解中,则其“与伴”常常会跟着而来。

如果它们联合起来的数目在两个以上，则全队观念都不可分离，因而同时呈现出来。

6 这种联合是如何形成的——观念的这种强烈的集合，并非根于自然，它或是由人心自动所造成的，或是由偶然所造成的，因此，各人的心向、教育和利益等既然不同，因此，他们的观念联合亦就跟着不同。习惯在理解方面确立其思想的常径，在意志方面确立其决定的常径，并且在身体方面确立其运动的常径。这些都好像是元精的运动行列，因为这些元精一发动以后，就可以循其惯由的途径，一直继续下去。这些途径因为久踏致平，所以在其中运动起来，亦比较容易而且自然。就我们在思想方面所能了解的而言，各种观念似乎是由此种途径产生于心中的。它们纵然不真是如此产生于心中的，我们亦可以借此种说法来解释：它们在一进入那个途径以后，何以会按照习惯的常轨，一个一个依次而来；正如我们可以借这种说法来解释身体的那种运动似的。一个音乐家如果惯听某个调子，则那个调子只要在他的脑中一开始，各个音节的观念就会依着次序在他的理解中发现出来，而且出现时，并不经他的任何关心或注意。这个正如他在身体方面一样，因为他在风琴键子上开始弹开一个调子时，他的十指亦可按着次序进行，而且在进行时，他的遐想亦是在别处漫游的，并不着意于此。就这个例子看来，这些观念，同十指的有规则的弹动，似乎多半以元精的运动为其自然原因，不过究竟是否如此，那我是不愿在此决定的。但是这种说法究能稍帮助我们来存想智慧的习惯和观念的联络。

7 有些反感亦是这种情形的结果——人只要仔细一考究自己或他人，他一定会相信，习惯在许多人心中确乎可以形成各观念的联合。许多人所表现出的同情和反感，大部分或者正是由于这种缘故。我们常见这些感应的作用很强，而且能有规则地产生出结果来，好像它们是由于自然作用似的。不过它们虽然被人称为自然的，可是它们的起源不是两个观念的原始联合，而只是它们的偶然的联合。因为两个观念或则由于初次印象的力量，或则由于后来放纵的力量，会固结不解，在人心中常接踵而至，好像它们是一个观念似的。不过我只说，大部分反感是如此的，并不是说一切反感是如此的。因为有些反感确乎是自然的，是依靠于我们的原始组织的，是与生俱来的。不过大部分反感虽被人认为是自然的，可是它们多半是由早年未经注意的一些印象或狂张的幻想来的，因此，我们如果仔细一观察，应当承认这些印象是它们的原因。一个成年人，如果食伤了甜蜜，则他一听到蜜的名称，他的想象就会立刻使他的胃口发生了病情和呕吐，而且他根本就不能想这个观念。他在想起这个观念时，别的厌恶观念、疾病观念、呕吐观念，立刻会相因而至，使他烦心起来。不过他仍然知道这种弱点是由何处来的、这种病况是如何得来的。这种情形如果是他在儿时由食蜜过度得的，则这些结果虽然都一样可以发生，可是他会把原因误认了，会把那种反感认为是自然的。

8　在现在这个论题中，我所以提到这一层，并不是说，我们必须要精细地把自然的和后天的反感分开。我的目的，乃在于另一方面，就是：负有教育儿女之责的人们，应当知道，自己该如何精勤地观察青年心中不适当的观念联合，并且细心地阻止那种不适当的联合。在这个时候，他们所接受的印象是最易经久的。关于身体健康的那些印象，谨慎的人们虽然亦注意到，并且加以防范，可是我觉得，特别关属于人心的那些印象，特别能影响理解和情感的那些印象，人们并不曾予以应有的注意。不但如此，我想纯粹关涉于理解的那些印象，在多数人，是全被忽略了的。

9 错误的一个大原因——要把本不相关、互相独立的一些观念错误地联合在心中，那实在有一种危险的影响。这种联合的力量很大，往往使我们在行动中、在情感中（道德的和自然的）、在推理中、在意念中，牵强起来、乖错起来。因此，这件事情几乎是世上最值得注意的。

10 举例——幽灵鬼怪的观念和黑暗并无真正的联合，亦正如同和光明无联合似的。可是一个傻姑娘如果常以此渲染儿童的心理，使这些观念常在一块儿发生起来，则他在一生中，或者不能再把它们分离开。黑暗的观念会常把那些可怖的观念带来，它们会紧紧联合起来，因此，他不但不敢想鬼怪，而且亦不敢想黑暗。

11 此人如果受了彼人的明显损害，则他往往会来回思想那个人和那种行动，而且他既然在心中念念不忘这两个观念，所以它就会把它们黏合在一起，使他们几乎成为一体。他一想到那人，则他从前所受的那种痛苦和拂意亦会立刻发生在他的心中，因此，他几乎不能区分他们，而且他不只厌恶那种痛苦，亦厌恶那人。因此，人们往往因为轻微可谅的情节，生起憎恶来，因此，世上常有继续不断的争执。

12 一个人的朋友如果死在某个屋子内，则他在那个地方，往往会感到痛苦和疾病。在自然中，这些观念虽然都各不相关，可是那个地方的观念如果一呈现在他的心中，它就会连带地把那个痛苦和不悦的观念亦带来（如果曾有这种印象），他会在心中把它们淆乱了，并且不但不能忍受那个痛苦的观念，而且亦不能忍受那个地方的观念。

13　为什么理性不能把人心中的纷乱改正了，而时间反能——这种结合一经确立，则它只要仍然存在，我们的理性便没有任何力量来使我们不受它的影响。人心中的各种观念只要在那里存在，它们就会按着它们的本性和情境，发生作用。在这里我们就看到，时间何以能改正了一些情感，而理性反而不能。我们常见，一些人在别的情形下，虽然很容易听从理性，可是在某些情形下，理性纵然正确无误，亦不会影响了他们。儿女是母亲天天眼中的宝贝、心中的安慰，因此，他如果死了，会使他母亲肝肠断绝，会给她以说不尽的苦楚。在这种情形下，你要用理性来安慰她，那正如你向一个上了刑具的人劝其舒适，并且希望以合理的谈论来缓和其骨节分裂时的惨痛似的。那种享有的意识和那种损失的意识，只有在日久弛懈以后，才从时常复现于记忆中的儿女的观念分离开。不到这种程度，则一切理论无论如何合理，都是白费的。在一些人，这些观念的联合是从不能再解析开的，因此，他们便毕生在悲哀中度日，并且带着不可挽救的悲哀葬于荒丘。

14　观念联合的另一些结果——我有一位朋友知道一个人曾经因为受了极痛苦的手术，完全治愈了自己的疯病。这位先生自从好了以后，毕生中常常感激这次治疗，以为那是他一生所受的最大的恩惠。不过他无论如何感激、无论如何有理性，终久不敢见那位施术者。因为那个人的影像可以把他在他手所受的那种痛苦的观念引起来，而那种痛苦又是太大、太难忍受的。

15　许多儿童把学校中所受的痛苦归罪于他们受责时所研读

的书本,因此他们就把这两个观念联合起来,并且很讨厌书本,而且以后一生中从不能再安心来研读书籍。因此,读书就成了他们的一种痛苦,实则他们如果没有这种经验,读书或许是他们的很大快乐。此外,我们还见到,有些屋子虽然亦很舒适,可是有些人竟然不能在其中研读;有些杯碗虽然很洁净、很好使,可是有些人竟然不能在其中饮水。而他们所以如此,亦正是因为有些偶然的观念同那些物象联合起来,使它们成了可厌恶的。我们常见,某甲如果在某种情节下,有时为某乙所胜,则某乙虽在别的方面并不比某甲为优,可是某甲只要同某乙见面或相处在一块儿,就会垂头丧气。因为权威和尊敬的观念同某乙的观念联合在一起,因此,经过失败的某甲便再不能把它们分开。

16 这类的例证是可以到处遇见的,因此,我如果再多叙述一个,那并不为别的,只是为的它奇怪得使人可乐。有一位青年人学跳舞,并且学得极其精到。不过他在学时,屋子里适逢有一个旧箱子。这个很奇特的家具的观念和他的一转一动都混合在一块儿,因此,他虽然在那个屋子里跳得很好,可是只有在那个箱子在那里时,他才能那样,而当他在别的屋子里跳舞时,如没有同样的箱子置在那里,则他亦不会跳好。如果有人猜疑这个故事,修饰太过度、情节太为可笑,则我可以说,我所报告的正是几年前听一个很清醒、很有价值的人说的。我敢说,好问的读者们纵然没有亲遇过相类似的事情,亦听过相类似的传说,因此,他们会以自己所经、所闻的来辩护我的报告。

17 观念联合在智力习惯上的影响——由此种途径所形成的智力的习惯和缺点,虽然不常为人所注意,可亦是最常见、最有力的。“存在”和“物质”这两个观念如果被教育或反复的思维强烈地联合起来，则它们只要在人心中那样联合着，人们就会对于有限的精神，形成荒谬的意念和推理。儿童在幼时如果因为习惯在上帝的观念上赋了一种形象，则他们的心里会对于神祇形成极荒谬的观念。

你如果相信一个人是不会错误的，则这个人的观念和“不能错误”的观念会联合起来、盘踞了你的心理，而且你所想象的那个完全无错误的人，如果使你相信“一个物体可以同时在两处存在”，则你亦会不经考察，盲目地以毫无保留的信仰，来相信那个命题为确定的真理。

18　在各种教派中，我们可以看到这一点——哲学上或宗教上各教派间那种不可调和的反对，多半就是由这一类错误而不自然的观念的联合来的。因为我们不能想象，他们的信徒个个会故意欺骗自己，并且故意反对明白的理性给他们所呈现出的真理。各人的利益自然在这方面有很大的关系，不过我们仍然不能想它能使全社会人都颠倒是非，使人人都异口同声地公然坚持一种虚妄的说法。我们至少得承认，有些人真是照他们所自夸的去做的，就是说，他们是真心诚意地来追求真理的。既然如此，一定有些原因才能使它们的理解盲目，才能使他们看不到自己所认为实在真理的原是虚妄的。不过在精确地观察之后，我们会看到，人的理性所以受了禁锢，诚实的人所以会盲目地背弃了常识，正是由于我们此处所说的这种情形。就是说，有些互相独立、互不相关的观念，因为习惯、教育和其党派中不断的喧哗，会在人心中密切结合起来，永远出现在一块儿，因此，人们就不能在思想中把它们分开，好像它们是一个观念似的(它们的作用亦真好像是一个观念的作用)。这种情形使谵语有了意义、使谬论得到解证、使胡言得以自符、使世界上最大的(几乎是一切)错误得到基础。它纵不至到了这种程度,至少它亦是最危险的一种东西,因为它只要得势,就会使人们不能观察,不能考察。两个本不相关的东西,如果永远联合着呈现于眼前,如果眼官常看到本来不相属的东西联合起来,那么你从何着手来改正两个观念中的错误呢?因为它们在心中已经有了习惯性的联络,使人们不知不觉地将此作彼了。他们如果受了这种情形的欺骗,则他们便不能有真正的确信,而且他们在为错误而行争辩时,会以为自己是热烈地给真理辩护的。在这种情形下,两个互异的观念既然混杂起来,而且借着它们在人心中的习惯性的联络,实际上结合为一,因此,它们就会使人的脑中充满了虚妄的观念,使人的推论充满了虚妄的结果。

19 结论——我们既然叙述过我们观念的原始的种类和范围,并且在各方面考察过我们知识的这些工具或材料(我不知是否可以如此称呼它们),因此,按照我原订的计划,我应该立刻来指示出,理解怎样应用这些材料,并且我们由此可以得到一些什么知识。在我起初约略地观察这个题目时,我亦原想照这样做,不过在我较进一步以后,我又看到,在我们的观念和文字之间,实在有一层密切的联合,而且在我们的抽象观念和概括的名词之间,还更有一种恒常的关系,因此,我们如果不先来考察语言的本质、功用和意义,则我们便不能明白地、清晰地谈论我们的知识,因为知识成立于命题(命题又是成立于文字的),因此,在下一卷中,我们就要先研究这一层。

珍藏本
纪念版

汉译世界学术名著丛书

人类理解论

下册

〔英〕洛克 著

关文运 译

商务印书馆
SINCE1897 The Commercial Press
2017年·北京

目　次

（下　册）

第 三 卷

第 四 卷

第三卷

第一章　通论文字或语言

1　人天生宜于发出音节分明的声音——上帝既然意在使人成为一个社会的动物，因此，他不仅把人造得具有某种倾向，在必然条件之下来同他的同胞为伍，而且他还供给了人以语言，以为组织社会的最大工具，公共纽带。因此，人的器官组织，天然造得易于发出音节分明的声音，这种声音就是我们所谓字眼 wordso 不过只有声音并不能产生语言，因为鹦鹉和别的鸟类亦可以借着学习，发出十分清晰的声音来，可是它们并无所谓语言。

2　声音必须成为观念的标志——因此，人不仅要有音节分明的声音，而且他还必须能把这些声音作为内在观念的标记，还必须使它们代表他心中的观念。只有这样，他的观念才能表示于人，人心中的思想才可以互相传达。

3　声音还必须是概括的标记才行——不过只有这一层，还不能使字眼尽其功用。欲使字眼尽其功用，我们不能只使声音来表示各种观念，还必须使各种观念各个能包括一些特殊的事物才行。因为每一个特殊的事物如果都需要一个特殊的名称来标记它，则字眼繁杂伙多，将失其功用。为了避免此种不利起见，语言中恰好又有进一层的好处。就是，我们可以应用概括的字眼，使每一个字来标记无数特殊的存在。声音所以有这种巨大的功用，只是因为它们所表示的那些观念是有差异的。因为各种字眼所表示的各种观念如果是概括的，则那些字眼亦就成了概括的，它们所表示的观念如果是特殊的，则它们仍是特殊的。

4 除了表示各种观念的这些名称而外，人们还用别的一些文字，来表示简单的或复杂的观念的不存在，或表示一切观念的不存在。类如拉丁文中的空无 Nihil，英文中的无知 ignorance，“不毛” barrenness。这些消极名词或缺性名词都不能说是属于观念的，或表示观念的，因为它们如果表示任何观念，则它们会成了全无意义的声音，因此，它们只是关系于积极的观念，而表示它们的缺如的。

5 各种字眼最后都是由表示可感观念的那些字眼来的——我们如果注意字眼是在多大程度内依靠于普通的可感的观念的，那我们就会稍进一步认识到我们意念的起源，和知识的起源，我们还应当知道，许多文字普通虽然表示远离感官的那些行动和意念，可是它们也都是由那个根源来的，也都是由明显的观念转移到较抽象的意义，并因而表示那些不为感官所认识的各种观念的。就如想象 imagine，体会 apprehend，了解 comprehend，固执 adhere，存想 conceive，注入 instil，厌恶 disgust，纷扰 disturbance，平静 tranguility 等等字，都是由可感事物的作用转借而来，应用在一些思想形式上的。精神的原意为呼吸，天使的原意为使者。而且我敢说，在各种语言中，许多名称所表示的事物虽然不是被感官所知觉到的，可是我们如果一追溯它们的起源，就会看到，它们亦是由明显而可感的观念出发的。由此我们可以猜想,初创语言的那些人心中所有的意念都是什么样的,都是由那里来的。我们由此并且可以看到,即在事物的命名方面,自然亦于无意中给人指示出他们一切知识的起源和原则来。因为我们看到,人们在用各种名称来表示他们心中的任何作用,或不为感官所察知的任何观念时,他们爱借用普通熟知的各种感觉观念,来使别人较容易地存想他们心中所经验的,而外面却无表现的那些内心动作。他们如果得到众所共知的一些名称,来表示他们心中的各种动作,则他们便因此有充分的材料,来以各种文字,表示他们的一切别的观念,因为他们的观念,不外是外面的明显知觉,或内心对这些知觉所起的各种动作。因为我们已经证明,一切观念不是由外面的可感物来的,就是由我们自己意识到的内心的元气运动来的。

6 分配——不过要想理解清楚,语言在教育和知识方面的功用和力量,则我们还应该来考察:

第一点,在普通用语中,什么是各种名称直接所表示的。

第二点,一切名称(除了固有名称)既然都是概括性的,而且它们所表示的不是特殊的此一事物或彼一事物,而是一类一列的事物,因此,我们其次就应该考察,它们所表示的这些种和类究竟是什么东西,并且它们是怎样形成的。这一层如果彻底清楚(这是应当做到的),则我们便比较容易发现出字眼的正当功用,语言的自然利益和缺点,以及免除字眼意义含糊和游移的矫正方法。如果做不到这一层,则我们讨论起知识来,便不能井井有条。因为知识既成立于命题,而且通常成立于最普遍的命题,因此,知识和文字的关系或者要比人们所想象的较大一些。

下边我们就要考察这些问题。

第二章　字眼的意义

1　字眼是沟通思想的必要的明显标记——人虽有各式各样的思想，而且他们自己或别人虽然可以由这些思想得到利益和快乐，可是他们的思想都是在胸中隐藏不露的，别人并不能看到它们，而且它们自身亦不能显现出来。思想如不能传递，则社会便不能给人以安慰和利益，因此，人们必须找寻一些外界的明显标记，把自己思想中所含的不可见的观念表示于他人。为了达到这种目的起见，最繁多、最迅速的工具只有各种音节分明的声音，因为人的声音不但容易发出，而且花样亦是很错杂的。自然既使语言合于这种目的，因此，我们就容易存想，人们何以要利用它们来标记各种观念。不过语言所以能标记各种观念，并非因为特殊的音节分明的声音和一些观念之间有一种自然的联络，因为若是如此，则一切人的语言应该只有一种。语言所以有表示作用，乃是由于人们随意赋予它们一种意义，乃是由于人们随便来把一个字当做一个观念的标记。因此，字眼的功用就在于能明显的标记出各种观念，而且它们的固有的，直接的意义，就在于它们所标记的那些观念。

2　谁用什么字眼那些字眼就是他的观念的明显标记——人们所以要利用这些标记，一面为的是要把自己的思想记录下来，以便帮助自己的记忆，一面是为的是要把自己的观念表示出来，呈现于他人之前。字眼的原始的或直接的意义，就在于表示利用文字的那人心中的观念——不论那些观念是怎样不完全地，疏忽地，由它们所表象（假设如此）的那些事物获得的。一个人如同他人讲话，则他的目的是要人了解它。因此，说话的目的就在于使那些声音，当做标记，把自己的观念表示于人。因此，字眼所标记的就是说话人心中的观念，而且应用那些字眼（当标记用）的人，亦只能使它们直接来标记他心中所有的观念。若非如此，则他一面可用文字来标记他的概想，一面又可以把它们应用到别的观念上，要照这样，则字眼同时是他的观念的标记，同时又可以不是，那就完全无意义了。字眼既是人自己发明的标记，因此，他不能自动地用它们来标记自己所不知道的东西。要是这样，字眼就不是任何事物的标记，声音亦就全无意义。一个人并不能用字眼来标记事物中的性质，亦不能用字眼来标记他人心中的概想；因为这些都是他们观念不到的。只有他自己有了相当的观念时，他才能假设它们和别人心中的概想相应，他才能用文字来表示它们。因为他若是没有观念，则字眼所标记的是他所不知道的，亦就是毫不存在的。但是他纵然可以用自己的观念来向自己表象别人的观念，而且用同一名称来称呼它们，可是他所称谓的那些观念仍是他自己的，仍不是他所没有的。

3　这种情形，在日常用语中，是很必要的，因此，在这方面，智者、愚人、学士和无学之人的用字都是一样的（只要他们有一点意义）。一切字眼都代表着说话者的观念，而且他用那些字眼，亦就是要表示这些观念。一个小孩只注意到所谓黄金中的辉煌的黄色，而不注意到别的，因此，他只用黄金一词来表示那个颜色观念，并不用它表示别的，并且叫孔雀尾中那种颜色为黄金。另一个人在较进一步观察之后，又会在黄色上加了一种重量，因此，他所用的"黄金"二音，又可以表示具有黄色和重量的一种复杂的实体观念。另一个人又会在这两种性质上，加一种可熔性，因此，黄金一名在他就表示着一种很明亮、很重、可熔而色黄的物体。此外，另一个人亦许除此以外再加上可展性。这些人在表示自己的观念时，都用黄金一词，不过我们看到，各人都只能用它来表示自己的观念，并不能用它来标记他所不具有的一个复杂观念。

4 字眼常秘密地参照一些东西——人们所用的字眼虽然就其本义讲只能直接表示说话人心中的观念，可是人们在用它们时，要在自己心中秘密地参照两种东西。

第一，参照于别人心中的观念——第一，人们假设他们的字眼亦可以标记同他们接谈的那些人心中的观念，因为若不如此，则他们的谈话会全无效果，因为同一种声音，他们如用以代表一种观念，听者又用以代表另一种观念，那他们就等于说两种话了。不过在这方面，人们并不常来考察，他们同他们接谈的人，心中所有的观念是否是同一的。他们以为自己所用的文字只要契合于普通语言的固有意义，那就够了。在这里，他们假设，他们用字眼所标记的那个观念，正确乎是同国中用同一字眼的那些有理解的人心中的观念。

5 第二，参照于事物的实相——第二，人们并不愿意让人想自己只是在谈说自己的想象，而不是在谈说事物的实况，因此，他们永远假设，他们的字眼代替着事物的实相。不过这一层多半又牵涉于各种实体和其名称，正如前一种多半关涉于简单的观念和情状似的，因此，我们可以在后来专门研讨混杂情状和实体的名称时，再来详尽地讨论应用文字的这两条途径。不过我在这里还可以说，我们如果使字眼不代表心中的观念，而代表别的东西，我们就误用了字眼，使它们的意义必然陷于含糊和纷乱。

6　通用字眼可以立刻刺激起观念来——关于字眼我们还可以作进一层的研究。第一，字眼既然直接标记人的观念，并且因为能成为传达观念的工具，使人们互相表示自己胸中的思想和想象，因此，因为恒常习用之故，一些声音同它们所代表的观念之间，便发生强固的联系，使人们一听到那些名称，就会立刻生起那些观念来，好像产生它们的那些物象真正触动了自己的感官似的。

7　人们常用无意义的字眼——第二，字眼的固有的直接的含义，就是说话者心中的观念。可是我们虽从摇篮中起，就因为习惯之故，学得了完全清晰的声音，使我们的舌根可以立刻说出它们来，使我们的记忆永远保存住它们，可是我们并不永远能细心考察它们的完全的意义。因此，我们就常看到，就是那些想仔细思考的人们，其思想亦多半着重在文字上，而不甚着重在事物上。不但如此，而且因为许多字眼是在学得观念以前就学会的，因此，不但是儿童，就是一些成人，说起话来，亦只如鹦鹉一样，因为他们只学会那些声音，并不知道它们的意义，但是字眼只要有功用和意义，则声音和观念之间，必然有恒常的联络，而且可以指示出，此一个就表示着彼一个。我们如不能这样应用它们，则它们只不过是一些无意义的喧声。

8　它们的意义完全是由人调动的——我们已经说过，各种字眼因为习用之故，可以恒常而迅速地在人心中刺激起一些观念来，因此，人们会想象它们中间有一种自然的联系。不过我们很容易看到，它们所指示的是人们的特殊观念，而且它们的含义完全是可以随人意转移的，因为我们虽然以为它们是某些观念的标记，可是有时我们竟然不能用它们来在他人心中刺激起那些观念来。任何人都有一种不可侵犯的自由权利，任意使各个字眼来表示自己心中的观念，因此，别人虽与我们用同一的字眼，可是我们并没有权力来使他们在心中发生那些字眼所表示的同一的观念，因此，伟大的奥古士都 August 虽然具有统治世界的权力，可是他承认自己不能创造一个新拉丁字。那就是说，他在他的人民的口中和普通语言中，并不能随便指派某个音应表示某个观念。自然，普通的习惯，可以借着一种默然的同意，在一切语言中，使某些音专表示某些观念；因此，那个音的意义便会大受限制，而且人们说话时，若非用它来表示那个观念，他就会说错话。不但如此，而且我可以说，一个人的字眼在听者心中所刺激起的观念，如果不是他用这些字眼所表示的那些观念，则他的说话会全无意义。因此，一个人在运用字眼时，他的意义如果与普通的意义有别，如果与和他交谈的那个人的特殊意义有别，他一定会有不利的结果。可是无论如何，我们仍然看到，在他运用那些字眼时，那些字眼的意义仍然限于他自己的观念，并不能标记别的事物。

第三章　普通名词

1　字眼的大部分都是概括的——一切存在的事物都是特殊的事物，因此，人们或者会想，字眼既与事物相契，所以它们亦应该是特殊的(据其意义而言)。不过我们所见的,恰与此相反。一切语言中大部分字眼都是概括的名词,这亦并不是疏忽或偶然的结果,乃是理性和必然的结果。

2　每一个特殊的事物万不能各有一名——第一点,每一个特殊的事物并不能各有一个特殊的名称。因为字眼所以有意义和功用,既是因为心中的观念和表示观念的那些声音有一种联系,因此,在应用各种名称于各种事物时,人心必须对各种事物有清晰的观念,而且必须保留各个事物的特殊名称,使那个名称专属于那个观念。不过人类的才具并不能对我们所遇到的一切特殊的事物都形成清晰的观念,并且把它们保留起来。人所见的每一鸟,每一兽,触动感官的一草一木,亦并不能在容量广大的理解中,各个找到一个地方。自然我们听说,有的将领们能对全军兵士,一一指名称呼,不过这虽是一种特殊惊人的记忆,可是我们仍然易于看到,人们为什么不曾想以特殊的名称来称呼羊群中的每只羊,或在他们头上飞翔的每个乌鸦,何以更不曾想用特殊的名称,来称呼自己所遇的每一树叶,每一沙粒。

3　这样亦并无用处——第二点,这纵然是可能的,亦并没有用处,因为这样就不能达到语言的主要目的。各种特殊事物的名称,如果不能供人用以传递彼此的思想,则人们虽有一大堆名称,亦就无济于事了。人们所以学习各种名称,并且用它们同人接谈,原意只是要让人了解自己。不过要想使人了解自己,我们的语言器官所发出的声音必须刺激起他人心中的观念来,而且所刺激起的观念还必须和我发那个音时心中所指的观念是一致的。不过各个名称如果只能用于单我一个人心中对之有观念的特殊的事物上,则这事是不可能的,因为我心中所注意到的特殊的事物,并不必都是别人所熟习的,因此,那些事物的名称,在别人是毫无意义,而不可理解的。

4 第三点,我们纵然承认这是可能的(我觉得是不可能的),可是每一个特殊的事物有了一个特殊的名称以后,亦不能在推进知识方面有多大进步。因为知识虽然建立在特殊的事物上,可是只有借概括的观察,才能有所扩大。既然要有概括的观察,则各种事物必然要分为种类,并且有概括的名称才行。因此,这些事物和其名称,便纳入某种范围中,而且若非人心能以容受,情形在所必需,则它们的数目便不必时时加多。因此,人们大部分便安于普通的事物分类;但是为了方便之故,人们还一样可以用固有的名称,来分辨特殊的事物。因此,人在自己的那一个种内(人类中),便常常应用固有的名称,使各人有各人的特别称呼,因为在人类中,人们常要与同类交往,而且常要提到特殊的人们。

5 什么事物具有固有的名称——除了各人以外,国家、城市、河流、山岳以及相似的地理分划,亦常有特殊的名称,而它们所以如此,亦是因为同一的理由。它们都是人们寻常需要特殊标记出的,而且是要在会议中向对方表示出的。我们如果常常因为某种缘故提到特殊的马,亦如常常提到人一样,则我们在马方面,亦当如在人方面,有很惯熟的名称。因此,并赐福乐 Bucephalus(原意为牛头马,是亚历山大的战马)一词亦可以同亚历山大 Alexander 一名,一样常为人所用。因此,我们常见,赛马者常用固有名称,来区别他们的马,就如他们用固有名称,来区别他们的仆人似的。因为在他们中间,常需要提到此一匹马,或彼一匹马(在它们不在眼前时)。

6　概括性的文字是怎样形成的——其次的问题就是要考察,概括性的文字是怎样形成的,因为一切存在的事物,既都是特殊的,那么我们怎样能得到概括性的名词,或者说,我们在哪里发现它们所表示的(假设如此)那些共同性质呢?字眼之所以成为概括的,乃是因为它们被人作为概括观念的标记。观念之所以成为概括的,乃是因为人们把它们从时间,空间的特殊情节,以及决定它们成为或此或彼的特殊存在的其他观念分离开。借着这种抽象方法,它们便能以表象一个以上的多数个体。其中的各个体既都与那个抽象观念互相契合,因此,我们就说它是属于那一类的。

7　不过要把这一层推论得更为清晰一点,则我们还正不妨追寻我们意念和名称的起源,而且可以察看,我们进行时循着什么次序,我们是用什么步骤,由婴儿时起,扩大了我们的观念。分明不过的是:儿童们对他们所接谈的那些人所生的观念(我们是专举这一例),亦正同那些人一样,都只是特殊的。乳母这一观念,同母亲这一观念一样,都是他心中所亲切地形成的,而且它们正如图画似的,亦只表象着那些特殊的个人。他们原始给予这些观念的各种名称,亦只限于那些个人自身,而且儿童们所用的乳母,妈妈等名称,亦只限用于那些个人。后来时间长了,认识多了,他们又会看到,世界上还有许多事物,而且那些事物又因为在形相和别的一些性质之间,有共同的契合之处,因而同他们的父母以及和他们惯熟的人们又相似,因此,他们又形成可以包括许多特殊事物的一种观念,他们于是就跟着别人,给那个观念以人类这个名称。因此,他们就得到一个概括的名称和一个概括的观念,不过在这种过程中,他们并未曾有任何新的创造，他们亦只是把彼得 Peter，詹姆士 James，玛丽 Mary，珍妮 Jane 等复杂观念中的特殊成分省掉，只把它们共同的成分保留下来。

8 儿童们既然渐渐获得了“人”这个概括名称和观念，因此，他们就容易由同一途径，进到更概括的名称和意念上。因为他们看到，许多事物虽然和他们的人的观念不同，而且不能包括在那个名称以内，可是它们仍有许多性质同人相似，因此，他们就把这些性质保留起来，形成另一个更概括的观念。他们又给了这个观念以一个名称，因此，他们又造成一个涵盖性更大的名词。不过这个新观念所以能形成，并非因为他们添了些什么东西，只是因为他们把人这一名称所表示的形相和别的一些性质除去，而把“动物”一名所包括的身体、生命、感觉和自发运动，保留下来。

9 概括性的名称只是抽象的观念——人们在原始形成概括性的观念和概括性的名称时，确乎是由于这种途径的。这一点是很分明的，并不用别的证明，我们只须一考察自己或他人，看看他们在知识方面的心理进程如何就是了。人们如果以为概括性的事物或意念，不是由较特殊事物的复杂观念抽象而得的，割裂而得的，则我恐怕他们再不知向何处去找寻这些观念。人如果不信，则他可以先反省反省，然后再告我，“人”一观念同彼得和保罗等观念怎样分别，马一观念同并赐福乐一观念怎样分别；它们所以有分别，是否因为在前一种观念中把特属于各个体的成分去掉，只把特殊的复杂观念（属于特殊存在的观念）中那些共同的成分保留下来？至于人和马二名所表示的复杂观念，我们如果再把它们所差的地方除去，把它们所同的地方留下，然后以所留下的成分作为一个新的独立的复杂观念，并且给它以动物一名，则我们便有了一个较为概括的名词，而且这个名词不但包括了人，还包括了别的活物。我们如再把动物观念中的意识和自发的运动去掉，而以所余的身体，生命，营养等等简单观念做成一个复杂的观念，则这个观念更会概括，而且我们亦可以用更涵盖的“生物”一名来称呼它。这一层是很明显的，并用不着再多讲；我们只可以说，人心还可以由此途径进到“物体”，“实体”，“存在”，事物等等表示任何观念的那些普遍的名词。总结起来说，经院中聚讼纷纭的所谓属事类和物种的那个问题（经院以外，人们就不理会注意这问题），只是一些具有名称而含义或宽或狭的抽象观念。在这些观念中，有一种恒常不变的情形，就是，每一个较普遍的名词所表示的观念，只是那个大观念中所包含的任何小观念的一部分。

10　为什么人们常应用“事类”来下定义——我们由此可以看到，人们在给各个字眼下定义时（所谓定义就是表明它们的含义），何以常要用事类，或进一级的概括名词。这种做法并非由于不得已，只是为了省却麻烦，免得一一列举事类（或进一级的概括名词）中所含的那些简单观念，或者因为自己不能列举，故意来避免羞耻。不过以事类和种差 differentia（这些学术上的名词虽是由拉丁文来的，可是它们很恰合于它们所表示的这些观念，所以我仍用它们），来下定义，固然是一条捷径，可是我想它或者不是最好的方法。至少我可以相信，它不是唯一的，绝对必需的途径。因为我们所以要给名词下个定义，原是要想借文字使他人了解所定义的那个名词所表示的观念，因此，要下定义，最好是把那个名词中所含的那些简单观念列举出来。人们所以不事列举，而习于应用进一级的概括名词，那并非由于必然，亦不是说由此更为明白，乃是为的迅速敏捷的缘故。我想，一个人如想知道"人"字所表示的观念，而且你又告他说，人是一个有广袤的实体，他有生命，有意识，有自发的运动，有推理能力，则我想，那个人一定会了解人字的意义，一定会明白知道人字所表示的观念，而且了解的程度，至少亦可以比你说人是一个有理性的动物时一样。因为"有理性的动物"一词仍可以借动物一词的各种定义，如生物，实体之类，分化成上边列举的那些观念。我这里解释人字时所用的定义仍是经院中通常的定义，这个定义虽或不是最精确的，可是亦可以供我们现在的用途。在这个例证中，人们可以看到，所谓"定义必含事类和种差"的那个规则是从那里起的，这个例证已经明白地给我们指示出，这个规则并不是必然的，而且我们纵严格地遵守它，亦并无多大利益。因为所谓定义只是用别的一些文字来解释一个文字，使人了解那个文字的意义或其所表示的观念，可是语言并非按照伦理学的规则创造出的，因此，每一个名词的意义并不能都精确明白地为其他两个名词所表示。经验已经明白指示我们这一点，而且创立这个规则的人们，亦并不能首尾一贯，他们所下的定义很少能够契合这个规则。不过关于定义，我们可以在下一章详为解说。

11 总相和共相只是理解的产品——再返回来说概括的名称，则我们又看到，总相和共相不属于事物的实在存在，而只是理解所做的一些发明和产物，而且它所以造它们亦只是为自己的用途，只把它们作为一些标记用，——不论是字眼或观念。我们已经说过，字眼所以成为概括的，只是因为它们是概括观念的标记，而且可以无分别地应用在许多特殊的事物上；我们还说过，观念所以成为概括的，只是因为它们能表象许多特殊的事物，不过各种事物自身并没有普遍性，而且那些字眼和观念的意义虽是概括的，可是各种事物的存在都是特殊的。因此，我们如离了个体，则所余的共相只是我们自己的产物，它们所以有概括的性质，只是因为它们可以被理解所变化，来指示或表象许多个体。因为它们所有的意义，不是别的，只是人心在它们上所加的一种关系。

12　抽象的观念形成了事类和物种的本质——其次的问题，就是要考察，概括性的名词所有的意义是什么样的。因为我们一面看到，它们并不只表示一个特殊的事物，因为要是那样，它们就不是概括的名词，而成了特指的名称。而在另一面，则我们又看到，它们亦并不表示一种复数，因为要是如此，则抽象的人字与人们二字便会表示相同的东西，而文法学者所谓数目的区分，亦就多余而无用了。因此，概括性的名称所表示的，只是一类的事物，而它们所以能够如此表示，却是因为它们各个是人心中抽象观念的标记。许多事物如果都同这个观念互相符合，则它们便归类在那个名称以下，或者也可以说是属于那一类的。因此，我们看到，所谓种差的本质，并不是别的，只是一些抽象的观念。任何事物所以属于某一种，只是因为它有那一个种的本质，而它所以配得到那个名称，亦只是因为它能同那个名称所表示的观念互相契合，因此，具有那种本质，和具有那种契合，就是一回事；因为属于某一个种，和有权利配称为某一个种，那正是一回事。就如说，“要当一个人”，或“属于人种”，正和“有权利配称为人”，是一回事。同样，要当一个人，或属于人种，亦正和具有人的本质是一回事。我们知道，任何事物如果不与人字所表示的那个抽象观念互相契合，则它不能成为一个人,亦不配有人的名称。同样,任何事物如果不具有人种的本质,则它亦不能成为人,亦不配有人的名称。因此,我们就可以断言,那个名称所表示的那个抽象观念,和那个种的本质是一致的。因此,我们就可以说,物种的本质,和事物的分类,都只是理解的产品,因为只有它能抽象,能形成那些概括的观念。

13 它们虽是理解的产品,可是亦以事物的相似关系做基础——人们并不要以为我忘了,自然在产生事物时,曾经使它们有些互相赘似,更不要以为我否认这一层。这种情形在各方面都是显著不过的,尤其在动物,和以种子来繁殖的一切事物方面,更为显著。不过我们仍然可以说,能给它们进行分类命名工作的,仍是理解,因为理解可以在事物中间发现出相似性来,做成概括的抽象的观念,把它们保留在心中,并且给它们立下名称,以为事物的模型或形式。因为形式的本义正是这样的;各种存在着的特殊的事物如果与那个形式互相契合,则它们便属于那一种,得到那个名称,并且归在那一类里边。因为我们如果说,"这是人,那是马;这是正义,那是残忍;这是表,那是背心,"则我们所做的亦只是把各种事物归在那些不同的种名下面,因为我们看到,它们同那些名称所标记的那些抽象观念正相契合。各种名称所标记的那些种的本质,只是人心中的抽象观念;这些观念就在存在的特殊事物和分类它们的那些名称中间,形成一种纽带。任何时候,概括性的名称如果同特殊的事物发生了联系,则连接它们的媒介,只有这些抽象的观念。因此,我们所分别,所称谓的那些种差的本质,一定不是别的,一定只是我们心中那些精确的抽象观念,因此,人们在实体方面所假设的那些实在本质,如果同我们的抽象观念不一样,则它们便不能成为事类的本质，以供我们分别事物之用。因为两个事类正可以成为一个事类，正如两个不同的本质可以成为一个事类的本质一样。因此，我们可以问，马或铅的变化，有哪一种不可以使它们成为另一个事类，而不再为马或铅呢？我们若以抽象的观念，来决定事物的事类，则这个问题是容易解答的。但是人们如果在这方面，想以假设的实在本质，来指导自己，则我猜想，他们一定会迷惑而不知所可。他们一定不会知道，一种东西在什么时候，确乎已经不是一匹马，或不是一块铅。

14 每一个独立的抽象观念是一个独立的本质——我虽然说，这些本质和抽象的观念（它们是各种名称的尺度，和事类的界限）是理解的产品，可是人们并不必惊异这种说法，因为他们一经考察，就会知道，至少那些复杂的观念，在各个人都不一样；它们所含的简单观念，在此人和彼人间并不一样。因此，在此人认为是一种贪恋，在彼人就认为不是。不但如此，即在实体方面，抽象的观念虽似乎是由事物本身来的，可是它们亦并不经常是一致的。不但如此，即在我们最习见习知的那些物种间，抽象观念亦是不一致的。因为人们常问，妇人生出的胎儿是不是一个人；而且他们竟然辩论，人是否应该养育它，并给它施洗礼。如果人这一个名称所表示的抽象观念或本质，是自然的产品，而不是理解在不确定的方式下所造成的简单观念的集合体，而不是被理解所抽象所命名的一种东西，则这个问题是不会发生的。因此，在实际上，每一个独立的抽象观念就是一个独立的本质，而且表示那些独立观念的各种名称，亦就是根本不同的一些事物的名称。因此，圆形之本质上同椭圆不一样，正如绵羊和山羊之本质上不一样似的，雨和雪之本质上不一样，正如水和土之本质上不一样似的。因此，任何两个抽象观念，只要在任何部分互相差异，而且各有一个名称，则它们便形成两个物种，而且这两个物种之在本质上互相差异，正如世界上最远隔，最反对的两个东西一样。

15 实在的和名义的本质——但是有些人既然认为事物的本质是完全不能认识的(自然亦不是没有理由)，因此，我们正不妨来考究一下本质一词的各种含义。

第一点，所谓本质可以当做是任何事物的存在看，而且物之所以为物，亦就全凭于它。因此，事物的内在组织(这在实体方面往往是不能被人认识的)，就是可感性质所依托的，因此，它就可以称为本质。本质一词的原义亦正是如此的，这由其字源就可以推知。因为本质 essentia 一词原意就是存在。我们在谈说特殊事物的本质，而不给它们以任何名称时，则我们所用的本质一词还是指的这种含义。

第二点，经院中因为忙于探究并辩论事类和物种的缘故，因此，本质一词几乎失其原义。因此，"本质"一词就不用于事物的实在的组织，而几乎完全用于类和种的这种人为的组织。自然，人们也往常假设物种有其实在的组织，而且我们亦分明知道，一定有一种实在的组织，然后共存的简单观念的集合体才有所依托。不过我们分明看到，各种事物所以归在某某"种名"下边，只是因为它们同那些种名所表示的抽象观念相契合，因此，事类或物种的本质，并不是别的，只是那些类名和种名所表示的那些抽象观念。普通所用的本质一词，多半指这种含义而言。这两种本质，我想一种正可以叫做实在的本质，另一种正可以叫做名义的本质。

16　名称和名义的本质间之恒常联络——在名义的本质和名称之间，有一种很密切的联系，因此，任何物种的名称所指的特殊存在，都有这种本质，而且它正因为有这种本质，才能和那个名称所表示的那个抽象观念互相契合。

17　要假设物种是被实在的本质所区分的，那并没有用处——如果我没有错误的话，则我似乎记得，关于有形实体（单指这些实体）的实在本质人们曾有两种意见。有一些人是用本质一词表示他们所不知道的一种东西，他们假设宇宙间有一定数目的本质，一切自然的事物都依此以生，而且各种事物只因精确地具有这些本质，才能成为此一种或彼一种。这是一种意见。另有一些人以为一切自然事物中的不可觉察的各部分虽有一种实在的，不可知的组织，可是我们所以能分别它们，所以能按照需要把它们分种列属，并给它们以公共名称，只是凭借于由那种内在组织所流出的一些可感的性质。这是另一种意见，是比较合理的。我想前一种意见最能淆乱我们关于自然事物的知识。因为它虽然假设这些本质只是有定数的一些模型或形式，而且假设一切存在的事物都受此模型的陶冶，并且都平均具有这些本质，可是我们看到，在一切种动物中常有妖怪胎产生，而且在人类方面，亦有易子 changeling，或别种奇怪的产物，常常难和这种假设相契。因为两种事物如果精确地具有同一的实在本质，则它们便不应该有差异的性质，正如两个形相在共同具有圆形的同一的实在的本质时，不应该有差异的性质一样。我们纵然没有别的理由来反对这个假设，可是它既然一面假设事物的本质是不可知的，一面又假设这些本质能区分事物的种，这就足见这个假设是完全无用的，并不能有助于我们的知识的任何部分。因此，只有这一种理由，我们亦可以废弃这一种假设，而自安于我们知识所能达到的那些物种的本质。不过我们在认真考察之后，就会知道，这些本质，只是我们用独立的概括名称所标记的那些抽象的复杂观念。

18 实在的和名义的本质，在简单的观念和情状方面是同一的，在实体方面是差异的——我们既把本质分为名义的和实在的两种，因此，我们可以进一步说，在简单观念和情状方面，它们永远是同一的，在实体方面，它们是永远差异的。就如空间被三条线所围后所成的形相，既是一个三角形的名义本质，亦是它的实在本质，它不但是那个概括的名称所表示的那个抽象观念，而且亦正是事物的本身存在，亦正是事物的一切性质所依的那种本质，亦正是那些性质完全不能离开地联合着的那种本质。不过说到我指上这个指环，则形成它的那一团物质便完全同三角形两样，在这方面，那两种本质是显然有别的。因为黄金的颜色，重量，可熔性，确定性，等等性质，所依靠的微妙部分的实在组织，才使那团物质成为黄金，使它有权利得到黄金的名称，这个名称就是黄金的名义的本质所在。因为任何东西的性质如果与那个名称所标记的那个复杂的抽象观念不相契合，就不能叫做黄金。不过特属于实体方面的这些本质的分类，我们在以后考察实体的名称时，还有机会来详细讨论它。

19 本质是不生不灭的——人们说，本质是不能生，不能灭的，因此，我们更能看到，附有名称的那些抽象观念正是本质无疑（如前所说）。如果事物的实在组织是事物的本质，则它便不能是不生不灭的，因为那种实在的组织是和事物同始同终的。除了造物主以外,一切存在的事物都是要变化的。至于我们所熟悉的,所归类的,所命名的那些事物,则更是易于变化的。因此,今天的草明天亦许就成了羊身上的肉,而且在几日以后,亦许就成了人身上的部分。在这些变化中,我们分明看到,它们的本质——就是各种事物所依靠的那种组织——是同它们一同毁坏,一同消灭了的。但是特殊的事物虽然极易变化;可是我们如果把人心中所确立的观念(附有名称的)作为事物的本质,则它们通常被人假设为恒久不变的。因为亚历山大和并赐福乐不论变成什么,而"人"和"马"所表示的那些观念仍被人假设为终久不变的,因此,那些物种中的各个体不论如何变化,可是那些物种的本质仍是完整而无毁坏的。借着这个方法,物种的本质就可以不需要同种中任何个体的存在,而能安全完整,毫无变化。因此,世界上纵然到处找不到一个圆形(这个形相或者并不曾在任何地方精确地画出来),而圆形一名所标记的观念并不能因此失掉其存在,它仍然可以作为一个模型。来决定:我们所遇的特殊形相中,哪一个配称为圆形,哪一个不配,它仍然可以指示出哪一个有哪一种本质,属于哪一个物种。自然中虽无所谓独角兽和人鱼,可是我们既然假设这些名称代表着复杂的抽象观念,而且那些观念并没有含着矛盾,则人鱼的本质和人的本质是一样可以了解的,而且独角兽的观念亦正同马的观念是一样确定,一样稳坚,一样恒常的。由上边所述的看来,我们可以知道,本质的不可变说,就可以证明,本质只是抽象的观念;而且这种学说是建立在这些观念和标记它们的那些声音间之关系上边的。同一的名称只要仍继续具有同一的意义,则这种学说常常是真的。

20 总摄前义——总结起来说,关于事类和物种以及它们的本质,我们一场大辩论的主旨不外是这样:人既然形成抽象的观念,并且把它们确立在心中,各个给以一个名称,因此,他们就可以一堆一簇地来考察它们,谈论它们,因此,人们的知识就较容易进步,较易于传达。人们的文字和思想如果只限于特殊的事物,则知识的进步是很迟缓的。

第四章 简单观念的名称

1 简单观念,情状和实体的名称,各有一种特殊之点——我虽然说过,一切字眼所直接表示的,只有说话者心中的观念,可是我们在进一步观察之后,就会看到,简单观念,混杂情状(各种关系在内),自然实体,等等的名称,都各有一些特点,而且互不相同。例如:——

2 第一点,简单观念的名称和简单实体的名称可以告知我们一种实在的存在——第一点,简单观念和实体两者的名称,不但直接表示心中的观念,而且报告一种实在的存在,因为它们的原始模型正是由这种存在所托出的。至于混杂情状的名称,则终止于心中的观念,而不使我们的思想再往前进一步,我们在下一章中。就可以较详细地看到这一层。

3 第二点,简单观念和情状两者的名称,常常表示实在的和名义的两种本质——第二点,简单观念和情状的名称不止表示其种属的名义的本质,而且永远表示其实在的本质。至于自然实体的名称,则只表示那些物种的名义的本质,而很少表示别的东西。

在第六章专论各实体的名称时，我们将会看到这一层。

4　第三点，简单观念的名称是不能定义的——第三点，各简单观念的名称是不能定义的，一切复杂观念的名称是可以定义的。据我所知，人们向来未曾注意到，某些文字是能定义的，某些文字是不能定义的。人们因为缺少这种注意所以他们在谈论中便发生很大的争执和疑难来。因此，有的名词本来不能定义，可是人们偏要在这方面要求定义。又有的人们以为自己只应当用一个较概括的名称和一种限制（若以学术名词来讲，就是类和种差）来解释一个字，而且他们也就自足于这种解释，实则就按这个规则来形成定义，而听到它的人亦并不能比未听时较明白地概想到这个文字的意义。因此，我想，我们如果指示出，某些文字能可以定义，某些文字不能定义，并且指示出一个好定义怎样可以成立，则这种做法亦并非与题旨全不相干的；不但如此，而且这种做法很能阐明这些标记和观念的本性，因此，我们正该加以特殊考察。

5　如果一切文字都是可以定义的，则定义的过程将会无限——我们如果承认一切名称都可以定义，则我们必然会陷于无限定义的过程中。因为一个定义中所含的名称如果还得用另一个名词来定义，则我们将在哪里停顿呢？不过我现在并不想用这种理论来证明，一切名称不能都有定义。我只打算根据上观念的本性，和观念的意义，来指示出，什么名称是能定义的，什么名称是不能定义的。并且打算指示出这些名称都是什么样的。

6　什么是定义——所谓定义，“只是以一些不同义字来指示另一个文字的意义。”我想，这一层大家会承认的。文字的意义既然只是应用文字的那个人用它们所表示出的那些观念，因此，说话者如用一些文字把某个名词所标记的自己心中的观念，呈现于他人眼前，使别人看到它的意义，则那个名词的意义可以说是指示出的，那个文字可以说是有了定义的。定义的唯一功用和目的就在于此；而且定义的好坏，亦以此为唯一的尺度。

7 简单的观念为什么不能定义——我们既然立了这个前提，因此，我就可以说，简单观念的名称（只有这些）是不能定义的。因为一个定义所含的各种名词既然表示着"几个"观念，因此，它们万不能在一起表示一个全无组合的"单纯"观念。因此，简单观念的名称是不能定义的，因为所谓定义，就是以一些不同义字来指示一个文字的意义。

8 举运动为例——人们因为在自己的观念和名称方面，未曾看到这层区别，因此，经院中便发生了一种奇特的玩意儿。这一层，我们可以从他们对少数简单观念所下的定义中看得到。（我们所以说少数）因为说到大部分的简单观念，即在那些定义大师们亦是略而不提的，而他们所以如此，亦只是因为那些观念根本是不能定义的。不过就他们已下的定义看来，人的机智还能发明出更好的无意义的定义来吗？他们有一个定义说，"是一个有能力的存在物的现实——只在其有能力的范围以内。"The act of a being in power，as far forth as in power，我想纵然有一个有理性的人，如果不曾熟悉这个著名的谬谈，则他亦不会猜着这个定义是解释哪一个字的。如果杜莱 Tully 向一个荷兰人问 beweeginge（运动）是什么意思，而且那个荷兰人如果又以自己的语言答他说，运动"是一个有能力的存在物的现实——在其有能力的范围以内"Actus entis in potentiâ quantanus in potentiâ。则我可以问任何人，他是否能想象自己了解了 beweeginge 一词所表示的意义,他是否能猜着荷兰人在用那个声音时,心中所有的那个观念?或要向人表示出的那个观念?

9　现代的哲学家虽然竭力想摆脱了经院中的胡言,而说较有意义的话,可是他们既借解释简单观念的原因,或借别的方法,来定义简单的观念,因此,他们仍是一样不成功的。原子学者虽然给运动下定义说,“它是由一地到另一地的经过”,可是他们所做的,不是只以一个同义字来代替另一个字吗?因为经过不就是运动么?我们如果再问他说,经过是什么,则他们不是仍得以“运动”来定义它么?因为我们如果可以说,运动是由此处到彼处的一个经过,则我们亦照样可以说,经过是由此处到彼处的一种运动,两个定义是一样不适当,一样无意义的。这只是翻译,并不是定义,因为我们只是把两个同义字互相掉换着。两个同义文字如果有一个是熟知的,则它自然亦可以使我们发现出未熟知的那个字所表示的观念,不过这却不是定义。我们如果说这是定义,则在字典中每一个英国字都可以说是相关的那个拉丁字的定义,因此,motion 亦正是 mottus 的定义。笛卡尔派虽然说一个物体表层的各部分如果继续同别种物体表层的各部分接触,那就是运动,可是我们在仔细考察之后,就会看到,这亦一样不是好的定义。

10　以光为例——逍遥学者对于简单观念还有另一个定义,就是说,“光是一种可见物的现实——只在其可见的范围以内”。这个定义虽然比运动的定义不是更为荒谬,可是我们更容易看明白它的无用和无意义。因为人只要一反省自己的经验,就会相信,这个定义并不能使盲人稍为了解光这个字的意义;至于“运动”的定义，则在乍看之下，并不是那样无用，因为它可以逃了这个试验方法。“不过它仍是无用的”，因为这个简单观念，既是由触觉和视觉两者来的，因此，我们便不能指示出有任何人，可以只借运动一名的定义，来得到这个观念。又有的人们说，光是迅速地打动眼底的一些小粒子，这话自然比经院中人们说得稍为有点意义。不过人们如果原来不知道光，则他们纵然完全了解了这些文字，亦不能明白光这一字所表示的观念。这个正如你告人们说，光不是别的，只是一些小网球，神仙们整日家用拍子把它们向有些人(在他们经过别人时)的头上打击似的。因为我们纵然承认这种解释是正确的，可是光的原因的观念纵然精确，亦并不能把光本身的观念传达给我们，因为光本身是另一种特殊的感觉。这个亦正同锐利钢片的形相观念和运动观念，不能把它所引起的痛苦观念给我们似的。因为感觉的原因，和感觉自身(在一个感官的简单观念方面)，完全是两种观念，而且这两种观念之互相差异，互相远隔，是世界上任何两个观念所不能及的。因为一个人的眼如果受了黑内障而失明，则笛卡尔的小粒虽然尽管打动他的视网膜，而且他虽然亦明白什么是小粒，什么是互相冲击，他亦不能得到任何光的观念，或近似的原东西。因此，笛卡尔派就分别有两种光，一种光就是我们感觉的原因，一种光就是它所生的观念，就是真正所谓光。

11 再继续解释，简单观念为什么不能定义——我们已经说过，简单的观念只能得之于物象经过各自的通路后在人心上所生的印象。如果它们不是这样进入人心的，则人们虽用尽全世界的文字来解释、来定义，任何名称，亦不能使我们生起那个名称所表示的那个观念。因为文字只是声音，因此，它们所产生的简单观念只限于那些声音自身的观念；而且它们所以能刺激任何观念，只是因为它们同它们寻常所表示的那些简单观念间有一种人为的联系。人们如果别有高见，则他可以试试，是否有任何文字可以使他知道凤梨的滋味，使他对于那种精美果实的上味得到正确的观念。他的记忆中如果保存着任何相似的滋味观念，而且那些观念是从他所尝过的可感的物象印在他的记忆中的，则你如果告他说，凤梨的滋味同那种滋味相近，则他在心中亦可以约略体会到那种相似性。不过这并非借定义给我们产生那个观念，这只是用熟知的名称来刺激起别的简单的观念来。而且这些观念同那种果实的真正滋味是十分差异的。在光和颜色，以及其他一切的简单观念方面，亦是同样情形，因为声音所附的意义，并非自然的，只是附加的，任意的。任何光或红的定义亦不足以给我们产生出光或红的观念来，正如光或红这两个字音不能产生出这些观念来一样。因为你如果想用声音（不论如何组织）来产生一个光的观念或色的观念。那正如同想使声音成为可见的，或使颜色成为可闻的一样，那正如同想使耳官来营其他一切感官的职务一样。这就如同说，我们可以用耳来尝味，品香，辨色似的。这种哲学，只可以应用于僧柯磐舍 Sancho Panca，因为他只听说达尔生旎。Dalcinea 就能看到达尔生旎（——见 Cervantes“吉诃德爷传”，按僧柯系吉诃德的侍从）。因此，人如果不曾借着固有的进口在心中接受了一个“文字”所表示的简单观念，则别的文字和声音虽然按照定义的规则组合起来，亦从不能使他了解那个“文字”的意义。唯一的方法只有使适当的物象同他的感官相接触，并且使他生起那个久已听说过的观念。有一个盲人颇为勤敏，他曾经劳心费力捉摸可见的物象，并且应用书中或朋友们的解释企图来了解他常常听到的光和颜色等等名称。有一天他就自夸说,他了解了朱红的意义。因此,他的朋友就问他说,究竟什么是朱红?那个盲人就答复说,朱红正仿佛号筒的声音!我想,一个人如果想用定义或一些解释的文字,来了解任何其他简单观念的名称,则他所得的结果,亦正和这个盲人一样。

12 在复杂观念方面,正有相反的情形,类如雕像和虹就是——在复杂的观念方面,情形便大不一样,它们既是由一些简单观念所组成的,因此,一些文字如果能表示这个组合中的那些简单观念,则这些文字便可以在心中印入以前不曾存在过的复杂观念,并且使人了解它们的名称。各种观念如果集合在一个名称下,则我们便可以给它下定义,或用一些别的文字,来指示一个文字的意义。而且我们可以由此了解从未触动我们感官的各种事物的名称,而且在他人应用一些文字时,我们亦可以形成一些观念同他们心中的观念相应。如果定义中各名词所代表的各简单观念,没有一个不是听解说的那人的思想中所具有的,则他便可以理解这种定义。就如雕像一词就可以用别的文字解释给盲人听,而画片一词就不能。那正是因为他的感官曾经给了他以形相观念,而未曾给他以颜色观念,因此,他就不能生起颜色观念来。这一层理由正使画家胜过了雕刻家。他们两人都争夸各人艺术的精美;雕刻家说,他的艺术是较优越的,因为它入人较深,甚至于失明之人亦可以知觉到他的艺术的精美。画家亦同意来求助于盲人的判断。因此,他们就把前者的雕像,和后者的画片,置在盲人的面前。盲人先以手摸塑像,摸到身上和面上的外形,便大为惊赏匠人的绝技,不过人们后来又把他领导在画片面前,他的手于是又在画片上摩娑，于是人就告他说，他现在摸到头部，又摸到前额，又摸到眼上，又摸到鼻上，等等。可是他在摸动画布上的各部分时，并感不到些微差异，因此，他就嚷着说，那只有鬼斧神工能在他看不到，感不到任何事物的地方，给他们表象出那些部分来。

13 一个人虽未曾见过虹的现象，可是却知道那些颜色，则我们如果用虹这个字向他说话，并且列举虹的形相，大小，地位，光带，则我们会把虹这个字定义得十分清楚，使他完全了解。不过那个定义无论如何精确完全，亦不能使一个盲人了解它。因为他既然未曾借感觉和经验，接受过形成这个复杂观念的那些简单观念，所以任何文字都不能在他心中刺激起那些观念来。

14 我们已经说过，某些物象特宜于产生某些知觉，而且简单的观念亦只有借这种经验才能得到。我们的心中如果由此途径储蓄了这些观念，并且知道了它们的名称，则各种复杂观念如果是由它们所形成的，那我们便会定义它们的名称，或以定义来了解它们的名称。但是任何名词所代表的简单观念如果是一个人心中所不曾具有的，则我们永不能以任何文字来使他知道那个名称的意义。一个名词所表示的观念如果是一个人所熟悉的，可是那个人如果并不知道标记那个观念的那个名词，则我们如果用另一个他所熟悉的字来表示那个观念，就可以使他了解那个文字的意义。但是无论如何，任何简单观念的名称是不能定义的。

15 第四点，简单观念的名称是最少疑义的——第四点，简单观念的各名称虽然不能借助于定义，来决定它们的意义，可是它们比那些混杂情状的名称和实体的名称，仍是较少疑义，较为确定的。因为它们所表示的既然只是唯一的简单知觉，因此，人们大部分，可以完全一律地了解它们的意义，并没有余地来错解它的意义，或争辩它的意义。一个人只要一知道了“白”字是他在雪中或乳中所看到的那种颜色的名称，则他只要能保留着那个观念，他就不会误用了那个字。他纵然完全失掉这个观念，他亦不容易误解它的意义，他仍会觉得自己并不了解这个观念。这一类名称并不如混杂情状的名称之多歧义，因为它们各个并没有含着多数的简单观念。它们亦不似实体名称难以了解，因为在这里并没有一个假设的，人所不知的实在本质，以为各种难以计数的性质之所依托。因为在简单观念方面，名称的意义是可以立刻完全知道的。它并不成立于各个部分，因此，它亦就无所谓各部分的或增或减，因此，那个观念就不能变化，因此，它的名称的意义亦不至含糊，而不确定了。

16 第五点，简单观念在范畴系中 lineâ praedicamentali 并没有多少等级：——第五点，关于简单观念和其名称，我们还可以说，它们在所谓范畴系中，在由最低的进到最高的类时，并没有多少等级。理由是这样的。最低的种既然只是一个简单观念，因此，其中便不能再去掉什么东西，使所异的地方除去，使原来的观念同别的东西合拢于一个公共观念之下，并且使那个较大观念具有一个名称，成了两个观念的总类。因为我们并不能在白和红的观念中，除掉什么，使它们发生了共同的现象，得到一个公共的名称。（反之，我们如果在人的复杂观念中把理性除掉，则我们会使他成了畜类，并且由此得到一个较概括的动物观念和名称）。不过人们因为一一列举，颇觉麻烦，因此，就以一个概括的名词，把白和红，以及其他简单的观念都包括进去。不过他们虽爱用一个字来包括那些性质，可是那个字往往只表示它们进入人心中的途径。因为人们如果用颜色一类（或名）包括了白，红，黄等等观念，则那个名词所指的观念，都是由视觉产生于心中的，都是由眼官进到人心中的。他们如果再形成一个较概括的观念，把颜色，声音，和其他相似的性质，都包括进去，则他们所用的文字，多半只指示那些由单一个感官进入心中的那些知觉。因此，"性质"这个概括的名词，在其通常的意义下，便包括了颜色，滋味，香气和可感的性质；这些性质是和广袤，数目，运动，快乐和痛苦不一样的，因为后者是由两个以上的感官，把印象印在人心，把观念印在人心的。

17　简单观念的名称所表示的观念不能完全是任意的——第六点，简单观念，实体，混杂情状三者的名称，还有一种差异。就是，混杂情状的名称所表示的观念是完全任意的，实体的名称是不能完全任意的，它们要参照一个模型，不过亦不甚严格；至于简单观念的名称，则完全由事物的存在来的，完全是不能任意的，至于要问它们的名称如何含有不同的意义，则我们可以在下几章中看得到。

至于简单情状的名称，则和简单观念的名称差不多。

第五章　混杂情状的名称和关系的名称

1　它们同别的概括的名称一样，亦表示着抽象的观念——混杂情状的名称，既是概括的，因此，（如前所说）它们所表示的只是一些物种，而且每个物种亦各有其特殊的本质。这些事类的本质，如前边所说，不是别的，只是那些名称所表示的心中的那种抽象观念。在这种范围内，混杂情状的名称和本质，同别的观念正是一致的。但是我们如果较为仔细观察，则我们会看到，它们有一些特殊的地方，颇值得我们的注意。

2 第一点，它们所表示的观念是由理解所形成的——我们要说的第一个特殊之点，就是：抽象观念，或一些混杂情状的本质，是由理解所形成的。它们所以同简单观念的名称有别，亦正在于此。在简单的观念方面，人心并没有能力来形成任何观念，它只能接受实在的事物所呈现于它的那些观念。

3 第二点，它们是由人心随意形成的，并没有任何模型——第二点，这些混杂情状的本质，不只是由人心所形成的，而且是任意造成的，它并没有任何模型，也并不参照于任何实在的事物。在这方面，它们是和实体的名称有差别的，因为在实体的名称方面，我们假设，有一些实在的事物是为它们所从出的，是为它们所要契合的。不过在混杂情状的复杂观念方面，人心可以自由行事，并不必精确地依照事物实相。它把"某些"观念集合起来，保留起来，并且把这些集合体当做是许多特殊物种的观念；至于"别的"观念，则虽亦一样常发现于自然中，亦一样分明为外物所提示，可是我们会忽略过它们，而不给以特殊的名称和分类。人心在混杂情状的观念方面，并不似在实体的复杂观念方面那样，它在这里，并不用实在的事物来考察它们，亦不用自然中具有特殊组织的模型来确定它们。因此，一个人要想知道自己的通奸观念或亲奸观念是否正确，则他并不必在实在的事物中来找寻它。而且那个观念之为真实，亦并非有人曾经对那种行动做过见证。在这里，人并不必如此，人们在这里只要把一些观念集合成一个复杂的观念，形成一个原型，或物种观念，则可以形成情状的观念，至于那种行动在“自然”中曾经犯过与否，那都无关系。

4　它是怎样形成的——要想正确地了解这一层，我们应当知道，这些复杂观念是怎样形成的。它们之所以形成，并非因为有任何新创的观念，只是因为人心把自己所已有的观念集合起来。人心在这方面，有三个步骤。第一它要先选择一些观念。第二，它要给它们以一种联合，把它们形成一个观念。第三，它要用一个名称把它们系属起来。我们如果一考察，人心在这方面怎样进行，并且它是怎样自由的，我们就容易看到，这些混杂情状的本质，是人心的产品，而且这些种属自身是由人所形成的。

5　观念往往先于存在，这就证明它是很任意地形成的——在混杂情状方面，在任何个体未存在之时，这一类的复杂观念就可以形成，可以抽象，可以得到名称，可以构成种属。人只要反省这一点，他就会相信，这些混杂情状的观念之所以形成，只是因为人心自动地把一些观念集合起来，并非因为自然中有任何原始的模型。人人都会承认，在人类犯了渎圣，通奸等罪以前，人心就会形成这些观念，并且给它们以名称，因而形成这一类混杂情状。人人都会承认，这些观念只要存在于理解中，人们就可以谈论它们，考察它们，发现出关于它们的一些真理，正仿佛它们有一个实在的存在似的。由此我们就分明看到，各种混杂情状，都只是理解的产物，而且它们亦一样契合于实在真理和智识的目的，正和它们是真正存在的一样。我们分明知道，立法对于各种行动虽立有各种法律，可是那一类行动都只是他们理解的产物，只在他们心中存在，在别处并不存在。此外我想,人人都会承认,“复活”这种混杂情状是在它未存在时,就存在于人心中的。

6 举暗杀、亲奸、刀刺为例——要想看到,混杂情状的这些本质是怎样任意地由人心所形成的,则我们只须观察任何一个例子就是了。我们只要稍一观察它们,就会相信,只有人心能把各种散乱而独立的观念,集合成一个复杂的观念,只有人心能给它们以一个共名,使它们成功为某一事类(或物种)的本质;而且在形成时,并不必用它们在自然中所常有的联系来规范自己。我们并看不到,在自然中,“人”的观念和“杀”的观念之间的联系,比“羊”的观念和“杀”的观念之间的联系为大,我们并看不到,前一种行动何以形成特种行动,使我们用“谋杀”一词来标记它,而后一种行动便不能。我们并看不到,在自然中,“父”的观念和“杀”的观念间之联系,比子(或邻)的观念和杀的观念间之联系为大;我们并看不到,何以前两个观念会集合成一个复杂的观念,因而形成所谓弑亲那种行动的本质,而后两个便完全不能。不过人们虽认杀父或母为一种特殊的行动,而杀子或女便不是,可是在别的情形下,子和女亦同父和母一样都包括进去,都包括于同一事类中——例如亲奸。因此,在混杂的情状方面,人心只要觉得可以把某些观念集合起来,它就把它们集合成为复杂的观念。至于别的观念,虽然在自然中有同样的联系,可是人心亦会任其松散,不把它们集合成一个观念,那正因为它们不需要那一个名称。因此,我们看到,人心可以借其自由选择,给某些观念以一种联系,而且它所集合的这些观念,在自然中,比它所遗掉的那些观念,亦并没有较大的联系。若非如此,则我们不会解释,人们何以只注意到伤人的那个刀尖,而把那种行动做成一个特殊的事类（或物种），并且以“刺伤”一名称它，同时却忽略了武器的样式和质地。我并不说，这种说法是无理性的（我们渐渐会看到这一层），我只是说，这种做法是人心在求达其目的时自由所选择的。因此，这些事类（或物种）的混杂情状乃是理解的产品。在这里，我们极其分明地看到，在形成这些观念时，人心并不必在自然中来找寻它的模型，亦并不必把它的观念参照于实在的事物。它只按照自己的目的，把各种观念集合来，它自身并不受任何束缚，来精确地模拟任何真正存在的事物。

7　但是它们仍然合于语言的目的——这些复杂的观念或混杂观念的本质，虽然依靠于人心，并且是很任意地形成的，可是它们并不是错乱地形成的，并不是毫无理性地挤在一块的。这些复杂的观念，虽然不是常由自然模拟而来，可是它们仍常常契合于人们原来形成抽象观念时的目的。它们所集合的各观念虽然很松懈，而且本身并无联络，亦正如人心所不曾联合为一的那些观念似的，可是人们所以要形成这些观念，原是为沟通思想起见，原是为达语言的主要目的起见。语言的功用就在于以简短的声音，顺利地，迅速地，来表示概括的观念。在这些概念中，不止包括了一大些特殊的事物，而且把各种互不相属的观念集合为一个复杂的观念。因此，在形成各种混杂情状时，人们所注意的，只是他们常要互相提到的那些集合体。他们只把这一类的观念集合成独立的复杂的观念，并且给它们以名称。至于别的观念，则虽在自然中有相同的联系，人们亦任其松散，不加注意。因为即在人类行动的范围以内讲，我们如果对于我们在行动方面所看到的一切花样，都形成一个独立的复杂的观念，则观念的数目将会无限，记忆亦会因为繁杂而生迷乱，而且名目分歧，亦会无用。因此、人在日常事故中，如果觉得某些混杂情状的复杂观念，是必须命名的，则他们只形成那些观念，并且给它们以名称就是了。人们所以要在“杀”的观念上，特别加上父的观念，或母的观念，并且因此形成一种特种的“杀”的观念，以别于杀子或邻人那正是因为那种罪恶的可憎程度不一样，而且人们觉得，弑父母所应得的刑罚比杀子或杀邻人所应得的刑罚要当有别。因此，他们就觉得自己必须用特殊的名称来提说它才是；这正是人们所以要形成那个集合体的目的。不过母的观念和女的观念，在杀的观念方面，虽被人另眼相待，而且母的观念和杀的观念虽然相连合而为一个独立的抽象的观念，并且使那个新观念得到新名称，形成新事类（或物种），同时女的观念则又不如此；可是在肉欲方面，则他们都包括于亲奸一词以下。人们所以如此，亦只是想用一个名称，把这些污浊的混合体表示出来，并且把它们当做一个类别（或物种），看认它们比别的行动要特别败坏。这样，他们就可以免避了来回的周折，和厌烦的叙述。

8 各种语言中之翻译不出来的字眼，就可以证明这一层——人只要稍通了各种语言，他就容易相信这个真理。我们很容易看到，一种语言中有许多文字，在别种语言中并找不到其相应的文字。这就分明指示出，一国中人可以因其风俗习惯之所需，而形成一些复杂的观念，并且给它们以各种名称；而在别的国家，则从不把这些观念集合为一个物种观念。这些事类（或物种）如果系自然的恒常的产品，而不是为人心所抽象出的集合体，而不是为命名达意之故而抽象出的集合体，则观念不会因国别而各异。英国法律中的名词虽不是空虚的声音可是在西班牙文中和意大利文中并不易找到相契的名词(这两种文还不是缺少字眼的);而且我想无人能把它们翻译成克利伯 Caribee 文和威士陶 Westoe 文。罗马人的 Versura(借上钱还债)和犹太人的 Corban(献给上帝的礼物),在别的语言中亦并找不到相应的文字;这种情形亦分明是由上述的原因所致的。不但如此,我们如果稍进一步来观察这回事,并且精确地比较各种语言,我们就会看到,各种语言中虽有各种文字,在翻译中,在字典中,仿佛互相对应,可是在复杂观念的名称方面,尤其在混合情状的名称中,所译出的文字,十个中亦难找到一个,能精确地表示字典中原字所表示的那个观念。时间,广袤,重量,三者的度量是最寻常,最不杂的观念,而且我们亦很容易把拉丁文的 hora, pes, libra 三字翻译成时、呎和磅三个字。不过我们分明看到,一个罗马人在这三个字上所附加的观念,同英国人用这三个英国字所表示的观念,实在不一样。两个人中如果有一个人要应用对方的文字所表示的度量,则他的计算会成了错误的。这些明显的证据,是不能怀疑的。在较抽象较复杂的观念的名称方面,更是这种情形;道德学说中大部分名词都是这一类的。人们如果本着好奇心来比较这些名称和它们在别的语言中被译成的名词,他们就会看到,它们很少能在全部意义方面,精确地互相契合。

9　这就分明指示出事类(或物种)之所以形成是为传达意思的——我所以要特别注意这一层,乃是因为要使我们正确地来了解所谓种和类,以及其本质,而不要认它们是自然恒常地而且有规则地,所创造的事物,而不要认它们在事物中有实在的存在。因为我们在较谨慎地观察之后,就会看到,它们只是理解的技巧的产品,理解所以要创造它们,乃是要用一个概括的名称,来较容易地传达它常要表示的那些观念的集合体;因为各种特殊的观念只要契合于那个抽象的观念,它们就可以包括在那个概括的名词之下。有人或者觉得,species(事类或物种)这一个字意义可疑,因此,他们如果听我说,混杂情状的事类或物种是为理解所形成的,则他们或者觉得有些逆耳。不过我想,人人都得承认,事类的名称所表示的那些抽象的复杂观念是由人心所形成的。人心既形成各种模型,来分类,来命名各种事物,则我可以请问,各个事类(或物种)的界限果然是由谁所形成的。(在我看来,拉丁文的 species 和英文中的 sort 只不过是语言之差,并无别的意思。)

10 在混杂的情状中,只有名称能把那种组合体系属住,使它形成一个事类或物种:——在事类(或物种)本质,和概括的名称之间,确乎有一种切近的关系(至少在混杂的情状方面是如此的)。因为我们分明看到,能保持那些本质,并使它们有永久存在的,似乎只有名称。因为那些复杂观念中的各个松散部分所以有联系,既然只是由于人心,因此,这种联系在自然中就没有基础,因此,如果没有一种东西,把它们维持住,使它们不至分散,则这种联系仍会消失了。它们虽是人心所集合的,可是能使它们紧缚的,只有它们的名称。就如凯旋一词就把许多不同的观念维系住,给了我们以一个事类(或物种)的观念。如果人们未曾造了这个名称,或者把它完全失掉了,则他们虽亦可以叙述那种庄严行动中一切的经过,可是我想,只有表示复杂观念的那个字,可以把各种不同的部分维系在一个观念内。如果没有这个字,则我们不会想它的各部分会构成一个东西。因为任何现象,如果只发现一次,而且并没有集合为一个复杂的观念,亦没有得到一个名称,则它便不会成为一种东西。因此，在混杂情状方面，本质所必需的统一性是依靠于人心的，那个统一性之能继续能确定是依靠于人在其上所加的通名。人们如果认本质和事类（或物种）是自然中确立的实在的东西，则他们可以好好考察这一层。

11　人们的做法正是与此相契的。因为我们看到，人们在谈说混杂的情状时，他们所认为可以成为事类（或物种）的情状，只是那些有名称的情状。因为人们所以要形成它们，既是为的给它们命名，因此，它们如果不附有名称，则人们不会注意到这些事类（或物种）或者竟然不以为它们是事类（或物种），因为有了这名称，才可以标记出人们已经把一些松散的观念集合为一个观念，才可以给各个部分以一种永久的联系。人心如果一放弃那个抽象的观念，并且再不思维它，则其各部分会完全瓦解，而无任何联系。但是我们如给这个观念以一个名称，使那个复杂观念的各个部分有了一个确定的、永久的联系，则所谓本质便会确立，而所谓事类（或物种）亦就会完成。因为记忆所以要使自己多添了这些组合体，并没有别的作用，只是要借抽象作用，使它们成为概括的。因此，我们看到，以刀或斧来杀人，那并不是特种的行动。可是刀尖如果先入了身体，则它就成了一个特种的行动，附有一个独立的名称，因此，我们便叫它为刺。不过在别的国家中，它如果不曾归类到一个特殊的名称下，则它便不是一个特殊的事类（或物种）。至于在有形实体的事类方面，则它们的名义的本质虽亦是由人心所形成的；但是人们既然假设，在这个事类（或物种）中所包括的那些观念在自然中原有一种联系，因此，不论人心结合它们与否，我们亦应当认它们是独立的事类（或物种），并不必借助于人心的任何抽象作用，而且人心亦并不一定要给那个复杂的观念以一个名称。

12 我们不必越出人心以外，就可以追寻出混杂情状的起源，这亦足以证明它们是理解的产品——我们方才说过，各种混杂情状的本质都只是理解的产物，并非自然的作品。现在我们看到，确有一种情状与这个说法相契。因为我们看到，它们的名称只使我们想到人心为止，并不再想到别的东西上。在我们提到"正义"和"感恩"时，我们并不想象有任何存在的事物，可以为我们所存想。我们的思想只归结于那些德性的抽象观念中，并不再往前观察。可是我们如果一提到马或铁，则我们的思想必然会再往前进一步。因为我们不以为这些事类(或物种)观念，只存在于人心中，我们以为它们是存在于事物自身中的，而且它们是以这些事物为其原始的模型的。不过在混杂情状方面，我们则以为它们大部分(类如道德的性质)只在人心中有其原始的模型；而且我们在以各种名称来区分特殊的事物时，往往要参照这些原型。因此，我想，各个事类(或物种)的混杂情状的本质，应该以意念一词来称呼它们。因为它们是特别属于理解的。

13 理解形成它们时，并无任何模型，这便可以解释它们为什么是那样复杂的——由此我们可以知道，混杂情状的复杂观念何以通常比自然实体的复杂观念，较为复杂。因为它们既是理解的产物，而且理解只是追求它的目的，只是用简便方法来表示它所表示的那些观念，因此，它可以很自由地把本不连属的一些事物合拢在一个抽象观念以内，并且用一个名词来联络住许多一再混合的观念。就以礼拜行列 procesion 一名而论，则我们会看到，这个复杂的观念是人心任意集合而来的，其中所包含的各种独立的观念，如人，法衣，小蜡烛，命令，运动，声音等，多至不可胜数。至于人对于各种实体所形成的复杂的观念，则通常是由少数简单的观念形成的。而且在动物的种方面，只有形相和声音两者就能形成全部的名义的本质。

14　混杂情状的名称往往能表示它们的实在的本质——由前所说的看来，我们还可以看到另一件事，就是，混杂情状的名称（如果它们有任何确定的意义），往往能表示那些事类（或物种）的实在的本质。因为抽象的观念既是人心的产品，而不与实在存在的事物相参照，因此，我们假设那个名称所表示的，并没有别的，只是人心所形成的那个复杂的观念。而且那个事类（或物种）的一切性质，亦就都依靠于这个观念，而且它们亦都是由此所流出的。因此，在这类名称方面，实在的和名义的本质便合而为一。至于这种情形在我们对于普遍真理所有的某种知识方面，有何种关系，我们以后就会看到。

15　它们的名称为什么往往是在它们的观念之前获得的——这也可以向我们指示出混杂情状的名称之获得，为什么多半是在它们所表示的观念以前的。因为这些事类中之平常被人注意的，既都是有名称的，而且那些事类（或它们的本质）既是人心任意所形成的复杂的抽象观念，因此，我们在获得这些复杂的观念之前，如果就先知道这些名称，那亦是方便的。虽然不是必需的。若非如此，则一个人脑中虽然充满了一大些抽象的复杂观念，他亦得把它们弃置了，忘却了，因为别人都不知道那些观念的名称。我自然承认，在语言初创时，原是先有了观念，然后才有名称；我自然承认，就是现在，也是先形成了新的复杂观念，然后才有新的名称，然后才有新的文字。不过语言如果已经通行，而且已经供给了许多日常通用的观念，则情形便不一样。在这种情形下，我可以问任何人，儿童们通常是不是先学得了混杂情状的名称，然后才得到那些观念。千人中曾有一人，是先形成了抽象的光荣观念和野心观念，然后才听到它们的名称么？不过在简单的观念和实体方面，我承认不是这样的；因为这些观念在自然中既然有其存在和联系，因此，它们的观念是先获得的，它们的名称是后获得的。

16 我何以要再三申论这个题目——我在这里关于混杂情状所说的话，几乎可以无分别地应用在各种"关系"方面。我想，人们都可以看到这一层，因此，我就不再费心来讨论它；——尤其是因为有些人或者觉得我在这第三部中关于文字所说的一切话，已经超过了这个轻微的题目所需要的程度。我承认，我这里所说的话可以再简略一些。不过这个论题既然在我看来似乎有些新奇，而且稍出常轨(我相信，我在起首写此书时，并不曾想到这个题目)，因此，我愿意读者在此多停留一时。因为我们如果穷根究底，面面俱到，则有些地方或者能触发了人们的思想，并且使最不爱思想的人也来反省一种普遍的错误；因为这种错误，虽很重要，却是不常为人所注意的。我们如果一考察人们对于所谓本质所起的一切争论，并且一考察各种知识、讨论和谈话，怎样因为文字的误用，发生了许多扰攘和纷乱，则我们会看到，我们委实应该把这种错误完全揭露出来。因此，我如果在这个题目上已经说得太多，则读者可以原谅我；因为我觉得，我应该以此谆谆教人；因为人们在这方面所犯的过错不止是真正知识的最大障碍，而且人们往常竟认错误为真正的知识。人们虽然拿各种文字作为武器，并且自信不疑地拿各种文字来向各方进攻，可是他们如果一观察某些观念是包含在这些文字以内的，某些观念是不包含在这些文字以内的，并且他们考察的范围如果超出了时髦的声音(语言)以外，则他们会常看到，在自己所夸张的一切意见中，所有的理性和真理是很少的，或者竟然就没有。我虽然在这个题目上说得未免太多，可是我亦许能因此在真理方面，和平方面，学问方面，稍微有些效劳。因为我或者因此可以使人来反省自己语言的用法，而且人们或者会因此猜想，别人既然一面在口头上，著述中，会常有很良善，很确当的文字，一面又有很不确定的意义，或者竟然全无意义，因此，他们自己也许亦是这样的；因此，他们或者会在这方面谨慎一点，不要不愿意让人来考察自己。我将要本着这个计划，进一步来讨论这个问题。

第六章　各种实体的名称

1　普通的实体名称往往表示物种——普通的实体名称，亦同别的概括的名词一样，所表示的都是物种。这就是说，它们被作为各种复杂观念的标记，使各种特殊的实体在事实上，或在可能上，都同这些观念相契合，因而它们可以包括于一个共同概念之下，并且可以为一个名称所表示。我所以说“在事实上，或在可能上”，乃是因为世界上虽只有一个“日”存在，可是日的观念可以抽象化了，使许多实体(假使有)都同它相契。它正是表示着许多日的一个物种，亦正如星的抽象观念表示着许多星似的。我们如果想，在处于适当的距离时，所谓恒星亦可以同“日”这个名称所表示的观念相契，则我们的想法正是合理的。由此，我们就可以顺便看到，事物的种类只依靠于人所形成的观念的集合体，并不依靠于事物的实在本质。因为顾名思义说来，此一个人所谓星，或者正是彼一个人所谓日。

2 每个物种的本质都是抽象的观念——每个物种所以能有其特有的性质，并且能和别的物种有别，原是因为它有它的尺度和界限；这种界限就是所谓本质，这个本质就是附有名称的一个抽象观念；因此，这个观念中所包含的一切事物，都是那个物种所必需的。不过这个本质虽然就是我们所"知道"的一切自然实体的全部本质，而且我们亦以它来分类各个实体，可是我仍叫这种本质为名义的本质，以别于实体的实在组织。名义的本质，和物种的一切特性，都依靠于实在的组织，因此，这种组织，如前所说，就可以叫做实在的本质。类如黄金的名义本质，就是黄金一词所表示的那个复杂观念，例如，就是一个色黄，量重，可熔，而且固定的物体。至于所谓实在的本质，就是那个物体的不可觉察的各个部分的组织，黄金的这些特性，以及别的特性，都依靠于此。这两种本质虽都是叫做本质，可是它们是很差异的，这在一看之下，就可以发现出来。

3 名义的和实在的本质，是有区别的——某种形相的身体，同自愿的动作，同感觉和理性结合以后，我们便形成一个复杂观念；这个复杂观念，我和别人都叫它做人，因此，它就成了所谓人这一物种的本质。不过没有人会说，那个物种中各个体所有的一切动作，都以这个复杂观念为其实在的本质或源泉。构成那个复杂观念的那些性质，有另一种十分相异的基础；我们如果能知道，人的动作能力，感觉能力，推理能力，都是从什么组织流出的，并且能知道，人的有规则的形相依靠于什么组织（天使大概可以知道这一层，造物主是确乎知道的），则我们对于人的本质所形成的观念将大异于现在人类的定义中所含的一切（不论这个定义如何）。在那时候，我们对于任何人所形成的观念，将大异于现在的观念；亦正如一个明白斯特拉斯堡 Strasburg 那个大钟的人的观念，大异于一个张目四望的乡下人的观念一样。因为前一个人知道那个著名大钟内一切发条，轮制和机栝，而那个乡下人则只能看到针的动作，听到钟的声响，观察到一些外表的现象。

4　在个体方面，无所谓主要的条件——我们如果把分类和命名各个体时所依的那个抽象观念除去，则我们便不会再想，某一种性质是某一类中任何个体的本质所在。由此显然可见，所谓本质，就其通用意义讲，只涉及于物种，而且特殊的事物只有在其归在物种以内的范围的，我们才考察它们的本质。离了抽象观念，就无所谓本质的条件。这就分明指出它们是有关系的。我自然不得不是我这样子，而且上帝和自然亦把我造就成这样子，不过我所有的一切，并非都是我的本质的条件。一次事故或疾病亦许把我的肤颜和形相大为变换了，一场热症，或一次跌落，亦许把我的理性或记忆完全丧失了；一场中风症亦许把我的知觉、理解，甚至生命取消了。与我形体相同的别的生物，他的各种官能或者比我的多，或者比我的少，或者比我的优，或者比我的劣。至于别的有同样理性和感觉的动物，则其形相和身体或者和我的完全不一样。这些东西对于或此或彼的各个体都不能说是本质的条件。不过人心如果一把个体来同物种互相参照，则我们可以立刻根据那个物种的抽象观念，发现出所谓本质的条件来。任何人只要一考察自己的思想，他就会看到；他只要一假设，一提说，所谓本质的条件，则他的心中一定要思想到一些概括名称所表示的某个物种，或复杂的观念；而且或此或彼的性质所以成为本质的条件，亦只是以这个物种为参考。因此，如果有人问说，理性是不是我或任何其他特殊的有形生物的本质所在，则我说，绝不是的；而且它之不为本质的条件，正如我在其上写字的这个白色之物之不以写有文字为其本质似的。但是我们如果以为那个特殊的东西是属于人类的，并且以"人"一名给他，理性就成了它的本质条件，因为我们已经假设，理性是"人"字所表示的那个复杂观念的一部分。同样，我如果以论文一名来称呼我在其上写字的这东西，并且把它归在论文那样一个类名之下，则它的本质便在于其含有文字。因此，所谓本质的，或非本质的，只涉及于我们的抽象观念，和观念上所附加的那些名称。这就是说，任何特殊的事物如果不具有抽象观念中所含的有那些性质，则它便不能归在那一个物种中，亦不能得到那个名称，因为那个概括的名称所表示的抽象观念正是那个物种的本质。

5 因此，物体观念，如有些人所主张的，如果只是广袤或空间，则凝性便不是物体的本质所在，别的人如果以为物体一名所指示的观念含着凝性和广袤，则凝性便成了物体的本质所在。因此，任何性质，必须是物种名称所表示的观念的一部分，它才能成为本质所在，如果不是这样，则任何特殊的东西都不能归在那一类，亦不能得到那个名称。如果有一团物质具有铁的别的一切性质，只是不能依从磁石：既不为它吸引，又不因它而改其方向：则有人会问说，它缺少任何本质的性质吗？我们如果要问，一个真正存在的东西是否缺少任何本质的东西，则我们的问题是很荒谬的。我们亦一样不能问，这本质是否形成本质的和种别的差异，因为我们除了抽象的观念，便没有别的尺度来判断本质和物种。我们若不参照于概括的观念和名称，则谈起自然中的物种的差异来，那实在是无意义的。抽象的观念既是物种的本质和标准，则我可以问，抛开抽象的观念，自然中还有什么东西可以使特殊的两个物体有了本质的差异呢？我们如果完全弃置了一切这一类的模型和标准，而只考察各种特殊事物的本身，则它们所有的一切性质都一样是本质的；各个体中所含的任何性质都是那个个体的本质所在，否则毫无意义（这是更重要的一点）。因为我们虽然可以问“为磁力所吸引”是否是铁的本质所在，可是我们如果问这种性质是否是我削铅笔用的这一团特殊物质的本质所在，则这个问题是很不适当，很无意义的。只有我们当它是铁时，或当它是属于某个物种时，我们的问题才有意义。由此看来，附有名称的各抽象观念如果是物种的界限，则所谓本质的条件，一定都是包括在那些观念中的。

6 我已经说过，在各实体方面，其实在的本质，同其名义的本质——它们的抽象观念——是不相同的。所谓实在的本质，就是任何物体的实在组织；包括在名义本质中而与之共存的一切特性都以这种组织为基础。这种特殊的组织是各个物体自身所含的，并不与以外的东西发生关系。不过就在这种意味下，所谓本质亦与物种相关，亦必然要假设一个物种。因为它既是各种特性所依靠的实在组织，则它必然要假设一个物种。因为所谓特性只属于物种，并不属于个体。因此，我们如果假定黄金的名义本质是一个具有特殊颜色，重量，可展性同可熔性的物体，则所谓实在的本质就是那个物质各部分的组织，而那种组织是这些性质和其联系所依靠的；不但如此，而且黄金在王水中之可溶性，以及那个复杂观念中所含的其他特性，亦都以那种组织为基础。在这里，是有所谓本质和特性的，可是我们在这里，必须假设一个物种，或概括的抽象观念，以为它们之所依托，因为只有这个观念可认为是不变的。但是说到任何单独的一团物质，则这些性质无论同它有何种联系，亦不能成了它的本质所在，或不可离的条件。自然，一个物体有了本质的条件，才能属于这个或那个物种；但是我们如果不以为它是属于某个抽象观念的名称以下的，则它便无所谓本质的条件或不可离的条件。自然，说到各实体的实在的本质，我们只能假设它们的存在，可是并不确知它们，不过把这些本质系属在某一物种上的，仍是名义的本质，——虽然我们假设实在的本质是名义的本质的基础和原因。

7 名义的本质可以界说物种——其次要考察的问题就是，这两种本质中，哪一种可以决定各种实体，使之属于此一物种，或彼一物种。我们分明看到，这是由名义的本质所决定的。因为名称——事物的标记——所表示的，只是这种本质。因此，只有那个名称所标记的那个观念，能决定各个概括的名称所表示的各个物种。而这个观念并不是别的，只是我们所谓名义的本质。我们为什么说，"这是一匹马，那是一头骡；这是动物，那是野草呢"？任何特殊的事物所以属于此种或彼种，不是因为它有那个名义的本质，不是因为它同那个名称所表示的那个抽象观念相契合吗？我希望，人在听说，或自说各种实体的名称时，可以反省反省自己的思想，看看那些名称所表示的是那一种本质。

8 所谓物种，就是要以各种名称，来分类各种事物；不过这种分类，只是依据于我们的复杂观念，并非依据于它们的精确的，清晰的，实在的本质，因为我们分明看到，同种同名的许多个体，亦竟会从其实在的组织，发生出许多互异的性质来，而且它们差异的程度，亦正和它们同别的异种的个体所差异的一样。凡在自然物体方面做过试验的，都容易看到这一点，而在化学家尤其可以借惨淡的经验，相信这一点，因为他们虽在某一些硫磺，锑，或硝酸内，发现了一些性质，可是他们在别一些硫磺，锑，或硝酸内有时竟然找不到同样的性质。因为这些物体虽是同一物种，同一名称，而且有同一的名义本质，可是在严格地考察之后，它们会显露出十分相差的种种性质来，使很谨慎的化学家白费劳力，空抱希望。因此，事物的分种如果是按照它们实在的本质，则同种中任何两个实体，不会有相异的性质，正如我们不能在两个圆圈或等边三角形内，发现出相异的性质来一样。所谓本质一定要能决定各个特殊事物，使之成为此族或彼族，使之属于此一个概括的名称，或彼一个概括的名称。但是除了那个名称所表示的那个抽象观念而外，什么东西能有这作用呢？那个名称既表示着那个抽象观念，因此，它只涉及于事物的公共名称，并不涉及于各特殊事物的存在。

9　能界说物种的不是实在的本质，因为我们不知道这种本质——我们并不能依据事物的实在的本质，来分类它们，并命名它们（这正是分类的目的），因为我们根本就不知道它们。我们的各种官能在我们对实体的知识和分别方面所能为力的，只是使我们得到各实体中所观察出的各个可感观念的一个集合体。这个集合体纵然是我们很勤苦地，很精确地所形成的，它亦离那些性质所发源的那种真正的内在组织很远。正如前边所说一个乡下人，只看到斯特拉斯堡大钟的外面形相和运动,不能了解那钟的内部组织似的。世界上最鄙贱的动物或植物,亦可以使识力广大的人迷乱不知所措。我们在习见习闻各种事物以后,虽然可以不再惊异,可是这并不能因此救疗了自己的无知。我们如果一考察我们所践的石头,和日常所运用的铁,我们就会立刻看到,我们并不知道它们的组织,亦不能解释它们所含的各种差异的性质。显然,它们的各种特性所依靠的那种内在的组织,我们是完全不知道的。即以我们所能想象到的最粗糙,最明显的事物而论,我们能知道,有什么部分的组织和实在的本质,能使铅和锑成为可熔的,木和石成为不可熔的么?我们能知道有什么东西,可以使铅和铁成为可展的,使锑和石成为不可展的么?不但如此,而且人人都知道,动植物的精妙的机栝,和不可想象的本质,又比铅,铁,石等微妙了无限倍。在大宇宙的全部结构中和其各部分中,全知全能者的巧工,远非世上最好问,最聪明的人所能了解的,正如最伶俐的人的最妙机栝远非理性动物中之最愚昧的人所能了解的一样,而且还更有甚于此者。因此,我们并不能以各种事物的真正本质,来归类它们,来命名它们,因为它们的实在本质远非我们所能发现,所能了解的。一个人如果可以凭自己所不知的内在组织,来分类事物,则一个瞎子亦可以凭颜色来归类事物,一个失了嗅觉的人亦可以凭香味来分辨百合和玫瑰。人如果以为自己可以凭自己所不知道的实在的本质来分辨绵羊和山羊,则他不妨在食火鸡和蒯虑清叫 Querechinchio 鸟,这两种鸟方面,来试试他的本领。他可以试试,他如果不知道那些名字在那些鸟类的产生地所表示的各明显性质的复杂观念,他是否可以凭实在的本质,来决定那些物种的界限。

10　能界说物种的，亦不是实体的形式，因为我们更不知道这一层——有些人因为常听人说，实体的各个种都有其清晰的，内在的，实体的形式，而且各个实体所以区分为真正的种和类，亦就是由于这些形式：因此，他们就又捕风捉影地来考察这些全不可了解的实体形式。实则他们会因此离得正道更远一些，因为在这些形式方面，我们连一点概括的模糊观念亦没有。

11　我们可以根据神祇，更进一步地来证明，只有名义的本质能区分各个物种——我们根据神祇的观念，亦可以看到，各种自然实体所以分种别类，只是依据于人心所造作的名义的本质，并不在于事物本身中实在的本质。因为人心所给予各神祇的那些简单观念，既是因为它反省自己的动作而形成的，因此，它所以有神祇观念，一定只是因为它把自身所有的那些动作，给予某种非物质的东西。我们对于上帝所有的最进步的意念，亦只是把一些简单的观念无限地赋予他；此处所谓简单的观念就是指我们由反省内心所得的那些观念，而且我们以为这些观念存在时比不存在时要完美。因此，我们如果在反省内心时，得到"存在"，"知识"，"权力"，"快乐"等观念，而且我们又以为这些观念有甚于无，多甚于少，则我们会把这些观念结合起来，并且各个赋予以无限性，使我们得到一个永久，偏在，全能，全智，洪福的上帝的复杂观念。人虽然告我们说，天使有许多种，可是我们并不知怎样来形成清晰的各种各类的天使观念。而我们所以不知，并不是因为我们以为神祇的种类不能超于一种以上，而其原因乃别有在。因为我们并没有别的简单观念（亦不能再形成较多的）可以应用在这一类神祇上，所有的少数观念，只是由自身来的，只是由思维时，享乐时，支配身体时所有的各种心理动作来的，因此，我们在自己的概念中，要想区分他们，只有按照或高或低的等级来把自身所感到的那些动作和能力赋予他们。因此，我们在神灵方面，除了上帝观念而外，便没有很清晰的神种观念，因为我们所给予上帝的“绵延”和别的观念都是无限的，而所给予别的神祇者，则都是有限的。而且就愚见看来，我们在上帝观念和神祇观念方面，所以认有差异，并非因为有些简单观念是此所无而彼所有的，乃是因为他们在无限性方面有差异。存在，知识，意志，权力，运动，等等特殊的观念，都是由我们心理的动作来的。我们把这些观念赋予各种神祇，使他们所差异的，只在程度方面。我们如果要想竭能尽智来形成“第一实有”的观念，则我们便要把这些观念扩充到无限的程度。不过我们仍然分明看到，他的本质的实在优越性，要超过于最高贵，最完全的被造物，正如最伟大的人物，和最纯洁的天使，超过于最鄙贱的物质似的，而且还有甚于此者。因此，他一定无限地超出了我们这狭窄的理解所能存想的范围以外。

12 在神祇方面或者有无数的种别——事实上亦许有各种神祇是为我们所观念不到的一些清晰的特性所分划所分别的，正如一切可感的种物是为我们所知的一些性质所分别，所分划一样。这不是不可能想象到的，而且这种说法也并不悖乎理性。在全部有形的世界内，我们并看不到有裂口或罅隙，因此，在我们以上的那些灵物的种类或者比在我们以下的那些可感的物质的种类还要多。由我们往下数，都是循序渐进，一线相承的，因此，每一推移所差的都很小。有些鱼是生有羽翼的，它们常到空界；有些鸟是住在水中的，它们的血亦如鱼一样冷，而且它们的肉味亦相似，因此，虔诚的人们在食鱼日 fish days(如天主教星期五就是一个禁食日，在那一天只食鱼，而不食肉)，竟然亦可以食它们。又有些动物，同鸟和兽都相近，因此，它们就成了一种中间物，两栖类可以把水陆两种动物连合起来:海豹可以在陆上和水中居住，海豚亦有豕的热血和脏腑;至于一般所宣传的人鱼，则更不用说了。有些动物的知识和理性，亦同一些所谓人者一样。而且动植两界是很有联络的，所以你如果把最低的动物和最高的植物相较，则你几乎看不出其间有什么大的差异。如是一直进到最低级最无机的物质部分，我们都可以看到，各个物种都是连合在一块的，而且其差异几乎是觉察不到的。我们如果一考察造物者的无限智慧和能力，则我们正有理由思想，各个神种亦应该循着渐次的等级由我们一直上升到无限的完美程度，正如各个物类渐次由我们往下降的一样，因为这正适合于宇宙的庄严的和谐，同建筑家的妙计和仁心。如果这种推测可靠，则我们正可以相信，在我们以上的神物种，比在我们以下的物种，正该还多;因为我们在完美的程度方面离上帝的无限存在之距离，比我们离最低下而且接近于零的那些事物之距离，还要更远。不过我们仍因为上述的理由，对于那些个别的神物种，不能形成明白而清晰的观念。

13　我们还可以由水和冰来证明物种的本质只是名义的本质——我们可返回来讨论有形实体的种类。我如果问人说，冰和水是否是两种特殊的物种，则我相信，人一定会给我以肯定的答复;而且我们不能不承认，人说它们是两种事物，那是很对的。但是一个英国人如果生于詹麦克，而且从未听过或见过所谓冰，则他在冬天走到英国时，会看到，他在晚上所置于盆中的水，在早上大部分会冻了;而且他既然不知道它的特殊的名称,他亦许叫它为凝结的水。因此,我就可以问,这东西在他看来是否是一个新种,是否与水有别?我相信,人一定会说,那不是一个新物种,就如冷时凝结的果浆同热时流动的果浆不是两个物种似的;亦正如火炉中流动的黄金,同工人手中的硬块黄金,不是两个物种似的。如果真是这样的,则我们会分明看到,所谓个别的物种只是附有个别名称的各别的复杂观念。自然,凡存在的实体都有其特殊的组织,以为它那些可感的性质和能力所依托;不过要给它们分类命名,我们只得依照于我们对它们所有的观念。不过我们虽然可凭这些观念来以各种名称区分它们,而且在它们不在场时,我们亦可以谈论它们,但是我们如果假设这种区分是由实在的内在的组织所形成的,而且存在的各种事物,是自然按照它们的实在的本质把它们区分的,正如我们用各种名称来区分它们那样:——我们如果这样假设,则我们会陷于很大的错误。

14 要说有一些实在的本质,则有下述的许多困难——人们假设,一切存在的个体,所以被自然区分为各种各类,乃是因为有一些精确的本质或形式。但是我们如果按照这个假设,把各种实体的存在分种别类,则我们必须满足下述几个条件。

15 第一点,我们必须确知,自然在产生各种事物时,必然恒常要使它们具有某种有规则而确立的本质,以为行将产生的一切事物的模型。不过人们必须先详细解释这个意义粗浅的说法,我们才能同意于它。

16 第二点,我们必须知道,自然在产生各种事物时,是否永远达到它所计划的那种本质。常见的各种动物的怪胎永远使我们有理由怀疑这两点。

17　第三点，我们应当决定，按照经院派对物种一词所下的定义，我们所谓妖种，是否真是自种一种。因为各种存在的东西虽然确实有其特殊的组织，可是我们发现，这些妖种竟然没有它们所从出而为其谱系所属的那个物种的本质中流出的那些性质。

18　各个实体的名义本质，并不是各种性质的完全的集合体——第四点，我们所分类，所命名的那些事物的实在本质，必须是我们所知道的；那就是说，我们对它们必须具有观念。——不过我们既然完全不知道这四点，因此，所假设的事物的实在本质，并不能使我们把各种实体分成物种。

19　第五点，在这方面，所能想象到的唯一帮助，应该是，我们如果对于各种实在的本质所流出的各种事物的特性已形成完全的复杂观念，我们就可以因此把各种事物分成各个物种。不过这一层亦并做不到。因为我们既然不知道实在的本质，则我们便不能知道由它所流出的一切性质。我们并不能知道哪一些性质是和哪种本质不能分开的，因此，我们亦不能断言，缺少了某种性质，哪种本质就不存在，哪种事物亦就不属于哪一个种。我们永不能知道，依靠于黄金的实在本质的，确乎有多少样性质；可是只要缺少了任何一种性质，则黄金的实在本质就不存在，结果黄金亦就不存在。我们如不能知道黄金本身的实在本质，并且不能依此来决定那个物种，则我们便会有此结果。不过我此处所谓黄金，乃是指某一片特殊的物质而言，就是指实在铸造出的那个金钱而言。因为它如果仍系普通意义，仍系指着我们所称为黄金的那个复杂观念，仍系指黄金的名义本质，则我所说的等于妄语。由此我们可以看到，要指示出各种文字的各种含义和缺点来，真是不容易的，正因为我们除了用文字便不能指示出来。

20 由上边所说的种种看来，我们所以要用各种名称来分类各种实体，完全不凭于它们的实在的本质；而且我们亦并不能自夸自己能按照内在的本质的差异，来精确地归类各种事物，决定各种事物。

21 实体的名义本质只是人造的名称所表示的观念的集合体——前边已经说过，我们虽然不知道事物的实在本质，可是我们仍然需要概括性的文字。因此，我们所能为力的，就在于把经过考察以后在存在着的事物中所发现的一些简单的观念，集合而来，形成一个复杂的观念。这个观念虽然不是存在着的任何实体的实在本质，可是它们是我们的名称所表示的物种本质，而且这个观念同这个本质还可以互相掉换。借着这种互相掉换，我们至少亦可以试验这些名义的本质是否是真正确的。人们如果说，物体的本质就是广袤，则我们如果以任何事物的本质来代替那种事物自身，那一定不会错误的。因此，我们在谈论中，可以用广袤来代替物体；而且在我们说物体运动时，我们还可以换一个说法，说广袤可以运动。但是我们一考察之下，就可以看到这层谬误。因此，人如果说，一个广袤可以借推动力，来运动另一个广袤，他只有这种说法，就可以充分表示出他的意念是荒谬的。在我们看来，所谓事物的本质就是那个名称所包含，所表示的那个全部的复杂观念。在实体方面，除了形成实体的那些简单观念而外，那个纷乱的实体观念——就是联合它们的那种不可知的原因观念——永远是那个本质中的一部分；因此，物体的本质不只是广袤，而是有广袤的，有凝性的一个东西；因此，我们如果说，一个有广袤，有凝性的东西能运动或推动另一个有广袤，有凝性的东西，那正如同说，“物体可以运动或推动”似的。同样，我们如果说，一个有理性的动物可以谈话，那正如同说，一个人可以谈话一样。不过没有人可以说，理性可以谈话，因为只有理性，并不形成名为人的那个动物的全部本质。

22　我们的抽象观念就是我们判断物种时所依的尺度，“人”的复杂观念就是一个好例子——世界上有些动物，形相类似我们，不过它们生着毛，而且缺乏语言和理性。在人类中亦有许多生痴，形相虽同我们完全一样，可是他们没有理性，有的还没有语言。据人们说（这种情形亦并无什么矛盾可言 sit fides penes authorem），有些动物，其语言、理性和形相的别的部分，都同我们一样，不过有带毛的尾巴。又有些动物，男的没有须，又有些动物，女的偏有须，有人如果问，这些都是人不是，都属于人类不属？则我们分明看到，这个问题只关涉于名义的本质。因为他们如果同人这个字的定义相合，或同人字所表示的这个复杂观念相合，则他们便是人，否则便不是。但是我们如果进而探究那个假设的实在的本质，并且考察这些动物的内在组织和结构，是否真有物种上的差异；则我们便完全不能答复这个问题，因为这个组织的任何部分，都不曾包含在我们的物种观念中。我们所能想象的只是，各种官能或外面的结构，如果有差异，则内在的组织一定不能确乎是同一的。但是我们如果要来考察，内在的实在的组织中，究竟有何种差异，才能形成物种的差异，则我们仍是白费心力。因为我们判断物种时所用的尺度，只是我们所知道的抽象观念，不是抽象观念中所不包含的那种内在的组织。易儿和黑狒形相相同，而且都缺乏理性和语言，那么它们皮肤上之有毛与否，就可以表示它们的内在的，物种的组织有差异吗？如果可以，则在易儿和有理性的人之间，理性和语言的缺乏，为什么不可以表示它们的实在组织和物种是有差异的呢？在别的方面，亦是一样，我们如果妄说，种类的区分是由事物的实在组织和秘密结构所确立的，则我们会陷于矛盾。

23 物种亦不是依生殖关系来分别的——人们或者会说，动物可以借牝牡交合来生殖，植物可以借种子来生殖，因此，这种生殖能力就可以使那个假设的实在的物种完整不杂。不过这种说法亦是无当的，因为我们纵然承认，这是正确的，它亦不能使我们来区分各个物种，因为它只能区分动植物两大类。那么别的东西，我们该怎么办呢？不过就在动植物方面，这一种生殖能力亦不足以来区分它们的物种。历史如果不撒谎的话，则我们曾听说，妇人们有的受了黑狒的孕；按照他们这种标准，我们正不知道在自然中这种生产是何种实在的物种；这实在是一个新问题。这事情我们可以想象是可能的，因为我们在世上常见有驴和马杂交后所生的骡子，牛和马杂交后所生的鸩磨 Jumart。我有一次还看到猫和鼠所生的动物，它分明具有两者的特征。而且我们在这方面看到，自然并没有专依从那一个物种的模型，它只是把它们混合在一块。此外，我们在自然中，亦常看到一些妖形怪状的产物，因此，即在动物方面，我们亦难用谱系来决定每个动物的后嗣应该属于哪一个物种。因此，我们虽然以为实在的本质确乎可以为生产过程传达下去，而且以为只有它可以得到物种的名称，可是我们亦将茫然不知何为实在的本质。此外我们还可以说，如果动植物的种只是依生产来分辨的，那么我们还得跑到印度，来看看这个动物的父母，那个植物的前代，以便断定这是虎，那是茶么？

24　亦不是由实体的形式所分别的——总而言之，我们看到，各种实体的本质，就是人所形成的那些可感性质的集合体，而且人们在分类各种实体时，大部分都不考察它们的实在的内在组织。至于所谓实体的形式，则思想到它们的人更是少的；只有在世界上这一部分熟悉了经院中用语的人们，才能思想到它们。但是那些不学之人虽然不自夸自己洞见了事物的实在本质，虽然亦不费心来思维实在的形式，虽然只借可感的性质来分别各种事物，可是他们往往更清楚地知道事物的差异，并且能更精细地根据它们的用途来分别它们，并且能明白地知道各个会有什么结果；至于那些独具慧眼，博学多能的人，虽然观察得它们较深一点，虽然较自信地谈说一些较秘密，较根本的东西，可是他们并不如前一种人知道得那样清楚。

25　物种的本质是由人心所形成的——我们纵然假设，人们如果认真来探求各个实体的实在本质，就会真把它们发现出来，可是我们仍不能合理地假设，所谓分类命名，不是根据于明显的现象，而是根据于实在的内在的组织；因为在一切国家中，各种语言是在各种科学以前久已确立的。因此，在各民族间，虽有人们形成通用的各种概括的名称，可是他们并非哲学家，或伦理学家，而且他们亦并未费心来探求过所谓形式或本质。在一切语言中，那些较概括的名词大部分都是由无知识的文盲产生的，而且它们的意义亦是由这些人们所赋予的。不过这些人们在分类和命名时，只依据于他们所看到的那些可感的本质；而且在要提到一个物种或特殊的事物时，他们亦往往依此来向人表示。

26 因此它们是很繁杂,很不定的——我们既然依据名义的本质,而不依据实在的本质,来分类实体,命名实体,因此,其次要考察的问题就是,这些本质是怎样形成的,什么人形成的。说到后边这个问题,则我们分明看到,它们是由人心所形成的,而不是由自然所形成的。因为它们如果是自然的产品,则在各个人方面,它们不会成了互有差异的,如经验所报告的那样。因为我们一考察之后,就会知道,任何种实体的名义本质,在各人都不是一致的;就是我们最熟悉的那些实体,亦是这样的。"人"字所表示的这个抽象观念如果是由自然所形成的,则它在各个人万不会成了不一样的。万不能此一个人说他是理性动物,彼一个人说他是无毛、两腿,而有宽指甲的一种动物 animal implume, bipes, latis unguibus。人们如果把感觉和自发运动所形成的复杂观念同某种形相的身体连合起来,并且称之为人,则他便形成了一种人的本质;另一个人在进一步考察之后,如果又加上理性,则他又形成了另一种人的本质。因为这种缘故,同一个体在此人看来就真是一个人,在彼人看来,就许不是。我相信,差不多人都不会以为这个众所共知的直立形相,是人类的本质的差异;不过我们仍然看到,动物的种多半决定于它们的形相,而少决定于它们的谱系。因为人们常常争辩,各种人形的胎儿,是否应当保存,是否应当受洗礼。而他们所以要如此争辩,只是因为胎儿的外面形相,和普通婴儿的身体不同。不过他们虽然如此争辩,可是他们仍不知道那些胎儿是否如形相不同的婴儿们将来一样可有理性。有些婴儿们,虽然形相正确,可是他们有的终身并没有丝毫理性,而且甚至还不及一个猿或象;因此,我们并看不到有任何标记,证明他们是被有理性的灵魂所支配的。因此，我们就分明看到，人们只以为外面形相是人的本质，而不以理性官能为人的本质。因为人们在这里只看到胎儿缺少某种外形，并不知道它们将来是否在适当的时期中要缺乏理性。在这种情形下，有学问的神学家和法律家，必须把理性动物这个神圣的定义抛弃了，而代以人类的其他本质。在这里，孟纳智先生 Menage 曾供给了我们以一个值得注意的例子。他说，“僧正圣马丁 St. Martin 生时，很不像人样，因此就有人说他是一个妖怪。因此，人们就考虑了许久，研究他是否应该受洗。不过他长来长去，究竟把真相露出来，因此，人就给他施了洗礼，正式承认他是一个人。自然把它铸造得很不像样，因此，人终身以丑陋僧正 Abbot Malotru 一名呼他。他系凯因 Caen 人”——见 Menagian $\frac{278}{430}$（“弥那智嘉言钞”系法人 Giles Ménage 所集）。我们看到，这个婴儿只因其形相出奇，就几乎被逐于人类以外。他的逃脱亦正是侥幸；而且我们可以断言，他如果再长得怪一点，则人们将不认他为人，而且要把他处死了。不过我们仍不能解释，他的面上的形色在稍一变更之后，有理性的灵魂何以就不能在其中居住。他那种丑陋的形相，既然不妨他在教堂中得为尊者，那么他的面孔纵然再稍长些，鼻子纵然再稍平些，嘴纵然再稍宽些，何以就不能同他的灵魂相契，使他不得为尊者呢？这真是不可解释的了。

27　因此，我很想知道，那个物种的确立不移的界线，究竟在什么地方。我们如果一观察，就会分明知道，自然并没有造了这种东西，并没有在人类中建立了这种东西。无论这种实体或其他实体的实在本质，都是我们完全不知道的；因此，我们在自己所形成的名义的本质方面，是很不确定的。我们如果问许多人，形相奇怪的胎儿，在生后是不是算一个人，则我们一定会遇到各不相同的答案。由此看来，我们虽用名义的本质来限制来区分各种实体，可是那些本质只是由人自由所形成的，并不是精确地由自然所确立的界限模拟来的，因此，各种实体并不是由此种界限来区分的。谁能决定李西塔 Licetus（Encyclopædic ad Aram My sticam Nonarü 第 1 卷、第 3 章）所提到的那个人头豚身的妖怪应该属于那一个物种呢？又有谁人能决定人身兽头（如犬头，马头）的那些动物应该属于那一种。这些动物如果活下去，并且能说话，则我们的困难更会加增了。如果上部分是人形，下部分是猪形，则我们如果杀了它，那亦算谋害么？我们必须请问僧正，它是否是人，是否可到洗礼盘前么？我确乎听说，在不几年前，法国曾有一种相近似的情形。动物种类的界限是如此不确定的，因此，我们只能用自己所集合的复杂观念为我们的尺度。因此，我们并不能确知一个人是什么。我们如果怀疑什么是人，则人们或者会以为我们是大愚。不过我想，物种的界限，并不是确定的，而且形成名义本质的那些简单观念的数目，亦是不能确定，不能确知的；因此，我们在这方面，正可以有极大的怀疑。我想人这个字的任何定义，我们对那种动物的任何叙述，都不能很完全，很精确，都不能满足一个好思好问的人。任何定义都不能得到普遍的同意，而且人们在决定案件时，在决定各种胎儿的生与死，受洗与不受洗时，并不能到处都谨守这种定义。

28 不过它们并不如混杂情状那样任意——各种实体的名义本质，虽是由人心所形成的，可是它们并不是任意所形成的，如混杂情状的那些名义的本质那样。要形成任何名义的本质，有两个必需的条件。第一，它所包含的各观念，无论如何复杂，必须有紧凑的联系，只形成一个观念。第二，那样联系起来的特殊观念，必须确乎是始终同一的，不能多，亦不能少。因为两个抽象的复杂观念，如果其所含的各个部分数目有差，或种类有差，则它们便是两个互异的观念，而不是同一的观念。在第一方面，人心在形成它的复杂的实体观念时，只能依据于自然；而且它所联系的那些观念，我们亦必须假设它们在自然中原有联系。没有人会把羊声和马形集合起来，或把铅的颜色和金的重量及确性集合起来，以求形成一个实在实体的复杂观念。倘或不然，他就是故意来用幻想充满自己的脑海，并且用不可了解的文字来同人谈论了。人们既然看到某些性质永远在一块连合着，因此，他们就模拟自然，并且用这些联合好的观念，造成他们的复杂的实体观念。因为人们虽然可以任意形成各种复杂观念，并且随意给它们以各种名称；可是他们在谈说实在的事物时，如果想使人了解，则他们必须在某种程度内，使他们的观念同他们所说的事物相契合。否则人的语言会成了巴伯 Babel 的语言。（见“旧约”创世纪第 11 章——译者）而且各人的语言既然只有各人知道，则语言文字便不能供谈话和日常生活之用；因为那些文字所表示的那些观念，已经同平常的现象不相符合，而且同实在存在的实体不相符合。

29　不过这些观念仍是很不完全的——第二点，人心在形成它的复杂的实体观念时，它所结合的各个观念虽然都是实在共存的，或被人假设为共存的，可是它所集合的各观念的数目，会因造作观念者的注意，勤劳，想象，而有所差别。人们普遍都安于少数可感的性质；至于别的性质纵然亦很重要，纵然亦同人们所取的那些性质有同样紧密的联系，可是人们会往往地（纵不是经常地）把它们忽略掉。可感的各种实体可以分为两类，一种是有机体，它们可以为种子所繁殖。在这些物体方面，形相是主要的性质，而且是能决定物种的一个最重要的部分。因此，在动植物方面，某一个有形相有广袤，有凝性的实体，就可以为物种的区分标准。因为人们虽然似乎很珍视理性动物这个定义，可是假如有一个动物有理性，有语言，而无平常的人形，则它虽是理性动物，我相信，人亦不会认它是一个人。如果巴兰 Balaam 的驴终生能有合理的谈话，（见"旧约"民数记 22 章 28 节）—如它同它主人那一次所谈的话，则我真不知道，人还是以为它是一个人，还是以为它仍是一头驴。在动植物方面，我们所注意，所依从的乃是它们的形相，至于在不被种子所生殖的那些许多物体中，则人所注意，所依从的，乃是颜色。因此，我们如果看到有黄金的颜色，则我们便容易想象，那个复杂观念中所包含的其余性质，亦都在那里存在。平常我们认形相和颜色这两种明显的性质，为各物种中的主要观念，因此，见了一张好画片，我们立刻会说："这是狮子，那是玫瑰；这是金杯，那是银杯"，而我们所以如此分辨，只是凭借于铅笔给眼所表象出的那些不同的形相和颜色。

30 不过它们仍足以供普通谈话之用——这种途径虽然已经足以形成粗疏纷乱的概念，虽然已经足以使我们有了含混的思想方法和谈论方法，而且一个名称虽然亦表示着一种事物，可是人们对各种事物所包含的简单观念的确数，并不能意见一致。这亦并不足为奇，因为各种简单的观念虽然恒常地，紧紧地，在自然中联合为一，虽然经常共存于同一物体中，可是我们如果要想知道，它们是什么样的，则我们必须费许多时间，辛苦，技术，严格的探讨和长久的试验。大多数人们并没有些小的时间，意向和勤劳，来用在这一方面，因此，他们就安于事物的一些少数明显的外形，并且由此来分类它们，以供日常生活之用。因此，他们就不经考察，而一直给它们以名称，或应用已经通行的名称。在日常的谈话中，人们虽认这些名称为足以标记少数共存的明显的性质，可是这些名称并没有确定的意义，并没有包含着不能增减的各简单观念，更没有包含着自然中联系好的一切观念。关于物种和物类人们虽然有许多争论，而且他们亦常常谈论到物种的差异，可是人们一考察之下，就会看到，各种文字很少有确定的定义。因此，他们正可以合理地想象，人们寻常所争论的那些形式只是一些幻想，并不能使我们洞见物种性质。而且人们如果知道，各人对于各种实体的名称，都不能给予以相同的意义，他们就可以断言，各种实体的名义本质，虽然是由自然模拟而来的，可是它们全部或大部分都是不完全的，因为那些复杂观念的组织是会因人而异的。因此，自然中纵有这些预定的界限，而寻常物种的界限仍是由人形成的，不是由自然形成的。真的，自然所形成的许多个别的实体，可以互相契合，互相类似，可以作为分类的基础。不过我们所以分种别类，既然只是为命名起见，而且只是想用概括的名词来包含它们，因此，我就不知道，自然何以会确立了物种的界限；退一步说，自然纵然确立了这些界限，而我们的物种的界限，亦不能精确地同它们相契。因为我们既然需要概括的名词以为当下之用，因此，我们便无余暇来尽数发现各种性质，以便了解它们的最重要的差异和契合。因此，我们只是依据一些明显的现象，把各种事物分成种类，以便较容易地用概括的名称,把我们关于它们的思想传达出去。因为我们在实体方面所认识到的,既然只有在其中联系着的一些简单观念,而且我们又看到,有一些特殊的事物,同另一些特殊的事物,在少数这些简单观念方面,是相契合的,因此,我们便认那个集合体是我们的物种的观念,并且给它以一个概括的名称。这样一来,则我们在记述自己的思想,或同别人谈话时,我们便可用简短的文字,来表示具有那个复杂观念的一切个体,而不必一一列举形成那个观念的一切简单观念。这样我们便不至于费时费力,反复地尽管叙述;——我们常见人们在谈论任何无名称的新物种时,往往要如此周折。

31 同一名称所表示的物种的本质,可以互相差异——这些实体的种类,在普通谈论中,虽然很可以适用,可是我们又分明看到,各种个体所共具的这个复杂观念,是会因人而异的;那就是说,有些人的观念是较精确的,有些人的观念是较不精确的。这个复杂的观念所包含的各种性质,在有些人是较多的,在另一些人是较少的,因此,它显然是由人心所做成的。在儿童们看来,黄亮的颜色就是黄金,在别人看来,又得加上重量,可展性,可熔性:在第三者看来,又得加上别的与黄色常相连合的一些性质(它们与黄色连合的程度就如重量和可熔性那样)。因为这一类性质,各个都有同等权利,来加入它们共寓的那个实体的复杂观念中。人们既然按照他们个别的考察、技能和观察,或加或减各种简单的观念,而且在加减时又同他人相反,因此,他们就各人有各人的黄金本质。因此,这些本质就是他们自己所形成的,不是自然所形成的。

32 我们的观念愈概括,则它们愈不完备,愈不完整——在最低级的物种方面，或在最初步的个体分类方面，构成其各为本身的简单观念的数目，如果是因人心而异的，那我们就会看到，它们在更概括的纲目方面，就是在论理学者所谓类一方面，更是如此的。这些复杂的观念是人们故意让它们不完全的；而且我们在一观察之下，就会看到，事物本身中所含的某些性质，在类别的观念中是故意被人舍掉的。因为人心既然想形成概括的观念，来包括各种特殊情节，则它便不能不把时间情节，空间情节，以及使它们各不相通的那些情节除掉，同样，它如果要形成更概括的观念，以便包含各个物种，则它又不得不舍掉那些使各个物种互相差异的那些性质，又不得不在那个新组合体中加进各个物种所共同的那些观念。人们所以要用一个名称来表示由几内亚和秘鲁来的各种黄色物体，原是为的方便，同样，他们所以要形成一个名称，以来包括金，银，以及别种物体，亦是为的这种方便。而他们所以能这样做，只是因为他们把各个物种所特有的那些性质舍掉，而以它们所共的那些性质做成一个复杂的观念。我们在这个观念上，如果加以金属一名，则我们便形成了所谓类。这个类的本质，就是一个复杂观念，这个观念中只包含着一些观念中所共有的可展性，可熔性，以及某程度的重量和确性；至于金，银，以及金属一名下所包含的别的物种所特有的颜色及其他性质，就被排斥于这个观念之外。由此我们就分明看到，人们在形成概括的实体观念时，并不精确地依照自然所立的模型；因为任何物体不能只有可展性和可熔性，而无其他同样不可分离的性质。不过人们在形成概括的观念时，多半在以简短而含蓄的标记，来形成得用的语言，以便迅速地表示自己的意思，并不在乎探求事物的实在的精确的本质；因此，他们在形成他们的抽象观念时，大半都着眼于那个目的，就是要求储蓄一些概括的，含蓄（程度不同）的名称。因此，在有关物类和物种的这全部议论中，较概括的类只是种方面的片面的概念，至于种，则它亦是各个体方面的片面的概念。因此，有人如果主张，一个人，一匹马，一个动物，一棵植物，都是由自然所造成的实在本质来区分的，则他必然地主张，自然在形成各种实在的本质时，是太慷慨大方的，它给物体形成一种本质，给动物形成另一种本质，给马形成第三种本质，并且很宽大地把这些本质都加之于并赐福乐上边。但是我们如果一考察在这些种类中，究竟有什么新发现，我们就会看到，在这方面，并没有什么新东西，所有的只是一些含蓄程度不同的标记。我们借这些标记可用少数的缀音，来表示一大些特殊的事物。至于所表示的事物数目之多少，则看我们所形成的那些概括的概念范围宽窄而定。在这方面，我们可以看到，较概括的名词往常是较不复杂的观念名称；而且每一个类，只是它所包含的各个种的片面的观察。因此，我们如果想，这些抽象的概括的观念是完全的，则我们所说的，只可以应用于它们和表示它们的名词之间的那种确立的关系，并不能应用于自然所造的任何实在的东西。

33 这些都适合于语言的目的——这些都适合于语言的真正目的，都足以用最简易，最直接的途径，来表示我们的意念。因为一个人所要谈论的各种事物，如果都同“广袤和凝性”这个复杂观念相契，则他只须用“物体”一名，就能表示一切。一个人如果再加上别的观念——就如“生命”，“感觉”，“自发运动”等名词所表示的各观念——则他只须用动物一词，就能表示具有这些观念的一切动物。一个人如果再用身体，生命，感觉，运动，推理能力等和某种形相，来形成一个复杂观念，则他只须用很简单的“人”字，就能表示和那个复杂观念相契合的一切情节。我们所以分种别类，目的正在于此。不过人们在分种别类时，并不曾考察过任何实在的本质，或实体的形式，因为我们在思想那些事物时，我们根本就不知道这些东西，而且我们同他人谈论时，我们的字义中亦并不包含着这些东西。

34　举食火鸡为例——最近我在圣詹姆士公园中见了一只鸟，它大约有三四呎高，有一层类似羽又类似毛的外衣，色深棕，无翼，只有两三小枝下垂，如西班牙扫帚似的；它的腿很长大，足有三爪；其后无尾。我如果同任何人谈起这个鸟来，则我必须照上边这样叙述，以使别人来了解我。但是人如果告我们说，它的名字是食火鸡，则我在谈话中，便可以用这个名词，来表示上边叙述的那个复杂的观念。不过这个名词现在虽然成了一个物种的名称，可是我仍如前一样，并不能由此知道了这类鸟的实在本质或组织。可是我在未学得这个名称之时，我已经知道这种鸟的性质，正如许多英国人对于英国常见的天鹅和苍鹭这两种鸟的性质所知的一样。

35　决定物种的是人，举黄金为例——由前边所说的看来，我们知道，只有人可以造成事物的种类。因为个别的物种既是由各别本质形成的，因此，我们就分明看到，只有能造作抽象观念的人们，才能形成所谓物种，因为抽象的观念正是名义的本质。如果我们见了一个物体，具有金的其他一切性质，只是缺少着可展性，则我们一定会问，它究竟是否是金，究竟属于哪个物种。这个问题只能决定于黄金一名所表示的那个抽象观念。因此，一个人如果在“金”这个音所表示的名义本质中，没有把可展性包含进去，则这个物体可以说是真正的金。可是一个人如果把可展性包括在他的金的种观念中，则那个物体便不是真正的金，便不属于那个物种。我可以请问，谁造成这些同一名称的各种不同的物种呢？我想这一定不是自然，一定是人，因为人可以形成这两个不同的抽象观念，使它们所集合的各种性质，不确乎是一样。不过我们虽想象有一种物体具有黄金的其他性质，只缺乏其可展性，可是这并不是一个无稽的假设；因为我们知道，金有时是很脆的，亦如玻璃一样，受不住锤打。可展性固然可以加入或退出"金"一名所表示的复杂观念中，就是它的特殊的重量，确性，以及别的相似的性质，也可以有如此说法。因为不论我们加进什么或减了什么，而形成物种的仍只是那个名称所表示的那个抽象观念；而且任何特殊的物体只要同那个观念相契，它就应该得到那个名称，并且应该属于那一个种。因此，一切东西都可以是真正的金，都可以是十足的金属。这个物种之决定分明是依据于人的理解，因为只有人可以形成或此或彼的复杂观念。

36 自然造作成相似性——简单说来，就是这样的自然所造的许多特殊的事物，在许多可感的性质方面是一致的，而且在它们的内在结构和组织方面，亦或者是一致的。不过各种事物所以区分为各种各类，并非由于这个实在的本质。只有人们可以给它们分类命名，以便造作一些含蓄的标记，而他们所以如此，正是因为他们看到，在各种事物中，有许多性质联系在那些事物中，而且有许多个体，在这些性质方面是一致的。在造作了各种标记以后，我们便可以把各个个体分为物种，加以徽志；而我们所以如此，只是看它们是契合于这个抽象观念，或那个抽象观念而定的。因此，我们就说，这是蓝色，那是红色；这是人，那是黑狒。我想，所谓物类和物种的职务，亦就尽于此了。

37　又使相似性在物种中继续下去——我自然承认，大自然在不断地产生各种特殊的事物时，并不常使它们成为新种，成为异种，而要常使它们互相类似，互相联络。不过我仍然觉得，要说人们分类它们时所依据的物种的界限，是由人所造成的，那也是正确的，因为各种名称所区分的各个物种的本质，如前所证明的，只是由人所形成的，很少与它们所从出的事物的内在本质互相适合。因此，我们可以正确断言，这种事物的分类法完全是由人所造成的。

38　每个抽象的观念，就是一个本质——在我的学说中有一件事情，在我看来虽是毫无疑义的，可是在别人看来，或者似乎是奇特的。我的意思是说，由前边所说的看来，我们可以断言，每个名称所表示的每一个抽象观念，就是一个独立的物种。不过真理既是如此的，则我们亦不得不如此说。这种说法是不能更改的；要想更改，则人们必须给我们指示出，物种是为别的东西所限制，所区分的；不但如此，而且他们还得给我们指示出，概括的名词所表示的，不是我们的抽象观念，而是异乎此的一些东西。我真愿意知道，一个长毛犬为什么同猎犬不是各异的物种。说到差异的本质，则我们在猎犬和长毛犬方面，固然观念不到它，可是即在象和鬈毛猎犬方面，我们亦一样观念不到它。我们区别它们时所以有本质的差异可以依据，只在于附有各种名称的那些简单观念的集念体是差异的。

39　物类和物种只是为命名而造作的——在上边所举的水和

冰的例证中，我们已经看到，人们所以要造作物种和物类，只是为得要形成概括的名称，而且概括的名称，对物种的存在纵非必需的，至少对物种的完成，亦是必需的。不过除了这个例证以外，我们在另一个很熟习的例证中亦可以看到这一点。人如果用一个名称来称呼一个无声响的表同有响声的表，则那两种表在他看来就是一种。但是另一个人如果叫一个为表，叫另一个为钟，而且他对于那两个名称又各有复杂的观念；则那两个表在他看来，就成了两个物种。人或者说，这两个表的内在组织和结构是不同的，而且钟表匠对这种差异亦有一个明白的观念。但是我们分明看到，一个人如果只用一个名称来称它们，则在他看来，它们只是一个物种。因为在内在的组织中，什么足以形成一个新种呢？有些表其中有四轮，有些表其中有五轮，那么在工匠看来，这就足以构成物种的差异么？有些表有细丝和发条轮，有些没有；有些有活动的平衡轮，有些是为螺旋式的弹簧所节制的，有些是为猪鬃所节制的。工匠既然知道表的内在组织中，这些机括以及别的互异的各种机栝，那么这些东西在他看来，就足以形成物种的差异么？真的，这些表确乎有实在的差异，不过这种差异是否足以成为本质之差或物种类之差，那只看表这一名所表示的那个复杂观念而定。它们如果都同那个名称所表示的那个观念相契合，而且那个类名亦并没有包含着别的差异的物种，则它们便不是本质上有差异的。但是如果有人愿意根据表的内部组织中所有的差异，来做出较精细的分划来，并且给那些精确的复杂观念以各种行将通行的名称，则那些表在他们看来，就成了新的物种，因为他们具有各种有名称的观念，而且能借那些差异把那些表分为数种，因而使表这个名称成了一个类名。但是人们如果不知道表的机括和内面结构，而且他们所观念到的，只有外面的形相和体积，以及针的计时的动作，则这些表便不是各异的物种。因为在他们看来，那些别的名称都是表示同一观念的一些意义相同的名词，而且它们所指示的，亦只是一个表，并没有别的。在自然的事物方面，我想亦是一样的。人人都会相信，有理性的人的内部机轮和弹簧（譬喻之词）和易儿内部的不同，亦正如他们相信，易儿和黑狒内面的结构不同似的。不过（我们如想知道）这些差异是否是本质之差或物种之差，则我们只得看它们同"人"这一个名词所表示的那个复杂观念是否相契。因为我们只能借这个观念来决定它们是否是人。

40　人造事物的种类比自然事物的种类较为不纷乱——由前边所说，可以看到，在人工的事物方面，何以比自然的事物方面，较少杂乱，较少分歧。因为一个人造的事物既是人的产品，而且它既是工匠所设计的，既是工匠所熟知的，因此，我们假设它的名称所表示的观念和本质，一定是容易确知，容易了解的。因为各种人造事物的本质或观念，既然大部分成立于各可感部分的确定形相。而且匠人在其所运用的物质中所形成的运动，亦依靠于此，因此，我们的官能便可以使我们对这些事物形成确定的观念，并且确立了各种名称的意义，以来区分人造事物的种类。而在自然的事物方面，则我们在区分时，便有较多的疑点，难点和歧义，因为它们的差异和动作所依靠的各种机栝，不是我们所能发现的。

41　人造的事物亦有个别的种类——我想人造的事物亦和自然的事物一样，它们亦有个别的种类；因为我们看到，人们往往依据各概括名称所表示的个别的抽象观念，来井然不紊地归类它们，而且它们的种类之互相差异亦正如各自然实体的种类之互相差异一样。因为表和手枪在我们心中既有个别的观念来表示它们，而且在同人谈话时，又有个别的名称来表示它们，那么它们为什么不能同马和犬一样，成功为个别的物种呢？

42 只有各种实体能有固有的名称——在实体方面，我们还可以进一步说，在一切观念中，只有各种实体能有固有名称，以表示单一的特殊的事物。因为简单的观念、情状、同关系三者，如不为人所现见，则人们并不常特意要分别提到它们。至于混杂的情状，则大部分都是倏生倏灭的一些动作，不能有永久的绵延。至于各实体，则不如此，它们系主动者，而且在其中，各种简单的观念，形成一个复杂的观念，而用一名加以表示；因此，它们就有永久的联合。

43 我虽然已经把这个题目讨论了好久，可是其中仍不免有模糊之处，这一点，我不能不求读者的原谅。不过我很希望人们知道。要想使人脱离了物种的差异，赤裸裸地来思想事物本身，可是同时又用文字来指导他的思想，那是很困难的。因为我们如不给各种事物以名称，则我便无所说的；可是我如果给它们以名称，则我又把它们分了类，并且把那个物种的平常的抽象观念提示给人心，因而把我的原意阻障了。因为我们如果一面谈论“人”，同时又要把人字的普通意义丢掉（就是把那个名称平常所表示的抽象观念丢掉），只便使读者来考察人自身，并来考察：他在内在组织和实在本质方面（就是在他所不知的一方面）同别的人有什么实在的差异，那就是无聊戏论了。不过我们只要想提说事物的假设的实在本质和种类（设想为自然所形成的），并且想让人知道，各种实体的类名所表示的东西并不存在：而我们仍不得不以指喻指。不过要想用平常的名称来表示我这一层意思，那并不容易，因此，我可以借一个特殊的例子，来明白指示人心对于物种的名称和观念，所有的不同的观察。因此，我在这里要指示出，复杂的情状观念怎样有时参照于别的有智慧的心中的原型（就是参照于别人在这些观念的通行名称上所加的意义），有时完全不参照于任何原型。此外，我还要指出，人心怎样常把它的实体观念参照于实体自身，或其名称的含义；此外，我还要指示明白我们所了解所应用的事物的种类，有什么性质。此外，我还要指示明白，那些物种的本质是怎样性质。我想要发现我们知识的范围和确性，这种性质是必须要知道的，而且它的重要性亦比我们乍看之下较为大些。

44 举 kinneah（妒忌）同 niouph（通奸）两字为混杂情状的例证——我们可以假设：亚当是一个成人，并且具有良好的理解力；不过他处于异乡，周围的事物都是新的，都是他所不知道的。此外，我们还可以假设，他了知这些事物时所凭的官能亦正如别的像他这年纪的人所有的官能一样。他看到拉麦（Lamech）比平常忧愁，因此，就想象他是猜疑他夫人亚大 Adah（他甚爱其夫人）对别的男子有过分的爱情。（见“创世记”）亚当就把这种意思向夏娃提说，并且希望她留心，不要让亚大做出不体面的事。他在谈话中，曾用过 kinneah 和 niouph 这两个新字，不过后来亚当知道自己想错了，因为拉马克所以愁闷，只是因为他杀了一个人。不过 kinneah 和 niouph 这两个个别的名称并未曾失掉其各别的意义，所谓 kinneah 就是表示丈夫怀疑其妻对自己不忠，所谓 niouph 就是表示犯了奸邪的行为。在这里，我们分明看到，有两个混杂情状的复杂观念，而且它们各有各的名称，又是本质不同的两种行动。不过我可以问，这两种各别情状的本质是怎样成立的？我们分明看到，它成立于各简单观念的精确的集合体，而且这些集合体是各不相同的。我可以再问，亚当心中这个复杂的观念，就是他所谓 kinneah 是否是贴切的；显然，它是贴切的，因为它既是简单观念的集合体，并不与任何原型相干，并不模拟任何模型，而且它既是任意集合来的，抽象出的，因此，它必然是贴切的，因为他用 kinneah 一名向他人所表示的一切简单观念，正是这个复杂观念中所包含的。他既然自由集合了那些观念，因此，那个集合体中所有的一切亦正是他原意要加入的，因此，它不能是不完全的，不能是不贴切的，因为它既不表象任何原型，因此，它亦就不参照于任何原型。

45 不过 kinneah 同 niouph 这两个字慢慢通行以后，情形便又不同。亚当的儿子们，同他有相同的官能和能力，他们亦可以在自己心中任意造作各种混杂情状的复杂观念，亦可以任意抽象它们，并且任意用任何标记来表示它们。不过我们所以要应用各种名词，原是要想把自己心中的观念表示于人，因此，两个人如果想谈论，想传达思想，则他们必须用同一的标记来表示同一的观念才行。因此，亚当的子孙们如果听着人常用 kinneah 和 niouph 这两个字，则他们便不能认这两个字是无意义的声音。他们必须断言，这些字一定表示着一些东西，一定表示着一些观念，一定表示着一些抽象的观念，而且他们既是概括的名称，所以那些抽象观念亦就是那些名称所表示的物类的本质。因此，他们如果要应用这些文字，并且认其为已经确立，已经共认的事类名称，则他们必须使这些名称所表示的自己心中的观念，契合于这些名词所表示的别人心中的观念，并且把那些观念作为模型，作为原型。因此，他们这些复杂情状的观念是容易不贴切的，因为这些观念（尤其是集合了许多简单观念的那种复杂情状）很不容易和同一名称所表示的别人心中的观念相契合。在这方面，我们虽然易于找到改正，虽然可以向用这些字的人请教我们所不知的字义，可是我们究竟不能知道，在同我们谈话的那人心中，妒忌和通奸（我想它们正相应于קנאה和נאוף）这两个名称确乎表示着什么，正如我们在语言初兴时不经解释，就不能确知道 kinneah 和 niouph 这两个字在别人心中表示着什么一样，因为它们都是各人任意所造的标记。

46　在实体方面我们可举 zahab（金）为例——我们还可以由同样途径来考察初通用的实体名称。亚当的一个后裔，在山中漫游时，碰到一个明亮悦目的实体，他于是就把它带到家中给亚当。亚当看了看，知道它是硬的，有明亮的黄色，并且有特别大的重量。他起初所注意到的或者就限于这些性质，于是他就由此抽象出一个复杂观念来，并且使这个复杂观念所表示的实体，具有特殊的黄色和极大的重量（与其体积相较）。于是他就又以 zahab 一名给它，以来标记具有这些性质一切实体。在这里，我们分明看到，亚当所做的和先前不一样。他先前虽然亦形成混杂情状的观念，并且称之为 kinneah 和 niouph，可是他在联合这些观念时，只凭借于自己的想象，并不依据于任何存在的事物；而且任何事情只要同他那些抽象观念相合，则他便用那些名称来称他们，并不考察那一类东西究竟存在与否；因为他的标准是自己定下的。不过在形成这个新实体的观念时，他的做法是完全相反的。他这里的标准是由自然所定的。因此，即在那个实体不现在时，他如果用观念来表象它,他亦不能在那个复杂观念中加进他所未知觉到的任何简单观念。他要留心使自己的观念契合于这个模型,并且要使其名称所表示的,亦就是这样相契的一个观念。

47 亚当用 zahab(金)一名所表示的这个物体,既然同他以前所见的任何物体不同,因此,人人都会承认它是一个个别的物种,并且有特殊的本质,而且 zahab 一名就是那个物种的标记,而且是凡具有那种本质的一切事物的名称。不过我们看到。亚当用 zahab 一名所表示的那种本质,只是一种坚硬,明亮,黄色,沉重的物体。不过好问的人,仍不以认识这些表面的性质自足,因此,亚当就又不得不进一步来考察这回事体。因此,他就又用火石来锤打它,看看在其中能发现什么东西。他于是看到,在打击之后,它可以起了变化,不过却不能分成碎片;而且它虽易弯曲,却不易折断。因此,可展性就又加在他以前的观念中,又形成 zahab 一名所表示的那个物种的本质中的一部分。在更进一步试验之后,他又发现了可熔性和确定性。因此,这两种性质又可以根据同样理由和别的性质一齐加入 zahab 一名所表示的那个复杂观念中。如果它们不能加入,则前述的性质亦一样不能加入,因为我们在两方面所有的理由都是无所轩轾的。这些性质如果都能加入,则我们在这个物质中所能继续发现的一切性质都可以依据同一理由加入,以形成 zahab 一名所表示的那个复杂观念中之一成分,并且成功为那个名称所标记的那个种属的本质。不过这些性质既是无限的,因此,由这个途径,依这个原型,所形成的观念,永远是不能相称的。

48 实体观念是不完全的,因此,是因人而异的——不过还不止此。由此还可以推断说，各种实体的名称不但实际上有不同的意义，而且我们必须假设它们有不同的意义。它们的意义是因人而异的，因此，语言的功用便大受障碍。如果任何人在任何物质中所发现的特殊性质，都被假设为共同名称所表示的那个复杂观念的一个必然部分，那么结果人们必须假设，同一个文字在不同的人会有不同的意义。因为他们不得不相信，在同一名称的各个实体方面，这些人所发现的各种性质，是会为别的人们所不知晓的。

49　因此，人们要假设一个实在的本质，以来确立它们的种类——为避免这层纠纷起见，人们就假设，各个物种都有一个实在的本质，以为其一切性质的源泉，而且他们还用物种的名称，来表示那种本质。不过他们对于实体中那种实在的本质，并无任何观念而且他们的文字所表示的，亦只是他们的观念，因此，他们所能为力的，只是用名称或声音，来代替具有那种实在本质的东西，实则他们并不知道那种实在的本质是什么样的。人们虽然说事物的种类是为自然所形成，是为实在的本质所分划的，可是他们实际上，亦只能在名称方面努力。

50　他们这种假设是无用的——我们如果确说，一切金是固定的；则我们的意思便有两层。一层意思是说，固定性是金的定义的一部分，是金字所表示的那个名义本质的一部分。要照这样解释，则在“一切金是固定的”这个确言中，所包含的只是金这个名词的意义。另一层意思是说，固定性不是“金”字定义的一部分，而是那个实体的一种性质。在这种意义下，则金字所表示的乃是一种实体，而且那种实体的实在本质是由自然所形成的。不过在这样代替以后，金字的意义便纷乱而不定，因此，“金是固定的”这个命题虽是叙述一种实在的东西，可是我们在特殊的情形下应用起这条真理来，则往往会失败，因此，它并无实在的功用和确定性。因为一切金(就是一切有金的实在本质的东西)，纵然确乎都是固定的，可是我们在这种意义下如果不知道什么是金，什么不是金，则这个真理还有什么用呢？因为我们如果不知道金的实在本质，则我们便不能知道，那一团物质有那种本质，因此，亦就不知道它真是金不是。

51 结论——总结起来，我们可以说，原来亚当既然有自由可以不借任何别的模型，只借自己的思想，来构成混杂情状的复杂观念；则一切人类从来亦都有这种自由。在另一方面，他在拟构实体观念时，如果他不欲自欺，则他又必然得契合于外界的事物，契合于自然所造的原型，因此，一切人类如果要想拟构实体观念，则他们亦必然得由此途径。此外，我们还可以说，亚当既有自由权，可以用任何新名称来附加于任何观念上，则别的任何人亦都有这种自由(尤其在语言初兴时为然)。不过在这里，却有一点不同，就是，人们在社会中如果已经确立了一种语言，则文字的意义便不易变动，而且纵然变动，亦是要极其谨慎的。因为人们既然用各种名称来表示自己的观念，而且习俗亦已经使某些名称专表示某些观念，则人们如果故意误用其文字，那一定是很可笑的。发生了新意念的人们，或者可以冒险造新名词来表示自己的意念；不过人们因此会认你太于大胆，而且习俗亦不一定会使那些文字通行了。总而言之，我们在向他人传达思想时，必须要使普通文字所表示的观念同它们的本来意义相适合(我已经详细解释过这一层)，或者把我们所给它们的新意义表示给人。

第七章　连　词

1　连词可以连接句的各部分，或各整个的句子——除了表示人心中观念的那些文字而外，人们还常用一些别的文字来表示人心在各观念间，或各命题间所发现的那些联系。人心在向他人表示自己的思想时，不但需要各种标记来表示它所有的观念，而且需要别的文字来表示它自己在那时对那些观念所起的动作。这种表示方法亦有许多，类如“是”和“不是”就是表示人心肯定或否定的普遍标记。不过离了肯定或否定，各种文字虽然就无所谓真或假，不过人心在向他人表示自己的意见时，不止要联系命题的各部分，而且要按着各种依属关系，来连合各个整局，以构成紧凑的议论。

2　巧言就在于应用连词——人心在一长串推论和叙事中，常有各种肯定和否定；而连合这些肯定和否定的那些文字，普通就叫做连词。一种好文体之所以清晰，所以美丽，多半就在于善于运用这些连词。要想有完美的思想，人们在思想中只有明白清晰的观念还不够，而且只看到某些观念的契合与否亦不够，他们必须要有连续不断的思想，必须要看到他的各种思想和推论的互相关系。此外，他们如要想表示明白他们那种合理而有系统的思想，则他们还必须有适当的文字来指示他们那谈话中的各部分，都有什么联系，什么限制，什么区分，什么矛盾，什么语势 emphasis。在任何方面一有错误，则我们不但不能开示听者，反而会使他心生迷惑。因此，不表示任何观念的那些文字，在语言中，亦正有其恒常而不可离的功用，而且人们要想表示得尽美尽善，则这些文字亦正有其功用。

3 它们可以指示出，人心给它的各种思想以什么关系——文法的这一部分是常被忽略的，正如别的部分是过于精细的一样。人们很容易一一写出，各种格 cases，各种性 genders，各种语气 moods，各种时态 tenses，各种动名词 gerunds，各种目的分词 supines，因为在这些方面，人们曾经下过很大的辛苦。至于各种连词，则在一些语言中，亦很似乎分为精确的类别。不过各种介词 preposition 和连接词 conjunction 虽是文法中所熟知的名称，而且其中所包含的连词亦精细地重新分类，可是人如果想要指示连词的正当功用，以及它们的意义和力量，则他还必须稍费些心思，来体会自己的思想，并且细细地观察推论时心理的各种姿态。

4 但是我们如果想解释这些文字，则我们仍不能照普通的字典那样，只用别种语言中最相近的文字，把它们翻译出来。因为它们的意义，在这种语言中，固是不易了解的，可是即在别的语言中，亦是一样不易了解的。它们既是动作的标记，或心理的表示，因此，我们如果想正确地了解它们，必须勤为研究人心的各种观点，姿势，情况，变化，限制，例外，以及其他种种思想，因为它们有的根本没有名称，有的只有很不完备的名称。这些情节数目很多，远非任何语言中所有的连词所能表示出的。因此，我们正不必惊异，这些连词何以大部分会有差异的意义，而且甚至有相反的意义。在希伯来文中，有一个连词虽只是由一个字母所构成的，可是我记得它有七十种意义，纵没有这样多，至少我亦确知它有五十种以上的意义。

5　以"但是"二字为例——"但是"这个连词，在我们的语言中是最习见的，而且人只要说它是一个离接连词 discretive conjunction，说它等于拉丁文中的 sed，法文中的 mais，就以为自己已经充分解释过它。不过这个单词在我看来，似乎表示人心在各种命题间或其各部分间所发现的许多关系。

第一，"但是，我们不必说了。"在这里，"但是"一字表示人心在未完成其进程以前，就停顿住。

第二，"我但是看到两种植物，"在这里，它表示人心在所表示的植物上加了一层限制，并且否定了别的一切植物。

第三，"你虽然祈祷，但是能使你入于真正宗教的，却不是上帝。"

第四，"但是他可以坚定你自己的真正宗教。"第三例中的"但是"表示人心所假设的事情和实际不相符，第四例中"但是"二字表示人心把这里的意思，同前边的意思，恰好对比起来。

第五，"一切动物都是有知觉的；但是一个狗是一个动物，"这里"但是"二字所表示的，只是，后边这个命题附加于前边那个命题，并且为三段论法中之小前提。

6　关于这个字义，我们在这里所谈的，只是一个大概——我的本意如果在考察这个连词的充分意义，并且在各方面来考察它，则我相信，除了这些意义而外，还能附加上许多别的意义。人如果真照这样来研究，则我正不知道，就我们运用这个连词的各种途径看来，它是否仍可以叫做离接连词，如文法学者所称呼的那样。不过我并不想在这里充分来解释这一类的标记。我在这个连词方面所给的各种例证，已经足以使我们来反省各种连词在语言中的功用和力量，并且足以使我们来思维人心在谈论时的各种动作。它可以借各种连词来向人表示它这些动作，而且在这些连词中，有的可以恒常包含了全句的意义，有的在某种结构下亦可以包含了全句的意义。

第八章　抽象的和具体的名词

1　抽象的名词不能互相作为谓词；我们可以解释其故——我们如果仔细考察语言中的普通文字，以及平常用法，我们就会因此窥见我们观念的性质。我们已经指示过，人心有一种能力可以抽象它的观念，使它们成为概括的本质，用以区分各种事物。每一个抽象观念既是独立的，因此，这两个观念便不能互相转移，因此，人心就可以凭其直观的知识，观察出它们的差异；因此，在各种命题中，两个完整的观念便不能互相肯定。在通用的语言中，我们就可以看到这一层；在这里，两个抽象观念或两个抽象观念的名称，都不能互相肯定。因为这些观念纵然很相接近，而且，人虽然确乎是一个“动物”，是“有理性的”，是“白的”，可是任何人一听说：“**人性就是兽性**，**就是理性**，**就是白性**”等等命题，则他会立刻看到这些命题的谬误。这是很明显的，就如同任何最确立的公理一样。因此，一切肯定形容之为抽象的，并不是说甲抽象观念，就是乙抽象观念，只是说把甲抽象观念同乙抽象观念连合。至于这类抽象观念，则在实体方面可以属于任何一种，在一切别的方面，多半属于关系，在实体方面，往往属于能力。就如说“一个人是白的”，那就表示说，具有人的本质的那个东西同时又具有白的本质，而所谓白的本质并不是别的，它亦只是在平常能辨物象的人心中产生出白的观念来的一种能力。又如说“一个人是有理性的”，那就表示说，具有人的本质的那种东西，同时亦具有理性的本质，具有推理的能力。

2　它们可以指示出我们各观念间的差异来——各个名称间这种差异，亦给我们指示出我们观念间的差异来。我们如果一观察我们各种观念，则我们会看到它们的差异。一切简单的观念都具有抽象和具体两种名称；而按文法学者说的说法说来，抽象的就是所谓名词 substantive，具体的就是所谓形容字 adjective，就如“白性和白，甜性和甜”就是。在我们的情状观念和关系观念方面亦是一样，就如“正义，正义的，平等，平等的”就是。不过这里却有一层分别，就是，具体的关系名称（大半在人类方面为然），有些亦是名词，就如父道、父亲等等。这个理由是易于解释的。至于在实体观念方面，则我们很少有抽象的名称。因为经院中虽然创造了兽性 animalitas，人性 humanitas，物体性 corporeity，以及别的名称，可是这些字只是很少的，比起无量数的实体名称来，简直不成比例。在这许多实体名称方面，他们如果都一一给它们造一个抽象的观念，那是怪可笑的。就以他们所造的少数名称而论，他们的学生们虽然津津乐道，可是那些名称并不能通行，亦并没有得到公共的特许权。这就似乎表示出，一切人类都承认自己观念不到实体的实在本质，因为他们并没有表示那类观念的名称。（他们如果不意识到自己在这方面全无所知，因而不肯白费工夫，则他们一定会有了这些名称。）因此，他们的观念虽然足可以使他们分辨金和石，金属和木，可是他们仍不敢放开胆来捏造金性 aurietas，石性

saxietas 金属性 metalleitas 和木性 ligneitas 等等名词，因为这些名词虽说是可以表示那些实体的实在本质，可是他们知道自己对这些本质并无任何观念。人们起初所以要捏造兽性，和人性这些字，只是因为他们相信所谓实体的形式说，只是因为他们强不知以为知，过分自信的缘故。不过这些名词究竟跑不出他们的经院而外，究竟不能通行于有理解的人们之间。人性 humanitas 这一个词，虽然是罗马人常用的一个字，可是它的意义相差很远，它并非表示任何实体的抽象本质，只是一种情状的抽象名称，它的具体字是人道 humanus，而不是“人”homo。

第九章　文字的缺陷

1　我们所以应用文字，原是为记载和传达我们的思想——由前几章所说的看来，我们很容易知道，我们的语言有很大的缺陷，而且文字的性质本身，就会使许多字的意义含混而不确定。要想考察这些文字是否有缺陷，我们首先得考察它们的功用和目的。因为它们之完全与否，正看它们是否可以达到那个目的以为断。在这部论文的前一部分，我们已经常提到文字的双重功用。

第一是要记载我们的思想。

第二是要把我们的思想传达于他人。

2　任何文字都可以供记载之用——说到第一项，则任何文字都可以记载我们的思想，以帮助我们的记忆，使自己同自己谈话。因为各种声音既可以任意地，无分别地表示任何观念，则一个人可以任意用任何文字来向自己表示自己的观念。在这里，他如果常用同一的标记来表示同一的观念，则所谓文字便无缺陷，因为他既然能借这些文字了解了自己的意思，则语言的正当功用和价值亦就在于此了。

3　要传达思想，我们要用通俗的和哲学的两种文字——第二，说到用文字来传达思想，则它们有两种用法。

第一是通俗的，

第二是哲学的。

第一，所谓通俗的用法，就是，我们可以在日常社会中用各种文字来表示各种思想和观念，来同别人谈论日常的生活。

第二，所谓哲学的用法，就是要用它们来传达事物的精确观念，并且用普遍的命题，来表示确定而分明的真理，以使人心在追求真理时，有所依着，有所满足。这两种用法是很有分别的；后来我们就会看到，一种需要极大的精确性，一种只需要普通的精确性。

4　文字的缺点，在其意义含混——在传达思想时，语言的主要目的既然是想让人了解自己，因此，任何文字在听者心中所刺激起的观念同说者心中所有的观念如果不一样，则在通俗的意义和哲学的意义两方面，文字都不能尽其功用。各种声音同我们的观念既然没有自然的联系，而且它们所有的意义既然都是由我们所附加的，因此，它们所以含混，所以不定，所以有缺陷，多半原因于它们所表示的观念自身，而不是由于此一声音比彼一声音较能表示那些观念。因为说到声音，它们都是一样完全的。

因此，此一些文字所以比彼一些文字较为含混，较为含混，只是因为它们所表示的那些观念互相差异。

5 缺陷的原因——各种文字在自然方面既然没有意义,因此,我们如果想同别人交换思想,并且作有意义的谈话,则我们必须要学会各个文字所表示的观念,并且要把它们记在心里。不过这都是不易做到的。

第一,因为它们所表示的观念是很复杂的,是由一些观念集合起来的。

第二,因为它们所表示的观念在自然中并无联系,而且在自然中并无任何确定的标准,来改正它们,校正它们。

第三,因为一个文字的意义必须同一个标准相参照,而那个标准是不易知道的。

第四,因为文字的意义,和事物的实在本质,是不能精确地同一的。

这些困难都是发生于本可了解的文字的意义方面的;至于那些本不可了解的文字,则我们不必在这里提说;属于这类的,就如颜色的名称之于盲人,声音的名称之于聋者,等等,因为这些名称所表示的简单观念,在对方并没有适当工具来接受。

在一切这些情节下,我们都可以看到文字的缺陷。在后来把各种文字应用在各种特殊的观念时,我将要详尽地解释这一层。我们如果一考察它们,就会看到,混杂情状的名称,多半因为前两种理由,而陷于含糊和不完全;至于实体名称所以如此,则大半因为后两种理由。

6 混杂情状的名称是含糊的——第一点,混杂情状的名称,在其意义方面,多半容易陷于很大的含糊程度和暧昧程度。

第一点,因为它们所表示的观念是复杂的——(一)因为这些复杂的观念组织太密。我们已经说过，要想使文字达到传递思想的目的，则它们在听者心中所刺激起的观念一定得同它们在说者心中所代表的观念一样。如不能办到这一步，则人们只是互以烦声和乱音相聒，并不能因此把自己的思想传递出去，并不能互使对方窥见自己的观念，以达其谈论和语言的目的。但是一个文字所表示的复杂观念如果是一再混合的，则人们便不易精确地形成并保留那个观念，因而亦不能使通用的名称毫无变化地精确地表示同一的观念。因此，各个名称所表示的观念如果是很复杂的，（大部分道德的名称就是这样的），则那些名称在两个人方面往往不能有确乎同一的意义。因为一个人的复杂观念同别人的复杂观念往往不能相契合，而且同自己昨天所已有的，和明天所将有的，有时亦不相契合。

7　第二点，因为它们没有外界的标准——（二）因为混杂情状的名称，大部分在自然中都无标准，使人来改正并校正它们的意义，因此，它们是很复杂，很含糊的。它们只是人心任意所合拢的一些观念，人心在合拢它们时，只是为求达到谈论的目的，只是为求表示自己的意念，它并不模拟任何实在的东西，只用自己所形成的原型或形式，来分类命名各种事物。起初创造欺骗，谄媚和戏弄等这些字的那人，只是任意把各个字所表示的一些观念集合起来。在古时，那些混杂情状的名称初通行时，亦正如现在新的情状名称在任何语言中初通行时一样。因此，各种名称所表示的观念的集合体如果是为人心所任意造成的，则它们的意义一定是含糊的，因为那些集合体在自然中并无恒常的联系，而且它们亦没有任何模型，使人来校正它们。所谓“谋害”，所谓“渎神”，我们永不能在事物本身中发现其意义。在那些复杂的观念中,有许多部分并不能在行动本身中看得到。“谋害”观念中所含的人心的意向,和“渎神”观念中所含的圣物的关系,同犯罪者外面的可见的行动,并没有必然的联系。在犯谋害罪时,我们所能见的动作,只有拉轮制的一种动作,不过这种动作和“谋害”这个复杂观念中的其他部分并无必然的联系。它们所以有联络和连合,只是因为人心把它们合拢在一个名称下。不过人心在集合它们时,并无任何规则或模型,因此,表示那些自由集合体的任何名称的意义,在各人心中一定是互相差异的,因为各人并没有确立的规则,在这些任意的观念方面,来规范自己和自己的意念。

8 常度 propriety 并不能完全挽救这一点——自然,人们可以假设,普通用法或所谓常度,可以有几分确立了语言的意义;而且在事实上,我们亦不能否认,它有几分可以帮助我们。不过普通用法在普通谈话中,虽然大致能规范住文字的意义,可是任何人亦没有相当的权威,来确立文字的意义,来决定人在它们上应附加什么意义。因为所谓常度并不足以使各种文字供哲学的推论之用。很复杂的观念的名称在通用时都有很大的伸缩性,而且即在常度的范围中,一个名词亦可以表示十分不同的若干观念。不但如此,而且我们根本就看不到什么地方有所谓常度的规则和标准,因此,我们还往常争执,究竟一个字的用法怎样才能契合于语言的常度。由此看来,观念如果太复杂,它的名称自然就易于不完全,自然就容易有含糊而不确定的意义。而且即在互求了解的人们,这些名字所表示的观念,在说者和听者两方面,亦并不能相同。在全国中,人人口中虽然都会说“光荣”,“感激”等名称,可是人们在用这些名称时所想要表示出的那些复杂的集合观念，显然会因人而异的。

9　人们在学习这些名称时所由的途径，亦能使它们含糊起来——人们学习混杂情状的名称时所由的途径，亦最能使它们的意义不确定起来。因为我们如果一考察儿童们怎样学习语言，我们就会看到，要使他们了解简单观念的名称所表示的东西，和实体观念的名称所表示的东西，则人们往往要把那些东西指示出来，使他们得到那些观念，并且要向他们重复指示那个观念的名称，如"白的，甜的，乳，糖，猫，犬"等。不过在混杂情状方面，尤其在最重要的道德的文字方面，则他们往往是先学习各种声音的。学习了以后，他们如果要想知道它们表示着什么样的复杂观念，则他们必须求他人的解释，或者自己费辛苦来观察（大部分是这样的）。不过他们虽然追求各个名称的精确的意义，可是这些复杂的观念亦并不易发现出来，因此，这些道德的文字在多数人口中，就只是一些空空的声音，而且它们纵然有点意义，而那种意义大部分亦是很松散，很不定，很含糊，很纷乱的。而且人们纵然以较大的注意来确立自己的意念，可是他们如果想用各种名称来表示那些复杂的观念，并且想使那些观念同别的（纵然是聪明而勤恳的）人们用这些名称所表示的那些观念有所差异，则他们仍然免不了一种困难。在这里，我们虽然看到，人们在"尊荣"、"信仰"、"恩典"、"宗教"、"教会"等方面，常有不断的争辩和讨论，可是我们却不容易观察出各个人所怀的不同的意念来；这就是说，各人对这些文字的意义，见解并不一致，而且各种文字所表示的各复杂观念，在他们心中，亦并不一致。因此，人们由此所生起的争执，只在于声音的意义方面。因此，我们就看到，在神或人的法律方面，人们的解释便无穷尽。注解又引起注解来，解释又发生了新的解释；因此，人们常常要来限制，来分别，来变化这些道德文字的意义，而无所的止。而且人们既然仍有能力来编造新的混杂情状的观念，因此，这些人造的观念就会增加到无数的程度。许多人在初读经文或法典时，虽然对其字句的意义，自己觉得已经了解，可是他们一求助于注解家，则往往反觉得失掉原来的意义，而且正因为那些解说，自己反生起（或增加）了疑惑，使那些地方含糊起来。我所以如此说，并不是我以为注解是无用的，乃是想要指明，人们纵然有能力、有意向，来利用极清晰的语言表示自己的思想，可是即在他们口中，那些混杂情状的名称亦是天然不确定的。

10 因此，在古著作家方面，一定免不了含混情形——不用说，这种情形能使往古的和远国的著作家的作品必然地含混不明，因为许多聪明人既然在这方面曾运用其思想，而且著了汗牛充栋的作品，这就足以证明，要想找寻古代著作家的真正意义，是需要何等注意、精研、聪明和推论的。不过我们在各种著作方面，不必都过分推求其意义，我们所当着重的，只应当限于包含真理和法律的那些书籍，因为真理是我们所信仰的，法律是我们所服从的，稍有错误，稍有触犯，就会使我们陷于不利。至于别家作者的意义，则我们不必过于费心来探求，因为他们所写的既然只是他们的意见，因此，我们并不必知道他们，正如他们不必知道我们的意见一样。我们的祸福既然不依靠于他们的命令，因此，我们纵然不知道他们的意念，那亦并无危险。因此，我们在读他们的著作时，他们所用的文字如果没有适当的明白程度，清晰程度，则我们可以把它们搁置在一边，并且决定说：

“他们如不想使人了解自己，则他们是应当被忽略的。”Si non vis intelligi, debes negligi.

这样对于他们亦无损害。

11　意义含糊的实体名称——我们已经说过，混杂情状的名称，所以没有确定的意义，乃是因为自然中没有真实存在的标准，使那些观念有所参照，有所校正。不过实体的名称所以没有确定的意义，却因为与此相反的理由，因为人们假设，它们所表示的观念是与实在的事物相符合的，而且是以自然的标准为参考的。在我们的实体观念中，并不如在混杂情状的观念方面那样，在这里，我们并不能自由来组合各种观念，使它们形成一个具有特征的标记，以来归类并命名各种事物。在这些观念方面，我们必须服从自然，必须使我们的复杂观念契合于实在的事物，必须用事物本身来规范它们名称的意义，不如此，则我们的名称不能成为它们的标记，不能代表它们。在这里，我们自然有模型可以依从；不过这些模型却能使它们名称的意义很不确定起来。因为外界的标准既是根本不能知道的（或者纵能知道，所知的亦是很不完全，很不确定的），那么各种名称所表示的观念如果仍以它们为参照，则那些观念的名称当然不能有稳定而单一的意义。

12　实体的名称第一参照于实在的本质，而实在的本质是不能知道的——我们已经说过，实体的名称在普通用法中，有两层参照。

第一，人们以为各种事物都有实在的组织，它们的一切性质都由此流出，并且荟萃于此。因此，他们就使实体的名称来表示这种组织，并且假设它们的意义同这种组织相契。不过这种实在的组织或本质（人们往往有这种称呼）既是我们所完全不能知道的，因此，我们不论用任何声音来表示它，而那个声音总不能有确定的含义。我们如果用"马"或"锑"两个字来表示我们所完全观念不到的那些实在的本质，则我们真不知道，那些事物是叫做马或锑，或应叫做马或锑。因此，按照这个假设，实体的名称既然参照于我们所不知晓的一些标准，因此，那些标准从不能校正它们的意义，确立它们的意义。

13 第二，它们参照于一些共存的性质，而那些性质又是我们所不能完全知道的——第二，有的人们以为它们的名称直接所表示的，就是在实体中共存的一些简单观念，因此，他们想在各种事物中所联合的这些简单观念，就可以当做适当的标准，以为它们的名称所参照，并且使它们的意义有所改正。不过这些原型仍不足以达到这种目的，仍不能使这些名称免除了分歧而不确定的意义。因为这些简单的观念虽然共存于、联合于同一的实体中，可是它们为数很多，而且各个都有相等的权利，可以加入于那个物种的名称所表示的复杂观念中，因此，各种人们虽然声言来考察"同一"的物象，可是他们对它所形成的观念不能不是"差异"的；因此，他们用以表示这个物体的那个名称，在各个人，不能不有互相差异的意义。形成复杂观念的那些简单性质，大部分都是一些能力，因为这些性质可以在别的物体上产生各种变化，或由别的物体接受到各种变化。变化无穷，因此，这些性质亦就无穷。一个人只要知道，低等的金属在经了各种火候以后，会有无穷的变化，只要知道，在化学家用各种物体把它们化验以后，它们会有不尽的花样，他就不会奇怪，我何以要说，在我们的能力范围内，我们凭这种探求方法，并不容易集合来任何物体的“一切”性质，并不容易“完全”知道它们，至少我们亦可以说，它们为数很多，没有人能知其确定的数目，而且各人的注意不同，技术各异，试验的途径互差，所以各人所发见的性质亦并不一样。既然如此，则这般人们，对同一的实体不能不有差异的观念，不能不使同一名称的意义参差而不确定。因为复杂的实体观念所包含的简单观念如果是共存于自然中的，则任何人都有权利把他所见为互相联合着的那些性质，加在他的复杂观念中。因为在黄金实体中，此一个人虽然只相信有颜色和重量，可是别一个人又会以为金在王水中的可溶性，亦同颜色一样应该加入他的黄金观念中，而且第三个人又会以为可溶性亦应该加入那个观念中；（因为金在王水中的可溶性亦同其可溶性和其他性质一样，亦是和它的颜色和重量常相联系在一块的。）至于第四个人又会依据传说或经验，把可展性或固定性加在里边。究竟这些人中哪一个曾经确立了黄金的贴切意义？那一个人可以来做决定的法官？此一个人固然可以求助于自然中的标准，而且可以很合理地想象自己可以把自己所见为在一块联系着的那些性质，加在黄金一词所表示的那个复杂观念中；可是别一个人如果未曾考察好，则亦有相同的权利，把那些性质忽略了，而且第三个人如果有另一种试验，则他亦有相同的权利，把别的性质加进去。因为我们所以要把这些性质联系在一个观念中，既然真是因为它们在自然中有其本来的联系，那么谁能说，此一种性质应加入，或应退出，彼一种性质不应加入，或不应退出呢？因此，我们就可以毫无疑义地断言，人们虽用同一的名称来表示复杂的实体观点，可是那些观念在他们都是一人一个样子，而且那些名称的意义亦是很不确定的。

14 此外，我们还看到，在任何存在着的特殊事物中，各种性质同外界事物所发生的关系亦不同，有的能同多数的事物发生关系，有的能同少数的事物发生关系。既然如此，则谁能断言，哪一些性质应该来组成那个物种名称所表示的精确的集合体。谁又有充分的权威，来规定，某些明显的普通的性质应该排除于实体名称的意义以外，某些较秘密，较特殊的性质，应该加入其中呢？如此等等情节都会使实体名称的意义大为分歧而不确定，而且在我们把它们应用到哲学上时，会使我们发生了犹疑、争辩或错误。

15 它们既有这种缺点，因此，它们只可以供通俗之用，不可以供哲学之用——自然在通俗的和平常的谈话中，概括的实体名称如果用各种明显的性质来规范其通常的意义（就如在以种传代的各种事物方面，我们多半凭借于它们的形相和样式，又如在别的实体方面，我们多半凭借于它们的颜色和其他可感的性质），则它们亦很足以表示人们想要说的那些事物，而且它们亦往常可以充分涵盖了"黄金"和"苹果"等所表示的各种实体，使它们各个有所区别。不过在哲学的探讨中和争辩中，我们虽然应当把概括的真理建立起来，并且应该依据前提把结论推求出来，可是在这里，我们又看到，各实体名称的确定意义不但未曾建立起来，而且根本就不容易建立起来。一个人如果把可展性或某种程度的固定性认为是他的复杂的黄金观念中的一部分，则他由此在黄金方面所立的一切命题，和由此所推定的一切结论，当然都是分分明明由那种意义下的黄金来的。但是一个人如果不以为可展性或某种程度的固定性是黄金一词所表示的那个复杂观念中的一部分，则他永不会承认这些命题和结论，永不会相信它们是正确的。

16　以液体为例——人们如果抛弃了纷乱粗疏的意念，进而作严格缜密的考察，他们会容易看到，在一切语言中，在一切实体名称方面，这种缺点是很自然而难免的。因为他们如果这样考察，他们就会相信，许多文字的意义，在通常用法中，固然好像是很明白，很确定的，可是它们实在是很含糊、很模糊的。有一次，我同一伙聪明而博学的医生们聚会在一块，他们就偶尔谈到，是否有任何液体经过神经的纤维？他们争辩了许久，而且两造都有很多的理由。但是我却希望他们说，他们应当先考察了，确定了溶体一词的意义，然后再来争辩。因为我常觉得，人们的争执大部分都起于文字的意义，而不起于思想中事物的实在差异。他们一听这个提议颇为惊异；而且他们如果没有那样大的聪明，则他们或者会以为它是一个轻浮狂放的问题。因为在座的人人都想，自己完全了解溶体这一名词的含义，而且我亦想，这个名称亦真不是最难解的一个实体名称。但是他们终于屈从了我的动议；而且在一考察之后就发现，那个名词的意义，并不如他们所想象的那样确定，而且他们各人用这个名词所表示的复杂观念，亦都不一样。因此，他们就看到，他们的争执大部分在于名词的意义，实则他们都承认有一些流体或微妙物质通过神经管；在这方面，他们的意见并无多大出入，所差的就是，他们不容易一致断言，这种流体是否可以叫做汁体。不过说到这一层，人们在一考察以后，都觉得它是不值得争辩的。

17　以黄金为例——人们所热烈从事的各种争辩，大半都系这种性质，这一点，我以后或者在别的地方可以注意到。我们在这里，只要稍精确地观察前边所举的那个黄金一词的例子，我们就会看到,要决定它的意义,那委实不是容易的。我想,人人都会承认它是黄色而灿烂的一个物体,而且儿童们亦往往就以黄金一名来称这个观念,因此,在他们看来,孔雀尾上那个照耀而色黄的部分就应当是黄金。不过别的人们又看到,在某些物质团中,可溶性又和那种黄色联系在一起,因此,他们又把这个集合体形成一个复杂观念,而以黄金一名称之,以来表示实体的一种;因此,凡经火以后,成为灰烬的那些黄亮的物体,便被排斥于黄金以外;因此,各种实体只有黄亮的颜色还不算,它必须在经火以后,不为灰烬,而为溶液,才能归在黄金这个物种以内,才能为黄金一名所包括。另一个人又因为同样理由把重量加在这个观念中,这个性质亦同可溶性一样,同那个颜色紧相联系,因此,他以为这种性质亦应当加在那个观念中,亦应当用那个名称来表示。至于前一个观念所表示的,既只是只有颜色和可溶性的一个物体,因此,它当然是不完全的。说到别的性质,亦是一样。在这里,人们并不能解释,在自然中常相联系着的那些性质,为什么有些应当加在那个名义的本质中,有些应当排除出去。他们亦一样不能解释,表示指环质料的那个黄金一词,为什么当用它的颜色,重量,和可溶性,来决定那个物种,而不当用它的颜色,重量,和王水中的可溶性来决定那个物种。因为它在王水中的可溶性,正和在火中的可溶性是一样不可分离的,而且它们亦都是那个实体同其他两种物体所发生的关系,——这两种性质所以有差别,只是因为那两种物体在那种实体上作用的方式不同。因为有什么权利,能使可溶性成为黄金一词所表示的本质的一部分,而可溶性则只是它的一种附属性质呢?而且它的颜色如果是其本质的一部分,则可展性怎样只是它的一种附属性质呢？我的意思只是说，这些既然都是依靠于实在本质的一些性质，而且只是同他物接触以后所发生的自动的或被动的一些能力，因此，任何人都没有权威来使黄金一词(它是和自然中存在着的物体相参照的)只决定于那个物体中所含的此一些观念的集合体，而不决定于彼一些观念的集合体。既然如此，则那个名称的意义，必然是很不确定的。因为我已经说过，各人在同一种实体中所见的各种性质是不同的；而且我想，没有人能够见到它的全体性质。因此，我们对于事物的描写是很不完全的，而且各种文字的意义是很不确定的。

18　简单观念的名称是最不含混的——由以前所说的看来，我们就可以知道在一切名称中，简单观念的名称是最不容易错误的。而它们所以不易错误，第一是因为它们所表示的那些观念各个都是一个单独的知觉，而且它们比复杂的观念，不但较容易得到，而且亦较易于保存，因此，它们就不如复合的实体观念或混杂情状的观念那样易于不确定，因为在后边这类观念中，各个简单观念的精确数目不容易互相契合，而且亦不容易保留在心中。第二，因为它们并不参照于任何实体，只参照于它们直接所表示的那个知觉。至于实体的名称，则因为永远有这种参照，所以它们的意义是很杂乱的，而且能引起许多争辩来。人们如果不故意来牵强用字，不故意来责骂他人，则他们在自己所熟悉的任何语言中，便不容易不知道，简单观念的名称有怎样的功用和意义。“白”与“甜”，“黄”与“苦”都有明显的意义，人人都可以精确地了解这种意义；而且他假如不知道，亦容易知道自己不知道，亦容易求得解答。但是说到“谦抑”或“节俭”，则我们真不能确知，别人在用这种词时，它们所表示的那些简单观念的集合体。而且我们纵然以为自己很知道金或铁的意义，可是我们仍然不能确实知道，别人用此字时所表示的精确的复杂观念；而且我相信，在说者方面和听者方面，它们所表示的集合体往往是不同一的。人们在谈论时，既然要处理普遍的命题，要在心中确立普遍的真理，并且要考察由此所得的结果，因此，他们如果用起这一类意义不确定的名词来，一定会发生误解和争执。

19 简单的情状亦是比较不易含糊的——我们已经说过，简单观念的名称是不易陷于含糊和不确定地步的。根据同样规则，我们亦可以说，简单情状的名称亦是这样的，尤其那些形相和数目的名称更是这样的，因为我们在这方面正有明白而清晰的观念。人们如果有心来了解"七"和"三角形"，则他们能误解了这两个名称的意义么？因此，我们可以概括地断言，在任何方面，最不复杂的观念一定有最不含糊的名称。

20 在最复杂的混杂情状和实体方面，各种名称是最容易含糊的——混杂的情状如果只是由少数明显的简单观念构成的，则它们的名称往往不至有了不定的意义。但是各混杂的情状如果含着一大些简单的观念，则它们的名称，往往如上所述，会有很含糊很不确定的意义。至于实体的观念，则它们既非实在的本质，又非它们所参照的模型的精确表象，因此，它们的名称比较容易不完全，不确定，而在我们把它们应用在哲学上边时，更是这样的。

21 为什么我们说这种缺点是在文字方面的——在各种实体的名称方面，所有的纷扰大部分是因为我们缺乏知识，不能窥见它们的实在本质。因此，人们或者疑问，我为什么说这种缺陷是在文字方面的，而非在理解方面的，这个反驳似乎是很正确的，因此，我不能不解释，我为什么要采取这个方法。我可以自白说，在我开始写这部理解论的时候，而且在以后很长的时候，我并未曾丝毫想到，在这部书中，我应该考察各种文字。不过在后来讨论完观念的起源和组织以后，在我开始考察知识的范围和确度的时候，我就看到，知识和文字有很密切的关系，而且我们如果不先考察好它们的力量和意义，则我们在知识方面所说的，万不能明白，不能切当。因为知识所关涉的既只有真理，因此，它会不断地同各种命题发生关系。知识虽然以事物为归依，可是它又必得以文字为媒，因此，各种文字就似乎与我们的概括知识是不可分的。至少我们亦可以说，文字是永远介在理解和理解所要思维的真理之间的，因此，文字就如可见物所经过的媒介体似的，它们的纷乱总要在我们的眼前遮一层迷雾，总要欺骗了我们的理解。我们如果知道，一般人所以使自己和他人陷于错误，他们的争辩和意念所以离奇，大部分都是因为文字和其不确定(或误解)的意义，则我们正可以想，这种情形在知识之路上实在是一种大障碍。而我们对这种障碍所以不得不提防者，尤其是因为人们往往不注意这是一种不利，反而要用心来助进它，并且认这种助进障碍的艺术，配得到博学深思的头衔(下一章中就可以看到)。我总想，语言既是知识的工具，因此，我们如果能完全考察它的各种缺点，则世界上滔滔不绝的争论会停止了，而且知识之路，甚至于和平之路，将来会比现在要宽敞得多。

22　因此，我们在解释古代著作家的作品时，不可不心存谦虚——我确乎相信，在一切语言中，文字的意义多半都是依靠于用文字的那人的思想、意念和观念的，因此，即在同文同国的人们，文字的意义亦是十分不确定的。在希腊作者方面，我们很可以看到这一层，因此，人只要稍一披阅他们的作品，他就会看到，他们虽用着同一文字，可是几乎各人有各人的语言。不过除了各国中这种自然的困难而外，还有各国和各代的差异；在各国各代，说教者，著作家，都各有各的意念、性僻、习惯、藻饰和绮语，而这些情节虽非我们现在所能知的，可是它们又各个能影响各著作家所用文字的意义。因此，我们在解释或误解古代的作品时，应该互相宽恕，因为这些作品虽然是极其应当研求的，可是它们亦都会陷于语言中不可免避的困难。因为说者如不能先把各种名词（简单观念的名称和明显事物的名称不计）定义出来，就用文字来表达自己的意思和意向，则听者方面便不能免于怀疑和不定。至于宗教，法律和道德等论说，既是极关重要的，所以在这方面，困难亦是最大的。

23 在"新旧约"方面，各解释家和注经家所著的许多书籍，很能明显地证明这一点。经文中所说的样样事情虽是极其真实的，可是读者在理解它们时是可以错误的，而且是不能不错误的。我们亦正不必惊异，上帝的意志在披上文字的外衣以后，就会陷于那种工具所不能免的疑义和不定。因为就是他的儿子在披上肉体的外衣以后，亦不得不陷于人性所有的一切弱点和缺点——罪恶除外。不过因此，我们正应当赞美他的慈悲，因为他已经在全世人面前把他的工作的和意志的明显痕迹摆露出来，并且给了全人类以充分的理智光亮，使他们虽然不曾见到所写的上帝这个词，亦能确乎知道（只要他们肯费心）上帝的存在，或对于上帝应有的敬礼。自然宗教的教条是很明显的，是全人类所了解的，是不常为人所争执的；而在另一方面，则在书籍和语言中所显示的真理，却免不了由文字自然所生的一些暧昧和困难，因此，我想，我们应该勤恳地，精细地观察前者，不应当专横地、独断地、傲慢地来解释后者。

第十章 文字的滥用

1 文字的滥用——我们已经说过，语言中天然有一种缺陷，而且我们在应用文字时，又难免含糊纷乱。不过除此以外，人们在用文字传达其思想时，往往又犯了各种故意的错误和忽略。他们因为有这些错误，所以又使这些标记的意义比原来更不明白，更不清晰。

2 第一，全无观念的文字，或无明白观念的文字——第一点，在这方面，最主要最明显的滥用，就是：我们所用的各种文字，有时没有明白清晰的观念，而且所用的各种标记，有时竟然全没有表示任何事物。这类滥用可分两种：

（一）在一切语言中，人人都可以看到，有些文字在其起源方面，在其习惯的用法方面，并不曾表示任何明白清晰的观念。这一类文字大部分系各派哲学或各派宗教所发明的。各个作者或传道者，所以要创造各种新文字，往往是因为他们爱装做一些奇特的事情，爱装作一些超乎常人理解以外的事情，或者是因为他们要支持一些奇特的意见，或者是因为他们要遮掩自己假设中的弱点；实则这些文字，在一考察以后，都可以叫做"无意义的名词"。这些文字或则在初发明时，就无确定的观念集合体与之相应，或则（至少亦可以如此说）在精细考察之后，可以被人发现是不相符合的。因此，我们正不必惊异，后来同党中人通用起它们来时，它们只成了空虚的声音，毫无什么意义，因为那般人们以为口里只要常常提到那些文字，就足以表示他们教派的或学派的特征。他们从不肯费脑子来考察，那些文字所表示的精确的意义是什么样的。我在这里，亦并用不着堆积一大些例子，一个人只要一读书，一谈话，就会得到充分的例证。他们如果想再多要一些，则编造这类名词的大家——经院学者和玄学家（后来的自然哲学家和道德哲学家亦可以归在这些人里边）——很可以充分供给他们。

3 （二）至于别的人们，则其滥用更进了一层。他们不但不能抛弃了原来没有清晰观念的那些文字，而且他们疏忽异常，甚至用起那些表示重要观念的等等文字（这是为语言的常度所确立的）来时，亦全无任何意义。"智慧"、"光荣"、"恩典"，是各人口中所常用的文字，可是我们如果一问他们，这些文字究竟作何解释，则他们会不知所可，不知如何答复。这就分明证实，他们虽学会这些声音，虽然这些声音可以随时脱口而出，可是他们心中并没有贮蓄确定的观念，表示于这些声音中。

4 他们所以如此，乃是因为他们学习名称在学习观念以前的缘故——人们从摇篮中起就往往先学会了那些容易得到，容易记忆的文字，然后才学会文字所表示的那些复杂观念，然后才学会事物中所寓的那些复杂观念（这些事物，人假设它们是为这些文字所表示的）。因此，他们在一生中，亦往往是如此的。他们往往不肯费相当的辛苦来在自己心中确立有定的观念，他们只是滥用各种文字来表示那些含糊而纷乱的意念，而且他们只觉得别人用什么文字，自己亦用什么就是了，好像那些声音就必然恒常地表示着同一的意义似的。在日常事故中，人们为求对方了解起见，自然要在文字方面，变通运用，应用各种标记，以期他人的了解。可是在他们讨论到自己的教条和利益时，则这些无意义的文字显然能使它们的论说中充满了空虚无意义的喧声和谵语。在道德的事体方面，这种情形更是如此的，因为在这里，各种文字所表示的，大部分只是任意集合的一大些观念，而且那些观念在自然中并没有有定的恒常的联络，因此，人们只能思想到那些文字的声音，否则至少我们亦可以说，它们所表示的观念是很含糊，很不定的。人们往往随便应用周围之人所用的一些文字，而且他们为表示自己对于那些文字所表示的东西并非不知道起见，他们用起这些文字来时，还要带着很自信的样子，可是他们并不肯费心来考察它们的确定的意义。这样一来，他们不但可以自己应用，而且还有进一层的利益。因为他们虽然在自己的谈话中，很少有时候是对的，可是你却因此不容易说服他们，使他们相信自己是错的。他们既然没有确定的意见，因此你就难以使他们脱离了自己的错误，正如一个漫游者既然没有确定的住宅，你就难以剥夺了他的寓所似的。这种情形是我猜想如此的。至于究竟是否如此，则人人都可以在自身或在他人方面观察出来。

5　第二点，应用文字时的前后不一贯——第二点，另一种文字滥用法，就是在应用时，前后矛盾。说到人们在任何题目（尤其是辩论）方面所写的论说，则我们如果稍一注意来读它们，我们一定会看到，同一的文字（这些文字在谈论中往往是很重要的，往往是全部辩论的关键），有时会表示此一些简单观念的集合体，有时又会表示彼一些简单观念的集合体。这可以说是一种彻底的语言滥用。各种文字所以能标记我的观念，所以能把自己的观念表示给他人，并非因为它们在自然方面有意义，只是因为人们任意赋予它们以一些意义，因此，我如果这时候使它们代表一物，另一时候又使它们代表另一物，我就分明蓄意欺骗，故意滥用了。这种人为的滥用不能归之别的，只能归之于很大的愚痴，或更大的欺骗。一个人在谈论时，或推理时，如果可以使同一的文字表示着不同的简单观念的各集合体，则他在同别人算账时，亦一样可以使同一数字有时表示此一种单位的集合体，有时表示彼一种单位的集合体（就如用了这个数字来表示三，又表示四，又表示八）。人们在算账时如果是这样的，则我真不知道，谁还敢同他们来往！在职业界中，人如果真这样说起来，并且为自己的利益打算，有时候呼八为七，或呼为九，则他立刻会得到人所厌闻的愚痴或欺骗的头衔了。不过在学者的辩论中和争执中，同样的进行法往往被人认为是机智和博学的表现。但是在我看来，这种做法比还债时错置数字，还更为不忠实，而且我想，真理的重要性和价值，比金钱大多少倍，则真理方面的欺骗亦比金钱方面的欺骗大多少倍。

6 第三点，人们故意误用文字亦能使文字含混起来——另一种语言的滥用，就在于故意所形成的含混性。人们或则爱把古字应用到新的不寻常的意义上，或则创作出一些新而含糊的名词，并不给它们下定义，或则任意把各种文字集合起来，使它们失掉通常的意义。这种做法虽是逍遥学者所优为的，可是别的学派亦不能完全摆脱了它。本来人类的知识是不完全的，因此，任何学派都不能免于困难。不过他们却爱以含混的名词来遮掩这些困难，来混乱文字的意义，因此，他们所用的文字就在人的眼前障了一层深雾，使人不易把它们的脆弱部分发现出来。人人一反省，就会知道，“物体”与“广袤”在平常的用法中，表示着两个独立的观念。因为它们的意义如果确乎是相同的，则我们不但可以说“一个物体的广袤”，而且亦可以说，“一个广袤的物体”，两种说法都是可以一样适当，一样可了解的。不过世人亦真奇怪，他们总觉得非把这些字义淆乱了不可。可是他们虽把语言这样滥用了，虽把字义这样混淆了，可是经院中所教的逻辑和高等文艺，反而夸张他们这种做法。至于众所仰慕的那种辩论术，更增进了语言的天然缺陷，因为在这里，人们所用的语言，只足以淆乱文字的意义，不足以发现事物的真理。人们一留心观察那种博学的论著，就可以看到，在那里，他们所用的各种文字的意义，比在平常谈话中，要暧昧得多，含糊得多。

7　逻辑和辩论最能助进文字的滥用——我们如果依人们的辩论技术，来批判人的学问和天才，则这种情形是不可避免的。在这方面的一切胜利，都依靠于用字的精巧俏皮，因此，这些胜利如果在世人方面可以得到命名和奖励，则我们正不必惊异，人们何以要尽心竭智来混淆，来纷扰，来玄化那些声音的意义，使他们在反驳或辩护任何问题时，滔滔而谈，不穷于词。他们的胜利并不归于得到真理的那一造，只能归于辩论中的后息者。

8　人们称此为玄妙之思——这虽是一种无用的技巧，而且和知识之路正是相反的，可是人们还往往用表示敬慕的“玄妙”和“深刻”二词来称呼它，而且经院学者亦常奖励它，世上一部分学者亦常赞助它。因此，我们正不必惊异，古代哲学家（我所说的就是那些爱争好辩的哲学家——如希腊作家刘绅 Lucian 诙谐地，合理地所讥讪的那样）和经院学者们，要用奇异而难解的烦琐的文字网，来遮掩自己的愚陋。他们所追求的，只在一种光荣和重视，只在让人知道自己有博大而普遍的知识。可是这种知识，冒充则易，真求则难，因此，他们要应用不可理解的名词，希图博得他人的赞美，因为他们的文字愈不可了解，则人们愈会羡慕他们。不过我们看到，在一切历史中，这些渊博的博士们，并不比其他人们，更为聪明，更为有用，他们在人生中，在其所住的社会中，并没有贡献了什么利益。因为要编造些毫无新事物与之相应的种种新文字，或者搅扰了，隐蔽了旧文字的意义，使一切事物都成了问题，那并与人生无利益，亦并不值得人的称赞和奖誉。

9 这种学问甚与世无补——世上虽然有这些有学问的辩才家——无所不知的博士们——可是各种政府所以能维持和平，得以自卫，得到自由，全有赖于非经院派的政治家，而且世界各国所以在实用的艺术方面能有进步，亦只是因为有不识字而被人轻贱的那些卖手艺的。不过这种装模作样的愚陋，和学问渊博的妄语，在近世究竟十分通行了，而它们所以能通行，亦只是因为那般人们为自己利益着想，因而不得不机心用事的缘故。因为他们觉得，要想维持他们所已达到的那种最高的权威，则最容易的方法，就是要用艰涩的文字来收买匆忙而无知者的欢心，并且使聪明而懒散的人们从事于纠纷的争辩和无意义的名词，使他们永久陷于无底的迷洞中。此外，我们还可以说，要想使人相信奇异而荒谬的学说，则亦没有别的方法，亦只有用一大套混淆含糊，而不确定的文字来保障它们。不过这样却使这些营寨只像似盗贼的洞窟，或野狐的居穴，而不像似公平战士的堡垒。我们虽然难以把这般人们从这些洞中赶出来，可是那并非因为它们是坚固的，只是因为周围有灌木荆棘遮蔽着它们。因为人心既然不能接受伪说，则人们所能辩护的，将不是荒谬的错误，而是含混的意义了。

10　不过这样却消灭了知识和传达思想的工具——这种博学的愚陋之人，虽然自命为可以启发人的理解，可是他们这种艺术已经使理解迷惑，已经使好问的人们远离开真正的知识了。至于别的聪明而坦白的人们，则他们的教育和天才虽然没有使他们达到那样深刻的程度，可是他们能明白地互相表示各人的意思，并且可以不牵强地应用文字，得到语言的利益。不过无学问的人们，虽然能充分了解白与黑这两个字，虽然常常能存想这些字所表示的观念，可是有的哲学家竟然有学问，有聪明，来证明雪是黑的，来证明白是黑的。他们虽然可以由此得到一种上风，虽然可以由此毁灭了谈论，教训和交游三者的工具，可是他们的大聪明和艺术，只使它们把文字的意义搅乱了，混淆了，并且使语言更失其效用（它本身的缺陷已经使它减少效用）——这种本领是不识字的人们所没有的。

11　这样就如同把字母的声音混淆了一样——如果你觉得这些博学的人们可以教导人的理解，补益人的生活，则一个人如果把通行字母的意义变化了，则亦可以有此结果；因为一个人如果以超乎庸流愚凡的才能，博学微妙的设计，在他的著述中，表示自己能以 A 代 B，D 代 E，X 代 Y，使其读者发生了惊羡，得到了利益，那是很无意义的。因为要用黑这个字来表示另一个相反的观念，并且称雪为黑，那正如同以 A 代 B 是一样无意义的；因为大家承认“黑”字代表着一种可感的观念，“白”字代表着另一种可感的观念。

A字母是代表语言器官运动后所产生的一种音的变状，B字母是代表语言器官运动后所产生的另一种音的变状。

12 这种艺术，使宗教和正义发生了纷扰——这种祸患不止限于逻辑上的烦琐，或奇特的空洞思维。它曾经侵犯了人生和社会的极大利益，曾经使法律和神学的重要真理糊涂了，纷乱了，曾经使人生的事务混沌了，骚扰了，曾经使宗教和正义两大典范大部分无用了（纵不至于消灭了）。在上帝的法律方面和人的法律方面，大部分的解释和辩论，不是只使它们的意义更为含糊，更为纷乱么？他们那些翻来覆去的奇特的区分，和深刻的解析，不只是一些含糊而不确定的说法么？不是使文字更难了解，读者更不知所云么？为什么君王们在向其仆役口传命令时，或笔授命令时，容易被人了解，可是在向人民发布法律时，反而不易被人了解呢？而且我们不是常见，具有平常理解的人，在读短文或法律时，很能了解它们，可是在求助于解释者或向他人讨论时，就茫然不知所措么？——这般解释家在解释了以后不是使各种文字一无所指，或任意指示么？

13 这并不能算是学问——这些事情究竟有什么附带的利益，要使人们这样来做，那我是不必在这里加以考察的。我只愿意人们想想，自己是不是应该如实地知道事物的真相，是不是应该实行其所应为的，是不是不应该一生中只谈论事物，只卖弄文字。我只愿人们想想，他们在应用文字时是不是应该明白而简捷。而且人们所以发明语言，既是为的促进知识，联络社会，则人们应该想想，我们是不是不应该应用语言，来遮拨真理，来摇动人民的权利，来兴云作雾，来使道德和宗教成为无意义的。至少我们亦可以问，这类事情如果发生了，我们是否应当认它是由于学问或知识而然的。

14　第四点，人们把文字当做是事物本身——第四点，另一种文字的滥用法，就在于人们把文字当做是事物的本身。这一层虽然有几分关涉于全体的名称，可是它所最能影响的，仍是那些实体的名称。人们如果把自己的思想限于任何一个系统，并且完全相信某种传统的假设是完美无缺的，则他们最易陷于这种错误，因为他们既是这样，那他们就会确信，那一个教派的一切名词都是合乎事物本质的，都是完全与事实的实相相符合的。自幼染受了逍遥哲学的人们，那一个不以为十个范畴的名称是精确地契合于事物的本质呢？哪一个学派中又有哪一个人，不相信实体的形式，植物的灵魂，憎恶虚空之感，和心理射像 intentional species 等等都是实在的事物呢？人们在刚开了知识时，就学会这些文字，而且他们看到，他们的主师和宗派都着重这些文字，因此，他们总相信，那些文字是与自然相契合的，而且是表象真正的事物的。柏拉图学者们主张有世界的灵魂，伊壁鸠鲁派又主张"原子在静止时"亦有"趋向运动的努力"。差不多各派哲学都有自成一套的名词，而且那些名词都是别派所不能了解的。不过这些妄语，在人类的脆弱的理解方面，很能文饰人的愚陋，遮掩人的错误，因此，习而久之，它们在同种人中，似乎竟成了语言中最重要的部分，最有意义的名词。而且他们那个学说在通行之后，既使人到处相信了所谓空媒或以太媒，因此，他们的名词亦不能不在人心上留些印象，亦不能不使他们相信事物真是这样的。这正如同逍遥学派所谓形式，或心理影像似的。

15　举物质为例——我们如果一注意研读哲学的著作，则我们便会充分看到，要把文字当成事物本身看，那委实能错领了我们的理解。不过有些文字虽被这样误用，我们还往常猜想不到它们有这种误用。我在这里，只可以举一个最熟悉的例子来阐明此点。人们关于物质有很纠纷的争辩，好像自然中真有这种东西是异乎所谓物体的。物质一词所表示的观念诚然是和物体观念不一样的。因为这两个名词所表示的观念如果确乎是相同的，则我们在任何地方都可以无分别地，互相掉换它们。但是我们看到，我们虽可以说，“一切物体共一物质，”可是我们并不能说“一切物质共一物体”。而且我们虽然常说，“此一物体大于彼一物体”，可是我们如果说（自然人不如此说）：“此一物质大于彼一物质”，那就怪刺耳了。不过这种情形究竟是如何生起的呢？据我看来是这样的，就是说物质与物体虽然没有实在的区别，而且有此就有彼，都不能相离，可是“物质”与“物体”，实在代表着两个不同的意念，而且物质意念只是不完全的，只是物体意念的一部分，因为“物体”既然表示着一个有凝性，有广袤，有形相的实体，而且物质既是实体的一个片面的，较纷乱的概念，因此，物质好像只表示物体的实质和凝性，而并不涉及它的广袤和形相。因此，在我们提到物质时，我们总以为它只是一个，因为实际上它所包含的只是一个有凝性的实体观念，而这个观念是到处同一，到处一律的。我们的物质观念既是这样的，因此，我们便不能想象说世界上有不同的物质，亦正如我们不能想象有不同的凝性一样。可是在另一方面，我们依然可以想象并谈说各个不同的物体，因为形相和广袤是可以有变化的。不过凝性虽然不能离了广袤和形相而存在，可是哲学家因为把“物质”一词认为可以标记这种意义下真实存在的一种东西，结果在原始物质方面，他们的脑筋中和书籍中，便都充满了含糊而无意义的谈话和辩论。至于这种缺点或滥用，在别的许多概括的名词方面，究竟有怎样的影响，那我可以让别人自己来考察好了。不过至少我可以说，我们如果能如实地观察文字本身，如果只把它看做是观念的标记，而不把它看做是事物的本身，则世界上的争执，一定比现在会减少了许多。因为在我们争论"物质"或相似名词的时候，我们所争论的只是那两个声音所表示的那种观念，至于那个精确的观念是否与自然中真正存在的事物相契合，则我们是不问的。人们如果能说明，他们的文字都表示着什么观念，则他们在探求真理，卫护真理时所有的困难或口角将不及现在的一半多。

16 这样可以使错误永久继续下去——人们在误认了文字以后，究竟有什么不便，那我是不必细说的，不过我确乎相信，各种文字在习用久用以后，确乎能使人们心生迷惑，发生了远非真实的意念。我们很不容易使人相信，他的父亲，塾师，教区的牧师，可敬的博士们所用的文字，完全不表示自然中实在存在着的任何事物。人们所以难以脱掉他们的错误，这或者是一大分部原因。因为这种缘故，即在纯哲学的意见方面，人们所关心的虽然只是真理，可是他们亦不容易摆脱了自己的错误。因为他们所久习的那些文字既然牢固地留在他们心中，因此，我们正不必惊异，它们所表示的那些错误的意念，何以竟不能去掉。

17 第五点，人们常用文字来表示其本不能表示的东西——第五点，另一种文字的滥用法，就在于用它们来表示它们所不能表示的事物。我们所以能知道各种实体的名义本质，只是因为我们用各命题来表示它们，只是因为我们"是认"它们有某种性质，或否认它们有某种性质，而且我们在实体方面所能知道的，亦只有它们的名义本质。不过我们看到，在各种实体的概括名称方面，我们常常默默地假设它们表示着一些实体的实在本质。因为一个人如果说："金是可展的"，则他所暗示的，并不只是说，"我所谓"金是可展的(实则他不能有别的意义)。他所说的，乃是：只有具有金的实在本质的那种东西，才是可展的。这就是说，可展性是和金的实在本质分不开的，是依靠于这种本质的。(不过一个人既然不知道什么是实在的本质，因此，在他的心中，所谓可展性并不是与他所不知的本质发生联系的，只是与他所用以表示这个本质的"金"字一音相联系的。)因此，我们如果说"人"的定义应该是"有理性的动物"，而不该是"两腿，无羽，而宽指甲的一个动物"，则我们在这里分明假设了，在这种情形下，"人"一名称只表示着人类的实在本质，而且我们的意思就是说，这种实在本质的适当形容词，只应当是一个"有理性的动物"，而不应当是"两腿，宽指甲，而无羽的一个动物"。因为在这里 ἄνθρωπος 这个字如果不是被假设在其平常所表示的东西而外，还表示着另一种东西，如果它不是于一个人用它所表示的观念而外还表示着另一种事物，则柏拉图正可以如亚里士多德一样适当地来以人字表示其复杂的观念。虽然柏氏的复杂观念只表示着某种形相和某种外貌的一个特殊身体，而亚氏所说的人的复杂观念则是指连合为一的身体和推理能力而言。

18 所谓用文字来表示它们所不能表示的东西，就是说使它们来表示它们本不能表示的实体的实在本质——真的，那些文字所表示的人心中的观念，如果就是实体的实在本质，则实体的名称应该比现在有用得多，而且用这些名称所形成的命题亦该比现在确定的多。在关于实在本质的一切谈话中,我们的文字所以不能表示什么知识,所以不能达到确定的程度,只是因为我们不晓得这些实在的本质。人心为竭力避免这层缺点起见,就借着秘密的假设,来用这些文字表示着具有那种实在本质的东西,好像由此就可以接近于那种本质似的。因为人字或金字所表示的虽然只是一个复杂的"观念",而且那个"观念"中所包含的,虽然只是一个物种中联合着的一些性质,可是人人在用这些文字时,差不多都要假设这些名称表示着一种具有实在本质的"东西",而且他们还假设,这个本质就是那些性质所依托的。不过这样不但不能减少了文字的缺点,反而借着明显的滥用,增加了这种缺点。因为我们用它们所表示的那种东西既然不在于我们的复杂观念中,因此,我们所用的名称无论如何亦不能表示它。

19　因此,我们以为实体观念的变化,并不能变化了所谓物种——这就可以指示出混杂情状和实体的差异来。在混杂情状中,组成那个复杂观念的任何简单观念如果略掉了,变化了,那个复杂观念就成了另一种东西,另一个物种,如所谓因正当防卫而杀人 chance-medley,如所谓屠戮 man-slaughter,谋害 murder,弑亲 parricide 等等。这个原因就在于:那个名称所表示的复杂观念不但是名义的本质,而且是实在的本质,而且那个名称所参照的亦就止于此种本质,并没有秘密地参照着别的本质。不过在实体方面,可就不是这样。在"所谓"黄金中,此一个人在其复杂的观念中所"加"(或所减)的观念,虽然亦许正是彼一个人所减(或所加)的观念,可是人们并不因此就以为实在的物种亦会变了,因为他们在心中秘密地把这个名称参照于存在着的事物的一种实在不变的本质，而且以为那些性质是依靠于这种本质的。一个人以前在其复杂的黄金观念中，虽然不曾把固定性，或金在王水中的可溶性加进去，可是他现在即把这种性质加进去，人亦并不以为他曾把那个物种变了。人们只是以为他有了较完全的一个观念，因为他在这个复杂的观念中加入了另一种简单的观念，而使之同他以前的复杂观念所含的别的简单观念联系在一起。不过人们既然把这个名称参照于我们所观念不到的一种东西，因此，这不但不能有助于我们，而且还正使我们陷于困难中，因为金这个字既然秘密地参照于那一种物体的实在本质，因此，它就可以说是完全没有意义的，因为它所表示的，是我们所完全观念不到的，而且物体如果不在面前，则它是一无所表示的(金字如果只表示或多或少的简单观念的集合体，则它在日常谈话中亦足以指示那个物体)。因为我们虽然常认名义上的黄金，和那种物体本身(就如面前的一个金页)，是同一的，可是我们在仔细考察之后，就可以看到，在两者方面的论辩，委实是各不相同的；我们只是在谈话中，常把名称当做事物罢了。

20 这种滥用的原因就在于：人们假设自然的作用是经常有规则的——人们所以爱用名称来代替物种的实在本质，只是因为他们假设(如前所说)，自然在产生事物时，作用是有规则的，而且因为他们假设，自然曾经把同一实在的内在组织，赋给了一个概括名称下所包含的一切个体，因而把各个物种的界限确立了。可是任何人只要一看到它们的各种差异的性质，则都会相信，同一名称的许多个体，在其内在的组织方面，都是互相差异的，而且差异的程度，正如在各异的物种名称下所包含的那些个体似的。不过人们既然假设，同一精确的内在组织经常伴着同一物种的名称，因此，他们便毫无疑义地认那些名称就是那些实在本质的表象，实则这些名称所指示的，只是他们在用这些名称时心中所生的一些复杂观念。这些名称所表示的东西，既然同人假设它们所表示的东西不同，因此，人们如这样用起它们来，则在他们的谈话中，必然会引起很大的歧义来。这种情形，在完全学习过所谓实体形式说的人们，尤其是如此的，因为他们自信地想象，各个物种都是由这些形式所决定、所区分的。

21　这里含有两种虚妄的假设——要用各种名称来表示我们所没有的观念，或我们所不知道的本质，那是很荒谬的，因为这样就使我们的文字不标记任何东西了。可是人们只要一反省人们怎样应用各种文字，他们就会看到，这种情形是屡见而不一见的。一个人如果问说，我所见的这个东西（如一个黑狒或怪胎）究竟是不是人，则他的问题，分明不是说，这个特殊的东西是否与他用人字所表示的那种复杂观念相契。他所问的只是，这个东西是否具有人字所表示的那种事物的本质。在这样应用实体的名称时，我们就有两种虚妄的假设。

（一）第一，我们假设，宇宙中有一定不易的本质，大自然用以来形成一切特殊的事物，人类用以来区分事物的种类。我们自然不能否认，各种事物都有一个实在的本质，然后才能成其自相，然后才能使其各种可感的性质有所依托。不过我们已经证明，这并不能使物种（如我们所区分的那样）有所分别，亦并不能使名称发生分界。

（二）第二，这种用法还暗示说，我们似乎能观念到这些假设的本质。因为我们所以要追问，这种东西或那种东西是不是具有人类的本质,那正表示我们假设这个物种的本质是人所已知的,否则我们怎样会发这样问题呢?不过这种假设完全是虚妄的,因此,我们如果用各种名称来使它们表示我们所本没有的观念,则我们在关于这些名称的一切谈论中和推理中,会发生了很大的纷乱,而且在我们用文字传递思想时,亦会有很大的不利。

22 第六点,人们假设各种文字都有明显而确定的各种意义——第六点,另一种文字的滥用法虽是更普遍的,却是少为人所注意的。那就是人们因为习用之故,常把一定的观念附加于一定的文字上,因此,他们容易想象,在名称和其意义间,常有一种切近而必然的联络。因为这种缘故,他们便无疑义地假设,人人都可以知道他们的意思,都应该安于所表示的文字,而不必再往深处追求。他们好像以为,人们在应用那些通用的文字时,说者和听者似乎必然有确乎相同的观念似的。他们在谈论中应用各种名词时,既然以为他们已经由此把他们所谈的东西分明置于人前,而且他们既然以为别人的文字所表示的东西自然亦同他们用这些文字时所表示的一样,因此,他们从来不肯费神来解释他们自己的意义,或明白地了解他人的意义。因此,就发生了许多的争吵和口角。可是这样并无丝毫进步,亦并不能稍为促进知识。因为人们虽然以为各种文字是共同意念的寻常而有规则的标记,实则它们只是自己的观念的一些任意而不确的标记。不过在谈论中,或争辩中,有人如果同他们的意义,则他们反会觉得是奇怪的。可是日常谈话中所发生的争执,使我们分明看到,两个人所用的复杂观念的名称,很少能够表示同一精确的集合体。任何文字都可以分明证实这一层。就如生命一词本是最常见的,而且你如果问一个人说,他怎样解释这个名词，则他反会见怪你。但是我们如果发问，在种子中已存在的植物是否有生命，卵未孵时其中的胚形是否有生命，人在晕过去时，是否有生命？则我们会分明看到，生命这个名词虽是最常习见的，可是我们用起它来，并不见得永远有明白、清晰而确定的观念。概括说来，人们自然有一些粗疏而纷乱的意念，并且应用语言中普通的文字来表示它们。在日常谈话中和事务中，文字的这种用法虽是粗疏的，可是亦很足以应用。不过在哲学的探讨方面，这种用法并不够。在知识和推论方面，我们需要精确而有定的观念。我们自然不致太于愚蠢，常让他人解释了他们所用的文字，然后才能了解他们所说的是什么，我们自然亦不常吹毛求疵，来改正他人的用字方法。不过我们所追求的既是真理和知识，则他们所用的文字如果意义分歧，我们当然可以希望他们给我们解释出来；那并不是什么过错，而且我们如果不知道，他人所用的文字有什么意义，则我们坦白地自己承认了这一点，那亦并无可耻的地方。因为我们如果不听他人把意义讲解出来，则我们便没有别的方法可以确知他们的意义。由轻信而生的这种文字的滥用法，在学者间范围最广，而且结果亦最坏。因为人们虽然都相信，在迷惑世人的那一些争论中和书籍中，委实有许多不同的意见，可是我只看到，各派学者在互相争辩中，所能为力的，只是说了一些不相同的语言。因为我总相信，他们如果脱开名词，专思考事物本身，并且知道他们所思想的是什么，则他们的思想都是一样的；只是他们所要主张的东西或许不同罢了。

23　语言的目的，第一，在于传达观念——关于文字的缺点和滥用，我们现在可以作一个结束。我们可以说，在我们同他人谈话时，语言的功用大体有三种。第一，是要把一个人的思想或观念传于另一个人。第二，是要极简易地，极迅速地达到这层目的。第三，是要把人们对于事物所发生的知识传达出去。在这三方面中任何一方面，语言如果失其作用，则它不是被人滥用了，就是它本身是有缺陷的。

第一点，各种文字如果发生了下述的三种情形，则它们便达不到第一种目的，便不能把一个人的观念传达于另一个人。（一）人口中所用的名称如果不表示他心中确定的观念，则这个目的不能达到。（二）人们在把语言中的普通名词应用于各种观念上时，那些观念如果并不曾表示于那种语言中的那些名词，则这个目的不能达到。（三）人们如果在应用各种文字时，来回变化，一时用它们表示这个观念，一时又用它们表示另一观念，则这个目的亦是不能达到的。

24　第二，在于迅速地表示——第二，人们如果只有复杂的观念，而无清晰的名称来表示它们，则他们便不能用简便方法迅速表示它们。这种缺点有时是在语言本身的，有时是在人方面的。语言方面所以有这种缺点，只是因为它本身没有能表示这个意义的声音。人方面所以有这种缺点，乃是因为他只想把自己的观念表示给人，却没有懂得那个观念的名称。

25　第三，在于用语言来传达人们对于事物所有的知识——人们的观念如果不符合于实际的事物，则他们的文字便不能传达出关于事物的知识。知识方面这种缺点是导源于我们的观念中的，因为我们的观念有时会因为我们缺乏注意、研究和专一，致与事物的真相不符。但是这种缺点亦可以扩及于文字方面，如果我们用文字所表示的实在事物，竟然没有实在性或存在的。

26　人类的文字怎样在这些方面达不到目的——第一，一个人如果只用某种语言中的文字，而在心中却无他用这些文字所指的清晰的观念，则他在谈话中用起这些文字来，只是空口喧哗，并无丝毫意义。他在表面上，用起生硬的文字，和学术上的名词来时，虽然亦很像有学问的样子，可是他并不能因此在知识方面稍有进步；这个正如一个人只知道各种书名，而不知道其内容，不能在学问方面有所进步似的。因为我们纵然按照适当的文法结构，或调和流畅的音节，把各种文字应用于谈话中，可是那些文字仍不过只是一些声音，并无别的意义。

27　第二，一个人如果只有复杂的观念，而无相当的名称与之相符，则他的情形正如一个书商，只在货栈中存着未订就、未题笺的一些书籍似的。像这样一个书贾，要想把这些书籍表示于人，他只得把这些散乱的纸张指示给人，把总数传达给人。这个人既然因为缺乏文字之故，不能在谈话中表示出他的复杂观念来，因此，他就不得不一一列举那个观念所包含的各简单观念，以求把那个观念表示出来；因此，他就不得不用二十个字，来表示他人用一个字所表示出的东西。

28　第三，一个人所用的标记，如果并不永远常表示着同一的观念，他所用的文字如果此时表示一种意义，彼时又表示另一种意义，则他在经院中和谈论中，一定不能成为一个公平的人，就如一个人在市上交易时，以同一名称来表示所卖的几种货物似的。

29　第四，一个人用各种文字所表示的观念，如果异于同国中人用同一文字所表示的那些观念，则他的理解虽然富有真理和光明，可是他如果不先把他的名词定义出来，则他便不会用自己的文字把自己的知识传递给人。因为各种声音纵然是人们所熟知的，纵然是易于进入惯听它们的那些人耳中的，可是它们所表示的各种观念，如果不是它们通常所表示的那些观念，如果不是它们通常在人心中刺激起的那些观念，则人们虽用起它们来，它们亦不能把人的思想表示出来。

30 第五，一个人如果只是空想一些“不存在的”实体，而且他的脑中所充满的观念，如果并不与事物的实在本质相契合，那么他纵然给这些观念以确定而有界说的名称，纵然在自己的谈话中或别人的脑筋中，充满了一些自己所造作的虚狂的想象，可是他在实在的，真实的知识方面，并不能有丝毫进步。

31 总而言之，一个人如果只有名称而无观念，则他的文字是缺乏意义的，他所说的亦只是一些空洞的声音。一个人如果只有复杂的观念，而无名称来表示它们，则他在表示时便不能自如，不能迅速，而且他必须要采用迂回说法。一个人如果只是粗疏，分歧地应用各种文字，则他或不能为人所注意，或不能为人所了解。一个人用各种名称所表示的各种观念如果与常用的文字不一样，则他的语言便失了常度，而且他所说的，亦只有妄语。一个人所有的实体观念如果与事物的实相不相符，则他在自己的理解中，便缺乏了真正知识的材料，所有的只是一些幻想。

32 在实体方面，人的文字怎样会丧失它的功用——在一切实体观念中，我们容易陷于上述的五种缺点。（一）就如一个人如果只是用达蛮杜拉 tarantula（蜘蛛之一种）这个词，而却不知道它所表示的观念，则他所发的声音虽然正确，可是他并不因此能表示出任何意义来。(二)又如一个人来到一个新发现的国土,见了自己从来所未见的种种动植物,则他对它们虽然有正确的观念,一如其对马或鹿一样,可是他如果不学会土人所用的名称,或自己不给它们以相当的名称,则他在提说它们时,离了详细的叙述,便无别法。(三)又如一个人有时用物体一词表示纯粹的广袤,有时又用它表示广袤和凝性的集合体,则他的谈话便不能不是错误的。(四)又如一个人如果用马这个字来称呼平常所谓骡,则他的谈话是不适当的,并不会得人了解。(五)又如一个人用马面一名表示着一种实在的事物,则他只有自欺,只有把文字当做事物。

33　在情状和关系方面,人的文字怎样会失掉它的功用——在情状和关系方面,我们只容易陷于前四种缺陷。就是说(一)我的记忆中虽然有情状的名称,如"感激"和"仁慈"之类,可是我的思想中或者没有精确的观念和那些名称相符。(二)我虽然有各种观念,可是我们会不知道标志它们的那些名称,就如我虽然观念到一个人喝酒喝得色变,性改,舌颤,眼红,而足软,可是我亦许不知道那叫做醉。(三)我虽然有善恶的观念和名称,可是亦许会误用了它们;就如我用节俭一名所表示的观念,或者正是别人所谓"贪婪"亦不一定。(四)我亦许在用那些名称时,屡次变更了意义。(五)不过在情状和关系方面,我所有的观念一定不能不符合于事物的真相。因为所谓情状既是人心任意所形成的复杂观念,而且所谓关系亦只是我们比较两种事物时的一种途径,亦只是我们自己所形成的一种观念,因此,这些观念便难以同任何存在的事物不相符合。因为它们在人心中并不模拟自然有规则地所构成的那些事物,而且它们亦不是由任何实体的内在组织或本质所必然流放出的一些性质。它们只是存在于人心中的一些模型，而且表示它们的那些名称，亦只是按照它们存在的样子，来标记各种行动和关系。在这方面，我们所有的错误，只在用错误的名称来称谓我们的概念。因此，我们所用的文字，如果与别人所用的意义有别，则我们便不易被人了解，而且我所给它们的名称如果是错误的，则人们亦会以为我有了错误的观念。但是在我的混杂情状的观念中或关系观念中，我如果置入一些不能符合的观念，则我的脑筋中，亦只有一些幻想。因为这一类的观念(在一考察之后，就可以看到)，既不能存在于人心中，更不能指示一些实在的事物。

34 第七点，绮语亦是一种语言的滥用法——在世界上，机智和想象，要比干燥的真理和实在的知识，易于动人听闻，因此，人们很不容易承认绮语和典古是语言中的缺点或滥用。我亦承认，在各种谈话中，我们如果只想追求快乐和高兴，而不追求知识和进步，则由这些绮语而成的装饰品，亦并算不了什么错误。但是我们如果就事论事，则我们必须承认，修辞学的一切技术(秩序和明晰除外)，和演说术中所发明的一切技巧的迂回的文字用法，都只能暗示错误的观念，都只能够动人的感情，都只能够迷惑人的判断，因此，它们完全是一套欺骗。因此，在雄辩中，和演说中，这些把戏虽是可奖赞的，可是我们的议论如果在指导人，教益人，则我们应完全免除了这些。因为在真理和知识方面，这些把戏委实可以说是语言本身的缺点，或应用这些语言的人的过错。在这里，我们并不必多事说明这些把戏之重花叠样，人们如果想得详细知道这一层，则世界上层出不穷的修辞学者很可以来指导他们。不过我不得不说，人类对于真理的保存和知识的促进，实在太不关心，太不注意了，因为他们生就了撒谎的本领，而且还正爱这种撒谎的本领。我们分明看到，人们是既爱骗人而又爱被骗的，因为所谓修辞学，虽是错误和欺骗的一种最大的工具，可是它竟然有专研究它的教授们，并且公然被人传授，而且常能得到很大的名誉。因此，我这样反对它，人们纵然不以为我是野蛮的，亦一定会以为我是太大胆的。辩才就如美女似的，它的势力太惑人了，你是很不容易攻击它的。人们如果真觉得被骗是一种快乐，则那种骗人的艺术是不易受人责难的。

第十一章　前述各种缺点和滥用的改正方法

1　各种改正方法是值得追求的——上边我们详细探究过语言有什么自然的缺点和后加的缺点。语言既是维系社会的大纽带，而且知识之由个人传至个人，由一代传至一代，亦以语言为共同的渠道，因此，我们应该用沉重的思想，来考察我们对于上述这些缺点，有什么改正方法。

2　这是不容易做到的——任何人只要敢于自夸说，他可以完全改良世界的语言，甚或仅止于其本国的语言，则人们一定会非笑他，因此，我并不敢想有人能如此自夸。要使人应用起文字来恒常具有同一的意义，恒常只表示确定而一律的观念，那就无异于想使人们都具有同一的意念，而且想使他们所说的都只是他们所明白地，清晰地观念到的。但是这一层是难望的，因为谁能妄自尊大，以为自己可以使世人或有了充分的知识，或保守绝对的沉默呢？我想，一个人如果以为流利的口才只同正确的理解为伴，或以为人的谈话的或多或少，是与他们的知识成比例的，那他就太不懂人事了。

3 可是这些改正方法是哲学中所必需的——不过我们虽然得让市场中人和交易中人自由谈话，虽然不能使街谈巷语失掉其古来的权威，而且我们如果贡献一些东西，使经院中或好辩者的争辩，力量减低，数目减少，他们亦许会认我们是错误的，可是我想：人们如果愿意认真探求真理，维护真理，则他们应该研究，自己在表示思想时，怎样才能免于混淆，含糊，或歧义，因为人们稍不注意，则他们的文字是会陷于这些缺点的。

4 文字的误用乃是最大错误的原因——人如果知道了，由于文字的误用，世上竟然会发生了种种错误和纷乱，混淆和误解，则他便会怀疑，一向所用的语言，还是促进了人类的知识，还是阻滞了人类的知识。许多人们在应当思考各种事物的时候，只把自己的思想着重在文字上，而在他们究心于道德的事体时，则更是这样的，各种声音所表示的观念，如果是很纷乱，很不定，甚至于就根本不存在，则人们正不必惊异，他们这些思维和推论的结果，为什么会只关于空洞的声音，为什么会终结于暧昧的误解，而无明白的判断或知识？

5 固执——人们在私下思维时，错用了文字，固然有一种不利；不过在同人谈话和辩论时，由此所发生的纷乱，则更为明显。因为人们在互相传递其发明，推论和知识时，既然把语言作为很大的渠道，因此，人们如果错用了语言，则他们虽然不至在事物本身方面把知识的源泉污损了，他们亦定会把那些水道停塞了，使知识不能分配出去，供全人类的利用。一个人既然用字，可是同时又无明白而固定的意义，那么他不是只能使自己和他人陷于错误中么？而且一个人如果是故意这样做的，则我们正可以把他看做是真理和知识的仇敌。不过人人都可以看到，一切科学和知识的各部分，都充满了含混而双关的名称，含糊而无意义的词语，而且那些名称和词语，又都足以使最用心、最明眼的人不能稍在知识和正教方面，有所进益。因为即在那些自命为传布真理或辩护真理的人们，他们亦都认玄妙是一种德性，而玄妙呢，又只能使人们自诩其无知，固执其错误，因为所谓玄妙，大部分即在于依据幻想，错乱地应用含混而骗人的名词。

6　口角——我们如果一披阅任何种辩论的书籍，我们就会看到，我们若应用含混、双关而不定的名词，则结果只有在声音方面，来回喧哗争论，而并不能稍为助进人的理解。因为说者和听者既然不能同意于文字所表示的观念，则他们的辩论，不能在于事物本身，而只能在于它们的名称。因此，他们如果不知道他们所用文字的意义，则他们的理解中便无共同契合的对象，而只有空洞的声音。因为他们虽用相同的文字来表示各种事物，可是他们所思想的事物是各不相同的。

7　以蝙蝠和鸟为例——一个蝙蝠究竟是否是一只鸟，这不是一个问题，因为我们正不能荒谬地怀疑，一个蝙蝠是否于其自相以外另是一种东西，是否于其所有的性质以外，别有其他性质。这个问题只有在两种人间才能成立。一种人承认自己对于这些名称所表示的事物之一或全体，只有不完全的观念，因此，他们在鸟或蝙蝠的性质方面，要想有实在的探求，要想使他们的不完全观念较为完全起来，则他们必须考察，鸟这个名称所含的一切简单的概念，是否亦可以在蝙蝠中找到。不过这个问题，只是在探求者一方面的，不是在争辩者一方面的，因为探求者既不肯定，亦不否定，他们只是来考察的。至于另一种人，则系两造的争辩者，他们一造承认蝙蝠是鸟，一造否认它是。因此，他们的问题，就只在于这两个字（或一个）的意义。他们对于这两个名称，既然没有相同的复杂观念，因此，他们有的主张这两个名词可以互相肯定，有的便不如此主张。他们如果能同意这两个名称的意义，则他们便不会争论这两个名称。因为他们可以立刻明白地看到，在较概括的鸟一名称中所包的一切简单的观念，是否可以在蝙蝠这个复杂观念中找到，因此，他们并不能怀疑，它是否是鸟。在这里，我希望人们精细地考察考察，世界上大部分的争辩是不是都是口头的，是不是都是只关系于文字的意义的。他们还可以考察考察，争论中所用的各种名词如果有了界说，而且它们的意义亦确乎限于它们所表示的那些简单观念的集合体（它们如果想表示一些事物，则它们的意义必须确定），则那些争论是不是立刻要自行消灭。至于争辩的学问究竟是什么样的，而且那些专爱摆弄字音的人们（这些人们毕生精力都消耗在争论中），究竟于己于人有无利益，那我就让别人来考察好了。不过我可以说，争辩的人们中间倘或有一人真能摆脱了一切名词的歧义和昧义（人人在自己所用的文字方面都可以如此），则我可以说他是为真理、知识同和平而战的战士，并不是虚荣，野心，或党派的奴隶。

8 要想在某种程度以内来改正上述的语言缺点，要防止由此所生的种种不利，则我想我们可以遵守下述的一些规则。自然，别的较我有力的人，如果觉得在这题目上值得更进一步的思索，并且用自己的思想嘉惠世人，则我这些规则或者是可以废弃的。

第一改正方法：不要用无观念的文字——第一点，人应当留心不要乱用无意义的文字，和无观念的名称。人们只要留心一观察，他们就会看到，这个规则不是全无用处的。因为他们稍一留心，就会记忆起，在同别人谈话时，所谓本能，同情，反感等名词是常被人乱用的，而且他们正容易由此断言，应用这些名词的人们，在自己心中并没有与之相应的观念，他们所说的只是一些声音，而且那些声音只是常在相似的情况下，来代替所谓理由。不过我们并不是说，这一类文字原来就没有固有的意义，我们只是说，任何文字和任何观念之间，既然没有自然的联系，因此，人们纵然在心中没有观念来表示于文字中，而他们亦会根据习惯来学会，来读诵，来书写这一类的文字。不过人们只要想自己同自己作有意义的谈话，则他们必须用一定的文字来表示一定的观念才行。

9　第二点，在情状方面，各种文字要有清晰的观念——第二点，人们如只是用文字来标记观念还不够；他们用文字所表示的那些观念，如果是简单的，则它们还应该是明白的，如果是复杂的，则它们还应该是有定的；这就是说，他们的心中必须有简单观念的精确集合体，而且我们的声音还必须标记那种精确有定的集合体，而不标记别的。在情状的名称方面，这种情形是在所必需的，尤以在道德的文字方面为然；因为道德的文字在自然中既然没有有定的对象，则它们的观念，便非由自然中发源的，因此，它们就会很纷乱起来。就如正义一词，虽是人人口中所常说的，可是它的意义常是很无定，很松散的。要想避免这种情形，则人心中必须清晰地了解那个复杂观念中所含的一切成分；而且那个观念如果是由一再混合而成的，则人还当来分析它，一直等找寻到最初的简单观念。若不达到这种程度，则人们所用的文字都是错误的；不论这个名词是"正义"，或其他的文字。我并不是说，人在每一次用"正义"一词时，都应当永远记着，要详细地做这分析。我所说的乃是，人必须把那个名称的意义详加考察，必须在心中对那个名称的各部分有了确定的观念，使自己在任何时候，都可以来从事分析。一个人如果以为所谓正义的复杂观念，就是要按照法律来处理他人或他人的货物，可是同时他对于那个正义的复杂观念中所含的法律那个部分，又无明白清晰的观念，那么他的正义观念，一定会成了纷乱的，不完全的，要想达到这种精确的程度，那自然是一种麻烦的事体，因此，人们觉得，自己心中纵然没有精确地把混杂情状的复杂观念确立起来，那亦是可原谅的。不过我仍然得说，人们如果不能做到这一步，则他们的心中一定会发生了很大的含混和纷乱，而且在同人谈话时，一定会发生了许多的口角。

10 在实体方面，各种文字必须与外物相契——在实体方面，我们如果想正确地利用各种名称，则只有有定的观念还不够。在这方面，各种名称必须与实在的事物相契合。不过关于这一层，我将逐渐详细讨论。在探求哲学的知识时，在谈论真理时，这种精确性是绝对必需的。在普通谈话中和日常事物中，如果亦能有这种精确性，那自然是很好的，不过我想这一层是难以办到的。通俗的观念正适合于通俗的谈话；这两种虽然都纷乱已极，可是在交易中和教区的宴会中，它们亦很够用。商人们，爱人们，厨役们，和成衣匠，都各有各的文字，来进行日常的事情，因此，我想，哲学家和辩论家如果要想被人明白地了解自己，他们亦应该有自己的文字才是。

11　第三点，它们要有常度——第三点，人们单单有了观念，单单有了确定的观念，用文字把它们表示出来，那还不够；他们还必须尽力把自己的文字应用在平常人用这些文字所表示的那些观念上。因为各种文字（尤其是已经确立的语言中那些文字），既然不是私人的所有，而是交易和沟通的公共尺度，因此，任何人都不能任意来改易通行的印鉴，改变文字所表示的那些观念；而且即在不得已要改变时，至少他亦得使人注意到这一层。在说话时，人们的意思至少要让人了解才是；可是人们如果不常依从公共的用法，则他们必须时时来解释，来发问，来中断，那是多么不方便的。我们的思想必须依据于语言的常度，然后才能迅速地，明了地进入于他人心中；因此，我们应当费一些心思来研究语言的常度，而在道德的名称方面，尤其应当如此。要想学会各个名词的固有意义和用法，我们必须有所取则才是。人们如果在自己的著述中，谈话中具有极明白的意念，而且依据极精确的选择和适度，用各种名词来表示它们，则他们正可以成为我们的模范。我们如果能依据语言的常度，来应用我们的文字，则我们纵然仍不幸地不被人所了解，可是这种责任往往归在对方，因为我们既按照常度来运用语言，则他该了解我们，他既不能，那就证明他是不懂他所说的语言了。

12　第四点，必须把它们的意义指点出来——第四点，不过通用的语言并不永远明显地把确定的意义附加在各种文字上，使人们经常确知它们所表示的是什么；而且人们在促进自己的知识时，因为所得的观念异于普通传统的观念，因此，他们或造一些新字（这是人们所不常冒险做的，因为恐怕被人诬为矫揉造作或鹜奇立异),或者仍用旧字,而附以新的意义。因为这两种缘故,人们即在遵守前述各种规则以后,有时为分辨其文字的意义起见,亦不得不常声明其含义是什么样的。因为,有时候,习惯会使文字的意义松散而不定(类如在复杂观念的名称方面),有时候,谈论中最关重要的名词是易陷于含糊或错误的。

13 要指示文字的意义,有三条途径——人的文字所表示的各种观念既然种类不同,因此,我们要在某种情形下来指明它们所表示的观念是什么样的,则我们亦应当采取不同的途径。因为人们虽然以为要表示文字的固有意义,应当以下定义为最适当的方法,可是有些文字却是不能定义的,这个亦正如有些文字的精确意义,不用定义是不能知道的一样。此外还有第三种文字,是一部分可下定义,一部分不可下定义的;这在简单的观念、情状和实体等名称方面,就可以看出来。

14 第一,在简单观念方面,我们可用同义字或实物来指明——第一,人在应用简单观念的名称时,如果知道自己不曾被人所了解,或有被人误解的危险,则他为坦白起见,为达到语言的目的起见,应该指明他的意思,应该宣示他那个名称所表示的是什么观念。不过这是不能用定义来指明的(如前所说),因此,我们如果不能用同一个文字来指示出我们的意义来,则我们只能用下述两种方法。(一)人们如果知道那个简单观念所寓托的实体,而且知道它的名称,则我们如果向他们提出那个实体后,他们亦可以知道那个简单观念的名称。因此,我们如果想使乡下人明白什么是所谓"败叶"feuille-morte色,我们就可以告他说,那种颜色正仿佛深秋萎叶飘零时的颜色。(二)不过要想使人知道,一个简单观念的名称，究竟有什么意义，则最妥当的方法是把那种实体呈示于他的感官前，给他心中产生出那个观念来，使他真正了解那个文字所表示的观念。

15　第二，在混杂情状方面，要用定义来指明文字的意义——第二，混杂情状，尤其是道德学方面的混杂情状，大部分既然只是人心自由所组合的观念的集合体，而且它们在外面并没有实在的模型，因此，我们并不能实地指示出它们的名称有什么意义，如在简单观念的名称方面那样。不过为防止这层缺点起见，我们却能给它们以完全的，精确的定义。因为它们既是人心任意所形成的一些简单观念的组合体，并不与任何原型相参照，因此，人们正可以精确地知道组成它们的各种观念，正可以用确定无疑的意义来应用这些文字，正可以在必要时，完全声明它们所表示的是什么。因此，在道德学方面，人们的谈话如果不是很明白，很清晰的，则他们正该因此受到很大的惩责。因为混杂情状既然不是自然所形成的，而只是人所造作的，因此，它们的名称的精确含义——就是物种的实在本质——一定是可以为人所知道的，因此，我们在谈论起道德的事物来时，如果仍免不了不定和含混，那只是很大的疏忽和执拗。不过在谈论自然的实体时，这种情形是较为可以原谅的，因为在那里，含糊的名词正因为相反的理由，不易避免。这一层，我们以后逐渐就可以看到。

16　道德是可以解证出的——根据这种理由，我可以说，道德学和数学一样，亦是可解证的。因为道德学的文字所表示的事物的实在本质，是可以完全知道的，而且各种事物之相符或不相符，亦是确乎可以发现出的——这正是完全的知识所依据的。人们或者会反驳说，在道德学中，我们不止应用情状的名称，而且亦应用实体的名称，因此，在这方面，亦会发生起混淆来。不过这种反驳是不合理的。因为在道德的谈论中，我们并不十分注意实体的各种属性，如人们所假设的那样。就如我们说，"人是受法律制裁的"，则我们所谓人，只是说他是一个有形体，有理性的动物。至于那个动物的实在本质或别的性质，在这里，我们并不思考它们。因此，在自然学者方面，他们虽然可以争辩，在物理的意义下，一个儿童或一个易子，是否是人，可是这个问题并与道德学上所谓人不相干，因为道德学上所谓人，是一个永不变的观念，是一个有理性，有形体的东西。因为纵然是一个猴或其他动物，只要他能应用理性来了解概括的标记，并且由此在概括的观念方面推演出结论来，则他就得受法律的支配，而且他纵然同别的人的形相不同，可是他在这种意味下，亦不能不说是一个人。实体的名称，如果应用得当，则它们并不能把道德学的推论扰乱了，亦正如它们不能把数学的推论扰乱了一样。因为在数学方面，人如果说一个金的立方，或球，或其他物体时，他一定有一个明白而确定的观念，而且那个观念是不变的，只是我们会因为错误，把它应用到不适当的特殊观念上罢了。

17 定义可以使道德学的推论明白起来——我所以提到这一层，乃是要指示出，在混杂情状的名称方面，并且在一切道德学的谈论方面，人们在必要时，如果把各种文字定义出来，那是很关重要的。因为道德学的知识正可以借定义达到极明白，极确定的程度。我们如果做不到这一层，则正表示我们很不聪明（且不用再往坏处说），因为要想使人知道道德学文字的精确意义，唯一的方法只有定义，而且我们由此所得的知识，是毫无争辩余地的。因此，人们在道德学方面的推论，如果比在自然哲学方面的推论，不特别明白，则他们的疏忽、执拗是不可原谅的。因为他们所讨论的乃是心中的观念，而且那些观念又都不是虚伪的，不成比例的，因为它们并不以外界的事物为原型，来参照，来契合。人们如果想在自己心中形成一个观念，并且以此观念为正义一名的标准，把与此相契的一切行动都归在这个名称下，那并不是难事。而在另一方面，则他们如果在看到了亚理士弟德（Aristides）（纪元前五世纪时希腊一个将军）以后，要想形成一个观念，并且使那个观念在一切方面，都和他确乎相似，那是不容易的，因为各人对亚氏的观念可以任意形成，而亚氏本人则是不改其自相的。在前一方面，他们只须知道自己心中所集合的那些观念的组合体就是。至于在后一方面，则他们必须考察他们以外存在的那种事物的全部本质，深奥隐秘的组织，以及各种性质。

18　定义是唯一的方法——定义在混杂情状方面，尤其在道德学的文字方面，所以成为必需的，还有另一种理由（这是我以前提说过的），就是，大部分道德学的文字的意义只有借助于定义，才能确乎为人所知晓。因为它们所表示的各种观念，其组织的成分大部分都是散乱错杂，并不在一块联系着，而且只有人心才能把它们集合起来，才能用一个观念把它们联系起来。因此，只有借助于文字，只有把人心所集合的那些简单观念列举出来，我们才能使人知道，它们的名称所表示的是什么。在这种情形下，各个感官并不能把各种可感的对象提示出来，帮助我们，并且指示于我们说，这一类的名称究竟表示着什么观念。至于在可感的简单观念方面，和实体方面(有几分),则各个感官往往可帮助我们来了解它们的名称。

19 第三,在实体方面,要借助于实地观察和定义——第三,各种实体的名称所表示的乃是我们对于各个物种所形成的观念,因此,我们如果想解释这些名称的意义,则在许多情形下,上述的指示和定义两种方法都是必需的。因为在各个物种中,平常都有一些主要的性质,而且我们假设那个物种的复杂观念中所含的其他性质,是依附于这种主要性质的,因此,我们便毫不含糊地,认具有那种特征标记的事物,就应该得到那个物种的名称,并且用那个标记作为那个物种的最明显的观念。这些主要的或特征的观念,在动植物方面,多半在于形相(如我在第六章,二十九节和第九章,十五节所说),在无生物方面,多半在于颜色,在别的方面,多半在于两者。

20 我们最好借观察实物来获得有关各实体的主要性质的观念——这些主要的“可感的”性质,是物种观念中的主要成分,因此,在物种名称的定义中,它们往往成了最明显、最不变的部分(此处所谓物种的名称就是表示我们所知道的各种实体的)。因为“人”这个音,虽然可以表示具有动物性和“理性”的一个实体,虽然可以表示那个复杂的观念,一如其表示别的组合体一样,可是我们既用它来标记我们人类,因此,外部的形相,亦应该加入人字所表示的那个复杂的观念中,正如我们在那个观念中所见的别的性质一样。因此,我们正不易指示出,柏拉图所谓“无羽,两足而宽指(趾)甲的动物”,为什么不是人这个名称(表示着一种动物)的很好定义;因为决定人种的,似乎在于他的形相,而不在于他的推理能力,因为形相正是他的主要的性质，而推理能力，在初生时是没有的，在有的人还是永久没有的。如果不是这样，则一个人因为怪胎的形相特别，把他杀死时，一定免不了谋害罪；因为说到有理性的灵魂，人们是不能知道它的，因为在落生以后，婴儿的形相不论是美丽的，残缺的，我们都不能知道他们有无灵魂。而且谁能说，有理性的灵魂所住的宅舍，一定要有那种外墙，而且它所维系，所指导的身体，非有那样一种外面的结构不可呢？

21　这些主要的性质，只有借助实地的观察才能为人所知晓，其他方法是不易应用的。因为要想用文字把一个马或食火鸡的形相印在心中，结果是很粗略的，很不完全的，可是你如果亲眼看见那些动物，则你的印象会千倍地明显起来。要想认识黄金的特殊颜色，我们不能单凭借于任何形容词，只能常常用眼来观察它。就如惯熟于这种金属的人们，常常能分别真、伪、纯、杂，而别的不惯熟的人们，则不能察觉这种差异，因为他们虽有同样的眼，可是他们对那个特殊的颜色，并没有精确细微的观念。至于各种实体所特具的别的简单观念，则亦可以有同样的说法。人们对这类精确的观念，往往没有特殊的名称。金所特有震音，虽然同别的物体的声音有别，可是它并没有特殊的名称，正如这种金属的特殊黄色没有特殊的名称似的。

22　它们的能力观念最好用定义表现出来——不过表示物种的实体观念中所含的许多简单观念，既是一些能力，又因为那些能力在普通所见的事物中，并不能显然地刺激我们的感官，因此，要想知道名称的意义，或实体的意义，最好是把那些简单的观念列举出来，而不当只把那个实体指示出来。因为一个人如果于其视觉所得的金的黄色而外,又根据我的列数得到可展性,可溶性,固定性,在王水中的可溶性等等观念,则他所得的黄金观念,应该更为完全,反之,他如果只看那个金属,并且因此只把那些可感的性质印在心中,则他的黄金观念便没有那样完全。但是这个光明、沉重而可展的事物的形式组织 formal constitation,如果是我们的感官所可察知的,一如三角形的形式组织(或本质)那样,则黄金这个词的意义,应该亦同三角形的意义一样易于分辨。

23 我们可以在这里反省一下各种神灵的知识——由此我们可以看到,我们在有形事物方面所有的知识,都是在感官方面建立其基础的。因为各种神灵离了身体,虽然亦知道各种事物,而且他们对这些事物所有的知识和观念亦比我们的较为完全,可是他们究竟如何能够这样,那是我们所完全意念不到,观念不到的。我们的知识全部或想象全部,并不能超乎我们的观念之外,而我们的观念又是限于自己的知觉方面的。我们虽然知道,比降生于世上的神灵较高一层的那些神灵,对于实体的根本组织,有很明白的观念,正如我们对三角形的根本组织所有的观念一样,而且他们还能看到,实体的一切性质和动作都是怎样由此流出的,可是我们究竟不知道,他们怎样能得到那种知识。

24 实体的观念必须与事物相契合——实体的名称如果只是表示着我们的观念,则我们可以用定义来解释它们,可是它们如果表示着事物本身,则虽有定义,亦不能免除很大的缺陷。因为实体的名称,并不只表示我们的观念,它们终究要表示实在的事物,因此,它们的意义不但要同人的观念相合,而且要同实在的事物相契。因此,在各种实体方面,我们并不常以为一个名词的意义,就尽于通常的那个复杂观念，我们往往要进一步来考察事物本身的特性和性质，并且因此尽力来改正我们的物种观念。若不如此，我们亦会从经验过那些性质的人们，来学知它们。因为它们的名称不但应该表示他人心中的复杂观念（这就是它们平常所表示的），而且应该表示事物本身的简单观念的集合体，因此，我们如果想给它们的名称以正确的定义，则我们必须研究自然史，并且用心来发现它们的性质。因为在自然的物体和实质的事物方面，我们谈论起来，辩论起来，如果想免除种种不方便，则我们不能只根据语言的常度，来学得一个名词所表示的纷乱而不完全的观念，不能只在应用各种事物时使它们同我们那个观念相契合，除此而外，我们还必须熟悉那种事物的历史，并且要改正，要确立各个物种的名称所表示的复杂观念；而且在同别人谈话时，他们如果误解了我们，则我们还必须指示出，我们那个名称所表示的复杂观念是什么样的。人们如果想追求知识和哲学上的真理，则他们必须如此做才是。因为人在儿童时，虽然对事物只有不完全的意念，可是他们既然先学会了各种文字，因此，他们往往不经思考，就乱用它们，而且往往不能形成确定的观念，用它们表示出来。这种习惯，一直等他们到成人时，仍然继续下去，因为这种习惯是很顺利的，而且在日常事务和谈话中，亦是可以应用的。因此，他们是从错误的一端着手的，他们是先完全学会了文字，然后才用它们来表示意念的。因此，我们就看到，人们虽然能按照本国的文字，来恰当地说本国语，可是他们说起事物本身时，是很不恰当的。因此，我们就看到，他们虽然常常互相辩论，可是他们并不能抛除了想象，专在事物本身方面，发现出什么有用的知识和真理来。因为要想在我们的知识方面，有所进步，事物的名称是无关重要的。

25 实体的观念并不易和事物相契合——因此，我们希望，人们如果精通了物理的研究，熟悉了自然的物体，则他们应该给我们把各个物种中一切个体所共具的那些简单观念记载出来。这样便可以摆脱了许多的纷乱；因为人们在考察一个名称所标记的一种事物中的各种性质时，熟悉的程度，和精确的程度，都有差异，因此，他们用同一名称所标记的集合体亦会含着或多或少的可感的性质。不过要把一个物种中的一切简单观念都记载下来，则这种字典就包含了全部自然史，而且需要许多人的手，许多的时间，许多的花费，许多的辛苦，许多的聪明，那就是几乎不可期望的了。因此，在未达到这种程度时候，我们在实体名称方面所下的定义，只要能解释了人们用它们时的意义就够了。在必要时，人们如果能供给我们以这类的定义，那已经算是好的。不过就这亦是不常有的。人们在辩论时，谈话时，所用的文字往往没有共同的意义，而他们所以如此，正是因为他们误以为普通文字的意义是确立了的，而且它们所表示的观念，是完全为人所知晓的。因此，他们以为要不知道这些，那乃是一种羞耻。这两种假设都是虚妄的，因为任何复杂观念的名称，都没有十分确定的意义，而且它们亦不能经常表示同一的精确的观念。因此，我们如果离了必需的解释途径，则我们对某件事物纵然不能得到确定的知识，那亦不是耻辱。一个人如果只用一个声音，而不由别的途径把它解释给我们，则我们虽然不知道那个声音在他心中所表示的精确观念，那亦并与我们无损，因为我们离了他这种解释，并没有别的方法，可以确知那个观念。自然，人们既是必然要用语言来传达其思想，因此，他们在某种范围内，可以同意公共文字的意义，使各种文字足可以供日常谈话之用；因此，我们并不能说，一个人在其所熟悉的文字中，会完全不知道常用的文字所表示的观念。不过公共用法只是一个不确定的规则，它最终会归结在各人的特殊观念上，因此，它只能成为一个变化无定的标准。不过上述的字典，虽然需很多的时间、财力和人力，因而不易在一时举办，可是我想，我正可以提议说，各种事物所以为人所知晓，所分辨，如果只是凭着它们的外形，则表示它们的那些文字，应当用小的草案和图样表示出来。这样编就的字典，应当能较容易地，较迅速地，把许多名词的真意义教给我们；尤其在远国远代的语言中，更是这样的，而且我们如果在古著作家的著作中，读到了各种事物的名称，则这种字典亦可以在我们心中把它们的观念确定了，而且所确定的观念比有学问的批评家所不惮其烦地解释的观念，还要更为真实。研究动植物的自然学者，很知道这种利益；而且人们如果有机会来考察他们的书籍，则他会承认，他凭图样所知的罂粟或山羊，比凭这些名称的很长定义所知的，要较为明白。因此，我们的字典如不以"马栉"和"铙钹"来翻译 strigil 和 sistrum 两字，而只在其边沿上附着这两种器皿的小图，一如其古时所用的那样，则人看起来，一定会有较明白的观念。又如 Toga，timica，pallium 三字，虽很容易翻译成长衣，上衣，外衣，可是我们并不能由此观念到罗马人那些服装样式，正如我们不能观念到制它们的那些成衣匠的面孔似的。人类的眼睛分辨这类事物时，既然凭着它们的形相，因此，我们如果想把它们印在心中，最好借助于图样，因为这类图样，比任何形容词，比任何定义，都容易确定那些文字的意义。不过这一层，我们以后可以慢慢提到。

26 第五点，文字的意义要前后一律——人们纵然不肯费辛苦来声明自己所用文字的意义，纵然不肯给它们的名词下固有的定义，可是至少我们有一件事希望他们可以做到。就是，一个人如果想指导别人，劝谕别人，则他在一切谈话中，所常用的文字，应该常有同一的意义。他们如果能做到这一层(如果做不到，那就太糊涂了)，则现存的许多书籍可以省掉，许多的辩论可以结束；而且现在那些臃肿的大书，凡富于含糊，双关的文字者，亦都可以缩减到很小的程度；而且许多哲学家和诗人的作品，亦可以容纳在一个小坚果壳中。

27 什么时候该当说明意义的变化——不过人类的思想是无限的，文字的供给是很稀少的，因此，人们并没有充分多的名词来表达他们的精确的意念，因此，他们虽极其谨慎，有时亦为势所逼，不得不在数种意义下来应用同一的文字。在继续谈话时，在滔滔辩论时，人们在每一度变化其名词的意义以后，虽然没有许多闲暇尽管来重下定义，可是人们如果不是蓄意错误，则谈话中所表现的意义亦大部分可以使坦白而聪明的读者，来领略真正的意义。不过读者如果不能因此领会真正的意义，则作者应该解释他的意义，并且指明他在那里用那个名词时，究竟是指的什么。

第四卷

第一章　知识通论

1　我们的知识有关于我们的观念——人心在一切思想中、推论中，除了自己的观念而外，既然没有别的直接的对象，可以供它来思维，因此，我们可以断言，我们的知识只有关于观念。

2　所谓知识，就是人心对两个观念的契合或矛盾所生的一种知觉——因此，在我看来，所谓知识不是别的，只是人心对任何观念间的联络和契合，或矛盾和相违而生的一种知觉。知识只成立于这种知觉。一有这种知觉，就有知识，没有这种知觉，则我们只可以想象、猜度或信仰，而却不能得到什么知识。我们所以知道，白不是黑，不是因为我们知觉到这两个观念不相契合么？我们所以确乎不疑地相信“三角形三内角之和等于两直角”的这个解证，不是因为我们知觉到，三角形的三角必然等于两直角而不能有所变化么？

3　这种契合可以分为四层——要进一步来了解这种契合或不契合是由何成立的，则我们可以把它归为四种。（一）同一性或差异性，（二）关系，（三）共存或必然的联系，（四）实在的存在。

4 第一,论同一性或差异性——第一,我们可以先论究第一类契合或相违——就是所谓同一性和差异性。人心在发生任何意见或观念时,它的第一步动作,就在知觉它的各个观念,并且在所知觉的范围内,来认识各个观念的自相,和其差异性——就是说这一个不是那一个。这种作用是在所必需的,离了它,则根本无所谓知识、推论、想象和清晰的思想。借着这种作用,人心就明白无误地知觉到各个观念都与自身相符,都各有其自相,同时又可以知觉到,各个清晰的观念是互不相符的,就是说,这一个并不是那一个。它这种作用,并不用什么辛苦、劳力和演绎,它在初看之下,就可以凭其自然的知觉能力和分辨能力,发生这种作用。学者们虽然把这一层归纳成一些概括的规则,说,凡存在者存在,而且同一事物不能同时存在,而又不存在,可是这些规则,在我们需要反省时,虽然可以随时应用于一切情节,但是这种能力起初一定是运用在特殊的观念上边的。一个人心中一有了"白"、"圆"等观念,他立刻就会无误地知道,这些观念就是这些观念,而不是"红"、"方"等别的观念,他在以前不知道那个概括规则的时候,就已经知道得这一层十分明白,十分确定,因此,世界上任何公理,任何命题亦不能使他知道得更为明白,更为确定。这是人心在其观念之间所发现的第一种契合或相违,而且这种契合是它一看之下就知道的。在这方面,我们如果有任何怀疑,那永远只发生于名称方面,而不发生于观念本身方面,因为人心中只要一发生了各种观念,则它们的同一性和差异性便立刻被人心所明白地知觉到,这种情形是不能变更的。

5 第二点,论关系——第二点,人心在其任何观念间所发现的第二种契合或相违,我想可以叫做关系 relative,这种契合就是人心对任何两个观念——不论它是实体地、情状地或别的——间的关系所发生的一种知觉。一切个别的观念既然永久被人认为是同一的，而且它们是普遍地、恒常地互相排斥的，因此，人心如不能在各种途径下来比较各个观念使我们知觉到它们的关系，并且发现其契合或相违，则我们便根本得不到任何肯定的知识。

6　第三点，论共存——第三点，人心在各种观念间所知觉到的第三种契合或相违，就是所谓在同一实体中的共存性或不共存性。这一种契合是特殊属于实体方面的。就如我们说，"黄金是固定的"，则我们关于这个真理的知识只是固定性（就是在火中不能销蚀的能力）这个观念，是和黄金的复杂观念中所含的特殊的黄色、重量、可熔性、可展性、王水中的可溶性，常相连合的。

7　第四点，论实在的存在——第四点，至于最后第四种契合，就是指现实的实在的存在和观念间的契合而言。在这四种契合或相违中，我想就包括了我们所能有的一切知识。因为我们在任何观念方面所考察的，所认识的，所断言的，只不过是说，（一）它就是它自身，不是别的；（二）它与别的观念永远共存于同一实体中，或不在其中共存；（三）它与别的观念有此种关系或彼种关系；（四）它们在心外另有一种实在的存在。就如说，"蓝不是白"就是论同一性的，又如说，"两条平行线间等底的各三角形是相等的"，就是论关系的。又如说，"铁可以受磁力的影响"，就是论共存的。又如说，"上帝是存在的"，就是论实在存在的。同一和共存虽然亦是关系，不过它们是我们观念的一种特殊的契合（或相违）方法，因此，它们应该另立一项，不应该归在一般的关系之下。因为人们只要一反省我在这部论文中所说过的几处，他们就容易看到，这两者和关系并不一样，它们是肯定和否定的完全不同的根据。现在我将进而考察我们知识的各种程度，不过在预先，我们还当先来考察知识一词的各种意义。

8 知识可以分为实在的和习惯的两种——人心获得真理的途径，共有几条，其中每条都可以叫做知识。

第一，就是所谓现实的知识 actual knowledge，就是人心对于各个观念彼此间的契合和关系而起的当下的认知作用。

第二，就是所谓习惯的知识。一个命题如果曾经有一次呈现于一个人的思想中，而且他又分明看到其中各个观念的契合与相违；则他在以后，可以把那个命题贮在记忆中，因此，他在以后反省那个命题时，就可以毫无疑惑地接受了正确的一面，并且确乎相信它所含的真理。储存于记忆中的这种命题亦可以说是为人所认知的，这种知识可以叫做习惯的知识 habitual knowledge 一个人如果因为先前有过明白而活跃的知觉，使他在记忆中，把各种真理储蓄起来，则他的心在以后任何时候反省那些真理时，一定会确乎相信不疑，因此，储于记忆中的这种真理亦可以说是为他所知道的。因为我们这有限的理解，既然在一时只能明白地，清晰地思考一件事，因此，人们如果除了现实所思维的以外，便再一无所知，那就太无知了，而且世上最有知识的人，亦只能认识一个真理了，因为他在一时所能思维的，根本只是限于那个真理。

9 习惯的知识可以分为两层——习惯的知识按通俗的说法讲来，可以分为两等。

第一，记忆中的真理分为两种。一等真理在任何时候出现于人心时，人心总可以确实认知那些观念间的关系。我们凭直觉所知的那些真理全部都属于这一类，在这里，各种观念都可以凭直观来发现出它们的契合或相违来。

第二，另一等真理，在被人心一度信仰以后，人心**只记得自己的确信却不能记得其证明**就如一个人如果切实记得他曾经有一次瞥见了“三角形三角等于两直角”的这个解证的真实，则他会相信自己确乎认识那个解证，因为他分明不能怀疑那个解证的真实。自然，一个人如果只固执一个真理，同时可又忘却原来说明这个真理的解证，则我们可以说他只是信仰他的记忆，并非有真正的知识，因而这种信仰真理的方式，在我原来亦认为是介乎意见和知识之间的（不过这种信念，却超乎空空的信仰之外，因为信仰是根据于他人的证据的）。不过在适当思考之后，我却见到，它仍然不缺乏完全的确定性，而且实际上，仍然是真正的知识。在这方面，我们初看之下，所以易于发生错误，只是因为我们在这里认知这些观念的契合或相违时，并不与原来认知这个命题中各观念的契合或相违时一样，因为在这里，我们的认识并不是由于纪念公理会到原来那些媒介观念，乃是由于另一些中介观念，而那些观念是以另一条途径，指示我们所确记为真实的那个命题中各个观念的契合或相违的。就例如在“三角形的三角等于两直角”的这个命题中，一个人如果曾经分明了悟这个真理的解证，则他现在心中虽然忘了那种解证，而且以后或者会再记忆不起来，可是他仍然知道这个命题是真实的，不过他现在之认知它是真实的，却与以前认知它时，完全由于另一条途径。他仍然分明看到在那个命题中结合着的两个观念的契合，不过他现在所凭的媒介观念，和以前产生这个认识的那些媒介观念，却大有别。他记得，亦就是他知道（因为记忆就是过去知识的复现），他曾经有一次确信过“三角形三内角等于两直角”的这个命题的真实在同一而不变的各种事物间，同一的关系仍是不变的，因此，这个“不变”的观念现在就向他指示出三角形三内角如果曾有一次等于两直角，则它们将来亦会永远等于两个直角。他既然确知，在这方面，任何真理只要以前有一次是真的，将来亦永远会是真的；而且以前有一次互相契合过的观念，将来亦永久是互相契合的；因此，他有一次所认知为真实的事物他将永久认知它是真实的——只要他记得自己有一次认知它。在数学中，特殊的解证所以能供给概括的知识，就是由于这种理由。知识所以有充分的根据，如果不是因为我们认知到同一的观念永远有同一的关系，则人们在数学中便永远不认知所谓概括的命题。因为任何数学的解证就是特殊的，而且一个人在解证了一个关于环或三角形的任何一个命题以后，他的知识亦不会超出那个特殊的图解以外。如果他想把自己的知识再推进一步，则他在另一个例证中，还得重新来解证，否则他便不知道，那个命题在那个三角形方面，亦是真的；如是一直可以继续下去。这样，就没有人能以认知任何概括的命题。我想，人人都会承认，牛顿先生在读他自己的书时，他虽然不能现实看到原来发明他的真正命题时所凭借的那一系列可羡的中介观念，可是他一定知道，那些命题是真实的。能保留这样一系列殊事的记忆，不是人类能力所可及的，尤其是因为他是发明、认知和建立各种观念的奇异联系，已经可以说是超出许多读者的理解能力。不过作者本人仍然分明知道那个命题是真正的，因为他记得他有一次看到那些观念的联系；在这里，他之确知这个命题之为真实，正如他记得某甲刺了某乙，因而知道某甲伤了某乙似的。不过记忆既然永不如现实的知觉那样明白，而且在一切方面人总会跟着时间渐渐消灭，因此，这种差异就指明，解证的知识远不及直觉的知识（它们自然还有别的差异）那样完全。这一层我们在下一章中就可以看到。

第二章　知识的各种等级

1　直觉的——我们已经说过，我们的一切知识都成立于人心对其观念所有的观察，而且就我们的能力说来，就我们的认识途径说来，我们所能得到的光明，亦就以此为极限，所能得到的确定性，亦就以此为最大。现在我们不妨进而稍一考察知识的明白性的各种等级。在我看来，我们的知识所以有或高或低的明白等级，就在于人心是在不同的途径下，来知觉它的各个观念的契合或相违。因为我们如果一反省自己的思维方式，就可以发现人心有时不借别的观念为媒介的就能直接看到它的两个观念间的契合或相违这种知识，我想可以叫做直觉的知识。因为在这方面，人心并不用费力来证明，来考察，就能瞥见真理，正如眼只要朝向光明，就能瞥见光明似的。就如，人心认知，白非黑，圆非三角形，三比二多，并等于一加二。这一类真理，人心在一把那些观念联系起来，加以比较之后不借其他观念为媒，就能凭直觉立刻观察到。而且在人类弱点的范围以内讲，这种知识就可以说是最明白，最确定的。这一部分知识是不可反抗的，它就如同日光似的，人心只要把其视线转向它，它就会立刻强迫人来认知它，它不使人心有一毫踌躇，怀疑或考虑，它只使人心立刻充满了对于它的明白知觉。我们一切知识的确定性，明白性，就依靠于这种直觉；这种确定性，人人都知道它是大得不能再大的，因此，他不能想象再大的，亦就不需要再大的。因为一个人只知道，他心中的观念就是如他所知觉的那样，超过这个限度，他并不能想象自己还能达到更大的确定性；他只知道，在两个观念间，他如果看到一层差异，则那两个观念是差异的，而不是确乎同一的。一个人如果于这种确定性以外，想求一种更大的确定性，则他所求的自己亦不知是什么，而且他这样只表示他想当一个怀疑学者而又当不了。确定性是完全依靠于直觉的，因此，在次一级知识中，就是在所谓解证的知识中，一切中介观念只有凭直觉乃能有所联系。离了直觉，我们就不能达到知识和确定性。

2 解证的知识——在次一级知识方面，人心亦可以瞥见他的各观念的契合或相违不过它这里的作用并不是直接的。什么地方，人心能瞥见其观念间的契合或相违，什么地方就有确定的知识。虽然如此，可是人心并不能永远瞥见它的观念间的契合或相违——纵然这是可发现出的；在这种情形下，人心便终于无知，它顶多亦只能达到一种可能的推想。人心所以不能永远立刻看到两个观念间的契合或相违，乃是因为我们所要考察其是否契合的那两个观念，不能被人心所组合，以来表示出它们的契合或相违来。在这种情形下，人心既不能借直接比较，或互相并列；把各个观念合拢来，以发现它们的契合或相违，因此，它就爱借别的观念（或一或多，随情形而定）为媒，来发现它所要追求的那种契合或相违。这就是我们所谓推理 reasoning。就如人心虽想知道三角形三内角，和两直角的大小是否相契，可是它并不能借直接的观察和比较来认知这一层，因为三角形的三内角不能同时合叠起来，和任何一个角或两个形互相比较。因此，在这方面，人心便没有直接的、直觉的知识。在这种情形下，人心爱找寻一些与那个三角形的三角相等的其他角子；它既然发现，那些别的角子同两直角相等，因此，它就知道，三角形的三角等于两直角。

3　此种知识依据于证明——凡指示两个观念间的契合关系的那些中介观念，就叫做证明；我们如果能用这个方法使人明白地，显然地，看到契合或相违，这就叫做解证，在这里，理解便由此方法明了这种契合或相违，人心亦就由此方法看到它是契合的或相违的。人心如果很敏捷，可以找出这些中介观念（它们可以发现出别的观念间的契合或相违来），并且能正确地应用它们，我想那就可以叫做机敏 sagacity。

4　不过这种知识不如前边那样容易——我们借中介证明所得到的这种知识虽然确实无疑，可是它的征验并不很明白了，我们的同意亦不很直接迅速，如在直觉的知识方面那样。因为在解证方面，人心最后虽然亦能认知它所考察的那些观念是否契合，可是它所达到这种程度，不能不费一番辛苦和注意，因为它不能只凭一次瞬息的观察发现出这种契合来。要把这种契合关系发现出来，必须勤勉不懈，努力研求才行。人心必须先经过多少步骤，多少等级，才能由此途径达到确定性，才能看到两个观念间的契合或矛盾——如果这两个观念需要证明和理性的运用才能指示出其关系。

5　证明之先不免疑惑——在直觉的知识和解证的知识之间，还有另一种差异，就是，在解证的知识方面，我们如果依据中介的观念看到契合关系或相违关系以后，虽然亦可以把一切疑惑完全消除了，可是在直觉的知识方面，则人心只要尚有几分分辨各个观念的知觉能力，则它总不至发生丝毫疑惑，这个亦正同能清晰分辨黑白的眼睛，不会质疑墨水和纸是否是同一颜色似的。眼官只要仍有目力，则它在一看之下，就会毫无疑惑地，知觉到纸上所写的字同纸的颜色是不一样的；同样，人心只要有清晰的知觉能力，它在直觉的知识方面，就可以看到各种观念的契合或不相违。眼如果失了视力，心如果失了认知能力，则我们便无从研究眼的视力是否敏捷，亦无从研究心的认知是否明白。

6 这种知识亦不如前一种知识那样明白——自然，由解证而生的认识亦是很明白的；不过这种认识远没有我所谓直觉知识方面所有的那种辉煌光亮和充分确信。就如一个人的面孔在几个镜中来回反射以后，只要影子仍与原物保留一点相似性和契合关系，它就能产生一种认识；不过在每一度反射以后，原来那种完全的明白程度和清晰程度总要减低几分，一直到经了许多次推移以后，它便大为含糊不清，而且一看之下，几乎辨认不出来——在目力微弱的人尤其如此。由一长串证明而得的知识，亦正是如此的。

7 每一步中必然含着直觉的明白性——在解证的知识方面，理性每进一步，必然伴有一种直觉的知识；我们每走一步，必须凭直觉认识此一个观念与下一个中介观念(它可以用作证明)间的契合或相违。如果我们不知道这一层契合，则我们仍然需要别的证明；因为我们如果认识不到这种契合或相违，则我们便不能发生任何知识。如果它能自己知觉到自己，那就成了直觉的知识，如果它不能知道自己，则必须用一个中介观念，作为共同的尺度，以指示它们的契合或相违。由此，我们就可以看到，在能产生知识的推论中，每一步都带有一种直觉的确实性；人心一明白这种确实性，只把它记下，就可以使我们所考察的观念间的契合或相违明显起来，确定起来，因此，我们要想解证任何事理，必须先看到中介观念间的直接契合，因为我们依据这种契合才能发现我们所考察的那两个观念（一个常是最先的，一个常是最后的）的契合或相违。解证每进一步，人心必须精确地保留这种直觉的知识，必须经常看到各个中间观念的契合或相违，而且人们必须确保不曾遗失了任何部分。不过在冗长的演绎中，因为所用的证明太多，所以人的记性不易永远把这种知觉迅速地、精确地保留起来，因此，我们就常见，解证的知识不及直觉的知识那样完全，而且人们往往把谬论当做解证。

8　因此人们就误认推论是由预觉 Proecognitio 和预想 Proeconcesus来的——在科学的或解证的推论中，每一步既都必然需要这种直觉的知识，因此，人们就形成一个错误的公理说：一切推理都是由预觉和预想来的。不过这个公理是很错误的，这一层我在以后考察各种命题（尤其是那些所谓公理的各种命题）时，将加以详细的考察。在那里，我将指示出，人们之预觉和预想是一切知识和推论的基础乃是由于一种错误。

9　解证不限于数量方面——一般人们都承认只有数学才能有解证的确定性。不过在我看来，不但在数目、广袤和形相等观念方面，我们可以凭直觉认知它们的契合或相违这种知识并不是它们方面的特权。人们所以认为解证在其他知识部分无大关系，而只有数学家才敢希冀达到解证的程度，那或者是因为我们缺乏适当的试验方法，而不是因为事物本身不太明显的缘故。因为人心在我们的各个观念之间，只要能观察到它们的直接契合或相违，人心就能有直觉的知识；它只要能凭直觉知道两个观念与别的中介观念的契合或相违，它就可以认知那两个观念的契合或相违；它只要能借中介观念知道两个观念的契合或相违，它就可以实行解证。因此，解证就不限于广袤、形相、数目及其情状等等观念。

10 人们为什么这样想——人们所以一般只在这些观念方面来追求所谓解证，并认为只有这些观念方面才有解证，我想那并非单单由于那些科学有普遍的功用；这种原因我想是这样的：就是，在比较它们的相等或多寡时，数目情状方面所有的微细差异，都是可以明白看到的，至于在"形相"方面，则每一种微细的差异，虽然不能都为人所觉察，可是人心已经找出种种方法，凭着解证来考察并发现两个角，两段广袤，或两个形相的相等性。因此，数目和形相两者都可以表示于明显而永久的标记中，在这里，我们所考察的观念都是完全确定的（反之，我们如果只用各种名称和文字来标记各种观念，则它们大部分是不确定的）。

11 不过在别的简单的观念方面，它们的情状和差异，如果不是以数量来计算，而是以等级来计算，则我们便不能精细而确当地分别它们的差异，以至于能察知它们的精确相等和些小差异，亦不能找到方法，来计算这些。因为那些别的简单观念既然都是被不可觉察的（在其单独存在时微小分子的）大小、形相、数目和运动所产生的现象或感觉，所以它们的各种等级亦都依靠于这种原因的（全部或一部）变化。不过在任何物质团中，这些原因都是微细而不可觉察的，因此，我们对于这些简单观念的各种差异的程度，便不能有精确的尺度。假定所谓"白"的那种感觉或观念，是由一定数量的微粒所产生的，而且那些小粒又因为有一种旋转能力，在打动网膜时，一面自己旋转，一面又往前进；则我们很容易断言，任何物体的表层的组织，如果能反射较多的光子，并且给它们以产生白色所必需的那种旋转，则那个物体将会显得较白一点，因为它可以在同一空间中，向网膜放出具有那种特殊运动的较多数的光子来。我并不是说，光的本性所以成立，就在于很小的圆粒子，白的本性所以成立，就在于物质部分的组织反射光时，使它们有特殊的旋转，因为我现在并不是从物理方面来论究光和颜色。不过我可以说我真不能设想（我真愿意有人告我说，他能如此设想），外界物体如果不与可以感到的各种物体自身直接接触，它们怎样能打动我们的感官。因为我知道，物体所只能打动我们的感官，不出两条途径，一则借助于可感物体的直接接触，如触觉和味觉就是，一则借助于由它们发出的不可觉察的各部分的推动力，如视觉、听觉和嗅觉便是。因为各种感觉所以产生，就是因为物体各部分的不同的大小、形相和运动，能产生出不同的推动力来。

12　它们是否是微粒，亦无关系，它们所以能使我们发生白的观念，是否是因为它们都依着自己中心旋转，那亦没有关系。无论如何，我们可以断言，物体的组织如果能给光子以特殊的运动，使它们给我们产生出所谓白的感觉来，则它所反射的光子愈多，而且那种特殊的运动愈速，则那个物体亦会显得愈白一些；因为它已经反射回较多的光子来。我们如果把一张纸，置于日光下，又置于阴暗处，又置于黑洞中，就可以看出这种情形。在这每一种情形下，它所产生的白的观念都是各不相同的。

13　不过我们既然不知道光子有多少数目，何种运动，就可以产生某程度的白的观念，因此，我们就不能解证两种白的程度是否确乎相等。因为我们没有确定的标准，可以衡量它们，亦没有适当的方法可以分别极微细的实在差异。我们所能有的唯一互助，就是我们的感官，而感官在这一方面，又是靠不住的。不过这种差异如果很大，如果能在人心中，产生出明白而清晰的观念来，而且这些观念的各种差异又可以完全保留在心中，则这些颜色的观念，如蓝与红等等不同的颜色，亦可以解证出，一如数目和广袤似的。我想，我在这里关于白和其他颜色所说的话，在一切次等性质和其情状方面，亦都可以适用。

14 我们对于特殊存在所有的感性的知识——知识的等级就分为直觉和解证两种；任何思想如果缺乏了这两种中任何一种，则我们不论怎样确信它，它总不是知识，只是信仰或意见，至少在一切概括的真理方面，我们是可以这样说的。不过人心在运用于外界特殊的有限存在时，它确有另一种认知。这种认知虽然超过了仅仅的或然性，可是它还不能完全达到前述的两种确定程度。不过我们仍以知识一名来称谓它。我们分明知道，我们由外物所得来的观念乃是在我们心中的；这乃是一种直觉的知识。不过有人可以问，事实上除了我们心中这种单纯的观念以外，是否还有别的东西？而且我们是否可以由此确然断言，外界有任何东西与那个观念相应？因为人心中虽然有那些观念，可是外界亦许没有那种东西存在，亦许没有那种物象来刺激我们的感官。不过我想，我们这里有充分的证据，可以解除我们的疑惑。因为我可以问任何人，他在白天看日时，同夜里思想日时，是否确实有不同的知觉？他在实在尝艾草，嗅玫瑰时，是否和他仅仅存想那种滋味或香气时，有截然不同的知觉？我们分明发现，由记忆所复现于心中的观念，同由感官现实进入人心的观念，委实有一种差异，而且它们的差异正如两个个别的观念似的。有人如果说，“在梦中我们亦有同样的情形，而且这些观念都可以离了外物产生于我们心中”，则他可以权当梦见我向他作此回答：(一)如果一切都是梦境，如果推论和辩论都无功用，真理和知识都毕竟空虚，则我是否能祛除他的疑虑，那都无大关系。(二)我相信，他会承认，梦见在火中，同实地在火中，委实有一种明显的差别。但是他如果决心要当一个怀疑家，以至主张说，我所谓“实地在火中”亦只是一个梦，而且我们并不能由此确知有所谓火其物者确乎在我们以外存在；则我仍可以答复说，我们可以凭感官知觉到(或者梦想我们知觉到)一些物象的存在，而且我们同这些物象接触时，我们确乎感觉到有苦有乐。这种确定性是和我们的幸福或痛苦一样大的，超过这种限度，则我们有知无知都无大关系。因此，我们在前两种知识以外，还可以另加一种关于特殊外物的存在的知识，因为我们凭知觉和意识知道确有各种观念由外界那些特殊事物而来。因此，我们可以承认知识有三种等级，就是直觉的，辩证的，感觉的三种。在这三种的每一种中，明白性和确实性都有各别的程度和途径。

15　各个观念虽是明白的，而知识却不是永远明白的——我们的知识既然只建立在，运用在我们的观念上，那么我们就可以说，它同我们的观念相契合，而且我们的观念如果是明白的，清晰的、含糊的或纷乱的，则我们的知识亦必然会这样么？我可以答复说，不是的。因为我们的知识既成立于我们对两个观念间契合或相违所有的知觉，因此，知识的明白或含糊，只看这种知觉是明白或含糊而定，而不看各个观念本身是明白或含糊而定。就如一个人虽然可以同世界上任何数学家一样，明白地观念到三角形三角和两直角的等量，可是他亦许对于这两层间的契合只有一个极含糊的知觉，因此，他对这种契合便只能有一种极含糊的知识。但是各个观念如果因其本身含糊，致陷于纷乱的地步，则它们便不能产生出如何明白或清晰的观念，因为观念如果一纷乱，则人心便不能明白地看到它们是否互相契合。我们还可以用比较不易误解的另一种说法来叙述这层理由：就是说，一个人如果不能对其所应用的文字有了确定的观念，则他对于自己应用那些文字所形成的命题，也不能确知其真理。

第三章　人类知识的范围

1　“知识”，如前所说，既然成立于任何观念间的契合或相违，由此，就可以推断说：

第一点，知识不能超过我们的观念——第一，我们所有的知识，不能超过我们所有的观念而外。

2　第二，我们的知识不能超过我们所认知的观念的契合或相违而外——第二，我们的知识不能超过我们对那种契合或相违所有的认知以外。这种认知，有时（一）是借直觉，或借直接比较我们的两个观念得出来的；有时（二）是由推论，即借其他观念为媒，来考察两个观念的契合或相违而得来的；有时（三）是由感觉，即借认知特殊事物的存在得来的；因此，我们可以说：

3　第三点，直觉认识不能遍行于一切观念的一切关系——第三，我们所有的直觉的知识，并不能遍行于我们一切的观念，并不能遍行于我们在观念方面所应当认知的一切。因为我们并不能借平排并列或直接比较，来考察，来发现它们互相所有的一切关系。就如在两条平行线间，在两个相等的面上所画的两个三角形，一个是钝角的，一个是锐角的，则我虽可以凭着直觉的知识知觉到此一个不是彼一个；可是我们不能由此知道它们是否是相等的，因为它们在相等性方面的契合或相违，我们永不能借它们的直接比较来发现出。它们的形相既异，因此，它们的各部分便不能精确地直接比较；因此，我们就需要一些中介的性质以来衡量它们，而这就是所谓解证，或所谓理性的知识。

4　第四点，解证的知识亦不能遍行——第四，由上边所说的看来，就可以推断说，理性的认识亦一样不能遍行于一切观念的全部范围。因为在我们所考察的两个差别的观念之间，我们在演绎的一切部分中，并不能常常找到适当的媒介，凭直觉的知识把它们加以联合了什么地方我们不能做到这一步什么地方我们就没有解证的知识。

5　第五点，感觉的知识比前两种都狭窄——第五，感觉的知识由于不能超过我们感官当下所感到的事物的存在，因此，它比前两者都大为狭窄。

6　第六点，因此，我们的知识比我们的观念较为窄狭——由前所说种种，我们分明看到，我们知识的范围不但达不到一切实际的事物，而且甚至亦达不到我们观念的范围。我们的知识限于我们的观念，而且在范围和完美方面，都不能超过我们的观念；这些观念在一切存在方面可以说是加了一层很窄狭的限制，而且我想，其他有限的理解(如天使的理解——译者)如果比我们的感官有较多较锐的知觉方法，如果它(别种理解)所接受的知识不如人类这样脆弱而狭窄，则那种理解所有的观念一定可以远过于我们所有的。虽则如此，可是我们的知识如果亦同我们的观念有一样大的范围，而且关于我们所有的各个观念，我们如果亦没有终生不能解决的那样多的疑难和问题，则我们的情形亦比较好得多了。这一层纵然做不到，可是我仍然相信，人们如果不肯用其精力心思，以来文饰掩护自己的错误，以来维持自己无端归心的系统、利益和党派，如果他们只用自己的心思精力，以来推进发明真理的方法；则在人类现在的能力和身体的范围内，我们的知识亦会比一向大为进步。不过就是这样，我总相信(这种信仰并与人类的尊严无损)，我们的知识总不能遍行于我们在所有观念方面所应知的一切；而且在任何观念方面所发生的全部困难亦非人智所能克服的，所发生的全部问题亦非人智所能解决的。我们虽然有方形、环形、相等性三个观念，可是我们或者永不能找到与一个方形相等的一个环形，而且或者永不会知道它们是相等的。我们虽然有“物质”和“思想”两个观念，可是我们恐怕永不能知道，纯粹“物质的东西”是否也在思想。离了上天默示，则我们不能只凭思维自己的观念来发现，“全能者”是否给了某一些组织适当的物质以一种知觉和思想的能力，是否在那样组织的物质上，赋予以一种能思想的，非物质的实体。因为在我们的意念范围内，我们不但容易存想，上帝可以凭其意旨在赋予物质上以有思想能力的另一种实体，而且可以存想，他可以任意在物质本身赋予一种思想能力。因为我们不知道，思想是由何成立的，亦不知道上帝愿意在何种实体上，赋予那种能力(这种能力只凭造物者的慈悲和乐意，才能存在于有限的生物中)。因为我虽然证明(第 4 卷，10 章)，要假设物质(物质就其本性而论是没有感觉和思想的)就是永久的原始的“思维实体”那乃是一种矛盾，可是我们如果说，那个原始的永久的“思维实体”，或全能的神灵可以任意造一套无知觉的物质，并且给它以某程度的感觉、知觉和思想，那并不是一种矛盾。一个人怎样能够确实知道某些知觉，例如快乐和痛苦，不能存在于某种方式下被变化，被运动的物体本身，一如它们在身体的某些部分运动起来时存在于一个非物质的实体中呢？所谓物体，在我们所能想象的范围以内讲，只能打击和影响别的物体，所谓运动，就我们所能观念到的最大范围以内讲，不能产生别的，只能产生运动，因此，我们如果承认运动能产生苦或乐，或颜色或声音的观念，那我们就不得不背弃理性，超出于观念之外，而完全把这一回事归之于造物主的善意了。在身体的各部分发生了运动以后，“非物质的实体”既然能发生了苦乐的知觉，那么我们能够确知，各种物体在发生了某种变化和运动以后，那些物体自身一定不发生苦乐的知觉么？因为我们既然承认，上帝在运动上附加了运动本不能产生的一些结果，那么我们有什么理由可以断言，他不能使物质的实体发生这些结果，一如精神的实体一样？因为我们固然不能存想物质有这些结果，可是我们亦一样不能存想物质的运动如何能在精神上发生影响。我所以如此说，并不是要使人减低对于灵魂的非物质性的信仰。我此处所说的，并不是或然性，乃是知识。因此，我想，在我们缺乏证据因而不能产生知识时，哲学家应当谦抑从事，不要随便专断；而且我们如果能看清楚:我们的知识可以达到什么程度,那亦是很有用的。因为现世既然不是所谓神观 vision 境地,因此,在许多事物方面,我们应当安于信仰同或然性;因此,在关于灵魂的非物质性的这个问题方面,我们的才能如果不能达到解证的确度,那亦并不足为奇。不过我们纵然不能在哲学方面证明灵魂的非物质性,而道德和宗教的一切伟大宗旨仍不能丝毫有所动摇。因为显然,造物者不但使我们起初显现为有感情、有知觉的生物,不但使我们在若干年中继续此种状况,而且在另一个(无形的)世界中,他亦仍会使我们复返于相似的知觉状态,并且使我们能以接受他为我们在世时的行为所准备的那种果报。因此,我们正不必学一般人非把这个问题加以或是或否的决定不可。他们有的过于热忱地拥护灵魂非物质说。有的过分热忱地为对灵魂非物质说,所以都急于大声疾呼使世人相信其说。他们一面使自己的思想完全沉浸于物质中,不能承认非物质的东西有其存在;而在另一方面,则他们在绞尽脑汁一再考察以后,又看到物质的自然能力全不能认识,因此,他们又自信地断言,“全能者”不会把知觉和思想赋予有凝性有变化的一个实体。不过一个人如果一思考,在“我们的思想”中,感觉怎样难与有广袤的物质调和,无广袤的东西又如何难与“存在”调和,则他会承认自己实在不能确知他的灵魂是什么样的。这一点,在我看来,似乎不是我们的知识所能达到的;而且一个人如果能自由思考,并且仔细观察各种假设的黑暗纠缠的部分,则他便难以认为自己的理性能以使他确乎相信或排斥灵魂的物质说。因为不论他来观察那一面,不论他认灵魂是一个无广袤的实体,或一个有思想有广袤的物质,而在他的心中单思想到此一面时,所遇到的困难总不免驱迫他想到另一面。因此,人们往往因为一种假设不易想象,便鲁莽地相信相反的一个假设,实则在无偏见的理解看来,那另一个假设亦是一样不可理解的。因此,他们这种做法,实在不能算是公平的。我们由此不仅看到,我们的知识是脆弱而贫乏的,而且我们看到,这类论证纵然胜了,亦是无意义的;因为这类论证,只是依据于我们的观点的,我们由此只能知道自己在问题的一造得不到确实性,可是我们如果因此就接受相反的意见,那亦一样完全达不到真理,因为相反的意见,在一考察之后,亦是有相等的困难的。一个人为了避免此一种意见中所有的貌似的荒谬,和不可逾越的障碍起见,自然可以托庇于另一种意见,不过那另一种意见的基础如果亦是不可解释,不可了解的,那么他可以得到什么保障,什么利益呢?我们身中自然有一种能思维的东西存在,这是不容争论的。我们虽然不知道它是什么,而且还必须安于不知,可是我们既然能对此发生怀疑,这就确证了它的存在;而且我们如果怀疑这一层,那亦是徒然的;这个亦正如在许多情形下,只因为我们不知道某种事物的本质,就确然反对它的存在,是一样无理的。因为我可以请问,世界上存在着的任何实体,那一种没有含着一种使人理解迷惑的东西呢?——说到别的神灵们,则他们既能窥见并知道事物的本质和内在组织,则他们的知识比我们的知识当然超过了无数倍。至于别的理解更广大的神灵们,则他们在一看之下,可以看到许多观念的联系和契合,并且给它们以各种中介的证明,因此,他们的理解既敏锐而又深刻,知识的范围亦更为广大。在这里我们正可以想象到高级天使的一部分幸福,因为他们一瞥之下所见的这些联合和证明,我们虽然旁搜冥索,锲而不舍,亦未必能找到,而且在找寻到新的以前，几乎是把旧的忘掉。——不过我们可话归本题。我可以说，我们的知识不但因为我们的观念稀少而不完全，大受了限制，而且即在这个范围内，它亦不能遍行。不过它究竟能达到什么程度，我们现在就可以开始研究。

7 我们的知识究竟能达到多远——前边已经概括地暗示过，我们在各个观念方面所作的肯定或否定，可以归为四类，就是同一、共存、关系和实在的存在四种。我将要逐步研究，在每一种中，我们的知识可以达到多远。

8 第一点，我们对同一性和差异性所有的知识，同我们所有的观念有一样大的范围——第一点，说到由我们观念的这种契合或相违途径所得到同一性和差异性，则我们的(一)直觉知识和(二)观念本身是有同等范围的。人心中一发生任何一个观念，它都可以凭直觉的知识，立刻知觉到它自己是什么样子，而且可以知觉到，它和别的任何观念都是不一样的。

9 第二点，说到共存，则其范围是很狭的——说到我们的第二种知识——就是在共存方面的观念的契合或相违——则我们的知识在这方面是十分缺陷的。不过在实体方面，我们所有的最重要最广博的知识部分，却在于共存方面的知识。因为如我已经指示出的，我们对于实体种类所有观念，不是别的，只是在一个实体中所集合的各个观念的集合体(就是所谓共存)。就如我们的火焰观念就是又热，又亮，又向上运动的一个物体；又如黄金的观念就是沉重、色黄、可展、可溶的一个物体。火焰和黄金这两个实体的名称，就表示着人心中这些复杂的观念。我们如果在这一类实体方面想有进一步的知识，则我们所考察的，不是别的，只是这一类实体是否还有别的性质或能力。这就是说，我们只是想知道，除了形成那个复杂观念的那些简单观念而外，是否还有别的简单观念与它们共存着。

10　因为我们不知道许多简单观念间有什么联系——这一种知识，虽然在人类科学中，形成了很重要的一部分，可是它的范围太小，而且几乎就不存在。因为形成复杂的实体观念的那些简单观念，依其本性说，大部分并和别的简单观念没有明显的必然的联合或矛盾，因此，我们虽欲考察两种观念的共存亦不可能。

11　在次等性质方面尤其是如此的——形成复杂的实体观念的那些观念——亦就是我们关于实体所有的知识所最研索的那些观念——就是那些次等性质的观念。不过这些性质，如前所说，都依据于微细而不可觉察的各部分中的原始性质（若不如此，则其所依据的更是非我们所能想象的），因此，我们就不可能知道，哪一些性质同另一些性质有必然的联系或矛盾。因为我们既不知道它们是由何种根源出发的，既不知道，形成复杂的黄金观念的那些观念是由各部分的什么形相、大小和组织来的，则我们便不能知道，有什么别的性质是由黄金中不可觉察的各部分的那个组织来的，或是与它不相契合的；结果我们亦不知道，它们是否和我们所有的复杂的黄金观念相契或相违。

12　因为在任何次等的和原始的性质之间，我们并不能发现出任何联系来——各种物体的次等性质所依据的原始性质，不是我们所能知道的，因为原始性质所寓托的物体的各部分是不能觉察的。不过除此以外，我们还有另一种更不可救药的无明，使我们更其不能确乎知道同一实体中的各部分是共存的或不共存的。因为在任何次等性质和有所依据的那些原始性质之间，并没有可以发现出的联系。

13 我们自然可以想象到，一个物体的大小、形相和运动，能使另一个物体的大小、形相和运动发生变化。此外，我们还可以想象，一个物体插入另一个物体时，可使另一个物体的各部分分离开，而且一个物体在冲击了另一个物体以后，亦可以使另一个物体由静而动起来；这类情形，在我们看来，似乎是彼此有联系的。我们如果知道各个物体的这些原始性质，则我们正有理由希望自己在它们这些互相影响的作用方面比此有多得多的知识。不过人心并不能在物体的这些原始性质，和它们给我们所产生的各种感觉间，发现出任何联系来，因此，我们纵然能发现出直接产生次等性质的那些不可觉察的各部分的大小、形相或运动来，我们亦不能对于任何次等性质的共存关系，建立一些确定而无疑的规则。我们既然完全不知道，各部分有什么形相、大小或运动，可以产生出一种黄色，一种甜味，或一个尖音来，因此，我们无论如何不能设想，任何分子的大小、形相或运动，如何会给我们产生出任何颜色，滋味或声音的"观念"来。因为在两者之间，根本没有可想象的联系。

14 因此，我们并不能努力凭各种观念来发现（这正是达到确定知识，普遍知识的唯一真正途径），有什么别的观念同我们的复杂的实体观念中所含的那些观念，是经常连合着的。因为它们的性质依据于微细部分的真正组织，而这种组织又不是我们所知道的。不但如此，我们纵然知道它们，我们亦不能在它们和任何次等性质之间，发现出任何必然的联系；我们如果不能知道这一层，我们就不能确乎知道它们的必然共存。因此，我们对于任何种类的实体所怀的复杂观念不论是什么样的，我们总难以根据这个观念中所含的各个简单观念确实决定，有任何别的性质是与它们必然共存的。在这些研究方面，我们的知识不能超出于我们的经验之外。自然，有少数原始性质，互相有一种必然的依属关系和明显的联系关系，就如形相必然要前设广袤为其条件，由推动力所发生的运动的传递必然要前设凝性为其条件。不过这些观念（或者还有别的）虽然有一种明显的联系，可是互有这种联系的观念毕竟为数太少，因此，我们无论凭直觉或凭解证，亦只能发现出联合在各种实体中的极少数性质的共存关系来。因此，我们要想知道各种实体中究竟含着什么性质，就只有求之于感官了。因为各种性质纵然共存于一个实体中，可是它们的观念如果没有这种依属关系和明显的联系，则我们除了借感官的经验而外，并不能确乎知道，有任何两种性质是共存于一个实体中的。因此，我们虽然看到黄色，而且在一试验以后又看到重量、可展性、可溶性、固定性等同联系在一片黄金中，不过这些观念彼此既然没有明显的依属和必然的联系，因此，我们并不能确知，这些观念中有四个存在时，第五个必然亦存在。这种推想固然是很可靠的，过最高的概然性亦不等于确定性；而没有确定性，亦就没有真正的知识。——因为这种共存关系离了知觉便不能为人所知；而知觉的途径又不外两种。就是在特殊的实体方面，我们要借助于感官的观察，在概括的方面，要借助于观念本身的必然联系。

15　不共存性范围较大——说到不共存性，则我们应当知道，任何一种实体在一时所有的各原始性质，只能限于一种，就是，各个部分的每种特殊的广袤、形相、数目和运动，一定要排斥其他一切的广袤、形相、数目和运动。关于各个感官所特有的一切可感的观念，我们亦可以有同样的说法。因为在任何实体中存在着的任何一个观念总要排斥一切同类的观念；这就是说，没有一个实体同时能有两种气味，或两种颜色。有人或者会反斥说，“蛋白石或薜荔木的溶液不是在同时有两种颜色么？”我可以答复说，各种眼的位置如果不同，则这些物体诚然可以在同时发出不同的各种颜色来。不过我仍然可以大胆地说，眼的位置如果不同，则反射光子的那些部分（物象的）亦就个别。因此，能同时呈现出青色和黄色的，并不是同一的部分，亦就不是同一的实体。因为任何物体的同一分子并不能在同时个别地来变化光线，反射光线，正如它不能同时有两种不同的形相和组织似的。

16 我们对于各种能力的共存只有很狭窄的知识——各种实体都有能力来改变其他物体的可感性质，这种能力正是我们在实体方面研究的主要对象，并形成知识的一个干枝，不过说到这些能力，则我真怀疑，我们的知识是否远远超越于经验以外，是否可以发现出大部分这些能力来，是否可以确知它们是在任何实体中的，因为我们根本不知道这些能力和形成实体的本质的那些观念是有必然联系的。因为各种物体的自动能力和被动能力，以及其动作的途径，既在于各部分的组织和运动，而这些组织和运动又是我们所万不能发现出的，因此，我们只能在极少数的情形下，来看到它们和复杂的实体观念中任何观念间的依属或矛盾。我这里所采取的是所谓微粒说 Corpuscularian hypothesis，而我所以采取它，只是因为人们都以为它最能明了地解释物体的各种性质。我恐怕，人类的脆弱理解不能再换另一个假设，使我们在各种物体中，更明白地发现出各种能力的必然联系和共存关系。至少我敢相信，不论哪一种假设是最明白的，最真实的（因为要决定这个，不是我的职务），而我们关于有形实体所有的知识，并不能因任何假设而稍有进步。要想在这方面有所进步，我们必须知道物体的某些性质和能力和别的一些性质和能力，有必然的联系或矛盾；不过就现在的哲学界的情状说来，我们在这方面所知道的，实在是微乎其微的。而且我真怀疑，凭我们这些能力，我们是否可以在这方面，使我们的概括知识（不提特殊的经验）有很大的进步。在这方面，我们只有经验可以依据。因此，我们愿望，我们的经验该再进步一点。我们已经看到，在自然知识方面，有些人已经利物为怀，费了心血，使知识的总量大为增益。因此，别的自命为博物学者的人们，尤其是凭火实验的那些哲学家，如果在他们的观察方面谨慎异常，在他们的报告方面，真实无妄，一如自命为哲学家的人们所应为那样，则我们对于周围物体的认识，对于它们的能力和动作的洞察，一定比现在大得多。

17 在神灵方面，这种知识更为狭窄——在物体的各种能力和动作方面，我们如果茫然不知所可，那我们就更容易断言，在神灵方面，我们更是黑漆一团的。因为我们对于神灵并无任何自然的观念，我们只是在可以观察到的范围内，借反省自己灵魂的动作，才能推想出神灵的观念来。不过居住我们身体的那些精神，比许多（或者是无数的）高贵的神灵等级就太低了，它们的才能和品德，比之于众天使及高于我们的那些无量数的神灵，亦就太差了。这一层，我在别处，已经略为暗示，提供读者的考察了。

18 第三点，说到别的关系，则我们不容易断言，我们的知识可以达到多远——第三种知识，就是我们的观念在任何别的关系方面的契合或相违，这一种知识既是人类知识的最大领域，因此，我们不容易决定，它可以达到多远。因为我们在这部分知识中所以有进步，既然只是因为我们有聪明的心思，可以发现出各种中介观念来，由此间接知道各种观念（并不考虑它们的共存关系）的关系；因此，我们很不容易断言，什么时候，我那一类发明到了尽处，什么时候，我们的理性已经得到可能的各种帮助，借以找寻出各种证明来，并且借以考察远隔的各个观念间的契合或相违。不懂代数的人，就不能想象，人在这方面所发现的惊奇成绩；而且我们亦不易决定，人类聪明的心思，在这方面，究竟还能找出什么有利于其他部分知识的发展和助力来。至少我相信，不但数量方面各种观念是可以被解证，被确知的，而且别的思维部分（这些部分或者是较有用的）亦一样可以供给我们以确实性——只要人生的各种罪恶，情欲和热中的贪心不来阻抑、胁迫这些企图。

道德学是可以解证出的——所谓无上的神灵是权力无限，善意无极，智慧无边的，我们是他的创造物，而且是依靠于他的。所谓人类，则是有理解，有理性的动物。这两个观念在我们既然是很明白的，因此，我想，我们如果能加以适当的考察和研索，则它们在行为的职责和规则方面，可以供给我们以适当的基础，以至使道德学列于解证科学之数。在这里，我相信，任何人只要能同样无偏颇地注意数学和这些别的科学，我们就可以根据自明的命题，必然的联系（就如数学中推论的一样不可反抗），给他证明出是非的尺度来。别的情状间的关系，亦同数目和广袤间的关系一样，都是可以确乎被人认知到的。我们如果能发现出适当方法来，借以考察并研索那些情状的契合或相违，则我便看不到，它们为什么不能被解证出来。所谓“无财产，就无非义”，这个命题和欧克里德 Euclid 的任何解证都是一样确定的。所谓财产的观念乃是指人对于某种事物的权利而言，所谓非义的观念乃是指侵犯或破坏那种权利而言。这些观念既然这样确立了，而且各有了各的名称，因此，显然我就可以确知这个命题是真实的，正如我确知“三角形三内角等于两直角”这个命题是真实的一样。又如说，“没有政府可以允许绝对的自由”，则我亦确知这个命题的真实正如我确知数学中任何命题的真实一样。因为政府这个观念，乃是指建立于规则和法律之上的一种社会而言，而这些规则是要强人来服从它们的，至于绝对自由这个观念，则是指人任意行事而言的。

19　人们所以认道德的观念不能解证，因为两层原因，一因它们太于复杂，一因它们缺乏可感的表象——在这方面，数量的观念所以得到上风，所以认为可被解证，可被确知，乃是因为：

第一，这些观念能用可感的标记记录下来，表象出来，而标记同观念的联络，又比任何文字（或声音）同观念的联络为大为近。纸上所画的图形，正是人心中观念的基本，因此，它们便没有各种文字所含的那些歧义。用线所画出的一个角子、圆形或方形，是人眼所能分明见到的，因此，我们便不能错认了它。它是不会变化的，我们可以随时来考察它，任意复检它的解证，一再审察它的部分，而且在这些过程中，并不怕观念自身有了任何变化。至于在道德的观念方面，则我们便不能如此；我们并没有与它们相似的可感的标记，借以把它们记录出来；我们只有文字可以表示它们；除此以外，再无别的；不过这些文字写出以后，虽然可以前后一律，可是它们所表示的观念，即在同一个人，亦会发生变化。至于在不同的各个人，则它们很少不是差异的。

第二，伦理学中还有更大的一层困难，就是道德的观念，比数学中寻常所考察的形相的观念，普通要较为复杂些。因为这种缘故，于是就发生了两种不利。第一，这些观念的名称，意义比较不易确定；它们所表示的简单观念的精确集合体，不容易为大家公认，因此，在交谈中，在思想中，表示它们的那种标记并不稳固地带有同一的观念。这样就容易发生了纷乱和错误；这种错误正如一个人在解证七角形时，在其图形中漏掉一个角子，或多加了一个角子，因而使他所画的图形已经不是那个名称所表示的那样，亦不是他在解证时原来所想象的那样。在很复杂的道德观念方面，这种情形是常常发现的，而且是不容易避免的，因为在这里，名称虽然仍是同一不变，可是复杂观念中所含的简单观念有时会加多，有时会减少。第二，由这些道德观念的复杂性，于是又发生了一种不利，就是，人心不容易完全地，精确地记忆那些恰好的集合体，使人在考察各观念的关系，契合或相违时，有所依据(在表示两个远隔观念的契合或相违时，我们的判断如果要凭借一长串演绎，和各种复杂观念的媒介，则人心更非有此种记忆不行)。

对于这层困难，数学家的图解和形相，实在是一种大而明显的一种帮助，因为这些图解和形相的轮廓是前者不变的。若非如此，则人心在一步一步考察它们各部分的关系时，它的记性便往往难把它们保留起来。在一长串加、乘或除的过程中，人心要逐步往前观察它自己的各个观念，并且要考察它们的契合与否，而且问题的解决只是全部计算的结果，而且全部中每个项目都是人心所明白知觉的。不过要想在心中记忆这许多观念，而且使计算中的各部分毫无纷乱，毫无遗失，并且要使一切推论不至无用，则我们必须把推论中的各个部分都用意义精确的标记表示出来，而且那些标记在不被人记忆时仍然经久不变被眼看见。若非如此，则数字或标记，并不能帮助人心来认知两个以上的观念的契合、相等和比例；照这样则人心只有凭直觉才可认知各个数目观念的这些关系了。不过数字的符号确乎能帮助记忆来记录和保留所要解证的各种观念，而且人们由此才知道，在考察各种殊事时，他的直觉的知识到了什么程度；因此，他最后就可以一丝不紊地由已知进于未知，最后，还会总括地看到他的一切认识和推论的结果（在道德学方面不是这样的。——译者）。

20　克服那些困难的方法——各种道德的观念，虽然因为这些缺点，致令人以为它们是不能解证的，可是我们如果用定义把各个简单观念的集合体确定了，并且始终如一地用一个名词来表示那个精确的集合体。则这些缺点大部分亦可以克服了。至于别的困难，则代数学或其他一类的科学，亦许能找出方法把它们克服了，不过这一层是不能预为断言的。至少我相信，人们在追求道德的真理时，如果亦在同追求数学的真理时一样，用着同一的方法，同一的客观态度，即他们将会看到那些真理比平常人所想象的有较强的联系较近于完全的解证，而且它们会根据明白而清晰的观念得出了更必然的结果。但是这种情形大部分是不可企及的，因为人们为追慕令名、富厚和权力之故，会使他们来接受时髦的意见，使他们找寻论证以求充实自己的美点，或文饰自己的丑陋。人心之爱真理，有过于眼睛之爱美丽，而且在理解看来，撒谎是最丑陋，最不可耐的。因为许多人虽然可以满意地在自己胸怀间拥有一个不甚美的妻子，可是谁敢大胆明说，他接受了一个伪说，并且在其胸怀内拥有丑如谎言其物的一种东西呢？现在各党派的人们，只是把他们的教义塞在他们所能支配的人们的喉咽内，而不让他们来考察自己教义之为真为妄的；他们并不让真理在世界上有公平显露的机会，并且亦不让人们来追求真理。那么在这方面，我们能希望有何种进步呢？那么在道德科学中，我们还能期望有较大的光明么？幸而天主把他自己的灯光亲手植在人心中，使人的气息或权力，完全不能消灭它，若非如此，则各地只管盲目信从的人们，既然受了埃及人所受的束缚，当然只能得到埃及人所处的黑暗了。

21 第四点，实在的存在。我们对于自己的实在存在有一种直觉的知识，对于上帝的实在存在有一种解证的知识，对于一些别的东西的实在存在有一种感觉的知识——说到第四种知识，它是关于事物的现实存在的。在这方面，我们对于自己的存在，有一种直觉的知识，对于上帝的存在有一种解证的知识，对于别的一切东西，则我们只有感性的知识，这种知识超不出感官当下所取的物象以外。

22 我们在许多方面都是无所知的——我已经说过，我们的知识是很狭窄的，因此，我们如果稍一观察黑暗的一面，和我们的无知，则我们或许会对自己现在的心理状况窥测到一点。所谓无知比我们的知识要大了无数倍，因此，我们如果发现，自己在何种范围内有明白清晰的观念，并因而只使自己的思想限于思维"理解"所能达到的那些事物，而不使自己陷于黑暗的深渊中，（在这里，我们的眼便不能有所见，各种官能亦就不能有所知觉）——我们如果这样一来，则我们会大为平息了许多无谓的争执，促进了许多有用的知识。人们一向所以不能这样，只是因为他们妄想自己可以理解一切。不过我们并不必远去，就可以看到这种妄想实系痴人说梦。人只要有所知，他第一就会知道，他不待远求，就能为自己的无知找到许多例证。与我们接触的那些最鄙贱，最明显的事物，亦都有其黑暗的一面，而且最敏锐的目光亦是不能透入它的。不过我们如果一考察自己无知的各种原因，则我们便不会十分惊异这一层。就前边所说的看来，无知的原因大约可分为下边主要的三种。

第一，由于缺乏观念。

第二，由于在我们所有的各观念之间，缺乏明显的联系。

第三，由于我们不能循序考察我们的观念。

23　第一点，我们所缺乏的观念或则是我们所想象不到的——第一点，有许多事物，我们对它们并没有观念，因此，亦就不知道它们。

第一点，我们的一切简单观念（如前所说）或是由有形物象经感官来的，或是由人心的动作——反省的对象——来的，因此，它们的范围亦就限于此而不能再有所进。不过人们只要不至愚昧十足，以为自己的指尺就是衡量一切事物的尺度，则我们便不难使他们相信，这些入口是太稀少，太狭窄，委实与万物的全部广大范围不成比例的。我们自然难以断言，在宇宙的别的部分中，别的生物究有什么不一样的感官和能力，究有什么更多数，更完善的感官和能力，帮助他们得到别的简单的观念。但是我们如果因为自己不能存想那些观念，就说没有那些观念，那实在不能算是很好的证据。这样就如一个瞎子因为自己不能观念到景物和颜色，不能意念到什么是看，就肯定地断言，没有景物和颜色似的。我们的黑暗和无明，并不能阻止和限制他人的知识，正如一个鼹鼠的盲目不能来反驳飞鹰的锐目似的。人只要一思考，造物者的无限的权力、智慧和善意，他就有理由想象，那并不是卑贱无能如人其物者所能洞见的，因为他多半是一切含灵之物中最低等的一种。别的生物究有什么能力，可以洞入事物的本质和最深的组织，那我们是不能知道的，他们能由这些能力得到什么异乎我们的一些观念，那亦是我们所不知道的。我们只是确乎知道，对于各种事物，除了我们所已有的那些观念以外，我们还缺少别的观念，使我们不能在它们方面完成更完美的发现。我们还相信，我们凭自己能力所得到的各种观念，与事物本身是不成比例的，因为一切观念都以积极的，明白的，清晰的实体观念为基础，而这个观念，却是向我们隐蔽起来的。不过这类观念的缺如，不但是无知的一部分，而且亦正是无知的原因，因此，我们并不能加以叙述。不过关于它，我仍然可以自信不疑地说，理性的世界和感性的世界却有完全相似的一点：就是，我们在两方面所见的都是不能同所未见的成比例的；而且我们用眼或思想在两方面所见的，比起其余的来，亦只是一点，甚或等于零。

24 我们所缺乏的观念或者是因为辽远而单单不为我们所有的——第二种无知的大原因，就是我们缺乏自己所本能够具有的各种观念。观念的缺如如果是由于我们感官的无能所致，则别的较我们完美的生物，在我们所不知道的事物方面所有的观念，是我们所完全不能有的。可是观念的缺如如果是因辽远所致，则我们所不知道的事物，是我们所本可以知道的。大小、形相和运动，是我们所能观念到的。但是我们虽然在概括方面可以观念到物体中这些原始的观念，而我们既然不知道宇宙中大部分物体的特殊的大小、形相和运动，因此，我们亦就不知道，我们日常所见的各种结果是由哪些能力、生力和作用方式所产生的。我们所以不认识这些事物，有时是因为物象太远，有时是因为物象太小。(一)在世界中我们所见的各明显部分间的距离已经是很大的，可是我们还正有理由来想象，我们所能认识到的，只是无限宇宙中的一小部分；因此，我们正可以看到自己无知的深渊。我们如果一问，在这有形事物的全体大结构中，各种大物质团有什么特殊的结构，有多大广袤，有什么运动(而且这种运动怎样继续或传递)，并且相互间有什么影响，则我们在一看之下，会迷惑昏乱，不知所可。我们纵然把思维的范围缩小了，把自己的思想限于这个小太阳系，和显然围绕太阳运动的那些大的物团，则我们仍然会看到，别的行星上或者有许多动物、植物和有智慧，有形相的生物，完全异于我们这渺小的地球上所见的，而且我们对它们的外面形相和部分，亦完全不能知道，因为我们既限于这个地球，则我们无论在感觉方面或反省方面，都没有自然的方法可以把它们的确定观念，传达在我们心中。它们远在于我们一切知识的入口之外。那些居屋中，究竟有什么器具，什么居民，我们连猜亦猜不着，更不用说能明白地、清晰地观念到它们了。

25　(二)有时因为它们太小——宇宙中大部分而且是绝大部分物体固然因为太于远隔，逃掉我们的注意，但是另一面还有一些物体却又因为太于渺小，一样隐而不显。这些不可觉察的各个分子，是物质的自动部分，是自然的伟大工具，不但一切次等的性质都依靠于它们，而且大部分自然的作用，亦都依靠于它们；因此，我们如果对于它们的原始性质，没有精确而清晰的观念，则我们对于我们在这方面想知道的一切事情，都会茫然无知，无可救药。我确乎相信，我们如果能发现出任何两个物体中微细部分的形相，大小、组织和运动，那我们不借试验，就会知道它们的互相影响，就如我们知道一个方形或三角形的各种性质似的。我们如果能知道大黄、毒草、鸦片和人体的各分子的机械作用，正如一个钟表匠知道表的各部分的机能（表由此进行其工作）和锉的各部分的机能（我们如以锉锉表轮，可以把它们的形相变了）似的，那么我们预先就可以说出大黄可以泻肚，毒草可以致命，鸦片可以催眠，正如一个表匠可以预言，一块纸搁在表轮上可以使表停顿（如果不把纸移去），或者预言，表的一小部分如果被锉所锉，则那个机器会停其运动，那个表会不走似的。照这样，则我们不难知道，为什么银只能在硝酸中溶化，金只能在王水中溶化，而不能互相掉换；这个正如一个铁匠不难知道，为什么把钥匙这样一转就能将锁开了，为什么用另外一把转就不能似的。但是我们如果因为缺乏足够敏锐的感官，以致不能发现出物体的微细分子来，不能观念到它们的机械的作用，那我们亦就只好安于不知道它们的性质和动作方式了。在这方面，我们纵然有所确信，亦只以少数试验所能达到的程度为限。但是这些实验在别的时候，是否仍可以成功，那都是我们所不敢确知的。因此，这在自然的物体方面，就阻止我们认知普遍的真理，而且我们的理性在这方面亦并不能使我们超出于特殊的事实而外。

26 因此，我们就没有物体的科学——因此，我就猜想，在物理的事物方面，人类的勤劳不论怎么可以促进有用的，实验的哲学，而科学的知识终究是可望而不可即的。因为我们对于那些最近的物体，最易受我们支配的物体，并没有完全的、相应的观念。对于那些命了名、归了类的事物，对于那些我们自以为很熟悉的事物，我们只有很不完全，很不完备的观念。对于我们感官能考察到的一些物体，我们或者可以有清晰的观念，可是，我想，我们对其中任何一个物体都没有相应的观念。清晰的观念虽然可以供日常谈话之用，但是我们如果缺乏了相应的观念，则我们便得不到科学的知识，而且在各种事物方面亦并不能发现出普遍的，有益的，无问题的真理来。在这些事体中，我们并不能自命达到确知性和解证。借着颜色、形相、滋味、气味和其他可感的性质，我们虽然可以对“藿香”和“毒草”发生明白而清晰的观念，一如对一个环和三角形一样；但是我们既然不能观念到这些植物中和别的物体中各微细分子的特殊的原始性质，因此，我们就不能说，这些植物在加于别的物体上时会产生出什么结果来；而且即当我们看到那些结果时，亦不能猜着它们是怎样产生出的，更不能知道它们是怎样产生出的。我们对于自己所见所接触的那些物体，既然不能观念到其微细分子的各种特殊的机械运动，因此，我们便不能知道它们的各种组织、能力和作用；至于更远的物体，则我们更是不知道的，因为我们根本连它们的外面形相，或其组织中较明显，较粗糙的部分，亦不能知道。

27 当然更没有关于神灵的科学——这一下就向我们指明，我们的知识，即同物质事物的全部范围比较也是不成比例的。但是我们如果再一思考可能存在或现已存在的那些无数的神灵，我们就会看到，这种无知的原因，又以不可穿度的烟雾，把全体理性世界从我们隔开。这个世界比物质世界是更大的，而且亦确乎是更美丽的，可是我们对它更无所知，更不认识，而且我们对精神的各种等级和种类，亦并不能形成一些清晰的观念。我们对于神灵，只能借反省自己的精神，发生少数肤浅的观念，而且我们对一切神灵的天父，对一切事物（包括神灵、人类和万物）的永久超越的造物主，所能有的最好的观念，亦是由自己反省自己的精神来的。可是除了这些少数肤浅的观念而外，我连其他天使的存在，亦不能确知——除了借助于启示。各级天使，本来就不是我们所能发现的，而且那些灵物或者比有形实体的种类还多，可是我们的自然能力并不能把它们稍为报告出来。人只要观察别人的语言和行动，就有理由相信他人亦有心灵和能思的实体；而且他既然知道自己的心理，则有思索能力的他便不能不知道还有一个上帝。但是谁能凭自己的搜索和能力，得以知道，在人和伟大的上帝之间，有许多等级的神灵呢？至于他们（并同我们）相互之间究竟有什么差异的本质、情况、状态、能力和组织，那更是我们所不能清晰地观念到的。因此，关于他们的种类和性质，我们是绝对不能认识的。

28 第二点，在我们所有的各个观念之间，缺乏可以发现的联系——我们已经看到，我们因为缺乏观念，所以我们只能在全宇宙中知道一小部分的实体的事物。不过第二点，除此以外，还有另一种无知的原因，就是，在我们所有的各个观念之间，并没有可以发现出的联系。因为我们只要缺乏那种联系，则我们便完全不能得到普遍的，确定的知识；便不能不依靠于观察和经验，如在前一种情形下那样。不过我们的经验是很狭窄,很有限的,而且与概括的知识是离得很远的;这一点,我们是不必再提的。在这里,我只给这种无知的原因,举一些例证,就不再多事论究。显然,我们周围各种物体的大小、形相和运动,给我们产生了各种感觉来,如颜色、声音、滋味、气味、快乐和痛苦等。不过这些机械的动作,和它们给我们所产生的那些观念,并没有什么不可离的关系(因为在任何物体的推动力,和我们自心的颜色知觉或声音知觉之间,并没有可以想象的联系),因此,我们超出经验而外,对于那些动作,便没有清晰的知识。我们只能把它们看成是全知的"造物者"凭其命令所产生的结果,而且它们完全不是我们所能了解的。我们完全不能由物质的原因演绎出我们的心对可感的次等性质所有的那些观念来,而且那些原始的性质虽然在经验上可以给我们产生出那些观念来,可是我们在这些原始性质和次等观念之间,亦并不曾发现出任何联系或沟通来。同样,我们的心灵在我们的身体上所施的各种动作,亦照样是我们所不能想象的。据我们观念的本性说来,我们不但不知道,一个物体为什么能在人心中产生出任何思想来,而且我们亦一样不知道,一种思想如何能在身体中产生出任何运动来。如果我们没有这种经验,则我们只凭考察事物本身,并不能丝毫发现出这种作用来。这些性质在普通事物中,虽然有恒常的、规则的联系,可是这种联系并不能在观念本身中发现出来,因为各种观念彼此似乎都是没有必然的联系。因此,我们只能把它们的联系归之于全知的造物者的任意决定,因为只有"他"可以在我们这脆弱理解所不能了解的途径中,使它们成为那种状况,发生那种作用。

29 例证——在我们的某些观念方面,某种关系和联系,显然地包含于观念本身的本性中，因此，我们便不能设想，有任何权力可以把它们和那些观念分离开。只有在这些观念方面，我们能以得到确定的，普遍的知识。就如直线三角形的观念，就必然含有其三角等于两直角的这种性质。我们并不能设想，这两个观念的关系和联系可以发生变化，可以为任意的权力所形成，所改移。不过说到物质各部分何以能黏合，能继续；推动力和运动如何能在我们心中产生出颜色，声音等感觉来；而且运动有什么原始的规则和传递，则在这些方面，我们并不能发现它们和我们所有的任何观念有自然的联系，因此，我们只能把它们归之于聪明"建筑家"的任意的意志和高兴。我想，我在这里，并不必提到灵魂的复活，地球的将来状况，以及人人承认为完全依靠于自由造物者的那些事物。只就我们所观察到的各种事物而言，我们虽然看到它们的作用是有规则的，而且我们虽然可以断言，它们是依照它们的法则进行的，可是这个法则究竟是什么，那是我们所不知道的。因此，各种原因虽然经常地进行着，各种结果虽经常地由它们流出来，可是它们的联系和关系并不能在我们的观念中发现出来，因此，我们对它们只能有实验的知识。由此我们就容易看到，我们完全处于黑暗中，而且在存在方面，在各种事物方面，我们所知的，亦只限于极小的部分，因此，我们就可以谦抑地想到（这种想法并与知识无损），我们实在不能了解宇宙的全部本质，和其中所含一切事物的全部本质，因此，我们对于身外身内的各个物体，并不能得到哲学的知识，而且对于它们的次等性质、能力和作用，我们并不能有普遍的确定知识。各种结果每日虽都可以促醒感官的注意，可是我们对它们只有感性的知识，至于它们的原因、方式和产生的确然性，则我们因为上边的两个理由，只有安于不知罢了。在这些方面，我们并不能超出于特殊经验所指示的事物而外，我们只能凭着比附来猜想，相似的物体在别的试验中会有什么样的结果。不过要说到自然物体（且不说精神的实有）方面的完备科学，则我相信，我们完全没有此种能力，因此，我敢断言，我们如果妄想来追求它，那只有白费心力罢了。

30　第三点，因为我们不能逐步追寻我们的观念——第三点，在某些方面，我们虽然有相应的观念，而且在它们之间虽然有确定而可以发现的联系，可是我们亦许因为别的原因会不知道这种联系。至于不知的原因，则是因为我们不能逐步推寻我们所有（或所能有）的各观念，并且不能找寻出各中介观念来，以发现其相互间的契合或相违关系。因此，许多人所以不知道数学的真理，并不是因为他们的能力有缺陷，或因为事物本身不确定，只是因为他们不肯用心来获得，来考察，并且用适当的方法来比较它们。在我们看来，我们所以不能适当地推寻我们的观念，所以不能找寻出各观念间的契合或相违来，最大的障碍，就在于文字的误用。因为人们的思想如果只飞翔于、固执于意义可疑而不确定的各种声音，则他们便不能正确找寻出，明确发现出，各种观念的契合或相违。数学家因为能撇开名称，专用思想，并且能把所要考察的各个观念（不是止要声音）分明置于心中，因此，他们就可以避免了大部分的迷惑、糊涂和纷扰。而在别的知识部分，则人们正因为不能如此，所以陷于纷乱的境地，而很少有进步。因为人们如果固执于意义不确定的文字，则他们便不能区分自己的意见是正确的或虚妄的，是确定的或概然的，是自符的或矛盾的。大部分学者既然常遭此命运或不幸，因此，他们在真正知识的总量上所有的增益，比起充斥于世界上的那些经院、争辩和著述，亦就微乎其微了。因为世界上虽然充满了这些玩意儿，可是学者们已经迷惑在文字的树林中，不知道自己到了什么地方，不知道自己的发明到了什么境地，不知道自己的或公共的知识总是缺乏着什么。人们在物质的世界方面，如果亦同在精神的世界方面一样，如果他们的发明亦都限于乌烟瘴气的说法中，则世界上关于航海和水程的著述，关于潮汐和地带的层出不穷的故事和学说，而且甚至于所造的船舶，所制的舰队，都不能指示我们以地平线以外的事情；而且对跖地直到现在亦会不为我们所知晓，正如古代一样（因为主张此说的人在那时候被人认为是异端）——但是我既然详细讨论过文字，及普通的误用，因此，我在这里就不再多说了。

31 知识在普遍性方面的范围——我们前边已经在各种特殊的存在物方面考察过知识的范围。不过在普遍性方面，我们亦应该考察知识的范围才是。在这方面，我们的知识是随观念的本性而定的。各种观念如果是抽象的，而且它们的契合与否亦是我们所认知到的，则我们的知识是普遍的。因为这些概括观念所有的已知性质，必然要包含于具有那个本质——那个观念——的各种特殊事物中，而我们在概括观念方面一次所发现的性质，亦将永久是真实的。因此，说到一切概括的知识，我们只能求之于我们的心中，而且我们只要一考察自己的观念，才能得到这种知识。特殊事物的存在只能由经验得知，至于在事物的本质方面（就是抽象观念），则各种真理是永久的，是只由思维那些本质来的。不过在后几章中论究概括的，实在的知识时，我们还要较详细地讨论这一层，因此，关于我们一般知识的普遍性，我们的话说到这里也就够了。

第四章 人类知识的实在性

1 反驳，知识如果被置在观念方面它就成了一个幻观——我相信，我的读者在此时或许会以为，我一向只是在建造空中楼阁；他会一直对我说，"这是瞎闹什么！你说'知识只成立于人心对自己观念的契合或相违而发生的那种认知'，但是谁知道那些观念是什么样的呢？世上还有比脑中的想象更为狂妄的东西么？哪一个人的脑中没有一些幻想呢？纵然有一个清醒而聪明的人，可是按照你的规则说来，在他的知识和世上最狂妄的想象之间，还有什么区别呢？他们都各有自己的观念，都各能知觉到观念间的互相契合或不契合。他们如果有任何差异，则优胜当归于头脑狂热的那一造，因为他的观念是较多而较活跃的。因此，按照你的规则，则他应该是较为有知识的。如果一切知识真在于人心对观念间的契合或相违所发生的一种认知，则一个狂热者的幻观，和一个清醒者的推论，会成了一样确定的。照这样，则不论事物本身是什么样的，一个人只要能知觉自己想象间的契合，并且能首尾一贯地谈话，那就是真理了，那就是确实性了。照这样，则空中的楼阁和幼克利特的解证，就都一样成为真理的堡垒了。照这样，则我们说哈佩 harpy(身首如妇女，爪翼如鸟的一种怪物)不是马面，亦正如说方形不是圆一样，都成为确定的真理和知识了。

"但是一个人如果意在追求事物的实相，则他对于自己想象所

有的这种精微知识究竟有什么功用呢？人们的幻想不论如何，是无关重要的，只有人类对事物所有的知识才是应当珍视的。只有这个知识才能使我们的推论有了价值，才能使这一个人的知识优越于那一个人的知识。所谓知识只是描写事物的真相的，并非写照人的梦昧和想象的。”

2 答复，各种观念如果与事物相互契合，则知识不会成了单纯幻想——对于这个问题我可以答复说，我们关于观念的知识如果只限于观念，而不能更进一步（实则我们的知识此外还别有所指），则我们最重要的思想亦和疯人的幻想一样没有功用，而且在这些思想上所建立的各种真理亦是很轻浮的，只如一个人在梦中明白观察到各种事物，因而就自信不疑地叙述出它们来似的。不过在未完结这个题目之前，我希望人们明白了解，借我们对于观念方面的知识，而达到的这种确信稍微超出想象以外，而且我相信，人们或者会看到，一个人对一切概括真理所有的确信，亦正在此。

3 显然，人心并不直接认识各种事物，它必然要以它对它们所有的观念为媒，才能知道它们。因此，我们的知识所以为真，只是因为在我们观念和事物的实相之间有一种契合。不过在这里，我们拿什么作为标准呢？人心既然除了自己的观念以外再不认知别的，那么它怎么能知道它们是和事物本身相符合的呢？这里虽然有一层困难，可是我相信，有两种观念确是与事物相契合的。

4 第一点，一切简单的观念都是与事物契合的——第一点，简单的观念都是与事物相契合的，因为它们既是人心完全不能自己造作出的（如前所说），则它们一定是各种事物由自然途径在人心上起了作用以后所产生的结果，而且各种事物所以能产生那些知觉，只是因为造物者凭其聪明和意志，把它们造得特别宜于产生那些知觉。由此我们就可以看到，简单的观念都不是自己想象的虚构，都是外界的事物在我们身上起了实在作用以后自然地、有规则地所产生的。因此，它们都能照上帝的意旨和人类的需要而与事物互相契合；因为那些观念都在它们所适于产生的那些特殊的现象下给我们表象出各种事物，使我们能够依据那些现象来区分各个特殊实体的种类，来观察它们所处的情况，来使它们供我们的需要，并且使它们供自己的应用。因此，人心中白的观念（或甜的观念）便和任何物体中能产生它的那种能力相称合，便和外界的事物有了应有的实在的契合关系。在我们的简单观念和事物的存在之间，所有的这层契合这就足以成为实在知识的基础。

5　第二点，除了实体观念，一切复杂观念都和事物互相契合——第二点，除了实体观念以外，我们的一切复杂的观念都是人心自己所造的原型，它们并不被认为是任何事物的摹本，亦不以任何事物的存在为原本，而与之参照，因此，它们便不缺乏实在知识所需要的任何一种契合关系。因为任何观念如果原来就不表象任何事物，而只表象其自身，则它便不会有错误的表象，它亦不会因为与任何事物不相似致我们陷于错误，而不能有真正的了解。除了实体的观念而外，我们的一切复杂观念都是如此的；因为那些观念，如我在别处所说，是人心自由所形成的一些观念的集合体，而且在形成时，人心亦并不曾考察它们在自然中的联系。因此，在这方面，观念本身都是原型，而且各种事物不能不与它们相合，因此，我们能够确实无误地断言，我们在这些观念方面所得到的知识，都是实在的，都可以达于事物本身。因为在我们这一类的思想中、推论中和谈话中，我们指望各种事物与我们的观念相契合，再不希望别的。因此，在这方面，我们便不能失掉一种确定无误的实在。

6 因此，数学的知识是实在的——我相信，人人容易承认，我们在数学的真理方面所有的知识，不但是确定的，而且是实在的。不过这些知识虽不是人脑中空虚不实而无意义的空想幻观，可是我们在一考察之下，就可以看到，这种知识只是有关于我们的观念的。数学家之考察一个三角形或环形的真实和性质，只是就它们是自己心中观念的范围内来考察的。因为他或者在其一生中，可能不曾看到它们的存在拿数学上的即精确的真实性。但是在环或任何数学的形相方面，他对于任何真理或数学所有的知识，即应用到实在存在的事物上亦是真正的、确定的，因为在那些命题中，我们之考察实在的事物，只是把它们当做是和人心中那些原型相契合的。如果在三角形的观念方面，三角真是等于两直角，则在任何地方实在存在着的三角形方面，这个命题亦是真实的。至于别的存在着的形相，凡不与人心中那个三角形的观念精确地相称合的，都完全不包括于那个命题中。因此，他就确乎知道，他对于那些观念所有的一切知识都是实在的知识；因为他既然只把那些事物当做是与他那些观念相契合的，因此，他就可以自信，他在那些形相方面所有的知识不论在心中或在物质中都是一样真实的；因为那些形相虽然在心中只有观念性的存在，在物中却又有实在的存在，可是我们所考察的只是那些形相自身，而那些形相自身不论怎样存在，或何处存在，都是一样的。

7 道德的知识亦是实在的——因此，道德的知识和数学是一样可以有实在的准确性的。因为所谓确定的知识既是人心对自己观念的契合或相违而有的一种认知，而且所谓解证亦是人心经过别的观念的媒介对那种契合所发生的一种认知，而且道德的观念和数学的观念本身都一样是原型，一样是贴切的完全的观念，因此，我们在道德观念方面所见的契合或相违，一定可以产生出实在的知识来，正如我们在数学的形相方面一样。

8　道德的知识并不需要真正的存在，就能成为实在的——要达到知识和确实性，我们必须要有确定的观念，而且我们的知识要达到实在的程度。我们亦必须先使我们的观念契合于它们的原型。不过我虽然认为知识的确实性只在于我们对观念的思考，而不甚注意到事物的实在存在，可是人们并不必惊异这一层。因为人们虽然自命为专心探求真理和确性，可是在他们的大部分思想中和辩论中，在他们的概括的命题和意念中，真正的存在是完全无踪影的。就如在数学方面，虽有所谓将圆作方法 the squaring of a circle 和圆锥曲线法 conic section 或其他部分，可是数学家在这方面所有的一切推论，并不与那些形相的实在存在相关，不论世界上有无圆形或方形存在，他们的解证都是不变的，因为那些解证只是依靠于他们的观念的。同样，道德推论中的真理和确实性，是可以脱离人生和我们所讨论的那些德性的实在存在的。纵然没有人精确地实行西塞罗(Cicero)的规则，纵然没有人能照他所说的那个模范的有德之人来生活，而且他所写的那个模范纵然只在他的观念中存在着，而不在别处存在着，可是他的职责论 De Offices 中所说的种种职责并不因此成了不真实的。在思维方面，就是在观念方面，“谋害”如果应当受死刑，则实际上如果有任何行动和那个谋害的观念相契，那种行动亦是应该受刑的。至于别的行动，则那个命题的真理与它们无关。任何事物，如果其本质只在于人心中的观念，则亦都有同样情形。

9 道德的观念虽是由我们所造成，所命名的，可是它们亦并不因此减少其真实性或确实性——人们在这里或者会说，“道德的知识如果在于我们对于道德观念的思考，而且那些观念又和别的情状一样，亦是我们自己所形成的，那么我们对于‘正议’和‘节制’将会发生怎样奇异的意念呢？人人如果可以任意来形成罪和德的观念，则罪和德将会陷于怎样纷乱的地步呢？”不过事物本身和我们关于它们的推论并不会因此陷于纷乱，因为在数学方面，一个人纵然说三角形有四角，杂四角形 trapezium 有四个直角，再说得明白一些，就是说，他纵然把形相的名称掉换了，纵然他给予某个形相的名称，不是数学家普通所给予的，那亦并不足以搅乱了解证，或变化了各种形相的性质，及其相互的关系。因为一个人纵然把含有直角的三角形观念叫做等边三角形，或杂四边形，或其他名称，而那个观念的性质和解证一定仍是一样，仍是同他称它为直角三角形时一样。我自然承认，我们如果因为语言的误用，把物名变化了，则他人如果不知晓那个名称所表示的观念，则他在一听之下，一定会糊涂起来；不过我们一把那个形相画出来，则结论和解证是显然而分明的。在道德的知识方面，亦正有相同的情形。一个人如果不经他人的同意，而把他人由诚实的劳苦所获得的东西拿去，则这个行动的观念并不能叫做正义。不过纵然你叫它为正义，那亦无妨。因为一个人在这里在只听到名称，而不知其观念时，虽然会发生错误，把自己的另一个观念附加在那个名称上，但是你如果把你自己那个观念的名称去掉，而只观察你自己心中那个观念，则仍会有相同的事物同那个观念相契合，正如你叫它为非义似的。真的，在道德的推论中，错误的名称比较易于发生纷乱，因为它们并不如在数学方面那样易于改正；因为在数学方面，一把形相画出后，人就可以看得到，因此，名称就无大功用，无大力量。因为所表示的事物如果是当下看到的，则我们又何需乎标记呢？不过在道德的名称方面，改正却是不容易的，因为那些情状的复杂观念中含着许多混合的成分。虽然如此，可是我们如果能谨慎地固守同一的精确的观念，并且能逐渐追寻其相互的关系，而不为其名称所误领，则我们虽反着文字的普通意义，而把那些观念误称了，而我们依然可以对它们的契合或相违，发生了确实的、解证的知识。我们只要能把所考察的观念，和表示它的那个标记分开，则不论我们应用什么声音，我们的知识都一样可以达到实在的真理和确实性。

10　名称的错误并不足以搅动知识的确实性——此外我们还要注意一件事，就是上帝或别的立法者如果定义了任何道德的名称，他们就把那个名称所表示的事类的本质形成了。在这种情形下，我们如果用得它们不得当，那是不妥当的。不过在别的情形下，我们如果把它们用得反乎那个国家的普通用法，则那只不过是语言的滥用罢了。不过就这样亦并不足以搅扰了知识的确性，因为我们只要能适当地思维和比较那些有徽号的观念，则我们仍然可以得到知识的确实性。

11　实体的观念有外界的原型——第三，此外还有另一种复杂观念是以外界的原型为参照的，因此，它们会与原型有所出入，而且我们关于它们所有的知识亦会有欠实在。我们的实体观念就是这样的。它们既是由简单的观念集合成的，而且那些简单观念又是由自然的产品来的，因此，它们可以同自然的事物有所出入，因为它们所结合的各个观念或者可以多于自然事物的观念，或者可以异于自然事物本身所结合的观念。因为这种缘故，它们往往和事物本身不相契合。

12 在它们和事物本身相契的范围以内讲，我们关于它们的知识是实在的——在各种情状方面，各种观念以前纵然不存在过，可是它们只要不互相矛盾，我们就可以把它们联系在一起，就如渎亵和伪誓这两个观念，不论在这些事实存在以前或以后，都一样是实在的，真正的观念。不过我们在实体的观念方面，要想有实在的知识，则必须使它们同事物本身相契合，因此，我们如果只把不相矛盾的各个观念联系起来，那还不够。因为我们的实体观念既是假设的摹本，而且是和外界的原型相参照的，因此，它们必须取之于现存或已存的一些事物，它们所含的各个观念一定不能是人心离了外界的模型任意所联系的——纵然在这种组合中，我们看不到什么矛盾。因为我们既然不知道有什么实在的组织，寄寓于各个简单观念所依托的那些实体中，而且不知道有什么实在的组织可以使某些特殊的观念具有特殊的联系，而排斥其他一切观念，因此，我们只能在经验和可感的观察以内，知道某些事物在自然中是矛盾的或相符的，而且所知的范围是极其狭窄的。一切复杂的实体观念必须是由自然中共存的(我们所见的范围以内)一些简单观念形成的，然后我们对于各种实体的知识才能达到实在的程度。这些观念虽非很精确的摹本，却是真正的摹本，因此，它们可以成为实在知识(如果有的话)的成分。这种知识如前所说，范围并不很大，不过在它所能涉及的范围内讲，它们是实在的知识。不论我们有什么观念，我们只要能观察到它们和别的观念的契合，那就成功为知识。那些观念如果是抽象的，那种知识就成了概括的知识。不过要使它在实体方面成为实在的，则那些观念必须取之于实际存在的事物才行。各种简单观念只要共存于任何实体中，我们就可以确然把它们重新联系起来，做成抽象的实体观念。因为不论什么观念，只要在自然中有联系，就可以重新联系起来。

13　在我们考察各种实体时，我们必须考察观念自身，不要把我们的思想限于各种名称，或限于名称所标记出的各个物种——我们如果适当地考究这一层，而不把自己的思想和抽象的观念，限于各种名称，而不认各种事物就限于或只能限于已知名称所决定的那些种类，则我们思考起各种事物来或许比现在较为自由，较少纷乱（可是现在的人们不是这样的）。因此，我如果说，有些活了四十多岁住在一块而毫无理性的易子，是介乎人和兽之间的一种东西，则他们纵然不以我的话是惑人的伪说，亦会认它为大胆的怪论。他们所以有这种成见，并非因为别的，只是因为它们虚妄地假设，“人”和“兽”这两个名称，代表着两种具有实在本质的各别物种，而且其中间并不能有别的物种。但是我们如果抛开各种名称，抛开那种假设，不以为那些物种的本质是为自然所形成的，不以为一切同名的事物都精确地平等地分具那种本质；我们如果不想象，各种本质有固定数目，并且不以为一切事物都在其中范畴了，形成了，如在模型中似的；则我们会看到，在无理性的人方面，我们对其形相、运动和生命所有的观念，是一个独立的观念，是一个独立的物种，是与人和兽有别的；这个正如我们对于一个有理性的驴的形相所有的观念，是异乎人或兽的观念，是在人和兽间另成一个动物种似的。

14 有人反对说，易子不是人和兽之间的一种东西。现在要答复这一点——在这里，人人都会问道，“如果你说易儿是在人和兽之间的一种东西，那么它们到底是什么呢？”我可以答复说，它们是“易儿”。因为易儿这个词正可以表示异乎人或兽的意义的一种东西，正如人和兽这两个名称可以有个别的意义一样。人们如果能好好考究这一层，则他们可以解决了这个问题，而且可以不经困难指示出我的意思来。不过任何时候只要有人冒险来违反常人的说法，则那些人们的热忱会使他们顾虑到结局上，并且使他们认宗教为受了威吓。这些人们我是很惯熟的，因此，我很知道，他们会以何种罪名加于这个命题上。他们会立刻问你说，“如果易儿是在人和兽之间的一种东西，那么它们在来生时成了什么东西呢？”不过要答复这个问题，则我第一点可以说，这一层并不是我所要知道的，要考察的。它们的祸福，只让它们的造物主来支配好了。我们不论如何决定它们，它们的状况亦不会因此好了，亦不会因此坏了。它们处在无私的造物主和仁慈的天父手里的，而且天父亦并不按照我们这窄狭思想的意见来处理它的造物，亦不依我们所造的名称和物种来区分它们。说到我们自身，既然对于现世还不能知道什么，则我想，顶好我们不要太于专断，不要预先拟就各种生物去世后在来世所处的各种地位。不论如何，凡能受教育，能谈论，能推理的生物，上帝都已经使它们知道，将来它们要按照自己在此世所做的，要受报应。我们只知道这一层，那就够了。

15 第二点，我还可以答复说，这些人们所以要问——“那么你不承认易子有来世么?”这个问题:乃是根据于两个假设,而这两个假设却都是虚妄的。第一个假设是:凡具有人之外形的一切生物,在死后上帝必然要为它们预备一个永久的来世。第二个假设是:凡由人所生的,都是如此的。但是如果你把这些想象抛开,则这些问题会成了无根据的、可笑的。有的人们既然主张,在他们和易子中间只有一种偶然的差异,而两者的本质仍是完全一样的,因此,我就希望他们考察考察,自己是否是能想象,只有身体的外形可以得到永生?我想一提这回事,他就会否认这一层。人们不论如何沉掉在物质中,可是我还不曾听说,有人认粗疏可感的外界部分的形相会有如此美好的性质,我们还不曾听说,有人会肯定它应当有永生,或必然有永生。我还不曾听说,任何物质团,只因其曾仿于或此或彼的形相,只因其各明显部分有特殊的结构,就必然会在此世解体以后,将来仍复返于有意识、有知觉、有知识的永生状态。这种意见既然认某种外形会有永生,因此,它就不承认有灵魂或精神了。人们一向所以认有些有形的物体有永生,有些没有,只是着眼在灵魂上。(我们如果反乎这个意见),则我们便看事物的外表重于内容,便把人的美点置于他的身体的外部形相,而不置于它的灵魂的内面妙听了。这样就无异于把人所特有(别的物质的事物所无)的伟大而无价的永生利益,归之于他的胡须的形式,和衣服的样子了。因为我们身体的外形并不能使我们希望到永生,正如衣服的样式不能使人得到合理的根据,来想象它会永久不磨,会使自己永久存在一样。人们或者会说,并没有人以为事物的外形可以使事物永生,人只是以为形相是内面有理性的灵魂的标记,而灵魂却是永生的。不过我真奇怪,谁把那种形相做成灵魂的标记？只这样说，并不能使它成了那种标记。我们非有一些证明，不能使任何人相信这一层。我所知的任何形相，还不曾这样说过。易子在其一生中，其各种行动并不曾表现它们有任何理性，它们甚至还不及许多动物，因此，我们如果只因为它们有理性动物的外形，就说它有理性的灵魂，那正无异于说，一个人的尸体，虽然同塑像一样无动作，无生命，可是它既有人的形相，就有活着的灵魂似的。

16 妖怪——你或者又会说："它是有理性的父母的后裔，因此，它一定有一个有理性的灵魂。"不过我真不知道，你凭什么逻辑，得到这个结论。我相信，这个结论是无人可以承认的。因为他们如果真要承认这个结论，则他们绝不敢到处把形相不完全的产儿毁坏了。不过他们会说："呀！这是些妖怪"，那么让他们是妖怪好了；不过你那个说憨话、无理性、难驾驭的易子是什么样的呢？身体上有了缺陷，尚能使一个东西成了妖怪，那么心理上有了缺陷反不能够么？（心理还是较高贵、较重要的部分。）人在缺了鼻子或颈项时，就是一个妖怪，就可以不是人类；那么他在缺了理性和理解时，反而不致如此么？这样就又返到我们刚才摧陷了的那个主张去了，这样就又着重在形相上，并且以人的外表来度量人了。我们只要一追寻人们的思想和行为，我们就可以看到，人们在这方面，普通的推理方法，都着重在形相上，并且把人的全部本质归在外部的形相上，——虽然这是无理性的，虽然他们不承认这一层。你说，形相完美的易子是一个人，而且具有一个有理性的灵魂（虽然外表面上没有），而且你说，"这是毫无疑义的"。不过他的耳朵稍为比平常长一点，尖一点，而且他的鼻子稍为平一点，则你会开始踌躇起来。他的面孔如果再长一点，狭一点，扁一点，则你会不知如何决定。如果他更像一个兽类，而且他的头又完全是一个兽类，则你立刻又会认他是一个妖怪。于是你又可以解证说，他没有有理性的灵魂，一定要毁灭了他才是。不过我可以问，我们究竟有什么适当的度量，来衡量形相的极限，而认它为具有有理性的灵魂呢？因为所产的胎儿，既然有半人半兽的；而且有三分兽一分人的，或一分兽三分人的，因此，它们在各种花样中，有的近于此种形相，有的近于彼种形相，而且它们的各种混合程度，有时可近于人，有时可近于兽。既然如此，那我就可以问，按照这种假设，究竟何种外形是能和有理性的灵魂联合在一块的，何种外形是不能的？那一种外形能标记其中有无这样一个居者呢？因为若不先决定了这一层，则我们谈起人来，是毫无根据的。而且我相信，只要我们尽管无端依靠一些声音，并且想象自然中有确定不移而却为自己所不知道的物种界限。则我们谈起"人"来，都永久是无根据的。不过我希望人们知道，那般人们虽然说，形相不完全的胎儿是妖怪，并且以为自己因此就把困难解答了，可是他们却因此又陷于他们所反对的那层错误，因为他们已经在人和兽之间，组成了另一个物种。因为妖怪一词如果有任何意义，则那不是说，那种东西既非人又非兽，而是具有两者形相的一种东西么？不过说到前边所说的易子，亦正是这样的。由此看来，我们如果想正确研求事物的本性，而且在考察它们时，要依据于我们官能在它们中所发现的实在性质，而不依据于我们对它们所发生的空想：则我们必须把人们对于物种和本质所有的通俗意见抛弃掉才行。

17　文字和物种——我所以提到这一层，乃是因为我想，我们万不能十分谨慎，使各种文字和物种，在其普通的意义下，不欺骗了我们。因为我常想，在这里正有一层大障碍，使我们不能达到清晰明白的知识；而且这种情形在各种实体方面，更是如此的。在真理和确实性方面，大部分的困难都是由此生起的。我们如果惯把思想和推论从文字分开，则我们或者会把自己思想中这层不利大部分消除了。但是我们如不改善意见，如果仍以为物种和其本质，不是具有名称的抽象观念，则我们在同他人谈论时，总不免使自己有所迷惑。

18 总摄前义——只要我们能看到我们观念间的契合或相违，我们就有确定的知识；只要我们能确知，那些观念和事物的真相相符合，我们就有确定的、实在的知识。我既然指示出，我们观念和事物实相的契合有什么标记，因此，我想我已经指示出，那种确实性在于何处，那种实在的确实性在于何处。不论别人看这一层是什么样的，在我总觉得这正是我们所极其缺乏的必需品之一。

第五章　真理通论

1 真理是什么——“什么是真理”的这个问题，乃是多少世纪以来的一个问题。它既是全人类所实在追求或冒充追求的，因此，我们很该细心考察它是由何成立的；并且应该极其熟悉它的本性，以便观察人心怎样把它和虚妄分别开。

2 真理就是各种标记（就是观念或文字）的正确分合——在我看来，所谓真理，顾名思义讲来，不是别的，只是按照实在事物的契合与否，而进行的各种标记的分合。在这里所谓各种标记的分合,也就是我们以另一名称称之为命题的。因此,真理原是属于命题的。命题分为两种,一种是心理的,一种是口头的。这种区分是按普通常用的两种标记——观念与文字——分的。

3　什么能构成心理的或口头的命题——要想对于真理形成一个明白的意念,则我们必须个别地考察思想方面的真理和文字方面的真理。不过要把它们分别加以论究,那确是很难的。因为即在处理心理的命题时,我们总不得不用文字。因此,我们在心理的命题方面所举的例证,立刻会失掉其单纯的心理性,而成了口头的。因为心理的命题,既只是单独考察心中那些无名称的观念,因此,它们一表示于文字中,立刻就失掉了纯粹心理命题的本性。

4　心理的命题是最不易处理的——我们所以不易分别考察心理的命题和口头的命题,尤其是因为大多数人(纵然不是一切人)在自己推论和思想时,往往只用文字而不用观念;至少在他们的思维题目含有复杂的观念时是这样的。这就很足以证明,我们的复杂观念是不完全、不确定的,而且我们如果能注意这一层,还可以看到,哪些事物是我们所能明白地、清晰地观察到的,哪一些是不能的。因为我们如果仔细一考察人心在思想和推论中所由的途径,我们就可以看到,我们如果在心中,对于白或黑甜或苦,三角形或环形方面形成一些命题,则我们能够,而且也就常常构成那些观念自身,而并不反省它们的名称。但是我们如果一考察人,硫酸,坚忍,光荣等等较为复杂的观念,或者对它们形成一些命题,则我们往往要用名称来代替观念。因为这些名称所表示的各种观念大部分既是不完全的,纷乱的,不确定的,因此,我们就一直反省到那些名称自身,因为它们比纯粹观念较为明白、较为确定、较为清晰、较容易出现于思想中。因此，我们即在自己思想和推论时，即在拟构默然的心理命题时，我们亦常用这些文字，来代替观念自身。在实体方面，这种情形是由观念的缺点所引起的，因为我们只用文字来表示实在的本质，而对于那种本质我们却完全没有任何观念。在各种情状方面，这种情形所以发生——乃是因为形成情状的那些简单观念太于繁杂的缘故。因为这些观念既然多半是复杂的，因此，那些名称便比那些复杂观念自身较为容易现显，因为这些观念需要时间和注意，才能为人心所记忆，所精确地表象出来，而且人们先前纵然曾经费心把它们记忆过，表象过，而他们后来在记忆它们时，仍不得不费一些时间和注意。因此，人们如果只在记忆中存储大部分普通的文字，同时在毕生中又不肯费心来考察那些名称所表示的精确观念，则他们便根本不能精确地记忆并表象那些观念。他们所有的只是一些纷乱而含糊的意念，而且他们虽然常谈宗教和良心、教会和信仰、权力和权利、障碍和汁液、忧郁和发怒，可是你如果一让他们思维那些事物自身，而抛弃了他们所用以淆惑他人（甚或自己）的那些文字，则他们的思想和思维中或者全无所有。

5 真理只是抛开文字以后，各观念自身的分合——不过我们可仍返回来重新考察真理。我们必须观察我们所能构成的两种命题。

第一是心理的命题，在这方面，人心由于知觉到或判断出几个观念的契合或相违，因而能抛开文字，把理解中的观念加以分合。

第二就是口头的命题，这些命题就是文字（观念的标记）的分合。这种分合表现而为肯定的或否定的句子。借着这些肯定的或否定的方法，由声音所做成的这些标记，便互相有了分合。因此，命题之成立，是成立于标记的或分或合，而真理之成立，则是在于这些标记之分合合于事物本身之契合或相违。

6　什么时候，心理的命题含着实在的真理，什么时候，口头的命题含着实在的真理——人人都可以凭其经验知道，人心在知觉或假设观念间的契合和相违时，它一定要默然地在自身以内把它们组成肯定的或否定的命题；这就是我所谓分或合。不过这种心理作用，既是一切有思想，有理性的人所熟悉的，因此，我们如想存想它，应该反省自己在肯定或否定时自身所有的内在经验，不能只凭文字来解释。一个人心中如果有了两条线的观念，一条是方形的边线，一条是它的对角线，而且那个对角线如果是一吋长，那他就可以知道，那条对角线是否可以分成一些相等的部分，类如分为五，十，百，千，以及任何数目；而且他可以知道，那条线所分成的各相等部分，其中是否有一些部分之和恰等于那条边线。任何时候，他只要知觉、相信或假设；那种分割的观念和那条线的观念契合或相违，他就分了或合了那条线的观念和那种分割的观念。这样他就形成了一种心理的命题，而且这个命题之为真为伪，亦就看那条线是否可以分成那些相等的部分而定。各种观念在心中的分合，如果正同它们（或它们所表示的事物）的契合与相违相应，我就可以叫它们为心理的真理。不过文字的真理却比此多着一层；这就是说，各种文字的互相肯定和否定必须与它们所表示的观念之契合与相违相应才行。所谓文字的真理又分为两层，它或则是纯粹口头的，琐屑的；或则是实在的，能启发人的；前一种我将在第十章内论究，后一种是实在知识的对象，这是我们所已经论究过的。

7 有人反对口头的真理说,这样它就会成了幻想的——不过人们在这里却可以怀疑真理,一如其以前怀疑知识的样子;他们或者会反对说,真理如果只是各种文字按照人心中各种观念的契合与否而表示于命题中的或分或合,那么我们对于真理所有的知识,便不是十分有价值的东西,亦并不值得人们费辛苦和时间来追寻它,因为照这样说,则真理不过只是各种文字契合于人脑中的幻想罢了。谁不知道,许多人的脑中充满了特别奇特的意念,而且一切人的心中会有怪异的观念呢?但是我们如果相信这种说法,则我们虽有这种规则,亦并不知道真理,只知道自己想象中的虚幻的世界。照这样,则我们所有的真理,在哈佩和马方面,亦和在人和马方面一样。因为这些亦都会成了我们脑中的观念,亦会有契合或相违,正同实在事物的观念是一样的。既然如此,则我们对它们亦一样可以形成各种命题。照这样,则我们不但可以说。“一切人是动物”,而且亦一样可以说,“一切马面是动物”;而且两个命题都是一样真实,一样确定的。因为在两个命题中,那些文字都是按照心中观念的契合配列在一块的。人心不但清晰地看到动物的观念和人的观念相契合,而且亦清晰地看到动物的观念和马面的观念相契合,因此,这两个命题是一样真实,一样确定的。不过这类的真理,对我们有什么功用呢?

8 答复。实在的真理中所含的观念必须与事物相契合——在前一章中,我们已经说过,实在的和想象的知识如何可以区分;而且前边所说的话,在这里亦就足以答复现在这种疑惑,亦就足以区分实在的和幻想的(或纯名义的)真理,因为它们都是立于同一基础之上的。不过我们除此以外,还应该知道,我们的文字虽然只表示观念，但是我们既然要用文字来表示事物，因此，文字所表示的人心中的观念如果不与事物的实在性相契合，则文字虽形成了命题，而其所包含的真理，仍只是口头的。因此，真理和知识一样，亦可以有口头的和实在的区分。我们如果只知道各种名词所表示的观念是契合的或相违的，而却不管那些观念在自然中是否有实在的存在，则由这些名词所组成的真理，只是口头的真理。如果我们的观念是相契合的，而且它们在自然中又有实在的存在，则由这些标记所组成的真理是实在的真理。不过在各种实体方面，我们所以能够知道各种观念在自然中是否有存在，只是由于我们知道那些已存在的实体。

9　所谓虚妄就是：名称的联合异乎其所表示的观念的联合——所谓真理就是文字的契合或相违，同观念的契合或相违相应，所谓虚妄就是文字的契合或相违和观念的契合和相违不相应。各种声音所表示的这些观念只要能同它们的原型相契，真理就成了实在的。我们对于这种真理所以有知识，就是因为我们知道这些文字表示着什么观念，就是因为我们按照文字所表示的样子，知觉到那些观念的契合或相违。

10　概括的命题应该较详细地论说一番——不过人们既然认文字是真理和知识的最大通渠，而且在传达、接受和研究真理时，我们常要应用文字和命题，因此，我将要详细研究，表示于命题中的实在真理的确实性是由何成立的，是在何处可以来得的。此外，我还要努力指明，在哪一类普遍的命题方面，我们可以确知它们的实在真理和虚妄。

我现在将要先论究概括的命题。这一类命题最常能运用我们的思想，练习我们的思维。概括的真理是人心所极愿探求的，因为它们最能扩大我们的知识。因为它们的概括性既然能使我们同时知道许多特殊的事情，因此，它们就能扩大我们的视线，缩短我们的知识途径。

11 概然的和形上学的真理——除了上述那种意义严格的真理而外，此外还有别的一些真理；就如概然的真理和形上学的真理便是。(一)所谓概然的真理，只是按照人心的信仰，来谈论事物，虽然我们的命题未必与事物的实相契合。(二)所谓形上学的真理，只是说各种事物的实在存在是与我们所命名过的那些观念相契合的。这个真理虽然似乎成立于事物的本身存在，可是我们稍一仔细考察之后，就会知道，它似乎含着一个默然的命题，而人心就借这个命题，把那个特殊的事物附加于它所命名过的那个确定的观念上。不过真理的这些方面，或是我们所已经论说过的，或是与我们当下的题旨不甚相干的，因此，我们在这里只提一提它们就是了。

第六章　普遍的命题及其真理和确实性

1 要研究知识必须研究文字——要想得到明白而清晰的知识，最好的、最妥当的方法，本来应该是只考察和判断观念自身，而把它们的名称撇开。但是世人既普遍地应用文字来表示观念，因此，我想这种做法是不常为人所实行的。人人都可以看到，一般人们即在自己心脑中推论和思想时，亦要应用文字来代替观念本身；

而且那些观念如果系复杂的，如果系由许多简单观念集合成的，则更有这种现象。因为这种缘故，文字和命题的考察，就成了认识论中一个必需的部分，因此，我们如不能解释前者，则讲起后者来，亦是不易理解的。

2　概括的真理只有在口头的命题中才可以了解——我们所有的一切知识不是特殊的就是概括的真理。不论在特殊的真理方面，我们是什么样的，而普遍的真理（这是人所最愿追求的）若不借文字来存想，若不表示于文字中，则它便不能为人所知晓，不易为人所了解。因此，在考察我们的知识时，我们应当考察考察普遍命题的真理和确实性。

3　确实性有两层，一层属于真理，一层属于知识——不过名词的含糊，则更能引起危险来，因此，在这种情形下，我们为避免错误起见，应该知道，确实性原有两层，就是一层是属于真理方面的，一层是属于知识方面的。各种文字如果在形成命题之后。能精确地，如实地，表示出各种观念的契合或相违，这就叫做真理方面的确实性。至于我们如果按照命题中所表示的样子，来认知各种观念的契合或相违，那就是知识方面的确实性。我们叫这为“认识那个命题的真理”。

4　在任何命题中，我们如果不知道所提到的各个物种属本质，则那个命题不能说是真实的——我们如果不知道各个名词所表示的物种有什么精确的界限和范围，则我们便不能确知由这些名词所组成的命题的真理。因为这种缘故，我们必须知道每一个物种的本质，因为本质正是组成物种，范围物种的。在一切简单的观念和情状方面，这是容易做到的。因为在这些方面，实在的和名义的本质既是同一的，因此，概括名词所代表的那个抽象观念就是物种的唯一本质和界限。因此，我们就可以确知各个物种所及的范围，或各个名词下所包括的事物；而且我们分明知道，只有这些事物和那个名词所表示的观念精确地相似，再没有别的。不过在各种实体方面，能形成，能决定，能范围各个物种的，只有实在的本质，而且那种本质是和名义的本质有别的，因此，在这方面概括名词的范围是很不确定的，因为我们既然不知道这个实在的本质，则我们便不知道，什么是那个物种，什么不是那个物种。因此，我们亦就不知道，它确乎有某种性质，确乎无某种性质。就如在提说一个人，或黄金，或其他任何自然物体时，我们如果以为那个物种的形成是由于自然有规则地给了那个物种以一种精确的，实在的本质，则我们便不能确知在这个物种方面所形成的肯定命题或否定命题是否是真的。因为人或黄金在这种意义下如果是表示实在本质所形成的物种，而不是表示说者心中的复杂观念，则它所表示的不是我们所能知道的。这些物种的范围是完全不能知道，不能决定的，因此，我们便不能确说，一切人是有理性的，一切金是黄的。但是人们如果固守名义的本质，以它为各个物种的界限，而且他们在应用概括的名词时，亦以构成那个抽象观念的各种特殊的事物为限，则他们便不致有错认各物种范围的危险，而且亦会因此确知任何命题是正确的或非正确的。我所以用这种经院派的说法，来解释各种命题的这种不确定性，并且在解释时应用了本质和物种等名称，乃是故意要指示出一般人思想的荒谬和不通，因为我们委实不应当认本质是实在的东西，而非具有名称的一些抽象观念。所谓物种只是按照一些抽象的观念，把各种事物分开类，并且以概括的名词把它们表示出来，因此，我们如果假设物种不是这样的，我们就把真理纷乱了，并且使关于这些物种所形成的一切概括的命题不确定起来。不过各种事物，在未受了经院学问的熏陶的人手里，虽然可以得到较适当，较明白的研究，可是在欧陆上这种学问既然风行已久，而且许多人们在受了这种学问的习染以后，心中又发生了牢不可拔的错误的"本质意念"或"物种意念"，因此，我们必须把这些意念找寻出来，铲除净尽，使人们得以运用那些能表示确实性的文字。

5　在实体方面特别有这种情形——各种实体的名称所表示的物种，我们如果以为是由我们所不知道的实在本质所组成的，则那些名称并不能传达确实性于理解中；而且由这些名词所组成的概括的名词，我们亦并不能确知其真理。这个理由是很显然的。因为我们如果不知道，哪个是黄金，哪个不是黄金，则我们怎么能确知此种性质或彼种性质是在黄金中的呢？因为按照这个说法，所谓黄金只是具有这个本质的一种东西，可是我们既然不知道这种本质，因此，我们亦就不知道，它是在那里或不在那里；因此亦就不能确知世界上哪一种物体是契合于这种意义下的黄金的。因为我们根本就不知道，它是否具有黄金所以成为黄金所依的那种东西，是否具有我们所观念不到的黄金的实在本质。这种情形正如一个盲人不能说出，三色堇的颜色是在那种花里或是不在那种花里一样，因为他根本就不知道三色堇的颜色是什么东西。而且假如我们能够（这是不可能的）确知，哪里有我们所不知道的那种实在本质，就是说，假如我们能够知道黄金的实在本质是在某个物体中的，我们亦一样不能确知，这个性质或那个性质真是属于黄金的。因为我们既不知道什么是实在的本质，则不论那种假设的实在本质能组成什么物种，我们依然不知道这个性质或那个性质，这个观念或那个观念，是和那种实在的本质，有必然联系的。

6 在实体方面，并没有什么普遍命题的真理可以为我们所知道——在另一方面，我们所用的实体名称如果只表示人心中的观念(自然应该如此)，它们就可以有了明白确定的意义。可是它们仍然不能给我们构成多数我们所能确实信其为真的普遍命题。这并不是因为在于我们用它们时，不确知它们所表示的各种事物，乃是因为它们所表示的那些复杂观念只是一些简单观念的集合体，而那些简单的观念只同极少数别的观念有着明显的联系或矛盾。

7 因为各种观念的共存关系是不易知道的——实体类名称所表示的复杂观念都是各种性质的集合体，而那些性质又被人认为是共存于所谓实体的一种不可知的基层内的。但是我们如果不知道这些集合体和别的性质间的自然联系，则我们便不知道，有什么别的性质是和这些集合体必然联系在一块的。但是在原始性质方面，我们对这种自然联系并不能知道什么，而在一切次等的性质方面，则我们亦因为上述的理由(第三章)完全不能发现出它们的联系来。第一因为我们不知道各种次等性质所依附的实体的实在组织。第二，我们纵然知道这一层，那也只能供我们的实验的知识之用，而不能供普遍的知识之用；而且它亦只有在那个例证中是可以有确实性的。因为我们的理解不能在任何次等性质和任何原始性质的变状间，发现出可以想象的联系来。因此，在各种实体方面，很少有概括的命题是具有毫无疑义的确实性的。

8 以金为例——“一切黄金都是固定的”这个命题，虽是为世人所普遍信仰的,可是它所含的真理是我们所永不能确知的。因为任何人如果按照经院派的无用的想象,来假设黄金一词表示着真正的物种,而且假定那个物种是自然用实在的本质所确立的:则他便不知道,哪一些特殊的实体是属于那个物种的;因此,他亦不能确实地概括地断言,黄金有某种性质。但是他用黄金一词所表示的物种,如果系决定于名义的本质,而且那个名义的本质,又只是指黄色、可展、可熔,而沉重的一种物体的复杂观念而言,则在这种固有的意义下,我们便不难知道,什么是黄金,什么不是黄金。但是别的性质如果与那个名义的本质没有可以发现的联系或矛盾,则我们便不能确定地,概括地断言黄金有那种性质或无那种性质。就如固定性和复杂的金子观念中的颜色、重量,或别的简单观念(或全部的集合体),并没有可以发现出的必然的联系,因此,我们就不能确实知道"一切黄金都是固定的"这个命题一定是真的。

9　在固定性同黄金的名义本质中所含的颜色,重量,和其他简单的观念之间,并没有可以发现的联系;因此,我们纵然进一步认复杂的黄金观念是色黄、可熔、可展、量重,而固定的一个物体,而我们对于它在王水中的可熔性,仍是一样不确定的。理由亦正是一样,因为我们并不能只凭考察观念自身,就确实断言,色黄、量重、可展、可熔,而固定的一个物体,可以在王水中熔化,或不可以在王水中熔化。至于别的性质亦是一样。在黄金的任何性质方面,我很愿意找到一切人所能确信其为真的一个概括的肯定(不过这是不可能的)。人们无疑地会立刻反对说,"一切黄金都是可展的",这个命题不是普遍而确定的么?我可以答复说,如果可展性是黄金一词所表示的复杂观念中的一部分,则这是一个很确定的命题。不过在这里，我们并不曾肯定黄金有任何性质，我们只不过是说，在那个声音所表示的观念中，可展性亦包括进去罢了。因此，这个真理正和说，一切马面是四足的一样。但是可展性如果不形成黄金一词所表示的物种的本质中的一部分，则“一切黄金都是可展的”这个命题，并不是很确定的。因为复杂的黄金观念不论是由它的其他任何性质所组成的，而可展性总不是依靠着它的，而且亦并不能由那个观念中所含的任何简单观念推论出来。可展性所以和那些别的性质有了联系，只是因为有不可觉察的各部分的实在组织为之媒介，但是我们既然不知道这种组织，因此，我们就不能窥见那种联系，因为我们并不能发现出能联系它们的任何东西来。

10 这种共存关系有多大范围，则普遍的命题有多大确实性。不过这种范围究竟是很小的，因为——在一个名称所表示的复杂观念中，我们所联合的共存的性质为数愈多，则我们愈能使那个文字的意义精确起来，有定起来。不过说到未曾包含于这个复杂观念中的那些别的性质，则那个文字的确实性并不能扩充及于它们，因为我们并不知道它们的相互联系或关系，因为我们既不知道它们所依托的那种实在组织，亦不知道它们是如何由它流出的。因为在实体方面(不如在别的方面)，我们知识的主要部分并不只在于两个独立观念的关系。我们在这方面所要知道的，乃是同一实体中各种观念间的必然联系和共存关系，或它们的不共存性。我们如果能从另一端起首，并且能发现出，那种颜色由何成立，什么东西能使一个物体较轻或较重，各个部分有什么组织能使它可展，可熔，固定，可溶于此种水中，而不溶于彼种水中；我们如果能有这样的物体观念，并且能看到，一切可感的性质原始都由何成立，如何产生：我们就可以对它们形成适当的抽象观念，使我们在较概括的知识方面，可以得到材料，并且使我们所形成的普遍的命题具有概括的真理和确实性。不过各种复杂的实体观念，委实和一切可感性质所依靠的那种内在的实在组织不相干，而且是由感官所能发现出的少数明显性质不完全地集合成的，因此，在各种实体方面，就没有概括的命题，使我们可以确实相信它们的真理了；因为我们并不能确知任何观念间的必然联系和共存关系。我想象，在实体的一切第二性质中，和与此相关的能力中，我们并不知道任何两种性质的必然的共存性或不共存性。（只有属于同一感官的各种性质，我们才能确知其不能共存，因为它们是互相排斥的，如我以前所示。）任何人都不能根据一个物体的颜色，就确知它的气味、滋味、声音，或其他可感的性质，或确知它在别物中所能起的变化，和它从别物所能接受到的变化。在声音或滋味方面，亦都可以如此说。可是表示实体的物种名称，既然表示着那些观念的集合体，因此，我们正不必惊异，我们只能用它们做成极少数的实在而确定的概括命题。但是我们对任何复杂的实体观念中所含的任何简单观念，如果能发现出它同别的任何观念间的共存关系来，则在这种范围内，我们可以对那个观念形成一个确定的普遍的命题。就是说，一个人如果能发现出在可展性和黄金的颜色或重量，或那个名称所表示的复杂观念的任何部分之间，有一种必然的联系；他就可以在这方面对于黄金构成一个确定、普遍的观念。如果是这样的，则“一切黄金都是可展的”这个命题的实在真理，正同“一切直线三角形的三角等于两直角”的这个命题是一个确定的。

11 复杂的实体观念中所包含的各种性质，多半都依靠于外面的，辽远的，不可知觉的原因——我们所有的实体观念如果能使我们知道，有什么实在的组织能产生出它们那些可感的性质来，并且能使我们知道，那些性质是怎样从它们流出的，那么我们便可以根据心中表示它们的实在本质的物种观念，较确定地发现出它们的特性来，并且发现出它们具有什么性质或不具有什么性质（这是我们现在凭感官不能做到的）；而且要知道黄金的特性，亦并无需乎黄金的真正存在，亦并无需乎在黄金上做各种实验；这个亦正同要知道三角形的特性，并不必非有三角形存在于物质中似的；因为人心中的观念在两方面都将可以适用。但是我们远不知道自然的秘密，因此，我们连它们的门前亦走不到。因为我们在考察各种实体时，往往当它们是各各自存的，认它们的一切性质都是在自身以内存在，而且与别的事物不相干的。我们往往不考察它们周围那些不可见的流体的各种作用；实则我们在那些实体中所见的各种性质（就是我们分别它们，命名它们时所依的各种内在标记），大部分都是依靠于那些流体的运动和作用的。你如果使一块金子独立自存，使它脱离一切物体的范围和影响，则它会立刻失掉了它的一切颜色、重量，或者把可展性亦失掉了；据我估计它也许因此会变成一种完全易脆的东西。又如水虽以流动性为其主要的特性，可是你如果使它独立自存，则它会成了不流动的。无生物的现状既然依靠于外界别的物体，而且那些周围的物体在移去以后，又会使它们失掉了现在的样子，因此，各种植物一定更是如此的。因为它们是不断地接受营养，而且是不断地生长、发叶、吐花、结果的。我们如果再稍一详细观察动物的状况，则我们又可以看到，它们的生命、运动和许多重要的性质，都完全依靠于外面的原因和别的物体的性质（这些还都不是它们的部分），而且离了那些外物，它们一时亦不能存在，虽然它们所依靠的那些外界的物体不是我们所注意到的，而且也不是我们所构成的那个复杂的动物观念中的一部分。你如果使大部分的动物同空气隔离开，则它们立刻会失掉其意识、生命和运动。呼吸的必然性就强使我们认识到这一层。但是那些可羡的机器的机簧还正依靠着许多别的外界的（或者还是很远的）物体，而且那些物体不但是我们所观察不到，而且亦是所想象不到的，并且亦是极严格的探求所不能发现出的。就如地球上的居民离太阳虽然有多少万哩之遥，可是它们仍然十分依靠于太阳所放射出的分子的调节适当的运动，因此，这个地球如果稍移其距日的距离，如果同那个热源离的稍近一点或远一点，则在其中居住的绝大部分动物十之九会立刻消灭了。因为我们常见，这个渺小的地球，如果因为有些部分发生了偶然的变化，以致各种动物所感到的阳光或太过或不及，则各种动物是常要灭亡了的。我们所见的磁石的各种性质亦必然是发源于磁石的范围很远以外的；而且我们知道，有些不可见的原因可以使各种动物受了损害；据说，有些动物只因为经过某个地带就一定要死亡，而且我们确知，有些动物只因为进入邻邦就会死亡。这就分明指示出，有些事物虽然很少被人认为和这些动物没有任何关系，可是它们的影响和作用，是绝对必需的，有了那些作用，动物才会成为其现在的样子，才会保存我们分辨它们时所依的那些性质。因此，我们如果以为我们在事物中所见的那些性质是在事物本身中存在着的，我们就迷失方向了；而且我们如果在蝇和象的身体中，来找寻它们的性质和能力所依靠的那种组织，亦是白费心力的。因为这种缘故，所以我们要想正确地了解它们，则我们的视线不但要超出这个地球和空气，而且要超过太阳或我们的眼所能发现的最远的星球。因为我们正不能决定，这个地球上各个特殊实体的存在和作用，是怎样依靠于我们所完全看不到的各种原因的。我们虽然在地球上看到周围事物的一些运动和粗重的作用，但是我们却不能理解有什么不可见的川流，能使这些奇异机器继续运动和完整，而且亦不能理解，这些川流究竟是从什么地方来的，是怎样传递来的，怎样变化的。据我看来，在宇宙的这个大结构中，各种大的部分和机轮的影响和作用可能是互相联系，互相依属的，因此，距离极远的一些大星宿和物体倘或消灭了，或停止了运动，则我们这个居屋中所有的一切事物会换上另一个十分差异的面孔，不再是现在的样子。我们确乎知道，各种事物本身虽似乎是绝对的、完整的，可是它们所以有我们所见的各种明显的性质，只是因为它们是自然中别的部分的扈从。它们的可观察到的性质，行动和能力，都导源于外界的一些事物，而且我们在自然中所知的任何部分，不论怎样完备，怎样完整，而它的存在和优点，都只是由其邻居来的。要想完全了解一个物体的性质，我们的思想并不能限于那个物体的表层，而当远远往前看。

12 如果真的这样是，则我们正不必惊异，我们为什么有很不完全的实体观念；而且各种性质和作用所依的那些实在的本质为什么是我们所不知道的。我们并不能发现实在存在于实体中的那些微细自动的部分，有何种体积，何种形相，何种组织；更不能发现出各种外物在它们上边所加的各种运动和冲击。可是我们在实体中所见的大部分性质都是依靠于这些运动和冲击的，并且是由这些运动所形成的，而且我们的复杂的实体观念亦是由此形成的。

我们只要一考察到这一层，就足以使我们抛弃了一切希望，不再想对于各种实体，得到它们实在本质的观念。我们既然缺乏这种本质，因此，我们只得用名义的本质，来代替它，因此，我们由此就只能得到微乎其微的实在确定的概括知识，或普遍命题。

13　判断亦许能较为进得远些，不过那不是知识——因此，我们正不必惊异，在各种实体方面，何以在很少数的概括的命题中才能找到确实性；因为我们对于它们性质和特性所有的知识，很少能够超出于感官所达到，所启示的范围以外。爱观察，好研究的人们，亦许会凭其强有力的判断，穿透得较为深一点；他们亦许会根据，由审慎观察而来的可能性和组织看条理的线索，常常猜对经验所未给他们发现出的事物来。但是这仍是猜想，仍是意见，仍缺乏知识所必需的那种确实性。因为一切概括的知识，都只存在于自己的思想中，都只存在于我们对自己抽象观念所有的思维中。任何时候，我们如果察知到观念间的契合或相违，我们就有概括的知识；我们如果再把那些观念的名称联合于各种命题中，我们就能确实宣示概括的真理。但是各种实体名称所表示的抽象观念，纵然有清晰有定的意义，亦只同很少数的别的观念，有其可发现的联系或矛盾，因此，我们在各种实体方面的主要探求，虽在于普遍命题的确实性，可是这种确实性在这里是很狭窄，很薄弱的。因此，任何实体的名称，不论其所表示的观念是怎样的，我们总不能概括地，确定地断言，它具有某种别的性质，或不具有那种性质；而且亦不能断言，那个观念只要存在，某种性质就常和它共存或不共存。

14　我们对于实体所有知识需要什么——在我们对于这些实体未得到差可的知识之时，第一我们必须知道，一个物体的原始性质在别的物体的原始性质中,能有规则地产生些什么变化,并且是怎样产生的。第二我们必须知道,一个物体的哪些原始性质可以给我们产生出哪些感觉或观念来。不过要想知道这些,就无异于要想知道,物质在其大小、形相、黏合、运动和静止等等的变状下所生的一切结果。我想人人都会承认,若不借助于神圣启示,则我们是完全不能知道这一层的。纵然上天启示给我们,使我们知道,各个分子有什么形相、大小和运动,可以给我们产生出黄色感觉来,而且使我们知道,任何物体的表层部分有什么形相、大小和组织,可以使那些分子发生适当的运动,以产生出那种颜色来,可是我们对于各种实体,仍不能因此就形成确定的普遍的命题。因为各种物体所以能作用于我们的感官,只是依凭它们那些微细的部分,可是我们的官能并不足够敏锐,并不能知道那些微小部分中所有的精确的大小、形相、组织和运动;因此,亦就不能依据这些来形成抽象的物体观念。我这里所提到的,只限于有形的实体,因为它们的作用似乎还是"理解"所能了知的,至于神灵的作用,则不论是他们的思想或推动物体的能力,我们一看之下,都是莫名其妙的。但是即在各种物体和其作用方面,我们如果稍运用思想进一步来考察它们,并且考察:即在这些物体中,我们的意念,在超出明显事实的范围以外时,还能明白地达到何种地步:则我们仍会看到,即在这些事物方面,我们所有的一切发现,亦只等于无知无能罢了。

15 我们的实体观念既然没有含着它们的实在组织,因此,我们在它们方面便不能形成概括的确定的命题——由此看来,概括的名称所表示的抽象的复杂的实体观念,既没有含着实体的实在组织,因此,它们便不能供给我们以普遍的确实性。因为我们在实体中所见所知的各种性质虽以那种组织为基础，虽与那种组织有一定的联系，可是我们的实体观念中，并没有含着这种组织。就如普通所谓人的那个观念，虽是具有“平常形相、感官、自由运动和理性的一种身体”，而且这个抽象观念虽然形成了人类的本质，可是我们在表示这个观念的“人”这个字方面，很少能形成概括的、确定的命题。因为我们既然不知道，感觉、运动能力、推理作用和那个特殊的形相，所依靠着的那种实在组织，既然不知道这些性质的联系所依靠的那种实在组织，因此，我们并不易看到有什么别的性质和那些性质有必然的联系。因此，我们便不能确实断言，一切人都要隔着相当的时间睡觉，一切人都不能为木石所营养，一切人都可以为毒草所毙命。因为这些观念和人的名义本质，和人字所表示的这个抽象观念，既无联系，亦不矛盾。在这类情形下，我们必须求助于对特殊实体所做的试验，不过我们这种方法又只能行之于很小的范围中。关于我们所经验不到的事物，我们必须安于“想当然耳”；不过关于人这个物种观念中既没有含着他的实在的组织，因此，我们便不能达到概括的确实性，因为人的一切不可分离的性质都是联系于这个根源中，而且是由这个根源所出发的。人字所表示的这个观念，既只是把人的一些明显的性质和能力不完全地合拢起来，因此，在人这个物种观念和毒草（或石）各部分在其身体上所施的作用之间，便没有可以察见的联系或矛盾。有些动物，吃了毒草，并无危险，而且有些动物是为木石所营养的。但是在任何种动物方面，这一类的性质和能力都依靠于它们的实在组织。因此，我们如果不知道那些实在的组织，则我们便不会在关于它们所形成的普遍命题中达到任何确实性。只有少数观念同我们的名义本质(或其任何部分)有明显的联系,因此,亦只有它们可以供给我们以这一类的命题。但是这类观念是很稀少,很不重要的,因此,在实体方面,我们便可以无偏颇地认为确实的,概括的实体知识几乎等于零。

16 命题的概括的确实性,成立于什么——总结起来,我们可以说,任何一种概括命题之所以成为确实的,只是因为其中所含名词所表示的观念之契合与否是我们所能发现的。只有当我们察知观念的契合或相违,是与名词的互相肯定或否定相一致时,我们才能确知它们的真和伪。因此,我们就可以注意,只有在我们观念中,我们才有概括的确实性。我们如果在外界的实验和观察中,来找寻这种确实性,则我们的知识便不能超过特殊的事情以外。因此,只有我们思考自己的抽象观念,才能给我们的概括的知识。

第七章　定理

1 它们是自明的——有一类命题,人们普通称之为定理和公理,它们被人认为是科学的原理。人们因为它们是自明的,所以就认它们是天赋的。不过据我所知,却不曾有人来指示出,它们所以明白,所以有力,究有什么理由和基础。因此,我们正可以研究它们所以明白的原因,并看看这种明白的性质是否是它们所独有的,并且可以考察一番,它们在别的知识上有多大影响,多大支配力。

2 那种自明性是由何成立的——我们已经说过,所谓知识就是人心对观念的契合或相违所发生的一种察知。因此,这种契合或相违，如果不经别的媒介或帮助，就能直接被自己看到，则我们的知识是自明的。这一层是人人都看到的，因为他们看到，有许多命题，不经任何证明，就可以为他们所同意。因为在这些命题中，他们都看到，他们所以同意，只是因为他们的心在直接比较它的观念时，看到它们的契合或相违是和命题中所表示的肯定或否定相应的。

3 自明性并非公认的公理所特有的——我们既然知道了这一层，因此，我们就可以往下考察，这种自明性是否是普通所谓公理而具有公理之尊严的那些命题所特有的。在这里，我们分明看到，有许多别的真理，虽不曾被人认为是公理，可是它们亦一样有这种自明性。我们如果一考察前边所述的观念的各种契合或相违，如同一、关系、共存、实在的存在等，我们就可以看到这一层。因为我们一考察这些关系，就可以知道，不止号称公理的那些少数命题是自明的，而且许多命题，甚至于无限数的命题都是如此的。

4 第一点，说到同一性和差异性，一切命题都一样是自明的——第一点，人心对于同一性的契合或相违所有的直接知觉，既然是建立在它的清晰的观念上的，因此，我们有多少清晰的观念，就有多少自明的命题。人们只要有任何一点知识，他就有各种清晰的知识，以为其知识的基础；而且人心的第一步作用，就在于认知各个观念的自相，和那个观念与别的观念的差异（没有这种作用，人心就不能有任何知觉）。人人都会觉得，自己知道自己的观念；并且知道他的理解中何时有观念，而且知道那个观念是什么的；而且观念如果在一个以上时，他还可以清晰地，不乱地知道它们。他既然不能不知觉到他所知觉的，因此，任何观念只要存在于心中，他就会知道那个观念在哪里，并且知道那个观念是什么；而且两个观念如果都存在于心中，他亦会知道，它们是在那里，而且不是同一的观念。因此，这一类的肯定命题和否定命题之形成，都是毫无疑义，毫无不定，毫无踌躇的，而且我们一理解了它们，就必然要同意于它们；这就是说，我们在心中一有了命题中各种名词所表示的那些有定的观念，我们就必然要同意于它们。因此，任何时候，人心只要能以注意来考察一个命题，并且能知道各种名词所表示的那两个观念（互契或互斥）是相同的或差异的，它就可以立刻知道那个命题的真实，不但如此，它还可以立刻知道，这些命题中的名词是表示着较普遍的观念，还是表示着不普遍的观念；它还可以知道概括的存在观念是否是自相契合的，就如"凡存在者存在"这个命题中所表示的；它还可以知道一个较特殊的观念是否自相契合，如"一个人是一个人"，"凡白的都是白的"；他还可以知道，一个普遍的存在观念是否和"非存在"（这个观念是与存在相异的唯一的观念）相斥，就如说，"一件事物不能同时存在而又不存在便是"；他还可以知道，任何特殊的存在观念是否和另一个观念相斥，就如"人非马"、"红非蓝"等。各种观念既是互相差异的，所以我们一了解了各种名词，立刻就可以看到命题中所含的真理，而且不论在概括的命题方面，或在非概括的命题方面，我们的知识都是一样确定，一样容易的，因为人心可以知道它所有的任何观念是与自身同一的，而且知道两个观念是互相差异的。不论这些观念的概括程度、抽象程度、包括程度，有多大，人心都一样确知它们。因此，所谓自明性并不能凭其特权专属于"凡存在者存在"，"一物不能同时存在而又不存在"这两个概括的命题。人对于存在或不存在所有的知觉，不但属于“任何事物”四字所表示的这些宽泛的观念，而且属于任何别的观念。这两个概括的公理只不过是说，同一的是同一的，同一的不是差异的，这些真理，不但在这些概括的公理中，即使是在较特殊的例证中，我们亦可以知道它们。我们在未曾思想过这些概括的公理之时，就已在特殊的例证中认识这些真理，因为这些公理的一切力量都是由运用于特殊观念中的人心的分别能力来的。我们分明知道，人心不借助于任何证明，并且不反省这两个概括的命题，就可以明白地知道，确定地知晓，白的观念就是白的观念，而非蓝的观念，而且知道，白的观念当其在心中时，实是在心中的，并非不在心中的。它既然明白地确知这些特殊的例证，因此，它纵然再来考察这些公理，亦并不能使它的知识增加其明显性或确实性。在人心所有的一切观念方面（这是人人都可实验的），都是这种情形；心中只要有观念存在，人就可以最确然地知道，那个观念就是那个观念，不是别的观念，就可以知道，那个观念是在他心中的，并非在于别处，因此，任何概括命题的真理亦不能被人知得更确定些，亦不能在此一点上再加任何证明的力量。因此，在同一性方面，我们的直觉的知识是和我们的观念范围一样大的。我们只要对自己的各种观念有了清晰的名称，我们就可以有了自明的命题。我可以让各人的心来考察圆是圆这个命题，是否和“凡存在者存在”这个较概括的命题一样自明；而且它在了解蓝非红这个命题中的各个文字以后，是否就会立刻相信这个命题，一如其相信一物不能同时存在而又不存在这个公理一样。在别的命题方面，我们亦都可以如此发问。

5　第二点，在共存关系方面我们有很少数的自明命题——第二点，所谓共存，就是两个观念间的必然联系，那就是说，在一个实体中，我们只要假设有此一个观念，同时彼一个观念亦必然要存在。关于这一类的契合或相违，人心只能在少数的情形下得到直接的认识。因此，在这一类知识方面，我们只能有很少量的直觉知识。因为这种缘故，所以我们在这方面，并没有许多自明的命题。不过有一些命题仍是自明的；就如，一个物体所占的空间必然等于它的表层以内的内容，因此，这个观念便附加在物体的观念上，因此，我想，“两个物体不能在同一空间存在”。这个命题就是一个自明的命题。

6 第三点，在别的关系方面，我们可以有自明的命题——第三点，说到各种情状的关系，则数学家只在“相等”这一关系方面，已经构成了许多的公理；就如从“等数中减了等数，余数亦相等”就是一例。这一类命题虽然被数学家认为是公理，而且是毫无问题的真理，可是人们在一考察之下就会知道，这些命题的自明性并不比特殊命题的自明性更为大一点，因为我们亦一样可以说，“一加一等于二，”你如果从一手的五指上减去二，而且从另一手的五指上亦减去二，“余数亦相等”。在数目方面，成千弄万的这些命题，在一听之下，就能强迫你的同意，而且它们的明显性纵不比那些数学公理的明显性大，至少亦是相等的。

7 第四点，在实在的存在方面，我们全没有自明的命题——第四点，说到实在的存在，则它除了同“自我观念”和“第一存在者”first being 的观念有联合而外，并不与我们任何其他观念有联合，因此，我们在一切别的事物的实在存在方面，既没有解证的知识，更没有自明的知识。因此，在这方面，我们便无公理可言。

8　这一类公理并不能十分影响我们的别的知识——其次，我们还可以考察，这些公认的公理在知识的别的部分上有多大影响。经院中有一些确立的规则说："一切推理都是由预知和预觉来的"，而且这些规则似乎以为一切别的知识的基础都是奠定在这些公理中的，似乎以为它们都是人所预知的。他们这种说法，在我看来，有两种意义，第一就是，这些公理是人心最先认识的一些真理，第二就是，我们知识的别的部分都是在它们上边建立着的。

9　它们所以无大影响，乃是因为它们不是我们首先认识的真理——第一点，我们根据经验知道，它们并不是人心首先认识的真理；这一点是我们在别处已经说过的（第一卷，第二章）。人人都可以看到，一个儿童先知道了，一个生人不是他的母亲，他的乳瓶不是他的杆子，然后慢慢才能知道，一件事物不能同时是此物而又不是此物。人人都可以看到，在数目方面，人心先完全熟悉了，相信了许多真理，然后慢慢才思想到数学家在辩论中有时所提到的那些概括的公理。这个理由是很明显的；因为人心所以能同意那些命题，既是因为它看到它的各个观念的契合或相违正是和文字所肯定的或否定的是一致的，而且是因为它知道每一个观念就是每一个观念，每两个清晰的观念不是同一的观念；因此，各种自明的真理，只要其所含的观念是人心所首先知道的，则那些真理亦是首先为人心所知道的。但是，首先存在于人心中的观念，分明是特殊事物的观念，有了这些特殊的观念，人心才慢慢得到少数概括的观念。因此，这些概括的观念是由感官所习见的物象得来，以概括的名称确立于人心中的。因此，我们是先接受了，分辨了特殊的观念，然后才能对它们得到知识；较小程度的类观念或种观念，则是跟着特殊的观念来的。因为抽象的观念，在儿童们或未受训练的人看来，并不如特殊的观念，那样明显，那样容易。成年人们所以看它们是容易的，只是因为熟惯的缘故，因为我们如果仔细一反想概括的观念，我们就会看到，它们只是人心的虚构和造作而且它们带有相当困难，呈现于心中时并不如我们常想的那样容易。若举三角形为例，则我们都知道，要想形成三角形的类观念（这还不是最抽象、最概括、最困难的观念），非需要一些辛苦和技巧不可，因为这个三角形观念不是单单斜角的、直角的、等角的、等腰的、不等边的；它是俱是而又俱非的。实际说来，它是一种不完全的东西，是不能存在的；在这个观念中，各种差异而互不相容的观念的各部分都混杂在一块。真的，人心在这种不完全的状态下，为便利传达、增加知识起见，常要急不暇择地求助于那些观念，因为它天然就倾向于这两种目的。不过我们正有理由猜疑这些观念只是我们缺点的标记了；至少这亦足以指明，最抽象，最概括的观念不是人心最初所熟习的，亦不是它的最初的知识所由以成立的。

10 因为我们知识的别的部分，并不依靠于它们——第二点，由前边所说的话得出的分明结论就是：这些受人赞美的公理并不是其他知识的原则和基础。因为事实上既然有许多别的真理同这些公理一样自明，而且有许多真理是在我们知道这些公理之前先已知道的，因此，那些真理就不可能是其他一切真理所由以演绎出的原理。我们所以知道一加二等于三，果然能够是凭着“全体等于分子之和”这样一些公理么？许多人虽不曾听到或想到人们用以证明一加二等于三的那个（或别的）公理，亦能知道一加二等于三，而且他的知识的确实程度，正和一个人知道“全体等于各部分总和”这个公理或其他公理似的。他们所以知道这一层，都是根据于同一的自明性的理由。因为不论有无这些公理，而那些观念的性质在他们看来是一样明显，一样确定的，因为这种性质是不用证明就可以为人所见到的。他纵然先知道了全体等于各部之和，他亦不能把“一加二等于三”这个命题知道得更为明白，更为确实些。因为“全体”和“部分”等等观念纵然较有优势，可是它们仍是较为含混的，仍是不易确定在人心中的，至于一，二，三，三个观念则正与此相反。人们既然主张，除了那些概括的原则自身以外，一切知识都依靠于概括的、天赋的、自明的原则，因此，我就可以问他们，“有什么原则可以证明，一加一等于二，二加二等于四，三乘二等于六呢”？这些命题自然是不经证明就能为我们所知道的，因此，我们看到，一切知识或者都不依靠于预知的，概括的公理（就是所谓原则）或者这些命题就都是原则。但是这些命题如果都是原则，则大部分的列数都成了原则了。我们如果以为我们关于一切清晰观念所形成的一切自明命题，都是原则，则人们在各时代所发现的原则的数目会成为无限的，至少亦会成了不能数的，而且有许多这些天赋的原则是他们终身所不知道的。但是不论这些真理出现于人心中的时期为迟为早，而我们确乎知道，它们所以为人所认识，只是因为它们的本有的明显性，而且它们是完全独立的，并不能为别的真理所证实，所证明。不但如此，而且较特殊的更不能为较概括的所证明，较简单的更不能为较复杂的所证明，因为较简单而较不抽象的真理，是最寻常为人所了解的，而且人们知道它们亦是较为容易，较为在先的。但是不论哪些观念是最明白的，而我们依然知道，一切命题的明显性和确实性所以能成立，只是因为人们能看到同一观念就是同一观念，并且确乎知道，两个差异的观念就是两个差异的观念。因为一个人的理解中如果有了一和二的观念，黄和蓝的观念，则他便确乎知道，一的观念就是一的观念，不是二的观念，黄的观念就是黄的观念，而不是蓝的观念。因为一个人心中如果有了清晰的观念，则他便不能把它们混淆了；倘或不然，则他的观念同时是淆乱的，同时又是清晰的，那就成了一个矛盾。我们的观念若不清晰，则我们的官能便无功用，而且我们亦就根本得不到任何知识。因此，不论哪一个观念自相肯定，不论哪两个完全清晰的观念互相否定，而人心在了解了那些名词以后，一定不能不同意那些命题是确乎真实的，而且在同意时，亦不疑虑，亦不需要证明，亦不顾及由较概括的名词所组成的那些命题——就是所谓公理。

11 这些概括的公理有什么功用——那么我们应该怎么说呢？这些概括的真理竟然会无功用么？绝不会的；不过它们的功用也许不是如平常人所想象的那样。不过我们稍一怀疑这些公理的尊严，则不免被人反对，以为我们要把一切科学的基础都推翻了。因此，我们可以考察考察，这些公理和别的知识有什么关系，并且详细考察，它们合乎某种用途，不合乎某种用途。

（一）由前边所说的看来，这些公理并不能用以证实或证明概括性较小的自明命题。

（二）它们不是，而且也不曾是任何已成的科学的基础。我自然知道，经院派的人们大肆谈论各种科学和各种科学所依的基础，并且把这种谈论加以宣扬，但是不幸得很，我并不曾遇到那样一些科学，更不曾遇到一种科学是建立在“凡存在者存在”，“同一事物不能同时存在而又不存在”这两条公理上的。我很愿意人告我，在这类概括公理上所建立的科学，在哪里可以找到；在我看来，并没有任何科学系统是在这一类公理上建立着的，而且离了这些公理，它们亦一样可以立得牢固。如果真有这样一种科学是建立在这些公理上的，则人们只要一指示给我这种科学，那我就感激不尽了。我相信，这些公理即在神学的研究和问题中，亦同在别的科学中有同样的用途。在这方面，它们亦可以止争，亦可以息辩。但是我总不相信，有人会说，基督教是建立在这些公理上的，或者说，我们对于基督教所有的知识是从这些原则演绎出的。基督教是由神圣的启示来的，没有启示，则这些公理永不能帮助我们知道这个宗教。我们如果找寻到一个观念，并且以它为媒介，发现出别的两个观念内的联系来，这就是上帝以理性的呼声给我们所完成的启示。在这种情形下，我们便知道我们以前所不知的一种真理。上帝如果直接告语我们以任何真理，那就是他借圣灵给我们所完成的启示，在这里，我们的知识亦有了进步。但是在两种情形下，我们的见识或知识，都不是由这些公理来的。在前一方面，是各种事物自身把知识呈现给我们，因为它们可以使我们看到它们的契合或相违，因而使我们看到它们所含的真理。在后一方面，上帝自身直接把知识授予我们，使我们看到他所说的真实义谛。

（三）它们并不能帮助人们来推进科学，或新发现未知的真理。就如牛顿先生虽然在其永垂不朽的著作中，解证了各种命题，而且那些命题又都是世人从不知晓的许多新的真理，又都是数学中高深的真理；但是他所以能发现出这些真理来，并不是得力于“凡存在者存在”或“全体大于部分”等等公理。他所以能发现出那些命题之为正确，并不是以这些公理为线索。他所以得知那些解证，亦并非由于这些公理;乃是由于他找寻出了中介的观念,把他所解证的命题中所表示的观念的契合与相违指示出来。在扩展知识,促进科学方面讲,人类理解到了他这种程度,亦就可以说是极其驰骋奔放的能事了。不过在这里,它们远不曾从人们对这些堂皇公理的思维得到任何帮助。对于这些命题,有传统信仰的人们,以为知识方面的任何一个步骤都得要一个公理的帮助,而且在建立各科学时所铺的任何一块石头,都不能离了概括的公理。但是他们只要能分别获得知识的方法,和传达知识的方法,只要能分别建立科学的方法,和以科学教人的方法,那他们就会看到,那些概括的公理并不是原始发明者的美妙建筑所依的基础,亦不是启发知识之秘密的钥匙。不过在后来,人们既然建立起经院来,而且各科学方面都有教师来以他人所发现者教人,因此,他们就往常应用各种公理,或奠定一些自明的命题。他们既把这些命题确立在他们学生的心中,使他们认这些命题为无可置疑的真理,因此,如果有特殊的例证不是他们学生心中所熟悉的(如他们所谆谆教人的那些概括的公理),他们便要借机应用自明的命题,使学生们相信那些特殊例证中的真理。不过这些特殊的例证,在仔细反省之后,对于理解是一样自明的,正如人们用来证实它们的那些概括的公理是一样的:而且原始发明者也是在那些特殊的例证中发见真理的,并不曾求助于这些概括的公理。因此,任何人只要肯注意考察那些真理,亦一定能发现出它们来。

现在我们可以谈论各种公理的实在用途。

(一)在已经达到的科学范围内,我们如果用普通方法把科学教人,则这些公理是有用的(如前所说);不过我们要想促进科学,则这些公理是没有什么用处的。

(二)在争辩中,我们可用它们来平息固执的争论者,并且使那些争论得到一个结束。我想,这种用途是由下述的途径来的,至于它究竟是否如此,那我就请读者来考察了。经院中既以能争善辩为人的才能的试金石,并且以它为知识的标准,因此,谁能固守阵地,他们就把胜利归之于谁;谁是后息者,他们就以谁为争论胜利——不是主张胜利。不过照这样,则在棋逢对手将遇良才,将没有最后的决定,因为一造永会找到中间名词 medius terminus 来证明任何命题,另一造会永远反对大前提或小前提(不论有无真正区分)。为避免来回争辩,落于三段论式的圈套内起见,所以经院中便采用了一些概括的命题(多半是自明的)。这些命题既是一切人所公认的,因此,人们便看它们为真理的一般标准,而且争辩者之间如无建立了别的原则,则他们还要以这些命题为原则,使人不得超过这个范围;使两造之人都不得抛弃它们。这些公理既然得到"原则"的尊号,使争辩者不得退出这些界限以外。因此,人们就误认它们是一切知识的来源,而且以它们为一切科学的基础。因为他们在争辩中,达到这些公理中任何一种时,便停止住,不再往前进步——他们的问题就决定了。不过我们已经指示出这是一种很大的错误了。

经院中这种方法,既被人认为是知识的泉源,因此,即在经院以外的日常谈论中,人们亦往往应用这些公理来止息争辩者的利口。强辩者既然反对这些概括的自明的原则,因此,人们如果不屑与他们辩论,很能得到人的原谅,因为任何有理性的人们,只要一思想到这些原则,都是不得不承认它们的。不过这些公理在这里的用处，仍只是在止争息辩。在这些情形下，我们纵然提到它们，那亦并不能指教人什么事理。这种教人的职务，已经由辩论中所用的那些中介观念所完成；不过那些观念的联系，离了那些公理的帮助亦可以为人所知晓，因此，人们在提出公理之前，辩论在未达到第一原则之时，我们已经把真理知晓了。人们在辩论中如果只是意在找寻真理，而并不是在争求胜利，则他们在未达到第一原则之时，早该抛弃了错误的观念。因此，这些公理的用处，只在防止人的执拗，实则他们如果存心坦白，早该就屈服了的。不过人们在未受了挫阻之时，在未达到自相矛盾的地步之时，在未曾被人指出自己违犯了确立的真理之时；经院中的辩论规则总是允许鼓励他们一直反对抵抗自明的真理，因此，我们正不必惊异，在普通谈话中，不论他们所采取的问题的哪一造是真是伪，他们总要固执坚持（即在被人说服以后），达到不能再躲闪的地步，而并不以为耻，因为这些做法正是经院中所认为能干和光荣的。这种探求真理和知识的途径，不能不说是很奇怪的，因此，人们只要有理性，不曾为邪教所污染，一定不会相信它可以被爱护真理，研究宗教（或自然）的人们所接受；而且人们若以宗教和哲学的真理教导愚昧而未信服的人们，则他们亦不会把这个方法采用于其学校中。这种求学的方法委实能使青年人的心理不再真实地探求真理，爱慕真理，不但如此，而且会使他们根本怀疑是否有真理其物，至少亦会使他们怀疑真理是否值得固执。不过这一层，我现在且不加以论究，我只可以说，除了少数地方而外，并没有人以为这些公理是建立科学的基础，是推进知识的大工具，因为只有少数地方，曾把逍遥哲学采用于经院中，多少世纪以来，只以口角的艺术教人，而却未曾于世界稍有贡献。

我们已经说过，这些概括的公理在争论中因为能止息强辩者口吻，所以是很有大用的；不过我们却不能用它们来发现未知的真理，或助进人心来探求知识。因为谁曾把自己的知识建立在“凡存在者存在”这个概括的命题上，或“一物不能同时存在而又不存在”这个概括的命题上呢？谁以这些公理为科学的原则，进而演绎出一套有用的知识系统呢？自然，错误的意见往往是含有矛盾的，因此，这些公理很可以作为试金石，指示出它们的去向来。但是这些公理虽然很可以揭发推论的荒谬，或意见的错误，可是说到启发人的理解力上，它们的功用是极其渺小的。我们很容易看到，人心在其知识的进程中，并不能得到这些公理的帮助；而且我们纵然不曾想到这两个概括的命题，我们的知识亦不会减少，亦不会减低其确定性。这些公理诚然有时在辩论中可以止息了强辩者的口吻，因为它们可以指示出人们所说的荒谬之点来，并且使他们觉得要违反举世和自己所公认为真的事理，那不能不是一种羞耻。但是要指示人的错误是一件事，要使他得到真理，那又是一件事。因此，我很希望知道，这两个命题能教人以什么真理，而且我们以前所不知的东西是否只有借助于它们的影响才能为我们所知。不论我们根据它们作何种推论，它们只是同一性方面的断言，而且它们纵有些小影响，亦只能限于同一性方面。不过在同一性或差异性方面，每一个特殊的命题自身都是很确定的，很明白的（只要我们稍一注意它），正如这些概括的命题似的。只是这些概括的命题，因为能适用于一切情节下，因而更为人所注意，所传播罢了。至于别的概括性较小的命题，则它们许多都只是一些口头的命题，它们所教给我们的，只是各种名称相互的关系和意义。就如“全体等于各部分总和”这个命题，究竟能教我们以什么实在的真理呢？那个公理中所含的意义，不是“全体”这一个名词自身所表示出的么？人只要知道“全体”二字表示着由其一切部分所成的一种东西，他就知道全体是等于其一切部分的。根据这个原理，我们亦照样可以说：“一座山高于一个谷”等等命题是公理了。不过数学家所以在开始传授其科学时，把这一类的公理置于其系统之前，那并不是没有理由的。他们所以如此，乃是要使其学生们起始就使自己的思想完全熟悉于这类概括名词所形成的命题，以便常常发生这一类反想，并且把这些较概括的命题当做确定的规则，应用于一切特殊的情节下。并不是说，在同样衡量之后，这些命题要比它们所要证实的特殊例证更为明白，更为显然；乃是说，这些命题因为是和人心较惯熟的，所以一提到它们就能使理解得到满足。不过我想这种情形，多半是由于我们常用它们，惯思它们，使它们确立在心中的缘故，并非那些情节的明显性真有所差异。在习惯未将思维和推论的方法确立于人心之时，我总想情形正与上述的相反。你如果把儿童的苹果的一部分割去，则他在这个特殊例证中所知的，较比借“全体等于部分之和”这个概括命题所知的，还要更为的确。这两个命题中如果有一个要为另一个所证实，则概括的命题进入人心时，更需要借助于特殊的命题，而非特殊的命题要借助于概括的命题。因为我们的知识是由特殊方面开始，逐渐才扩展到概括方面的。只是在后来，人心就采取了另一条相反的途径，它要尽力把它的知识形成概括的命题，并且要使它们在思想中惯熟起来，使自己常常求助于它们以为真和伪的标准。人们既然习用这些命题为规则，以来衡量别的命题的真伪，因此，积渐所致，他们便以为较特殊的命题所以真实，所以明显，只是因为它们契合于这些较概括的命题，因为概括的命题是在争辩和推论中是寻常被人主张，经常被人承认的。我想在许多自明的命题中，最概括的所以独能得到“公理”的尊号，亦就是因为这个缘故。

12 我们应用文字时，如果不加注意，则各种公理会证明互相矛盾的事理——关于这些概括的公理，我们还有一层要说的，就是，这些公理并不能促进我们的心理，使它稳立在真正的知识中，因此，我们的意念如果是错误的、松散的、不确定的，而且我们如果只使自己的思想随从文字的声音，而不使自己的思想确立在有定的事物观念上，则这些公理反而会证实我们的错误，而且在这种文字的用法中（这是最习见的用法），会证明了各种矛盾。一个人如果照笛卡尔的主张，在自己心中形成所谓物体的一个观念，并且以为那个观念只是广袤，则他可以借“凡存在者存在”这个公理，很容易地解证出并无所谓虚空，并无所谓“没有物体的空间”。因为他所称为物体的那个观念既然只是广袤，因此，他就可以确实知道空间是不能没有物体的；因为他很明白地，很清晰地知道他的广袤观念，而且知道那个观念就是那个观念，并非别的观念；它只是有“广袤”“物体”“空间”三个名称罢了。这三个名称既然表示着同一的观念，因此，它们不但可以自相肯定，而且可以互相肯定。因此，我如果应用这三个名词来表示同一的观念，则“空间就是物体”这个断言在其意义方面是真正同一的，正如“物体就是物体”这个断言，在意义和声音两方面都是真正同一的一样。

13 举虚空为例——但是另一个人所形成的观念如果与笛卡

尔的观念不同，可是他仍同笛卡尔一样，亦用物体一名称它，并且以为"物体"一词所表示的观念为具有广袤和凝性两者的一种东西，则他又容易解证出，宇宙中会有一个虚空，会有一个无物体的空间，正如笛卡尔解证出相反的一面似的。因为他所称为空间的那个观念，既然只是一个广袤观念，他所称为物体的那个观念既然是广袤和凝性合体的复杂观念，因此，这两个观念并不是精确地同一的，而且它们在理解中是很清晰的，正如一和二的观念、白和黑的观念、物性和人性的观念之互相各别似的，如果我们可以用那些野蛮的名词。因此，我们在心中或文字中关于这两个观念所形成的断言，并不表示它们是同一的，只表示它们的互相排斥，就如"空间或广袤不是物体"这个命题，就和在"一物不能同时存在而又不存在"这个公理上所建立的任何命题是一样真实，一样确定的。

14 它们并不能证明外界事物的存在——不过我们虽然可以用"凡存在者存在，"和"一物不能同时存在而又不存在"这两个确定的原则，来同样地解证"有一个虚空"和"无一个虚空"这两个命题，可是这两个原则并不足以给我们证明，有什么物体存在。在这里，我们只有尽自己感官的能力来实行发现。那些普遍的，自明的原则，既然只是我们对于较概括较广泛的观念，所有的恒常的、明白的、清晰的知识，因此，它们便不能证实我们心外所出现的事情，它们的确实性所以能成立，只是因为我们知道各个观念自身，并且知道它和别的观念的区分。这些观念只要存在于我们的心中，我们就不能错认它们。只有在我们记着名称而忘却观念的时候，只有在我们乱用名称，随便变化其所代表的观念的时候，我们才常常发生了错误。在这些情形下，这些公理的力量因为只达到文字的声音而未达到它们的意义，因此，我们便不得不陷于纷扰、谬误和错乱中。不过我所以说这话，只是在指示人们说，这些公理虽然被人认为是真理的有力护卫，可是他们如果错乱地，松散地使用文字，则这些公理是不能使他们免于错误的。我这里虽然提示说，它们在促进知识方面没有多大功用，而且我们所用的观念如果不确定，它们的用途更是危险的，可是我并不曾说，亦不曾想说，这些公理应该抛弃了，如一般人所鲁莽地责难我的那样。我仍然确说，它们是真理，是自明的真理，因此，它们是不能抛弃了的。在它们影响所及的范围以内讲，我们虽然想减低它的力量，那亦是白费的，而且我亦根本就不曾有此种企图。不过我却可以说，它们的功用并不与人们着重它们的程度相称合，而且我还可以警告人们，不要误用它们，使自己固执了错误。我想这话并不是于真理或知识有损的。

15　要把它们应用在复杂的观念上，那是易有危险的——但是不论它们在口头的命题中有什么功用，而它们在经验以外永不能使我们按照外界的实在状况稍为知道实体的本质是什么样的。这两个命题（所谓原则）的结果虽然有时是很明白的，它们的功用有时虽然是不危险，而无害的，可是这种情形只限于不关重要的情形下，就是说，只有在我们所试验的事物完全不用这些公理来证明时，只有在各种观念自身完全明白时，只有在我们的观念很确定，而且我们可以借代表它们的那些名称来知道它们时，才是这样的。但是我们如果应用“凡存在者存在”，“一物不能同时存在而又不存在”这些原则，来考察由复杂观念（如人、马、金、德性）所组成的那些命题时，则它们是非常危险的，而且它们往往使人认谬说为真理，认猜想作解证，我们在错误的推论中所以有谬见，固执和其他危险，都是由此来的。这种缘故并不是说，这些原则在证明由复杂观念（表示于文字中的）所组成的各种命题时，比在证明由简单观念所组成的命题时，较不真实，较少力量，乃是说，人们往往有一种错想，以为各种命题只要有同一的名词，则那些命题所说的总是同一的事物——纵然那些名词所表示的各个观念已经有了变化。因此，人们往往就利用这些公理，以来维护在声音上和外貌上都是矛盾的那些命题；就如上边所举人们关于虚空所做的那个解证就是。因此，人们如果把文字当做事物（他们常是如此的），则这些公理只有常常证明矛盾的命题罢了。这一层，后来我们还要更明白地加以阐述。

16 举人为例——你如果根据这些第一原则，在“人”方面有所解证，则我们可以看到，你的解证如果只依靠于这些原则，则它只是口头的，并不足以给我们任何确定的、普遍的、真正的命题，或使我们知道任何外界存在的事物。第一，一个儿童所形成的“人”的观念，亦许正如画家把各种可见的现象合糅在一块后所画成的画片一样；他的理解中所谓人的那个复杂的观念，亦许就是由那些杂合的观念（可见的现象）组织成的。按这种意义说来，英国的白人或肉色人既是一个人，则那个儿童可以向你解证说，一个黑人不是一个人，因为白色正是他所谓人的那个复杂观念中所含的恒常的简单观念之一。因此，他可以借“一物不能同时存在而又不存在”这个原则向你证明，黑人不是人。不过他的确实性的基础并非是那个普遍的命题，因为他并不曾听过，亦不曾想过那个命题。它的基础乃在于他对于自己的简单的白黑观念所有的明白的，清晰的知觉，而且他不论知道那个公理与否，他亦不会错认了它们，亦不会被人错教了自己。这个儿童（或任何人）既然有这样一个“人”的观念，因此，你就不能向他解证说，人是有灵魂的，因为他那个“人”的观念中并没有含着灵魂的观念。因此，在他那一方面，“凡存在者存在”这个原则，并不能证明这回事情。这回事情只依靠于他的搜集和观察，而且他只有借助于观察，才能形成所谓“人”的复杂观念。

17　第二点，另一个人在形成所谓人的观念时，如果又进了一步，如果在外面的形相上，又加上笑声和合理的推论则他可以借“一物不能同时存在而又不存在”这个公理解证说，婴儿和易子不是人。我曾同很有理性的人们谈过，他们确乎否认他们是人。

第三点，另一个人在形成其所谓“人”的那个复杂观念时，或者只采用了概括的物体观念，和语言及推理的能力，而忽略掉其整个的形相。这个人可以向你解证说，一个人并没有手，他只是一个四足兽，因为手和四足兽的观念都是不包含在他的人的观念中的。不论任何形相，只要其中有语言和推理的能力，那便是人，因为他既然明白地知道那个复杂观念，因此，那个观念“是什么就是什么”。

18　我们如果有明白而清晰的观念，则这些公理便没有什么证明的力量——因此，在全面地考察之后，我们可以说，我们心中如果有确定的观念，并且给它附有意义确定的恒常名称，则我们便不必应用这些公理来证明这些观念的契合或不契合。人们如果不借助于这一类的公理，就不能分辨那一类命题的真和伪，则他们虽借助于这些公理亦不能分辨出来；因为他如果不借助于证明就不能知道与这些公理一样自明的命题，则他没有证明亦不能知道这些公理的真实。因此,一切直觉的知识不论哪一部分都是无需乎任何证明的。人们如果以为这种知识需要证明,他就把一切知识和确性的基础毁掉,一个人如果借助于证明才能确知,才能同意"二等于二"这个命题,则他亦必须借助于证明,才能承认"凡存在者存在"这个公理。人们如果在试验之后,才能相信,二非三,白非黑,三角形非圆形,或者任何别的两个有定的差异的观念是不相同的,则他们亦必须借助于别的解证,才能相信,"一物不能同时存在,而又不存在"这个公理。

19 我们的观念如果是混淆的,则我们用起这些公理来,是很危险的——我们如果有确定的观念,则这些公理是没有什么用处的;而在另一面说来,则我们的观念如果是不确定的,则用起这些公理来,又是有危险的。我们所用的文字如果不表示确定的观念,而且它们的意义是游移不定的,一时表示这个观念,一时又表示那一个;则由此所发生的错误反而被这些公理的权威所证实,所固定(如果我们用这些公理来证明观念不确定的各种文字所组成的命题)。

第八章 无聊的命题

1 有些命题并不增加我们的知识——前章中所说的那些公理,对于真正的知识是否有一般人所想象的那种功用,我让人们来考察好了。不过我想,有一点可以确实肯定的是:有一些普遍的命题,虽确乎是真实的,可是它们并不能给理解增加光明,使知识有所增益。属于这一类的，就如：

2　第一，表示同一性的那些命题——第一，一切纯粹表示同一性的命题都是这样的。这些命题在一看之下，我们就可以知道它们不能给我们以任何指导。因为我们所说的那个名词，不论只是口头的，或包含着任何明白清晰的观念，而在我们肯定它时，它所指示给我们的，必然只是我们以前所已知道的——不论那个命题是我们自己所构成的，或是由他人指示给我们的。自然，"是什么就是什么"这个最概括的命题，有时亦可以指示人们所犯的荒谬之点，因为人们有时可以由于迂回的说法，双关的名词，在特殊的例证下，把同一件事物否定了。任何人都不敢公然来同常识挑战，竟然以明白的文字来肯定明显而直接的矛盾；而且他如果公然如此，则我们如果不再继续谈论，那亦是可原谅的。不过我们仍然可以说，那个公认的公理，或别的表示同一性的公理，都不能教我们什么。在这类命题方面，这个伟大崇宏的公理，这个被人夸作解证之基础的公理，虽然常被人应用，来证实它们，不过它所证明的，只不过是说，同一个文字可以极其明白地自相肯定，而不使我们质疑那个命题的真实。不过我们由此并不能得到任何真正的知识。

3　照这样，则任何至愚之人，只要他能形成一个命题，并且能知道他所说的"是"和"否"的意义，就能形成千万条命题，就如说，"凡有灵魂者，有灵魂"，"一个灵魂是一个灵魂"，"一个精灵是一个精灵"，"一个物神 fetiche 就是一个物神"，这些命题都等于"凡存在者存在"这个命题，亦等于"是什么就是什么"，或"谁有灵魂，就有灵魂"这个命题。不过他虽然分明知道这些命题的真实，可是他并不能由此知道世界上任何事情。这不只是玩弄文字么？这就仿佛一个猴子把牡蛎在自己手倒换，而且用语言说（假如他有的话），“右手的牡蛎是主词，左手的牡蛎是谓词”，并且由此对于牡蛎形成一个命题说，“牡蛎就是牡蛎”似的。不过他并不因此稍为聪明了一点，而且这样做法既不能充猴之饥饿，亦不能满足人的理解，既不能使猴子的体躯长大，亦不能使人的知识增加。

我知道有些人，因为同一性的命题是自明的，所以不免要为它们担心，而且他们以为自己竭力夸张这些命题，就给哲学尽了很大的功劳；他们好像以为一切知识都是包括在这些公理中的，而且人的理解只由它们才能达到任何真理。我自然亦敢同任何人一样来承认，它们都是真实的、自明的。我还承认（如前章所说），人类一切知识的基础，只是在我们有能力来知觉同一的观念就是同一的观念，只是因为我们有能力来分辨它和别的差异观念的不同。不过我并看不到，我们怎样由此就能得到辩护，使自己应用表示同一性的命题来促进知识，而不至被人责斥为琐屑无聊。我们虽然尽管重述“意志就是意志”这个命题，并且竭力着重它，不过这一类的命题，在扩大我们的知识方面讲，究竟有何种功用呢？一个人所有的命题纵然同他所有的文字一样多，他纵然尽管说，“法律就是法律。义务就是义务”，“是就是是，非就是非”，可是这一类的命题如何能帮助他，使他了解论理学，或教导他（或别人）来知道道德学呢？人们纵然不知道，而且永不知道，什么是“是”和“非”，什么是是非的标准，亦一样能无误地知道这一类命题的真理，而且他的这种知识就和最熟悉道德学的人的知识是一样的。不过这一类真理果真能使他们知道任何有益于他们行为的事物么？

一个人如果意在启发理解，使它得到某种知识，可是他同时又忙于同一性的命题；而且固执下述的命题，如“实体就是实体”，“物体就是物体”，“虚空就是虚空”，“旋涡就是旋涡”，“吐火兽就是吐火兽”——他如果这样，则我们只能说他是意在玩弄罢了。因为这些命题虽然都一样是真正的、确定的、自明的，可是我们如果用它们当做能启发人的原则，并且着重它们，以为它们能帮助我们的知识，则它们不能不说是一些无聊举动，因为它们所教人的，乃是凡能谈话的人不用指导就能自己知道的，因为人人都知道，“同一的名词就是同一的名词，同一的观念就是同一的观念”。因为这种缘故，我从前和现在都以为，人们如果想用这些命题来使理解得到新光亮，并且在事物方面得到新知识，那只不过是无聊举动罢了。

我们必须用另一些东西，才能启发人们；一个人如果想扩大自己或他人的心理，使它知道自己从前所不知的一些真理，则他必须找寻出中介观念来，并且把它们排列起来，使理解看到所讨论的各个观念的契合或相违。各种命题，只要能做到这一层，就能启发人们；不过它们这样仍不是以一个名词来肯定同一个名词，因为这种做法并不能使自己或他人得到任何知识。这样并不能使人得到知识；这个正如一个人在学读书时，只听到“A 是 A”，“B 是 B”这些命题不能得到任何知识似的。一个人虽然可以知道这些命题，如同塾师一样明白，可是他尽其一生亦许不会读一个字。不论他怎样应用这些同一命题，而他从不能在读书的技术方面稍有进步。

我叫这些命题为无聊的命题，或者会引起人的责难，但是他们如果读了我上述以浅显文字所述的道理，并且曾费辛苦来理解过它，则他们一定会看到，我所谓同一命题，只是用指示同一观念的同一名词来肯定它自身的。我想，所谓同一命题正有这样的意义；

而且关于这一类的命题，我仍然可以说，我们如把它们当做是能启发人的，而把它们向人提出来，那只不过是无聊玩意罢了。因为人们只要有理性，则在这些命题应被注意的时候，他们便不能不注意到它们，而且他们既注意到它们，亦便不能怀疑它们的真实。

人们所谓同一性的命题，或者不是指"一个名词肯定同一名词"而言，不过他们这种说法究竟是否适当，那我可以让别人来判断好了。我可以说，他们所说的同一性的命题，如果同我所说的不一样，则那便与我无关，亦与我所说的话无关。我所说的命题，只是指同一名词自相肯定而言的。我很愿意有人给我举一个例子，证明我们可以用这一类命题来促进自己的知识。至于别的例证，则他们不论如何能应用它们，那都与我无关，因为它们不是我所谓同一性的命题。

4 第二点，我们若以复杂观念中的一部分作为全体的宾词，则它们亦不能助进我们的知识——第二点，另外一种无聊的命题，就是指我们用复杂观念的一部分作为名词全体的宾词而言（所谓复杂观念的一部分，就是说定义的一部分，所定义的文字的一部分）。凡以类来作为种的宾词的各种命题，以较概括名词作为次概括名词的宾词的各种命题，都是属于这一类的。因为我们如果说："铅是一种金属"，则在明了铅字所表示的那个复杂观念的人，这个命题究竟能给它以什么知识，什么启示呢？因为"金属"这个复杂中所含的一切简单观念，都是他以前所知道的，都是他曾用铅这个名称所表示过的。虽然如此，可是一个人如果知道金属一词的意义，而不知道铅字的意义，则我们如果说："铅是金属"，那也是解释字义的一个较简捷的方法。因为这个说法可以一直表示出铅的各种简单观念来，并不必一一列举说，“它是一个沉重，可熔，而可展的一个物体”。

5　我们如果只举述名词定义的一部分，则亦不能使我们得到知识——我们如果只用定义的一部分，作为被定义的那个名词的属性或者只举复杂观念中所含诸简单观念之一，来肯定一个复杂观念，来肯定整个复杂观念的那个名称，就如说“一切黄金是可熔化的”，那亦只是一种无聊玩意儿。因为可熔性既是黄金二字所代表的这个复杂观念所含的简单观念之一，那么我们如果以这个观念作为黄金一名的宾词，那不只是玩弄字音么？因为可熔性这一观念已经包含在黄金的通俗意义中了。我们如果认真地申言，金是黄的，并且以此为重要的真理，那只是很可笑的。不但如此，我们如果说，金是可熔的，那亦并不稍有意义。只有在这个性质，从普通语言中黄金两个字音所表示的复杂观念中遗掉了时，我们这种说法才有丝毫意义。若不如此，则我们如果把人们已经听过，已经知道的事情告人，那有什么可以指教人的地方呢？因为人在应用一个文字时，应该假设我知道它的意义。在我不知道时，他才可以告我。不过我既然知道黄金一名所表示的复杂观念是指色黄、沉重、可熔，而可展的一个物体而言，则人们在后来如果把它加入命题中，并且认真地说，“一切黄金是可熔的”，那并不能教我们什么。这一类命题只能提醒人们已离弃自己名词的定义，而指示出他们的无诚意来。他们虽然确定无比，可是它们只能使我们知道文字的意义，此外，并不能指导我们什么。

6　举人和走马为例——“一切人都是动物，或活动的物体”，这个命题是最确定不过的。不过这个命题并不能使我们知道什么事物，正如“一匹走马是一匹善走的马，或一匹能嘶善走的马”这个命题不能使我们知道什么事物一样。这两个命题所说的只是文字的意义，前一个命题只是告我们说，身体、意识和运动（或感觉和运动的能力）是我常用人字所表示的三个观念，而且这三个观念如果不在一块时，则人这一名便不能属于那个事物。这后一个命题只是告我们说，身体、意识、某种走法、某种声音，是我常用走马一词所表示的一些观念，而且它们如果不在一块存在，则走马一名便不能属于那种事物。这个说法正和我们用能表示复杂观念中任何简单观念（或一或多）的名词，来肯定人这个名词是一样的；就如一个罗马人如果用“人”一名来表示一物中所联合的许多清晰的观念，如身体、感觉、运动、推理和笑等等，则他虽可用这些观念之一或多，确实地、普遍地，来肯定人这个字，但是他所说的只不过是，在罗马国中，“人”这个字在其意义中包含着这些观念罢了。又如一个浪漫骑士如果以走马一词表示着“长形，四腿，意识，运动，缓行，嘶鸣，白色，背上常有一女郎”等等观念，则他虽亦可以确实地，普遍地用这些观念之一或多，来肯定走马这个词，但是他所教我们的，只不过是说，在他的（或浪漫故事的）语言中，走马一词表示这些观念，而且在这些观念中有一个缺乏了的时候，我们便不能应用这个名词罢了。但是如果有人告我说，“任何东西只要有意识，运动，理性和笑，它就实在有上帝的意念，或可以为鸦片所催眠”，则他所立的命题是能启发人的，因为“具有上帝的意念”和“被鸦片所催眠”这两个观念既然不曾包含于人字所表示的观念中，因此，我们由这两个命题所知道的，就比只有人字所表示的为多，因此，这个命题中所包含的知道亦不止是口头的。

7　依据定义而来的各种命题只能指示文字的意义——在一个人未立任何命题的时候，我们一定假设他了解了他所用的那些名词。若不如此，他们的谈话就如鹦鹉似的，只可以模仿他人的声音，并不能如理性动物似的，用它们作为他心中观念的标记。至于听者，则我们亦假设他了解说者所用的名词的意义，否则他所说的只是谵语，只是无意义的噪声。因此，一个人所立的命题所包含的观念，如果只是其中某一个名词所表示的，或者是人所早知道的，如说"三角形有三边"或"橙是黄的"等等命题；则他只不过玩弄文字罢了。这种做法只有在下面一种情形下是可以容忍的，就是说，一个人如果不了解我们，而且我们如果向他解释我们的名词，则我们可以采用这种做法；不过在这里，我们所教他的仍只是那个文字的意义，和那个标记的功用。

8　不过这些命题仍不是真正的知识——因此，我们所能确知其为正确的命题可以分做两类。第一类就是那些无聊的命题，它们虽有确实性，不过那种确实性只是口头的，并不能启发人们。至于我们所能确知其为正确的第二种命题，则它系以甲种事情肯定乙种事情的，而且甲事情虽不包含于乙事情中，可是它仍是乙事情的精确的复杂观念必然所生的结果，就如说"三角形的外角大于其不相依的任何一内角"，便是一例。在这个命题中，外角和其不相依的内角间之关系，既然不是三角形一名所表示的这个复杂观念的一部分，因此，这个命题就是一个实在的真理，而且能给人以实在的，能启发人的知识。

9　在实体方面，概括的命题常只是一些无聊玩意儿——我们离了感官既然不知道在各种实体中有某些简单的观念是共存着的，因此，我们在实体方面所形成的普遍的，真实的命题，便只以名义的本质所指导的为限。不过说到依靠于实在组织的一切简单观念，则所谓名义的本质只能包括少数不重要的真理，因此，我们在实体方面所立的概括命题如果是确定的，则它们大部分是琐屑的；反之，它们如果是能启发人的，则它们是不确定的，而且我们虽凭恒常的观察和比较指导我们的判断来猜想，我们亦不能知道它们所含的实在的真理。因此，我们常见很明白、很合理的理论结果是空无所有的。因为各种实体的名称分明亦同别的名称一样，就它们附有相对的意义而言，则我们很可以按照它们的相对的定义所允许的范围，把它们很正确地以肯定方式或以否定方式联合在各种命题中。由这类名词所成立的各种命题，亦正可以互相演绎，而且演绎之明白的程度，正如表示最实在的真理的各种命题可以互相演绎似的。不过我们却并不能由此知道外界事物的本性或实在。因此，我们虽可用文字来成立解证和无疑的命题，可是我们并不能由此稍为知道事物的真理。就如一个人知道了下述的各种文字和其平常相对的意义，如"实体，人，动物，形式，灵魂，植物的，感觉的，有理性的"等等，他就可以在灵魂方面成立一些无疑的命题；不过他在成立命题时，却可以完全不知道灵魂真是什么样的。人们可以在哲学中，神学中，一些自然哲学中，找到无数这一类的命题，推论和结论；不过他们毕竟仍然不知道什么是上帝，精神或物体，一如其以前出发时一样。

10 什么缘故——一个人如果自由决定各种实体名称的意义（任何人如果用各种名称表示自己的观念，都是如此的），并且任意由他人的或自己的幻想来取得其意义，而不考察事物本身的本性，则他很容易按照各种名称的相对关系，来互相解证它们。在这些解证中，各种事物的本性不论相契与否，他都不必过问，他只管自己那些附有名称的各种意念就是。不过他却不能因此就增加了自己的知识。这种情形，正如一个只知道砝码的数目，不能增加其财富似的，因为一个人如果取来一袋砝码，叫某处所置的为镑，某处所置的为先令，某处所置的为便士，则他可以按照各个砝码所表示的数目多寡，正确地计算下去，加成一大个数目。不过他却不能因此稍为致富一点，而且他甚至于亦不知道多少是镑，多少是先令，多少是便士。他只知道，镑大于先令二十倍，先令大于便士十二倍。同样，一个人如果使各种文字的含义有多，有少，或相等，则他亦可以相同的做法。

11　第三点，用文字时如果意义不一致，则那亦只是玩弄文字——不过关于日常谈话中（尤其是辩论式的谈话）所用的各种文字，还有一种更可惩责的事情；这种事情乃是最坏的一种玩弄方法，它能使我们更达不到我们希望借文字所求得的那种确定的知识。就是说，许多作者不但不能使我们知道事物的本性，而且他们所用的文字是松散而不确定的。他们所用的文字既然不能有恒常的确定的意义，因此，他们就不能以各种文字明白地、显然地互相演绎，亦不能使他们的谈话紧凑而明白（不论他们的谈论如何能启发人）。这种情形本来是容易免除的，不过他们觉得纷乱含糊的名词，正可以掩饰其愚陋和固执，因此，他们就反而不肯抛弃了。——不过这种坏处在许多人方面亦是可以因为怠忽和恶习而加甚的。

12　表示空言命题的各种标记——总而言之，空言的命题可以由下述的各种标记观察而得。

第一点，断言如果是抽象的，则命题是空言的——第一点，在各种命题中，两个抽象的名词如果互相肯定，则那些命题所说的只是声音的意义。因为任何抽象的观念既然只能和它自身相一致，因此，我们如果用它的抽象名词来肯定别的名词，则我们的意义只是说，那个名词可以如此称呼，或者是说，这两个名称表示着同一的观念。因此，如果有人说，吝啬是节俭，感恩是正义，此种行动是正义，彼种行动不是正义，则这一类的命题在一看之下虽然是很堂皇的，可是我们如果一研究它们，并且仔细考究它们包含着些什么，则我们会看到，这些命题所说的没有别的，只有那些名词的意义。

13 第二点，我们如果用定义的一部分作为那个名词的宾词，则我们的命题是空言的——第二点，在各种命题中，我们如果用一个名词所表示的复杂观念的一部分作为那个名词的宾词，则那些命题只是空言的；就如说“金是金属”，或“金是重的”便是。因此，在各种命题中，我们如果用较概括的文字来肯定附属的，次概括的文字，以所谓总类来肯定物种(或个体)，则那些命题都只是空言的。

因此，我们如果根据这两个规则，来考察我们日常在谈论中所遇到的各种命题(不论在书中或书外)，则我们会看到，大部分命题(比人们常常所想的为多)所说的，都只是纯粹关于文字的意义的，而且它们所包含的，亦只有这些标记的用法。

在这里，我可以立一条确定的规则说，我们如果不知道一个文字所表示的清晰观念，而且我们如果不用不包含于那个观念中的东西来肯定它，或否定它，则我们的思想就完全固执在声音上，而且我们亦不会得到真正的真理或虚伪。我们如果能仔细考察这一层，或者可以避免大部分无谓的娱乐和争论，而且在追求实在的，正确的知识时，或者可以省了许多辛苦和漫游。

第九章　我们对于“存在”所有的知识

1　概括的确定的命题与存在无关——我们一向所考察的，只是各种事物的本质，不过这些本质既然只是抽象的观念，而且它们在思想中又和特殊的存在隔绝开（人心在抽象作用中的特有活动，只是把一个观念当做是理解中存在着的东西而加以考察），因此，它们便不以有关实在存在的知识给予我们。这里我们顺便注意到，各种普遍的命题之为真为伪虽是我们所确知的，可是它们并与实在的存在无关。其次，各种特殊的肯定或否定，在成为概括时虽是不确定的，可是它们本身只是与“存在”相关的；它们所申述的，只是事物中各种观念的偶然联合或分离，不过这些观念在事物的抽象本质中在我们看来并没有已知的必然的联系或矛盾。

2　关于存在的知识有三层——不过说到各种命题的本性，和各种断言的方式，我们以后还要在别处详细讨论，因此，我们现在就略而不提了。现在我们可以研究我们对于事物的存在所有的知识，并且研究它是如何得来的。我可以说，我们所以能知道认识自己的存在，乃是凭借于直觉，所以能认识上帝的存在，乃是凭借于解证，所以能认识其他事物的存在，只是凭借于感觉。

3　我们对于自己存在所有的知识是直觉的——说到我们自己的存在，则它是我们很明白地，很确定地所知觉到的，因此，它亦不需要别的证明，而且亦就不能再有所证明。因为任何东西都不能像我们的存在那样明显。我虽然思想，虽然推理，虽然感觉到苦和乐；可是这些动作果然能比自我的存在更为明显么？我虽然可以怀疑别的一切东西，可是只有这种怀疑就可以使我们知觉到自己的存在，而不容我来怀疑它。因为我如果知道自己在感觉痛苦，则我分明知觉到自己的存在，一如我知觉到我所感的痛苦的存在似的。我如果知道我怀疑，则我一定知道那个在怀疑的东西，一如我知道所谓怀疑的那种心理作用似的。因此，经验使我们相信，我们对于自己的存在有一种直觉的知识，而且我们由内心无误地知道，我们自己是存在的。在每一种感觉，推理或思想中，我们都意识到我们自己的存在，而且在这方面，我们正有最高度的确实性。

第十章　我们对于上帝的存在所有的知识

1　我们能够确知有一位上帝——上帝虽然没有给予我们以有关他自己的天赋观念，虽然没有在我们心上印了原始的字迹，使我们一读就知道他的存在，可是他既然给了人心以那些天赋官能，因此，他就不曾使他的存在得不到证明；因为我们既有感觉、知觉和理性，因此，我们只要能自己留神，就能明白地证明他的存在。我们亦并不当抱怨自己在这个大问题上全无所知，因为他已经供给了我们许多方法，使我们按照自己生存的目的，和幸福的关怀，把他发现出来。不过这虽是理性所发现的最明显的真理，而且它的明显性亦等于数学的确实性(如果我不错的话),可是我们必须思想它,注意它,而且我们的心亦必须从我们的某一部分直觉的知识,按照规则演绎出它来,否则我们便会不能确知这个真理,亦正如我们不能确知本可以明显地证明出来的那些命题似的。因此,我们如果要想指示出,我们能够认识并确信有一位上帝并且指示出,我们怎样得到这种确知,则我想我们并不必跑出自身以外,并不必跑出我们对自己存在所有的确定知识以外。

2 人知道自己是存在的——我想,人人都对于自己的存在,有一种明白的认识,都知道他存在着,都知道自己是一种东西;这是毫无疑义的。人如果怀疑他自己是否是一种东西,则我可以不同他讲话;正如不同虚空辩论,不努力使虚体相信它是一种东西似的。一个人如果矫情妄以怀疑的态度,来否认自己的存在(因为要真正怀疑这个,那显然是不可能的),则他可以安度其子虚乌有的幸福生活,等饥饿或别的痛苦使他发生相反的信念好了。因此,我敢说,他是实在存在的东西,而且我可以认这个说法是一个真理,是人人的确实知识使他确信不疑,无法怀疑的。

3 他还知道虚无不能产生出一个存在物来,因此,一定有一种永久的东西——其次,人还可以凭直觉的确实性知道,虚无之不能产生任何实在的存在,亦正如虚无不能等于两直角似的。一个人如果不知道虚无(或一切事物的阙如)不能等于两直角,则他便不能知道几何中任何解证。因此,我们如果知道有一种实在的存在物,而且虚无不能产生出实在的存在物来,那就分明解证出,从无始以来,就有一种东西存在,因为凡非由无始以来存在的东西,一定有一个开始,而凡开始存在的东西,都一定是为另外一种东西所产生的。

4 悠久的主宰必然是全能的——其次，任何东西如果是由别种东西开始存在的，则它自身所有的东西和依属于它的东西，显然一定是由那另一种东西来的。它所有的一切能力都一定是从那个根源来的。因此一切事物的这个悠久的泉源，一定是一切能力的泉源，因此，这个悠久的主宰一定是全能的。

5 而且是全知的——其次，一个人又看到自己有知觉和知识，因此，我们就又进了一步，并且确实知道，世界上不但有一个存在者，而且有一个有知识，有智慧的存在者。

因此，在某个时期并没有有知识的东西，到了那个时期，才开始有了知识；要不这样说，我们只得说，无始以来就有一位全知的主宰。人们如果说，"有一个时期，任何东西都没有知识"，而且"悠久的主宰亦并没有任何理解"，则我可以答复说，要照这样，则知识永不会存在，因为一切事物如果全无知识，而且其作用又系盲目的，毫无任何知觉，则它们便不能产生出任何有知识的存在物来，亦正如三角形不能使其三角大于两直角似的。因为要说无感觉的物质可以发生了感觉、知觉和知识，那正是同那个观念相矛盾的，亦正如说，三角形的三角大于两直角，是和那个观念相矛盾似的。

6 因此，就有一位上帝——因此，根据我们对自己的思考，根据我们在自己组织的内容方面所作的无误的发现，我们的理性就使我们知道这个明显而确定的真理，就是有一位悠久的，全能的，全知的主宰。这位主宰，人们叫做上帝与否，都无关系。事实是明显的；在仔细考察这个观念以后，我们更会由此演绎出这位悠久主宰所应有的一切品德。有人如果傲慢不逊，竟然以为只有人类有聪明，有知识，可是同时又以为它是无明和偶然的产物，而且宇宙的其余一切部分亦只是为那个盲目的偶然所支配：则我可以让他在有暇的时候，来思考西塞罗（见其 De legibus）所加于人的那种最合理，最有力的责词；他说："人如果以为只有自己才有心思聪明，而在全部宇宙中再没有这回事；或者以为自己尽其理性的能力所不能了解的那些东西，其运动，其安排，竟会全无理由；那是多么傲慢，多么不恭呢？"

由前边所说的看来，我就分明知道，我们对于上帝的存在所有的知识，比对于感官不能直接发现出的任何东西的存在，还要确实。不但如此，而且我想我还可以说，我们知道有一位上帝，比知道有任何外界的事物，还要确实些。我所说的"我们知道"一句话就是说，我们确实能够得到那种知识，而我们只要肯用心思考它，亦如思考别的东西一样，则我们是不能不知道它的。

7　我们对于最完全的存在者所有的观念，还不是上帝存在的唯一证明——人心中所构成的最完全的主宰的观念，是否证明上帝的存在，我且不在这里加以考察。因为在证实同一真理时，人们的秉心各异，用思互别，所以有些论证可以较有力地说服某些人，另一些论证又可以较有力地说服另一些人。但是我想有一点我还可以说的就是，我们如果把这样重要的一点建立在那个唯一的基础上，并且以为人心之具有这些观念就是"神明"的唯一证明，那委实不是证成真理说服无神论者的妥善方法，因为我们见到，有些人并没有神明观念，有些人比没有这观念还更坏，而且大多数人的观念都是互相差异的。因此，我们万不可因为自己过于爱惜这个得意的发明，就想来摒斥，或至少企图来减弱，一切别的论证，并且以为一切别的证明都是脆弱而错误的，因为我们自己的存在和宇宙中各个明显部分已经在明白有力的方式下把那些证明提供给我们，使我认为一切有思想的人们都不能反驳它。因为人们有一种最确定最明白的真理说：属于上帝的一切无形事物，从世界的创造明白看出来，我们甚至可以由所造的万物看出他的永久的能力和神明。不过我们的存在虽然对于上帝的存在给了一个明显而不可争辩的证明（如前所说），而且任何人只要仔细一考察这个证明（一如其考察关于别的部分的证明一样），就不能不承认这个证明的有力；但是这个真理既是基本的，重要的，而且是一切宗教和纯正道德学所依托的，因此，我想我可以重新复检这个论证的内容，并且详细考察一番。我想读者一定会原谅我这一层。

8 宇宙中一定有一种无始以来就存在的东西——宇宙中一定从无始以来就有某种东西，而且这种说法乃是明显不过的一种真理。我还不曾听说有人会无理假设，宇宙中曾经有一时是完全无物的；这实在是最明显的一种矛盾。因为要想象：纯粹的虚无，一切事物的完全否定和阙如可以产生出任何实在的存在来，那乃是荒谬之至的。

一切有理性的生物既然都不能不断言，从无始以来就有某种事物存在，因此，我们就可以看看那种东西一定是什么样的。

9 事物分两种，一为有认识力的，一为无认识力的——人们所能认知、所能设想的只有两种事物：

第一是纯粹物质的，并无意识，知觉和思想，就如剃须子、剪指甲便是。

第二是有感觉，能思想，能知觉的事物，就如我们自身便是。

这两种存在我们以后可以叫做“有认识力的和无认识力的存在物”，因为这两个名词为了我们现在的目的，（纵然不为别的）或许比物质的和非物质的两个名词较为适当些。

10　无认识力的存在物不能产生有认识力的——无始以来既是必然有一种东西，那么，我们就可以看看，它究竟是什么样的。说到这一层，则可明白看到，它一定是一个有认识能力的东西。因为我们既不能想象虚无自身可以产生出物质来，因此，我们亦一样不能想象无认识力的物质可以产生出有认识力的存在物来。我们不论假设任何大的或小的永久的物团，我们总会看到，它自身不能产生出什么东西来。比如面前一块小石的物质是永久的、密集的，而且其各部分是完全静止的，那么世界上如果没有别的东西存在，它不是终究是一块死寂而不活动的物团么？它既是纯粹的物质，那么我们能想象能在自身加上一种运动，产生出任何东西来么？因此，物质如只凭其自己的能力，则它连运动亦不会产生出来；它的运动必须亦是无始以来就有的，否则是被比物质更有力的东西加于物质的，因为物质自身显然没有能力来产生运动。不过我们可以再进一步假设运动亦是无始以来存在的；但是无认识力的物质和运动，不论在形相和体积方面产生什么变化，它永久不能产生出思想来。因为虚无或虚体既然没有能力来产生物质，所以运动和物质亦没有能力来产生知识。一个人既然不易设想虚无可以产生物质，因此，他亦一样不易设想，在原来无思想或无智慧的生物时，纯粹的物质可以产生出思想来。我们不论把物质分到如何怎样微细的地步（我们容易想象这样就使物质精神化了），不论把它的运动和形相变化到怎样的程度，可是直径为格李 Gry（一时的

1%)百万分之一的那些圆球、立方、锥形、三棱形、圆柱形等在别的体积相差不远的物体上所有的作用,亦正如直径为一吋或一呎大的其他物体的作用一样。你如果想用世界上最微细的物质分子来产生意识、思想和知识,则你亦可以把粗重的物质置于一定的形式和运动中,来产生出那些作用来。因为微细的分子亦正同较大的分子一样,它们亦能互相冲击、推动和抵抗,而且它们的能力亦就以此为限。因此,我们如果不假设无始以来就有一种原始的或悠久的东西存在,则物质便不能开始存在;我们如果只假设有物质而无运动,则运动永不能开始存在;我们如果只假设物质和运动是原始的或悠久的,则思想便不能开始存在。因为不论物质有无运动,我们都不可能设想它在自身并凭自己原来能有感觉、知觉和知识,因为若是这样,则这些作用都将成为物质及其各分子的永久不可离的一种性质(那就荒谬了)。不仅如此,此外还有另一种困难在,就是我们平常虽然按照物质的类概念,或种概念把它当做一种东西看,可是实际上一切物质并非是一个单一的东西,而且我们亦不知道,也不能存想有一个物质的存在物或单一的物体。因此,物质如果是悠久的原始的有认识力的存在物,则一定不会有一个唯一无限而有认识力的存在者,这样,一定会产生了无数的悠久,有限,而有认识能力的一些存在,而且这些存在是各自独立的,它们的力量和思想亦是有限而各自有范围的,因此,它们亦就不能产生出自然中所具有的那种秩序,谐和同美丽来。任何原始的,悠久的存在物,必然是有认识力的,任何原始存在的东西,至少亦一定包含着并且现实具有以后所能存在的一切妙德;它所给予其他东西的任何妙德,一定是它自身所现实具有或是至少比它在较高程度内所有的。因此，必然的结论就是，原始的，悠久的存在者，一定不能是物质。

11　因此，宇宙中一定有一种悠久的大智——因此，我们知道，从无始以来不但必然有一种东西存在，而且那种东西又必然是一个有认识力的东西。因为虚无或一切事物的否定既然不能产生出积极的存在物或物质来，因此，无认识力的物质亦不能产生出有认识力的物质来。

12　我们既然发现了一个悠久的心的必然存在，因此，我们就可以充分知道有一个上帝存在。因为有了上帝，我们才能说，后来开始存在的一切其他含灵之物，都是依靠于他的，而且他们的知识的途径或能力的范围，亦不出于他所给予他们的。有了上帝，我们才能说，他不但造了这些东西，而且他还造了宇宙中别的次美的东西——一切无生物——来证成，来建立他的全知、全能和意旨，以及其他一切品德。不过这一层，虽是很明显的，可是我们为求进一步了解起见，还可以看看人们对于此说提出什么怀疑来。

13　他是否是物质——第一点，人或者说，我们虽然极其明白地解证出，世界上有一个永久的“存在者”，而且那个“存在者”必然也是有知识的，可是我们并不能由此断言，能思想的“存在者”就不是物质的。不过就照这样说“我们亦一样可以推断说有一个上帝。”因为宇宙中如果有一个永久的、全知的、全能的“存在者”，则那个“存在者”不论你想象他是物质与否，总切实有一位上帝。不过这个假设却是危险的、骗人的。“宇宙中，必然有悠久有知的存在者”这个命题乃是无法避免的一个解证，因此，崇拜物质的人们就情愿承认这个有知识的存在者就是物质。不过这样一来，则他们在心中又忘却了原来证明“悠久而且有知性的存在者必然存在”的这个解证，结果就坚持一切都是物质，就否认上帝，就否认悠久而有知性的存在者。这样，他们就不但不能建立起他们的假设，反而把他们的假设毁灭了。因为照他们的意见说来，宇宙中既然只有悠久的物质，而无任何悠久而有知性的存在者，那么他们显然就把物质和思想分开了，显然就假设它们彼此无必然的联系了，显然就成立了“悠久精神”的必然性，而把物质的假设摧毁了；因为我们已经证明，我们是不能不承认有一个悠久而有知性的上帝的。思想和物质既然可以分开，则物质的悠久存在，并不能跟着有知性的神明的悠久存在而来，因此，他们的物质假设就空无意义了。

14 不是物质的，第一，因为各个物质分子都不是有知性的——不过让我们看一看，他们怎样向自己或他人来解释，这个永久的，能思的东西是物质的。

第一，我要问他们，他们是否想象一切物质，一切物质分子都是在思想的，我想他们是不容易这样说的，因为要这样主张，则所有永久能思的东西，将和物质分子的数目一样多，因而上帝的数目就会成了无限的。但是他们如果不承认单作为物质看的物质（即一切物质分子）是有知性的，一如其为有广袤的似的，则他们便有一个困难的任务，他们必须向自己的理性解释无知性的分子怎样能产生出有知性的分子来，无广袤的部分怎样产生出有广袤的部分来，如果我可以这样说。

15 第二点，不能单有一个物质分子是有知性的——第二点，全部物质如果都不能思想，则我们其次就可以问，是否单有一个原子是能思想的？这种说法正同前一种说法有一样多的荒谬之点，因为这个物质分子必须单是永久的;或不是永久的。如果单单这个原子是永久的,这个原子自身就可以凭其有力的思想或意志,创造了其余一切物质。因此,我们就可以说,物质是由有力的思想所创造的(这正是物质主义者所坚持的)。因为他们如果假设一个单一能思的原子曾经产生了一切其余物质,则他们所以认它高出于一切,一定是因为它是能思想的,因为它和别的原子的唯一差异就在于这一点。我们纵然承认它的优越之点在于别的方面(这是我们所不能思想到的),可是这仍是创造,而且这些人们仍得抛弃了“无中不能生有”的那个伟大的公理。人们如果又说“其余一切物质亦同那个能思的原子一样永久”,则那就无异于任意胡说了,因为要假设:一切物质都是永久的,而同时却有一个小分子在知识和能力方面又无限地高于一切,那正是毫无理性的一种假设。任何一个物质分子都可以同别的任何一个分子有相同的形相和运动;我可以请任何人在其思想中,试试能否使此一个分子高出于另一个分子。

16　第三点,一个无知性的物质系统不能成为有知性的——第三点,这个悠久能思的存在者,既不是特殊的单个原子,又不是一切物质分子(全部物质),因此,我们只可以说,是组织适当的一个物质系统了。我想主张上帝是物质存在者的人们,往往是怀着这种意念的;他们常常想象自己和他人都是物质的,能思想的存在者,因此他们最自然地就发生了这个意念。不过这种想象虽是最自然不过的,却仍同前两种假设一样荒谬。因为要假设那位悠久的、能思的存在者,只是无知性的物质分子的一套组织,就无异于把那个永久神明的一切智慧和知识都归于各部分的并列关系了,这是多么荒谬的一种说法呢?因为不能思想的物质分子,不论如何排列,所发生的只能有一种新的位置关系,并无其他东西加于其上,而这种关系是不能产生思想和知识的。

17 它是运动的,还是静止的——我们还可以进一步说,这个物质系统的各部分不是静止的,就是有一种运动的。如果它是完全静止的,则它只是块然一团,并不比单一个原子为优越。

如果这个系统的思想是依靠于其各部分的运动,则一切思想都成了附加的、有限的,因为能借运动引起思想的一切分子,本身既然没有任何思想,因此,它们便不能规范它的思想,更不能被全体的思想所指导,因为全体的思想不是那个运动的原因(如果是,它就在运动以前,而且离开运动了),而是它的结果。照这样,则自由、能力、选择和有理性的思想,聪明的行为都失掉了。照这样,则那个能思想的东西,比纯粹盲目的物质亦并聪明不了一点,因为要把一切都归于盲目物质的偶然的无指导的运动,或归于依靠这种盲目运动的思想,那正是一回事;而且这类思想和知识既然依靠于其各部分的运动,当然它是很狭窄的。不过这个假设虽然充满着许多荒谬和矛盾,可是我们只举前边所说过的那些就是了。因为不论这个思想的系统是宇宙物质的全部或一部,我们依然可以说,任何分子都不能知道它自己的或别的分子的运动,全体亦并不能知道各个体的运动,因此,它就不能规范自己的思想或运动,亦不能由那种运动生起任何思想来。

18 物质不能与悠久的心灵同其悠久——又有些人虽然承认有一个悠久的、有知性的、非物质的"存在者",可是他们又以为物质亦是永久的。这种主张虽然没有取消了上帝的存在,但是它既然否认了上帝的一件奇妙作品——创世——所以我们不妨稍为一考察它。你说物质必然是悠久的；那有什么根据呢？因为你不能想象物质由无中生出来么？果然如此，则你为什么不想象自己亦是悠久的呢？你也许又会说，因为三四十年前，你才开始存在。但是我如果再问，开始存在的那个"你"是什么，则你恐怕就难以答复了。构成你的那种物质一定不是在那时开始存在的，倘或是，那它就不是悠久的了。那种物质只是开始有了新的形态和结构，来形成你的身体，不过各个分子所形成的那个结构并不是你，它并造不成功你这个能思想的东西（因为我现在的对手是一面主张有一个悠久能思而且非物质的东西，一面又主张不能思想的物质亦是悠久的）。那么那个能思想的东西究竟是何时开始存在的呢？它的存在如果不曾有开始，则你从无始以来就是一个能思的东西；这种谬论我是不必反斥的，因为人们并不至缺乏理解，竟然承认这一点。你如果承认能思的东西可以由无中生出（一切非悠久的东西都是如此的），那么你为何不能承认，相等的能力亦一样可由无中创造出物质的东西来呢？只因为你经验到精神的创造，没有经验过物质的创造，就不承认这一层么？不过我们在仔细考察之后，就可以知道，精神的创造亦并不比物质的创造费着较小的能力。不但如此，我们如果能脱离俗见，提高思想，来精密地考察各种事物，则我们还可能含糊地想象到物质怎样可以借悠久神明的能力开始存在，而说到精神，则它的开始存在，在我们看来，更是"全能"的一种更难思议的作用。这种说法虽然也许会使我们远离了现代哲学所依以建立的那些意念，可是我们仍不得不抛弃那些意念，仍不得不在文法所许可的范围以内来从事研究，因为通俗的确立的意见正是许可这种做法的。在欧洲尤其是这样的，因为在这里，传统的学说很好地说明我们的主张，而使下面一事成为毫无疑问的，就是人们如果一承认了任何一种实体可以由无中生出来，则他们会同样容易地来假设其他一切东西都可以由无中生出来——独有造物主除外。

19 不过你或者又说，只因为我们不可能想象无中生有就不可能这样主张么？我说，不是的，因为我们不能只因为自己不能设想无限神明的作用，就来否认它的权力。我们平常亦并不因为自己不能设想其他作用的产生方式就来否认那些作用。我们只能设想，物体的推动力才可以使物体运动，除此以外，我们便不能设想有别的东西可以有这种作用；不过这并不是充分的理由，借以否认这种作用是可能的。因为我们在自身恒常经验到，自己的一切愿意运动都是由人心的自由作用或思想所发生的。它们并不是身内外盲目物质的推动力（或决定）的结果，因为要是如此，我们就无能力来选择了。例如我的右手写字时，左手却闲着，那么我们就可以问，什么能使一手运动，一手静待着呢？没有别的，只是我们的意志，我心中的一种思想；而且我的思想一变，则右手会休息起来，左手会动作起来。这种事实是不能否认的。你先解释这一层，加以明白认识，然后你就可以了解创世工作了。有的人们虽然用元精的运动来解释随意的运动说，它是因为元精的运动受了新的决定作用发生的，可是这并减少不了丝毫困难。因为在这种情形下，要来变化运动的决定，正如发生运动是一样不容易的，因为元精所受的新的决定作用，不是由思想直接所赋予的，就是由思想所促动的其他物体所赋予的（这种物体以前当然是不能控制元精的，它的运动当然是由思想所促动的）；无论那种说法，都使随意的运动仍如前一样不可解释。同时我们还可以说，要用我们这些狭窄的才具来衡量一切事物，而且断言我们所不能了解如何做成的那些事物都是不能做成的，那就太于过分看重自己了。因为这样就使自己的识解成了无限的，使上帝成了有限的，因为他所能做的已经限于我们对它所能了解的范围以内了。你如果不理解你自己有限心理的动作——你内心那个能思的东西——则你正不必奇怪，自己为什么不能了解那位悠久无限，支配一切事物，而为诸天之天所不能包容的伟大"心灵"。

第十一章　我们对别的事物的存在所有的知识

1　这种知识只能借感觉得到——我们对自己的存在所有的知识是凭直觉得来的。至于上帝的存在，则是理性明白昭示我们的。这是以前所说过的。

至于我们对任何别的事物的存在所有的知识，则只是由感觉得来的。因为实在的存在和一个人记忆中所有的任何观念，既然没有必然的联系，而且只有上帝的存在和特殊的人的存在才有必然的联系(其他任何事物的存在与人民存在并无此种关系)，因此，任何东西只有现实地影响了一个特殊的人以后，他才能知觉到它，除此以外，他便不能知觉到别的东西。因为我们心中之具有任何观念，并不能证明那个事物的存在，正如一张人像不能证明他在世界上实在存在着似的，亦正如梦中的幻景不能成功为真正的史迹似的。

2　以纸的白性为例——因此，我们所以注意到别的事物的存在，并且知道在那时候外界确实存在着一种东西，引起我们那个观念来（虽然我们也许不知道或不思考它是怎样引起那个观念的），只是因为我们现实地接受了那些观念。因为我们虽然不知道各种观念产生的途径，可是这并减少不了我们感官的确实性，并且减少不了由感官所得的那些观念的确实性。就如我写这篇论文时，纸就实在地刺激了我的两眼，在我心中发生了所谓白的那个观念（不论什么东西产生它），而且我亦由此知道那个性质或附性（它在我们眼前的现象永远引起那个观念来）是在我以外的外界实在存在着的。对于这一点，我所有的最大的确信，和我的才具所能达到的最大的确信，就在于我这两眼所有的证据，因为两个眼睛正是这回事情的唯一专管的判官。它们的证据我有理由认为是十分确定的，因此，我在写这篇论文时就不怀疑自己看见白和黑，而且不怀疑有一种实在存在的东西引起我那个感觉，正如我不怀疑自己正在写字，或正在运动自己的手似的。除了在人自己或上帝方面以外，关于任何事物的存在，人性所能得到的确实性，亦就以此为最大的了。

3 这虽然不如解证一样确实，可是亦可以叫做知识，而且证明外界事物的存在——我们借感官对各种外物的存在所发生的知识，虽然不如我们的直觉的知识那样确定，虽然不如理性在心中的明白抽象的观念方面所有的推论那样确定，可是它仍然是配得上称为知识的一种确信。我们如果相信各种官能是在活动着并把刺激它们的那些物象的存在正确地报告出来，则这并不是全无根据的一种自信。因为我想没有人会当采取怀疑态度，以致不能确信他所见所觉的那些事物的存在。至少我可以说，人如果怀疑到那样程度，则他不论怎样处理自己的思想，他总不能同我谈话；因为他从不能确知，我曾说了与他的意见相反的话。说到我自身，我想上帝已经使我充分确信外界事物的存在，因为我如果在各种途径下来使它们接触我的身体，我就能以在自身中产生出我们在现世所极关心的苦和乐来。我相信我们的官能在这方面并不会欺骗我们，而且这种信念就是我们在物质事物的存在方面所能达到的最大的确信。这一点是毫无疑义的。因为我们做任何事情都是凭借于自己的官能，而且我们在谈论知识本身时，亦不能不借助于可以了解知识是什么一回事的那些官能。由此我们就可以确信，在各种外物刺激我们时，我们的官能，关于它们的存在所做的报告，是不会错误的。不过除此以外，我们还有别的与此可以互相印证的一些理由来证实我们这种确信。

4　第一点，因为我们不借感官的入口，就不能得到它们——第一点，我们分明看到，那些知觉是由刺激我们感官的一些外界原因给我们所产生的；因为缺乏任何感觉器官的人，就不能在心中生起属于那个感官的观念来。这是分明不容怀疑的；因此，我们不能不相信，它们是由那些感觉器官来的，而不是由别的途径来的。器官本身并不能产生它们，因为要是如此，则一个人的眼在暗中亦可以产生出颜色来，而且在冬天，他的鼻子亦可以嗅着玫瑰花香。因此，我们看到，人如果不到产波罗蜜的东印度群岛亲自尝尝它，则他便不会得到那种滋味。

5　第二点，因为由感觉来的一个观念和由记忆来的另一个观念，是很不相同的两种知觉——第二点，因为我们常见我们不能避免心中出现的那些观念。当我的眼帘紧闭，窗子紧合时，我一面可以任意在心中唤起先前感觉储于记忆中的光或日的观念来，而且一面又可以把那个观念抛弃了，转而来观察玫瑰花香的观念，或糖味的观念。但是我如果在正午时分把眼睛转向太阳，则我并不能避免光或太阳给我产生出的它们的观念。因此，存于记忆中的那些观念，和强迫而入的那些观念，显然有一种区别（前一种观念只要在心中，我就有能力来安排它们，搁置它们）。由此，我们就知道，一定有一种外界的原因，一定有一种外物的活跃动作，不论我们愿意与否，总要给我们心中产生出那些观念来，因为它们的效力，我是不能抵抗的。不但如此，任何人都可以在自身看到，在思维记忆中的日的观念时，和现实观察日时，显然有所区别。这两种观念，他是可以极其清晰地知觉到的，因此，很少有别的观念，能如它们那样彼此有所分别。因此，他就可以确知，它们并不都是记忆，并不单纯是他自身心理和想象的作用；而那种现实的视觉是有一个外界原因的。

6 第三点，伴随现实感觉而来的苦和乐，在那些观念复现时，并不相随而至，因为已经没有外物了——第三点，此外我们还可以附加说，有许多观念在产生时，虽然伴有痛苦，可是在后来我们记忆起它们的时候，并无些小难堪。就以冷或热的痛苦来说，则我们分明知道，它的观念在复现于人心中时，并不能搅扰我们。可是我们在真感觉它时，它原是很难受的，而且我们如果真再感觉它一次，它仍是很难受的。我们所以感到这种难受，正是因为外界物体在我们的身体上引起一种失调来。不过在我们记忆起饥渴头痛时，我们并感不到痛苦；这些观念永久不能搅乱我们，否则我们只要思想到它们，它们就会给我们痛苦，假使我们心中只有一些浮游的观念，和娱乐想象的一些现象，并没有打动我们实在存在的事物。说到伴随各种实在感觉而来的快乐,我们亦可以有同样的说法。数学的解证虽然不依靠于感官,可是我们如用图解来考察它,就可以使我们视觉的证据得到大的信用,并似乎给予它以一种接近于解证的确实性。因为一个人既然以线和角做成图解来度量一个形相的两角,并且由此承认此一角大于彼一角为一个不容否认的真理,那么他如果还怀疑在度量时亲眼所见的线和角的存在,那不是很奇怪的么?

7　第四点,我们的各种感官,在外物的存在方面,可以互相帮助其证据——第四点,关于外界可感物的存在,我们的各种感官可以互相证明其所报告的真理。一个人看到火以后,如果疑问,它是否只是一个幻想,则他可以再摸摸它,并且把手搁进去来试试它。单纯的观念或想象一定不能使他的手发生了剧烈的痛苦,除非那个痛苦亦是一个幻想。不过即在幻想中,当创伤好了以后,他也不能只借唤起火的观念,再发生这种痛苦。

因此,我就看到,在我写这篇论文时,我就能把纸的现象变了,而且我在想好字母以后,还可以预先说出,我只要一挥笔,下一刻的纸上就可以现出什么新观念来。我如果只是想象,而手却不动,或者手虽动,而眼却闭着,这些新观念就不会现出来;可是那些字一写在纸上以后,则我后来又不能不照它们的样子看见它们,又不能不发生了我所写的那些文字的观念。因此,它们显然不只是我们想象的游戏,因为我发现那些字母原来虽是由我的自由思想写就的,可是在写就以后,它们就不服从我们的思想了。我虽然随时可以想象它们消灭了,它们亦并不消灭,它们仍然继续按照我所写的那样,经常地,有规则地来刺激我的感官。此外我们如果再加上一点说，别人在看见它们以后，还会自然发出我原来写它们时所想表示出的那些声音，那么我们就更没有理由来怀疑我所写的那些文字是真在外界存在的，因为它们可以引起一系列有规则的声音，来刺激我的耳官，而这些声音并不能是我的想象的结果，而且我的记忆亦并不能都照那种秩序来保存它们。

8 这种确实性所能及的程度，正与人生所需要的相适合——不过说了半天，如果还有任何人怀疑存心，不信任自己的感官，并且断言，在我们一生中，我们所见，所听，所觉，所尝，所想，所做的，只是大梦中的一长串惑人幻象，并没有实在，因此，他就会怀疑一切事物的存在，或我们对任何事物所有的知识。不过我可以请他考虑，一切如果都是梦境，则他亦只有梦见自己发生这个疑问了；那么一个醒者答复他与否，亦就无关系了。不过他假如爱听的话，则他正不妨梦见我向他作下述的回答。我可以说，在自然界中存在着的各种事物的确实性，如果我们的感官亲自证实的，那么这种确实性不只是我们这身体的组织所能达到的最大的确实性，而且它是和我们的需要相适合的。我们的各种官能虽并不足以达到全部存在物的范围，并不能毫无疑义地对一切事物得到完全的，明白的，涵蓄的知识，它们只足以供保存自我营谋生命之用，因此，它们只要能把有利有害的事物确实地报告我们，那它们的功用就已经不小了。一个人如果看见一盏灯燃着，并且把自己的手指置在焰里试试它的力量，则他不会怀疑，能烧他、使他发生剧痛的那种东西是在外面存在的。这种确信是中用的，因为一个人在支配自己的行动时，所需要的确实性，只同他自己的行动一样确实，那就够了。我们这个做梦的人如果肯把自己的手搁在玻璃炉内，试试它的剧热，是否只是昏睡者想象中的一种浮游的幻想，则他会惊醒起来，确乎知道有一些东西不仅仅是想象，而且他的这种知识的确实性，远过于他原来所想象的。因此，这种明显性已经达到我们所希望的程度，因为它是同我们的快乐和痛苦，幸福和患难，一样确定的。超过这种限度，我们对于知识或存在就不必再关心了。我们对于外物存在的这样一种确信，已经足以指导我们来趋或避这些外物所引起的福与祸，而我们所以要想知道它们，重要的目的亦正在于此。

9　不过这种确实性不能超过实在的感觉——总而言之，我们的感官，既然实实在在把一个观念输入于我们的理解中，所以我们不得不相信，在那时，外界真正有一种东西在刺激我们的感官，并且借感官使我们的理解官能注意到它，因而确实产生了我们由此所知觉到的那个观念。我们并不能过分怀疑它们的证据，以至于怀疑我们感官所见为联合在一块的简单观念的集合体，并不真正在一块存在。不过这种知识所及的范围，亦只以感官运用于刺激它们的特殊物象时所得的直接证据为限，它并超不出这个范围。因为我在一分钟前，纵然见过号称为人的一些简单观念的集合体是在一块存在的，可是现在我如果只是一个人独在这里，那我就不能确知，那个人还存在着，因为他在一分钟前的存在和他现在的存在并没有必然的关系；因为我刚才虽可以凭感官知道他的存在，可是他仍会在千万种方式下消灭了。在今天方才见的人，我如果此刻尚且不能确知他的存在，则一个人如果同我的感官远隔起来，而且我自从昨天或去年还未见过他，则我更不知道他是存在的；至于别的人我如果从未看见他，则我更是不能确知他的存在的。因此，在我独处一室，写这篇论文时，千千万万人们虽然多半是存在的，可是我对于这件事并没有严格意义可称为知识的确定信念。此事发生的很大概然性，虽然使我无法怀疑，虽然使我不得不相信某些人现在还活在世界上（而且这些人们是我的相识，是同我共事的），并且应当本着这个信念来做一些事情，可是这只能说是概然性，并说不上是知识。

10 在样样事情方面要求解证，那是很愚昧的——因此，我们可以说，一个人虽然有理性，可以判断事物的各种差异的明显性和概然性，并且由此规制其行为，可是他的知识既然是有限的，因此，他并不当在本不能解证的事物方面要求解证和确信，而且他亦不当因为很合理的命题，和很明白的真理不能解证得克服了他的肤浅的怀疑口实（不是理由），就不来相信那些命题，而且就反着那些真理行事。倘若如此，那就很愚鲁，很妄诞了。因为一个人在日常生活中如果除了直截明白的解证以外，再不愿承认别的一切，则他便不能确信任何事物，只有速其死亡罢了。他的饮食虽精美，他亦会不敢来尝试；而且我亦真不知道，还有什么事情，他在做时，是凭借毫无疑义，毫不能反驳的根据的。

11 过去的存在是由记忆所认识的——我们的感官在现实运用于一个对象的时候，我们说那种对象是存在的，同样，各种事物如果以前曾刺激过我们的感官，则我们的记忆亦可以使我们相信，它们是曾经存在过的。这样我们才知道各种事物过去是存在的；我们的感官曾把那些事物报告给我们，我们的记忆现在仍保存着这些观念。不过这种知识所及的范围仍以我们感官以前使我们确信的程度为限。因此，我在此刻如果看见水，则水现在的存在对我说来是一个毫无问题的真正命题。我如果记得我昨天看见它，则我可以说水曾在1688年7月10日存在过，而且只要我的记忆能保存这回事，我这个命题将永远是真实而不容怀疑的。我如果在那时候，又见过水上生了水泡，而且水泡上又有各种鲜美的颜色，则要说那些颜色曾经存在。那也一样是真实的，但是我现在既然看不见水和水泡，则我现在便不能确知水在当下是存在的，正如我不能确知水泡或其上的颜色是存在的一样。我们不能因为水泡和其颜色昨天存在过，就说它们今天亦必然存在，同样，我们亦不能因为水在昨天存在过，就说它今天亦必然存在。不过水的存在，仍是十分可靠的，因为我们常见水长期继续存在，而其上的水泡和颜色则迅速消失了。

12　神灵的存在是不能认识的——我以前已经指示过，我们对于神灵有什么观念，而且说过，那些观念是怎样获得的。不过我们心中虽然具有那些神灵的观念，而且知道我们具有它们，可是这些观念并不能使我们知道，任何那类东西是在外面存在着的，而且除了永久的上帝以外，我们亦并不能由此知道，宇宙中有任何有限的神灵或其他精神的存在物。我们自然可以根据启示或其他理由，来确信有这些被造物存在；但是我们的感官既然不能把它们发现出来，我们便没有方法可以知道它们的特殊存在。因为我们不能因为自己心中有这些存在物的观念，就能以确知实有有限的神灵存在，正如一个人不能因为自己有神仙或马面的观念，就知道有与这些观念相应的东西存在似的。

因此，关于有限神灵的存在，和其他事物的存在，我们只得自足于明白的信仰；而且在这方面，我们是永远达不到普遍确定的命题的。因为上帝所造的那些有智慧的神灵纵然千真万确仍然是存在着的，可是这一点永不能成为我们确实知识的一部分。这一类的命题，我们只可以当它们是十分可靠的而加以信仰，不过我们是永不能确知它们的。因此，在各种事物方面，如果只有我们的感官可以把或此或彼的特殊事物报告给我们，此外再没有别的知识，则我们在这些事物方面，便不能要求他人解证出普遍的确定性来，而且我们亦就不当追求这种普遍的确定性。

13 关于存在的特殊的命题是可以知道的——由此我们就可以看到，命题共有两种。(一)一种命题是关系于与观念相应的事物之存在的。就如我们心中如果有了一个象、菲尼(鸾凤)、运动，或一个天使的观念，则我们自然会首先考察那个东西究竟存在不存在。这种知识只是属于特殊事物的。除了上帝的存在以外，我们只有借感官的报告，才能确知别的任何事物的存在，除此以外便无所知。(二)至于第二种命题则是表示抽象观念的契合或相违，以及其相互关系的。这一类命题是可以成为普遍的、确实的。就如我们有了上帝，自我，服从，恐惧等观念以后，则我们不能不相信，"我是应该恐惧上帝，服从上帝的"。我如果造成"人类"这个抽象观念，而且我为"人"中之一，则上述这个命题在一般的人方面都是确定的。不过"人应该恐惧上帝，服从上帝"的这个命题无论怎样真实，总不能给我证明世界上人的存在，而只有当这些被造物存在的时候，这个命题才能对它成为真实的。这一类普遍命题的确实性，只是依靠于那些抽象观念中所发现的契合或相违的。

14 有关抽象观念的概括命题也是可以知道的——在前一种情形下，我们的知识所以成立，乃是外界存在的事物借我们的感官在我们心中产生了那些观念的结果；在后一种情形下，我们的知识所以成立，乃是因为心中的各种观念（不论它们是什么样的）产生了那些普遍而确定的命题的结果。这类命题多半都叫做永恒的真理 aeternae veritates，而且它们全部亦实在是如此的。不过它们所以是永恒的真理，并不是因为它们全部或一部印于一切人心中，或者因为它们是任何一个人心中的命题。只有人在得到抽象的观念以后，用肯定或否定把它们加以联合或分离时，人们才能构成这些命题。不过任何地方只要有人其物存在，而且他只要赋有各种官能来获得我们所有的那些观念，则我们便可以断言，他如果运用思想来考察那些观念，则他在他的观念之间，一定会看到契合和相违，而且他亦一定知道由此契合或相违而起的各种确定命题的真理。因此，这类命题所以名为永恒的真理，并非因为它们是实在形成的永恒的命题，而且是在理解形成它们以前就存在的；亦并非因为它们是由心外先在的一些模型印在心中的；乃是因为它们在抽象观念方面，如果有一次被造成真的，则不论在过去，在将来，任何时候，具有这些观念的人心只要复做一次这些命题，则这些命题永远被他认为是真实的。因为各个名词既被假设为永远表示着同一的观念，而且那些观念互相之间又有同一的关系，因此，关于任何抽象观念的命题，只要有一次是真的，则它们必然会成了永恒的真理。

第十二章　知识的改进

1　知识不是由公理来的——学者间有一种通行的意见，以为公理是一切知识的基础，而且以为每种科学都是建立在一些预知上的。他们以为理解是凭这些预知起的，而且理解之得以来探讨那种科学的事体，亦是凭着那种预知的。因此，经院中一向所循的道路，就是一起始把几条普遍的命题作为基础，而在其上建立在那个题目方面所要求得的知识。用作任何科学的基础的这样所奠定的学理就叫做原则；我们不但以这些原则为出发点，而且我们在探求中，亦就不返回来再行考察它们，正如我们所说过的那样。

2 这个意见的起因——别的科学中所以乎人采用这个方法的，我想有一个原因；就是这种方法用在数学中似乎很有成效，而且人们在这里得到最确实的知识，因此，这些科学就特别被人叫做学问 learning 或学得的东西 things learned，因为它们比别的学问，都是最确定、最明白、最显然的。

3 知识是由我们比较各种明白而清晰的观念来的——不过任何人只要一考察就会看到（我想），人们在这些科学中所得的实在知识之所以有进步，所以能确实，并不是由于这些原则的影响，而它们之所以特别占有上风了，亦并不是由起初所建立的两三条概括公理来的。这些知识所以发生，乃是因为人们的思想曾经运用于明白，清晰，而完全的观念，以及某些观念间的相等关系，多寡关系极其明白，使他们得到一种直觉的知识，并由此得到一种途径使他们在别的观念中亦能发现出这种知识来。在这里，人们都无需乎那些公理的帮助。因为我们知道，一个幼童不借助于“全体大于部分”的这个公理，就可以知道他的全身大于他的手指，而且他在未学得这个公理时，他就会知道身大于指。一个村姑如果从一个负她三先令债的人收回一先令，又从另一个负她三先令债的人收回一先令来，则她会知道，在那两人手中所余的债务是一般多的。我相信，她所以能确知这一点，一定不是由于“等量上减去等量，结果亦相等”的这个公理，因为她或者根本就不曾听过或想过这个公理。我希望人们根据我在别处所说的话，来考察考察，还是特殊的例证，还是概括的公理，是为大多数人首先明白地知道的？究竟是哪一个产生哪一个的？这些概括的公理只是把较概括，较抽象的观念加以比较，而这些观念又只是被人心所造作，所命名的，而它之所以如此，乃是为求在推论中容易进行，并且把它的各种复杂的观察纳于较概括的名词中，较简短的规则中。因此，人心中知识之生起，之建立，乃是由于特殊的事物，只是我们后来或者会忘掉这一层罢了；因为人心自然的倾向，就在于不断地增加它的知识，就在于细心地把那些概括的意念储蓄起来，并且适当地运用它们，使记忆免除了许多特殊事物的重负。一个儿童或任何人都知道（包括手指和全体的）身体比手指为大，那么你纵然叫他的身体为全部，叫他的手指为部分，他的知识会因此较前更为确实一些么？这两个相关的名词果真给他以新的知识，而且那种新知识，离了这些名词，就是他所不知道的么？他的语言中如果竟然缺乏了“全体”和“部分”这两个相关的名词，那么他就不知道，他的身体大于他的手指么？他在学得这些名称以前，就知道他的身体大于他的手指，而在学得这些名称以后，他亦只不过知道身体是全体，手指是部分，而且后边这种知识，亦不比以前那种知识更为确实。人如果可以否认他的手指小于他的身体，则他亦一样可以否认他的手指是他的身体的一部分。人如果怀疑手指是否是小的，则他亦一样可以怀疑它是否是一部分。因此，“全体大于部分”的这个公理，并不能用以证明手指是小于身体的；我们只能用它来使人相信他已经知道的一种真理，不过在这时候，它已经没有用了。因为一个人如果不能确然知道，两个物质部分，加在一块以后，比任何一个部分都大，则他亦不会借“全体”和“部分”这两个相对的名词来知道它，——不论你用这些名词做出什么公理来。

4 在不确定的原则上有所建立，那是很危险的——关于数学，我们在特殊方面可以说，从两吋黑线上减去一吋，从两吋红线上减去一吋，两条线的余数是相等的；此外，在概括的方面，我们亦可以说，如果你从等量上减去等量，结果亦是相等的。这两种道理，究竟哪一种是在先知道的，而且是知道得较为明白的，我让别人来考察好了，因为我现在并不打算来考察这一层。我现在所要说的乃是：如果知识的捷径是要使我们由概括的公理开始，并且在其上建筑起来，则我们是否可以把别的科学中所确立的原则，认为是不可反驳的真理：我们是否可以不经考察就接受了它们，并且不容怀疑就固执它们？数学家已经很幸运地，很公平地应用过自明而不可反驳的公理了，我们亦可以照样行事么？果然如此，则我真不知道，道德学中有什么不可成为真理，自然哲学中还有什么不可引证的东西。

我们如果把一些哲学家的原则当做是确定而不可疑的，如说“一切都是物质，并无别的东西”。则我们便会看到，在现代祖述这种学说的一些人的著述里，我们被领到什么地方。人如果认世界（如 Polemo 所主张），以太或太阳（如斯多伊 Stoics 派所主张），或空气（如安诺撒门尼斯 Anaximenes）是上帝，则我们所有的神学、宗教和礼拜，将成了什么样子呢？像这样不经考察就被接受了的原则，是最危险不过的；而在道德学方面，尤其如此；因为道德学可以影响人的生活，并且给他们的行动以一种方向。安虑梯拔 Aristippus 既然主张幸福在于身体的享乐，安梯生尼 Antisthenes 既然主张德性就是幸福，那么他们所营的生活不是不一样的么？人如果同柏拉图一样，主张鸿福即在于我们对上帝所有的知识，则他的思想会提高来思考别的东西，不如一般人似的、只着眼于地球和其中所有的一些无常的东西。一个人如果同亚儿乐 Archelaus 一样主张是非忠奸，只是为法律所定的，而不是为自然所定的，另一个人如果主张我们所负的义务是独立于人类组织以外的，则他们两人的邪正的法度当然也就不一样了。

5　并没有到达真理的确定途径——因此，我们所接受的那些原则如果是不确定的（我们必须有方法来分别确定的原则和可疑的原则），而且我们只是由盲目的信仰才认它们是原则，则我们一定会被它们所误领了。因此，我们不但不能凭原则达到真理，反而会因为它们沉陷在错误中。

6　我们只能比较具有确定名称的那些明白的完全观念——不过我们所以能知道确定的原则和其他真理，只是因为我们认知到我们观念的契合或相违，因此，促进知识的途径不在于盲目地本着确定的信仰，来吞咽各种原理，而是要在心中确立明白、清晰和完全的观念，而给予它们以恰当的、恒常的名称。因此，虽然没有别的原则，我们只要能考察观念自身，并且比较它们，寻出它们的契合或相违以及各种关系和习性来，那我们只根据这个规则，就会得到较真实，较明白的知识。反之，我们如果只是盲目地把一些原则记在心里，用以处理别的原则，我们便不会有这种结果。

7　促进知识的真正方法，只有考察我们的抽象观念——因此，我们如果要遵从理性的指示，往前进行，则我们必须使我们的考察方法适合于我们所考察的观念的本性，适合于我们所探求的真理。概括而确定的真理只是建立在抽象观念的各种常性和关系上的。因此，要想在各种关系方面找寻出那些能够真实而确定地表示在概括的命题中的关系，则我们必须剖析毫芒，井井有条地，运用我们的思想，把那些关系找寻出来。在这方面，我们的进行步骤，正可以从数学家的学校中学得来，他们是由很明白，很容易的起点，按部就班，借着一长串的连续推论，发现出，解证出，似乎非人类才力所能达到（在一看之下是如此的）的真理来。数学家所以有很大的进步，并且有许多意外惊人的发现，只是因为他们有发现各种证明的本领，只是因为他们发明了可羡的方法，把各种中介观念找寻出来，排比起来，从而又根据解证把原不能互相比数的数量的相等或不相等指示出来。不过在别的观念方面，我们是否亦可以如在体量观念方面一样，发现出类似的方法来，那我是不敢断言的。我只可以说，如果有别的观念是它们物种的实在的和名义的本质，则我们如果用数学家所惯用的方法来考察它们，它们一定会使我们的思想十分进步，十分明白，十分显然，而且明显的程度会超出我们平常所想象的程度而外。

8 借这种方法，我们亦可以使道德学更为明白一点——由此我更可以自信不疑地来主张我在第三章第十八节所提出的那个猜想，就是道德学和数学是一样可以解证的。因为伦理学所常用的各种观念，既是实在的本质，而且它们相互之间又有可发现出的联系和契合，因此，我们只要能发现其相互的常性和关系，我们就可以得到确实的、真正的、概括的真理。我相信，我们如果能采取一种适当的方法，则大部分道德学一定会成了很明白的，而且任何有思想的人亦不会再怀疑它，正如他不会怀疑给他解证出的数学中的命题的真理似的。

9　不过我们关于各种物体所有的知识，只能借经验来促进——在追求有关实体的知识时，由于我们没有适合于上述进行途径的观念，因此，我们就被迫采取另一种十分差异的方法。在前一种学问中，我们的抽象观念就是实在的和名义的本质，因此，我们只思考我们的观念，只考究它们的关系和联络，我们就可以进步；不过在实体方面，这种方法却不能丝毫帮助我们，这个理由我们前边已经说过了。由此我们就知道，各种实体所给予我们的材料，并不足作为概括知识的对象，而且我们如果只思考它们的抽象观念，亦并不能在追求真理和确实性方面有所进步。那么要想在实体方面促进我们的知识，我们该怎么样呢？在这里，我们应采取一种十分相反的途径；我们既然缺乏有关它们实在本质的观念，所以我们就不能不抛开我们的思想，而被打发到事物本身上去。在这里，经验必须教我们以理性所不能为力的事情。我们只有借经验才能知道，有什么别的性质和我们的复杂观念中那些性质共同存在，才能知道，我所称为“金”的那种色黄、沉重，而可熔的物体是否是可展的；不过这种经验（不论它怎样证明我所考察的那个特殊的物体）仍不能使我确知一切或任何其余色黄、沉重，而可熔的物体，都是如此的，我只知道我所试验过的那种物体罢了。因为无论如何我亦不能根据我的复杂观念得到这个结论，因为可展性和任何物体中那种颜色、重量和可熔性的集合体，并无可见的联系或矛盾。我这里所说的黄金的名义本质，固然是指着那种有确定颜色、重量和可熔性的物体而言，可是我们如果把可展性、固定性和在王水中的可溶性加进去，则我们仍可以有相同的说法。我们纵然知道这些观念，亦不能因此就确乎发现出这些观念所寓的那个物团中的其余的性质来。因为那些物体的别的性质既然不依靠于这些观念，而只和这些观念共同依靠于人所不知的那种实在的本质，因此，我们便不能借这些性质发现出其余性质来。我们所能及的范围，只以名义本质中那些简单的观念为限，因此，我们便很少能够得到确定、普遍而有用的真理。因为在试验以后，我虽然见到，那个特殊的物体（以及我所试验过的具有那种颜色、重量和可熔性的其他物体）是可展的，而且可展性虽然由此可以在黄金的复杂观念或其名义的本质中形成一个部分，而且我虽然由此使我所称为黄金的那个复杂观念比以前含着较多的简单观念，不过那个复杂观念既然没有包含着任何物种的实在本质，因此，它仍不能使我确知（实际上只可以说是猜想）那个物体的其他性质；因为其他性质并不与那个名义本质中所含的简单观念全体或一部有可见的联系。因为我还不能由这个复杂观念知道，黄金是否是固定的。因为在色黄、沉重、可熔，而又可展的复杂的物体观念，和固定性之间并没有可见的联系或矛盾，使我确乎知道，任何东西中只要有了这些性质，固定性一定亦确乎存在。在这里，我为了得到确信起见，仍得从事于经验；而且我所有的确定知识亦就以经验为限度，不能再进一步。

10 这只能使我们得到方便，却不能使我们得到科学——我自然承认，一个人如果惯做合理的、规则的实验，则他会比一个生手，较能深入物体的本性，并且能较正确地猜到它们的尚未发现的别的性质，不过这只是判断和意见，却不是知识和确实性。在现世的平凡状况下，我们这脆弱的才具既然只能使我们凭经验和历史来促进我们的实体知识，因此，我就猜想，自然哲学不能成功为一种科学。我想，我们在各种物类，和其各种性质方面，并不能得到许多概括的知识。我们只可以有实验和历史的观察，只可以由此得到安适和康健的利益，只可以由此增加人生的舒适品。但是超过这个限度，那就非我们的能力所能及的了，而是我想亦就非我们这才具所能达的了。

11 我们有能力在道德方面有所知识，在自然方面有所进步——由此我们就可以分明断言，我们的才具既然不足以洞察物体的内在组织和实在本质，只足以明显地给我们发现出上帝的存在，和关于自身的知识，因而使我们充分明白地发现出我们的职责和要务来，因此，我们作为理性动物，就应该把自己的才具应用于它们最适合的那些事物上，并且在自然似乎指给我们以出路时，我们要遵从它的指导。因为我们正可以合理断言我们的固有职务就在于那一类的考察，就在于最合于我们自然才具的那一类知识，就在于与我们最大兴趣（永生状态）有关的那一类知识。因此，我想我可以断言，道德学是一般人类的固有的科学和职务（因为他们很关心于他们的至善，而且亦有能力来求得至善），至于各种艺术，则既关涉于自然的各部分，因此，“特殊的”人们应该用其专能来从事研究，一则为人生公共的利用，一则为他们个人的生计。我们一看全美洲，就可以分明看到，只要把一种自然物体和其各种品德发明了，那就于人生有极大的功用。美洲人们虽然处于物产丰盈的国土中，可是他们竟然不知道有用的艺术，竟然缺乏了人生大部分安适品。而他们所以如此，只是因为他们不知道普通的贱石（铁矿）

中所含的各种性质。不论我们怎样自夸自己的才能,或在欧洲的进步,不论在这里内面的知识和外面的物类如何互相争雄,而我们只要肯认真思想一番,我们就会分明看到,我们如果忘掉了铁的功用,则我们在不几年后必然会降在古代野蛮的美洲人那种穷乏和无知的程度。可是说到美洲人,则他们的自然才具和天然原料,并不比最繁荣、最文明的民族较为缺乏些。因此,首先发明那个贱金属的功用的人,正可以叫做"艺术之父,繁富之主"。

12 不过我们必须留神各种假设和错误的原则——不过人们并不要以为我不敬尊有关自然的研究,或者有意阻止那种研究。我很承认,我们如果一思考造物主的创作品,我们就会羡慕他,尊敬他和赞美他。而且我们如果能正确地指导我们的研究,则裨益于人类者,将非设医院,施救济的一般人们的极大费用,极大仁德所可比拟的。首先发明印刷术,发现罗盘,发现金鸡纳霜的功用的人们,比设立学院,工场和医院的人们,还更能促进人的知识,还更能供给人以有用的物品,还救了更多数人的性命。我所要说的一切,只是意在使人不要在本无知识可求的地方,盲目地来求知识,并且用本不能达到知识的方法,妄想达到知识。我的意思只是:人们不要把可疑的系统当做完全的科学,把不可理解的意念当做科学的解证。在关于物体的知识方面,我们只能满足于从特殊的实验,搜集我们所能得的知识,因为我们并不能发现出它们的实在本质来,从而顿然把握住它们的全体,并且整个地来了解全部物种的本性和特性。说到"共存"和"不能共存"两种情节,我们既不能只借思维自己的观念来发现出它们,所以我们要想在有形实体方面有所洞见,则必须凭自己的感官,一点一滴来从事经验,来实地观察，来亲身搜集自然史。要想知道各种物体，我们必须谨慎应用我们的官能来观察它们的性质和其相互的作用。至于在这个世界中，我们如果想知道各种有限的神灵，则我们只能凭借于启示。人们如果知道，概括的真理，不定的原则和任意的假设，怎样不能促进真正的知识，怎样不能助进有理性的人们，来研讨真正的知识；他们如果能知道，许多年来由这一头出发，并不能使人在自然哲学方面，促进自己的知识；——则他们一定会相信，我们委实应该感谢后来的科学家，因为他们已经采取了另一个途径，而且他们给我们踏平了使我们不是顺利地达到有学问的愚痴的道路，而是使我们妥当地得到有益的知识的道路。

13　假设的真正功用——不过我的意思并不是说，我们不当用任何或然的假设来解释自然中任何现象。各种假设如果拟定得好，至少可以给我们的记忆以很大的帮助，而且往常指导我们获得新的发现。我的意思乃是说，我们不当仓促采取任何一个假设（人心因为永远想要洞见事物的原因，并且找寻可依止的原则，很容易仓促接受各种假设），我们应当先考察了各个特殊的事物，先试验试验我们用假设所要说明的那种事物，看看它是否与我们的假设相契；应当先考究考究，我们的原则是否可以行得通，而且它们虽然似乎彼此符合，实际上究竟与一个自然现象相契不相契，至少我们亦应当先留神不要使原则一名欺骗我们，使我们顶多是很可疑的推想当做一个毫无问题的真理——就如自然哲学中的许多假设（我简直可以说是全部假设）。

14　要想扩大我们的知识，则唯一的途径是要获得附有确定名称的明白而清晰的观念，并且把指示它们契合或相违的那些别的观念找寻出来——不论自然哲学是否能有确实性，在我看来，扩大知识的途径总不外两途。

第一，各种事物如果已有类名或种名，则我们在心中应当对它们具有确定的观念；至少对我们所要知道，所要推论的东西，我们要具有确定的观念。如果它们是表示种别的实体观念，则我们更应当使它们进于完全；这就是说，凡常在一块共存而且能完全决定物种的那些简单观念，我们应当一律都搜集在一块；而且组成复杂观念的那些简单观念，各个都应当在我们心中明白起来，清晰起来。因为我们的知识既然不能超过我们的观念，因此，我们的观念要是残缺、纷乱、含混，我们便不能希望得到确定的、完全的、明白的知识。

第二，我们要运用方法来找寻出各中介观念来，使它们把不能直接比较的各种观念的契合或矛盾指示出来。

15 举数学为例——我们如果一考察数学的知识，我们就容易看到，这两种正确的方法，除了在数量观念方面而外，还可以在别的情状观念方面，来促进我们的知识（而这些途径并不是让我们依靠于公理，亦不是让我们由某些概括的命题来求得一些结论）。在数学方面，一个人对于其所要知道的那些角和形相如果没有一个完全而明白的观念，则他对这些东西便完全不能有任何知识。一个人如果对直角、不等边形或斜方形，不能有一个完全的、精确的观念，则他虽想在它们方面有所解证，那亦是徒劳的。此外，我们还看到，数学大家所以有了那些奇特的发现，并非由于在数学中成为原则的那些公理的影响。一个天才高的人纵然完全知道了数学中所常用的那些公理，并且尽力来思考它们的范围和结果，我想他亦不能借这些帮助知道了，直角三角形的弦之方等于其余两边之方之和。他虽然知道"全体等于其一切部分","等量中减去等量,余量仍相等",可是他并不能由此得到前边那个解证。而且我想,一个人纵然尽量来思度那些公理,他亦不会较为明白一点数学的真理。我们只有在别的途径下来应用我们的思想,才能发现了它们;人心首先在数学中知道了那些真理时,它所有的对象,所见的状况完全与那些公理不一样。人们如果只熟悉那些传统的定理,而不知道发明这些解证的人们所用的方法,则他们永不会领略人们所发明的真理。说到别种科学,则我们正不能断定,人们将来会发明出什么方法,好来扩大我们的知识。代数学中所用的方法既然能找出各种数量观念来,以度量我们用其他方法所不能知其关系的各种观念,别的科学中,焉知后来不能有类似的方法呢?

第十三章　关于知识的一些附论

1　我们的知识一部分是必然的,一部分是随意的——我们的知识和我们的视觉有许多有相似的地方;而最显著的一种相似关系,就是,知识亦如视觉一样,既不是完全必然的,亦不是完全随意的。如果人的知识是必然的,则一切人的知识不只是相似的,而且人人都会知道一切能知道的事情;如果它完全是随意的,则有些人竟然会不注意它,竟然会完全没有知识。人只要有感官,则他们便不能不由此接受到一些观念;他们只要有记性,则他们便不能不保留一些观念;他们只要有分辨的能力,则他们便不能不知觉到一些观念间相互的契合或不契合;正如人有了眼睛,在睁开以后,就不能不看到一些东西，不能不知道它们的差异似的。不过在光明之下，一个人在睁开眼睛以后，虽然不能不有所见，可是有些物象，他仍然可以自由选择究竟要看不要看。在他的书中亦许有悦目的画图，和启发人的理论，不过他亦许没有心思来打开书，费心一看。

2 看与不看虽是随意的，可是我们只能按事物的真相来知道它，不能按自己的意思来知道它——人还有可以随意行止的另一件事，就是，他在转眼向物时，仍可以决定自己是否要注意观察它，是否要专心来精究其中所能见的一切情节。不过他所能看到的，仍限于他所看到的那样，并不能有所更改。现象为黄的东西，他不能任意看做是黑的，烫烧他的东西，他不能说那是冷的；地球亦不能跟着他的意志满被了花草，田野亦不能照着他的心思蒙盖了翠色，在深冬里，他只要向外一观，则他所看到的不能不是一片苍白。说到我们的理解亦是一样，在知识方面我们所有的自由，只限于运用官能来思考此种物象，或收回官能不思考彼种物象；只限于观察它们时，可以或详或略。但是我们只要一应用它们，则我们的意志便没有能力来决定人心所知道的事物。能决定知识的，只有那些明白被我们所看到的各种物象。因此，我们的感官只要运用于外界的物象上，则人心便不能不接受它们所呈现出的那些观念，便不能不知晓那些外界事物的存在。同样，人的思想只要一运用于有定的观念，则它便不能不有几分看到它们的契合或相违。这就是所谓知识。人们如果对自己所考察的那些观念又有相当的名称，即他们对于表示这种契合或矛盾的各种命题，又不能不确信其真理。因为一个人看到什么，他就不能不看什么，知道什么，他就不能不知道自己是知道的。

3　举数目为例——因此，一个人如果得到数目的观念，并且费心来比较，一，二，三之和同六，则他便不能不知道它们是相等的。一个人如果得到三角形的观念，并且找到方法来度量它的角度和其面积，则他会相信，它的三角等于两直角。而且他之不能怀疑此点，正如其不能怀疑"一物不能同时存在而又不存在"似的。

举自然宗教为例——一个人如果观念到有一个有智慧而甚脆弱的东西，而且又观念到那个东西依靠于另一个永恒、全能、全智、全善的存在着，则他便会确知，人应当尊敬、恐惧、服从上帝，正如他在看见日光时，确知它是照耀的一样。因为一个人心中只要具有这两个观念，并且在那方面来运思想，那他一定会确知，低级的，有限的，依赖的东西应该服从优越的和无限的，正如他在数了"三""四""七"三个数以后，确知它们小于十五似的，正如他在清晨转睛向日时，确知道它是升起来似的。不过这些真理虽然极其确定，极其明白，可是一个人如果不肯用自己的才能，来求知它们，那他是永不会知道的。

第十四章　判断

1　我们的知识因为有所缺陷，所以我们就需要一种别的东西——人类之赋有理解能力，不独是要供他思辨玄想，而且是要指导他的生活，因此，人如果除了具有真正知识的确实性的东西以外，便不能再有指导自己的东西，那他就茫然不知所措了。因为真正的知识既然是缺乏而稀少的，因此，人在缺乏了明白而确定的知识时，如果便没有可依凭的东西，则他会完全处于黑暗中，而且他的一生的行动亦多半会停顿起来。一个人如果在解证出食物能益人以后才肯来食，在确知了他的事业能够成功以后，才肯来动，则他便不能做任何事情，只有坐以待毙而已。

2 这种黄昏的状态，我们该如何来应用——我们知道，上帝已经在把一些事物置在大天白日之下，而且使我们对于少数的事物（比较而言）发生确定的知识，又从而刺激我们来希望并企求一个较好的生活（这种知识也许是对于有智慧的生物所能达到的成就的一种试味），不过说到人生大部分的事务，则他只供给了我们一种概然性的黄昏之光；而且这种光明我想就适合于我们在尘世上的平庸状态和摸索状态。在这里，上帝为使我们降伏其过分自信和妄断起见，他要使我们在日常经验里感觉到自己的眼光短浅和容易错误。因为有了这种意识，我们就可以常常自己警觉，要在这个旅行的日子内，勤恳谨慎，追求正道，达于完美境界。在这里，我们纵然听不到启示，我们亦可以想象，人们既然利用上帝所给予他们的那些才能，因此，他们在日落夜晚停工时，一定会接受到他们的报酬。

3 判断可以补充知识的缺乏——在有些情形下，我们既然没有明白而确定的知识，因此，上帝便又给了我们一种判断能力用以补充这种缺陷。借着这种判断，人心虽然看不到解证的明确性，亦可以看到它的观念之是否契合，或命题之为真为伪。人之施用这种判断能力，有时是出于必然的，因为有时候，解证的证明和确定的知识是不能得到的。不过在本有确定证明的地方，他们有时亦往往因为懒惰、笨拙或草率，而轻易施用这种能力。人们往往不肯细心考察他们所要知道的两个观念间的契合或相违；他们或则不能在一长串推论中保持应有的注意，或则急迫从事，不能耐烦，因此，他们便不研究证明或竟然放过证明。因此，他们不用解证，在远处稍一观察之后，就决定两个观念是否相契，而且在这样粗疏观念之后，觉得那一造有可能性，他们就随便决定了。人心这种能力在直接运用于事物时就叫做臆断，在运用于文字所表现出的真理时，通常就叫做同意或不同意。人心最常在这种途径下需要运用这种判断能力，因此，我就要用这些名词称它，加以研究，因为这些名词是在我们的语言中是意义最不含混的。

4 所谓臆断只是在未见其然时，假定其然——因此，在真伪方面人心便施用有两种能力。

第一就是知识，人心借此可以确然认知任何观念间的契合或相违，对之深信不疑。

第二就是臆断，在这里，我们并看不到各种观念的切实契合或相违；我们只是假定它们的契合或相违，并且从而在心中把它们加以分合。因此，所谓臆断，就其本义而言，就是在未确知其然时，就假定其然的。它在分合各个观念时，如果与事物的实际相契合，那就叫做正确的臆断。

第十五章 概然性

1 所谓概然性就是根据可以错误的证明而见到的一种契合——所谓解证是用恒常地在一块联系着的明显不变的证明作为媒介，来指示出两个观念间的契合或相违来。至于概然性则是我们用本没有恒常不变联系(至少亦是我们见不到这种联系)的各种证明作为媒介所见的貌似的契合或相违。不过概然性大部分已足以诱使人心来判断一个命题之宁真而非伪,或宁伪而非真。我们可举例来说明这两种心理作用。就如在解证时,一个人如用中介观念来指示三角形的三个角等于两个直角,则他可以认识那三个角和那些中介观念有一种确定不变的相等联系;因此,他就凭直觉知道了各段中各中介观念的契合或相违,而且在全部进程中,他也都可以明白看到那三个角子和两个直角在相等方面是契合的或相违的;因此,他对于这种关系就有一种确定的知识。不过另一个人,如果不肯费心来观察那个解证,而当他听数学家(一个有信用的人)说,"三角形的三角等于两直角"时,他就同意它,也就信它为真的。在这里,他的同意的根据只在事物的概然性,他所用的证明亦大部分是真的。他的证据取之于那个人,而那个人向来所说的话多半与他的知识不冲突,而且亦并非不知而言的,尤其在这个事体方面为然。因此,他所以同意于"三角形的三个角等于两个直角"的这个命题,而且他所以在不知道这些观念相契合时,就认它们是相契合的,乃是因为说者在别的情形下是诚实的,或者因为听者假设在这种情形下,他是诚实的。

2 概然性可以补助知识的缺乏——我们的知识如前所说既然是很狭窄的,而且我们亦不曾侥幸在我们所考察的样样事物方面都找寻出确定的真理来,因此,我们所思想、所推论、所奉行的大多数命题,我们对它们的真实性并没有毫无意义的知识。不过有些命题亦十分近于确实性,因此,我们便不怀疑它们,而且我们亦能坚定地相信它们,决心地照那种同意行事,好像它们是无误地解证出的，好像我们对于它们的知识是完全而确实性的。不过信念亦有各种等级，从接近于解证和确性的地步起，可以一直降到不可保和不可靠的地步，甚至于降到不可能性的边境上。至于同意，亦有各种等级，从充分的确信和信念起，可以一直降到猜度、怀疑和不信。因此，我既然找寻出人类知识和确信的边界来（我想），所以我其次就要来考察概然性同意（或信仰）的各种等级和根据。

3　我们可以借概然性在未知事物为真之时，就擅拟其为真的——所谓概然性就是“多半为真”的意思。这个名词的含义本身就指示出，对于这样一个命题，是有一些论证或证明，使人相信其为真的。人心如果采纳了这类命题，那就叫做信仰、同意或意见。所谓信仰等等，就是，我们虽不确实认知一个命题是真实的，可是我们会因为各种使我们信以为真的论证或证明承认它是真的。由此我们就看到，“概然性”和“确实性”之差异，信仰和知识之差异就在于：在知识的每一部分，都有一种直觉，而且每一个中介观念，每一步骤都有其明显的、确定的联系。在信仰方面，便不如此。使我信仰的，乃是与我能信仰的事情无关的另一种东西。这种东西两边并未明显地连接起来，因此，它便不能明显地指示出我们所考察的那些观念的契合或相违来。

4　概然性有两种根据，一种是与自己经验的“相契”，一种是别人经验所给的证据——概然性只可以在我们缺乏知识时，来补充那种缺陷，并且来指导我们。它所表现出的各种命题，我们对之并无确知，只有相信它们为真的一种倾向。所谓概然性的根据，简言之，有两种：

第一，是任何事物和我们的知识、观察同经验所有的一种相符关系。

第二，就是声明自己观察和经验的别人的证据。在他人的证据方面。我们第一要考察数目多少，第二要考察忠实与否，第三要考察证人的技巧，第四要考察作者的原意，如果我们引证书中的证据，第五要考察所说的各部分各情节是否一贯，第六要考察相反的证据。

5 在达到判断以前，一切助成的或反对的契合都必须先行考察——在概然性方面既然没有直觉的明白性，确然使理解有所决定，并且产生出确定知识来，因此，人心要想有条有理往前进行，则它应该先考察概然性的一切根据，并且看看它们怎样可以助成或驳倒一个命题；然后再来同意它或否决它。因此，在通盘考察以后，它才可以按照概然性根据在此边或彼边的优越程度的大小，来发生或强或弱的同意。例如：——

我看见一个人在冰上行走，那就超过概然性，而是知识。但是如果有一个人告我说，他在英国曾见一人在严冬里在冻结了的水上行走，则这个报告同日常所见的事情是很相契合的，因此，这个事实的叙述如果没有明显的可疑之点，则按照物理来讲，我是很容易相信它的。但是你如果把同样事情告诉给生在热带上的一个人听，则全部概然性就都依靠在证据上，因为他根本不曾见过，甚至于不曾听过那回事。在这里，说话的人数如果愈多，他们的信用如果愈大，而且他们说谎话亦与他们没有利益，则这回事情便会按着情形或多或少得到人的信仰。但是一个人的经验如果一向就同此相反，而且从未听过类似的事情，则证人的最无瑕疵的信用亦难以使他发生信仰。有一次荷兰公使把荷兰国的详情告诉安南王（他是爱问的)说,“在那个国家,在冷季里水有时变得坚硬,使人可以在上行走,而且他如果在那里,水亦可以把他的象载得动”。但是那个国王却答复说:“我一向认你是一个清醒正派的人,所以你所说的奇怪事情,我都相信,不过现在我确乎知道你是在撒谎了。”

6　概然性可以有很多的花样——一切命题的概然性都是建立在这些根据上的,就是说,一个命题愈与自符的知识相契合,愈与确定的观察相契合,愈与恒常的经验相契合,愈与多数可靠的证据相契合,则它的概然性亦就愈大,反之,则它的概然性亦就愈小。不过除此以外还有另一种根据,这种根据在其自身虽不是概然性的真正根据,可是人们常当它是一种根据,而且他们常依此来规范其同意,并且依此来固执其信仰。这就是所谓他人的意见。不过要依靠这个,乃是最危险不过的,而且也最易陷于错误,因为在人方面比在真理和知识方面比较易于含着较多的虚伪和错误。如果我们所赞美的那些人的意见和信念,可以当做同意的根据,则人们正可以在日本成了异教徒,在土耳其成了回教徒,在西班牙成了天主教徒,在英国成了新教徒,在瑞典成了路德教派。不过关于同意方面这种错误的根据,我将要在别的方面详为论述。

第十六章　同意的各种等级

1　我们的同意应该为概然性的各种根据所调节——我们在前章所说的概然性的各种根据,既是我们同意所依据的基础,因此亦就是调节同意的各种程度所用的尺度。不过我们应当知道,概然性不论有多大根据，而一个人要想追求真理，判断正确，则他只应该以第一次判断和研究中所见的根据为凭，不应该妄事增益。我自然承认，世人所以固执某些意见，所以同意某些事情，并不一定是因为他们实在看到原来使他们发生信仰的那些理由。在许多情形下，即在记忆丰富的人，亦难以记得原来所以使他们接受问题的某一面的那些证明（自然这些证明都是经过适当考察的）。人只要曾有一次细心地、充分地尽力考察过那件事情，那就够了。他们只要把能阐明问题的各种详情都考察过，只要应用极高的技术，根据全部证明来得到一个总结果，那就够了。在充分地、精确地考察之后，他们只要能见到概然性落于那一面，他们就可以把那个结论当做自己所发现的真理储蓄在记忆中。在后来，他们就可以凭他们记忆的证据，知道某一个意见是值得某程度的同意的，因为他们已经有一次看到那个意见的各种证明了。

2 我们既然不能永远把这些证明现实保持在眼前，那么，我们只要能记得自己曾有一度看到某程度的同意有某种根据，那就够了——大部分人们在支配自己的意见和判断时，都是照这样的；（在这里，我们自然不能要求人们在记忆中把关于任何概然真理的一切证明都清晰地记住，而且在记忆时还要把他们原来实行证明时所经过的次序和有规则的演绎都照样记得住，因为要照这样，则只关于一个问题，我们就得写一大卷证明了。）若非如此，他们就得要求一个人在接受一个意见时，日日来考察各种证明了。这两种情形都是不可能的。因此，我们在这里就得依靠于记忆，而且各种命题的证明纵然不是现实存在于人思想中的，纵然我们不能现实回忆起它们来，我们亦得相信它们。若非如此，则我们大部分或则成了怀疑家，或则一时一时变化起来，而且任何人只要新近研究过一个问题，并且把论证提出来，我们就得屈从他，因为我们既然没有记忆，则我们便不能立刻回答这些论证。

3　我们先前的判断如果是不正确的，则记忆会产生不良的结果——我自然承认，人们之固执过去的判断，坚信先前的结论，往往是他们所以坚持错误和谬见的原因，不过他们的过失，并不在依靠记忆，唤回先前的良好判断，而在于他们未考察好就来判断。我们不是见到：许多人（且不说大多数人）相信自己对于各种事物的有合理的判断么？而他们所以如此相信，不是因为他们不曾有过别的想法么？谁会想象自己的判断所以正确，只是由于他们未曾怀疑，未曾考察他们自己的意见呢？因为照这样，就无异于说，他们的判断所以正确，只是因为他们根本不曾判断过。但是这些人们在坚持自己的意见时，却是最顽强不过的；因为我们常见，愈不考察自己教义的人，通常是愈凶猛地、牢固地相信自己的教义的。

我们一度知道了的事情，我们就确信它是如此如彼的；而且我们可以确信，并没有尚未发现的隐秘证明足以推翻了我们的知识，或使它可疑起来。不过在概然性方面，我们在各种情形下，并不都能确知我们是否把凡与问题有关的一切特殊情节都搜罗得来，我们并不能确知，再没有尚未发现的证明，留在后面。会把概然性投在另一面，并且压倒我们当下所见的那个较重的一面。因此，人人几乎都没有闲暇、耐心和方法，来搜集关于自己大部分意见的一切证明，因而他们亦就不能确实断言，他们自己已经把样样情节都明白而充分地观察到，此外再没有可提出的东西，来促进他们的知识。不过我们却仍不得不来选择一面。日常的行为，事业的经营，都不让我们迟延。在这里,我们虽没有确实的,解证的知识,可是我们仍不得不来选择一面,因为人生的事务,大部分是要依凭意见的决定的。

4 正确的施用同意,互相的仁爱和容忍——绝大部分人们(如果不是一切人们),虽然对于自己所主张的真理没有确定的证明,亦不能不有一些意见,不过在别人提出一种论证之后,我们如果只因为自己不能当下予以答复,指其缺点,就遽然废弃自己先前的教条,那亦不能不说是无知,轻浮和愚昧的表现。因此,我想,人们的意见虽然尽可参差不齐,可是我们都应当互相维持和平,培植友谊。因为我们并不能希望任何人甘于谄媚地抛弃自己的意见,并且盲目地屈从人的理解所不能承认的权威,从而来接受我们的意见。因为人的理解不论怎样易于错误,可是它只能承认理性的帮助,并不能盲目地屈服于他人的意志和命令。如果一个人必须先行考察,然后才能同意,则你如果想使他相信你的意见,那么你就得让他自在考察各种理由,并且要使他记忆起心中所储蓄的,把各种详情加以考察,看看那一边占优势。如果他觉得我们的论证不关重要,不肯费心来重行考察,则我们亦正不必见怪,因为我们在相似的情形下,亦正是如此的,而且,别人如果指令我们应当研究那几点,我们亦许会发嗔的。如果他的意见是凭轻信而来的,那么我们能想象他竟然会抛弃那些教条么?因为时间和习惯已经把那些教条确立在他心中,使他认它们为自明的,确定的了,因为他以为那些教条是他由上帝亲身(或由上帝的差遣)所得的印象了。我们怎样能想象这样确定的意见该让步于一个生人(或对敌)的论证或权威呢?在他猜想我们心想利益或别有作用时(人在觉得自己受人恶待时，多半如此猜想），不更是如此的么？我们应当竭力来怜悯我们共同的愚昧，并且尽力以文雅的劝导来驱除无知。人们纵然不肯牺牲自己的意见，不肯接受我们的意见（或者是我们强他们所信的意见），我们亦不要因此就总认他们是固执的乖僻的，因为我们在不接受他人的意见时，亦多半是一样固执的。因为我们正不曾见有一个人，对自己所主张的事理的真实，所鄙弃的事理的虚伪，都有不可辩驳的证据；我们正不曾见有一人可以说，自己已经把自己的或他人的意见都考察到底。在这个迅速的，盲目的行动状态中，我们虽然没有确定的知识，亦是不得不信仰的，虽然只有轻微的根据，亦是不得不信仰的，因此，我们正应该勤恳谨慎地来使自己增益知识，不要多事约束他人。至少那些未曾彻底考察过自己教条的人们，应该承认自己不配来指挥他人，而且他们自身如果不曾考察过自己的意见，亦不曾衡量过他们凭着哪种概然的论证来接受或拒绝那个意见，则他们如果强使别人来信仰自己的意见为真理，那是很无理由的。人们如果充分地正确地考察过，并且确乎相信了他们所宣示、所奉行的主义，则他们自然比较可以来要求别人跟从他们；不过这一类人究竟是很少的，因此，人们委实不应该专横独断，亦委实不应该暴慢倨傲。我们正可以想，人们如果多使自己受点教训，则他们会少来在别人前显露威风。

5　概然性或则是关于事实的，或则是关于思辨的——现在我们可返回来讨论同意的各种根据和其各种程度。我们应当注意，我们根据概然性的诱发所接受的各种命题可以分为两种：一种是关于某些特殊存在的，就是说是关于所谓事实的，一种是关于我们感官所不能发现的事物的。前一种是可以有人证的，后一种则不能。

6 我们的经验如果同别的一切人的经验都相符合，则我们的确信可以接近于知识——关于第一种，就是关于特殊的事实，我们可以说：

第一点，任何特殊的事物，如果在相似的情形下，都同我们和他人的恒常经验相符，而且凡提到它的人们都有互相契合的各种报告来证明它，则我们便容易接受它，并且能稳固地在其上有所建立，正如它是确定的知识似的。在这里，我们便可以毫无疑义地根据它来推论，来实行，正如它是完全的解证一样。就如一切英国人提到水时，都确说，“它去年冬季在英国曾经冻结”，或者提到燕时，又说“它们去年夏季曾出现于那里”，则我想人们一定不会怀疑他们这话，正如不会怀疑“七加四等于十一”似的。一切时代，一切人的同意（在我们所能知的范围内），如果都同一个人在相似情形下的恒常而无变化的经验相符，足以证实一个公平证人所提出的任何特殊事实的真实，那我们就得到第一等**最高度的概然性**。各种物体的确定的组织和特性自然界中各种因果的有规则的进程，都是属于这一类的。这个我们就叫做“根据事理而来的论证”。我们的和他人的恒常观察如果看到一些事物是常由同一途径出现的，则我们正可以断言它们是某些恒常而有规则的原因所生的结果——虽然这些结果我们是不知道的。就如说，“火能暖人，能使铅流，能把木或炭的颜色和密度变了”，又如说，“铁在水中则沉，在水银中则游”，这一类关于特殊事实的命题，都是与我们在这些事物方面的恒常经验相符合的，而且人们都常说它们是这样的，并没有人来反驳它们，因此，我们就可以确然相信，凡叙述这类过去事实的命题，和预料将来同类事实的预言，都是真实的。这些**概然性**

几乎上升到确实性，因此，它们就绝对支配我们的思想，充分影响我们的行动，正如最明显的解证似的；而且在与我们相关的事情方面，我们看这些概然推断和确定知识，几乎没有什么分别。在这种概然推断上所建立的信念，就已经达到确信的地步。

7　无疑义的证据和经验大部分可以产生确信——第二点，我如果根据自己的经验，和别人的相契报告，知道一件事情大部分是如此的，则这里便发生了次一等的概然性。在这里，我们可以知道一个特殊的例证是为许多分明的证见所证实的。就如说，大部分人类爱私利甚于爱公益，则这是历史在一切时代所给我们的叙述，而且在我所能观察的范围以内，我的经验亦证实这一层。因此，凡写帝柏庐（Tiberius）历史的史学家，如果都说他是这样行事的，则那件事情是十分可靠的。在这种情形下，我们的同意就有充分的根据可以上升到所谓信赖的地步。

8　公平的证据，和与人类利益无关的事情，亦可以产生强固的信念——第三点，各种事物之出现如果与人的私心无关，而且特殊的事实如果被各个坦白证见的相符的证据所证实，类如说，“一个鸟由此边飞或由彼边飞”，或“一个人的右边响雷或左边响雷”——在这种情形下，我们的同意亦是不能避免的。就如说，“意大利有一座城名为罗马；在一千七百年前左右有一人名恺撒的曾在那里居住；他是一个大将，打胜过庞培。”这些话按事理讲，我们虽亦不必有所取舍于其间，可是它们既是可靠的史家所叙述的，而且不曾被任何作家所反驳过，因此，我们便不能不相信它们，正如我们不能怀疑我们亲自所见的相识者的存在和行动似的。

9　经验和证据如果发生冲突，就可以使概然性发生无数的等级——在上述的范围内，一切事体都是很容易决定的。在这些根据上所建立的概然性是很明显的，因此，它自然就决定了判断，使我们很少自由来信仰或不信仰，正如解证不允许我们自由来知道或不知道似的。但是各种证据如果和普通经验冲突，而且历史和证见的报告，又和自然的普通程序冲突，或者它们自相矛盾起来，则我们便发生困难了。在这里，我们要想形成适当的判断，要想使我们的同意符合于事物的各种明显性和概然性，则我们必须要勤恳，注意，而精确才行。至于概然性的或升或降，就看信仰的两种根据（就是在相似情形下的公共观察，和特殊例证下的特殊证据）是助成它或反对它而定的。在这些证据方面，各报告者会有许多相反的观察，环境，报告，资格，性僻，计划和失察，因此，我们并不能把同意的各种等级，归纳成确定的规则。我们只可以概括地说，在适当的考察之后，在精细地衡量了各种特殊情节以后，相反的和相成的各种论证和证明，在总量上偏向哪一面，则它们会按照各种程度在心中产生出各种差异的心态来，就如所谓信仰（belief），猜度（conjecture），猜想（guess），怀疑（doubt），游移（wavering），疑心（distrust），不信（disbelief）等等。

10 辗转相传的证据，传流愈远，则其证明力量愈薄弱——我们这里所说的都是关于可用证据证明的那些事物方面的同意的。关于这一方面。我们不妨观察观察英国法中所守的那个规则，就是："一种记录的摹本在经过检证好以后，虽然是很好的证明，可是摹本的摹本，无论怎样检证的好，无论出之于怎样可靠的证见，在法院中总不能认为是一个证明。"人们都认这个规则是很合理的，而且正契合于我们考察重要真理时所用的那种智慧和细心，因此，我从未听过有人不赞成这个规则。在判断是非时，这种做法如果是可以允许的，那我们就一样可以说，“任何证据愈与原来的实况离得远，则它的力量和证明就愈微弱”。事物本身的存在，就是我所谓“原始的真实”一个可靠的人，如果表示出自己对那种存在所有的知识来，那就叫做证明；但是另一个同样可靠的人如果只根据前一个人的报告从事证明那他的证据便微弱了一层：至于第三人如果只是证明口传的口传，则他的话更是不重要的。因此，在传说的真理方面，每推移一步，就要把证明的力量减弱，而且传说所经的人数愈多，则它的力量和明显性便愈为减少。这一点是我们必须要注意的，因为我见有一些人的做法正是与此相反的，他们以为各种意见愈为年深日久，它们就愈有力量。千年前原始说教的人所主张的，在其同时有理性的人看来，虽然完全是不可靠的，可是到了现在，人们提起那种意见来，好像就是不成问题的，而他们所以如此，只是因为许多人一代一代都是继续如此说的。因为这种缘故，许多命题在原来发生时虽是十分虚妄，十分可疑的，可是它们后来反会借着颠倒上下的可靠性规则，被人视为纯正的真理。因此，有些意见在其原始说教者的口里虽然不曾得到人的信任，可是在年深日久之后，人们反以为它们值得尊敬，而且当它们是不可反驳的，而加以主张。

11　但是历史仍然有巨大功用——人们在这里不要以为我看轻了历史的价值和功用；在许多情形下，历史还正是我们所能得到的唯一依皈；而且我们还正从历史中得到大部分十分明显的有用真理。我想，古代事实的记载是最有价值不过的。我正想多有一些记载，多有一些纯正的记载。不过有一种真理，我们是不能不提到的，就是何种概然性不能超过其原始根源。一件事情如果只有一个人的单独证据，则那个证据不论是好的、劣的，抑或中性的，总能使那件事情跟着它或立住或成立不住。后来虽然有千百人辗转援引它，它亦只有变弱，并不能由此稍为得到任何力量。性情无定的人在引证他人的文字或意义时，因为受感情、利益、怠忽、误解和千种奇特的理由（都是不能发现出的）等所影响，所以他们常会引证错误。人只要稍一考察各个作家的引证，他就会知道，在原著缺乏时，所谓引证是怎样没有价值的，至于引证的引证则更是不足为凭的。因此我们确知，人们在一时代根据轻微理由所说的话，后来并不能因为屡次地引证得到较大的效力。它离原著愈远，则它的效力愈减；而且在最后引证或的口里或著作里，它总比在与他紧接的前一个引证者方面，要减少其力量。

12 在感官所不能发现的事物方面，类推是概然性的最大规则——我们一向所提到的概然性都只是关于实在事情的，只是关于能观察能证明的事物的。不过此外还有另一种事情，虽然不是感官所可达到的，虽然是不能证明的，可是人们对它们亦有各种意见和各种信念。这些事情亦分两类，就如（一）外界有限的非物质的东西（如精灵、天使、恶魔）的存在、本性、作用，又如某些物质的存在，因为本身过小，或与我们距离过远，不能为我们的感官所觉察；又如在大宇之内，我们究竟不知道在别的行星上或其他地方，是否有无动植物或其他有智慧的生物。（二）就是关于绝大多数自然物的作用方式的；在这里，我们虽可以看到明显的结果，可是它们的原因是不知道的，我们并不能窥见它们所由以产生的途径和方式。我们只看到各种动物的出生、长养和动作；我们只见磁在吸铁;我们只见蜡烛的各部分依次融化变为火焰,给我们以光和热。这一类结果是我们所看到、所知道的。但是它们的原因,和产生的途径,我们只能猜想或顶多能猜度。因为这些事情既然不能为人类感官所考察,因此,任何人都不能用感官来检查它们,因此,我们只能看它们与人心中所已确立的真理是否相契,和知识同观察的别的部分是否相合,来决定它们的概然程度。在这些事情方面,我们只能求助于类推,而且只有从类推我们才能得到一些概然性的根据。就如我们看到两个物体猛烈地在一块摩擦以后,就产生了热并且往往产生了火自身,我们就可以想到我们所谓热和火就是由可燃物不可觉察的部分的狂暴激动所发生的。又如我们见了各种透明物体的经了种种折射以后,就在我们眼中产生出各种颜色的现象来,并且见了各种物体的表层部分在作了不同的配置以后亦能有同样的作用(如天鹅绒和有波纹的丝织品),我们就想象,各种物体的颜色同光亮,大概只是那些物体的各种不可见的微细部分的不同的配置和曲折。同样我们在人类所能观察到的宇宙的一切部分中,既然看到形形色色的物体之间有一种逐渐推移的联系,而并无任何大的或可以发现的缺口,而且我们又看到世界上形形色色的事物都紧相联系,使我们在各种品级之间,发现不出明显的界限来,因此,我们正有理由相信,各种事物是由逐渐推移的等级渐次升到完善地步的。我们难以断言,有感觉,有理性的动物往哪里开始,无感觉,无理性的东西在哪里终了。谁有过人的锐目,可以精确地决定哪一种是最低的生物种,哪一种是无生物的发端呢?在我们所能观察的范围以内讲,各种事物的或增或减正如有规则的锥体的数量之增减似的;在这里,两个远隔的部分的直径虽然有明显差异，可是在紧相邻近的上下两部分间之差异，是不易分辨出的。在某些人和某些动物之间，差异是很大的，但是我们如果一比较某些人类的和某些畜类的理解和能力，则我们并看不到多大差异，因此，我们亦就难说，人的理解较为明白，他的能力亦较为大些。宇宙中从人类往下的各种部分既然有逐渐而不易觉察的推移的等级，因此，我们正可以根据类推规则说，在人以上而为我们所看不到的那些事物方面，大概亦是这样的。我们正可以猜想在我们以上，亦有许多各等级的灵物，完美的程度比我们逐渐增高，而且循着渐次的不可觉察的等级和差异，慢慢向着造物主的无限完美地步上升。这一种概然性亦有其正当的功用和影响，它最能指导合理的实验，使人形成各种假设。我们若根据类推来谨慎地进行推论，则我们往往能发现出原本易于隐而不显的真理和有用的效果来。

13 在有一种情形下，相反的经验也并减少不了它自身的证据——普通的经验和日常的事情，在人心上虽然有很大的影响(这是应当的)，使他们在听到任何要他们信仰的事物时，表示信任或表示怀疑，不过在有一种情形下，一种事情并不能因其奇特，就使我们不同意于人所给予它的公平的证据。因为上帝既有权力来改变了自然的途径，所以他任何时候觉得这一类超自然的事件合于他的企图，则在那些情形下，那些事件和平常的观察愈相反，愈应当得到人的信仰。这就是所谓神迹。这些神迹如有适当证验，则不但它们自身得到信仰，而且会使别的要它们来证实的真理得到信仰。

14 启示的单纯证据就是最高的确定知识——除了我们所提过的那些命题而外，还有一种命题，不论它们所提出的事情契合于普通经验，和日常事物与否，只凭单纯的证据，就要求人们最高的同意。因为上帝是不能欺人，亦是不能受欺的，因此，他的证据亦是最为有力的。这个证根只使我们确信，不许我们怀疑，只使我们明知，不许我们反对。这种证据的特殊名称就叫做启示(revelation)；我们对它所表示的同意就叫做信仰。这种信仰正如知识自身似的，可以绝对决定我们的心思，可以完全排除一切的游移，而且我们如果怀疑上帝的启示是否真实，那我们就怀疑自己的存在好了。因此，信仰就是确定的同意原则或确信原则；它并不允许任何怀疑，任何犹疑。不过我们必须确知它是神圣的启示，而且我们必须正确地了解它。否则我们便会被恣纵的狂热和错误的原则所迷惑欺罔，因为我们所信仰的并不是神圣的启示。因此，在那些情形下，我们必须证明它是启示，必须明知它的意思，而且我们的同意亦就以此为衡，不能超过这个限度。如果我们只能有"概然的"证明，来证实它是启示，来确定它的真义，则我们只能依据证明的概然性之为明为暗，来发生相当的信念和怀疑，我们的同意不能超过这个限度。不过关于信仰和其优越于别的论证之处，我以后再为详说好了。在那里，我将照普通的方法，把信仰和理性加以对比；不过说实在的，信仰也只是建立于最高理性上的一种同意。

第十七章　理性

1　"理性"一词的歧义——在英文中 reason 这一个字有几种意义；有时它指正确而明白的原则而言，有时它指由这些原则所推出的明白清楚的演绎而言；有时它指原因而言，——尤其是指最后的原因而言。不过我这里所将考察的它那个意义，完全与这些不相干。在这里，它是指着人的一种能力言的；这种能力正是人和畜类差异之点所在，而且在这方面，人是显然大大超过畜类的。

2 推理是怎样成立的——概括的知识（如前所说）既然成立于人心对其观念所见的契合或相违，我们对于外物所有的知识（关于上帝的知识除外，因为人人都可以根据自身的存在确知并且解证出上帝的存在来），既然只能得之于感官，那么除了外面的感官和内面的知觉而外，还有别的能力施展的余地么？为什么还需要理性呢？需要多的是；因为它可以扩大我们的知识并且调节我们的同意。因为它和我们的知识和意见都是有关系的，而且它对我们的别的一切理智官能，都是必需的，有助力的；而且它实际就含着**机敏**和**推论**两种官能。它借前一种发现出中介观念，借后一种加以整理，因此，它就可以发现出一系列观念中各环节间的联系，把两端连接起来。因此，它就把所追求的真理一目了然；这就叫做**推论**（inference）。推论所以成立，就是因为人心在演绎的每一步骤中知觉到各个观念的联系。借着这种作用，人心就知道任何两个观念间的确定的契合或相违，就如在解证中便是；它借此也看到概然的联系，就如在意见中便是；在前一方面，它就得到知识，在后一方面，它就予以同意或不同意。感官和直觉并不能达到多远。我们的绝大部分知识都是依靠于演绎和中介观念的。至于在一些情形下，我们如果愿意以同意来代替知识，并且在不知命题为真时，就当它们做真的，则我们必须找寻、考察，并且比较它们的概然性的各种根据。在两种情形下，都只是所谓“理性”这个官能才能找寻出方法来，并应用那些方法在前一方面发现出确实知识，在后一方面发现出概然推测来。因为理性不但可以在解证的每一阶段，发现各个观念或证明间的必然而不可避免的联系，以产生了知识，就是在它以为应当同意的推论中，它亦可以在每一阶段之间发现出各个观念或证明间的概然的联系来。这就是我们所谓理性的最低阶段。因为人心如果看不到这个概然的联系，如果看不到究竟有那样的联系没有，则人们的意见一定不是判断的产品，或理性的结论，一定只是偶然和机会的结果，只是自由漂荡，无选择，无方向的人心的结果。

3　它的四个部分——因此，我们正当考究下述的四个阶段：第一个最高的阶段就是发现出证明来；第二就是有规则地配置起各种证明来，以明白的秩序，使它们的联系和力量为人迅速明白看见；第三就是察知它们的联系；第四就是形成一个正确的结论。在任何数学的解证中，这几个阶段都可以观察出来；能察知别人解证中各部分的联系，是一回事；能察知一个结论和其各部分的依属，是另一回事；能自己做出一个明白整齐的解证来，又是一回事；至于能首先发现出中介观念或证明来，以构成那个解证那是与前三者都不同的另一回事。

4　三段论法并不是理性的最大工具——在理性方面，还有一件事，我想要加以考察；就是三段论法是否如一般人所想象的那样，是理性的唯一工具，是否是施用这个官能的最有用的方法。我所以怀疑这一层的原因，约有数种：——

第一点，三段论法在理性方面，只能在上述的四个部分之一中是可以供理性用的；就是，它只在任何一个例证中指出各种证明的联系来，此外再没有别的功用。不过即在这一方面，它的功用亦并不大，因为人心离了这个三段论法，亦一样可以察见这种联系，不但如此，而且也许还看得更清楚些。

我们如果一观察自己心理的活动，我们就可以看到，我们如果只观察证明的联系，而不把思想化为三段论法的规则，则我们反而推论得最为妥当，最为明白。因此，我们应当注意，有许多人虽然不知道怎样构成一个三段论式法，可是他们的推论仍是极其明白，极其正确的。人如果一观察亚洲和美洲的许多地区，他们就会看到，许多人虽然未曾听说过三段论法，虽然不曾把任何论证归在那些形式内，可是他们和我们是一样能精确地推理的；而且我相信，几乎没有一个人在自身实行推论时，要用三段论法。在华词丽句中，有时会隐复着错误，因此，我们有时亦正需要利用三段论法把它发现出来；并且把一个谬论的机智和美辞的外表脱掉，而把它的赤裸裸的丑陋形式暴露出来。不过人们在已经研究过**论式**和**图式**以后，你才能用三段论法的技巧形式给他们指示出这样粗略推论中的弱点和谬误来；因为只有在考察了三个命题所能结合成的各种形式以后，人们才能知道，哪一种形式有正确的结论，哪一种形式没有，而且能知道所以为正为误的各种根据。人们如果充分考察过三段论法，并且知道三个命题怎样在结合于某种形式中以后，就能发生正确的结论，在结合于另一种形式中以后就不能，则他们自然会知道，在传统的论式中由前提所得的结论是否是正确的。但是人们如果不曾考察过那些形式，则他们便不能借着三段论法确知，某种结论必然会由某种前提而来。他们所以如此相信，只是因为他们专诚地相信他们的教师，并非因为信仰那些论证的形式；

不过这仍是相信，而不是确知。在全人类中，能构成三段论法的人们，比不能构成的人们，为数是太少的，而且在那些少数学过论理学的人中，大部分也只是相信三段论法在其习用的论式中能发生正确的结论，他们很少能够确实知道这一回事，因此，我们如果把三段论法当做是理性的唯一固有的工具，和知识的方法，那么结论就是说：在亚里士多德以前，不曾有一个人能凭理性认识任何事物；而且自三段论法发明以后，一万人中亦不曾有一个人凭其理性认知任何事物。

不过上帝对人并不曾十分吝啬，他并不曾只把人单造成为两腿的动物，而使亚里士多德给他们再添上理性；（亚氏只使少数人来考察三段论法的根据，并且使他们看到三个命题虽然能在六十个以上的途径中结合起来，可是只有在十四个形式中人们能相信结论是正确的；此外他还使他们看到，何以在这些少数的形式中结论是正确的，在别的形式中便不是正确的。）上帝对人类的仁慈委实超过了这个限度。他给了人们以一个心，而那个心是不学会三段论法，就来推论。我们的理解并不是受了这些规则的教导才能来推论；它有一种自然能力可以看到它的观念是否互相契应，并不用麻烦的手续就可以把它们排列正确。我说这话并非意在贬抑亚里士多德，我看他实在是古代的一位大人物；他的见识的广远，思想的锐利，判断的准确，是很少有人能够比得上的；而且他之发明这些论证形式，就在折服了那些腼然否认一切的人们方面尽了一种大功，因为我们是可以用这些论式指示出结论是否是正确的。而且我很愿意承认，一切正确的推论都可以化为三段论法的形式。不过我想，我可以正确地说（这并与他的身价无损），这些并不是唯一的，最好的推论方法，而且人们如果意在找寻真理，愿意尽力应用自己的理性，来求得知识，正不必需要这些方法。而且我们分明看到，他所以看出，有些论式是有结论的，有些是没有的，并非由于那些论式自身，只是由于原始的知识方法，只是由于各观念间的显见的契合关系。你如果告一个村妇说，风是西南风，天气阴暗，有欲雨的样子，则她容易理解她在疟疾初愈之后，穿上薄衣，到外面去，是不妥当的。她分明看到这些现象的概然的联系——西南风，云，雨，湿，伤风，复发，死的危险——她的心在离了三段论法的技巧的，麻烦的束缚以后，更能迅速地，明白地，由此部分进于彼部分，因为那些形式只足以桎梏人心，阻碍人心。不但如此，你如果用论式把这个论证系统的表示出来，则她在事物原状中所容易见到的那种概然性，反会忽然消亡，因为它是往往会把联系淆乱了的。我想任何人都可以在数学的解证中看到，由此所得的知识虽没有三段论法，可仍是最简捷，最明白的。

人们往往看推论是理性官能的一种大的作用；诚然，它如果是正确的。则它不能不说是一种伟大作用。不过人心因为想扩大它的知识，或竭力赞助它所学得的意见之故，往往不先看到观念间的联系（能联络两端的那种联系），就贸然来构成各种推论，这是不能不注意防范的。

所谓推论，只是要用公认为正确的一个命题，来推得另一个正确的命题；就是说，要假设推得的那个命题中的两个观念是有联系的。就如我们先立这个命题说，“人们在来世要受刑罚”，并且由此推断出另一个命题说，“因此人们可以自由决定。”则我们现在的问题就是要认识，人心所作的这个推论是否是正确的。它在作这个推论时如果是借着找出中介观念来，并且把它们置在适当的秩序内，而看到它们的联系，则它的进行是合理的，它的推论亦是正确的。如果它在推论时，未曾见到这一层联系，则它所得的推论将不能成立，亦不合于正确的理性，只表示它愿意使自己的推论成为合理的，或让人视为合理的。不过在两种情形下，能发现那些观念而指示其联系的，并不是三段论法，因为我们必须先把它们找寻出来，并且始终一贯地看到它们的联系，然后才能把它们合理地应用在三段论法中。若非如此，我们就得说，任何观念，我们虽不考察其与别的两个观念间的联系，亦都可以在三段论法中指示出它们的联系来，而且我们亦可以贸然把它当作中名词，来证明任何一个结论；这是没有人肯主张的。因为我们看到了中间观念和两端观念的契合，才断言两端是契合的，因此，在整个连锁中，每一个中介观念必须与其两边的观念有显然的联系才行。否则我们便不能由此推得任何结论；因为任何时候，任何环节如果是松懈而无联系的，则整个系列的力量会因以失掉，它便不会再有力量推出任何东西来。在上述的那个例证中，我们所以知道推论之得当，推论之合理，不是因为我们先看到一切中间观念，然后才依据它们求得结论或命题么？在这里，我们的推论是这样的："人是要受刑的；上帝是刑惩者；这种刑罚是公正的；被刑罚者是有罪的；人们能换一个法；因此，就有所谓自由；就有所谓自由决定。"在这一个长系列中，各个观念都显然联系在一块，每一个中间观念都和紧接的两个观念相契合，因此，"人"的观念和"自行决定"这两个观念便分明联系在一块；因此，我们就可以根据"人在来世要受刑"的这个命题，推论出"他们能自行决定"的这个命题来。因为在这里，人心既然看到

“人在来世受刑”的这个观念，和上帝的观念有联系，能惩罚的上帝与公正的刑罚有联系，公正的刑罚又和犯罪有联系，犯罪又和“能反其道而行的能力”有联系，能反其道而行的能力又和自由有联系，自由又和自决有联系；因此，它亦就看到人和自决是有联系的。

我现在就问，在这个简单而自然的排列中，两端观念的联系，是否比在五六个重复杂乱无章的三段论式中，更看得明白些呢？这个联系原来并不是杂乱的，因为在原来那个简短、自然而明显的秩序中，人人都可以看到这种联系，而且人们先看到了它们这种秩序，然后才把它们应用在三段论法中。我称它为杂乱无章，要请人们原谅，除非有的人在把这些观念列入那么多的三段论法中以后，反而会说，它们比较不杂乱，它们的关系比较明显，虽然它们已经被一再换位，一再重复，弄成一长串人为的形式。各种互有关系的观念的自然秩序必然先要指导三段论法的秩序，而且每个人都必须看到中间观念和其所连接的那些观念的联系，然后他才能在三段论法中应用那种联系。不过在那些三段论法既形成立后，则不论是论理家或非论理家，都不能看得论证的力量（就是两端观念的联系），更为明显一点。“因为不晓论理学的人，既然不知道三段论法的正确论式，又不知道它们的根据，因此，亦就不知道它们是否应用于正确而决定的论式中，因此，亦就丝毫不能被那些形式所帮助；不但如此，人心在这里既然在判断各个观念的联系时，失掉了自然的秩序，因此，这些形式反而使推论更不确定起来，还不及没有这些论式时为好。”至于论理学家本人，不论在构成三段论法以前或以后，都可以一样看到各中间观念和其两边观念的联系（推论的根据正在于此）；若非如此，他们根本就不曾看到那种联系。因为三段论法并不能指示出亦不能加强任何直接相连的两个观念的联系，它只能借着我们在各中介观念间所观察出的联系，表示出两端观念间的联系来。但是三段论法却不能指示出中介观念与两段观念有何种联系来。人心在那样排列的各个观念中间所见到的，只是凭它自己的观察而来的，至于三段论法的论形，则不过只是这种观察所用的一种偶然的形式，并不足以给这种观察以指导。三段论法只指示我们说，中间观念如果与其紧相接的两个观念互相契合，则那两个相隔的观念（就是所谓端 extremes）亦确乎是联系着的；因此，一个观念和其两边观念的直接联系，不但在三段论法之后可以看到，即在它成立之前，亦是被看到的；否则，构成三段论法的那人根本就不能见到这种联系。这种联系只是被眼（人心的知觉官能）所见的；各个观念只要排置起来，人心就可以看到这种联系。任何时候，两个观念只要排列在一个命题中，人心就可以看到这种联系，不论那个命题是否列入三段论法中而为其大前提或小前提。

那么人们会问，"三段论法究有什么功用呢？"我可以答复说，它们的主要功用有两方面，一方面是在经院中的，一方面是在经院外的。因为经院中人都互相允许，恬不知耻地来否认明白契合的那些观念间的契合；至于经院以外的人们，亦有些模仿经院中的样子，恬不知耻地否认甚至他们自己所分明见到的观念的联系。不过诚实探求真理的人，既然目的只在找寻出真理来，因此，就无须乎用这些形式强迫人同意任何推论；因为我们如果把各种观念排列于简单明白的秩序中，则比较更能看到推论之为真实，之为合理。因此，人们在自己探求真理时，并不用三段论法来使自己得到信念，在教人时，亦不用三段论法来指导诚心的学者，因为在他们未将各种观念列入三段论式之中时，他们必须先看到中间观念和其两边观念间的联系，把它们的相契关系指示出来；而在他们既看到这层联系以后，则他们又可以看到推论是否正确，因此，三段论式并不能及时来确立它。即以前面那个例子来说，人心在把正义观念插入刑罚，和受刑者的罪恶之间，把它当做中介观念而加以考察时（人心如果不能这样考察正义，它便不能把正义当做中间观念用），它不是能分明看到这个推论之为有力，一如这个推论表现于三段论式中时那样么？我们可再用明白简易的例子来阐述这一点。假定人心把“动物”作为中间观念或中名词，来指示人和生物的关系；并且假定表示的式子有两个，一为：

人——动物——生物

一为：

动物——生物——人——动物

那么我就问，人心在前一种方式下是不是要比在后一种方式下，比较更能明白地、迅速地看清楚它们的联系，因为我觉得在前一个方式中，有联系作用的中介观念的位置是简单的、恰当的，而在后一个方式中，则那个观念的地位是复杂的。

有的人们以为，即在爱好真理的人一方面，三段论式亦是必需的，因为它正可以指示出华词、谐句、乱谈中所隐藏着的一些错误。不过这实在是一层谬见，因为我们知道，真正追求真理的人们所以有时被那样松懈的、华丽的推论所蒙蔽，只是因为他们的想象被一些活跃的、比喻的表象所打击，使他们懒于观察或不易观察到，那个推论究竟是依靠于哪些真正观念的。要向这般人们指示出那种辩论的弱点来,我们只须(一)先把那些多余的观念除掉就是,因为那些观念,与推论所依据的那些真正观念混合在一块,能在本没有联系的地方表现出一种假联系来,或者至少亦使人发现不出缺乏这种联系。此后,(二)我们亦只须把推论所依据的那些观念排列在适当的秩序中。在这种情形下,我们只要一观察它们,就可以看到它们的联系,因此,不用任何三段论式,它就可以判断那个推论。

我自然承认,在那些情形下,人们通常要利用论式或图式,好像他们所以能在那些松散的推论中,发现出任何矛盾来,只是完全由于三段论式。我以前是曾经这样想的,不过后来却不以为然了,因为在严格考查之后,我看到,只把各个观念置于适当的次序中,就可以看出那些推论的矛盾来,而且没有三段论式,反而会更看得清楚一点。事情所以如此,并不只是因为我们在直接观察了一长串中的每一环节以后(在其适当的地位),能最清楚地看到它们的联系;此外,还因为三段论式只能把矛盾指示给最少数的人们,因为能完全了解论式和图式的人们,能完全了解那些论式所由以成立的各种根据的人们,是万人中不得一二的。可是我们如果把推论所依据的各种观念置在适当的秩序中,则不论是论理学家或非论理学家,只要他了解那些名词,并且有才具来观察那些观念的契合或相违(人如果不能做到这一层,则他不论在三段论式以内或以外,都不能看到推论之为有力,之为脆弱,之为结实,之为矛盾),他就会看到他的论证是否缺乏联系,他的推论是否含着荒谬。

我知道有一个人,虽不精于三段论式,可是他在一听到一长串虚伪貌似的推论时,却能立刻看到它的脆弱和不坚实;至于别的精于三段论式的人们反因此发生了错误。我相信,读者们知道这类事实的，当不在少数。如果不是这样，则朝廷的辩论，大会的事务，都会有措置失当的危险。因为堪当大事，有可以左右政局的人们，并不常侥幸完全知道三段论法的论形，或完全熟悉了各种论式和图式。

如果在人为的推论中，三段论式是唯一的甚或是最妥当的发现错误的方法，则我想全人类，甚至于君主们在有关自己王位和尊严的事体方面，不至于那样爱惜虚伪和错误，以至于在最重要的辩论中竟然忽视应用三段论式，竟至于以为在重要的事体中要提出三段论法来，就是很可笑的。他们所以如此，就已经分明证实了，许多有天才和远识的人们（这些人们并不是随便闲谈的，他们要按照自己辩论的结果来实行，而且在错误时，还常要丧失其头颅和财产的），以为那些经院中的论式是没有功用的，并不能发现出真理或谬误来；因为任何人只要肯接受明白呈示于他的东西，则没有这些论式，我们亦一样可以把真理或谬误指示给他，而且会指示得更为明白一点。

第二点，我所以猜想三段论式在发现真理方面不是理性的唯一固有的工具，还有一种原因，就是不论人们怎样夸张论式和图式能发现出虚伪来（如上所述），我们依然看到，经院式的推论方法和平常的辩论方法是一样易于陷入错误的。因为据平常经验讲来，这些虚妄的推理方法只足以捉弄人心，圈套人心，却并不能启发理解、指导理解。因此，人们在经院式的辩论中，虽可以被人折服，默然无言，可是他们很少甚或从不会真心相信胜者一造的意见。他们或者承认他们的对手比自己精于辩论，不过他们永不会相信对方所争持的真理，他们虽然失败，可是依然要带其原来的旧意见以去。这种辩论方法如果能给人以真知灼见，并且使人看到真理在于何处，则他们万不会有这种情形。因此，人们就想三段论式只可以在争辩中求得胜利，并不能在明白的探求中发现真理或证实真理。错误既然能隐藏在三段论式中，而且同时我们又不能否认它，那么能发现真伪的，一定不是三段论式，而是别的一种东西了。

人们如果惯于认某种东西有某种功用，他们就不许别人否认那种功用，否则他们很容易于大声疾呼地说，别人要把那个东西完全抛弃了。这是我常有的一种经验。但是为防止这种不公正而无根据的责难起见，我可以告他们说，我并不主张取消了理解在达到真理时所凭靠的任何帮助；而且精于三段论式的人们如果以为它们可以帮助理性来发现真理，则我想他们正可以利用它们。我的意思只是说，他们不应当以分外的功用归给这些论式，并且不应当以为离了这些论式，则人们便不会运用，或不会充分运用自己的推理能力。有些眼睛需要眼镜才能看得清楚明白，不过戴眼镜的人们却不可因此就说，离了眼镜就没有人能看得明白。说这话的人总未免过于着重了艺术（他们或者是得了艺术之助的），看轻了自然。理性如果能充分地运用自身，就可以凭其洞察力迅速地、明白地看到真伪，而且看得比用三段论式时还要迅速，还要明白。他们如果因为用眼镜久了，致使自己的目光发了昏，而且没有眼镜，就不能看到辩论中坚牢的推论或不坚牢的推论，则我亦不至于无理性地妄来反对他们佩戴眼镜。人人都知道，什么最适宜于自己的目光，不过他万不可因此就说，凡不用他那种工具的人，都是在黑暗中的。

5　三段论式在解证中无大功用，在概然性方面更是无用——

三段论式在知识方面不论是什么样的，而在一切概然性方面，我敢说，它是完全没有功用的。因为在概然性一方面，我们的同意既然是在适当地考察了两造的一切证明和情节以后，按照一面的优势发生的，因此，在概然性方面要用三段论式来帮助人心，那是最不适当的。三段论法只根据一个假设的概然性或局部的论据，一直往前进行，因此，结果它就会使人心完全看不到当下所考察的东西，并且使它陷于一种远隔的困难，陷于进退维谷之境，好像被三段论法的锁链所桎梏似的。在这里，三段论式并不能给人心以必需的自由，更不能给它以必需的帮助，因此，它就不能使人心来考究一切事物，来指示出较大的概然性是在哪一面的。

6 它不能增加我们的知识，只能用知识进行诡辩——我们纵然承认三段论式可以帮助我们使人相信他们自己的错误（有的人虽如此说，不过我并不曾见任何人曾经被三段论法的力量所迫，致抛弃其意见），可是在最重要的一部分，它却不能帮我们的理性。我所谓最重要的一部分，就是指找寻证明，寻求新发现而言的。这部分工作虽不是理性的最高妙用所在，可是它仍是最困难的一种工作，而且在这方面，我们是最需要帮助的。三段论式的规则并不供给人心以那些中介观念，以来指示出远隔的各个观念间的联系来。这种推论方法并发现不出新的证明来，它只是整理排列已有证明的一种艺术。就如欧克里德第 1 卷第 47 命题虽是很正确的，可是它所以被人发现，我想却不是由于普通逻辑中的任何规则。一个人必须先有知识，然后才能用三段论式加以证明。因此，三段论式是在知识以后来的，因此，一个人并无需乎它。我们的知识量所以能增加，有用的艺术和科学所以能进步，主要是因为我们找寻出各个中间观念来，以指示出远隔观念间的联系。三段论式顶多亦不过是用我们所有的少量知识进行诡辩的一种艺术，它并不能丝毫增加我们的知识。一个人的理性如果尽用在这一方面，那正如一个人从地内掘出少量的铁以后，全把它打成刀，并且把它置在仆人们手中，使他们互相斗争，互相猛击似的。西班牙国王如果曾这样运用其人民的手和西班牙的铁，则他便不会在美洲的腹地发现出所蕴藏的珍宝来。我想，一个人如果尽其理性的力量，来挥舞所谓三段论式，则他一定不会在自然的内部宝藏中发现出大量隐伏的知识来。但是照经院派的做法，我们虽不能借严格的论式和图式的规则发现出知识来，可是我们的自然的、素朴的理性，却容易开一条通向人类的知识总量（一如其以前所做的样子）的大道，而对之有所增加。

7　我们应当寻求别的帮助——不过我并不怀疑，在最有用的这一部分知识方面，我们可以找到一些帮助理性的方法，而我所以如此说，乃是受了聪明的虎克（Hooker）的怂恿。他在其"教会政治"（*Eulesiastical polity*）第1卷第6节中曾经这样说过："如果加上真正艺术和学问的一些正当帮助（说到这些帮助，我必须坦白地说，当今之世虽然号称学风鼎盛之时，可是人们对这些帮助并不甚知，亦并不注意），则受了这种培植的人们的成熟判断，和现代人的粗浅判断之间，将来一定有天壤之别，正如现代人和婴儿之间，有天壤之别似的。"我并不敢妄谓：自己在这里曾经发现了这位好学深思的大人物所提到的那些正当的艺术帮助中任何一种。但是，现代所通用的三段论式和逻辑分明不是他所指的那些，因为这些技术在他那时代已经为人所熟知了。在我自己觉得，我只要能用一种或者不习见的推论(我相信它是完全新的,并非抄袭来的),引起别人的注意,来找寻新的发现,来在自己的思想中寻求艺术的正当帮助,那已经够了。我相信,人们如果奴颜婢膝地完全服从他人的规则和命令,他们一定不会发现出这些帮助来。因为走平的道路只能领导这些牲畜们(如一个留心的罗马人所说)达到模仿的地步;他们所做的不是巧合的同一,而是屡次的重复(non quo eundum est,sed quo itur)。不过我仍然可以大胆地说这个时代既然产生了一些判断准当,识解宏大的人们,因此,他们如果肯在这个题目上运用其思想,则他们一定能开拓一些新而未发现的道路,以促进人类的知识。

8 我们的推论限于特殊事物——我们既然借此机会在这里总论过三段论式,和它在推论方面,在知识的促进方面所有的功用,因此,在完结这个题目之前,我们还应当注意到三段论式的规则中一个明显的错误,就是:"任何三段论式的推论,至少要含有一个概括的命题,才能成为正确的,决定的。"他们这样说,好像以为我们关于特殊的事物,是不能有所推论,不能得到知识似的。实则在适当考察以后就知道,我们一切推论和知识的直接对象,只是一些特殊的事物。每人的推论和思想所关涉的只是他自己心中存在着的各种观念,而这些观念又各个都是特殊的存在。至于在"别的"事物方面,我们的知识和推论之能成为正确的,亦只以它们和那些特殊的"观念"相符合为限。因此,我们对自己特殊观念间的契合或相违所发生的认知,亦就是知识的全体和极限。至于普遍性则只是由这种认识的附带性质,而且它的含义亦不过是说,那种认识所关涉的那些特殊观念,可以和两个以上的特殊事物相符合,可以表象二个以上的特殊事物罢了。但是那些观念中不论两个或一个或一个也没有能表象二个以上的实在事物的，而我们对那两个观念的契合或相违所发生的认识——就是知识——仍是一样明白，一样确定的。此外，在完结这个三段论式的题目以前，我还要请求允许我提出一点来：就是"我们不应当依靠正确的根据来考察考察，三段论法现在所有的论式，是否契合于理性么？"因为中名词的功用既然在联合两端，即既是要借其媒介来指示出两个观念间的契合或相违，那么中名词如果置在那两个观念中间，则它的位置不是更自然一点，而且它不是更能明白地指示出两端的契合或相违么？这是很容易做到的，我们只须把前两个命题的位置一掉换，使中名词成了第一命题的宾词，成了第二命题的主词，那就是了，就如：

一切人都是动物，
一切动物都是生物，
所以一切人都是生物。

一切物体都是广袤和凝性，
广袤和凝性不能是纯广袤，
因此，一切物体亦就不能是纯广袤。

此外还有一些三段论式，其结论是特殊的，不过我也不必再用这些例证来麻烦读者了。在特殊方面，亦和在概括方面一样，我们亦可用同样理由来讨论同样形式。

9 理性虽可以透入深海和厚地，虽可以把我们的思想提到星宿一样高，虽可以领导我们在大宇宙的广厦阔屋中游行；可是它即在物质事物方面,它也不能穷形尽相,而且在许多例证下,它也不能供我们之用。

第一,我们如果缺乏观念,则理性便不能供我们之用——第一,我们如果缺乏观念,则理性全不中用。因为理性所及的范围,并不能超过观念所及的范围。因此,我们如果没有观念,则我们的推论便要停顿,我们的计算亦要止步。有时我们所推论的,如果只系不表示任何观念的一些文字,则我们的推论亦只限于那些声音,此外并无别物。

10 第二,原因于含糊的和不完全的观念——第二,我们理性所运用的各种观念如果是含糊的、纷乱的,或不完全的,则它会迷惑而不知所措。在这里,我们就会陷于困难和矛盾中。因此,我们对于"最小量的物质"和"无限"既然没有完全的观念,则我们便迷惑于物质的"无限"可分割性。可是我们既然有了完全、明白,而清晰的数目观念,因此,我们的理性在数目方面便遇不到那些不可解的困难,亦不致陷于任何矛盾中。至于人心如何动作、运动或思想如何开始,而且人心又如何能产生它们,那是我们所不能完全观念到的,至于上帝的动作,那更是我们所不能完全观念到的,因此,我们在自由而又被创造的主体 free created agents 方面,便陷于极大的困难,使理性不易自拔。

11 第三,原因于缺乏中间观念——第三,我们的理性如果不能找出一些观念来,借以指示出任何别的两个观念间的确定的或概然的契合或相违,则它亦会停顿起来。在这方面,有些人的才具是远过于别人的。在未发现了代数(人类聪明的最大工具和例证)的时候,人们看到了古代数学家的一些解证,总要表示惊异,而且他们总以为，人们之能找寻出那些证明来，简直近乎神圣了。

12　第四，由于错误的原则——第四，人心如果要根据虚妄的原则进行，则它总会陷于困难和荒谬，总会陷于桎梏和矛盾而不能自行解放。在那种情形下，要求助于理性，那是很无当的；因此，我们只能返回来发现那些错误原则的虚妄而排斥其影响。我们如果在虚妄的基础上有所建立，则由此所生的困难，远非理性所能扩清的；它如果愈往下追求，则它会愈使人陷于迷惑，愈会使人陷于迷乱。

13　第五，由于含糊的名词——第五，含糊的和不完全的观念既可以常常圈套住我们的理性，因此，根据同样理由，暧昧的文字和不定的标记，如果注意不到，亦会在推论中和辩论中，迷惑人的理性，使他们陷于困难。不过后边这两者，只是我们自己的错误，并非理性的错误。但是它们的结果仍是显然的，而且它们所充满于人心的迷惑或错误亦是到处可以见到的。

14　我们的最高级的知识是直觉的，并不用推理——人心中某些观念是可以凭它们自己互相直接比较的，在这些观念方面，人心能够明白地看到它们是否互相契合，正如它明白地看到自己具有那些观念似的。就如人心可以明白地看到圆的一弧小于全圆，正如它能明白地看到圆的观念似的。这种知识我叫它做直觉的知识，它是毫无疑义的，并无需乎证明，亦就不能有所证明；它已经是全部人类确实性的最高点。有些公理所以在一提示于人的理解以后，就为人人所不能怀疑，所确知(不只是相信)为真，其明显性的根据正在于此。在发现和同意这些真理时，我们并用不着自己的推理能力，亦并无需乎推论，它们是借高一级的明显性被我们所认识的。现在虽然有千万种事物逃掉我们的解识，或者我们的近视的理性只能浮光掠影瞥见它们，而且我们亦只能在暗中摸索它们，可是我想(如果我可以猜一猜未知的事物)，现在的天使们对这些东西是有直觉的知识的，而且正直的人的精神，在来世变得圆满之后，亦是会对它们发生这种知识的。

15 其次就是借推论而行的解证——但是我们虽然在各处不时得到一点明白光亮，不时得到光明知识的一些火花，可是大多数观念，我们并不能凭直接的比较来窥见它们的契合或相违。在这些方面，我们必须应用推论，借着推理，发现事物。这些观念又分两种，现在我可以顺便再提出来。

第一，有些观念，我们虽不能借直接比较知道它们的契合或相违，可是我们可以用别的能同它们比较的观念作为媒介，来考察它们的契合或相违。在这种情形下，我们如果分明看到中介观念和我们所要比较的那两边的观念，是契合的或相违的，则我们便得到解证，产生所谓知识。这种知识虽然亦是确定的，可是它并不如直觉的知识那样容易、那样明白。因为在直觉的知识中，只有一个直觉，并不容有丝毫怀疑或错误；我们在这里，能立刻完全看到真理，在解证方面，自然亦有直觉，不过它们却不是同时的；因为我们在以中介观念同第二个观念相比较时，必须要记得我们对中介观念(或媒介)和第一观念间的契合所有的直觉；因此，媒介如果愈多，错误的危险亦就愈大。因为我们必须把各个观念间的契合或相违观察出来，必须在长串的每一步骤中看出它们，必须照样把它们保留在记忆中，而且我们的心必须要确知，解证中的每一必需部分都没有忽略了。这样便会使一些解证冗长而繁杂，而且人们如果天才不足，亦难以清晰地看到那么多的特殊事件，亦难以精确有序地把它们记在脑中。就是那些能从事复杂观察的人们，亦常常要返回去复检其过程，而且他们往往要一再复查，然后才能得到确定的知识。但是人心只要能直观到一个观念和别个观念间的契合，又直观到它和第三个观念的契合，又直观到它和第四个观念间的契合，而且人心只要能明白地记住那种直觉，则第一个观念和第四个观念间的契合便成了解证，并且能产生出确定的知识来。这种知识正可以叫做理性的知识(rational knowledge)，正如前一种知识叫做直觉的似的。

16　要想补充这种狭窄的范围，我们只有根据概然的推论来行判断——第二点，另有一些观念，它们的契合或相违，我们虽然亦只能借别的观念为媒介才能加以判断，可是这些别的观念同两端并没有确定的契合，只有一种常见的，或概然的契合，所谓意见正是施展在这些方面的；而且所谓意见，亦就是人心在以概然的媒介比较了各种观念以后，权且相信那些观念是相契的。这个虽然达不到知识，而且虽然亦并达不到最低限度的知识，可是有时候中介观念能把两端紧密地联合起来，而且概然性很明白、很强烈，使我们不能不同意它，正如我们的知识不能不跟着解证而来似的。意见的美点和功用正在于观察正确，并且确实估量各种概然性的力量，又从而把它们合拢在一块，选择出占优势的那一造来。

17　直觉，解证，判断——所谓直觉的知识就是在把两个观念直接比较后，人心对它们的契合或相违所发生的一种认识。

所谓理性的知识，就是在以一个或多个别的观念把两个观念联合以后，人心对那两个观念的契合或相违所发生的知觉。

所谓意见就是,人心在以一个或多个别的观念联合两个观念以后,只“相信”那两个观念是契合的或相违的,因为在这里人心并看不到那些别的观念和那两个观念的确定契合或相违,只看到它们的屡次的,常见的契合或相违。

18 文字的结果和观念的结果——由一个“命题”推出另一个“命题”来(就是用文字来行推论),虽然是理性的大部分工作,可是推理的主要工作还在于用第三个“观念”为媒,来找寻出两个观念间的契合或相违来。就如两所房子,我们虽不能把它并列在一块来度量它们的相等关系,可是我们可用码来发现它们是相等的。文字的作用只在它们是那一类观念的标记;至于各种事物自身的契合与否,虽然有其实在的相状,可是我们亦只能借观念来知道这一层。

19 四种论证——在未完结这个题之时,我们不妨稍一论究人们在与他人推论时常用的那四种论证。他们用这些论证,或则企图要使人来相信自己;或则至少亦是想要折服他们,使他们平息其反辩。

第一就是所谓剽窃名言——第一就是要申说各人的意见。人们如果借其天才、学问、高越、权力,或其他原因,曾经在大众中博得美誉,获得令闻,具有权威,富有尊严,则我们如果稍一贬抑其人的尊严,或怀疑其人的权威,那在别人认为是傲慢不逊的。别人如果都恭敬服从地接受了名作者的决定,则一个人对这种决定如果不肯径直服从,大众便容易以为他是太于高傲用事的。一个人如果固执自己的意见,以与从古传来的潮流相抗衡,或者与一些有名的学者,共认的作家相颉颃,则人们往往认他们是暴慢的。因此,人只要拿这一类的权威来支撑自己的教条,则他便以为自己应该获得胜利，而且别人如果要反抗那些权威，他会称他们为鲁莽的。我想这正可以叫做剽窃名言(argumentum verecundiam)。

20　第二，就是利用无知——第二点，人们还常由另一条途径来驱逐他人，来使他人服从自己的判断，接受自己在辩论中的意见。这种途径就是要使对手承认自己所说的为证明，或者自己给对手举出一个更好的证明来。这种论证我叫它做利用无知(argumentum ad ignorantiam)。

21　第三就是穷迫他说——第三条途径就是要从对方的原则或自白来求得结论，以其矛来攻其盾。这就是普通所谓穷迫他说(argumentum ad hominem)。

22　第四就是所谓准事酌理——第四就是要利用知识或概然性的基础作为证明。我叫这做准事酌理(argumentum ad judiciam)。在四种论证中，只有这一种能启发人们，能使我们在知识之路上有所进步。因为(一)我之不反对某个人，如果不是由于确信，而只由于恭敬，或其他缘故，则那并不足以证明他的意见是对的。(二)我纵然不知道较好的一条途径，这亦不能证明别人就走了正途，而我应该跟从他。(三)一个人纵然告诉我说，我是错了，可是这亦不见得他就对了。我亦许谦怀若谷，不愿反对他人的信念；我亦许有所不知，不能来发现一个较好的证明；我亦许错了，另一个人亦许会指示我说，我是错了。这些情形诚然可以使我容易接受真理，但是它们却不能协助我来达到真理。真理是必须由证明和论证来的，光明是必须由事物的本性来的，并不能由我的厚颜、我的无知，或我的错误而来。

23　超乎理性，反乎理性，合乎理性——由前边所说的看来，我们可以凭猜想约略地把事物分为合理性的、超理性的和反理性的三种。(一)合乎理性的各种命题,我们可以凭考察自己的感觉观念和反省观念来发现它们的真理,并且可以借自然的演绎知道它们是正确的,或可靠的。(二)超乎理性的各种命题,我们并不能凭理性由那些原则推知它们的真理或概然性。(三)反乎理性的各种命题,是与我们那些清晰而明白的观念相冲突、相矛盾的。就如唯一上帝的存在是与理性相合的。两个以上的上帝的存在是反乎理性的;死者的复活是超乎理性的。其次,所谓“超乎理性”,既然有两种意义,一层是指超乎概然性而言,一层是指超乎确实性而言,因此,我想所谓反乎理性有时亦可以有这两种宽泛的意义。

24 理性和信仰不是互相反对的——理性一词还有另一种功用,在那种功用方面它是和信仰相反的。这种说法虽然是很不适当的,可是习俗已经认定了这种说法,因此,我们如果反对它,或希望来改正它,那是很愚蠢的。不过我们不妨注意一下,信仰和理性不论怎样相反,可是信仰仍只是人心的一种坚定的同意。而坚定的同意,如果调节得当,又只有依据很好的理由才能赋予任何事物(这正是我们的职务),因此,它是不能和理性相反的。一个人如果没有信仰的理由,就来信仰,则他亦许会爱好自己的幻想;可是他并不是在找寻真理,服从造物主的,因为造物者所以给他以那些分辨的能力,正是要使他应用它们,免于错误的。人如果不能尽其所能来应用这些能力,则他有时虽然亦许会遇到真理,可是他之所以得以不谬,只是由于偶然。我虽不知道,偶然的幸运是否能辩护他那种进行方法的不合规则,不过至少我确信,他对于自己所陷入的过错是必须要负责的。在另一方面,一个人如果能应用上帝所赐的光明和能力，并且诚心用自己所有的那些帮助和能力，来发现真理，则他已经尽了理性动物的职责，而且他纵然求不到真理，他亦会得到真理的报酬；因为一个人如果不论在什么情形下都要依照自己理性的指导来信仰或不信仰，则他已经指导好自己的同意，安置好自己的同意了。另一个人如果行事与此相反，他就触犯了自己的光明，误用了天赐的才能，因为上帝给他那些才具，只是为了追寻较明白的确实性，遵循较大的概然性。但是有些人既然把理性和信仰对立起来，因此，我们在下一章中亦要照那个样子考察它们。

第十八章　信仰和理性以及其各自的范围

1　我们必须知道它们的界限——我们在前边已经说过，(一)我们如果缺乏观念，则我们必然得不到任何知识。(二)我们如果没有证明，则我们便得不到合理的知识。(三)我们如果缺乏明白的，决定的物种观念，则我们便不能得到概括的知识和确实性。(四)我们如果没有自己的知识，没有他人的证据，来安立自己的理性，则我们便不能得到概然性，来指导自己的同意。

我们既然提到这些事情，因此，我想我就可以把理性和信仰的界线分开。世界上许多纷乱，纵然不是由于人们不知道这层分别起的，至少许多激烈的争辩，和荒谬的错误，是由这种原因起的。因为我们如果不能解决自己应当在什么范围内，受理性的指导，什么范围内，受信仰的指导，则我们虽互相争辩，亦不能互相晓谕了宗教的道理。

2 信仰和理性的对立——我发现，任何教派，在理性所能指导他的范围内，是爱利用理性，可是在理性不能帮助他们时，他们却呼喊着说，“那是属于信仰范围的，不是理性所能解决的”。但是他们既然没有立了信仰和理性的精确界线，那么一个反对者如果有同样的口实，则他们怎样能说服人呢？因为在关于信仰的一切争辩中，信仰和理性的界线是应当首先决定的。

因此，理性如果与信仰对立起来，则我的分别是这样的：就是，理性的作用是在于发现出人心由各观念所演绎出的各种命题或真理的确实性或概然性（这里所谓各种观念，是人心凭其自然的官能——感觉或反省——得来的）。

在另一方面，信仰则是根据说教者的信用，而对任何命题所给予的同意；这里的命题不是由理性演绎出的，而是以特殊的传达方法由上帝来的。这种向人暴露真理的途径，就叫做启示。

3 传说的启示并不能传来任何新的简单观念——第一点，我可以说，人没有一个受了上帝灵感的人可以借启示向别人传来他们所不曾由感觉和反省得到的任何新的简单观念。因为不论他从上帝亲手接受了什么印象，而他总不能用文字或其他标记把那些印象传达给他人。因为各种声音在作用于我们心中时，并不能引起别的观念，只能引起它们的声音观念。它们所以能在我们心中引起潜伏的观念来，只是因为我们常用它们来代替那些观念，而且它们所唤起的观念亦是限于以前就在那里存在的。因为所闻所见的各种文字只能在我们的思想中唤起它们常常标记的那些观念来，并不能引进完全新而为以前所不知的任何简单观念来。至于别的标记，亦都可以这样说，它们都不能向我们表示我们从未观念到的任何事物。

因此，不论保罗在神游第三天时，看到什么东西；不论他心中接受了任何印象，而他向别人所叙述的那个地方的情形只不过是说，那些事物是“人眼所不曾见，耳所不曾闻，心所不曾想的”。纵然上帝借其神力让一个人看到木星或土星上的一种具有六个感官的生物（人人没有否认星球上能有生物存在），并且在他心中印了那些生物由其第六感官所接受的印象，而那个人亦不能借文字语言在别人心中把那第六个感官所传达的观念产生出来，正如我们不能借文字的声音，在只具有四个感官而却完全不能视的人心中产生出颜色观念似的。因为我们的简单观念（它们是一切意念和知识的基础和材料）都完全依靠于我们的理性，就是都完全依靠于我们的自然官能，我们并不能由传说的启示来接受到它们。在这里，我所说的传说的启示是有别于原始的启示的。所谓原始的启示，是指上帝在人心上所直接印入的印象，在这里是没有什么界限的；至于传说的启示则是指用文字语言向他人所传的那些印象而言的，亦就是指平常互相传达思想的那种途径而言的。

4　传说的启示虽可以使我们知道理性所能知的各种命题，不过它并不能给理性所给我们的那种确实性——第二点，我可以说，凡由我们的自然理性和观念所能发现出的那些真理，启示亦可以发现出来，传达出来，因此，上帝亦可以借启示向我们发现出几何中任何命题的真理来，正如人们应用其自然的官能自己来发现了那些真理似的。不过在所有这些事物方面，我们亦不需要启示，因为上帝已经给了我们以发现它们的自然的，较妥当的方法。因为我们如果由思维自己的观念而发现了各种真理，则那些真理一定比由传说的启示而来的真理较为确定一些。因为我们之知道这种启示原始是由上帝来的，永不能为我们之明晰地看到各种观念的契合或相违，那样确实。如果在很多年代以前就有启示说，三角形的三角等于两个直角，而且我如果相信那个传说，相信这个命题是曾经启示过的，我就可以相信这个命题的真理。但是我们如果一比较，一度量，两个直角的观念，和三角形三角的观念，则我们对这命题所有的知识会更为确定一些。关于感官所能知的各种事实，我们亦可以这样说。洪水的历史之传于我们，亦是由导源于启示的那些著述来的；不过我想任何人都不会说，自己对于洪水所有的知识，一如亲见洪水的诺亚（Noah）所有的知识那样确定而明白，一如自己当场目击时所应有的知识那样确定而明白。因为他虽然相信，这段历史是见于摩西受了灵感后所写的书中的，可是他这种信念并不能大于他的感官的信念，因为他如果亲自见到摩西写了这本书，则他的信仰更会大些。

5 启示如果反乎理性的明白证据就不能信教——我们如果凭直接的直观（如在自明的命题方面），或凭理性的明白演绎（如在解证中），明白知道各个观念间的契合或相违，而且我们如果又根据这些契合或相违，构成各种确实的命题，则我们便无须乎用启示帮助我们，来同意那些命题，来把它们接受在自己心中。因为知识的自然途径就能以把它们确定在心中，或已经把它们确定在心中。我们对任何事物所有的这种知识是最大不过的，它正可以比得上上帝的直接启示，而且我们纵然相信这是由上帝来的启示，而这种信念亦并不能大于我们的知识。任何东西都不能借启示一名摇动了明白的知识，或者在它与理解的明白证据直接冲突以后，让人来相信它是真的。因为我们在接受那些启示时所凭的各种官能的明据，并不能超过（纵然相等）直觉知识的确定性，因此，任何事理如果与我们的明白的，清晰的知识正相冲突，则我们万不能相信它是一种真理。就如一个物体的观念和一个地方的观念是很明白符合的，而且人心亦明白地看到它们的契合，因此，如有一个命题说，一个物体同时在两个地方存在，则它纵然妄以神圣的启示为护符，我们亦永不能同意它。因为我们纵然明知（一）自己在以此命题归于上帝时，并没有自行欺骗，虽然明知（二）自己在正确了解这个命题的，可是我们更可以凭自己的直觉知识明知同一物体不能同时在两个地方存在。因此，任何命题只要和我们的明白的直觉的知识相冲突，则我们便不能把它作为神圣的启示，而以启示所需要的同意加以同意，因为这样我们就会把一切知识、明证和同意的原则和基础都摇动了；如果可疑的命题代替了自明的命题，确知的东西让步于容易错误的东西，则真理和虚妄的差异就泯灭了，信仰和怀疑的界限亦就消除了。各种命题如果抵触了我们所明白观察到的观念间的契合或相违，则我们万不能说它们是属于信仰的事情。它们不论借启示的名义，或借任何别的名义，都不能引动我们的同意，信仰并不能使我们承认与知识相反的任何事物，因为信仰虽然建立于上帝的证据，而且他在启示任何命题时不能撒谎，但是我们虽相信这个命题真是神圣的启示，可是这种信念并不能超过我们的知识。因为我们所以确知那个命题之为真实，全是因为我们知道那个命题是上帝所启示的，不过我们所假设为启示出的那种命题如果与理性或知识相反，则我们所知的那种启示正是很有疑问的。因为我们不能设想上帝——仁慈的造物主——何以会把虚妄的命题传授给人们，使它来把他自己所给我们的知识的一切原则和基础都推翻了，使我们的一切官能都无用了，使他的最神妙的作品——人的理解——都毁灭了，并且使人处于少光明，缺指导的地步，比要神随形灭的禽兽还更可怜。因为人心如果只分明知道自己理性的原则，而且它对于神圣启示所有的知识并不比那种知识更为明白，或者还不及那样明白，则它万不能离弃自己理性的证据，而让步于一个启示出的命题，因为那种启示并不比那些理性的原则更为明白。

6 传说的启示，更不能违反理性的明白证据——在这种范围以内，即在直接所受的原始启示中，一个人亦是运用自己的理性，并应当服从自己的理性的。至于别的人们如果不妄谓自己受了启示，而且他们如果只是被人命令来服从他人，并接受（由文字或语言所传来的）向他人所启示出的真理，则理性更有重要作用，而且是唯一指导我们接受那些真理的东西。因为属于信仰的事体既然只是神圣的启示，而不是别的，因此，所谓信仰（就是平常所谓神圣的信仰）只能涉及于被认为由神所启示出的那些命题。因此，人们如果以启示为信仰的唯一对象，他们怎样能够说我们之相信某书中的某一命题为神圣的灵感，乃是信仰的事情，而非理性的事情；只有他在受了启示，知道书中的某个（或全体）命题是由神圣的灵感所传来时，才可以如此说。如果没有那种启示，则我们是否相信那个命题或那部书为神圣的权威，那并不是信仰的事情，而只是理性的事情。我们只有运用自己的理性，才能同意它，而凡与理性相反的东西，理性又是不能允许我们相信的；理性所视为非理性的东西，它是从不会加以同意的。

因此，在各种事物方面，我们只要根据自己的观念得到明白的证据和上述的那些知识原则，则理性便成了当然的判官。至于启示，则在它和理性相契时，固然可以证实理性的意旨，可是在它和理性不相契的情节下，并不能减弱理性的命令。我们只要有理性的明白判断，则任何相反的意念，亦不能借信仰的名义，来使自己抛弃那种判断。

7　超理性的事物——不过，第三点，我们可以说，有许多事情，我们对它们只能有很不完全的意念，或者全无意念；而且有些别的东西，我们也并不能凭自己官能的天然功用，来知道它们的过去的、现在的、将来的存在。这一类事情既然不是我们的自然能力所能发现出的，而且是超乎理性的，因此，当它们启示给我们时，它们就成了信仰的固有对象，就如说，有一部分天使曾经背叛上帝，失掉乐土，死者要起来、复生等等事情，都不是理性所能发现的，而且它们纯粹是信仰的事情，理性并与它们直接无关。

8　有些事物在启示以后，虽不与理性相反，可是它们亦是信仰的事情——上帝虽然给了我们以理性之光，可是即在我们的自然才具能给我们以或然决定的那些事情方面，他仍然可以自由供给我们以启示的光亮。而他的手并未受了束缚。因为这种缘故，上帝如果肯给我们以启示，则他的启示必然要否认了理性的或然推想。因为人心既然不能确知它所不能明知的那些事情的真理，只能服从一种近似的概然推测，因此，它必须同意于那样一个证据才是，因为它坚信那种证据是由不会错误，不会欺骗的神明来的。不过要来判断它之确为启示，而且要来判断表示启示的那些文字的意义，那仍是理性的职务。因此，任何被假设为启示的事情，如果同理性的明白原则相反，如果同人心对自己明白而清晰的观念所有的明显的知识相反，则我们必须听从自己的理性，因为这事情正是属于理性的范围的。因为一个人纵然知道，与自己的明白原则和明显知识相反的那个命题是由神圣所启示的，或者知道自己已经正确地了解了传达启示的那些文字，可是他更知道相反的说法乃是真的，而且前一种知识万敌不过后一种知识的确实可靠。因此，他必须把那个命题当做理性的事情而加以考察，万不能不加考察，就把它当做信仰的事情，而吞咽下去。

9 在有些事情方面，我们的理性如果不能判断，或者仅能有或然的判断，则我们应当听从启示——第一点，所启示的任何命题，我们的心如果不能借其自然的官能和意念，来判断它的真理，则那完全是信仰的事情，而且是超乎理性的。

第二点，人心如果能由其自然官能的功用，借其自然获得的一些观念，来决定，来判断各种命题，则那些命题可以说是理性的事情。不过有一种差异就是有些命题，人心并不能十分确知它们，它只能根据概然的根据，来相信它们的真理（在这种情形下，相反的命题或者是真的，虽然这并毁灭不了知识的明白确实性，亦并不能推翻了一切理性的原则）；在这种概然的命题方面，明显的启示应该来决定我们的同意，即使它与概然性相反。因为理性的原则如果不能证明一个命题是真是伪，则明显的启示应该来决定，因为启示也正是另一条真理的原则和同意的根据。因此，在这里这种启示，就成了信仰的事情，而是超乎理性的，因为在那种特殊情形下，理性既不能超乎概然性以上，因此，信仰就该来行决定，启示就该来发现真理是在那一面的。

10 在有些事情方面，理性如果能供给确定的知识，则我们应该听从理性——信仰的领域应该以上述程度的为限，在那个限度内，它并不至毁灭理性，或阻止理性的。因为由一切知识的永久泉源新发现的真理并不至损毁，搅扰理性，只能扶助理性、促进理性。凡上帝所启示的都是确乎真实的，我们并不能怀疑它。这正是信仰的固有对象。不过它究竟是否是神圣的启示，则只有理性能来判断；而理性呢，它又不使人心接受较不明显的事物，而排斥较明显的事物，亦不使它只相信概然性，而把知识和确实性忽略了。我们纵然明知一种传说的启示是由神圣根源来的，而且它所用的文字正如我们所接受的那样，它所有的意义，正如我们所了解的那样；可是这种知识并不如理性的原则那样明显，那样确定。因此，任何东西只要和理性的显见的、自明的命令相冲突相矛盾，我们就不能说它是不与理性相干的一种信仰的事情，而且纵有人如此主张，我们亦不该同意他。任何神圣的启示自然都应该范围我们的意见、偏见和利益，而且我们应该充分地相信它。不过我们的理性虽然这样服从信仰，可是这并取消不了知识的界石；这并不足以摇动理性的基础，我们仍可以应用我们的官能，以来求得上天原来赋给它们时的目的。

11 信仰和理性之间如果不划一条界限，则我们便不能反驳宗教中的狂热或妄诞——信仰和理性的领域，如果不为这些界限加以分划，则在宗教的事理方面，理性便完全无立足的余地。照这样，则我们亦就不必责骂世界上各种宗教中那些狂妄的意见和礼节了。因为使人类陷于热狂互相歧视的各种宗教，所以有了许多荒谬的情节，我想多半是由于人们夸张信仰，以来反对理性的缘故。因为人们如果习于一种意见，以为在宗教的事理方面，不论它们怎样显然与常识、与一切知识的原则相冲突，我们亦不能求商于理性，他们就已放纵自己的想象和迷信了。他们既然竭尽迷信的能事，因此，他们就在宗教方面发生很奇特的意见，很荒谬的行为，使一个好思的人不能不惊异其愚昧，而且以为他们那样，不但是伟大全知的上帝所不能喜悦的；而且就在清醒而良善的人看来，亦是很可笑，很可厌的。因为这种缘故，那本该使我们有别于禽兽，本该特别把我们当做理性动物看，使我们高出于生畜之上的宗教，反而使人往往成为最无理性的，而且比畜类还要愚蠢。人常说，“我所以相信，正因其不可能”。这话，在一个好人方面虽亦可以算做热心的表现，不过人们如果用这个规则来选择自己的意见和宗教，那就太于危险了。

第十九章　狂热

1　真理之爱是必要的——任何肯认真探求真理的人，首先就应该使自己的心发生一种爱惜真理的心。因为不爱真理的人并不肯费心来追求它，而且在失掉真理时，亦并不觉得可惜。在学界中没有一个人不自命是爱真理者；而且任何有理性的动物，我们如果以为他不爱真理，则他一定会见怪你。虽然如此，可是我们可以正确地说为真理而爱真理的人毕竟是很少数的，即在那些自命为爱真理的人们方面，亦是如此的。不过一个人怎样才能知道自己真是爱真理的，那乃是值得研究的一件事，不过我想真正的真理之爱，有一种无误的标记，就是他对于一个命题所发生的信仰，只以那个命题所依据的各种证明所保证的程度为限，并不超过这个限度。不论谁，只要一超过这个同意的限度，则他之接受真理，并非由爱而接受，他并非为真理而爱真理，他是为着别的副目的的。因为一个人所以确知一个命题是真实的，只是由于他对它有所证明（除了自明的命题），因此，他对那个命题所有的同意程度，如果超过那种确知的程度，则他的过分的信仰，一定在于别的情感，而非由于他的真理之爱。不论我在何种范围内确知一个命题是真的，我的真理之爱一定不会使我对它的同意超过那个范围，这个正如我在确知一个命题为不真时，我的爱真理的心不能使我同意那个命题似的。倘或不如此，则我之爱真理，正是因为其有不真的可能性或概然性了。任何真理，如果不以自明的强光，解证的力量，来盘踞人心，则能使我们同意的各种论证就只有能使那种真理成为可靠的那些证据和尺度，而且我们对那种真理所有的同意，亦只应以那些论证在理解中所提示的证据为衡。我们对一个命题所赋的信任或权威，如果超过了它从支撑它的那些原则和证明所得到的，则我们已经说不上是为真理而爱真理了。不过真理既然不能因为人的情感或利益而增加其明显性，因此，真理也并不能因为它们而添了色彩。

2　爱命令他人的心理是由何来的——人们因为有了这种偏颇不良的判断，所以他们就爱专横地发布自己的命令，狂放地支配他人的意见。因为一个人既然欺骗了自己的信仰，他不是很容易来欺骗他人的信仰么？一个人在对自己时，他的理解还不曾习于论证和确信,那么你还能希望他在别人面前,有了论证和确信么?因为他已经损毁了自己的官能,凌虐了自己的心理,并且把真理所有的特权侵犯了,真理的特权,就在于用它自己的权威,来支配人的同意(那就是说,我们的同意,是必须和真理的明白性成比例的)。

3 狂热的势力——在这里,我可以冒昧考察一下同意的第三种根据。这就是所谓狂热。在有些人方面,狂热亦同理性和信仰有相同的权威,而且亦一样被他人所信托。所谓狂热就是要排弃理性,在本无启示处,妄来建立启示。结果,它就把理性和启示都排除了,而以一个人脑中的无根据的幻想来代替它们,并且把那些幻想作为自己意见和行为的基础。

4 理性和启示——理性乃是自然的启示:永恒的光的天父,和一切知识的泉源,就借理性把人类的自然官能所能达到的一部分真理传达给他们。启示乃是自然的理性,理性在这里,只是为上帝所直接传来的一套新发现所扩大,不过那些新发现仍待理性来证实其为真实,就是理性要借各种证据来证明它们是由上帝来的。因此,人如果取消了理性,而为启示让路,他就把两者的光亮都熄灭了。他这种做法正好像一个人劝另一个人把眼睛拔了,以便用望远镜来观察不可见的星体的辽远光亮似的。

5 狂热的由来——人们如果要依据直接的启示来建立自己的意见,来规范自己的行为,则比依据严格的推论要容易得多,顺利得多,因为严格的推论是既令人麻烦,又不常成功的。因为这种缘故,所以有的人们就爱妄谓自己得了启示,并且相信自己的行为和意见是特别受上天的指导的。尤其在他们不能用寻常的知识方法和理性原则来解释自己的行为和意见时,他们更有这样的信念。

因此，我们就见，往古来今，忧郁而虔诚的人们，自夸和自信太过的人们，就以为自己胜于别人，以为自己独能同上帝有更密切的来往，独能得到上帝的更大的宠爱；因此他们就自诩自信，以为自己和神明有直接的沟通和圣灵有不时的来往。我亦承认，上帝能够由光的泉源直接把光线投在人心中，以来启发人的理解，而且他们都知道，这是上帝所应许过的；既然如此，那么只有依靠他的那些特殊的选民，最有权利来希冀这种启示了。

6　狂热——他们的心理既然有了这种倾向，因此，任何无根据的意见，只要在他们的想象上有了强烈的印象，他们就会以它们是由上帝之灵而来的光明，而且是有神圣的权威的；而且任何奇特的行为，他们只要有实现它的强烈倾向，他们就会说，那种冲动是上天的命令或指导，而且是应该服从的。他们以为那是上天所下的命令，他们来执行它是不会错误的。

7　我所说的狂热原本就是这样的，它虽然不曾建立在理性或神圣的启示上，而是由兴奋的或傲慢的脑中的幻想来的，因此，它只要一立住脚，它就比理性和信仰还更能影响人的信念和行动。人们往往是最急迫不耐地服从他们自己的冲动的，而且一个人如果整个被一种自然的运动席卷以去，则他的行为更会有力起来。一种强烈的想象如果超出于常识之上，脱离理性的一切束缚，反省的一切阻力，并且升到神圣权威的地步，则它在与我们的性情和心向相拍合时，便会成功为另一条新原则，把全体席卷以去。

8　人往往把狂热误认为真见实感——人们由狂热所发生的各种奇怪的意见，和狂妄的行为，虽然已经足以警戒他们，不要采取这种错误的原则（它是最容易使人在意见和行为方面发生错误的)，可是人们往往因为喜爱奇特的事情，而且觉得受了灵感，超出于寻常的知识途径，乃是一种光荣，因此，他们如果一进入这种直接启示的途径，便再难以挽回，因为他们已经可以不事搜求而得到光明，不需证明而得到确知了；这种情形不是很能满足他们的懒散、无知和虚荣么？理性是不能支配他们的，他们已经超过理性了；他们已经看到注入于自己心中的光明，而且他们是不会错误的。那种光明正如光明的日一样明白，一样可见，它自己就指示出自己来，它只需要自己的证据，并不需别的证明；他们觉得上帝的手在自己心灵中转动着，觉得圣灵在其中跃动，而且他们的感觉是不会错误的。因此，他们便可以自己维系自己，并且相信，理性在他们所觉所见的事物方面是完全无能为力的。他们所分明经验到的，并不容怀疑，亦无需乎试验，一个人如果要求人来给自己证明：光是在照，他是看见了光，那不是很可笑的么？只有光自己能证明自己，别的东西并不能给它证明。圣灵只要在自己心中带来光明，它就会把黑暗驱除掉。我们看到它，正如我们看到午时的太阳一样，并不用理性的微光来指示我们。由上天来的这种光明，本是强烈、明白、纯洁的，它本身就可以解证它自己。我们若以自己幽暗的光明，——理性——来考察天光，那就无异于借萤火的微光来发现太阳了。

9　这便是这些人们的说辞：他们所以相信，正因为他们相信；他们的信念所以是正确的，正是因为他们坚持这种信念。因为我们如果把他们所说的真见实感等等比拟之词去掉，则他们的说辞所剩的意义只不过是这样的。不过这些比喻极度欺骗了他们，它们对他们成了确知，对他人成了解证。

10　狂热怎样可以被发现出来——不过我们可以稍为清醒地考察一番这种内在的光明，和他们所极其信赖的这种感觉。他们说，自己有明白的光亮，而且自己分明"看见"这一层；他们有一种光明的感觉，而且自己分明"感觉"到这一层。他们并且相信，这是无可争辩的。因为一个人如果说他自己看见什么或感到什么，别人并不能否认他所说的话。不过我可以问，这种视觉是指人们看到一种命题的真理说呢？还是指人们看到，它是由上帝所来的一种启示呢？再说到这种感觉，则我亦可以问，它是指人们感到有一种行为的趋向呢？还是指人们感到上帝之灵促动那种趋向呢？这是两种全不相同的知觉，而且我们如果不愿自欺，则我们必须仔细分辨它们。因为我虽然知道一个命题的真实，可是我亦许不知道它是由上帝直接所启示的。我虽然知道几何中一个命题的真实，可是我亦许不知道它是一种启示。不但如此，我纵然知道，这种知识不是由自然途径来的，而且可以断言它是启示出的，可是我并不一定知道它是由上帝所启示出的。因为有些精灵虽然未受到神的委托，亦能把那些观念在我们心中刺激起来，亦能把它们安置在适当的秩序内，使我们看到它们的联系。因此，我虽然觉得不知如何有一个命题来在我心中，可是这并不就是说，我知道它是由上帝来的；更不是说，我十分相信它是真的，它是由上帝来的。不过他们虽然叫它为"光"和"见"，可是我想它顶多只是一种信仰和信念；而且他们所误认为启示的那个命题，他们亦并不实在知道它是真的，只是相信它是真的。因为人如果知道一个命题是真的，则启示便无功用；而且我们并不易存想，一个人既然知道一件事，为什么还要启示给他。因此，人们如果只相信一个命题是真的，而却不知道它是真的，则不论你如何叫它，它总不是“见”，而只是“信”。真理进入人心的途径就有这两条，它们是完全有差异的，并不能互相混同。我所见的，我可以根据事物本身的明显性，知道它是如此的。我所信的，我只是根据他人的证据权设它是真的。不过我仍得知道，确有这种证据，否则我如何可以相信呢？我必须知道，它是上帝所启示给我的，否则我便一无所见。那么现在的问题就是，我如何能知道，这确是上帝向我所启示的；我如何能知道，这个印象是由圣灵印在我心上的，而且我是应该服从它的？我如果不知道这一层，则我的确信不论强到什么程度，它总是没根据的；而且不论我自夸得到什么光明，那亦只是狂热。因为我们所假设为启示出的那个命题，纵然是分明真实的，是显然可靠的，或者由知识的自然途径说是无法确知的，可是我们这里必得需要一个根据充分而且显然真实的命题，这个命题就是：“它确是为上帝所启示的，而且我所认的启示，确乎是由上帝印入我心中的，并不是别的精灵在我心中所灌注入的一种幻觉，或由自己幻象所生起的一种幻觉。”我所以要求这一层，乃是因为我想，这些人所以认一种命题是真的，只是因为他们假设它是由上帝而来的一种启示。既然如此，那么他们不当考究，他们依靠什么根据，来假设它是由上帝所启示的么？他们如果不考察这一层，则他们的信仰只不过是一种妄断；而且使他们眼花缭乱的这种光明亦只是一种鬼火，只足以领导它们来回转圈。它之所以为启示，正是因为他们坚信它是如此的；他们所以相信它，正是因为它是一种启示。

11 在狂热方面，我们并不能明显地看出，命题是由上帝来的——在神圣所启示出的一切事物中，我们只要知道它是由上帝来的一种灵感，那就是了，并无需乎别的证明。因为他是不会欺骗，亦是不会被欺的。不过我们究竟怎样知道，某个命题是由上帝注入于我们心中的一种真理呢？我们怎样能知道，那个真理是由他启示于我们，而为我们所应当相信的呢？在这里，狂热并没有它所自夸的那种明显性。因为狂热的人自夸已经得到光明，而且他们说，借此光明他们已经得以顿悟，得以知道或此或彼的真理。不过他们所以知道它是一种真理，一定不外两条途径，或则凭借它在自然的理性前所显示的自明性，或则凭借能证明其为真的一些合理的证据。不过他们不论由那一条途径，知道它是真理，我们都一样可以说，他们之假设它是启示，实在是白费的。因为他们所以知道它是真的，仍只是同别的任何人知道它是真的一样，他们都是由普通途径知道它是真的，并无需乎启示的帮助。因为未受灵感的人们所明悟的任何种真理，都是由此途径，进入人心，确立在那里的。他们如果说，他们所以知道它是真的，只是因为它是由上帝来的启示，那么他们的理由是很好的，不过我们又可以问，他们怎样得知它是由上帝而来的启示呢？他们或者说，他们是凭借它所带来的光明，因为那种光明在他们心中照耀闪烁，不是他们所能抵拒的。不过我可以请他们考察考察，这种答复是否比我们前边所说的稍为好些；他们这种答复还不是等于说，它之所以为启示，正因为他们坚确地相信它是真的么？因为他们所说的光，只不过是他们心中一种强固而无根据的信念，他们不过相信它是真的罢了。因为他们所以相信它是真的，并没有理性的明证确据，这一点是他们所承认的。因为若是这样，则他们之接受它，就是因为不当它是启示，而只依靠于他们接受别的真理时所依的普通根据了。如果他们所以相信它是真的，只是因为它是启示，可是他们所以知道它是启示，亦并没有别的理由，只是因为自己充分相信它是真的，那么他们所以相信它是启示，只是因为他们充分相信它是启示了。我们若以此为根据来进行，则不论在教条或在行动方面，都是不妥当的。我们如果认自己的幻想为自己的崇高的唯一的指导，而且我们所以认某个命题为真实，某种行为为正直，只是因为我们如此相信，那么，陷自身于谬行，错见的，还有比此更容易的方法么？我们的信念虽强，那也完全不能证明它是正直的；弯曲的东西，亦正可以同直的东西一样坚硬，一样不屈；而且人们在错误方面，亦可以和在真理方面一样专断，一样肯定。若非如此，则纷纭的党派如何会有了那么多不可控制的热烈信徒呢？因为人虽然以为自己心中有一种光明，可是它在这种情形下只不过是一种强烈的信念，因此，我们如果以为这种光明就可以指明，它是由上帝来的，那么各种相反的意见，都正可以配称为灵感了。那么上帝不但是众光之父，而且成了各种互相反对的光之父，使人陷于分歧错杂的途径中了。无根据的确信如果能证明任何命题是一种神圣的启示，则互相矛盾的各种命题都可以成为神圣的真理了。

12 坚确的信念并不足以证明任何命题是由上帝来的——坚确的信念如果成了信仰的根据，相信自己为是的心理，如果成了真理的论证，则上述的情形是不可免的。圣保罗在杀戮基督徒时，亦相信自己做的事是对的，亦相信他自己负着这种使命，亦相信他们是错的。不过错误的是他，而不是他们。善人亦是不能免于错误的，他们有时亦会把错误认为神圣的真理，以为它们是在自己心中极其光明地照耀着的，因此，他们亦会很热心地卫护各种错误。

13　人心中的光究竟是什么——人心中的真正光亮，只是任何命题所含的明显真理；它如果不是一个自明的命题，则它所有的一切光明都只是由它所依的那些证明的明显性和妥当性来的。要说理解中有别的光明，那只有使我们进于黑暗，只有使我们落在黑暗王子的权力内，只有使我们甘心受骗，甘心相信谎言。因为坚确的信仰如果是指导我们的光明，那么我就问，人们怎样能分别撒旦的欺骗，和圣灵的感动呢？撒旦亦一样可以变成一个光明的天使。受了这个晨光之子的领导的人，亦正可以如真受了圣灵感动的人一样，来满意那种光明，来充分相信，它们是被上帝之灵所感动的。他们会信仰它、喜悦它，而为它所支配。他们的强烈信仰如果可以成为判官，则没有人比他们更确定，比他们更合理了。

14　启示是必须为理性所判断的——因此，人如果不甘心自陷于狂妄的错误和欺骗，则他应该一考察领导他的这种*内心光明*。上帝在造先知时，并不曾毁坏了人；他仍然使人的官能保持其自然的状态，使他能够判断他所受的灵感是有神圣根源来的不是。他虽然以超自然的光来照耀人心，可是他并不熄灭了自然的光。他如果想使我们同意任何命题的真实，则他或则用自然理性的寻常方法，来证明那种真理，或则凭他的权威来表明它是我们应当同意的一种真理，而且他会以理性所不能误认的一些标记，使我们相信那种真理是由他来的。因此，在任何事情方面，我们都必须以理性为最后的判官和指导。不过我的意思并不是说：我们必须求助于理性，必须考察上帝所启示出的命题是否可以为自然原则所证明，而且在不能证明时，我们就当排斥了它。我的意思乃是，我们必须依靠理性，必须借理性来考察那个命题是否是由上帝而来的启示；

理性如果发现它是由上帝所启示出的,则理性会拥护它,一如拥护别的真理似的,因此,理性亦就会把它作为自己的一道命令。我们如果只依据信念的强度来判断信念,则凡能彻底激动我们想象的任何意想都可以成为一种灵感。因此,理性如果不依据各种信念自身以外的东西,来考察各种信念的真理,则灵感和幻觉,真理和虚妄,都将互相混同而不可分别了。

15 只有信仰并不能证明启示——这种内在的光明,或我们所认为由灵感而来的任何命题,如果与理性的原则相契合,或与上帝的文字语言(就是证明过的启示)相契合,则我们的理性会保证它,我们亦可以坦然地认它为真的,并且在我们的行动和信仰方面以它为指导。如果它不能为这两条规则所证明,则我们便不能把它视为启示;甚至也不能视它为真的;在这种情形下,我们必须除了空空相信其为启示以外,还当有别的标记,来证明它是启示。因此,我们常见古时的圣人们,在受了上帝的启示时,必不能只在自己心中有这种信仰的内在光亮,此外还必须有一些别的东西,证明它是由上帝来的。他们虽亦相信那些启示是由上帝来的,可是他们还有外面的标记,使他们相信那些启示的发动者。他们在从事于教导他人时,亦被上天赋了一种能力,用以证明自己由天所受的那种委任是真实的,而且他们还可以借着有形的标记,来建立他们使命的神圣的权威。摩西在去埃及前并非只在心中感到一种冲动,要想去法老 Pharaoh 那里,把自己的弟兄们带出埃及;他除了这种冲动以外,还另有一种外面的标记。他曾见到灌木着了火,可是并不曾烧毁,而且有声音从其中传出来。不过他仍以为这还不足以给予他以充分的权威,使他负着那种使命前进。一直到上帝用另一种神迹，把他的杖变成蛇，使他相信自己亦有权力来在他所要找寻的人们面前复现那种神迹，来证明他的使命——一直到了这时，他才敢自信起来。又如几登 Gideon 虽然受了天使的命令，要把以色列人由米甸人 Midianites 手里救出来；可是他还要一个标记，才能相信他的使命是由上帝来的。在古代先知们方面所看到的这些例证，很足以证明，他们并不以为，离了别的证明，单有自己心中的内在视觉或信念，就可以证明那是由上帝来的。——自然圣经上亦没有到处告我们说，他们要需要这一类的证明。

16　不过我虽然如此说，可是我仍然承认，上帝有时并不用特殊的标记，就可以直接用圣灵的影响来启开人心，使他们了解某些真理，并且刺激他们发生某些好的行动。不过即在这些情节下，我们也有理性、圣经和无误的规则，可借以知道它是否是由上帝来的。我们所接受的真理如果契合于圣经中所说的启示，我们的行动如果契合于正确理性（或圣经）的命令，则我们如认它们为真实的、合理的，那亦并无危险；因为它纵然不是由上帝来的直接启示，虽然未曾在我们心中有特殊的作用，可是我们仍然确信上帝在真理方面所给我们的启示足可以保证它。不过我们自身的私人信念纵然有力量，亦不足以保证它是由上天来的光明或运动，只有记述上帝语言的文字，或一切人所共有的理性的标准才能有这一层保证。任何行动或意见如果契合于理性或圣经，则我们可以看它是有神圣的权威的；不过我们自己的信念却不能给它以这一层烙印。我们的心向纵然十分喜爱它；不过那只足以指示出它是我们自己的爱儿，并不足以证明它是上天的产儿，并不足以证明它是由神圣而来的。

第二十章　谬误的同意或错误

1　错误的原因——知识的内容只是明显而确定的真理，因此，错误则不是知识的过失，而是判断力的误认，判断力所以有些错误，乃是因为它同意于不真实的事理。

不过同意既然根据于可靠性 likelihood，而且我们同意的固有对象和动机既在于概然性；而且那种概然性又是由前几章所述的条件而成立的，那么我们就可以问，许多人们的同意为什么会与概然性相反呢？各种意见之互相矛盾是最明显不过的一件事，而且我们分明看到，一种事情，在此一个人也许完全不相信，在另一个人也许仅仅加以怀疑，在第三个人也许就深信固执起来。这种情形所以发生的原因虽多，可是我们可以把它们归为四种。（一）是由于缺乏证明。（二）是由于没有应用证明的能力。（三）是由于没有利用它们的意向。（四）是由于计算概然性的度量错误。

2　第一，由于缺乏证明——第一点，我所谓缺乏证明，并不只是单说缺乏那些根本不存在，根本得不到的证明，而且亦是说，缺乏那些本来存在，本来可以得到的证明。因此，人们如果缺乏便利或机缘，不能有各种实验和观察，以来证明任何命题；或者他们没有适当的机会来考察并搜集他人的证据，那他们就是缺乏证明的。人类的大部分都是处于这种情形的；因为他们终身劳役，受制于可怜生活的必然性，不得不消耗其生涯，以来糊口。这些人们不但在幸运方面苦无机会，即在知识和研究方面往往也是一样。他们的全部时间和辛苦既然都消耗了去，以求平息枵腹的空鸣，饥儿的哭泣，那么他们的理解亦只有空空如也了。一个人既然耗其毕生的时间于繁重的职业中，则我们很难希望他知道世界上纷纭的事情，正如一匹驮货的马日日被人赶赴市上，一来一往，只经过狭窄的巷子和污秽的路途，不能明白那个地方的地理似的。一个人如果缺乏闲暇、书籍、语言和与众人谈话的机会，则他休想来搜集本来存在的那些证据和观察，以来构成人类社会中所认为最重要的许多命题（或大多数命题）。他在这种情形下，并不能找到充分的必需的信念根据，以建立他的一套信仰。因此，有许多证明，虽是别人所信赖的，而且是确立那些意见所必需的条件，可是人类大部分，因为不可免的自然状况和人类的社会组织，却完全不知道它们。大部分人类既都要竭力谋生，因此，他们再无暇晷，在学问方面做那些繁重的研究。

3　人或者反对说，“缺乏证明的那些人们便怎样呢？”现在要答复这一点——那么我们该怎样说呢？大部分人类会因为谋生的必然性，完全不知道与他们有切身利害的那些事情么（这些事情，人是容易问到的）？大部分人类，除了偶然和盲目的机遇，就再没有别的东西来指导他们来求得幸福或苦难么？各国中通行的意见和众所仰望的导师，足以为充分的明证和保障，使人人来孤注一掷地赌上自己的极大利益，甚或至于永恒的幸福或灾难么？在基督教国中和回教国中，人所受的教训既然不一样，那么我们还能认那些教训都是确定的神示和真理的标准么？一个穷苦的乡人，只因为有幸运生在意大利，就永远幸福么？一个日工，只因为运气不好生在英国就该必然受罪么？这些话是人们所容易问到的，不过我现在且不考察这一层。但是我可以说，照他们的说法虽然他们可以随便相信这些意见中任何一种是真的，可是他们究竟应该承认，上帝所给予人的官能已经足以在他们所走的途径中指导他们；他们只要在余暇的时候，肯认真运用自己的官能就是了。无论谁都不至于把所有时光都谋了生，却没有闲暇来思想自己的灵魂，来使自己在宗教的事情方面有所开悟。人如果在这一件大事上亦曾经专心，一如其在关系较小的事情上一样，则人们都不会完全受了生活必然性的支配，都会节省出许多空时来，来促进自己在这方面的知识。

4 人民是受了阻碍，不能自由研究的——命途艰难的人们固然受了限制，不易有所进步，有所开悟；可是有一些人幸运虽大，虽然可以得到许多书籍和必需品，以来扩清疑虑，发现真理，可是他们仍被本地的法律所圈困，护卫所监视，不能来自由有所探求，因为在上者的利益正是要使人愚无所知，免得人们知识多了，对于自己信仰减少了，因此，这些人比起我们方才所说的那些可怜的劳动者，一样没有机会和自由来充分考察，而且还有过之无不及。他们的地位虽然高大，可是他们仍陷于狭隘的思想中，而且在应该最自由的理解方面亦受了限制。在各地方当局者如果没有知识而想传布真理，而且人们如果妄被吓迫来信从当地的宗教，并且把各种意见吞咽下去，则人们的理解是最会受了限制的。这正如无知的人民吞咽了庸医的丸药似的，他亦不知道，它们是怎样做的，他只相信它们能治病。不过信仰不能自由的人们，比这般愚民还要可怜。因为愚民们还可以自由选择他们所信托的医生，而这般思想不自由的人们却不能不吞咽他们所本不愿吃的东西。

5　第二点，由于缺乏技能，不能利用各种证明——第二点，人们如果没有技巧来应用关于概然性的各种证据，如果在自己的脑中不能进行一长串的推论，如果不能精确地衡量各种相反的证明的优势，并且把各种情节都观察到，则他们便容易同意于不可靠的论据。有的人们只能用一次三段论法，有的人们只能用两次三段论法，有的人们只能稍进一步。这些人们并不能永远观察出最有力的证明是在哪一面的，而且亦并不能永远依从本身比较可靠的意见。任何人只要同其邻居一相接谈，他就会相信，各种人们在理解方面是有很大差异的；他亦不必到卫士特敏士特教堂，或交易所，济贫院或疯人院，就可以分辨出这一层差异来。智慧方面这种很大的差异，亦许是由于思维器官的缺陷，亦许是因为那些官能因废弃而迟暗或难调顺，亦许是因为人的灵魂中天然有一种差异（如有些人所主张的），亦许是因为这些原因的一部或全部，不过我们在这里并不来考察这一层。我们只是分明看到，在人的理解，了悟，推论方面，委实有很大的差异，因此，人们正可以说（这并于人类无损），在某些人之间理解的差异，正如在人和某些畜类之间理解的差异似的。不过要研究这种情形是怎样来的，则事情虽属重要，可是对于我们现在的题旨，尚非必需的。

6　第三点，因为没有运用各种证明的意向——第三点，此外，还有另一种人，他们所以缺乏证据，并不是因为自己得不到证据，乃是因为他们没有运用它们的意向。这般人们虽然有财富和闲暇，虽然不缺乏天才和其帮助，可是他们并不曾因此稍占便宜。他们有的人因为热心追求快乐，或不断地劳于操作，所以就把思想用在别方；有的人因为懒惰疲乏，或特别厌恶书籍、研究和沉思，因此，他们都不去认真思想；有的人们又恐怕公平的探求不利于最合他们偏见、生活和计划的各种意见，所以他们不经考察便安心信任他们所认为方便而时髦的议论。因此，大多数人对于其所应知的概然知识，便终身一无所知，更不能加以合理的同意；实则那些概然知识正是在他们的眼界以内的，他们一把眼转向在它们身上，就看到了。不过我们知道，有些人如果觉得某封信是报告坏消息的，则他们往往不愿意读它；此外，我们还知道，有些人因为有理由恐怕自己的事业境况不良，也每每不肯清算自己的账目，甚或不肯思想自己的财产。那些富有财产，有闲暇来促进自己理解的人们，究竟怎样自足于懒散无知，那是我不能说的。不过我想，人们如果尽数消耗自己的收入，以来装饰自己的身体，却不肯用钱来获得知识的工具和帮助，则他们亦就太看轻了自己的灵魂了。因为他们虽尽心来使自己的外表整齐洁净，以为粗衣破裳是很可怜的，可是他们却安心使自己的心灵，穿着粗破而斑驳的外衣，或借来的破布，一如机遇，或本地的成衣匠所给他们制造的那样（此处所谓成衣匠，就是指与他们交接的那些人的意见而言）。我想，人们如果一思及来世，一思及他们在来世的祸福（有理性的人们，有时不能不思想到这一层），则他们这种轻视灵魂的心理，未免是不合理的。不过我现在且不提这一层。我亦并不说，这些最鄙弃知识的人们如果不知道自己所应知道的事情，是怎样的可耻，怎样的错误。不过我觉得，有一件事情至少亦值得所谓缙绅先生的考虑。就是，他们虽然以为名誉、敬仰、权力、权威，常伴着自己的门第和财富而来，可是他们会看到，别人的知识如果超过他们，则那些人的名誉、权力等，又会超过他们。我们知道，瞎眼人是要明眼人的指导，才可以走动的，否则会要落在深沟内，既然如此，那么，人在理解方面如果是瞎的，则他更要受限制，更受束缚了。——在前边所举的各种例证中，我们已经指示出谬见的一些原因，并且指示出，人们在接受概然的学说时，他们的同意为什么不能同概然性的各种根据成比例。不过我们一向所考察过的各种概然性，它们的证明都是存在的，只是人们有了错误，才看不到那些证明。

7　第四点，由于计算概然性的尺度是错误的——第四点，最后还有一种人，他们在分明看到真正的概然性以后，亦不能坚确地相信它们，亦不能屈从于明白的理性。他们或则中止其同意，或则竟然同意于比较不可然的意见。人们所采用的计算概然性的尺度，如果是错误的，则他们是不能免于这种危险的。所谓错误的尺度，有四种。（一）我们所认为原则的各种命题，本身如果不确定，不显然，只是可疑的、虚妄的，则我们的尺度是错误的。（二）第二种错误的尺度，就是传统的假设。（三）第三种错误的尺度，就是强烈的情欲或心向。（四）第四种错误的尺度就是权威。

8　第一，可疑的命题如被误认为原则，则我们的尺度是错误的——第一点，概然性的首要而最强的根据，就在于一件事情和我们知识的互相契合；而且我们如果把那种知识接受了，认它为我们的原则，则这种互相契合更可以成为概然性的根据。这些原则很能影响我们的意见，因此，我们就常用它们来判断真理，来度量概然性，而且凡与这些原则不相符合的东西，我们都不认它是概然的，并且不认它为是可能的。我们因为太于尊敬这些原则，而且它们的权威又超越一切知识，因此，且不论他人的证据，就是我们感官的明证，只要它们所证明的同这些确立的规则相反，则我们亦常会排斥了它们。这种情形所以发生，我想是由于人们主张天赋原则的学说，并且以为各种原则是不能证明、不能怀疑的；不过究竟如何，我可以不在这里讨论。我只可以说，此一种真理并不能和彼一种真理相矛盾；而且我可以说，任何人都应该极其谨慎地观察他所认为原则的那种知识，并且应该严格考察它，看看自己还是凭知识本身的明证确知它是真的呢？还是只根据他人的权威，相信它是真的呢？因为一个人如果学得错误的原则，并且盲目相信并非显然真实的一种意见的权威，则他的理解中会有了一种强烈的倾向，必然错误地指导他的同意。

9 儿童们往往由他们的父母、乳母，和周围的人们，把各种命题（尤其是关于宗教方面的）接受在心中。这是最常见不过的。这些命题既然纡徐的入在他们的天真而无偏见的理解中，而且逐渐固定起来，因此，它们不论真伪，就被长期的习惯和教育钉在人心中，永不能再拔出来。因为人们在长大以后反省那些意见时，往往看到它们在他们心中是和他们的记忆一样久远的；他们既然不曾观察到它们原来如何纡徐而入，又不知道自己如何得到它们，因此，他们便尊敬它们为神圣的道理，不许人们亵渎它们、触动它们、怀疑它们。他们会认它们为上帝直接在自己心中所立的乌陵和土明（Urim and thummin）（见“旧约”利未记 8 章 8 节）；会认它们是伟大的无误的决定真伪的标准；会认它们是解决一切争端的判官。

10 人对于自己的原则（不论是什么样的），既然存了这种想法，因此，我们就容易想象，一个命题只要一损及那些原则的权威，只要一反对这些内在的神示，则人们会如何看待它。而且我们容易想象，最荒谬的，最不可靠的事物，只要一符合于那些原则，则会被人们赶紧吞咽下去。在这种宗教中，人们既然坚确地，固执地相信各种十分相反的意见（它们有时都一样是荒谬的），这就分明证实，人们是根据传统的原则而进行推论的，而且他们所以如此信仰，亦正是这种推理方法的必然的结果。因此，人们宁愿怀疑自己的眼官，放弃自己感官的证据，并且把自己的经验错误地报告出来，亦不愿承认与这些教条相抵触的任何事物。一个聪明的罗马教徒如果在初懂事以后，人们就不断地把一条原则教给他，说他自己的信仰总得同教会（或同教中人）的信仰相一致，说教皇是不会错误的；而且他如果从来不曾怀疑过这条原则，一直到四五十岁后，才听到另一种相反的原则；那么他一定容易违反着一切概然道理，甚或违反着自己感官的明白证据，来相信所谓变体的学说（transubstantiation）（按天主教以为在圣餐节时，面包和酒变成了基督的肉和酒），这个原则很影响了他的心理，因此，他会相信亲眼所见的面包为圣肉。一个人如果同某些哲学家一样，立了一条推论的基本原则说，他必须排斥感官，而相信理性（因为人们常不适当地称由自己原则所演绎出的论证是理性），那么你怎么能使他相信他的意见是不可靠的呢？一个狂热信徒只要听说，他或他的老师受了灵感，并且和圣灵直接沟通，则你虽提出真正理性的证据来，你亦不会反驳倒他的学说。任何人只要受了错误原则的熏染，则他在与这些原则相反的事物方面，并不能为最明显、最有力的概然道理所移动；只有他们能坦白地受了劝说，来考察这些原则本身时，他们才可以有了变化。不过许多人是做不到这一层的。

11　第二点，传统的假设——其次有一等人，他们的理解是铸入一个模型，恰好是照传统假设的体积形成的。这些人们同前一种人的差异，就在于他们承认事实，并且和反对者共同承认一件事实。他们和反对者所差异的，只在其所举的理由和所解释的作用方法。这一种人并不如前一种人似的，公然不承认自己的感官；他们可以较为耐心地听受感官的报告，不过在解释起事物来时，他们却不相信它们所报告的，而且纵然有许多可靠的理由告他们说，那些事物不是由他们自己所想象的途径来的，他们亦不会相信那些理由。一位渊博的学者，既然在四十年中，费了许多时间和灯烛，由希腊文和拉丁文的坚石，造成其权威，而且他的权威又为普通的传说和年高德劭的须眉所证实，那么要有一个暴起的新学后生在一霎时间把他推翻了，那不是最不可忍受的一件事，足以使其绯衣赧颜的么？我们能希望他来承认，他在三十年来所教给他的学生的，全部错误，而且他以很高代价卖给他们的，只是一些艰僻之词，糊涂之语么？有什么可靠的理由，在这种情形下，能说服他呢？他既然耗了许多时间惨淡经营，才能得到自己的知识和学问，那么他会被有力的辩论所说服，顿然脱掉其旧有的意念，和他在学问方面的自命不凡么？他会赤裸裸地一丝不挂，来重新追求新的意念么？我们纵然用尽各种论证，亦不能折服他，正如狂风不能使旅客脱掉其斗篷，只能使他抓得更紧一点似的。——至于由误解了真正的假说（或正确的原则）所发生的一些错误，亦可以归在谬误的假设里边。这乃是最常见不过的一个例子。我们常见许多人们各个争执互相不同的意见，实则这些意见都是他们由圣经上无误的真理所推演出的；这就分明证实，他们未曾都正确地了解了经文。经文上说 μειανοειτε，而且任何基督教徒都会承认这段经文告诫人以一种最重要的职责。不过一个人如果只懂法文，则他由译文所得来的规则是很不一样的，一种翻译是说"repenteg-bous"你要悔改，另一种翻译是说 Faites Pénitence"你要苦行"。他由此所发生的行为一定有一种是很错误的了。

12　第三点，特别得势的情感——各种可靠的理由如果违反了人们的意向和得势的情感，则它们亦会遭了同样的命运。一个贪鄙的人推论起来，只要一边有钱，则另一边虽有很可靠的理由，你亦会容易预先见到那一边要占优势。尘俗的人心，就如污泥的墙壁似的，会抵抗最强的枪炮。一种明白论证的力量，有时虽亦可以给它们印一些印象，可是他们会屹立不动，把敌人——真理——赶出去，不让他来围攻自己，扰乱自己。你虽然告一个正在热恋的人说，他的情人对他的爱情是假的，并且拿出二十种证据来，证明他的情人对他不忠，可是她只用三句甜语，就会使一切证据归于无效。古人说，"我们所愿望的事，我们是容易相信的"Guod volumus, Bacile, credimus，我想人人都已屡次经验过这番道理。人们虽然不能常常公然反对明显的可靠道理的力量，可是他们仍是不易屈从于那些论证的。人的理解自然是爱接受较可靠的一边的，他所以不如此，乃是因为他有能力来停止，来限制理解的考察，并且不让它在可能范围内尽美尽善地来考察所讨论的事情。平常人既然不能做到这一层，所以他们常会由两条途径，来避免明显的可靠理由。

13　逃避可靠理由的方法：第一就是假设对方是错误的——第一，各种论证既然多半是由文字语言表现出的，因此，它们或者会有隐伏的错误；而且所得的结论既然是一个系列，因此，其中不免有不相符合的地方。事实上亦很少有推论真是十分简捷、十分明白、十分一贯的，因此，许多人们都可以毫不踌躇地对它们发生一种疑问，而且他们都可以用一种传统的答复来否认这些推论，他们会说，“我虽然不能答复，却亦不能屈服”，而且我们并不能责骂他们是不坦白的，或不合理的。

14 其次就是，假设有别的论证可以证明相反的说法——其次，人们还可以说，“我不知道反对方面还有什么别的理由”，因此，他们可以反对明显的可靠理由，而不加以同意。因此，他们又会说，“我虽然被打倒，可是我仍不必屈服，因为我还不知道还有什么理由留在后边”。这个躲避确信的逃遁所，真是又敞又阔的，我们正不容易决定一个人什么时候才脱离了它的边界。

15 那一些可靠理由可以决定人的同意——不过这种界限亦是有尽处的；一个人如果精细地研究过，概然性和不可靠性的一切根据，并且平心静气地详细观察了一切情节，把两边的总数都计算好，则他在许多情形下，可以总括地知道概然性是落在哪一面的。在这里，有些理性方面的证明是由普遍经验而得的假设，是很分明，很有力的，有些事实方面的证据是很普遍的，因此，他便不能不同意。因此，我们就可以断言，同意的情形有两种，第一，在某些命题方面，我们所见到的证明虽是很重要的，可是我们如果有理由来猜疑；在文字方面或者有错误，而且在反对方面或者亦有一样重要的证明，则我们对那些命题或同意，或中立，或不同意，都是可以自由的。第二，不过各种证明如果都是一件事成为很可靠的，而且我们亦没有充分的理由来猜想在文字方面含有错误（在作了清醒而严肃的考虑以后，我们会发现出这一层），或在反对方面有尚未发现出的同样有力的证明（沉思的人，在有些情节下，会根据事物的本性，看到这一层），则一个人在这样衡量之后，不会不同意较大的概然性所出现的那一边。我们如果要问，排版所用的字母杂乱地堆在一块以后，是否可以秩然有序地在纸上印出一贯的推论来，或者要问，各种原子在盲目地，偶然地相会以后，不用有理性的主体来指导，是否就可以永远组成各种动物的身体，则在这些情形下，我想任何人在一思考之后，都会毫不踌躇地来选择所当选择的那一造，都会毫不犹疑地来加以否认。最后我们还可以说，一件事情（又说一千七百年前，是否有恺撒其人在罗马）本性如果是中立的而与人无利害关系，而且完全依靠于各个证人的证据，而且我们也并不能假设，除了助成那件事情的证据而外，还有可以发现出的别的相反的相等的证据，则在这些情形下，我想任何有理性的动物都没有不同意这件事的能力，都一定会必然地接受这些可靠性。在别的没有那样明显的情形下，我想人有中止其同意的能力；而且他所有的各种证明，如果能助成合乎自己喜爱或利益的那个意见，则他或许可以安于那些证明，而不再远求。不过要说一个人竟然同意于可靠性较小的那一面，那在我认为是不可能的，就如一个人不能同时相信一件事情可靠而又不可靠似的。

16　什么时候，我们有中止同意的能力——知识之不能任意，正如知觉之不能任意似的，同意之不能自由，亦正如知识之不能自由似的。任何两个观念的契合，不论是直接地，或由理性的帮助，现显于我心，则我不能不知觉它，亦不能不知道它，正如我在日光下转眼向物时，不能不看到那些物体似的。在充分考察之后，我所见为最可靠的事情，我就不能不加以同意。不过在一看到各观念的契合以后，我们虽然不能阻止知识，而且在适当地考察了可靠性的一切标准以后，我们不能不加以同意，但是我们如果停止了考察，并且不运用自己的官能来追求任何真理，则我们亦能阻止知识和同意。若非如此，则无知，错误，不信，等等，无论如何，就都不是过失了。因此，在一些情形下，我们固然可以拒绝同意，或中止同意，但是一个人如果熟悉了现代史，或古代史以后，他能怀疑有罗马其地，有恺撒其人么？诚然，有无数真理，一个人是不必知道的，或者以为自己是不必知道的，就如说，我们的国王芮卡慈第三King Richard III是否是曲背的，罗哲培根Roger Bacon是否是一个数学家，还是一个幻术家等等问题。在这一类情形下，我们的同意不论是在哪一方面的，都与自己的利害无关，而且我们亦并不要由此发生一些行动和顾虑，因此，我们正不必惊异，人心在这方面为什么信任公共的意见，屈从先入之见。这一类问题是完全没要紧的，因此，它们就如日光中的微尘似的，人们很少注意它们的方向。它们在那里，似乎完全由于偶然，人心亦任其自由飘荡。但是人心如果觉得一个命题含有重要关系，而且我们的同意或不同意会引起重要的结果来，而且善或恶又看我们选择了或排斥了正确的一边而定，则在这些情形下，人心不能不认真考察所谓概然道理，而且我们只要看到大数在那一面，我们就得同意它，而不能再任意选择。在那种情形下，较大的概然性一定会决定我们的同意。因此，一个人在见到较大的概然性时，便不能不承认它是真的，正如他见到两个观念间的契合或相违以后，不能不知道它是真的一样。

既然如此，那么错误的基础，就在于衡量概然性的尺度是错误的；就如罪恶的基础，正在于衡量善的尺度是错误的一样。

17 第四点,权威——第四点,衡量概然性的最后一种错误的尺度,是我在前一章所提叙过的。这种尺度比前三种尺度更使较多的人,陷在愚昧和错误中。在自己的朋友、党派、邻人或国家中,各种通行的意见,往往能得到我们的同意。大多数人所以相信自己的教条,不是只因为他们假设主张相同的那些人是忠实的,有学问的,人数众多的么?他们好像以为忠实人和书呆子是不会错误的;好像以为真理是由大众的投票所确立的。不过大多数人却就以此为他们的理由说,"我们的教条已经为往古所证实;它来到我这里,是有前代所给它的护照的,因此,我如果接受了它,那并没有什么危险。别的人们都已经相信了这个意见(这就是他们的唯一理由),因此,我亦应该接受它。"不过一个人宁卜金钱卦来决定自己的意见,亦不应该采取这样的尺度。一切人类都是易于错误的,而且许多人在许多点上,都会受了情感或利益的诱惑,陷于错误。我们如果一观察支配名人、学者和党魁的那些秘密的动机,我们就会看到,他们所以赞助他们所主张的那些主义,并不是为真理而接受真理的。至少我们敢说,任何荒谬的意见,人们都可以根据这个理由来接受。我们所能提到的任何谬说,总有信仰它的人。一个人如果觉得自己只要跟着他人的足迹走,就不会走错,则他正会有许多曲径邪路可走呢!

18 但是人们虽然尽管喧嚣着说,人类已经有了许多错误和偏见,可是我必须为人类辩护说,意见错误的人们,并不如一般人所想象的那样多。我并不是说,他们都已信爱真理;乃是说,关于人们所剧烈争执的那些主义,他们是全无任何思想和意见的。因为我们如果一考试世上各教派的大多数信徒,我们就会看到,关于他们所热心信仰的那些事情,他们全没有自己的意见,不但如此,而且我们更不能相信,他们是先考验了概然性的各种论证和可靠程度才来采取那些意见的。他们所以决心服从某一党派,只是因为他们受了那种教育或有那种利益。他们在那里,会如军队中的兵丁似的,只是依照他们领袖的指导,来表现自己的勇敢和热忱,却不来考察甚或不知道自己所为之斗争的主义是什么样的,一个人的生活既然表示出他对于宗教,并不认真关心,那么我们有什么理由想他会绞脑汁来寻思自己宗教中的教条,并且费心来考察各种教条的根据呢?他只服从自己的领袖,准备好自己的手和舌来卫护公共的立场,并且在能擢升自己并在那个社会中保护自己的人面前,邀得宠信就是了。因此,人们虽然自白有一些主张,并争持一些主张,可是他们亦许会完全不相信那些主张;甚或自己的脑中根本就没有那些主张的影子。因此,我们虽然不能说,世界上错误的,较不可靠的意见,实际要较为少些,可是我们可以确乎断言,实际上同意它们的人,把它们误认为真理的人,并不如人们所想象的那样之多。

第二十一章　科学的分类

1　三个种类——凡可归入人类理解范围以内的东西,可以分为三种。第一就是事物本身的本性,以及其各种关系和作用的途径。第二就是一个人(有理性而能自动的主体),在追求一种目的时(尤其是幸福)所应做的事情。第三就是达到和传递这两种知识的途径。我想科学正可以分为这三种，就是：

2　第一，为物理学（Physica）——第一种知识就是指事物本身的特有的存在、组织、性质和作用而言的。我这里所说的各种事物不但指物质和物体而言，而且亦指精神而言，因为精神亦如物体一样，亦有其特有的本性、组织和作用。这种物理学，若给以广义的名称，则我可以叫它为物理学 φυσιχη · Physiké，或自然哲学。这种学问的目的，只在于纯粹思辨的真理，任何东西只要能供给人心以这种真理，都可以归在这一种学问中，不论它是上帝自己，或天使，或精灵，或物体，或它们的任何变状，如数目和形相等。

3　第二，为实践之学（Practica）——第二，就是所谓 πραχτιχη · Prakuké，这种学问教人如何可以正确的运用自己的能力和行动，以求得良善的和有用的事物。在这方面最主要的，就是伦理学。这种学问的职务就在于找寻出人类行为方面能招致幸福的规则和尺度来，并且找寻出实践它们的方法来。这种学问的目的不在于纯粹的思维，和人对于真理的知识；它的目的，只在于所谓"正当"right，和正当的行为。

4　第三为 Σημιωτιχη——第三种学问可以叫做 Semiotic，就是所谓标记之学。各种标记因为大部分是文字，所以这种学问，亦叫做 λογικη，logicll。这种学问的职务，在于考察人心为了理解事物、传达知识于他人时所用的标记的本性。因为人心所考察的各种事物既然都不在理解中（除了它自己），因此，它必须有别的一些东西，来作为它所考察的那些事物的标记和表象才行。这些标记就是所谓观念。不过构成一个人的思想的各种观念的模样，不能拿出来供他人直接观察，它只能存储于记忆中，而且记忆还又不是很妥当的储蓄器。因此，我们如果想互相传达思想，并且把它们记载下来为自己利用，则我们还必须为观念造一些标记。音节清晰的声音是人们所认为最方便的，因此，人们常常利用它们。观念和文字既然是知识的伟大工具，因此，人们如果要想考察人类知识的全部，亦应当考察观念和文字，因为它们正是很重要的。在适当地考察了它们以后，在清晰地衡量了它们以后，它们或许会供给我们以一向不曾见到的另一种论理学和批评学。

5 这是知识对象的基本分类——理解对象的这种分类法，在我看来，是最基本、最概括、最自然的。因为人们所能致思的，只限于这几种。他或则思考事物本身，以来发现真理；或则思考自己能力以内的事情（自己的动作），以来达到他的目的；或则思考人心在前两方面所用的标记，和排列标记的适当方法，以使自己得到较明白的知识。由此看来，（一）可以认识到的事物的本身，（二）我们所能发生的求得幸福的各种行动，以及（三）求得知识时标记的正确用法，是有天渊之别的，因此，在我看来，它们就是理智世界的完全独立的三大领域。

图书在版编目(CIP)数据

人类理解论/(英)洛克著;关文运译.—北京:商务印书馆,2017
(汉译世界学术名著丛书:120年纪念版:珍藏本)
ISBN 978-7-100-14614-2

Ⅰ. ①人… Ⅱ. ①洛… ②关… Ⅲ. ①认识论—研究 Ⅳ. ①B017②B561.24

中国版本图书馆CIP数据核字(2017)第152448号

汉译世界学术名著丛书
(120年纪念版·珍藏本)
人类理解论
(全二册)
〔英〕洛 克 著
关文运 译

商务印书馆出版
(北京王府井大街36号 邮政编码100710)
商务印书馆发行
北京冠中印刷厂印刷
ISBN 978-7-100-14614-2

2017年12月第1版 开本710×1000 1/16
2017年12月北京第1次印刷 印张50½
定价:252.00元